John/Steinmaßl (Hg.)

...wenn der Rasen brennt...

Michael John
Franz Steinmaßl (Hg.)

... WENN DER RASEN BRENNT ...

100 Jahre Fußball in Oberösterreich

mit Grafiken
von Christoph Raffetseder

Auf Wunsch einzelner Autoren sind deren Beiträge in der alten Rechtschreibung verfasst.

In der Hektik der Buchproduktion war es nicht möglich, alle Inhaber von Bildrechten zu erreichen. Berechtigte Ansprüche werden jedoch selbstverständlich abgegolten.

Gefördert durch:

ISBN-13: 978-3-902427-45-8
Copyright © 2008 bei Buchverlag Franz Steinmaßl, A-4264 Grünbach, www.geschichte-heimat.at;
die Urheberrechte an den einzelnen Beiträgen verbleiben bei den AutorInnen;
Satz und Grafik: Alexandra Bruckböck, OÖ. Landesmuseum
vordere Umschlagseite: Christoph Raffetseder
Umschlaggestaltung: Hannes Adam unter Verwendung eines Entwurfes von ballesterer fm
Druck: Gutenberg Werbering GmbH.

FUSSBALL ALS KULTURPHÄNOMEN

Die Geburtsstunde des modernen Fußballs schlägt im Jahr 1863. Seither ist der einstige Bürgersport zu einem Massenphänomen geworden, das Stadien füllt und im Fernsehen weltweit verfolgt wird. Der Fußball ist ein sportives Spektakel, ein anspruchsvolles Spiel mit dem Ball, das Technik und Innovation, Ideen und Kampfkraft, Motivation und Einsatz erfordert.

In Oberösterreich bedeutet die Gründung des LASK 1908 auch den Beginn des organisierten Fußballsports, der somit heuer gemeinsam mit dem ältesten Verein unseres Landes hundert Jahre alt wird.

Die Geschichte dieses Sports ist auch Stück Kulturgeschichte unseres Landes. Mit dem kulturellen Phänomen des Ballspiels, das, wie dieses Buch zeigt, auch in Oberösterreich auf große Erfolge verweisen kann, beschäftigt sich nun auch eine große Ausstellung im Linzer Schlossmuseum, mit dem die EURO 2008 begleitet wird.

Besonders begrüße ich, dass sich das vorliegende Buch zwar ausführlich der Geschichte der Leit-Vereine unsers Bundeslandes widmet, darüber hinaus aber den Fußball im Unterhaus, den Frauenfußball und viele weitere Aspekte dieses Sports ausgiebig würdigt, und dass sich zahlreiche oberösterreichische Literaten an seinem Zustandekommen beteiligt haben.

Dr. Josef Pühringer
Landeshauptmann

LIEBE FUSSBALLFREUNDE!

Einer meiner Vorgänger, Präsident Hermann Muckenhuber, hat einmal gesagt: „Wenn Sport die wichtigste Nebensache der Welt ist, dann ist Fußball sicherlich die Hauptsache dieser Nebensache." Hunderttausende Menschen, Männer und Frauen, Kinder und Senioren, widmen sich in Österreich in ihrer Freizeit der wichtigsten Nebensache der Welt. Sie spielen Fußball, als Hobby mit Freunden, als Amateure in Meisterschaftsligen, als Profis.

Die Geschichte des organisierten Fußballs in Oberösterreich begann mit der Gründung des LASK im Jahr 1908. Dieses 100-Jahre-Jubiläum ist der Anlass für das vorliegende ungewöhnliche Fußball-Buch. In ihm wird der Fußball in all seinen Facetten dargestellt: Als Phänomen der Alltagskultur, das weit über die aktiven Fußballer hinaus die Fans, die Öffentlichkeit und auch die Kulturschaffenden bewegt. Es bietet dabei auch einen geschichtlichen Überblick über die Entwicklung des Fußballs in den letzten hundert Jahren in den verschiedenen Landesteilen. Und es wirft Blitzlichter in Teilbereiche des Sports, die üblicherweise nicht in der vordersten Reihe des öffentlichen Interesses stehen.

Die Idee zum Buch stammt von Rudolf Habringer, Walter Kohl und Franz Steinmaßl, der mit Michael John die Herausgeberschaft übernommen hat. Dafür geht mein herzlicher Dank an sie. Und er geht auch an jene, die den Fußballbetrieb mit Leben erfüllen: Die Menschen in den Vereinen, die Funktionäre, die unzähligen ehrenamtlichen Förderer des Fußballsports. Und natürlich an jene, die das Wichtigste an dieser wichtigen Nebensache sind, gleichsam die Seele dieses Sports: Die Fußballerinnen und Fußballer.

Mit sportlichen Grüßen

Dr. Leo Windtner
Präsident OÖ Fußballverband

VORWORT DER HERAUSGEBER

Am 2. Mai 2007 saßen Rudolf Habringer, Walter Kohl und Franz Steinmaßl im Linzer Café Maier beisammen, und die Rede kam auf die bevorstehende Veröffentlichung des LASK-Buches, zu dem die beiden Autoren ja Beiträge geschrieben hatten. Plötzlich kam von Rudi Habringer die Erkenntnis: „Des woasst oba eh, hundert Johr LASK san ah hundert Johr Fuaßboi in Obaösterreich!" Damit war das Stichwort gefallen, und eine halbe Stunde später waren die Grundzüge dieses Buches zumindest in den Köpfen formuliert. Aus dieser Geschichte kann man ersehen: OberösterreicherInnen arbeiten schnell! Von der gedanklichen Geburt bis zur Auslieferung Mitte April 2008 ist weniger als ein Jahr vergangen. Und das Buch ist ausgesprochen umfangreich geworden, natürlich hat es aber auch Lücken und Mängel. Genau die waren aber in diesem kurzen Zeitraum unvermeidlich, und es sei an dieser Stelle allen AutorInnen und sonstwie Beteiligten ganz herzlich dafür gedankt, dass sie ihre Ablieferungstermine so diszipliniert eingehalten haben.

Die einleitende Geschichte erklärt aber auch den spezifischen Charakter des Buches. Bei diesem Kaffeehaus-Gespräch ist ein Satz gefallen, der zum Grundgerüst geworden ist: „Fußball als Teil der Alltagskultur". Auch wenn es ganz selbstverständlich die historischen Grundzüge der oberösterreichischen Fußballgeschichte enthält, ist es keine reine Chronik. Und obwohl es zahlreiche Beiträge von Literaten beinhaltet, ist es keine Anthologie. Was es jetzt eigentlich darstellt, ist gar nicht so einfach formuliert. Sagen wir vielleicht so: Es ist eine große Verneigung vor dem Fußballsport, und es ist eine große Verneigung vor allen, die diesen Sport pflegen, in welcher Form auch immer. Genau deshalb ist der Horizont dieses Buches so weit gefasst. Die ausgiebigen Blicke ins Unterhaus, zum Frauenfußball und in die letzten Winkel, in denen dieser Sport seine Bedeutung hat, sind nämlich die Blicke ins Eigentliche des Fußballs. Aus all den kleineren und größeren Wundern und Tragödien, die sich in der kleinen Fußballwelt Woche für Woche ereignen, bezieht er seine eigentliche Kraft, seine eigentliche Faszination, letztlich seine Unsterblichkeit. Und ohne die tausenden Laienkicker und –kickerinnen, die Woche für Woche unbezahlt trainieren und Wochenende für Wochenende ebenso unbezahlt spielen, sind die höchstbezahlten Fußball-Profis und ihre Millionentruppen gar nicht denkbar.

Da dieses Buch abseits aller Verbands- und Vereinsinteressen entstanden ist, enthält es auch bisher vernachlässigte Perioden der Fußballgeschichte: So wirft Walter Kohl überhaupt zum ersten Mal in Oberösterreich einen ausführlichen Blick auf das Thema „Fußball unterm Hakenkreuz" und entdeckt dabei durchaus Sensationelles: Der letzte oberösterreichische Fußballmeister während des Zweiten Weltkriegs bestand aus Spielern einer SS-Mannschaft aus dem KZ Mauthausen! Und dass der jüdische Verein Hakoah Linz und der volksdeutsche Verein Breitbrunn 1948/49 ganz einfach aus der laufenden regulären Meisterschaft ausgeschlossen worden sind, dürfte auch nur ganz wenigen bekannt sein.

Dieses Buch stellt auch eine Begleitpublikation zur Sonderausstellung des Landesmuseums „Fußball – Geschichten und Geschichte" (Linz, Schloss-museum 18. 5. bis 20. 7. 2008) dar. Auch diese Ausstellung ist eine Verneigung vor dem Fußballsport bzw. einer Fußballkultur, die bis ins 19. Jahrhundert zurückreicht und 2008 einen Höhepunkt in Form der Euro, der Fußballeuropameisterschaft in der Schweiz und in Österreich, erreicht. Aus dem Buch ist kein Katalog im engeren Sinn geworden, es thematisiert aber im Prinzip dasselbe, was in der Ausstellung gezeigt wird: den Fußballsport in Oberösterreich, in Österreich und schließlich in der ganzen Welt – allerdings in unterschiedlicher Gewichtung. In diesem Band steht ganz eindeutig Oberösterreich im Vordergrund, während man in der Ausstellung doch wesentlich mehr Sidesteps in Zeit und Raum des Fußballsports sehen wird. Auch kann eine Ausstellung niemals thematisch und historisch so ins Detail gehen, wie es an dieser Stelle der Fall ist, ebenso wie literarische Qualitäten in der Regel stärker in einem Buch zu tragen kommen können als in einer Ausstellung. Beide sollten sich ergänzen, so der Gedanke. Schließlich wird das Buch zur regionalen Fußballgeschichte sicherlich auch dafür sorgen, dass bestimmte Inhalte der Ausstellung nicht in Vergessenheit geraten.

Michael John   Franz Steinmaßl

Der Dank der Herausgeber gilt:
- allen AutorInnen für ihre engagierte Schreibe und die pünktliche Abgabe ihrer Texte;
- allen ihren Auskunftspersonen, Interviewpartnern, Gewährsleuten und Kenniwen („Pass auf, do kenn i wen!");
- dem OÖ. Landesmuseum für die Freistellung von Frau Alexandra Bruckböck als Grafikerin;
- Alexandra Bruckböck selber für ihren höchst effizienten, ideenreichen und geräuschlosen Arbeitseifer;
- Dem Oberösterreichischen Fußballverband mit seinem Präsidenten Dkfm. Dr. Leopold Windtner und seinem Sekretär Heinz Kohl für die nachhaltige Unterstützung unseres Projektes.

FUSSBALL.
Zur Entwicklungsgeschichte einer Sportart in Österreich

von Michael John

Schon im 3. Jahrhundert v. Chr. wurde in China von einem fußballähnlichen Spiel berichtet. In Europa hat man im Mittelalter in Form des Soule der Franzosen und des Calcio der Italiener Fußball gespielt. Burgtore dienten vorerst tatsächlich als Tore, später standen sie Modell für die eigens gefertigten Fußballtore. Die toskanische Variante war jenes Spiel, das dem heutigen Fußball am ehesten ähnelte. Im deutschsprachigen Raum existierten in Spätmittelalter und Frühneuzeit ebenfalls fußballähnliche Volksspiele. Vom Kreisfußball, in dem ein Spieler in der Mitte eines von Gegenspielern markierten Kreises den Ball treiben musste, bis zum Raufball-Spiel, einer Mischform von Fußball und Rugby. Diese volkstümlichen, regional unterschiedlichen Spiele wurden meistens von Bauern bei festlichen Anlässen ausgetragen. Den Beginn des modernen Fußballsports muss man im 19. Jahrhundert zeitgleich mit der Durchsetzung industrieller Produktionsverhältnisse ansetzen.

Das moderne Fußballspiel kommt aus England

In England wurde das Fußballspiel an den höheren englischen Schulen während der ersten Hälfte des 19. Jahrhunderts aufgenommen. Durch die an diesen bürgerlichen Schulen entwickelten Gedanken der sportlichen Erziehung wandelte sich das Spiel vom volkstümlichen, in-

Das Ur-Fußballspiel „Dorf gegen Dorf" wurde in manchen Regionen Englands noch bis ins frühe 20. Jahrhundert hinein gespielt

formell organisierten, durch mündliche Überlieferung geregelten Sport seit 1863 zum Spiel mit festem Regelwerk. Dazu gehörte die Festlegung einer bestimmten Spielerzahl, der Spielzeit, der Beschaffenheit des Balles und die Bestimmung eines Schiedsrichters. Ferner charakterisierte sich das Spiel nunmehr durch ein strenges Rollenschema von Spieler- und Zuseherrolle, sowie die formelle soziale Kontrolle durch Offizielle von außerhalb.

Mit der Gründung der Football Association im Oktober 1863 in London erfolgte auch die zunehmende Auseinanderentwicklung von Fußball und Rugby. Die Football Association schränkte nach den Regeln der Universität Cambridge das Spielen des Balles mit der Hand stark ein, 1871 kann man mit der Formierung der Rugby Union von einer endgültigen Trennung sprechen.

In den 1870er Jahren konnte man in England schon tausende Besucher auf den Fußballplätzen beobachten, eine wichtige Voraussetzung dafür war die Reduzierung der wöchentlichen Arbeitszeit. Die Einführung des freien Samstagnachmittags ermöglichte es Spielern und Zuschauern aus den Unterschichten am Fußballsport teilzuhaben.

In Kontinentaleuropa nahm die Schweiz eine Vorreiterrolle ein. Schon in den 1860er Jahren wurde in der Genfersee-Region an Privatschulen Fußball gespielt. Die ersten Erwähnungen des österreichischen Fußballspiels fallen in die späten 1880er und in die 1890er Jahre, also mitten in die Regierungsjahre von Kaiser Franz Joseph, dem Imperator der Habsburgermonarchie. 1891 wurde von Fußball spielenden Gymnasiasten in Baden bei Wien berichtet. Regelmäßig Fußball gespielt wurde ferner bereits seit 1893 in Graz.

Im Jahre 1894 wurde, 36 Jahre nach der Gründung des ersten englischen Klubs (London), 18 Jahre nach dem ersten dänischen Verein (Kopenhagen) und 14 Jahre nach dem ersten deutschen (Bremen) in Wien mit dem First Vienna Football Club, der erste – offiziell registrierte – österreichische Fußballverein gegründet. Nur einen Tag später reichte der Vienna Cricket and Football Club seine Satzungen bei der Statthalterei ein. Die Träger der beiden Vereine waren fast ausschließlich Engländer, die als Unternehmer, Ingenieure, Vertreter oder Angestellte in Österreich zu tun hatten. Als Protektor der Vienna firmierte das Bankhaus Rothschild. Der Hegemonie der Ober- und Mittelschichten des frühen Fußballsports in Österreich entsprach, dass im Vienna-Dress in der Folge mehrere Großindustrielle antraten, zu den fußballbegeisterten Spielern dieser Zeit zählten zwei Erzherzöge. Fußball entstand in Österreich als reiner Männersport.

Ein Satzungsparagraph schloss anfangs „Arbeiter, Handwerker und Taglöhner" vom aktiven Spiel aus. Als der Wiener Sportverein WAC 1897 die Einführung einer Fußballsektion überlegte, stellte der Prager Klub DFC mit einer Darbietung den neuen Sport vor: „Das Spiel, das der DFC vorführte, um von der Salonfähigkeit des Fußballsportes zu überzeugen, hatte mit ‚nomalen' Fußballmatches nicht allzuviel gemein. Die Spieler überließen einander den Ball mit galanten Verneigungen und die Darbietung, die Strehblow veranlasste, die Schaffung einer Fußballsektion zu empfehlen, glich weit eher einem friedlichen Schäferspiel im Zeitalter des Rokoko, als dem, was sich später auf den Praterwiesen abspielen sollte." In Graz waren Janos Ritter von Arvay, „Bubi" Graf Platen, Dr. Baumgarten und Baron Dr. Arthur Ramberg die Stützen des ersten Grazer

Quelle: Vienna Archiv, Wien
Nathaniel Meyer Anselm Freiherr von Rothschild (1836-1905), durch dessen Patronanz und Förderung die Gründung des ersten österreichischen Fußballklubs 1894 ermöglicht wurde. Die Farben seines Hauses wurden die Farben des „First Vienna Football Clubs", kurz Vienna: Blau-gelb

Fußballklubs. In Budapest geschah es, dass der Nobelsportverein MTK vorerst eine Einführung des Fußballsports, weil dieser „brutal und unfair" sei, ablehnte und erst nach einiger Zeit eine Fußballsektion – dann allerdings mit großem Erfolg – einführte.

Dem vorwiegend bürgerlichen Charakter des frühen Fußballspiels entsprach ein eher kleines, gewähltes Publikum; selten besuchten mehr als 200 oder 300 Zuschauer die auf gedruckten Einladungen angekündigten Matches. Der Sportklub Vienna erhöhte beispielsweise im April 1897 den Eintrittspreis zu seinem Spiel gegen die Cricketer von zehn auf 20 Kreuzer, „um den Andrang abzuschwächen und die Zahl der Zuschauer zu vermindern." Fußball im öffentlichen Wettspiel wurde damals in erster Linie von erwachsenen Männern, Mitte zwanzig bis vierzig Jahre alt, gespielt. Sie setzten ihre Körperkraft voll ein – so galt es als besonders kraftvoll und männlich, den Ball möglichst hoch in die Wolken zu jagen – die Sportbetätigung geschah aber im Sinne des Gesundheitssportes, der zur Fitness des Körpers und zum Abbau von Energieüberschüssen diente. Absichtliches Foulspiel war weitgehend unüblich. Die Spielerkleidung ließ repräsentative und selbstdarstellerische Elemente erkennen. So war etwa eine um die Hüften geschlungene Schärpe ein häufiges Kleidungselement. Viele Feldspieler benutzten eine Kappe: nach dem Vorbild der Prager Fußballer eventuell eine Zipfelmütze, oder ein Barett, nach Berliner Vorbild Matrosenkappen oder Tellermützen. Dem Mutterland des Fußballs zollte man mit der Verwendung des Englischen im Rahmen der spezifischen Sportsprache Anerkennung, einige Vereine richteten spezielle Englischkurse für die Spieler ein.

Fußballfieber nach der Jahrhundertwende – von Wien-Hütteldorf bis Bad Ischl

Bereits knapp ab der Jahrhundertwende war der Idealtypus bürgerlicher Spielkultur einer gewissen Erosion ausgesetzt. 1898 wurde der 1. Wiener Arbeiter Fußball-Club gegründet, der sich bereits vier Monate nach seiner Gründung in SC Rapid umbenannte. 1903 konnten die Rapid bereits Cricket schlagen und gegen die Vienna ein Remis herausholen. Zuerst auf einem ehemaligen Exerzierfeld auf der Schmelz, schließlich auf der legendären „Pfarrwiese" in Wien-Hütteldorf, am Rande des Außenbezirks Penzing, waren die Arbeiterfußballer beheimatet. Das Alter der Spieler wurde damals im Allgemeinen jünger, die Verhaltensweisen weniger gesetzt. 1904 wurde der Österreichische Fußball-Verband gegründet. Die Zahl der Zuschauer nahm langsam etwas zu, 1906 wurde als Spitzenzuseherzahl 3.000 Personen gezählt, und es wurden immer mehr. Ebenso waren bereits Vermarktungstendenzen zu beobachten. In der Folge wurde auch bei den damaligen Matches der eine oder andere „Skandal" gemeldet, Hooligans und Rowdytum waren aber weiterhin unbekannt, größere Ausschreitungen kamen bis zum Ende der Kaiserzeit kaum vor. Eine bürgerlich- kleinbürgerliche Dominanz im Fußballsport kann bis zum Ausbruch des Ersten Weltkriegs weiterhin angenommen werden.

Die oberösterreichische Fußballgeschichte soll in Bad Ischl begonnen haben. Der Ort war infolge der regelmäßigen Sommeraufenthalte von Kaiser Franz Joseph für einige Wochen so etwas wie der Nabel des Habsburgerreiches. Sommer 1908: Viele Wiener befanden sich als Sommerfrischler in dem Kurort. Sie wollten Fußball spielen, schließlich war das in Wien bereits üblich, man stellte ein Team zusammen und suchte einen Gegner. Dieser fand sich im eben erst gegründeten Linzer Sportklub (LSK), der aus dem Athletik Klub „Siegfried" hervor gegangen war. Die Oberösterreicher gaben keinen gleichwertigen Gegner ab, Technik und Taktik waren ihnen unbekannt. Sie unterlagen dem Urlauber-Team aus Wien 1:11. In Steyr fand 1908 erneut ein Spiel zwischen Wienern und Linzern statt, diesmal spielten die „Ramblers" gegen den LSK, Linz verlor 0:13.

Die österreichische Kaiserzeit unter Franz Joseph war – sozialhistorisch besehen – eine Phase hoher geographischer Mobilität. In den größeren Städten überwog die Zahl der Zuwanderer die der dort Gebürtigen. Dazu kam, dass sich in der Phase von 1900 – 1914 zunehmend die besonders mobilen Studenten bzw. Militärangehörigen unter den Fußballspielern befanden. Manche Mannschaften wechselten binnen weniger Jahre fast ihr gesamtes Spielerpotential. So blieben beispielsweise von den zwölf Spielern der Wiener Mannschaft SK Slovan des Jahres 1902, deren Lebensweg sich weiterverfolgen lässt, nur drei in Wien, neun gingen nach Böhmen und Mähren zurück. Von den elf Spielern der Saison 1913/14 waren 1920 nur mehr zwei in Wien. Die Mannschaften in der österreichischen Provinz wurden von der Mobilität belebt. So gründete etwa 1908 der in Wien ehemals bei den Cricketern spielende Albert Siems, Leiter der k.k. Postautogarage, den bereits erwähnten LSK (später LASK). Percy Lowe, auch bereits in Wien aktiv, stammte aus England und war nunmehr in Traun bei Linz als Färbermeister beschäftigt. Er machte sich in Linz um die sportliche Ausbildung und die Einhaltung einer Taktik verdient Die Spieler Swatosch, Studnicka, Kuthan, Leistner und Broschek stammten aus Böhmen bzw. Wien, und leisteten beim Infanterie Regiment Nr. 2 in Linz den Militärdienst ab.

Das Verhältnis Wien – Kronländer im Fußballsport war höchst ungleichgewichtig: Waren 1910 in Wien 75 Vereine registriert, so waren es in den dem heutigen Österreich entsprechenden restlichen Kronländern lediglich elf Klubs. Unbestrittenes Fußballzentren sollte für Jahrzehnte Wien bleiben, aber die Regionalisierung schritt voran. 1911 konstituierte sich der Alpenländische Fußballverband, der Steiermark, Kärnten, Tirol, Oberösterreich und Salzburg umfasste. 1913 meldete der Verband 15 Vereine und zwar: Grazer SV, Linzer SC, Grazer AK, SV Knittelfeld, Marburger SV, Deutscher Athletik SC, Tiroler SC, Schwarze Elf Judenau, Fußball Innsbruck, Brucker BC, Klagenfurt, Rapid Graz, Grazer FC „Sturm", Grazer Amateure und Welser SC.

Ventil und Konfliktstoff für die Massen - Fußball in der Zwischenkriegszeit

Der Zusammenbruch der Habsburgermonarchie bedeutete für die Menschen einen massiven Einschnitt. Ein Jahrhunderte alter Staat und ein traditionsreiches System waren zusammengebrochen, ein Krieg verloren worden, dies prädestinierte zu Krisen – wirtschaftlich, politisch, sozial.

Nach dem Ersten Weltkrieg begann für den Fußballsport in der neuen, kleinen Republik Österreich jedenfalls eine neue Ära. Vor allem aus jüngeren bis hin zu mittleren Altersschichten formte sich ein Massenpublikum. 1921 wurde das Stadion auf der Hohen Warte verlegt und wesentlich großflächiger angelegt. In der Saison 1921/22 hat

Zum achtenmal Meister!

Die in der Meisterschaft 1922/23 siegreiche Mannschaft Rapids

Quelle: Privatbesitz Erich Zimmerl, Gettsdorf

Die Zeitschrift des österreichischen Rekordmeisters Rapid Wien, 1923

man eine Reihe von Wiener Fußballballplätzen neu angelegt, und 1923 wurde schließlich ein vorläufiger Rekord erreicht: Mehr als 85.000 Zuseher wollten auf der Hohen Warte, die offiziell 70.000 Menschen fassen konnte, einem Spiel zusehen. Der nunmehr ungemein populäre Fußballsport erhielt in den Zwanzigerjahren massenmobilisierenden Charakter. Der Massenbetrieb lief parallel zu einer Entbürgerlichung dieses Sports, und zwar im kulturellen Sinn. Konservative Höflichkeits- und Umgangsformen, der Auftritt angesehener Personen aus Adel und Hochfinanz waren vorbei. Auf dem Spielfeld hielt – analog der neuen Zielsetzung der Effizienz – das absichtliche Foulspiel Einzug.

Fußball wurde nun mehr und mehr zu einem machistisch angelegten Massenereignis. „Ein Weib ist nur ein Weib, aber ein gutes Fußballmatch ist ein Genuss" – diesen Spruch erwählte eines der führenden Sportmagazine der Zwanzigerjahre zu seinem Motto. Härte wurde zum Trumpf einer Reihe von Mannschaften, es bildete sich damals auch ein kriegerisches Vokabular im Zusammenhang mit dem Fußballsport heraus. Das Spiel konnte zur „Schlacht" werden, die mitreisenden Anhänger zu „Schlachtenbummlern", das direkte scharfe Spiel aufs Tor hieß immer schon „Schuss" und ein Elfmeter oder „Strafstoß" wurde „exekutiert". Ein gewisser Professor Ernst Vogel sammelte zu Beginn der 1920er Jahre national und international Beispiele schwerer Verletzungen beim Fußballspiel bis hin zu Todesfällen, für ihn waren das Indizien, dass Fußball ein barbarischer Sport sei, ein Exerzierfeld „männlicher Aggression". Es gab im österreichischen Fußballsport damals vielfach brutale Vorkommnisse, doch die Wiener Szene war zweifellos von einer Spielkultur dominiert, die eher nicht auf brutales „Durchtanken" (von Tank, engl. Panzer) setzte, sondern spielerische Elemente und technisches Können in den Vordergrund rückte.

Im September 1924 ist in Österreich als erstem kontinentaleuropäischen Land der Berufsfußball eingeführt worden, wesentlich früher als etwa in Deutschland. Der sogenannte „Nachtmahlamateurismus", ein Schein-Amateurstatus, der verschleierte Formen der Vergütung in Form von Abendessen, Kleidung, Tankstellen und Zigarettenläden kannte, war passé. Rund 80 – 90 % der Spieler aus den Spitzenmannschaften kamen aus einem proletarischen Milieu. Der Professionalismus bot ihnen die Möglichkeit zu legalem, vergleichsweise hohem Einkommen und zu gesellschaftlichem Aufstieg. Es waren auch zusätzliche Einkommen aus Werbeeinnahmen möglich geworden, Spitzenstars agierten als Werbeträger, als Dressmen oder Testfahrer von Automobilen.

Damals dominierten einige Vereine die höchste Spielklasse: der bereits traditionsreiche Arbeiterverein Rapid, bereits mehrfacher österreichischer Meister, der deutschnationale Verein Wiener Sport-Club, die bürgerliche Vienna. Als Repräsentant einer Fußballkultur, die mit „Elementen der Boheme und Kaffeehauskultur durchsetzt" und eng mit Theater, Journalismus and anderen Kultursparten verbunden war, kann die Wiener Austria (bis 1926 „Amateure") angesehen werden. Poesie, Essays, intelligente Bonmots wurde in diesen Kreisen Fußballinteressierter sonder Zahl produziert. Der Klub war mit der Aura des assimilierten, liberal gesinnten jüdischen Bürgertums und des Intellektuellen umgeben.

Als deklariert zionistisch orientierter Sportverein war Hakoah Wien gegründet worden. In Wien lebten damals 180.000 Juden. 1925 gelang dieser Fußballmannschaft ein großer Triumph: Sie wurde erster österreichischer Meister der Professionals. Bei Spielen von Hakoah kam es immer wieder zu antisemitischen Manifestationen.

Vermarktung, Kommerzialisierung und Berufssport setzen sich nach der ersten Professional-Meisterschaft weiter fort, eine zunehmende Internationalisierung des Spielbetriebs setzte ein, um auf diese Weise zu Einnahmen zu kommen. So brachen die Spieler von Rapid und Simmering zu Skandinavienreisen auf, Hakoah gastierte in Paris und in den USA, der WAC fuhr nach Spanien, Rapid etwas später nach Kairo, Admi-

Die Mannschaft von Hakoah Wien wurde 1925 erster österreichischer Fußballmeister der Professionals

ra nach Barcelona, die „Amateure" nunmehr in Austria Wien umbenannt, nach Bilbao. Damals erlebte der Fußballsport einen ersten Globalisierungsschub. Das ritualisierte Kampfspiel wurde in diverse Länder getragen, in denen eine Fußballtradition bislang wenig ausgeprägt war. Österreichische Spieler und Mannschaften zählten in erster Linie zu den Exporteuren.

Die großen Unterschiede zwischen den Bundesländern und Wien blieben in der Zwischenkriegszeit bestehen. 1919 war ein Fußballverband für Oberösterreich und Salzburg, 1921 ein autonomer Oberösterreichischer Fußballverband gegründet worden. In fast allen Bundesländern waren 1919 bis 1923 Landesverbände gegründet worden, mit Ausnahme des Burgenlandes. Gesamtösterreichische Erfolge von Bundesländervereinen ließen aber auf sich warten. 1931 holte der LASK überraschend den Titel bei den österreichischen Amateurmeisterschaften.

Im August 1926 konstituierte sich der neue „Allgemeine Österreichische Fußball-Bund". Hinter diesem dürren Faktum verbirgt sich eine wesentliche Neuorganisation des österreichischen Fußballsports. Der neue Fußball-Bund agierte nunmehr getrennt von den Arbeiter- Fußballvereinen des ASKÖ. Zwischen beiden Gruppierungen fand kein Sportbetrieb statt, auch Auswahl- und sonstige Wettkämpfe waren nicht mehr möglich. Damit hatte die politische Polarisierung während der Ersten Republik auch den Fußballsport erreicht. Gegen Ende der zwanziger Jahre spielten sozialdemokratische und bürgerliche Vereine nicht mehr Fußball gegeneinander, schon vor 1934(!).

Das „sozialistische Sportideal" des ASKÖ implizierte eine kontroversielle Sportkultur, die anstelle des Sieges den fairen Kampf unter Gleichgesinnten und anstelle des Starkults den Solidaritätsgedanken betonte: Sport sollte als Selbstzweck verstanden werden, als Teilform einer neuen Lebenskultur. Für die Sozialdemokratische Partei war damals körperliche Ertüchtigung die Voraussetzung eines vitalen Proletariats. Sie plädierte für eine enge Verbindung des Arbeitersports mit dem Wehrsport und dem Republikanischen Schutzbund.

Die politischen Gegensätze in Österreich begannen sich im Zuge der Weltwirtschaftskrise und ihrer Folgen noch weiter zuzuspitzen. Daher soll an eine atypische Entwicklung erinnert werden, die einen Verein hervorgebracht hat, der bis heute Bestand hat. SV Austria Salzburg wurde am 13. September 1933 durch die Fusion der Vereine „Hertha" und „Rapid" gegründet. Spielstätte war der Fußballplatz in Lehen, den Rapid Salzburg einbrachte. Auslösendes Moment für die Fusion war die Schaffung einer Zweiländer-Zehnerliga Oberösterreich/Salzburg, an der Salzburg mit nur zwei Mannschaften teilnahmeberechtigt war. Neben dem SAK 1914 wäre dies der FC Rapid (Salzburg) gewesen, der sich allerdings alleine zu schwach für diese Liga fühlte. Um ein Gegengewicht zum spielstarken SAK zu schaffen, fusionierte der „Arbeiterverein" Rapid mit der „bürgerlichen" Hertha, was zu dieser Zeit zu Recht als Sensation galt und in Form einer Art „Geheimaktion" ablief. Immerhin war zu diesem Zeitpunkt bereits das Parlament ausgeschaltet. Allerdings war der politische Gegensatz Rot-Schwarz in Salzburg etwas abgemildert, im Gegensatz zu Wien,

Niederösterreich, Oberösterreich und der Steiermark, den Hauptschauplätzen der Auseinandersetzungen des Februar 1934.

Meisl, Sesta, Sindelar - der Walzer des „Wunderteams"

Viele Fußballer stammten aus Zuwandererfamilien, die ursprünglich in Böhmen, Mähren oder Ungarn beheimatet waren: Ein bekanntes Beispiel wäre der Stürmer Matthias Sindelar (1903 – 1939), der in Kozlau, Böhmen, geboren wurde und in Wien in einer tschechischen Arbeiterfamilie aufwuchs. Der untergewichtige Junge erhielt als Fußballer aufgrund seines scheinbar körperlosen Spiels den Spitznamen „Der Papierene", er galt als Dribbelkünstler. Der migrantische Hintergrund stellte ein Spezifikum des Wiener Fußballs dar und war auch charakteristische für die Zusammensetzung des österreichischen Nationalteams. Etwa die Hälfte der Spieler des Teams der frühen Dreißigerjahre waren Zuwandererkinder oder selbst noch außerhalb der nunmehrigen Grenzen Österreichs geboren, Teamchef

Quelle: Privatbesitz Norbert Lopper, Wien
Kranzniederlegung am Grab von Matthias Sindelar durch Austria-Präsident „Michl" Schwarz und Austria-Sekretär Norbert Lopper

Matthias Sindelar: „Der Papierene" tanzt

Hugo Meisl stammte aus einer jüdischen Familie. Die Italiener nannten das Spielsystem der Österreicher „Calcio Danubiano", d. h. „Donaufußball", worunter sie den mitteleuropäischen, österreichischen, tschechoslowakischen und den ungarischen Fußball zusammenfassten. Von der Spielanlage handelte es sich beim „Donaufußball" um eine Anwendung des Kurzpassspieles, ein System, das vor allem das „Wunderteam", die Nationalmannschaft der Jahre 1931 bis 1933, perfekt beherrschte. 1932 wurde etwa die Schweiz in Basel 8:1 geschlagen, ebenso wie es gelang, den späteren Weltmeister Italien zu besiegen. Danach ging es gegen Ungarn, damals eine der besten Mannschaften der Welt. Dieses Spiel gilt heute als eines der besten Matthias Sindelars. Der Mittelstürmer erzielte beim 8:2 drei Treffer selber und bereitete alle fünf weiteren Tore vor.

Bei aller Härte setzten die österreichischen Spitzenspieler weniger auf Körperkraft als auf Wendigkeiten, Düpieren der Gegner, die Anbringung überraschendster Wendungen im Spiel, die Inkarnation des Fußballspielers, Tricks und

Quelle: Vienna Archiv, Wien
Der Sir unter den Fußballtrainern: Wunderteam-Chef Hugo Meisl, der sieben Sprachen mühelos beherrschte.

Listigkeit, auf den „Wiener Schmäh" und vor allem das flache, schnelle Kurzpassspiel. Während etwa englische und vor allem deutsche Mannschaften ein nahes Verhältnis zur Athletik sowie ein hohes Maß an Mannschaftsdienlichkeit und Konzept aufwiesen, schätzte man auf heimischen Plätzen Einzelaktionen, phantasievolle Kombinationen und hohe Technik bis hin zur Ballverliebtheit. „Ballett" und „Wiener Walzer" waren damals bereits Begriffe, mit denen man den österreichischen Fußball zu charakterisieren versuchte.

Nach einem 5:0 Österreichs gegen Deutschland in Wien 1931 schrieb die Wiener Neue Freie Presse etwas arrogant davon, dass man noch höher gewinnen hätte müssen, aber die österreichischen Spieler brächten wenig zielstrebig immer neue Gedanken und Wendungen in das Spiel ein: „Oft zu kokett, oft schlampig, wie eben Künstler manchmal sind." Das österreichische Nationalteam schlug 1931 auch Schottland, damals nach England wohl die zweitbeste Mannschaft der Welt. Die Österreicher siegten mit 5:0, die Arbeiter-Zeitung schieb angesichts des Sieges von einem „Dokument wienerischen Schönheitssinnes, wienerischer Phantasie und wienerischer Begeisterung."

Bedenkt man die Tatsache, dass die größten Erfolge während einer tiefen Wirtschaftskrise errungen wurden, und dass vor allem Minderheiten, die ansonsten diskriminiert wurden, im österreichischen Fußball eine große Rolle spielten, so lässt Österreich während der Zwischenkriegszeit – auch wenn der Vergleich ein wenig überzogen erscheint – an Brasilien denken, wo man auch mit großartigen Fußballerfolgen mitunter ökonomische Unterentwicklung und Diskriminierung zu kompensieren versucht.

In der internationalen Presse wurden die Motivation und Kreativität der Spieler ebenso wie die österreichische Spielauffassung gefeiert. Wien zählte damals zu den Welthauptstädten des Fußballs, das österreichische Team war eines der besten der Welt. Zehntausende Buben und Jugendliche träumten damals in den Arbeitervierteln von einer Karriere, wie sie etwa Matthias Sindelar, „Pepi" Uridil oder „Schurl" Braun vorlebten. Tagsüber spielten sie in Gassen, Parks und auf Wiesen mit ihren in Ermangelung teurer Lederfußbälle aus Textilien gefertigten Bällen: mit dem sogenannten „Fetzenlaberl".

Auch die hohe Politik begann sich mit der Instrumentalisierung des Sports zu befassen: So wurde beispielsweise inmitten der tiefsten Wirtschaftskrise im Dezember 1932 während des Länderspiels England – Österreich in Stamford Bridge die Parlamentssitzung des Finanzausschusses unterbrochen, auf Staatskosten wurden an zentralen Plätzen Lautsprecher aufgestellt, über die eine Live-Reportage übertragen wurde. Österreich verlor 3:4, hatte aber seine Gleichwertigkeit bewiesen. Bei ihrer Rückkehr wurde die Mannschaft von mehr als 100.000 Menschen begrüßt, allen voran der Bundeskanzler. In Wien standen damals Krise und materieller Mangel an der Wiege des „Fußballwunders".

Bei der WM 1934 lief es nicht so wie erwartet, Sindelar konnte gegen Deutschland nicht eingesetzt werden, die Österreicher schieden vorzeitig aus. Bei der Olympiade 1936 in Berlin erkämpfte die österreichische Fußballmannschaft die Silbermedaille. Für die WM 1938 war Österreich qualifiziert. Es sollte nicht mehr dazu kommen. Am 28. März setzte der ÖFB den Weltverband FIFA in Kenntnis, dass er seine Organisation liquidiert habe. Ein bereits fixiertes Länderspiel gegen Deutschland wird am 3. April 1938 knapp vor der „Volksabstimmung" dennoch ausgetragen. Durch Tore von Sesta und Sindelar siegte Österreich vor 60.000 begeisterten Zuschauern im Praterstadion 2:0.

Die Zeit des Nationalsozialismus – das Ende Österreichs

Bereits seit den Jahren 1933 und 1934 waren in Österreich Sportvereine aus politischen Gründen verboten worden. Eine Reihe der davon betroffenen Arbeitersportklubs konnte allerdings unter anderem Namen und als formelle Neugründungen bis zur Errichtung der nationalsozialistischen Herrschaft in Österreich weiter existieren. 1938 bis 1945 gab es Österreich dann nicht mehr. Im Zuge der deutschen Machtübernahme wurde der österreichische Fußballverband als Gau XVII Ostmark dem NSRL (Nationalsozialistischer Deutscher Reichsbund für Leibesübungen) angegliedert. Dies beinhaltete die Eliminierung „nichtarischer und undeutscher Elemente" aus dem Fußballsport und das Verbot des professionellen Sports: Die Verträge aller Berufsfußballer wurden gekündigt.

Im April 1938 wurde der Austria-Vorstand seines Amtes enthoben, der Verein unter kommissarische Verwaltung gestellt, der Name auf SC Ostmark geändert. Im Juli 1938 konnte allerdings die Rückbenennung auf den Traditionsnamen Austria realisiert werden. Hakoah Wien wurde aufgelöst, das Vereinsvermögen beschlagnahmt und der Hakoah- Platz in der Krieau der SA-Standarte 90 zugewiesen. Die Resultate der in Meisterschaftsspielen stehenden Hakoah wurden annuliert. Jüdische Spieler hat man aus der laufenden Meisterschaft ausgeschlossen. Sie wurden verfolgt und diskriminiert. Dem Großteil der Hakoahner gelang es, rechtzeitig zu flüchten. Schließlich fielen aber auch Hakoah-Spieler und Funktionäre sowie jüdische Fußballspieler aus anderen Vereinen dem Holocaust zum Opfer: der ehemalige Nationalspieler Max Scheuer wurde im KZ ermordet, ebenso wie der bekannte Funktionär Fritz Löhner. Der Fußballspieler Josef Pollak wurde in Auschwitz so gefoltert, dass er seinen Verletzungen erlag. Minderheitenvereine wie den SK Slovan hat die Gestapo beobachtet und ihren Spielbetrieb dadurch behindert, dass man knapp vor Spielbeginn eines Matches Spieler zur polizeilichen Einvernahme holte. Funktionäre mussten auf Betreiben der Behörden zurücktreten, der Name sollte auf „Eintracht" oder „Germania X" verändert werden; schließlich konnte Slovan als AC Sparta weiterspielen. Ein Großteil der Slovan- Mitglieder wurde in den Arbeitsdienst berufen und war damit für den Spielbetrieb nicht mehr greifbar. Schließlich wurden Vereine verboten und aufgelöst, die im Verdacht standen, sozialdemokratisches oder kommunistisches Gedankengut zu transportieren. So wurden beispielsweise im Frühjahr 1939 bei einem Klubabend 48 Mitglieder des damals im 15. Wiener Gemeindebezirk angesiedelten Sport-

Quelle: Arbeitersturm vom 8. April 1938.
Wie beinahe alle Lebensbereiche musste auch der Fußball zur Werbung für die „Volksabstimmung" am 10. April 1938 herhalten.

vereins Olympia 33 von der Gestapo verhaftet. Das Vereinsvermögen hat man beschlagnahmt, den „Sport- und Geselligkeitsverein Olympia 33" wegen „staats- und parteifeindlicher Tätigkeit" aufgelöst. 24 Vereinsmitglieder starben in Konzentrationslagern oder im Zuchthaus.

Die einstige Fußballhochburg Österreich wurde in der Folge zur reichsdeutschen Provinz. Der geheimnisvolle Tod des nicht einmal 36jährigen Matthias Sindelar im Jänner 1939 wurde von vielen als das definitive Ende einer Sportepoche gesehen, der Schriftsteller Friedrich Torberg schrieb dazu seine „Ballade auf den Tod eines Fußballspielers". Mit den neuen Verhältnissen verbunden war auch eine Neuordnung des Ligabetriebs. Die Konzentration des Fußballsports auf Wien versuchte man aufzubrechen, indem man regionale Vereine in die höchste Spielklasse eingliederte. Die neue Meisterschaft sollte dem Modus des „Altreichs" angepasst werden. Die oberste Spielklasse in der „Ostmark" sollte die Gauliga darstellen, und der daraus resultierende Gaumeister würde im Kampf um den deutschen Meistertitel gegen den Meister aus dem „Altreich" anzutreten haben. Bei Spielen zwischen den Wiener Spitzenmannschaften und deutschen Teams kam es schon ab 1939 immer häufiger zu Ausschreitungen. Die Regionalisierung des Spitzensports scheiterte, die Mannschaften aus den ehemaligen Bundesländern konnten mit dem Niveau der Wiener Klubs nicht mithalten. Für Linz, die „Patenstadt" Hitlers, hatte man ein Mega-Stadion geplant, das nicht realisiert wurde. Der LASK und der Grazer SC wurden in der Saison 1940/41 von Wiener Mannschaften mehrmals zweistellig deklassiert.

Trotz aller Integrationsprobleme und Konflikte war jedoch letztlich in Österreich der Versuch erfolgreich realisiert worden, den Sport unter deutsches Management zu stellen. Der deutsche Verband unternahm einiges an Integrationsbemühungen in Hinblick auf die Einberufung österreichischer Spieler in das Nationalteam. Dem Austrianer Hans Mock wurde sogar die Kapitänsschleife im deutschen Team übertragen, der Admira-Spieler Willy Hahnemann avancierte zum Liebling des deutschen Reichstrainers Sepp Herberger. Schließlich nahmen österreichische Mannschaften permanent am deutschen Meisterschaftsbetrieb teil, die Spitzenmannschaften mit großem Erfolg. So wurde Rapid Wien 1941 in einer packenden Partie gegen Schalke 04 in Berlin vor 95.000 Zuschauern deutscher Meister. Vienna erreichte 1942 das Finale, wurde Vize-Meister und 1943 Cupsieger. Allen Erschwernissen und Einschränkungen zum Trotz wurde auf österreichischen Plätzen bis in die Monate März und April 1945 Fußball gespielt.

Ebenso wie der Film, Theateraufführungen, Schallplattenaufnahmen und Konzerte diente der Fußballsport dem nationalsozialistischen Staat als Teil eines funktionierenden Kultur- und Unterhaltungsprogramms zur Kompensation von Leid, Not, Unterdrückung und Tod während des Zweiten Weltkriegs.

Aufstieg und Krisen – Fußball in der Zweiten Republik

Das Konsens- und Wiederaufbauklima nach dem Zweiten Weltkrieg führte in Österreich zur Einrichtung einer überparteilichen und einheitlichen Verbandsorganisation. Der anfangs spärliche Matchbesuch stieg rasch an, im Juni 1945 wurden die Spiele um den „Befreiungspokal" bereits von mehr als 10.000 Zusehern besucht. Bei dem Länderspiel Österreich – Ungarn im April 1946 zählte man bereits 55.000 Zuschauer. In Österreich hatte man wieder an die Zwischenkriegszeit angeknüpft: Massenpublikum einerseits und Massenbetätigung in hunderten kleinen Klubs prägten das Bild der ersten Nachkriegsjahre, und schließlich entstand in den beginnenden fünfziger Jahren auch das „zweite Wunderteam", das noch immer das traditionelle Kurzpassspiel pflegte und erst langsam sein Spiel mit Longpasses durchsetzte. Am 13. Dezember 1950 gelang es Österreich im Hampden Park

Stadion in Glasgow, einer der stärksten europäischen Fußballmannschaften, nämlich Schottland, auf eigenem Boden eine Niederlage zuzufügen. Dabei glänzte der Wiener Torhüter Walter Zeman durch eine Bravourleistung, die ihm den Beinamen „Panther von Glasgow" eintrug. In der Folge zählte Österreich zu den besten kontinentaleuropäischen Teams.

Österreich galt als einer der Favoriten der WM 1954 in der Schweiz. Dieser Bewerb hatte eine besondere Bedeutung. Zum einen nahm die Bedeutung der WM als Trendsetter, internationales Kräftemessen und „Weltfußballfest" ganz allgemein zu. Außerdem wurden 1954 die Spiele erstmals im Fernsehen gesendet, allerdings noch nicht in Österreich. Die erste reguläre Fernsehsendung wurde in Wien am 1. August 1955 ausgestrahlt. Zum anderen war es für die Alpenrepublik die erste Weltmeisterschaft seit 1934. Im Jahre 1938 war durch Österreichs Anschluss eine Teilnahme verwehrt, 1950 nahm Österreich ebenso wie andere europäische Spitzenmannschaften (Deutschland, Ungarn) aus finanziellen Gründen nicht an der WM in Brasilien teil.

Nun bot sich zum ersten Mal die Möglichkeit breiter internationaler Anerkennung. Diese Möglichkeit der Kompensation war besonders wichtig, da persönliche Erfolgsergebnisse – sozial oder wirtschaftlich – in der Gesellschaft des Nachkriegsmangels auf breiter Ebene noch sehr spärlich waren. Die Erwartungen waren hoch. Vorerst verlief der Bewerb für Österreich sehr erfolgreich. Im Viertelfinale siegte Österreich in der so genannten „Hitzeschlacht von Lausanne" 7:5 gegen die Schweiz mit den Stars Ernst Ocwirk, Gerhard Hanappi, Ernst Happel, Ernst Stojaspal und Alfred Körner. Das Spiel gilt nach wie vor als das trefferreichste einer WM. Deutlich favorisiert, unterlag das österreichische Team im Halbfinale jedoch der deutschen Mannschaft 1:6. Schließlich verlor auch die damals weltbeste Mannschaft, Ungarn gegen die Bundesrepublik Deutschland mit 2:3; Österreich wurde nach einem Sieg über Uruguay schließlich WM-Dritter.

Tausende begeisterte Anhänger begrüßten das österreichische Team am Westbahnhof, an erster Stelle Bundeskanzler Julius Raab und Justizminis-

Quelle: Archiv Oberösterreichische Nachrichten
Fußball-WM 1954 in der Schweiz: Groß war die Enttäuschung nach dem 1:6 gegen Deutschland, ...

ter Josef Gerö. Der dritte Platz bei der WM stellte den größten internationalen Erfolg Österreichs in der Fußballgeschichte dar. Torhüter Kurt Schmied, dessen Durchhaltevermögen nach der Meinung der Fans den Weg zum dritten Platz ermöglicht habe, wurde bei der Ankunft besonders gefeiert und auf den Schultern aus dem Bahnhof getragen.

Sportpatriotismus war ein wichtiges Element beim Aufbau und Ausbau einer Österreich-Identität nach 1945. Von besonderer Bedeutung war dabei die Abgrenzung gegenüber Deutschland, in

Nr. 56 Österreich gegen Uruguay am 3. 7. 1954 in Zürich 3:1 (1:1). Kopf oder Ball? Österreichs Stürmer Dienst trifft sicher das Leder

Quelle: Deutsche National Elf Weltmeister Album, Cosmos Zigarettenbilder 1954

Quelle: Arbeiter Zeitung vom 6. Juli 1954
... umso größer aber dann der Jubel nach dem 3:1 gegen Uruguay und dem Gewinn der Bronzemedaille.

der Nachkriegszeit war in Österreich als Folge der Geschehnisse von 1938 bis 1945 ein emotioneller Antigermanismus weitverbreitet. Dies wirkte sich auch im Fußball aus. Ab den sechziger Jahren befand sich Österreich überdies in einer zunehmenden wirtschaftlichen Abhängigkeit von der Bundesrepublik Deutschland. Dies schärfte den emotionalen Konflikt auf dem Fußballplatz nur an. Die Bilanz zeigt, dass Österreich gegen den „Großen Bruder" nach 1945 über weite Strecken erfolglos blieb: Bislang 16 Siegen für die Bundesrepublik stehen fünf Remis und zwei Siege für Österreich gegenüber. Der überraschende 3:2 Sieg Österreichs gegen Deutschland bei der WM 1978 in Argentinien, begeisterte daher breite Bevölkerungsschichten. Der für Österreichs Teilnahme an der WM bedeutungslose Sieg von Cordoba wurde zum Mythos. Den zweifachen Torschützen Hans Krankl hat man in Österreich zu einer Art nationalem Helden stilisiert. Die Mannschaft von Trainer Helmut Senekowitsch um Kapitän Robert Sara, Herbert Prohaska und Bruno Pezzey gilt seitdem bis heute als bislang letzte erfolgreiche Nationalmannschaft der Spitzenklasse.

Seitdem hat sich einiges verändert: In der Umbruchsituation, in der sich Europa seit 1989 befindet – Zusammenbruch der kommunistischen Regimes, politische Neugestaltung, Zunahme der Konflikte, Globalisierung, große Wanderungsbewegungen – wird auch in Österreich mit einer erneuten Hinwendung zu „nationalen Werten" reagiert. Ausschreitungen bei Fußballspielen sind schon seit Jahrzehnten eine Tatsache, die Renaissance des Nationalismus hat die Problematik bei Fußballspielen erneut angeschärft. Randalierende Fans sind europaweit mittlerweile zu einem gravierenden Problem geworden. In Österreich verliefen Ländermatches aber bislang vergleichsweise ruhig. Nichtsdestoweniger schädigten die häufigen Niederlagen der Fußballnationalmannschaft seit rund zwei Jahrzehnten das nationale Ansehen. Besonders prägnant war 1990 die Niederlage gegen die Mannschaft der Färöer-Inseln.

Die Verknüpfung des nationalen Prestiges mit dem Sport, insbesondere dem Fußballsport, stellt allerdings eine universelle Tendenz des 20. Jahrhunderts dar, wie Norbert Elias ausführt. Dies zeigen fast sämtliche Fußball-Weltmeisterschaften der letzten Jahrzehnte, als etwa deutsche Bundeskanzler, italienische bzw. französische oder brasilianische Staatspräsidenten in der Öffentlichkeit und mit ihrer persönlichen Anwesenheit den Stellenwert der jeweiligen Nationalmannschaft bekundeten.

In Österreich hat unlängst die hohe Politik die Fußball-Europameisterschaft 2008 als „Jahrhundertereignis, das größte Sportereignis, das jemals in der Geschichte Österreichs stattgefunden hat" bezeichnet. Österreich müsse sich bei dieser EURO 2008 von seiner besten Seite präsentieren. Dies zeigt, dass der Sportart selbst, ungeachtet der Tatsache, dass von einer markanten Leistungskrise zu sprechen ist, nach wie vor hohe Bedeutung zugemessen wird. An der Gesamtbilanz einer Krise haben auch positive Einzelergebnisse von Vereinsmannschaften wenig verändert. In der aktuellen FIFA-Weltrangliste (Dezember 2007), die die Ergebnisse der letzten vier Jahre berücksichtigt, rangiert Österreich hinter wenig traditionsreichen Fußballnationen wie Oman, Äquatorial-Guinea, Armenien und Island auf Platz 94, knapp vor Lybien und Neuseeland. Allerdings konnte in jüngster Vergangenheit der österreichische Fußballsport in Jugend- und Juniorenbereich einige Erfolge für sich verbuchen, wie etwa das Vordringen ins Halbfinale der U-20 Weltmeisterschaft im Jahre 2007.

Regionalisierung, Kommerzialisierung und Medialisierung

Im Jahr 1945 wurde im Burgenland erstmalig ein das gesamte Bundesland umfassender Fußball-Landesverband gegründet. Damit existierten im gesamten Bundesgebiet entsprechende Landesverbände. Nach einer Bestandsaufnahme des Jahres 1951 waren die meisten Vereine in Niederösterreich, gefolgt von Wien und Oberösterreich, gemeldet. Damals war in den Bundesländern noch regelmäßiges und zeitgemäßes Training mit einem dazu ausgebildeten Trainer weitgehend unbekannt. Wien wurde nach wie vor als das unbestrittene Zentrum des Sports angesehen. Um ein Beispiel aus der Saison 1955/56 in Hinblick auf Professionalität zu geben: Verteidiger Richard Jelinek von Austria Salzburg riss beim Auswärtsspiel in Kapfenberg nach dem 5:0 der steirischen Mannschaft Torhüter Krammer den Torwartpulli vom Leib und stellte sich selbst zwischen die Pfosten. Der Torhüter verließ daraufhin verzweifelt das Spielfeld. Nach dem Schlusspfiff kam es in der Kabine unter den Salzburger Spielern zu einer handfesten Schlägerei.

In der Saison 1949/50 war aber zweifelsohne mit der Gründung der Österreichischen Staatsliga ein entscheidender Impuls zur Verbreiterung des Spitzensports gesetzt worden. Gleichzeitig hat die Einführung des Österreichischen Sporttotos für eine solide Finanzbasis des Sportgeschehens gesorgt. Die Regionalisierung des österreichischen Fußballsports setzte sich in der Folge kontinuierlich fort und führte im Jahre 1965 dazu, dass mit dem LASK erstmals eine Bundesländermannschaft den österreichischen Meistertitel errang. Der Gewinn des Meistertitels durch einen Linzer Verein stellte eine Sensation dar, er kam überraschend erst im letzten Ligaspiel zustande und leitete einen Paradigmenwechsel ein.

1968 fand erstmals ein Heimspiel der Nationalmannschaft außerhalb Wiens statt, mit Gerhard Sturmberger und Helmut Köglberger wirkten die prominentesten regionalen Spieler mit (Österreich - Rumänien, 1968 in Linz, die Partie endete

Quelle: Archiv Oberösterreichische Nachrichten
Austria Wien-Spieler beim Training mit der Trainerlegende Béla Guttmann (1899-1981), darunter Helmut Köglberger (vierter) und Herbert Prohaska (siebenter von links), 1973

1:1). Den definitiven Verlust der Wiener Hegemonie, als fünf Jahre lang kein Wiener Verein den Titel erringen konnte, brachten die Erfolge von Wacker Innsbruck (Vizemeister 1967 und 1968, Meister 1971 bis 1973 sowie 1975 und 1977). 1974 wurde VÖEST Linz unter Trainer Senekowitsch überraschend Meister, 1975 Vizemeister. Für die beiden Landeshauptstädte waren die Meistertitel symbolisches (wenngleich auch ökonomisches) Kapital, da die genannten Fußballvereine für die Verortung von lokaler und regionaler Identität von großer Bedeutung waren. Fußballerfolge waren damals der Entwicklung von kollektivem Selbstwert dienlich. Die unabhängige Republik Österreich war noch immer vergleichsweise jung, die Hegemonie der Bundeshauptstadt historisch von enormem Ausmaß.

Die großen Wiener Klubs waren von traditionellen Vereinsstrukturen geprägt, die nicht unwesentlich von ehrenamtlichen Funktionären mit unterschiedlichen partikularen Interessen getragen wurden. Die bedeutendsten Beispiele der Modernisierung lieferten Vereine aus Innsbruck und Salzburg. Wacker Innsbruck – gesponsert vom Glaskonzern Swarowski – versuchte jahrelang unter dem Namen FC Tirol zu einem europäischen Großverein zu werden, dabei stützte sich der Klub auf die Anti-Wien-Ressentiments Westösterreichs. Der Versuch scheiterte 1992, als der Konzern seine Sponsorgelder abzog. In den frühen neunziger Jahren ließ der Klub SV Austria Salzburg eine ähnliche Entwicklung erkennen. Salzburg war Vizemeister 1991/92 und 1992/93, Meister 1993/94 und 1994/95, 1996/97, Supercupsieger 1994, 1995, 1997 und UEFA-Pokalfinalist 1994. Erfolgreich in internationalen Bewerben und der Champions League, schaffte es Salzburg, wieder größere Zuschauermengen in das Stadion zu ziehen. Die TV-Einschaltquoten bei Europacupspielen lagen mitunter über jenen von Länderspielen. Internationale Erfolge Salzburgs wurden in ganz Österreich umjubelt. Diese Entwicklung ist unter anderem daraus zu erklären, dass durch die schlechten Leistungen des Nationalteams fußballbegeisterten Österreichern das für den Fußballsport notwendige Identifikationsobjekt abhanden gekommen war: Austria Salzburg war in den 1990er Jahren in der Lage, dieses Vakuum auszufüllen. Als FC Red Bull Salzburg ist der Klub erneut in die Schlagzeilen geraten, als österreichischer Fußballmeister und durch den Einstieg eines Millioneninvestors, der es möglich machte, teure Spieler und die Trainer-Ikone Giovanni Trapattoni zu engagieren. An dieser Stelle ist auf die wachsende Entkoppelung des Leistungsniveaus von Vereinsmannschaften und Nationalmannschaft hinzuweisen, die in Österreich mit dem langjährigen, umfangreichen Engagement ausländischer Spieler zusammenhängt. Das sogenannte Bosman-Urteil des Europäischen Gerichtshofes 1995 hat diese Entwicklung mit einer weiteren Öffnung des Spielermarkts zusätzlich verstärkt.

Beobachtet man die Situation in den letzten zehn Jahren, so ist von einem durchschlagenden Erfolg der Regionalisierung zu sprechen, aber auch von einer Krise in der einstigen Fußballhochburg Wien. Mittlerweile ist die Ebene der Spitzenklasse des nationalen Sports in der Bundeshauptstadt schmal geworden. Sie besteht im wesentlichen nur mehr aus zwei traditionsreichen Großklubs Austria Wien und SK Rapid Wien. Die höchste Spielklasse widerspiegelt dies: Es spielen die beiden genannten Wiener Mannschaften sowie Klubs aus Linz, Salzburg, Innsbruck, Ried, Altach, Klagenfurt, Mattersburg und Graz. Meistertitel der letzten zehn Jahre wurden errungen von Sturm Graz (2), FC Tirol (3), Austria Wien (2), Rapid Wien (1), GAK (1), FC Red Bull Salzburg (1). In der zweithöchsten Spielklasse, der „Red Zac Liga", ist nur ein Verein – von zwölf – in Wien beheimatet.

Parallel zur Regionalisierung sind Professionalisierung, Kommerzialisierung und Medialisierung zu beobachten. Ab den Siebzigerjahren ist in Österreich eine Neudefinition des Fußballsports zu beobachten: Leistungsprinzipen, Kraft, Ausdauer und sportliche Lebensweise wurden für die Berufsfußballer von zunehmender Bedeutung. Parallel dazu verlief die Verwendung nicht nur von Trainern, sondern auch von anderen Spezialisten: Sportchef, Trainerassistent, Tormanntrainer, Nachwuchstrainer bis hin zu Leistungsdiagnostikern und Psychologen zusätzlich zu den Sportärzten und Masseuren bilden heute ganze Betreuerstäbe. Hintergrund der funktionalen Differenzierung war die weltweite sportliche Entwicklung des Fußballspiels.

Die weitere Medialisierung des Sports zählt ebenfalls zu den markantesten Entwicklungen. Der Sport nimmt hier keine Sonderstellung ein. Das Olympische Komitee erkannte 1982 die Bedeutung des Sports als Wirtschaftsgut, im Jahre 1982 wurde der sogenannte Amateurparagraph aufgehoben. Aber nicht nur im olympischen Gedanken, sondern ganz speziell in der alltäglichen Nutzung und Begegnung mit dem Sport kam die Medialisierung zum Tragen. Gerade Fußball als Sportart, die sich durch hohe Popularität weltweit auszeichnet, bietet vielfältige Nutzungs- und Verwertungsstrukturen sowie enorme wirtschaftliche Möglichkeiten. Die europäischen Fußballvereine konnten, insbesondere durch die TV-Verwertung, ihre Ertragssituation erheblich steigern. Die weitgehende ökonomische Verwertung des Sports wurde erst im Laufe der Jahre gesellschaftsfähig. Auslöser der verstärkten Medialisierung war die Öffnung der Fernseh- und Rundfunkmärkte in Deutschland und Österreich für private Anbieter. Seit einiger Zeit ist das Internet ebenfalls ein Medium auf dem Werbemarkt, Sportwetten boomen. Ein Bundesligaspiel wird in Österreich im Schnitt von 4.014 (Saison 2002/03) bis 8.011 (Rekordsaison 2006/07) Zusehern gesehen. Dem stehen erhebliche Einschaltquoten der Fernsehstationen bei Fußballspielen gegenüber: Österreichische Meisterschaftsspiele wurden mitunter von 500.000 – 700.000 Zusehern gesehen, Länderspiele von mehr als einer Million Menschen, internationale Spiele, etwa im Rahmen einer Weltmeisterschaft, von mehr als 2 Millionen Zusehern. Auch das Internet bietet die Möglichkeit einer ökonomischen Nutzung von Fußballinteresse in einer quantitativen Dimension, die jene der Fußballstadien bei weitem übertreffen.

Der Kommerzialisierung der Fußballklubs entspricht auch eine Veränderung der Zuseherstruktur: In der ersten Hälfte des 20. Jahrhunderts war der typische Fußballzuschauer der ‚Anhänger', eine Person mit der Vereinstreue, Begeisterung und Emotion für ‚seinen' Verein, inklusive Schmähung des Gegners. Dieser Typ des in der angelsächsischen Sportforschung genannten „local club supporter" wurde im Verlauf der letzten zweieinhalb Jahrzehnte mehr und mehr zurückgedrängt. An seine Stelle trat mehr und mehr der „soccer interested consumer", der fußballinteressierte Konsument. Die Qualität des Produkts hat für ihn Vorrang, sentimentale Bindungen (verbunden mit Pflichten) kennt er nicht. Er orientiert sich primär am Erfolg und an großen Namen: Mehr und mehr sind es die Sieger, die erfolgreichen Vereine, die große Zuschauermengen anziehen. In Österreich existieren die beiden idealtypischen Varianten des Zusehers nebeneinander. Während der „Anhänger" bislang vorrangig auf den Fußballplätzen und der „Konsument" vor den TV-Bildschirmen zu finden war, erlauben die aktuellen Zuschauerstatistiken den Schluss, dass sich bereits seit mehr als zwei Jahrzehnten in den Stadien verstärkt der Paradigmenwechsel hin zu fußballinteressierten Konsumenten vollzieht. Sitzplatzarenen und ausgedehnte VIP-Klubs, in denen das Match nicht unmittelbar beobachtet wird, gehören mittlerweile zum Standard der arrivierten Vereine.

Ungeachtet der Leistungskrise ist Fußball in Österreich nach dem alpinen Schilauf nach wie vor Nationalsport Nummer Zwei. Im Rahmen einer IHS-Studie vom Dezember 2005 wurden folgende Basisdaten zum Fußballsport in Österreich erhoben: Demnach gibt es insgesamt 592.375 beim ÖFB gemeldete Aktive. Davon sind 370.828 Erwachsene und 221.547 Kinder und Jugendliche. Die gemeldeten Spielerinnen und

Spieler gehören einem der insgesamt 2.211 Fußballvereine an. 7,4 % der österreichischen Bevölkerung sind demnach bei einem Fußballverein (sechster Platz im UEFA-Ranking), jeder dritte männliche Jugendliche ist bei einem Fußballverein gemeldet.

Die Nachwuchsarbeit ist die Grundlage einer dauerhaft erfolgreichen Vereinsarbeit. Hier zeigt sich die große Bedeutung ehrenamtlicher Arbeit. Während von den Vereinen 6 Millionen Euro für Nachwuchsarbeit aufgebracht wurden, liegt der Geldwert sämtlicher im Nachwuchsbereich erbrachten sportbezogenen Leistungen bei 51 Millionen. Würden alle ehrenamtlich erbrachten Leistungen – von der Nachwuchsarbeit bis zur Schiedsrichterleistung – zu Marktpreisen abgerechnet, ergäbe sich ein zusätzlicher Personalaufwand von 306 Millionen Euro. Dies entspricht einem Beschäftigungseffekt von 11.800 Personen. Während im Spitzensport der Schritt vom vereinstreuen Spieler, vom Fußballer, der sich mit seinem Verein identifiziert, zum Freiberufler mit Beratern, zur Ich-Aktie, die sich optimal zu vermarkten sucht, längst vollzogen ist, stellen die in erster Linie Sport, Verein und Funktion verbundenen ehrenamtlich Aktiven nach wie vor die Basis des Fußballbreitensports in Österreich.

Eine relativ neue Disziplin – Frauenfußball

Als offiziell anerkannte Sportdisziplin mit regulärem Spielbetrieb hat Frauenfußball in Österreich eine vergleichsweise kurze Geschichte. Erste Spielversuche datieren zwar zurück in die Kaiserzeit. Es war aber die Zwischenkriegszeit, die als eine Phase intensivierter weiblicher Emanzipation angesehen werden kann. Das äußere Erscheinungsbild und das Ausmaß der Berufstätigkeit änderten sich markant. Frauen machten sich in Politik und Öffentlichkeit deutlicher bemerkbar, dies galt auch für den Sport. In der Turnerschaft, im Tennis und im Eiskunstlauf waren Frauen bereits seit dem ausgehenden 19. Jahrhundert präsent, ihr Anteil und ihre Bedeutung nahmen in

Quelle: Österreichischer Fußballverband, Wien

der Zwischenkriegszeit deutlich zu. Eine Neuheit stellten etwa auch Frauen in der Leichtathletik dar, im Handball, im Hockeyspiel, im Schwimmsport und bei Fechtveranstaltungen.

Im Gegensatz zu diesen Sportarten konnte sich der weibliche Fußballsport in der Zwischenkriegszeit nicht etablieren. Erklärungsversuche verweisen sowohl auf psychoanalytische Deutungsmuster als auch auf kulturhistorische Ansätze. So wurde davon ausgegangen, dass der Fußballsport für Frauen weniger attraktiv sei, da das diesem Sport innewohnende Element der Selbstdarstellung, des Vorzeigens körperlicher Kräfte in erster Linie den (physisch stärkeren) Männern zu eigen sei, ebenso wie die Elemente der Spannung, der Gewalt, des Kampfes spezifisch männlich seien. Schließlich wurde als Erklärung auch vorgebracht, dass das Spiel mit den Füßen eine unweibliche Eigenschaft darstelle – Treten sei spezifisch männlich, das „unversehrte" Bein stelle in vielen Kulturen einen Teil des weiblichen Schönheitsideals dar. Nun sind all diese Ansätze kaum zufriedenstellend: Sie stellen eher die Reproduktion geschlechtsspezifischer Klischees dar, als dass sie den Hintergrund der österreichischen Entwicklung ausleuchten.

Vor allem mit gesellschaftlich-kultureller Traditionalität lässt sich wohl erklären, dass im Österreich der Zwanziger- und Dreißigerjahre Frauen nur unter großen Schwierigkeiten zum Fußballspielen kamen und ein regulärer Spielbetrieb eigentlich nicht stattfand.

Demgegenüber sind regelrechte Frauen-Fußballspiele mit rund 10.000 Zusehern bereits seit dem späten 18. Jahrhundert von der britischen Insel verbürgt. Im späten 19. Jahrhundert wurde in England und auch in anderen Teilen Großbritanniens eine Reihe weiblicher Fußballklubs gegründet. Der bekannteste war der in Preston, England, angesiedelte Verein Dick Kerr's Eleven. Vorerst erlangte man Popularität durch Charity-Spiele, 1922 unternahm Dick Kerr's Eleven eine Tournee in die USA, wobei die Gegner Männermannschaften darstellten: Die Tournee wurde sowohl ein sportlicher als auch ein Publikumserfolg. Ebenfalls anfangs der zwanziger Jahre wohnten einem Match nationaler Frauenteams aus Frankreich und England rund 10.000 Zuschauer bei.

Quelle: Archiv Oberösterreichische Nachrichten

Auch in Österreich stellten die reformfreudigen Zwanzigerjahre eine Zeitphase dar, in der diverse Emanzipationsversuche in der Gesellschaft wirksam wurden. Im Fußballgeschehen blockierte zu dieser Zeit einerseits die Entbürgerlichung und zeitgleiche Proletarisierung (im sozialen Sinn) die Spielversuche jener weiblicher Schichten, die am stärksten nach Emanzipation und Selbstverwirklichung strebten: die Mittelschichten. Andererseits wurde auf der Ebene des organisierten Arbeitersports klar akzentuiert gegen weibliches Fußballspielen Stellung genommen. Der Fußballsport sei „zu gefährlich", „zu hart" für Sportlerinnen, diese seien dafür nicht geeignet.

Letztlich sei in Hinblick auf die Ablehnung durch den Arbeitersport auch darauf hingewiesen, dass die sozialdemokratische Familienpolitik in Wien unter dem Titel eines Zivilisationsprogrammes auch die verstärkte Einbindung der Frau in einen Kleinfamilien-Kontext beinhaltete. Mit dem Blick auf niedrige Geburtenraten sollte diese Politik für ein höheres „familiales Reproduktionsniveau" sorgen. Diese Ausrichtung ließ wenig Raum für die unabhängige Freizeitgestaltung von Frauen in einem Bereich, der doch relativ zeitaufwändig ist.

Schließlich gelangte in den frühen Dreißigerjahren, als die Auseinandersetzungen zwischen den Arbeiterorganisationen und dem „bürgerlichen Lager" immer mehr an Schärfe zunahmen, der geschlechtsspezifische Blickwinkel gegenüber den politischen und den Klassenstandpunkten stärker außer Sicht. In dem klerikal-autoritären System des „Ständestaates" (1934-38) entwickelte sich dennoch der Versuch der „Österreichischen Damenfußball-Union", eine Ligameisterschaft durchzuführen. Der offizielle Österreichische Fußballverband gab daraufhin 1936 in einem Erlass bekannt, dass es Vereinen, die dem Verband unterstehen, verboten sei, Sportplätze für Damenwettspiele zur Verfügung zu stellen. Auch die deutschnationale Sport- und Turnfront gab bekannt, dass auch sie Damenfußball für keinen selbständigen Sportzweig halte.

Während der Zeit des Nationalsozialismus war an eine Fortentwicklung weiblicher Positionen in männerdominierten Sportarten ebenfalls nicht zu denken.

Auch in den Notzeiten nach dem Zweiten Weltkrieg konnte man über Frauensport wenig lesen: Fußball wurde zwar sofort wieder zum Männersport Nummer Eins, Frauen blieben aber ausgeschlossen. 1948 fanden in Wien einige Frauenfußballmatches statt. Nach langen Jahren nahm 1957 erstmals eine österreichische Mannschaft an der inoffiziellen Frauen-WM in Berlin teil. Inoffiziell deswegen, da etwa in der Bundesrepublik Deutschland Frauenfußball seit 1955 vom Deutschen Fußball-Bund (DFB) mit bereits bekannten Argumenten untersagt worden war. Nun ist der DFB weder die Polizei, noch ein Gesetzgeber, der Frauenfußball kam aber dennoch in eine schwierige Position. Auch in anderen Ländern, so in Österreich, wurde der Sport nicht anerkannt. Erst 1967 hat man in Österreich eine Damenmeisterschaft durchgeführt, die Spielerinnen und Funktionärinnen galten als „Wilde" und wurden vom österreichischen Verband nicht akzeptiert. Damals gingen die Sportlerinnen auch an die Öffentlichkeit, ihr Kampf um die offizielle Anerkennung bedeutete für sie die Gleichberechtigung.

Im angelsächsischen Raum wurde mittlerweile weiter von Frauen Fußball gespielt, vor allem auch an Colleges. In den Fünfzigerjahren hat der amerikanische Dramatiker Arthur Miller, dessen Familie aus Galizien stammte und der ziemlich fußballinteressiert war, seine damalige Gattin Marilyn Monroe eingesetzt, um den Sport populärer zu machen. Als Beitrag zur Etablierung des Frauensports kann dies jedoch nicht angesehen werden. Diese Etablierung haben andere über die 1950er, 1960er und 1970er Jahre betrieben. In den USA spielen mittlerweile Millionen Frauen Fußball, 1991 und 1999 waren die USA Weltmeister im Frauenfußball, 1999 und 2003 wurde von ihnen der Women's World Cup ausgerichtet. Im Film „Kick it like Beckham" wurden für aufstrebende Nachwuchsspielerinnen die USA als „Land der Träume" dargestellt, da man als Frauen-Professional von diesem Sport leben könne.

Österreich wies im Frauenfußball wie im Frauensport generell einen ausgeprägten Rückstand zum angelsächsischen Raum auf, der als charakteristisch angesehen werden kann. Selbst die DDR war mit der Anerkennung des Frauenfußballsports rascher als Österreich. So wurde 1968 mit der BSG Empor Mitte-Dresden die erste DDR-Frauenfußballmannschaft gegründet, ab 1969 wurde eine sogenannte „Bestenermittlung" durchgeführt. Turbine Potsdam wurde zum Rekordmeister. Deutschland ist mittlerweile bereits zum zweiten Mal Weltmeister im Frauenfußballsport.

Quelle: Fotoarchiv Welt der Frau
Torfrau Zhong Honglian gewann mit dem chinesischen Nationalteam die Silbermedaille im Frauenfußball bei der Olympiade 1996

Die erste Frauenfußballmeisterschaft wurde in Österreich 1972/73 ausgespielt, aber erst seit der Saison 1982/83 gibt es in Österreich eine offizielle Frauen-Bundesliga. Etabliert ist Frauenfußball damit in Österreich noch nicht geworden, nach der letzten ÖFB-Erhebung sind 6.899 Frauen als Spielerinnen gemeldet, das sind 1,8 % aller Aktiven, sowie 4.802 Mädchen, das sind 2,2 % aller Kinder und Jugendlichen. Ein eigenes offizielles Frauenreferat scheint in der ÖFB-Organisationsstruktur nicht auf. Geld fließt in diesen Sport nur spärlich. 3.600 angemeldeten

Männermannschaften stehen 104 Frauenmannschaften gegenüber.

In der höchsten Spielklasse, der Frauenliga, agiert ein Klub aus Oberösterreich, und zwar die Union Kleinmünchen. In der zweiten Liga spielen die oberösterreichischen Vereine LASK-Ladies, Wolfern, Doppl/Hart, Garsten, Traun, Geretsberg und Nebelberg. Der Klub Union Kleinmünchen ist achtfacher österreichischer Meister im Frauenfußball. Die ehemalige Kleinmünchen Spielerin (und spätere Trainerin) Gertrude Stallinger trug den Dress von Bayern München und ist zur Zeit Österreichs Rekordinternationale. Insgesamt wurden im Süden von Linz, in Kleinmünchen, im Frauenfußball jedenfalls Meilensteine gesetzt. Frauenfußballgeschichte geschrieben hat auch der 1968 gegründete Rekordmeister USC Landhaus aus Wien-Floridsdorf. Auch dieser Klub hat lange Zeit das Spielgeschehen in Österreich mitbestimmt. Zur Zeit dominiert allerdings SV Neulengbach das Frauenfußball-Oberhaus, die Niederösterreicherinnen wurden zuletzt fünf Mal en suite Meister.

Literaturangaben (Auswahl) :

Bernhard **Felderer** et al., Fußball in Österreich. Projektbericht Dezember 2005 (IHS, ESCE, ExAqua Forschung).

Rosa **Diketmüller**, Kick it like Beckham: Frauenfußball und Geschlechterrollen im Sport thematisieren. In: Sportpädagogik. Seelze (2004), Heft 3, S. 46-49.

Fußball in Oberösterreich, Linz 1971.

Roman **Horak**/Wolfgang **Reiter** (Hg.), Die Kanten des runden Leders. Beiträge zur europäischen Fußballkultur, Wien 1991.

Roman **Horak**/Wolfgang **Maderthaner**, Mehr als ein Spiel. Fußball und populare Kulturen im Wien der Moderne, Wien 1997.

Michael **John**, Österreich (Zur Kultur- und Sozialgeschichte des Fußballsports). In: Christiane Eisenberg (Hg.), Fußball, soccer, calcio. Ein englischer Sport auf seinem Weg um die Welt, München 1997, S. 65-93.

Michael **John**, „Körperlich ebenbürtig...." Juden im österreichischen Fussballsport. In: Dietrich Schultze-Marmeling (Hg.), Davidstern und Lederball. Die Geschichte der Juden im deutschen und internationalen Fußball, Göttingen 2003, S. 231-262.

Karl **Kastler**, Fußballsport in Österreich. Von den Anfängen bis in die Gegenwart, Linz 1972.

Eva **Kreisky**/Georg **Spitaler** (Hg.), Arena der Männlichkeit. Über das Verhältnis von Fußball und Geschlecht, Frankfurt am Main 2006.

Matthias **Marschik**, Vom Nutzen der Unterhaltung. Der Wiener Fußball in der NS-Zeit: Zwischen Vereinnahmung und Resistenz, Wien 1998.

Matthias **Marschik**/Doris **Sottopietra**, Erbfeinde und Hasslieben. Konzept und Realität Mitteleuropas im Sport, Münster 2000.

Leo **Schidrowitz**, Geschichte des Fußballsports in Österreich, Wien 1951.

Dietrich **Schulze-Marmeling**, Fußball. Zur Geschichte eines globalen Sports, Göttingen 2000.

Johann **Skocek**/Wolfgang **Weisgram**, Das Spiel ist das Ernste. Ein Jahrhundert Fußball in Österreich, Wien 2004.

Zentrum für transdisziplinäre Geschlechterstudien (Hg.), Fußball und Gender. Auf dem Spielfeld der Gechlechter = Bulletin Texte 33), Berlin 2007.

DER LINZER FUSSBALL VON SEINEN ANFÄNGEN BIS ZUM ENDE DES II. WELTKRIEGES

von Andreas Praher

Siegfried und die starken Männer

Von England aus gelangte das Fußballspiel im letzten Viertel des 19. Jahrhunderts über Wien nach Linz. 1894 entstand mit dem First Vienna Football Club der erste Wiener Fußballverein und damit der erste Österreichs. Zeitgleich soll es auch in Linz schon Fußballvereinigungen gegeben haben. Auf der Rennbahn des Radfahrvereins „Stahlradklub" an der Unionstraße soll bereits 1903 Fußball gespielt worden sein.[1] Keine fünf Jahre später kam es zur Gründung des Linzer Sportklubs (LSK). Der Linzer Sportklub verdankte sein Entstehen dem Leiter der k.k. Postautogarage Linz, Albert Siems. Auf seine Initiative wurde am 12. September 1908 aus dem seit 1899 bestehenden Linzer Athletik-Sportklub „Siegfried" der Linzer Sportklub gegründet. Bereits eineinhalb Monate vor der konstituierenden Versammlung, am 25. Juli 1908, wurde der Verein ins Vereinsregister eingetragen. Dieses Datum bildet gleichzeitig die Geburtsstunde des vereinsmäßig betriebenen Fußballsports in Oberösterreich. Bei den Athletikern handelte es sich ursprünglich um „schwere Jungs". Wie der Vereinsname bereits verrät, betrieben sie Sportarten wie Ringen, Gewichtheben oder Bankdrücken. Ähnlich wie in anderen Städten, beispielsweise in Graz, entwickelte sich zu der Schwerathletik-Sektion eine Fußball-Sparte.

Die Träger des frühen Linzer Fußballsports kamen aus dem bürgerlich-liberalen Lager und

Foto: LASK

Das älteste Foto einer LASK-Mannschaft, bereits in den heute traditionsreichen Vereinsfarben schwarz-weiß. Der legendäre Percy Lowe ist in der hinteren Reihe der Vierte von links

gehörten im wesentlichen der Bildungsschicht an. Unter den Pionieren finden sich aber auch Kaufleute, Beamte, Juristen und Ärzte. So wie der Linzer Kaufmann Karl Helletzgruber, der als erster Kassier den Verein verwaltete, oder der deutsche Großindustrielle Heinrich Franck sen., der Inhaber der Kaffeefabrik (heute Nestlé), dem der LSK seine erste Spielstätte verdankte.[2] Auf dem beim Kinderspital, damals Isabellenspital, gelegenen Sportplatz spielten die Athletiker bereits im Jahr 1906 Fußball. Der Platz hatte zuvor dem sich auflösenden Radfahrverein Vorwärts gehört

---

1 Vgl.: Grössing, Stefan (Hg.): Sport in Linz, S. 22.
2 Vgl. u. a.: 60 Jahre LASK. S. 13. sowie Linz zwischen Revolution und Weltkrieg.

und blieb bis 1914 Eigentum des Linzer Sportklubs (LSK).

Die Spieler der jungen Linzer Fußballmannschaft, die sich vornehmlich aus Mittelschülern rekrutierte, verbesserten ihre Technik durch ausländische Hilfe.[3] So wird ab 1909 von einem Engländer namens Percy Lowe berichtet, der, von den Wiener Cricketern kommend, als Färbermeister in der Deckenfabrik in Traun tätig war und über Fähigkeiten im Fußballspiel verfügte. Als Trainer übernahm der englische Verteidiger in den Anfängen die sportlichen Geschicke des Fußballvereins. Personelle Unterstützung holte sich der Linzer Sportklub auch aus Wien. Zwischen 1909 und 1912 machte der Verein erstmals Bekanntschaft mit der Wiener Fußballschule. Wiener Fußballer wie Ferdinand Swatosch, Jan Studnicka oder Richard Kuthan, die in Linz beim Landwehr-Infanterie-Regiment Nr. 2 ihren Militärdienst ableisteten, verstärkten mitunter die erste Mannschaft des LSK.

In der noch sehr dürftigen und unregelmäßig erscheinenden Sportberichterstattung der Tages Post findet sich unter dem Titel „Fußballwettspiele" für den 19. Mai 1910 ein Spielbericht gegen Rapid: „An den beiden Pfingstfeiertagen hatte der Linzer Sportklub einen der besten Wiener Vereine, den erstklassigen Fußballklub Rapid zu Gaste, der den Linzern ein modernes Kombinationsspiel vorführte […]"[4] Die Begegnungen in den beiden Freundschaftsspielen, einen bundesländerübergreifenden Ligabetrieb gab es damals noch nicht, endeten mit einer 0:6 und einer 0:9 Niederlage für die Linzer.

Mit weiteren Vereinsgründungen in Oberösterreich entwickelte sich bald ein reger Spielbetrieb. Neben Wiener Mannschaften zählten in den Jahren 1912 und 1913 der Welser Sportclub und die Sportvereinigung Urfahr zu den Gegnern des LSK. Zu den ersten Spielen kamen im Schnitt zwischen 30 und 50 Zuschauer. Bei Spitzenspielen waren es schon an die einhundert Ballbegeisterte, die sich rund um das Fußballfeld hinter dem Kinderspital tummelten. Die Schiedsrichter hatten damals noch keine einheitliche Sportbekleidung, sondern walteten in Straßenanzügen oder Cutaways mit Sportkappe auf dem Kopf ihres Amtes. Die finanziellen Mittel des Vereines waren knapp bemessen, die Einnahmen durch Eintritte gering. Der damalige Mittelstürmer und spätere Obmann Franz Schenkenfelder schreibt dazu: „Die Geldsorgen waren oft sehr bitter, und die Ballbeschaffung stand nicht selten am Tage vor dem Wettspiel noch in Frage. Gar manche Uhr vom Geschäft seines Vaters entlieh sich der unvergessliche Tormann Karl Liedl und deponierte sie im Versatzamt, um einen Ball kaufen zu können."[5]

1913 soll der LSK inoffiziell die Meisterschaft von Oberösterreich mit einem Torverhältnis von 27:1 gewonnen haben. Wer aller an dem Erfolg beteiligt gewesen ist, lässt sich heute nur mehr vage feststellen, da so mancher Spieler einen falschen Namen benutzte, um keine Schwierigkeiten in der Schule zu bekommen. Denn das Fußballspiel in der Mittelschule war vor 1914 verboten und galt als undiszipliniert. Wer trotz des Verbotes bei der Ausübung erwischt wurde, dem drohte eine Disziplinarstrafe.[6] Einer, der den Linzer Fußball von Beginn an prägte und mitgestaltete, war Alois Dupack. Er kam 1910 als Spieler zum LSK und war später Schiedsrichter, Funktionär, Präsident und Ehrenpräsident des Oberösterreichischen Fußballverbandes. In der Festschrift aus dem Jahr 1948 erinnert er sich an die Worte seines Mittelschulprofessors: „Sie

---

3   Der frühe kontinentaleuropäische Fußball war eine städtische Erscheinung. Viele der jungen Leute, die sich dafür begeisterten, stammten aus wohlhabenden Familien. Sie konnten sich eine Ausbildung an den Oberschulen oder Handelsschulen finanziell leisten. Vgl. u. a.: FIFA 1904-2004. 100 Jahre Weltfußball. Das soziale Milieu des frühen Fußballs. S. 49.
4   Tages Post, 19. Mai 1910, S. 9.
5   Das Buch vom LASK. S. 19.
6   Vgl. u. a.: 60 Jahre LASK. S. 16.

Lausbub, Ballonspielen können Sie, aber von Formeln haben Sie keine Ahnung!"[7] Die Angst, ertappt zu werden, machte jedenfalls erfinderisch. So schlichen sich die Spieler manchmal über die Grünauerstraße und durch eine fehlende Planke im Holzzaun auf den Platz.

Die große Zeit des Fußballspielens und des LASK sollte aber erst nach dem Ersten Weltkrieg kommen.

Der Erste Weltkrieg und die Liaison mit dem Deutschnationalen Lager

Der Erste Weltkrieg lichtete auch die Reihen der Schwarz-Weißen. Mit Ausnahme von Willi Horber und Janko Cisel, mussten die ganze erste Mannschaft und ein Großteil der Reserve einrücken. Das Klubhaus wurde zu einem Pferdestall umfunktioniert.[8]

Daraufhin wechselte der Deutschnationale Otto Wilhelm Zemann, Obmann des SK Germania, 1915 zum LSK über und brachte Verstärkung.[9] Mit ihm kam der spätere Auswahltormann und Sekretär des Oberösterreichischen Fußballverbands Adolf Faderl zum LSK. Unter den Spielern befanden sich Milan Toljan, der Vater des tödlich verunglückten Axel Toljan, Karl Bauer, Rudolf Zemann, Lambert Schmid, und Ernst Mayrhuber. Aus Wien stieß der Torhüter Roland Steinbrecher zum LSK ebenso wie die Slavia-Spieler Erben, Peka und Slavik, die in Linz stationiert waren. Doch der kurze Aufschwung durch Legionäre hielt nicht lang an, denn schon 1917 wurde ein Großteil der Mannschaft zum Frontdienst einberufen. Der Spielbetrieb kam somit in den letzten Kriegsjahren gänzlich zum Erliegen, und die Vereinstätigkeit wurde noch im selben Jahr eingestellt. Die verbliebenen Aktiven wechselten zum Deutschen Fußball Club (DFC), der die Nachfol-

Momentaufnahme aus einem Spiel gegen Steyr F.K. Rgt. 44 in Linz auf dem Sportplatz beim Kinderspital vor dem I. Weltkrieg. Vor dem Steyrer Tor: In schwarzem Dreß Mitte Kutin und Sturm, ganz rechts in weißem Hemd Franek (Steyr). Im Hintergrund das Kinderspital.

1916. Ein Gegner mit dem sich der LASK in seiner ersten Tätigkeit besonders gerne gemessen hat, war der Welser Sport-Club (WSC).

Diese Spielszene erinnert an ein freundschaftliches Treffen gegen diese Mannschaft, das auf dem ersten Sportplatz beim Isabellen-Kinderspital in der Krankenhausstraße ausgetragen wurde

Soldaten, die in Linz ihren Wehrdienst leisteten, verstärkten in den Kriegsjahren den LASK.

Stehend: Otto Wilhelm Zemann, Kotzi, Rudolf Zemann, Leutnant Pecka, Erben, Leutnant Steinbacher, Milan Toljan, Oberleutnant Cisel, Blaha; vorne: Gefreiter Aumayer, Brunner, Kadett Dupack

http://www.mythos-lask.fotopic.net/

ge des LSK antrat und im Frühjahr 1918 aufgelöst wurde.

Zemann war es schließlich auch, der nach dem Ende des Ersten Weltkriegs begann, den Fußballbetrieb wieder aufzubauen und aus Heimkehrern und den Spielern des DFC eine neue Mannschaft formte.[10] Das Training wurde vorerst auf dem

---

7 Das Buch vom LASK. S. 21.
8 Vgl. u. a.: 60 Jahre LASK. S. 16.
9 Das Buch vom LASK. S. 10. Die Spieler des SK Germania Linz rekrutierten sich aus der gleichnamigen deutschnationalen akademischen Studentenverbindung Germania.
10 Vgl. u. a.: 60 Jahre LASK. S. 17 sowie Enzyklopädie der europäischen Fußballvereine. S. 298.

Südbahnhof abgehalten, erst später erfolgte die Übersiedlung auf das Kleine Exerzierfeld.[11] Am 14. September 1919 änderte der Verein nach Vereinigung mit dem Athletenklub „Siegfried" seinen Namen auf Linzer Athletiksportklub. Erster Obmann wurde Eduard Schröder. Er initiierte auch die Gründung des Oberösterreichischen Fußballverbandes.

Zwischenspiele – Der gemeinsame Spielbetrieb mit Salzburg

Nach Kriegsende existierten in Linz zwei Fußballvereine: der 1919 zum „Linzer Athletik-Sportklub" LASK mutierte ehemalige LSK und die „Sportvereinigung Urfahr" SV Urfahr. Ab 1921 stieß mit Sparta Linz eine dritte Mannschaft dazu, aus der 1945 der SV Stickstoff hervorging. Der Meisterschaftsbetrieb wurde gemeinsam mit Salzburg im organisatorischen Rahmen des „Fußballverbandes für Oberösterreich und Salzburg" abgewickelt. Ein regulärer Meisterschaftsbetrieb war wegen fehlender finanzieller Mittel und aus Mobilitätsgründen nur im regional beschränkten Umfeld möglich.

Dieser 1919 gegründete gemeinsame „Fußballverband für Oberösterreich und Salzburg" schrieb für die Saison 1919/20 die erste Meisterschaft, noch ohne Salzburger Beteiligung, aus. Aufgrund des Einsatzes unberechtigter Spieler durch den vermeintlichen Meister Vorwärts Steyr wurde diese vom Verband für ungültig erklärt. Die erste offizielle Meisterschaft startete somit in der Saison 1920/21 und drückte mit der Zulassung nur einer Salzburger Mannschaft – dem 1. Salzburger Sportklub 1919 – die Dominanz der oberösterreichischen Verbandshälfte aus. In dieser Fünfer-Liga spielten der LASK, Vorwärts Steyr, die SV Urfahr, der Welser SC und der 1. SSK 1919. Der Meistertitel in der ersten Saison ging an Vorwärts Steyr, gefolgt vom Welser SC. Die beiden Linzer Vereine LASK und SV Urfahr landeten hinter dem 1. SSK 1919 auf den Plätzen vier und fünf.[12] Nach der Gründung eines eigenen Salzburger Verbandes 1921 begann die Geschichte des Oberösterreichischen Fußballverbandes.[13] Im Spieljahr 1923/24 errang der LASK zum ersten Mal den Meistertitel von Oberösterreich. Doch bereits zehn Jahre später kam es zu einer erneuten Zusammenlegung des Oberösterreichischen und Salzburger Ligabetriebs. Am Ende der Saison 1932/33 wurde für das folgende Spieljahr die Einführung einer gemeinsamen Liga mit dem Nachbarbundesland beschlossen. Salzburg wurde dabei nur ein Antreten mit zwei Vereinen zugestanden. Während der Landesmeister SAK 1914 fix qualifiziert war, spielten Hertha, Rapid, der 1. SSK und der FC Altstadt eine Qualifikation, in der sich Rapid überraschend durchsetzte. Da außer dem Serienmeister SAK 1914 jede weitere Salzburger Mannschaft für die gemeinsame Liga als zu schwach empfunden wurde, kam es auf Initiative zur Fusion von Rapid und Hertha und damit zur Gründung von Austria Salzburg.

In dieser bundesländerübergreifenden Liga waren mit dem LASK, der SV Urfahr, dem Welser SC, dem SC Hertha Wels, den Welser Sportfreunden, dem SK Amateure Steyr und dem SK Germania Linz sieben oberösterreichische Vereine vertreten. Trotz dieser zahlenmäßigen Dominanz, setzte sich der SAK 1914 durch und gewann die Meisterschaft mit einem Punkt Vorsprung vor dem LASK. Letzterer verzichtete jedoch auf die Teilnahme in der Amateurstaatsmeisterschaft, und so qualifizierte sich der Drittplatzierte, SV Urfahr, für die höchste Spielklasse.

---

11 Näheres siehe Kapitel „Vom Kick auf dem Exerzierfeld".
12 Vgl.: http://www.salzburg.com/wiki/index.php/Fußballtabellen_1921-1944.
13 Nachdem Salzburg 1920 beim Österreichischen Fußballverband (ÖFV, heute ÖFB) eine weitgehende Autonomie vom in Linz ansässigen gemeinsamen Verband erreichen konnte, konstituierte sich am 15. April 1921 der selbstständige Salzburger Fußballverband. Obwohl von oberösterreichischer Seite vehement gegen diese Separierung opponiert wurde, erkannte der ÖFV noch im selben Jahr die Eigenständigkeit des Salzburger Fußballverbandes an.

2.2. Der Sieg des bürgerlichen Fußballs über den Arbeiterfußball

Die erste Arbeiterfußballmannschaft stellte der im Jahr 1921 gegründete „Arbeitersportclub Rapid" auf die Beine. Eine Zeitlang nahm der Fußball eine Sonderstellung im Arbeitersport ein. Es gab einen gemeinsamen Fachverband, und es spielten die Arbeiterclubs auch gegen bürgerliche Vereine. Einige Jahre verlangte die Sozialdemokratische Partei vergeblich die Trennung vom Fachverband. Erst 1926 gaben die Fußballer nach, diverse Arbeitersportvereine wie Admira, Rapid und Sparta Linz traten aus dem Fachverband aus und gründeten den eigenen Verband VAFÖ (Verband der Arbeiterfußballvereine Österreichs). Die politisch motivierte Spaltung erfolgte auf Druck des sozialdemokratischen Arbeiterbundes für Sport und Körperkultur in Österreich (ASKÖ) bzw. der sozialistischen Arbeiter-Internationalen. Der eigenständige Arbeiterfußball genoss zunächst einen großen Aufschwung. In Linz entstanden zwischen 1927 und 1933 noch fünf weitere Fußballvereine: ASK Red Star (1927), Verein Metallarbeiter MAC (1928), Zentralverein der kaufmännischen Angestellten (1929), Arbeitersportclub Blue Star (1931) und Donau (1933). Überregional bildete sich der „Allgemeine österreichische Fußballverband", der sich dann „Österreichischer Fußballverband" nannte. Der eigenständige Arbeitersport krankte jedoch an einer ideologischen Überfrachtung, fehlendem Geld, magerem Zuschauerinteresse und schwachem Engagement in der Breite. Zu den sportlichen Gewinnern zählte unter anderem der LASK, der in der darauf folgenden Saison ohne Punkteverlust zum vierten Mal die oberösterreichische Meisterschaft gewann – die beiden Steyrer Vereine spielten bereits beim VAFÖ. Ein Jahr darauf gelang der SV Urfahr das Meisterstück.[14]

Aufgrund der gespannten innenpolitischen Lage und der zunehmenden Polarisierung der parteipolitischen Lager gab es zwischen den genannten Verbänden keinen Spielverkehr. Als im Februar 1934 der Bürgerkrieg ausbrach, war die Auflösung des VAFÖ am 19. Februar eine zwangsläufige Folge. Doch schon zuvor hatte die österreichische Regierung, auch in der Provinz mehr oder weniger offen gegen die Arbeitervereine vorzugehen begonnen. Hausdurchsuchungen und gezielte Provokationen standen auf der Tagesordnung. Der Sportbetrieb konnte nur mehr unter großen Schwierigkeiten aufrechterhalten werden.

Der Ausgang des Bürgerkriegs setzte einen vorläufigen Schlusspunkt unter die Entwicklung des Linzer Arbeiterfußballs. Das Verbot der sozialdemokratischen Partei bedeutete auch das Ende des eigenständigen Arbeitersports. Die sozialdemokratischen Vereine wurden aufgelöst, jedoch unter neuem Namen in den Oberösterreichischen Fußballverband aufgenommen, womit die 1926 vom politischen Gesichtspunkt aus erfolgte Trennung der Fußballsportler aufgehoben wurde. Die beiden Vereine S.K. Sparta und Red Star gingen in anderen Vereinen auf. Einzelne Vereine wurden in der Folgezeit allerdings vom Österreichischen Fußballverband aufgenommen, wie beispielsweise Donau. Der im Februar 1934 aufgelöste Arbeitersport-Sportclub Blue Star nahm bereits im April unter dem neuen Namen Blaue Elf seine Arbeit wieder auf.[15] Auch der Arbeiterverein Admira, dessen Vereinsführung kurz nach der Auflösung ins bürgerliche Lager umgeschwenkt war, wirkte bereits 1934/35 an der allgemeinen Meisterschaft mit. Weiters ist der ASK Rapid unter dem Namen Westbahn wieder in den Meisterschaftstabellen zu finden.[16]

Dieses Faktum belegt auch Matthias Marschik in seinem Buch „Wir spielen nicht zum Vergnügen":

---

14 Fußball in Oberösterreich. S. 39.
15 Vgl.: Schobesberger, Hans: Geschichte der Linzer Arbeiter- Turn- und Sportbewegung. S. 155-157.
16 Sport in Linz. S. 37.

1931 – Ein dunkles Match in einer leuchtenden Zeit

Noch Jahre vor Einführung der Bundesliga konnte der LASK anno 1931 über den Titel des österreichischen Amateurstaatsmeisters jubeln. Doch das war nicht der einzige Erfolg der Linzer vor 67 Jahren.

Mit nur einer Niederlage (1:2 gegen Germania) und drei Punkten Vorsprung auf den schärfsten Widersacher im Lande ob der Enns, dem WSC holte sich der LASK 1931 den oberösterreichischen Landesmeistertitel. Das ewige Duell dieser Tage zwischen den Traditionsvereinen aus Wels und Linz erlebte in diesem Jahr auch im Kampf um den Landescup eine spannende Neuauflage. Im ersten Finalmatch zwischen dem LASK und dem WSC stand es nach 90 Minuten 2:2, nachdem die Welser über weite Strecken des Spieles geführt hatten. Die Verlängerung mußte schließlich nach zehn Minuten wegen Dunkelheit abgebrochen werden und so traf man sich in Wels zum Wiederholungsspiel. Auch diesmal ging der WSC schon nach drei Minuten in Führung, schlußendlich der LASK aber 4:3-Sieger vom Platz.

Doch mit dem Double gab sich der LASK noch nicht zufrieden und trat voller Selbstbewußtsein zum Kampf um die Amateurstaatsmeisterschaft an. In Runde eins war Lustenau kein wahrer Gegner. Die Vorarlberger wurden mit 4:2 und 5:2 aus dem Bewerb geschossen. Erheblich schwieriger gestaltete sich dann die Aufgabe in der zweiten Runde, in der der SAK als Gegner wartete. Nach zwei Unentschieden konnte sich der LASK erst im Entscheidungsmatch durchsetzen und den Finaleinzug fixieren.

Dem Endspielgegner GAK konnte im ersten Match in Graz dank grandioser Abwehrleistung ein 1:1 abgerungen werden. Der 18. Oktober 1931 sollte dann zum Tag des bis zu diesem Datum größten Erfolges des oberösterreichischen Fußballs werden. Zwar ging der GAK auch im Rückspiel in Linz mit 1:0 in Front doch wieder gelang es den Schwarzweißen das Spiel umzudrehen und zu guter Letzt noch mit 2:1 zu gewinnen. Damit war der LASK erstmals Amateurstaatsmeister und krönte ein erfolgreiches Jahr, das in der Folge aber keine Fortsetzung mehr fand.

LASK 1931 (v. l.) : Sek.-Leiter Gurtner, Oder, Jordan, Winkler, Präs. des Österr. Verbandes für Körpersport Dr. Schmidt, Weiß, Mayböck, Mayrhofer, Gurtner, Doppler, Turnfahrt. Vorne: Ruß, Hörschläger, Schaffelhofer.
Foto: Archiv

„Die nach 1945 wiederholt vertretene Meinung, die große Mehrheit der Arbeitersportler sei nach 1934 dem organisierten Sport des Ständestaates ferngeblieben, lässt sich im Fußball weder für Wien noch für die zahlreichen Provinzvereine bestätigen."[17]

Die ständestaatliche Turn- und Sportfront sah in der Zusammenführung der beiden Fußballverbände keinerlei Probleme: „Die Vereine des aufgelösten VAFÖ und seiner Unterverbände sind wieder zum Oe. F. B. gestoßen und haben sich glatt in den Betrieb eingeordnet. [...] Der Betrieb der Amateurvereine, der früher durch die Zweiteilung in mancher Hinsicht gehemmt war, wickelt sich nun glatt ab, was sicherlich einen gewaltigen Vorteil für den Sport darstellt."[18]

So gesehen kam dem bürgerlichen LASK der Bürgerkrieg indirekt zu gute, da durch dessen Ausgang die Konkurrenz in ihrer Entwicklung entscheidend geschwächt wurde. Während sich die SV Urfahr besonders der Jugendarbeit widmete, dominierte der LASK in der Zwischenkriegszeit über Jahre die Meisterschaft und den Cup-Bewerb. Bereits in der Saison 1930/31 gelang dem LASK mit August „Gustl" Jordan das Double. Im Olympiaaufgebot Österreichs im Jahr 1936 standen die Linzer Spieler Karl Wahlmüller, Josef Kitzmüller, Franz Fuchsberger und der Ersatzmann Leo Schafflhofer.

Während den Wiener Vereinen die Professionalisierung überlassen wurde, kämpften die Provinzvereine um den Amateurtitel. So konnte der LASK 1931 durch einen Erfolg über den Grazer Athletik-Club österreichischer Bundesamateurmeister werden. Das Entscheidungsspiel, das

Schlagerspiel in Linz. Finale in der Bundes-Amateurmeisterschaft LASK.-Grazer AK. „Kongo" ist geschlagen, denn Heubrandtner köpft das Leder über den fliegenden Keeper auf den leeren Kasten. Dort stand aber „Leo" (im Bild nicht sichtbar) und rettete.

http://www.mythos-lask.fotopic.net/
oben: undatierter Artikel aus den OÖN, Oktober 1998;
Mitte: „Kongo" war der Spitzname des LASK-Torhüters Adolf Faderl

---

17 Marschik, Matthias: „Wir spielen nicht zum Vergnügen". S. 192.
18 Sportjahrbuch 1935, S. 73.

der LASK mit 2:1 gewann, fand am 18. Oktober 1931 auf dem ehemaligen Trabrennplatz statt, wo bereits 1921 in Zusammenarbeit mit der Heeresverwaltung und dem Trabrennverein eine große Sportanlage entstanden war, die allerdings 1938 einer Wohnanlage weichen musste.

Im selben Jahr wurde Linz zum Austragungsort für erste Länderspiele. Am 17.Mai 1931 spielte das österreichische Team im Rahmen eines „Amateur-Fußball-Länderkampfes" gegen die Tschechoslowakei und gewann mit 3:1. Am 16. Oktober 1932 verfolgten rund 5000 Zuschauer das Duell Österreich gegen Rumänien, das die Rumänen mit 1:0 für sich entscheiden konnten.[19]

Bericht über den LASK in der deutschen Fußball-Zeitschrift „Kicker"

3. Der Nationalsozialismus und die zunehmende Vereinnahmung des Fußballs

Die Zeit der nationalsozialistischen Herrschaft brachte auch auf dem sportlichen Gebiet tief greifende Veränderungen mit sich. Der Sportbetrieb wurde voll und ganz auf die Interessen der nationalsozialistischen Machthaber abgestimmt. Im Vordergrund der NS-Ideologie stand die Erziehung durch den Sport. Der Sport im Allgemeinen wie auch der Fußball im Besonderen trat in den Dienst der Parteipropaganda. Fußball war als hart machende Sportart anerkannt und entsprach in ihrer Ausübung den rassenideologischen Vorstellungen des Nationalsozialismus im Sinne der darwinistischen Lehre „Survival of the fittest". Der Fußballsport zählte schon damals zu den beliebtesten Zuschauerattraktionen. Nicht zuletzt deswegen wurde er zur Instrumentalisierung benutzt. Die Aufrechterhaltung der Meisterschaft wurde zu einem wesentlichen Mittel der nationalsozialistischen Propaganda. Im Zuge der Volksabstimmung vom 10. April 1938 riefen die Fußballer am 3. April 1938 bei einem Freundschaftsspiel gegen die Dresdener Mannschaft zu einem „Ja" für den Führer auf.

Die Veränderungen im Fußball waren aber nicht nur inhaltlicher Natur. Sämtliche bestehenden Verbände wurden aufgelöst und in den Deutschen Reichsbund für Leibesübungen (DRL) eingegliedert. Die spätere Umwandlung vom Reichsbund zum Nationalsozialistischen Reichsbund für Leibesübungen (NSRL), zu einer von der NSDAP betreuten Organisation, festigte die Bindung des Sports an den Staat und die Partei. Somit konnten Vereinsführer von der Partei bestellt und abberufen werden.[20] Inwieweit hier die Linzer Fußballvereine und insbesondere der LASK davon betroffen waren, geht aus den Quellen nicht hervor.[21] Andeutungen lassen aber ver-

---

19 Sport in Linz. S. 83.
20 Sport in Linz. S. 158.
21 Sicher ist jedoch, dass der jüdische Verein Hakoah Linz mit der Machtübernahme der Nationalsozialisten seinen Spielbetrieb einstellen musste.

muten, dass sich die Führungsriege des LASK mit den lokalen NS-Machthabern arrangiert hatte, während andere Berichte davon erzählen, dass einzelne LASK-Mitglieder verfolgte Juden versteckt haben sollen. Personelle Kontinuitäten im oberösterreichischen Spitzenfußball nach 1945 lassen zumindest den Schluss zu, dass die Tätigkeit in einer nationalsozialistischen Organisation keine Konsequenzen hatte. So übte der frühere Auswahltorhüter des LASK, Adolf Faderl, während des Nationalsozialismus die Funktion des Sachbearbeiters für Fußball im Gau Oberdonau aus und wurde gleich nach Kriegsende in seinem Amt als Sekretär des Oberösterreichischen Fußballverbandes bestätigt.[22]

Gesichert hingegen sind die Angaben zum Spielbetrieb während des Zweiten Weltkriegs. Am Ende der Spielzeit 1938 erhielten die oberösterreichischen Vereine Zuwachs vom Nachbargau Salzburg, mit dem sie den Bezirksklassengau West bildeten. Insgesamt sieben Meisterschaftsrunden wurden in dieser Zusammensetzung bestritten. Ab 1939/40 liefen sie unter dem Namen „Kriegsmeisterschaften". Die höchste Meisterschaftsklasse war fortan die Gauliga, in die über die Bezirksmeisterschaft vorgestoßen werden konnte. Von allen Linzer Vereinen errang nur der LASK einmal, 1938/39, den Meistertitel. Durch den Aufstieg in die Gauliga spielten einige der großen deutschen Mannschaften in Linz. Freundschaftsspiele gegen den sechsfachen deutschen Meister FC Nürnberg am 10. August 1940 oder der Vergleichskampf der Auswahlmannschaft Niederdonaus gegen jene von Oberdonau am 5. Oktober 1940 waren Fußball-Großereignisse in Linz, die Zuschauer in großer Zahl anlockten. Das kurze Intermezzo in der obersten Liga brachte aber auch die besten Mannschaften der Ostmark, wie die Vienna, nach Linz.[23]

http://www.mythos-lask.fotopic.net/

Bericht einer Wiener Zeitung über die höchste Niederlage, die der LASK je erlitten hat: 0:21 am 21. Jänner 1941 auswärts gegen die Wiener Austria

Die Kriegsereignisse verhinderten ab 1944 einen regulären Meisterschaftsbetrieb. Aufgrund von Fronteinsätzen wechselten die Aufstellungen von Woche zu Woche. Die im Herbst begonnene Meisterschaft konnte nicht mehr beendet werden.

Eine gründliche Darstellung der oberösterreichischen Fußballgeschichte unterm Hakenkreuz folgt später in dem Beitrag von Walter Kohl „Als die Mauthausener SS Oberösterreichs Fußballmeister war" (Anm. d. Hg.)

---

22 Vgl.: Fußball in Oberösterreich. S. 55.
23 Vgl.: Sport in Linz. S. 164.

DIE ÄLTESTEN LINZER FUSSBALLKLUBS

Der Übersichtlichkeit halber seien hier die ältesten Linzer Fußballklubs neben dem LASK kurz vorgestellt:

SV Urfahr

Die Vorgeschichte und Gründung der „Sportvereinigung Urfahr" gehört zu den unsterblichen Legenden der heimischen Fußballgeschichte: „Niemand hat ihn später noch einmal gesehen, jenen Holländer, der im Jahre 1908 auf der Heimreise aus Afrika in Linz Station machte, und die Badenden unter der Donaubrücke, junge Leute aus Linz und Urfahr, in die Geheimnisse des Spieles mit dem Lederball einwies, das bis dahin den Linzern völlig unbekannt gewesen war.

Zwei Tore ließ er aufstellen, Linz spielte gegen Urfahr, und als er nach kurzer Zeit wieder heimfuhr, ließ er neben seinem Ball auch jenen Funken Begeisterung zurück, den er selbst entzündet hatte - und wenn in Linz 20.000 zusammenströmen, um ein Fußballspiel zu sehen, dann sollte man sich dieses Holländers erinnern, der anno 1908 ebenso rasch wieder verschwand wie er aufgetaucht war." (Wikipedia)

Da die fußballbegeisterten Urfahrer Buben noch zu jung waren, um selber einen Verein zu gründen, übernahmen dies einige ihrer Väter, darunter Josef Mayr sen., der erste Obmann des 1912 gegründeten Vereins. Das Premierenspiel fand gegen den LSK statt und wurde von den Urfahranern mit 21:0 gewonnen.

Foto: SV Urfahr

Gespielt wurde am Anfang in einer aufgelassenen Lehmgrube in Puchenau, nach dem 1. Weltkrieg dann auf einem Platz an der Urfahrer Donaulände, den die Stadtverwaltung zur Verfügung gestellt hatte.

Schon im Gründungsjahr 1912 gehörte die SV Urfahr mit den drei weiteren oberösterreichischen Vereinen LSK, Welser SC und SK Steyr zu den Gründern des Gauverbandes Oberösterreich im Alpenländischen Fußballverband.

Nach dem 1. Weltkrieg spielte die SV Urfahr gemeinsam mit den Linzer, Steyrer und Welser Klubs um die oberösterreichische Meisterschaft, die 1927/28 erstmals gewonnen werden konnte. Insgesamt holte die SV Urfahr bis 1944 dreimal den Titel in der oberösterreichischen Meisterschaft. Die SV Urfahr stellte mit Franz Fuchsberger 1932 den ersten Linzer Nationalspieler. Er war gemeinsam mit Karl Wahlmüller im Olympia-Aufgebot bei den Olympischen Spielen 1936 vertreten.

In den ersten Jahren nach dem 2. Weltkrieg spielte die SV Urfahr noch in der höchsten oö. Fußballklasse, musste aber 1949 absteigen, gewann jedoch 1952 noch einmal den oberösterreichischen Cup.

Somit ist die SV Urfahr fünffacher oö. Landesmeister und hat den Landescup insgesamt sechs Mal gewonnen.

Legendäre Spiele gab es noch 1968, als gegen des damaligen CSSR-Tabellführer Sparta Prag in Prag bis fünf Minuten vor Schluss ein 1:1 gehalten werden konnte, ehe man in den Schlussminuten doch noch zwei Tore kassierte, und 1969 in einem Cup-Spiel gegen Rapid Wien auf eigener Anlage, das nach großem Kampf „arschknapp" mit 0:1 verloren ging.

Nachdem der SV-Urfahr-Platz 1954 vom Hochwasser und 1960 von einer Wohnungsfirma verwüstet worden war, konnte 1971 der neue Platz in Bachl in Betrieb genommen werden.

Aktuell spielt die SV Urfahr in der 1. Klasse Mitte.

SK Germania Linz

Dieser Verein ist ganz schlecht dokumentiert. 1912 gegründet, fusionierte er in den letzten Kriegsjahren mit dem LSK. Obmann war Otto Wilhelm Zemann. 1919 wieder als Verein konstituiert, spielt der SK Germania ab der Saison 1923/24 um die oö. Fußballmeisterschaft mit und platziert sich meist im Mittelfeld. 1928/29 sieht ihn die Schlusstabelle auf dem letzten Platz, abgestiegen ist der Verein aber dennoch nicht. Dasselbe passiert dann 1936/37, und 1937/38 wird er vor Gmunden Vorletzter, scheint aber im Endstand des Meisterschaftsjahres 1938/39 nicht auf, erst wieder in der ersten Kriegsmeisterschaft 1939/40.

Er spielt auch sämtliche Kriegsmeisterschaften durch, nur in der letzten, der Rumpftabelle mit einem nur unvollständigen Herbstdurchgang (wen wundert's?) ist er nicht mehr zu finden. 1944 wurde der SK Germania nämlich kriegsbedingt mit dem LASK fusioniert, nach dem Krieg jedoch nicht wieder neu gegründet.

ASK Sparta Linz

Der ASK Sparta Linz wurde bereits 1920 als einer der ältesten Linzer Vereine ins Leben gerufen. Der Klub spielte bald nach seiner Gründung von 1921 bis 1925 in der oberösterreichischen Landesliga, der damals landeshöchsten Liga. Erstmals 1945 konnte diese Spielklasse wieder ereicht werden, der zweite Platz in der Saison 1950 brachte dem Klub den Aufstieg in die B-Liga, der zweithöchsten österreichischen Profi-Liga. Entging der ASK Sparta Linz in der Saison 1950/51 noch knapp und nur dank der besseren Tordifferenz dem Abstieg, mussten die Linzer 1951/52 als Tabellenletzter zurück in die Landesliga. Während dieser Zeit kam 1954 die Umbenennung in SV Stickstoff Linz im Zusammenhang mit dem fußballerischen Engagement der Österreichischen Stickstoffwerke AG. Der heutige Nachfolgeklub Chemie Linz ist seit 2003 wieder mit einer Kampfmannschaft in der 2. Klasse vertreten.

ASK Rapid Linz

Der Arbeiter-Sportklub wurde im Jahr 1921 durch eine Handvoll Linzer Arbeiter und Eisenbahner unter dem Namen Arbeitersportklub Rapid Linz ins Leben gerufen. Die heute noch gültigen Vereinsfarben Rot und Weiß wurden bereits bei der Vereinsgründung festgelegt. Mit viel Idealismus wurde ein von der Gemeinde Linz zur Verfügung gestelltes Gelände in der Linzer Hafengegend zu einem Sportplatz ausgebaut.

Von 1922 bis 1937 spielte der Verein in der Oberösterreichischen Meisterschaft und belegte gleich in seiner ersten Saison 1922/23 auf Anhieb den vierten Platz. Zwischenzeitlich wanderten die Rapidler zum Verband der österreichischen Arbeiterfußballer und spielten dort neben dem

Traditionsklub SK Vorwärts Steyr eine tragende Rolle. Während der Kriegsjahre wurde das Vereinsgeschehen auf eine harte Probe gestellt. 1939 musste der Sportplatz für wehrwirtschaftliche Zwecke geräumt werden, und nach dem mit Kriegsausbruch auch noch eine Vielzahl an Spielern zum Kriegsdienst eingezogen wurde, stand der ASK Rapid Linz ohne Sportplatz und ohne Spieler praktisch vor der Auflösung. Die Aufrechterhaltung des Spielbetriebs konnte nur noch durch eine Fusion mit der Reichsbahnsportgemeinschaft Linz erreicht werden, die über eine eigene Sportanlage in der Unionstraße verfügte. Die Fusion kam zwar eher einem Anschluss gleich, da der traditionelle Vereinsname des ASK Rapid aufgegeben werden musste, doch spielte der nunmehrige Fusionsverein Reichsbahn SG Linz bis 1945 durchaus erfolgreich in der Meisterschaft.

Nach Kriegsende wurde der Vereinsname Reichsbahn SG umgehend in ESV Westbahn Linz geändert. Als Eisenbahnersportverein spielten die Linzer nunmehr in der 1. Klasse und schafften 1949 den Aufstieg in die Landesliga. Nach dem Titelgewinn in der Landesliga in der Saison 1950/51 stieg der Verein sogar in die Staatsliga B, der damals zweithöchsten Spielklasse Österreichs auf. Zwar musste diese Liga nach einem Jahr wieder verlassen werden, doch sicherten sich die Eisenbahnsportler damit ihren Platz in den Annalen der österreichischen Fußballgeschichte. Das Jahr 1957 bildete einen weiteren Meilenstein in der Geschichte von Westbahn, unternahm der ESV doch als erster österreichischer Amateurverein eine Auslandstournee durch Schweden, Norwegen und Dänemark. Nach dem Abstieg in die oö. Landesliga wurde der Verein 1967 aufgelöst und in den 80er Jahren von den ehemaligen Westbahnspielern Haudum, Weiss und Szommer wieder gegründet. Die Eisenbahnsportler brachten immer wieder gute Fußballer hervor, die aber dann von finanzkräftigeren Vereinen abgeworben wurden, wie dies mit dem exzellenten Techniker und schussgewaltigen Stürmer Fritz Ulmer durch die VÖEST geschah: „Als ich mit fünfzehn Jahren das erste Mal in der Kampfmannschaft spielte, war neben mir der um dreißig Jahre ältere ehemalige Team- und LASK-Spieler Pepi Weiss aufgestellt. Vor dem hatte ich solchen Respekt, dass ich während des ganzen Spieles nur Herr Weiss und Sie zu ihm sagte." Aktuell spielt Westbahn gemeinsam mit SV Urfahr und Admira in der 1. Klasse Mitte.

SV Admira Linz

Die SV Admira Linz wurde 1924 in der Gußhausgasse in Urfahr gegründet und war Mitglied des VAFÖ (Verein der Arbeiter Fußballer Österreichs). Trainiert und gespielt wurde vorerst auf dem Rapid Linz-Platz in der Hafenstraße. Nachdem die Arbeiter- Turn- und Sportvereine (ATSV-Vereine) 1934 aufgelöst wurden, erhielt die Admira den ATSV-Urfahr-Sportplatz „Am Damm" zugewiesen. Dieser wurde ausgebaut und zur ersten Heimstätte der Admiraner. Ab diesem Zeitpunkt ist die SV Admira in der obersten Spielklasse, der Oberösterreich Liga, vertreten. Das beste Saisonergebnis erreichten die Admiraner im Meisterschaftsjahr 1938/39 in der Bezirksklasse West. Mit drei Punkten Rückstand wurden sie Zweiter hinter dem LASK. 1936 und 1940 wurde die Admira oberösterreichischer Cupsieger.

Nach 1945 musste die Admira den Sportplatz „Am Damm" im Zuge der Wiedergutmachung zurückgeben. Gespielt und trainiert wurde aber weiterhin dort.

1950 stieg der Verein aus der Landesliga für eine Saison in die Staatsliga B, der damals zweithöchsten Spielklasse Österreichs, auf.

Das Jahrhundert-Hochwasser der Donau 1954 zerstörte den SV Urfahr-Platz. Die der Admira zur Errichtung eines Sportplatzes zugesagten Gelder wurden der SV Urfahr zugeteilt. Die Admira erhielt im Gegenzug ein Untermietrecht für zehn Jahre. Ein Jahr darauf folgte die Sportehe mit dem Postsportverein und die damit verbundenen Namensänderung in SV Post Admira. In der Saison

Foto: SV Urfahr
Das Hochwasser 1954 zerstörte den SV-Urfahr-Platz und machte damit auch Admira Linz heimatlos.

1962/63 spielte die Admira wieder ein Jahr in der zweithöchsten österreichischen Spielklasse, der Regionalliga Mitte.

1964 bekam die Admira von der Stadt Linz ein Areal auf dem Bachlberg in Urfahr für einen Sportplatzbau zugewiesen. 1971 wurde diese nach 22.350 Arbeitsstunden unter der Führung von Hans Königsreiter und Fritz Schmidhofer errichtet. In der Zwischenzeit dienten der ATSV Urfahr-Sportplatz „Am Damm" und das Nebenfeld des Linzer Stadion als Spielstätte.

1973 erfolgte der Abschluss eines Sponsorvertrages mit dem Spirituosen-Hersteller Stock, die Ehe mit dem Postsportverein wurde aufgelöst und der neue Name lautete SK Admira Stock.

1974 erreichte die Admira das Achtelfinale im österreichischen Cup-Bewerb. Durch einen Rücktritt von Willi Kubik begann 1977 die 14jährige Ära von Josef Mayr als Obmann.

Nach 24 Jahren 1. Landesliga folgte 1978 der Abstieg in die 2. Landesliga. „Die Lage am Bachlberg ist für unseren Verein doch recht abgelegen, es kommen weniger Nachwuchsspieler und dadurch weniger Nachschub aus den eigenen Reihen für die Kampfmannschaft", hieß es damals.

1981 folgte der Abstieg in die Bezirksliga, 1990 der Wiederaufstieg in die 2. Landesliga und zwei Jahre später der erneute Abstieg in die Bezirksliga. Seit 1997 spielt die Admira in der 1. Klasse Mitte. Im Jahr 2000 erfolgte die Umbenennung in SK Admira Linz.

Weitere Linzer Klubs, noch aus der Zeit vor vor den II. Weltkrieg, sind der „ASKÖ Blaue Elf Linz" (gegründet 1931 als Sportklub Blue Star und heute in der Bezirksliga Ost spielend) und der „ASKÖ Donau Linz" (heute in der Radio-OÖ-Liga), gegründet im Herbst 1932 als „Arbeitersportklub Donau Linz-Zizlau". Beide Mannschaften spielten bis 1934 im VAFÖ.

FREI NACH FRIEDRICH HEBBEL:
Steyrs kleine Fußballwelt, in der die große ihre Probe hält. Teil I

von Till Mairhofer

Vorspiel (1900 – 1922)

Wie könnte es anders sein, mit einem Ball, mitgebracht aus England um 1900, erzählt das Archiv, habe der Kaufmannssohn Becker auf einer holprigen Wiese mit seinen Freunden diesem nachgejagt. Ab 1912 hätten auch die Soldaten der benachbarten Jägerkaserne Spaß an diesem neuen Sport gefunden, man besorgte sich aus Wien von den damaligen „Cricketern" die Regeln und spielte fortan auch auf dem Exerzierfeld Fußball. Erste öffentliche Wettspiele wurden an Sonntagen abgehalten und von bis zu 100 Zuschauern besucht. Selbst während des Ersten Weltkrieges wurde der Spielbetrieb nicht eingestellt, die eingerückten Soldaten durch dienstverpflichtete Arbeiter aus der damaligen Werndl'schen Waffenfabrik ersetzt, vorwiegend Ungarn und Böhmen, und verstärkt mit jungen Steyrern, die noch nicht wehrpflichtig waren. Eine erste Mannschaft aus Routiniers – sprich Legionären – und heimischen Jungsters war geboren.

Als Gründungsjahr von Vorwärts Steyr führt die Vereinschronik 1919 an. Der Lokalrivale Amateure Steyr meldete seinen Spielbetrieb mit Februar 1920 unter dem Namen „Sportklub Freiheit" an (seit 1923 SK Amateure), im gleichen Jahr wie der ASV Bewegung Steyr (später gelegentlich auch unter der Bezeichnung „Taifun Ennsleite" stürmend), der dritte heute noch bestehende städtische Fußballverein. Der ATSV-Vorwärts-Steyr ist der älteste eingetragene Steyrer Sportverein. Eine angedachte Angliederung einer Sektion

Der Gründungsvorstand des „Steyr Fußballklub Vorwärts", stehend v. l.: Würzlhuber, Breinesberger, Binder, Grubinger, F.Dvorschak; sitzend v. l.: K.Dvorschak, Huber, Praitenlachner, Weißengruber, Winzig

Fußball kam nach dem Ersten Weltkrieg jedoch nicht zustande, und so begann der ATSV erst 1947 mit einer eigenen Fußballmannschaft. Ein fünfter Verein, der Eisenbahner Sportverein Ennstal, kurz ESV, entlang der Hinterberger Straße, fristete bis in die Sechzigerjahre des vergangenen Jahrhunderts ein Schattendasein in den beiden untersten Spielklassen; er ist samt seinem Sportplatz verschwunden, heute stehen auf seinem Boden Maschinen, die BMW-Motoren erzeugen.

Dass Vorwärts noch heute die Rot-Weißen sind, liegt vielleicht daran, dass die ersten Dressen der neuen Mannschaft aus Fahnenstoff genäht wurden, den der damalige Vizebürgermeister der

Die Begründer des Sportklubs „Freiheit", später „Amateure", stehend v. l.: Wanek, F. Neuhold, Klein, Grasnig, Motschmann, R. Neuhold; sitzend v. l.: Bursa, Hawelka, Prilesnig, Wesp und Riha

Stadt dafür unentgeltlich zur Verfügung stellte. Ein Ball war über den Krieg weg gerettet worden, für Schuhe und Stutzen sorgte jeder selbst, und am 15. Juni 1919 trennte man sich in einem ersten Spiel auswärts gegen den LASK mit einem 2:2 Unentschieden. Dafür war eine dreitägige „Reise" notwendig, da am Samstag nach Spielende und den gesamten Sonntag über kein Zug von Linz nach Steyr verkehrte, und man so erst am Montag früh kurz vor Arbeitsbeginn wieder zuhause eintraf.

Gespielt wurde bei Heimspielen oft auf sehr hohem Gras, denn häufiges Mähen war nicht erlaubt. Dessen ungeachtet besaß der neue Sport bald magnetische Anziehungskraft, und da der damalige Magistrat noch nicht an die Entrichtung einer Lustbarkeitsabgabe dachte, zudem die Spieler alle Kosten wie Nächtigung, Essen, Trinken und Reisekosten selbst bezahlen mussten, konnten mit den Eintrittsgeldern bald Bälle, Schienbeinschützer und später auch die ersten Fußballschuhe für alle Spieler angeschafft werden.

Bald stellten sich in Steyr auch Wiener Vereine ein, um mit der Vorwärts ihre Kräfte zu messen. Denn der Landesmeister aus Oberösterreich hieß zwischen 1919/20 und 1922/23 jedes Jahr Vorwärts Steyr. Amateure schaffte übrigens auch bereits im zweiten Vereinsjahr den Aufstieg in die höchste Klasse des Landes, wo neben Vorwärts der Welser SC und vier Linzer Vereine spielten, darunter der LASK.

Angeblich, so erzählt die Anekdote, untermauert von einem ersten Mannschaftsfoto (Vorwärts – Apollo-Wien 11:1) fuhren die Wiener auch nach hohen Niederlagen gut gelaunt nach Hause. Wurde doch nach den Spielen reichlich gegessen und getrunken sowie viel gemeinsam gesungen. Ertönte der erste Schlachtgesang: „Hipp-hipp-hurra! Das grüne Feld mit Tor und Ball ist unsre Welt und Losung Vorwärts!", habe man öfter gehört: „Der [sic!] Vorwärts kann gut Fußball spielen, aber noch besser singen." – Ob wohl mit den musischen Talenten von Österreichs Ballesterern auch deren fußballerisches Können abnahm? 85 Jahre später könnte man zumindest an Hand der derzeitigen Resultate der Steyrer Vereine sowie der Leistungen des derzeitigen österreichischen Fußballs überhaupt diese Annahme wohl als bestätigt ansehen.

Vorwärts Steyr beim ersten Spiel gegen den LASK am 15. Juni 1919 (2:2); Hinreise, Spiel und Heimfahrt nahmen zusammen ganze drei Tage in Anspruch!

Freiheit Steyr gegen Sparta Linz (1920); eines der ganz seltenen Fotos aus der alten Fußballzeit, auf dem beide Mannschaften zu sehen sind.

Eröffnungsbilanz

Der Fußballsport, wie Sport überhaupt, wenn er Mannschaftssport ist, ergreift und zieht in den Bann. Aktive ebenso wie passiv Mitwirkende, auf dem Spielfeld, auf den Publikumsrängen und hinter den Kulissen.

Zweiundzwanzig Spieler, ein Schieds- und zwei Linienrichter, ein Fußballverband, ein Verein mit Vorständen, Beiräten, einem Obmann bzw. Sektionsleiter, ja gar einem Vereinspräsidenten samt Präsidium an der Spitze.

Einem Aufleben dieses Massenphänomens stand man von Seiten der Behörde am Anfang des zwanzigsten Jahrhunderts durchaus skeptisch gegenüber. Eine Zusammenrottung des Pöbels war zu befürchten, Ausschreitungen rivalisierender Fans wurden befürchtet. Das Vokabular war durchwegs kriegerisch, die Stimmung aufgeheizt: eine Verteidigung, die sich abspricht, ein Mittelfeldgemetzel, Sturmläufe von rechts wie von links. Schließlich der finale Schuss, der dem Gegner den Todesstoß versetzt. In den Himmel gehoben die einen, in den Erdboden versenkt die anderen.

Steyr spielte dabei sehr bald mit, häufig die zweite, streckenweise die erste Geige, und Vorwärts bzw. Amateure feierten schon in der Zwischenkriegszeit Erfolge und brachten Spielerpersönlichkeiten – vor und nach dem Zweiten Weltkrieg – hervor, die ihr Können in der Nationalmannschaft auch international unter Beweis stellten.

Anpfiff (1922 – 1934)

Während Vorwärts die Errichtung eines eigenen Fußballplatzes auf Antrag des jungen Gemeinderates und späteren SP-Bürgermeisters Leopold Steinbrecher auf der „Beckerwiese" genehmigt wurde, erhielt die Amateure ein freies Gelände hinter der Industriehalle, dem späteren Volkskino, zugewiesen. Der ASV Bewegung spielte auf dem Rennbahnplatz.

Die Errichtung des damaligen Vorwärtsplatzes nahe der heutigen HTL erforderte den unermüdlichen Einsatz zahlloser freiwilliger Arbeitsstunden und konnte trotz einer ersten Finanzkrise des Vereins auf Grund der allgemein tristen Weltwirtschaftslage und fehlgeschlagener Holzspekulationen des Vereinsobmanns im November 1922 abgeschlossen werden.

Amateure spielte ab 1930 als Untermieter auf dem damaligen Vorwärtsplatz, was nur dadurch möglich war, weil der Hundezüchterverein Steyr sein ihm zugestandenes Benutzungsrecht an die Amateure abtrat.

Zuvor hatte man die Meisterschaftsspiele auf dem benachbarten Rennbahnweg ausgetragen. Die heutige Heimstätte des ASV Bewegung auf der Ennsleite wurde erst Jahrzehnte später errichtet.

Die aufflammende Polarisierung in das bürgerliche Lager (Heimwehr) und das Arbeiterlager (Schutzbund) nahm ihren Anfang. In Steyr erinnert daran unter anderem der berüchtigte „Gehsteigerlass" vom 2. 2. 1930, in dem der Magistrat

Die Vorwärts-Mannschaft in der Saison 1923/24 v. l.:
Dvorschak, Greiml, Bauer, Leidl, Gärtner, Sailer, Breinesberger,
Mittendorfer, Herodek, Praitenlachner, Weißengruber

den „Einbahnverkehr" auf den Stadtplatzgehsteigen verfügte, damit Arbeitslose und Ausgesteuerte einerseits und die Angestellten und Geschäftsleute andererseits einander nicht offene Straßenkämpfe lieferten.

Schon 1926 hatte der oberösterreichische Vereinsfußball sich in zwei Ligen gespalten. In den Verband der Arbeiter-Fußballvereine Österreichs (VAFÖ) und den Allgemeinen OÖ-Fußballverband. Dem VAFÖ traten sowohl Vorwärts wie auch Amateure Steyr bei.

Der Steyrer Stadtchronist Manfred Brandl bemerkt dazu: „Die ‚Freiheit' (später ‚Amateure'), der um 1922 Hans Koral als Obmann vorstand, war jedenfalls sozialdemokratisch orientiert." Dies hat sich in den folgenden Jahren aber schlagartig geändert. Als bei den Massenentlassungen von 1929 und 1930 siebzig Prozent der gesamten Steyr-Werke-Belegschaft auf die Straße gesetzt wurden, waren darunter, erinnert sich Rudi Strittich, praktisch auch alle in den Steyr-Werken tätigen Fußballer von Vorwärts. Nicht so jene von Amateure. Bei einem Vereinswechsel zu Amateure wurde sogar ein Posten im Angestelltenverhältnis in Aussicht gestellt. Kein Wunder, wenn es im Vorwärtsbuch „Das rot-weiße Wunder" heißt: „Da hätte sich kein Amateurespieler bei uns blicken lassen, geschweige denn zu uns stellen brauchen …" Folgerichtig war deshalb der Austritt Amateures aus dem VAFÖ 1930, dem nunmehr neben Vorwärts Vereine wie Rapid Linz, Sparta Linz, Red-Star, Metallarbeiter MAC, Zentralverein der kaufmännischen Angestellten, aber auch Bewegung Steyr angehörten. Das Steyrer Tagblatt kommentiert den Wechsel „mit fliegenden Fahnen" in den „unpolitischen" Fußballverband als „Fort mit Schaden". Amateure gesellte sich also wieder unter anderem zum LASK, ebenso wie Herta Wels und der WSC.

Als der VAFÖ 1934 nach dem Februaraufstand vom Ständestaatregime aufgelöst wurde, war er zumindest in Steyr finanziell, aber auch sportlich am Ende. Das einzig verbliebene Vermögen, der Vorwärtsplatz, wurde konfisziert und dem Lokalrivalen als alleinige Spielstätte übergeben. – So ufert geschürter Hass zum Flächenbrand aus und überdauert bis weit in die Gegenwart.

Der Bürgerkrieg im Februar 1934 in Steyr: durch Artilleriebeschuss beschädigtes Arbeiterwohnhaus auf der Ennsleite
Foto: Stadtarchiv Steyr

Bundesheersoldat bewacht eine Ruine
Foto: Stadtarchiv Steyr

Wieder ist es das Gelände hinter dem damaligen Volkskino (dem heutigen Megaplex-Kino und Stadttheater), das neu adaptiert werden muss. Mehr als hundert Anhänger, Funktionäre und Spieler opfern dafür wieder wochenlang ihre Freizeit. Sechzig Zentimeter Erde müssen von der gesamten Spielfeldfläche abgetragen und ein halber Wald gerodet werden, denn auch anderen Sektionen des Vereins wie Leicht- und Schwerathleten, Ringern und TurnerInnen, sowie im Winter als Eislaufplatz der Allgemeinheit soll die neue Anlage zugute kommen.

Die Mühen, zeigt der weitere Verlauf der Geschichte, haben sich alles in allem gelohnt. Heute ist der damalige Vorwärtsplatz ein kleines Stadion englischen Flairs für ca. 8000 Zuschauer (in der Staatsligazeit nach dem Krieg und während der Bundesligajahre für fast 10.000 Besucher) mit Flutlicht, einer überdachten Sitzplatz-(West)- und einer überdachten Stehplatz-(Süd)tribüne. Die Stehplätze gegenüber der Westtribüne im Schatten einer riesigen Kastanienallee erinnern noch an anno dazumal. Die Stehplätze hinter dem Gäste-Tor dagegen verrotten. Gras wächst aus den brüchigen Stufen so wie das Gras über den Konkurs aus dem Jahre 2000. Trotz einer letzten Generalsanierung anlässlich der Austragung von Europameisterschaftsspielen der U-19 Mannschaften im Jahre 2007 war an deren Sanierung nicht zu denken.

Kein Wunder: Die in den Anfangsjahren immer eingesprungenen freiwilligen Gratishelfer sind allesamt tot, Nachfolger weit und breit keine in Sicht.

Ausnahmen bilden die letzten Veteranen, beispielsweise Masseur Karl Kötterl, der sich seit inzwischen 37 Jahren um die Blessuren der Rotweißen während und nach dem Spiel kümmert, Platzwart Rudi Pimsl als einer unter vielen „Ordnern" oder jahrelang Kurt Hochedlingers Eltern als Universalhelfer.

Schutzbundstellung auf der Ennsleite
Foto: Stadtarchiv Steyr

Erste Halbzeit (1935 – 1945)

Nicht nur, dass man uns den Platz weggenommen hat, so Strittich, durch einen Einspruch von Amateure muss Vorwärts die Meisterschaft 1934/35 in der 1. Klasse Ost beginnen. Im nächsten Jahr ist man aber schon wieder auf Tuchfühlung mit den Lauberleitnern und landet 2 Punkte hinter dem damaligen „Erzfeind" auf dem 6. Platz. Die Spiele gegen Amateure gingen allerdings häufig verloren.

Die Meisterschaft 1937/38 brachte dann den größten Vereinstriumph in der Geschichte des SK Amateure: Als oberösterreichischer Landesmeister war man berechtigt nach erfolgreicher Qualifikation in der höchsten österreichischen Spielklasse, der „Gauliga" mitzuspielen.

Allerdings, trotz der bewährten Finanzspritze aus der Chefetage, reichte es 1938/39 in 18 Meisterschaftsspielen nur zu mageren 4 Punkten mit Siegen gegen den Grazer SC, 2:0 daheim, und 4:2 auswärts gegen Wiener Neustadt. So endete nach einem einjährigen Gastspiel für bislang immer dieser Höhenflug.

Hitler brachte Arbeit. Allerdings alles andere als eine „ordentliche Beschäftigungspolitik"; nur gut ein Jahr nach nach dem „Anschluss" begann er den Zweiten Weltkrieg, für den ein Rüstungsbetrieb wie die Steyr-Werke damals in zwei Schichten zu je zwölf Stunden von 6 bis 18 und von 18 bis 6 Uhr rund um die Uhr produzierte. Trainiert wurde bei Vorwärts zweimal pro Woche, am Samstag oder Sonntag wurde gespielt.

Noch einmal wurde Amateure Landesmeister: 1942/43, vor der starken Militärmannschaft (eine frühe Form einer Legionärself) Adlerhorst Wels. Auf Grund der Wehrpflicht vieler Spieler schlossen sich jene, die dank ihres Fußballkönnens und ihrer Beziehungen vom Kriegsdienst vorläufig noch befreit waren, zum FC Steyr zusammen. Wieder wurde an einer Fußballmannschaft festgehalten, um dem Fronteinsatz vielleicht doch entgehen zu können, und manch einer verdankt so möglicherweise einem unermüdlichen Funktionär oder einem Trainer sein Leben.

Noch eine Erinnerung an den FC Steyr: Auch im letzten Kriegsjahr 1944/45 wurde eine Landesligameisterschaft begonnen, allerdings nach sechs bzw. sieben Spielen im Herbst 1944 abgebrochen.

DIE ANFÄNGE DES FUSSBALLS IN WELS

von Manuel Fischer

Der Welser SC als Pionier-Club

Eigentlich ist ja das Jahr 1912 das Gründungsjahr des Vereinsfußballs in Oberösterreich. Denn zuvor gab es nur den LASK (damals noch LSK), und der hätte auf Dauer schlecht gegen sich selber spielen können. Aber das Jahr 1912 sieht die Gründung der SV Urfahr, der SV Ried und des Welser SC. Damit begann die junge Sportart, sich in der Fläche auszubreiten.

In Wels wurde der 12. April dieses Jahres 1912 zum Fußball-Stichtag. An diesem Tag wurde der Welser SC gegründet, ein Verein, der sehr viel zur Entwicklung des Fußballs in Oberösterreich beigetragen hat. Den Anstoß in Wels gaben die Schüler Max und August Spechtenhauser, die von der Real- und Handelsschule Nürnberg nach Wels zurückkamen. Der Spielbetrieb wurde auf dem eigenen Platz in der Herzog-Friedrich-Straße (heute Kolpingstraße) aufgenommen. Bei der Platzeröffnung am 9. Juni 1912 erfolgte das erste offizielle Wettspiel in Wels. Der erste Gegner, die Sportvereinigung Urfahr, wurde mit 9:1 besiegt.

Auch eine Woche später ging der WSC auf dem Sportplatz in Puchenau mit 3:0 als Sieger vom Platz. Die nächsten Spiele bestritten die „grün-weißen" Welser gegen Germania Linz und gegen Steyr. Im Kader des WSC befanden sich zu dieser Zeit u. a. folgende Spieler: Haidinger, Born, Mooshammer, Unterholzner, Sigl, Wallner, Spechtenhauser I, Spechtenhauser II, Haff, Helmschrodt und Maier. Schnell kamen neue Spieler dazu. Interessant sind sicher auch die Berufe der Spieler zu dieser Zeit. Hier eine Auswahl: Hertwich, ein begnadeter Techniker, war ein Eisendreher aus Leipzig und brachte den Welsern die Technik bei. Dann gab es den berühmten „Köpfler" der Welser, Schreiner, der Berichten zufolge fast jeden Ball mit dem Kopf nahm. Schönauer war ein Zugsführer, Helmschrodt ein Beamter, Richter war Oberleutnant der Kaiserschützen.

Spielsysteme gab es bei den damaligen Spielen kaum. Einzig der Techniker Hertwich ragte aus der Mannschaft heraus. Er behielt den Ball nie länger als drei Schritte und spielte dann meist sofort ab, was ihm den Beifall der bis zu 100 Zuschauer sicherte.

Nach einem Spiel WSC - Germania, das 11 : 1 (6 : 1) endete. Von links: Auinger, Steinwendtner, Markut, Loitsberger, Hochmaier, Angerer, Starzengruber, Parzer, Ögerer (alle WSC), Sektionsleiter Mairbäurl, Gartner, Patzelt, Aschauer, Baumgartner, Lutz Wiggerl sen., Draxler, Maier, Zemann, Bachmann (alle Germania); liegend: Gassner und Schmidt (WSC), Buschek und Wainke (Germania)

Der WSC im Jahre 1913: von links: Starzengruber, Gortana, Gruber, Tucek,
Hummer, Ilgner, Maier, Hadinger; sitzend: Gröbner, Linhart, Hertwich

Einfach hatten es die Spieler des WSC damals nicht. So mussten sie oftmals am Vormittag sammeln gehen, um für Nachmittag einen Ball erwerben zu können. Und die Regel hieß auch: Wer am Vormittag auf dem Sportplatz nicht Markierungsarbeiten macht, darf am Nachmittag auch nicht spielen. Der Eintritt zu einem Fußballspiel betrug zu diesem Zeitpunkt etwa zwischen 20 (Vorverkauf) und 30 Heller (Kassa).

Als im Jänner 1913 in Graz der Steirische Fußballverband seine Hauptversammlung abhielt, gehörten ihm neben den steirischen Vereinen auch vier aus Oberösterreich an, nämlich der Welser SC, der Linzer Sportklub der Sportklub Steyr. Denn in Oberösterreich gab es damals noch keinen Verband.

Der Erste Weltkrieg (1914-1918) unterbrach auch in Wels die Aufwärtsentwicklung des Fußballs, aber schon 1919 wurde der WSC wieder aktiviert. Der Verein spielte nun auf der Spielwiese vor der Moritz-Etzold-Turnhalle. August Spechtenhauser brachte den Spielbetrieb wieder in Schwung, und am 11. Mai 1919 kam es zur Begegnung mit dem LASK, der mit 2:0 besiegt werden konnte.

Ein harter Schlag traf dann den Verein, als der Platz am Beginn der oberösterreichischen Landesmeisterschaft als nichts meisterschaftsfähig erklärt wurde. Dank des Entgegenkommens des Trabrennvereins war aber schnell eine neue Lösung gefunden, und der WSC nahm nicht nur an der Meisterschaft teil, sondern wurde auch Meister, allerdings nicht im Spielgeschehen selbst, sondern durch eine nachträgliche Aberkennung von Vorwärts-Erfolgen wegen Mitwirkung nichtberechtigter Spieler. Dann gab es abermals Proteste, und schließlich wurde die Meisterschaft annulliert.

Ein für den WSC unglücklicher Gedanke war dann die Verpflichtung von Wiener Spielern, die nicht nur viel Geld mitnahmen und damit auch die Vereinsfinanzen in Unordnung brachten, sondern auch viele Welser Spieler verärgerten, die dem Verein den Rücken kehrten. Der Verein konnte bald keine komplette Mannschaft mehr stellen, denn die Wiener Spieler zogen sich, als das Geld zu Ende war, zurück. Der Platz auf der Rennbahn musste wieder geräumt werden, und man trug sich mit dem Gedanken, die Fußballsektion des WSC aufzulösen.

Im Jahr 1921 wurde in Wels neben dem WSC mit dem Sportklub „Hertha" ein zweiter Verein gegründet. Mehr dazu später.

Beim WSC traten mit Hermann Muckenhuber, dem ehemaligen Präsidenten des oö. Fußballverbandes, und Martin Bartenstein zwei neue Männer in den entscheidenden Phasen an die Spitze des Vereins. Ihnen gelang es, auch dank der Unterstützung des SK Flugrad, der dem WSC einige Spieler überließ, den Meisterschaftsbetrieb aufrecht zu erhalten.

Der Abstieg in die zweite Klasse war aber auch trotz guter Leistungen nicht aufzuhalten. Dazu kamen abermals Platzsorgen, die erst gelöst wurden, als Kommerzialrat Wiesinger einen Privatplatz in der Friedhofstraße zur Verfügung stellte. WSC und Flugrad bauten das Sportfeld aus, und trotz der großen finanziellen Sorgen konnte der Platz am 13. September 1925 seiner Bestimmung übergeben werden.

In der Meisterschaftssaison 1925/26 wurde der Meistertitel der zweiten Klasse errungen, und damit stieg der WSC, der inzwischen mit dem SK Flugrad fusioniert hatte, wieder in die erste Klasse auf. Nach wechselhaften Erfolgen stieg der Verein 1929 neuerlich ab, bedingt durch einen in der letzten Minute des letzten Spieles gegen Sportfreunde vergebenen Elfmeter. Nach einjähriger Zugehörigkeit zur zweiten Klasse schaffte der WSC wieder den Aufstieg und stieß als zweitklassiger Verein sogar bis ins Cupfinale vor, wo er dann gegen den LASK mit 1:4 unterlag. Auch im nächsten Jahr stand der WSC im Finale, musste sich aber wieder dem LASK, und zwar in einem Wiederholungsspiel, unverdient hoch mit 8:2 geschlagen geben. Im Semifinale war Urfahr mit 3:2 besiegt worden, wobei Tormann Heitzinger binnen zehn Minuten drei Elfmeter gehalten hatte.

Der Umbruch im Jahr 1938 brachte auch eine Neueinteilung der Fußballmeisterschaft. Der WSC gewann die Meisterschaft vor Gmunden und Vöcklabruck und war wieder in der Bezirksklasse. 1939 musste der Spielbetrieb eingestellt werden, erst 1940 hatte man wieder genügend Spieler, um an der Meisterschaft teilnehmen zu können, in der aber nur der neunte Platz erreicht wurde. Bis Kriegsende gab es nur Achtungserfolge. Am 30. Mai 1944 wurde der Platz bei einem Fliegerangriff auf Wels beschädigt. Nach Kriegsende wurden die Schäden aber schnell beseitigt und der Spielbetrieb konnte wieder aufgenommen werden.

Sportklub „Hertha" Wels

Über Anregung des späteren Obmanns Franz Lehner wurde am 21. Mai 1921 im Gasthaus „Zum Schild" am Grünbachplatz der SK Hertha Wels gegründet. Schon vor dem Ersten Weltkrieg hatten sich in Wels mehrere Gruppen junger Leute zum Kicken zusammengefunden. Von den Mitbürgern wurden sie geringschätzig nur als „Blodernstesser" bezeichnet. Eine Mannschaft hatte sich den Namen „Hertha" zugelegt. Mitglieder dieser Gruppe waren bei der offiziellen Vereinsgründung maßgebend beteiligt und haben dann ihren langjährigen Mannschaftsnamen dem neuen Verein in die Wiege gelegt. Als Vereinsfarben wurden blau und weiß gewählt.

SK Hertha wurde in den oö Fußballverband aufgenommen, aber an der Meisterschaft durfte er nach den damaligen Regeln erst nach einem Probejahr teilnehmen. Schon im ersten Meisterschaftsjahr 1922/23 der zweiten Klasse konnte die Qualifikation für den Aufstieg erreicht werden. Da jedoch die beiden Aufstiegsspiele ver-

Der WSC im Jahre 1937: von links: Schwaiger, Malik, Mayrhofer, Lehner, Mundigler, Köstler, Stu Merz; kniend: Tosold, Oberlaber, Meindl

loren gingen, musste der Einzug ins „Oberhaus" unterbleiben. Doch schon in der Saison 1924/25 bestritt die Mannschaft des SK Hertha die Meisterschaft in der obersten oö. Spielklasse und erreichte hinter dem LASK den zweiten Tabellenplatz.

Als der Gründungsobmann Franz Lehner im Jahre 1929 seine Funktionen zurücklegte, trat dessen Bruder Willi Lehner an seine Stelle und leitete die Geschicke des Vereins bis zu seiner Einberufung 1943. Bis Kriegsende hatten dann Josef Fuchs und Hans Maresch die Vereinsführung inne.

Der Förderung und Betreuung der Jugend wurden seit jeher größtes Augenmerk zugewendet. Diese Mühe hat sich reichlich gelohnt, denn der Nachwuchs für die Kampfmannschaft konnte fast immer aus den eigenen Reihen gestellt werden.

Der SK Hertha musste in all den Jahren niemals in eine untere Spielklasse absteigen. Bis 1939 gelang es fünfmal, den zweiten Tabellenplatz zu erkämpfen. Der begehrte Titel eines Fußball-Landesmeisters blieb aber lange Zeit nur ein Wunschtraum. Im Meisterschaftsdurchgang 1937/38 schien es endlich soweit: Hertha besaß damals eine besonders kampfstarke Mannschaft. Das letzte entscheidende Meisterschaftsspiel gegen Admira Linz hätte gewonnen werden müssen, und als Lohn winkte der Aufstieg in die Bereichs- bzw. Gauliga (damals die höchste österreichische Spielklasse). Dieses Spiel endete aber nach turbulentem Verlauf nur unentschieden, und Hertha landete, punktegleich mit dem Sieger Amateure Steyr, auf dem zweiten Platz.

Die weitere Entwicklung des Welser Fußballs während des 2. Weltkrieges entnehmen Sie bitte dem Beitrag von Walter Kohl „Als die Mauthausener SS Oberösterreichs Fußballmeister war".

SCHLUSSTABELLEN DER OÖ. FUSSBALL-MEISTERSCHAFT 1920 BIS 1938

1919/20

RANG	VEREIN	SPIELE	GEW	UNE	VER	TO	RE	PUNKTE	ANM
1	SK Vorwärts Steyr	6	5	1	0	20	5	11	
2	Welser SC	6	4	1	1	18	10	9	
3	LASK	6	1	0	5	11	17	2	
4	SV Urfahr	6	1	0	5	6	23	2	

1920/21

RANG	VEREIN	SPIELE	GEW	UNE	VER	TO	RE	PUNKTE	ANM
1	SK Vorwärts Steyr	8	6	2	0	21	8	14	
2	Welser SC	8	4	2	2	18	26	10	
3	Salzburger SK	8	3	1	4	16	15	7	
4	LASK	8	3	0	5	19	13	6	
5	SV Urfahr	8	1	1	6	5	17	3	

1921/22

RANG	VEREIN	SPIELE	GEW	UNE	VER	TO	RE	PUNKTE	ANM
1	SK Vorwärts Steyr	8	7	0	1	24	8	14	
2	Welser SC	8	6	1	1	26	11	13	
3	LASK	8	3	2	3	16	13	8	
4	Sparta	8	1	1	6	5	24	3	
5	SV Urfahr	8	1	0	7	11	26	2	

1922/23

RANG	VEREIN	SPIELE	GEW	UNE	VER	TO	RE	PUNKTE	ANM
1	SK Vorwärts Steyr	12	10	1	1	39	14	21	
2	LASK	12	8	0	4	50	19	16	
3	Welser SC	12	8	0	4	27	19	16	
4	Rapid Linz	12	4	2	6	28	23	10	
5	SV Urfahr	12	5	0	7	28	23	10	
6	Freiheit Steyr	12	4	0	8	19	41	8	
7	Sparta	12	2	1	9	13	43	5	

1923/24

RANG	VEREIN	SPIELE	GEW	UNE	VER	TO	RE	PUNKTE	ANM
1	LASK	14	11	2	1	71	10	24	
2	SK Vorwärts Steyr	14	7	4	3	28	16	18	
3	Welser SC	14	8	2	4	33	22	18	
4	Sparta	14	8	2	4	33	28	18	
5	Rapid Linz	14	4	1	9	24	39	9	
6	SV Urfahr	14	4	1	9	19	42	9	
7	SK Germania Linz	14	3	2	9	15	31	8	
8	SK Amateure Steyr	14	4	0	10	11	46	8	

1924/25

RANG	VEREIN	SPIELE	GEW	UNE	VER	TO	RE	PUNKTE	ANM
1	LASK	18	17	0	1	85	19	34	
2	SK Hertha Wels	18	8	4	6	51	34	20	
3	SV Urfahr	18	8	4	6	41	23	20	
4	SK Vorwärts Steyr	18	8	3	7	33	32	19	
5	Sparta	18	8	2	8	41	32	18	
6	SK Germania Linz	18	6	6	6	29	20	18	
7	Olympia	18	7	4	7	25	47	18	
8	Rapid Linz	18	5	4	9	32	45	14	
9	Welser SC	18	5	3	10	27	46	13	
10	SK Amateure Steyr	18	3	2	13	13	79	8	

1925/26

Infolge der Trennung der Verbände VAFÖ und OÖ. Fußballverband wurde keine Meisterschaft ausgetragen.

1926/27

RANG	VEREIN	SPIELE	GEW	UNE	VER	TO	RE	PUNKTE	ANM
1	LASK	12	12	0	0	80	16	24	
2	SK Hertha Wels	12	8	1	3	39	25	17	
3	SV Urfahr	12	8	0	4	56	28	16	
4	Welser SC	12	4	2	6	33	47	10	
5	SK Germania Linz	12	1	5	6	20	42	7	
6	Sportfreunde	12	1	3	8	27	57	5	
7	SV Ried i.I.	12	2	1	9	12	52	5	

1927/28

RANG	VEREIN	SPIELE	GEW	UNE	VER	TO	RE	PUNKTE	ANM
1	SV Urfahr	12	11	1	0	48	13	23	
2	SK Hertha Wels	12	9	1	2	74	25	19	
3	LASK	12	7	2	3	58	31	16	
4	SK Germania Linz	12	5	0	7	42	39	10	
5	Welser SC	12	3	1	8	30	38	7	
6	Gmunden	12	3	1	8	22	56	7	
7	SV Ried i.I.	12	1	0	11	71	96	2	

1928/29

RANG	VEREIN	SPIELE	GEW	UNE	VER	TO	RE	PUNKTE	ANM
1	LASK	12	11	1	0	70	18	23	
2	SV Urfahr	12	7	4	1	39	21	18	
3	SK Hertha Wels	12	4	3	5	30	34	11	
4	Gmunden	12	2	4	6	26	38	8	
5	Welser SC	12	2	4	6	26	43	8	
6	SK Germania Linz	12	4	0	8	27	45	8	
7	Sportfreunde	12	3	2	7	18	37	8	

1929/30

RANG	VEREIN	SPIELE	GEW	UNE	VER	TO	RE	PUNKTE	ANM
1	LASK	12	10	1	1	76	16	21	
2	SV Urfahr	12	10	1	1	55	20	21	
3	SK Germania Linz	12	6	1	5	34	33	13	
4	SK Hertha Wels	12	5	1	6	42	33	11	
5	Sportfreunde	12	4	2	6	24	43	10	
6	Gmunden	12	3	1	8	18	54	7	
7	DJK	12	0	1	11	5	55	1	

1930/31

RANG	VEREIN	SPIELE	GEW	UNE	VER	TO	RE	PUNKTE	ANM
1	LASK	14	12	1	1	78	19	25	
2	SV Urfahr	14	9	1	4	45	28	19	
3	Welser SC	14	7	2	5	42	44	16	
4	SK Germania Linz	14	6	3	5	32	35	15	
5	SK Hertha Wels	14	5	2	7	31	43	12	
6	SK Amateure Steyr	14	5	1	8	32	46	11	
7	Sportfreunde	14	3	4	7	40	46	10	
8	Gmunden	14	1	2	11	15	54	4	

1931/32

RANG	VEREIN	SPIELE	GEW	UNE	VER	TO	RE	PUNKTE	ANM
1	LASK	14	11	2	1	64	19	24	
2	SV Urfahr	14	10	1	3	66	23	21	
3	SK Amateure Steyr	14	6	2	6	27	33	14	
4	Welser SC	14	6	1	7	43	41	13	
5	Amstetten	14	4	3	7	26	47	11	
6	SK Germania Linz	14	5	0	9	34	38	10	
7	SK Hertha Wels	14	4	2	8	29	60	10	
8	Sportfreunde	14	4	1	9	22	50	9	

1932/33

RANG	VEREIN	SPIELE	GEW	UNE	VER	TO	RE	PUNKTE	ANM
1	SV Urfahr	14	11	2	1	81	18	24	
2	Welser SC	14	7	4	3	45	36	18	
3	SK Amateure Steyr	14	7	4	3	41	35	18	
4	LASK	14	7	2	5	67	27	16	
5	SK Germania Linz	14	6	4	4	36	39	16	
6	SK Hertha Wels	14	3	3	8	24	40	9	
7	Amstetten	14	3	1	10	20	65	7	
8	Gmunden	14	1	2	11	15	69	4	

1933/34

Oberösterreichische und Salzburger Ligameisterschaft

RANG	VEREIN	SPIELE	GEW	UNE	VER	TO	RE	PUNKTE	ANM
1	Salzburger AK	18	16	1	1	76	23	33	
2	LASK	18	16	0	2	92	28	32	
3	SV Urfahr	18	15	1	2	92	26	31	
4	Welser SC	18	9	2	7	56	62	20	
5	SK Hertha Wels	18	8	2	8	44	44	18	
6	SK Amateure Steyr	18	6	1	11	46	56	13	
7	SK Germania Linz	18	5	2	11	41	51	12	
8	Austria Salzburg	18	4	4	10	42	63	12	
9	Amstetten	18	2	1	15	19	73	5	
10	Sportfreunde Wels	18	2	0	16	25	107	4	

1934/35

RANG	VEREIN	SPIELE	GEW	UNE	VER	TO	RE	PUNKTE	ANM
1	SAK 1914	20	14	2	4	76	29	30	
2	SV Urfahr	20	13	2	5	68	38	28	
3	SK Admira Linz	20	13	2	5	64	42	28	
4	LASK	20	12	3	5	60	30	27	
5	SK Germania Linz	20	11	3	6	52	35	25	
6	Welser SC	20	10	2	8	62	43	22	
7	SK Amateure Steyr	20	8	1	11	55	54	17	
8	Austria Salzburg	20	7	3	10	57	56	17	
9	SK Hertha Wels	20	5	5	10	41	58	15	
10	1. SSK 1919	20	4	1	15	30	90	9	
11	Gmunden	20	0	2	18	24	114	2	

1935/36

RANG	VEREIN	SPIELE	GEW	UNE	VER	TO	RE	PUNKTE	ANM
1	LASK	14	10	3	1	52	24	23	
2	SV Urfahr	14	10	2	2	66	18	22	
3	SK Admira Linz	14	8	2	4	51	45	18	
4	Welser SC	14	5	4	5	30	39	14	
5	SK Amateure Steyr	14	5	1	8	36	38	11	
6	SK Vorwärts Steyr	14	4	1	9	31	53	9	
7	SK Germania Linz	14	2	5	7	15	45	9	
8	SK Hertha Wels	14	2	4	8	24	43	8	

1936/37

RANG	VEREIN	SPIELE	GEW	UNE	VER	TO	RE	PUNKTE	ANM
1	SV Urfahr	16	11	2	3	82	48	24	
2	SK Hertha Wels	16	10	3	3	50	32	23	
3	SK Amateure Steyr	16	10	2	4	53	33	22	
4	LASK	16	6	4	6	48	47	16	
5	SK Vorwärts Steyr	16	6	3	7	49	45	15	
6	Welser SC	16	6	3	7	34	41	15	
7	Gmunden	16	4	6	6	42	56	14	
8	SK Admira Linz	16	6	1	9	34	36	13	
9	SK Germania Linz	16	1	0	15	22	76	2	

1937/38

RANG	VEREIN	SPIELE	GEW	UNE	VER	TO	RE	PUNKTE	ANM
	Bezirksklasse Oberdonau								
1	SK Amateure Steyr	18	12	2	4	58	33	26	
2	SK Hertha Wels	18	11	4	3	60	40	26	
3	SK Admira Linz	18	11	2	5	65	40	24	
4	LASK	18	10	3	5	64	48	23	
5	SK Vorwärts Steyr	18	9	1	8	56	40	19	
6	SV Urfahr	18	7	3	8	62	59	17	
7	Rapid Linz	18	6	3	9	44	61	15	
8	Welser SC	18	6	2	10	46	73	14	
9	SK Germania Linz	18	3	2	13	37	54	8	
10	Gmunden	18	3	2	13	34	78	8	

SIE TANZTEN NUR EINEN SOMMER
Olympia 1936: Silber für vier oberösterreichische Fußballer

von Hubert Potyka

Man muss bei melancholischen Rückblicken in die Vergangenheit immer ein wenig vorsichtig sein. Im Nachhinein sieht meistens alles schöner, besser als der Ist-Zustand aus. So ist es auch im Fußball. Erfreulicher ist es aber allemal, bei hitzigen Diskussionen am Wirtshaustisch das Kränkeln unserer Nationalmannschaft zu vergessen und lieber von guten, alten Zeiten zu schwärmen.

Man muss ja nicht unbedingt zum tausendsten Mal das Wunder von Cordoba mit dem heute noch für viele unfassbaren Sieg gegen unsere lieben deutschen Nachbarn aufwärmen. Es gibt auch andere Hochgefühle für die geschundene österreichische Fußballseele.

Denken wir nur an 1954, an die Weltmeisterschaft in der Schweiz, als unsere den Ball damals noch wie ein rohes Ei behandelnden Kicker Dritte wurden und Bronze gewannen. Oder an 1936. Wer weiß heute noch, dass Österreich einmal nur ganz knapp den Olympiasieg im Fußball verpasst und aus Berlin sensationell die Silbermedaille nach Hause gebracht hat? Silber, mit dem sich auch einige oberösterreichische Spieler schmücken durften.

„Die Gscherten werden's Kraut auch net mehr fett machen", spuckten ein paar Wiener Funktionäre bei der Verabschiedung unseres Olympia-Amateurteams auf dem Heldenplatz Gift und Galle, weil sie lieber Spieler ihrer Klubs im Kader gesehen hätten. Doch die „Gscherten", unter ihnen die Oberösterreicher Leo Schaffelhofer, Josef Kitzmüller, Karl Wahlmüller und Franz Fuchsberger, wurden bei der

Das österreichische Olympiateam 1936, das stolz mit einer Bronzemedaille heimkehrte. Die vier Oberösterreich sind: Leo Schaffelhofer stehend ganz links, Karl Wahlmüller kniend ganz links, zweiter von rechts stehend Josef Kitzmüller und stehend fünfter von rechts Franz Fuchsberger

Rückkehr des Silberteams in die Bundeshaupstadt lautstark bejubelt und gefeiert.

Weil der vierte Platz des österreichischen Wunderteams bei der Weltmeisterschaft 1934 für den ÖFB eine riesige Enttäuschung gewesen war und Medien das Wunderteam als „Plunderteam" lächerlich gemacht hatten, wollte man zunächst aus Angst vor einer neuerlichen Blamage gar kein Olympiateam nach Berlin entsenden. Am Ende entschied man sich aber doch für ein Amateurgemisch aus Fußballern von Landesliga- und Zweitklasseklubs mit nur vier Mann von Wiener Vereinen.

„Der Weg bis ins Finale war unheimlich dramatisch", erinnerte sich einmal der ehemalige SV-Urfahr-Star und spätere Landebeamte Franz Fuchsberger. Das Achtelfinale wurde mit dem 3:1-Sieg gegen Ägypten mühelos gemeistert, dafür ging es in der nächsten Runde gegen Peru hart, mitunter brutal zu: Nach einer 2:0-Führung fiel Österreich immer mehr zurück und war bald mit 2:4 im Rückstand. Doch anstatt Ruhe zu bewahren und den klaren Vorsprung zu halten, liefen die Südamerikaner plötzlich Amok, prügelten sich mit Fans und zwangen den Referee zum Abbruch. Die Jury der FIFA entschied am nächsten Tag auf Wiederholung unter Ausschluss der Öffentlichkeit. In Lima war die Hölle los. Tausende Menschen protestierten auf den Straßen gegen Österreich, schlugen Fensterscheiben der Geschäfte ein und stürmten das Konsulatsgebäude. Weil die FIFA unnachgiebig blieb, reiste Perus Mannschaft aus Protest vorzeitig ab, und die Österreicher standen kampflos im Semifinale.

Vor 100.000 Zuschauern wurde mit dem 2:1-Sieg gegen Polen die Türe ins Endspiel gegen die vom legendären Teamchef Vittorio Pozzo angeführten Italiener aufgestoßen. Wieder 100.000 Fans, wieder eine begeisternd kämpfende österreichische Truppe mit den beiden SV-Urfahr-Spielern Fuchsberger im Angriff und Wahlmüller in der Läuferreihe – aber diesmal gab es im Nachspiel eine mehr als unglückliche 1:2-Niederlage gegen die verbotenerweise mit als Studenten getarnten Berufsspielern angetretene italienische Auswahl. Bitter, weil der deutsche Referee Peco Bauwens alles andere als unparteiisch war und die lupenreinen österreichischen Amateure mehrmals krass benachteiligte.

Olympia-Marke mit Fußball-Motiv

„Sie waren der zwölfte und beste Mann Italiens", schmetterte Österreichs Betreuer Jimmy Hogan nach dem Schlusspfiff dem deutschen Schiedsrichter Bauwens wütend ins Gesicht. Doch der grinste nur vielsagend mit einem Blick zum DFB-Boss. Nicht nur der für unser Team verpflichtete englische Wandertrainer Hogan war davon überzeugt, dass politische Funktionäre dem Schiedsrichter den Auftrag erteilt hatten, das kleine Österreich auf keinen Fall gewinnen zu lassen.
Die Deutschen? Sie wurden schon in der zweiten Runde als klarer Goldfavorit von Norwegen mit 2:0 aus dem Turnier geschossen. Reichstrainer Professor Nerz schmiss alles hin, und der später so berühmt gewordene Sepp Herberger wurde sein Nachfolger.

Während Leo Schaffelhofer, Josef Kitzmüller und Karl Wahlmüller so wie alle anderen Mitglieder der erfolgreichen Silbermannschaft nur einen Sommer international auftanzten und dann ins fußballerische Nichts verschwanden, war Berlin wenigstens für den Urfahrer Franz Fuchsberger zumindest kurzfristig das Sprungbrett vom Amateurteam in die „richtige" Nationalmannschaft. Unmittelbar nach den Olympischen Spielen, im Herbst 1936, wurde er als erster österreichischer Amateur für das Profi-Länderspiel gegen Ungarn einberufen. „Es war ein Wahnsinnsgefühl, im Sturm neben Weltklasseleuten mit Zischek, Stroh, Sindelar und Binder spielen zu dürfen", traf Fuchsberger die geringste Schuld an der 3:5-Niederlage in Budapest. Wiener Blätter lobten ihn als „idealen, schlauen Einfädler" aller drei Tore unserer Elf. Die „Gage" für den starken Auftritt im Nep-Stadion: Eine Stange Salami für jeden österreichischen Spieler.

Ein Match – dann war mit der Teamkarriere wieder Schluss. Daran konnte auch ein halbjähriges Gastspiel bei Rapid im Jahr 1943 nichts ändern. Nach dem Krieg ist Fuchsberger zum SV Urfahr als Trainer zurückgekehrt. Dorthin, wo er viele Jahre früher als Linkverbinder und Linksaußen neben oberösterreichischen Auswahlspielern wie Krapf, Ertl, Six oder seinem Olympiateam-Kollegen Wahlmüller entscheidenden Anteil am Höhenflug der Urfahrer Sportvereinigung hatte. Er wurde mit ihr oberösterreichischer Meister und Cupsieger, außerdem feierte er gegen Spitzenklubs wie Austria, Rapid oder Ferencvaros Achtungserfolge.

Dabei hatte man gar nicht viel Freude, als ein kleines, aus Enns angereistes Bürscherl eines Tages in Urfahr auftauchte und unbedingt mittrainieren wollte. „Wenn's unbedingt willst, probieren wirs halt. Aber wir haben eh genug wie dich", hatte ein Nachwuchstrainer das Talent unterschätzt. Ein paar Wochen später lief der junge Mann bereits mit der Urfahrer Kampfmannschaft aufs Spielfeld neben der Donau.

Dem Fußball blieb Franz Fuchsberger auch nach Ende seiner Karriere als Zuschauer und Fan treu. Einmal wurde er gefragt, was der Unterschied zwischen dem früheren und dem heutigen Spiel sei: „Ganz einfach, früher haben wir mehr und aus allen Lagen geschossen, heute trauen sie sich viel zu wenig." Recht hatte er.

Mit 81 Jahren starb mit Franz Fuchsberger 1992 einer der erfolgreichsten und bescheidensten oberösterreichischen Fußballer aller Zeiten ganz im Stillen.

Neben Fuchsberger gab es noch andere bekannte oberösterreichische Fußballer, die nur kurzfristig Bekanntschaft mit der Nationalmannschaft

Franz Fuchsberger

schließen durften. Etwa der überall beliebte LASK-Stürmer Karl Höfer, der mit 35 Jahren zum ersten und letzten Mal für ein Ländermatch einberufen wurde. Dabei wäre er am 13. Dezember 1959, kurz vor der Abfahrt vom Hotel zum Prinzenparkstadion, fast noch aus dem Bus geflogen.

„Sie, was wolln denn Sie do? Der Autobus ist nur für Spieler und net für Fans reserviert. Außi do!", brüllte ÖFB-Generalsekretär Karl Liegl einen Herrn mit Anzug und tief ins Gesicht gezogenen Hut an. „Aber ich bin ja auch a Spieler", verteidigte sich der LASK-Stürmer, worauf Liegl weiter meckerte: „Des kann a jeder sagen." Riesengelächter im Bus, bis Teamkapitän Gerhard Hanappi eingriff: „Aber Herr Generalsekretär, das ist wirklich der Höfer. Der Karl spült eh heut." Worauf Delegationsleiter Liegl murrte: „Wanns mants..." und für Höfer noch einmal die Bustüre öffnete. Der von Mödling gekommene „Vota"

– wie ihn die LASK-Fans liebevoll nannten, sah halt um einiges älter aus als er in Wirklichkeit war.

Österreich verlor mit Höfer trotz einer guten Leistung 2:5 gegen die Franzosen. Mit 38 stürmte Höfer als Ältester der ganzen Liga noch immer für den LASK, ehe bis zu seinem 50. Lebensjahr mehrere kleine Vereine weitere Spieler-Stationen waren. Fußball war seine große Leidenschaft. Trotzdem hat er nie mit dem Gedanken gespielt, wegen seiner sportlichen Karriere den Job als Leiter der Devisenabteilung der Wiener Zentralsparkasse aufzugeben. Kurz nachdem er mit 65 in Pension gehen musste, starb Höfer in Wien. Das Nichtstun hielt sein Herz nicht aus.

Mit Ferdinand „Ferdl" Zechmeister durfte ein anderer LASK-Fußballer dieser Zeit wenigstens zweimal 90 Minuten auftanzen. 1953 blieb ihm in Dublin das 0:4 gegen Irland nicht erspart, und 1960 konnte er so wie sein Klubkamerad Heribert Trubrig, einer der großen Pluspunkte in der späteren legendären Decker-Ära, von Anfang an bis zum Schlusspfiff den 2:1-Sieg über Italien in Neapel miterleben.

Herrliche Tore und ein guter Wiener Schmäh waren Markenzeichen von Zechmeister, für den einst der Wiener Sport-Club 200 Kilo Pferdefleisch statt der ursprünglich vereinbarten 20.000 Schilling als Ablöse an Post Wien bezahlt hatte. Für den Wilheringer war im Sport und im Leben

… herrliche Tore und ein guter Wiener Schmäh …; LASK-Spieler Ferdinand Zechmeister trug zweimal das Trikot der Nationalmannschaft

immer „alles Leinwand". Darum hat sich der pfeilschnelle Stürmer auch nie darüber beklagt, dass statt ihm oft schwächere Spieler ins Nationalteam geholt worden sind. „Aufs Nationalteam bin i gar net so gstanden. Ich wollt ja nur ballestern, egal wo", meinte der 1999 nach einem Herzinfarkt verstorbene Zechmeister.

OLYMPISCHE SPIELE 1936 – ODER: SPORT, WIE HÄLTST DU'S MIT DER POLITIK?

von Franz Steinmaßl

Neben der eindrucksvollen Silbermedaille der österreichischen Fußball-Olympia-Mannschaft mit starker oö. Beteiligung gibt es aus Berlin noch weitere oberösterreichische Erfolge zu vermelden: Ebenso wie die Fußballer erreichte auch die Handball-Nationalmannschaft unter Beteiligung der beiden Linzer Franz Berghammer und Siegfried Powolny Silber (6:10 im Finale gegen Deutschland), und die Kajak-Zweier Karl Steinhuber und Viktor Kalisch gewannen dasselbe Metall über die 10.000-Meter-Distanz. Gekrönt aus mostschädelischer Sicht wurden die Bewerbe von der Goldmedaille, ebenfalls im Kajak-Zweier, durch die Linzer Alfons Dorfner und Adolf Kainz über die 1000-Meter-Strecke.

Jetzt aber genug der lokalpatriotischen Seelenpflege. Gerade eine Veranstaltung wie die Olympiade in Berlin 1936 (und natürlich ebenso, wenn auch in geringerem Umfang, die Winterolympiade in Garmisch-Partenkirchen im selben Jahr) darf nicht unkritisch aus einer rein aufs Sportliche verengten Perspektive betrachtet werden. In diesem Fall ist ein Schritt zurück tatsächlich zwingend, um mit einem erweiterten Sehfeld auch die politischen Dimensionen der Veranstaltung zu betrachten.

Die Olympischen Spiele 1936 sind die erste sportliche Großveranstaltung der Neuzeit, die massiv in den politischen Dienst genommen wurde. Den Zuschlag für die Sommerolympiade hatte Berlin zwar schon 1931 erhalten, aber nach der Machtübernahme Hitlers am 30. Jänner 1933 setzten massive Kampagnen ein, diese sportliche Großveranstaltung zu boykottieren. Die „Nürn-

Alfons Dorfner und Adolf Kainz jubeln über ihre Kajak-Goldmedaille

berger Rassegesetze" vom September 1935 gaben der Boykott-Bewegung neuen Schwung, besonders in den USA, wo ein Boykott durch das Nationale Olympische Komitee in Reichweite schien. Schließlich setzte der damalige US-NOC-Präsident und Boykott-Gegner Avery Brundage mit einer hauchdünnen Mehrheit von 58:56 Stimmen die Teilnahme der US-Sportler durch.

Auf der anderen Seite war Hitler tatsächlich wild entschlossen, die propagandistische Chance, die ihm diese Großveranstaltung(en) boten, zu nutzen. Denn in den (an sich gar nicht so empfindlichen) Nasen der europäischen Staatsmänner verströmte das NS-Deutschland doch einen recht strengen Geruch, und in Hitler sahen sie keines-

Adolf Hitler und NS-Prominenz bei der Eröffnung der Olympischen Spiele

wegs einen europäischen Staatsmann, mit dem sie in Augenhöhe verkehren wollten.

„Angesichts der propagandistischen Möglichkeiten, die eine erfolgreiche Durchführung der Spiele bieten würde, betonte Reichskanzler Adolf Hitler, dass er alles tun werde, um die Spiele so vollkommen wie möglich zu gestalten. Mit den Olympischen Spielen wollte er der ganzen Welt zeigen, dass Deutschland unter seiner Führung ein friedliebendes, soziales und wirtschaftlich aufstrebendes Land sei. Um dieses Ziel zu erreichen, duldete Adolf Hitler sogar die Tatsache, dass Theodor Lewald, der Präsident des Organisationskomitees, nach nationalsozialistischer Vorstellung ein ‚Halbjude' war." (Wikipedia)

Darüber hinaus sah Hitler eine große Chance, durch die notwendigen Großbauten die Zahl der Arbeitslosen zu verringern und damit seine Position im Inland zu festigen. Hitler wusste: Die Zeit, sein wahres Gesicht zu zeigen, war noch nicht gekommen, er brauchte noch einige Jahre Zeit, um Deutschland auf den Krieg vorzubereiten. Deshalb fraß der zentnerweise Kreide, um das Ansehen seines Deutschen Reiches zu heben und sich selber in Augenhöhe mit den Anführern der europäischen Großmächte zu hieven.

Das Vorhaben gelang. Entgegen den dringenden Mahnungen des IOC setzten sich das Regime und er selber massiv in Szene und demonstrierten mit gekonnt inszenierten Massenauftritten die (scheinbare?) Einheit von Volk und NSDAP. Erstmals wurden Olympische Spiele im Radio übertragen, von 68 Sportstätten aus durch 3000 Sendungen in 40 Länder. Ja, sogar eine Fernsehübertragung gab es bereits, wenn auch – wegen der kleinen Zahl von Empfangsgeräten – in nur geringem Umfang.

Die gewonnene Zeit nutzte Hitler, um Deutschland für den Krieg passend zu positionieren. Die schon begonnene Diskriminierung der Juden war von der Weltöffentlichkeit ohne großen Protest zur Kenntnis genommen worden. Und der aus den Olympischen Spielen gewonnene Kredit erlaubte ihm, zuerst Österreich zu annektieren, im September 1938 die Tschechoslowakei zum verstümmeln und sie im März 1939 dann in zwei Trümmer zu zerschlagen. Aber als er genau drei Jahre und vierzehn Tage nach Ende der Olympiade in Polen einmarschiert, bekam er, was er gewollt hatte: den Weltkrieg.

Erschießung polnischer Zivilisten durch deutsche Einheiten

In einem anderen Fall von politischer Vereinnahmung einer sportlichen Großveranstaltung gelang dieses Vorhaben gerade noch zur Hälfte: Die argentinische Militärjunta wollte selbstverständlich die Fußball-Weltmeisterschaft 1978 massiv zur Selbstdarstellung nach innen und außen nutzen. Tatsächlich gelungen ist dies allenfalls nach innen, vor allem durch den Gewinn des Titels. Aber auch diese Freude wurde dem Regime getrübt, weil einige Spieler und allen voran Teamchef César Luis Menotti ihre Abneigung gegen die Generale ganz offen zur Schau stellten und Menotti nach dem Titelgewinn dem Präsidenten sogar den Handschlag verweigerte.

International machte eine erwachende Zivilgesellschaft unermüdlich auf die massiven Menschenrechtsverletzungen durch die argentinische Militärjunta aufmerksam und konnte so im Großen und Ganzen einen Prestigegewinn der folternden Generäle verhindern.

Jetzt, da diese Zeilen geschrieben werden (Februar 2008) steht erneut ein sportliches Großereignis ins Haus, das einer kritischen Beobachtung dringend würdig ist: die Olympischen Sommerspiele in China. Zwei Dinge sollten dabei allen klar sein: Diese drei angesprochenen Beispiele (Nazi-Deutschland 1936, die argentinische Militärdiktatur 1978 und das chinesische „kommunistische" Regime von 2008) sind als politische Systeme in keiner Weise vergleichbar. Aber gemeinsam ist ihnen eine massive und andauernde Verletzungen der Menschen- und Bürgerrechte, eine eingeschränkte Meinungsfreiheit und eine fehlende Teilhabe des Volkes an der politischen Macht. Selbstverständlich wird auch die chinesische Regierung energisch bemüht sein, das Land als sympathische neue Weltmacht zu positionieren und die Einheit von Regierung und Volk zu demonstrieren. Und auch in diesem Fall wird es an einer wachen Zivilgesellschaft liegen, durch ständige Hinweise auf die Verletzungen der Menschen- und Bürgerrecht sowie – im Falle Chinas ganz besonders – auf die exzessive Anwendung der Todesstrafe zu verhindern, dass die Schattenseiten des chinesischen Systems von den Olympischen Spielen zugedeckt werden.

ALS DIE MAUTHAUSENER SS OBERÖSTERREICHS FUSSBALLMEISTER WAR

Fußball in der Nazizeit, und wie das in den Zeitungen aussah

Bei seinen Forschungen über Oberösterreichs Fußball unterm Hakenkreuz machte Walter Kohl spannende Entdeckungen

Ich beginne mit einer Behauptung: Aus einem Randbereich des öffentlichen Lebens – und das war Fußball in den Dreißigerjahren des vorigen Jahrhunderts zweifellos – lässt sich wie von einem Seismographen die gesamtgesellschaftliche Entwicklung ablesen. Und zwar aus den Medien, auch wenn die damals bei weitem nicht jene Rolle spielten wie heute. Was eine Lokalzeitung schreibt über Fußballspiele in einem so eng begrenzten Raum wie dem Land Oberösterreich (und dann Gau Oberdonau), das zeichnet auch ein Bild von den politischen, sozialen und gesellschaftlichen Verhältnissen und Veränderungen.

In einem „Standard"-Kommentar vom Oktober 2007 beschrieb Kolumnist Gerald John die Mechanismen, mit denen sich die Politik des Sports bedient. Er spricht dabei von einem „krampfhaften Versuch, dem schönsten Spiel der Welt einen tieferen Sinn zu geben, den dieses nicht hat". Da hat er zweifellos recht. Doch Politik benutzt den Sport nicht, um ihn mit Sinn und Bedeutung aufzuladen. Die Sache läuft umgekehrt, der Sport soll Ideologien, Systemen, Politikern etwas verschaffen. Aber nicht Sinn oder Bedeutung, sondern Popularität, Volksnähe, Glaubwürdigkeit.

Am Beispiel der Fußball-Berichterstattung vor sieben Jahrzehnten in den Linzer Zeitungen „Tages-Post", „Volksblatt", „Oberdonau-Zeitung" und dann „Oberösterreichische Nachrichten" sieht man das recht deutlich. Im folgenden soll dargestellt werden, wie das vor allem in städtischen Räumen den Menschen sehr fern stehende ständestaatliche Regime die politischen und propagandistischen „Nutzungs-Möglichkeiten" des Fußballs nicht wahrnahm und dementsprechend auch nicht nutzte. Wie die Nazis das Potential des Sports nicht nur erkannt hatten, sondern es geschickt und mit allen Strategien der Moderne benützten. Wie das reale Leben (sprich: der Kriegsverlauf) nach und nach das Propaganda-Instrument Fußball wieder in der Bedeutungslosigkeit versinken ließ. Und wie das Nachkriegs-Österreich sofort auch zu dem Vehikel Fußball griff, um seine Identitäts-bildenden Mechanismen des Neuanfangs, des Wiederaufbaus – und des Verzichts der Rückschau auf das soeben Geschehene in Gang zu setzen.

Kicken, ein Unterschicht-Phänomen in Umbruchzeiten

Der 4. April 1937 war ein kalter, trüber und sehr windiger Sonntag. Laut „Tages-Post" ging im „Linzer Stadion" ein fußballerisches Großereignis über die Bühne. Ein Stadion im eigentlichen Sinn gab es damals nicht, offizielle Verbandsspiele wurden auf den verschiedenen Vereinsplätzen ausgetragen. Das besagte Ereignis war ein so genanntes Länderspiel, es fand auf dem LASK-Platz statt. Und aufeinander trafen die Mannschaften von Westpolen (damit ist das deutschsprachige Oberschlesien gemeint) und Oberösterreich, sprich: eine Auswahl der Spieler der Klubmannschaften von Linz, Wels, Steyr und Gmunden. Die „Tages-Post" hatte die Begegnung einen Tag zuvor in einer Kurzmeldung angekündigt. Die Oberschlesier waren die klaren Favoriten, erst kurz zuvor hatten sie eine Auswahl von Spielern der Pariser Klubs in der französischen Hauptstadt mit einem 5:1 vom Platz gefegt.

Noch am erwähnenswertesten erschien den Zeitungen am Tag nach dem Spiel die Meldung, dass Landeshauptmann Heinrich Gleißner unter den 3.500 Zusehern geweilt hatte. Ob das Match spannend war, wird aus der „Tages-Post" kaum ersichtlich. Oberösterreich siegte mit 4:2, bei einem Pausenstand von 1:0 für Westpolen. Bis drei Minuten vor Schluss hatten die Oberösterreicher mit 3:1 geführt, dann kassierten sie ein „unnötiges Gegentor", das unter den Zuschauern „lautstarken Unmut" auslöste. Eine Minute vor dem Abpfiff landete der Ball jedoch zur großen Erleichterung und Zufriedenheit des Publikums zum vierten Mal im Tor der Westpolen.

Was heute tagelange Vor- und Nachberichte auslösen würde, war damals der „Tages-Post" nur zwei kurze Artikel wert. Dass die deutschnationale „Tages-Post" so wenig schrieb vom Sieg der Oberösterreicher über eine in ihren Augen deutsche Mannschaft, ist nachvollziehbar. Dementsprechend ausführlicher feierte die christlich-soziale, dem katholischen Pressverein gehörende zweite Linzer Zeitung, das „Volksblatt", den Triumph. Fast eine dreiviertel Seite bringt sie am 5. März 1937. Allerdings: Gut ein Drittel des Beitrages besteht aus einer Auflistung der dem Match beiwohnenden ständestaatlichen Politiker.

Die Berichterstattung von diesem Länderspiel in Linz ist eine Ausnahme in der damals üblichen Präsenz von Fußball in den Zeitungen. Beim Blättern in den alten Ausgaben fällt auf den ersten Blick auf, dass Sport generell und Fußball im Besonderen bei weitem nicht den heute gewohnten Stellenwert hatten. Die Berichterstattung ist dürftig und nimmt nie viel mehr als eine halbe Seite ein. Und das auch nur an Montagen, wenn es am Wochenende davor viele Sportveranstaltungen gegeben hat. An den übrigen Wochentagen kommt Sport meistens überhaupt nicht vor. Wobei im katholischen „Volksblatt", dessen Seiten voll sind von Berichten über Primizfeiern und alle möglichen kirchlichen Angelegenheiten, der Sport und insbesondere der Fußball noch weniger Platz eingeräumt bekommen als in der „Tages-Post".

Fußball ist in den Augen der bürgerlichen Blätter, und andere gab es im Ständestaat nicht, offensichtlich ein Unterschicht-Phänomen, wie man es heute nennen würde. Und das, was gebracht wird, sieht aus wie Insider-Information aus einem Nischenbereich. Jemand, der nicht selbst bei einem Spiel war, und der ständig die Ergebnisse aller Vereine verfolgt, hat keine Chance, den Ablauf der Meisterschaft mitzukriegen.

Oft werden über Wochen keine Tabellen abgedruckt, und so etwas wie Hintergrund-Informationen sucht man überhaupt vergeblich. Alles, was nicht ausschließlich sportlichen Charakter hat, wird völlig ausgeblendet. So dürfte es häufig Raufereien unter den Zuschauern gegeben haben, und auch Tätlichkeiten der Spieler untereinander und zwischen Spielern und Zuschauern. Davon berichtet die „Tages-Post" jedoch nie, weder im Sport- noch im Chronik-Teil. Gelegentlich klingt es beinahe absurd, wenn über Sperren oder Strafverifizierungen von Spielen geschrieben wird, aber nicht dabei steht, was der Anlass war.

Abseits von Länderspielen fristet der oberösterreichische Fußball ein karges Dasein in kurzen Einspaltern auf den hinteren Seiten der Zeitung. Tabellen werden nur sporadisch abgedruckt – im Gegensatz zum Spielbetrieb der Handballer. Auch bei der Entscheidung der Landesmeisterschaft der Saison 1936/37 gibt es da keine Abweichung. Kurz und lapidar wird gemeldet, dass SV Urfahr am 4. Juli 1937 bei einem Auswärtsspiel gegen den SK Gmunden ein 4:4-Unentschieden erreicht und sich damit den Titel gesichert hatte. Es muss ein turbulentes Spiel gewesen sein, unmittelbar nach dem Anpfiff stürmten die Urfahraner vor, einer ihrer Spieler wurde gefoult, aus dem Freistoß fiel bereits in der ersten Minute das 1:0 für Urfahr.

Auf den Rängen dürfte es einigen Wirbel gegeben haben, die „Tages-Post" hält sich allerdings bei der Berichterstattung über derlei Vorfälle wie immer extrem zurück. Es ist nur die Rede von „Beschimpfung des Schiedsrichters" und „groben Ausschreitungen der Zuschauer".

SV Urfahr also war der letzte oberösterreichische Meister, ehe „das tragische Zwischenspiel 1938 bis 1945 begann", wie es in einer Festschrift des ÖFB von 1951 heißt. Die Landesmeisterschaft der Saison 1937/38 begann am 29. August 1937. Um den Titel kämpften zehn Mannschaften, fünf aus Linz (LASK, Admira, SV Urfahr, Germania, Rapid), je zwei aus Wels (Hertha, FC) und Steyr (Vorwärts, Amateure) sowie eine aus Gmunden. Meister SV Urfahr besiegte in der ersten Runde den Aufsteiger ASK Rapid Linz mit einem klaren 6:1, der LASK gewann gegen Vorwärts Steyr mit 4:3.

Herbstmeister 1937 wurde der LASK mit einem 5:1 gegen Germania am 28. November, trotz des kalten feuchten Wetters war das Spiel sehr gut besucht. In der Zeitung wird das nur kurz angemerkt. Von diesem Termin an kommt Sport noch seltener vor, in den Wintermonaten gibt es bloß gelegentlich ausführlichere Berichte über einzelne Skirennen. Der Start der Frühjahrsrunde war für Sonntag, den 13. März 1938, angesetzt. An jenem Wochenende also, an dem der Staat Österreich zu existieren aufhören sollte, das wusste man aber vier Monate zuvor noch nicht.

Fußball als hochmoderne „Wohlfühl-Propaganda"

Am 14. März 1938 bringt die „Tages-Post" unter dem Rubriken-Titel „Sport und Spiel" einen Einspalter über die Fußballspiele des vergangenen Wochenendes. Obwohl es die erste Runde nach der Winterpause ist, fällt die Berichterstattung extrem mager und kurz aus. Der einleitende Satz nimmt wie nebenbei Bezug auf die gewaltige Umwälzung, die eben erst stattgefunden hatte: „Das große geschichtliche Geschehen, in dem wir stehen, hat auch die Fußballer ergriffen. Trotzdem konnte am Sonntag die erste Meisterschaftsrunde durchgeführt werden, obzwar Spieler wie Zuseher nicht so mit der Meisterschaft gingen als sonst." Es folgt ein Einspalter über ein einziges Spiel, jenes zwischen dem Vorjahresmeister SV Urfahr auf eigenem Platz gegen den Herbstmeister LASK. „Der Besuch war gut", wird berichtet, „erreichte jedoch nicht die übliche Zahl." Bemerkenswert der Satz vom Ende des Spiels: „Beide Mannschaften nahmen dann auf dem Platze Aufstellung und verabschiedeten sich mit deutschem Gruß und dreimaligem Sieg-Heil, was von den Zusehern mit großer Begeisterung aufgenommen wurde."

So blitzartig hatte sich da alles geändert. Am Freitag davor waren die Zeitungen voll von Österreichertum und Aufforderungen, bei der für das Wochenende angesetzten Volksabstimmung für die Freiheit und Unabhängigkeit Österreichs zu stimmen. Der amtliche Aufruf von Kurt Schuschnigg, Bundeskanzler und Führer der Vaterländischen Front, wurde in einigen Blättern vollinhaltlich abgedruckt. Schuschniggs Parole: „Für ein freies und deutsches, unabhängiges und soziales, für ein christliches und einiges Österreich! Für Friede und Arbeit und die Gleichberechtigung aller, die sich zu Volk und Vaterland bekennen!"

Am Samstag marschierten die Nazis ein, umjubelt von der Bevölkerung.

Am Sonntag dann war der zum Hitlergruß hochgereckte Arm schon Alltag geworden, nicht nur auf den Fußballplätzen.

Die Sportplätze waren am 13. März wohl deshalb so schlecht besucht, weil das Großereignis des Tages auf dem Linzer Franz-Joseph-Platz stattfand – jenem Platz, der dann sieben Jahre lang Adolf-Hitler-Platz hieß und heute Hauptplatz genannt wird. Der Führer sprach zu seinen Landsleuten. Hitler schwafelte vom „gläubigem Bekenntnis, das ich in mir trug, als ich einst aus dieser Stadt ausgezogen war", nämlich: ein neues „großes volksdeutsches Reich" zu errichten. Dann rief er der Menge auf dem Hauptplatz zu: „Ermessen Sie meine innere Ergriffenheit, nach so vielen Jahren dieses gläubige Bekenntnis zur Erfüllung gebracht zu haben!" Die „Tages-Post" fügt an dieser Stelle in Klammer ein: „Tosende Heilrufe".

Hitler sagte da schon, was er von den Österreichern erwartete: „Ich weiß nicht, an welchem Tage Ihr gerufen werdet, ich hoffe, es ist kein ferner. Dann habt Ihr einzustehen mit Eurem eigenen Bekenntnis!" Auch Gauleiter August Eigruber ließ in einem Appell an „alle deutschen Männer und Frauen" keinen Zweifel, was erwartet wurde: Um „das Hakenkreuzbanner geschart", müssten Arbeiter, Bauern und Bürger geeint kämpfen für die Vorherrschaft des Deutschtums. Wer hören wollte, hätte da schon hören können, was die nächsten Jahre bringen würden. Die meisten wollten nicht hören, sie brüllten lieber „stürmisch" und „tosend" ihr Heil!, Heil!, Heil!

Die Grundierung der bejubelten „neuen Zeiten" war wohl schon in den ersten Tagen Gewalt und Terror auf der einen und Angst auf der anderen Seite. Diesen Schluss lassen kurze Meldungen in der „Tages-Post" vom 14. März 1938 zu, wie etwa der Aufruf der Generaldirektion des Bundesbahn an alle ehemaligen Bediensteten, die wegen „nationalsozialistischer Betätigung entlassen" worden waren, sich umgehend bei der nächsten Dienststelle zwecks Wiedereinstellung (und wohl auch Vernaderung derjenigen, die sie hinausgeschmissen hatten) zu melden.

Bereits in der Abendausgabe der „Tages-Post" vom 12. März findet sich eine fett eingerahmte „Erklärung" eines Johann Bauer sen., Inhaber der Firma Pfeiffer in Wels. Darin heißt es: „Ich bedaure, die nationalsozialistische Arbeiterschaft meines Betriebes in gröbster Weise beleidigt und sie in ihrem freien Bekenntnis zum Nationalsozialismus in unzulässiger Weise behindert zu haben." Anschließend verpflichtet sich Johann Bauer sen., den Hitlergruß in allen Arbeitsräumen zuzulassen und entlassene Nazis wieder einzustellen.

Am 15. März bringt das Blatt einen Artikel mit der Meldung: „Die jüdische Leitung bei Kraus & Schober beseitigt!" Alle Juden des Kaufhauses seien entlassen und teilweise in Haft, die Leitung von der nationalsozialistischen Angestelltenschaft übernommen worden, heißt es da. Und: „Alle jüdischen Geschäfte in Linz wurden als solche kenntlich gemacht."

Die „Tages-Post"-Ausgabe vom 12. März 1938 fällt auf durch ihr disparates Erscheinungsbild in Form und Inhalt. Auf den vorderen Seiten prangen riesige Hitler-Fotos und übergroß gesetzte Schlagzeilen wie: „Ein Volk – ein Reich – ein Führer!" Seitenlang wird den neuen Herren gehuldigt. Der um vieles umfangreichere hintere Teil der Zeitung ist offensichtlich schon vor den dramatischen Ereignissen geschrieben und umbrochen worden. Hier dominieren endlos lange Beiträge über österreichische Themen, Probleme der Landwirtschaft werden abgehandelt, und die wissenschaftliche Arbeit des OÖ. Musealvereines sieht sich gerühmt.

Im vaterländisch-christlichen „Volksblatt" liest sich der Umbruch noch viel drastischer. Am 11. März titelt die Zeitung auf Seite eins noch mit „Kein Land treuer als Oberösterreich!" Gemeint ist dabei die Treue zur Regierung Schuschnigg. Die Zeitung schreibt mit erkennbarem Frust darüber, dass Kanzler und Frontführer Kurt Schuschnigg seine große Rede zur bevorstehenden Volksabstimmung vor den Amtswaltern der Vaterländischen Front am 9. März in Innsbruck gehalten hatte und nicht in Linz, wo doch die Oberösterreicher mindestens genau so vaterlandsliebend seien wie die Tiroler.

Die Ausgabe des „Volksblatts" vom 12. März zeigt dann auf Seite zwei zwei große Schlagzeilen: „Oberösterreich feiert die Befreiung"

Linzer Volksblatt

Nr. 58 — Freitag, 11. März 1938 (Morgenausgabe) — 70. Jahrgang

Kein Land treuer als Oberösterreich!

Linz, 11. März.

Der Bundeskanzler und Frontführer ist zur Verkündigung der Volksbefragung nach Tirol gegangen. Von Innsbruck aus, von seiner Heimat, dort, wo auch Dollfuß zum erstenmal den Gedanken der Vaterländischen Front verkündet hat, ist sein Ruf in das Land gegangen, der das Volk von Österreich aufruft zu einer Kundgebung für die staatlichen Grundsätze, einer Kundgebung für den deutschen Frieden, einer Kundgebung für unseren Kanzler. Tirol hat als erstes Land dem Kanzler die Antwort gegeben. Wir haben es alle von ferne mit erlebt, auf welche Art die Tiroler die Parole des Kanzlers aufgenommen haben.

Aber Oberösterreich wird Tirol nicht nachstehen. So wie in den Jahren vor 1933 in diesem ...

Glaubt keinen Gerüchten

Das Amt des Frontführers verlautbart:

Wie nicht anders zu erwarten, hat der heutige Tag eine Unzahl von Fragen aufgeworfen und eine Unzahl von Gerüchten erzeugt. Es ist notwendig, festzustellen, daß keine Nachricht, sofern sie nicht offiziell durchgegeben wird, richtig ist. Es wird festgestellt: Die genaue Belehrung über den Wahlvorgang ist überall angeschlagen. Es gilt nur die offizielle Verlautbarung und die Verordnung der Landeshauptleute, bezw. des Bürgermeisters von Wien.

Die Volksbefragung findet am Sonntag, 13. März, statt. Alle Gerüchte über Verschiebungen oder Veränderungen sind unzutreffend. Es besteht selbstverständlich die Möglichkeit vollkommen freier, geheimer Stimmabgabe für jedermann. Jeder kann seinen Willen nach freiem Entschluß fassen. Auch Stimmzettel mit dem Aufdruck „Nein" werden zur Verfügung sein. Das Bekenntnis ...

appelliere an Sie, dafür zu sorgen, daß die Abstimmung so ausfällt, wie es das Gewerbe braucht, nämlich hundert Prozent für Österreich. Tage politischer Entscheidung sind immer mit einer gewissen Unruhe verbunden. Das versteht man. Wir danken daher dem Kanzler herzlich dafür, daß er einen so kurzen Termin gestellt hat, damit die Zeit der Unruhe möglichst abgekürzt wird. Es geht am Sonntag um Heimat und Vaterland. Das Wiener Gewerbe stellt sich geschlossen hinter den Bundeskanzler. Wir stimmen: Ja! Mit Schuschnigg für Österreich!

Herzlich begrüßt, führte Bürgermeister Schmitz u. a. aus: Wir sind nach wie vor bereit, unter der Führung des Kanzlers Schuschnigg ehrlich und rückhaltlos mitzutun, um jeder bisher abseits gestandenen Gruppe die Mitverantwortung zur Mitarbeit im Staate und die Mitverantwortung zu ermöglichen. Wir erheben auch keine Beschwerde gegen die große Zahl von Konzessionen, die bisher dem Standpunkt der Nationalsozialisten gemacht worden sind. Wir haben ...

Linzer Volksblatt

Nr. 59 — Samstag, 12. März 1938 (Sonntagsausgabe) — 70. Jahrgang

Dr. Seyß-Inquart mit den Regierungsgeschäften betraut

Der Bundespräsident hat den Bundesminister Dr. Seyß-Inquart mit der Führung der Regierung betraut.

Die neue Regierung

Um 1.18 Uhr teilte Staatsrat Dr. Jury vom Balkon des Bundeskanzleramtes aus folgende Ministerliste mit:
Der Bundespräsident hat den Rechtsanwalt Dr. Artur ...

Zum Bundesminister für Finanzen Obersenatsrat Dr. Rudolf Neumayer.
Zum Bundesminister für Land- und Forstwirtschaft ...

An alle deutschen Männer und Frauen!

Ein weltgeschichtlich einmaliges, durch Not, Tod und Pein gekennzeichnetes Ringen der nationalsozialistischen Bewegung um den Sieg hat am 11. März 1938 seinen Abschluß gefunden. Der Führer aller Deutschen, Adolf Hitler, ein Sohn unseres Gaues, hat das Vermächtnis derer, im Kampfe um unsere Freiheit gefallener Helden ...

Linzer Volksblatt Nr. 59 — 2 — Samstag, 12. März 1938

Linzer, Flaggen heraus!

Heute, 20 Uhr, nationalsozialistische Siegesfeiern im ganzen Lande Oberösterreich

und: „Linzer, Flaggen heraus!" Womit die Hakenkreuz-Banner gemeint sind, die von jedem Haus in Linz wehen sollten zur Begrüßung des Führers. Erstaunlich an dieser Ausgabe sind die hinteren Seiten: Hier werden Themen abgehandelt, als hätte sich gar nichts geändert im Lande; die Seiten sind voll von Firmungsterminen und Nachrichten aus dem Priesterstand oder Beiträgen wie einem halbseitigen betulichen Aufsatz namens „Kraftvolles Christsein". Solche Themen verschwanden aber ab dem nächsten Tag völlig aus dem „Volksblatt".

Den Zeitungsredakteuren Wendehalsigkeit vorzuwerfen, wäre allerdings eine unzulässige Vereinfachung. Die Macher der „Tages-Post" mussten sich nicht groß wenden oder verbiegen, ihre deutsch-nationale Grundeinstellung war nun allgemeine Haltung geworden. Und das Gebäude des Katholischen Pressvereins an der Linzer Landstraße war schon am 11. März von (gerade noch illegalen) Nationalsozialisten besetzt worden, am 13. März wurde das „Linzer Volksblatt" formell von den neuen Machthabern übernommen. Die Zeitung gab es unter diesem Namen dann auch nur noch bis 30. Juni 1938, dann erschien sie bis 1943 als amtliches NS-Organ namens „Volksstimme" und bis kurz vor Kriegsende als „Oberdonau-Zeitung".

Auch im Fußball wurde alles anders in der nunmehrigen Ostmark. Praktisch in der ersten Woche nach dem „Anschluss" wurden sämtliche jüdischen Vereine aufgelöst, jüdische Kicker durften nicht mehr spielen. Die Resultate der Hakoah etwa, Tabellenführer der Wiener Liga, wurden gestrichen. Die Wiener Austria mit ihrem hohen Anteil an jüdischen Bürgern unter Spielern und Funktionären verlor die Hälfte ihres Personals. Der legendäre Präsident Emmanuel „Michl" Schwarz emigrierte wie fast der gesamte Vorstand, der Austria-Platz wurde in eine Kaserne umfunktioniert, und für eine Weile war der Verein gesperrt. Die neue Klubführung benannte den Traditionsverein um in „Ostmark" – allerdings nur ein paar Monate lang.

Der ÖFB meldete Anfang April an die FIFA sein Ausscheiden aus dem Weltverband. Der Profi-Fußball wurde Anfang Mai abgeschafft, allen Berufsspielern wurde von den Arbeitsämtern „richtige" Arbeit zugewiesen. Bereits am 14. März wurden sämtliche sportlichen Aktivitäten in der Ostmark in der neuen Deutsch-Österreichischen Turn- und Sportfront zusammengeführt, deren „Führer" wurde der NSDAP-Apparatschik Friedrich Rainer. Für den Fußball wurde ein Hauptmann Janisch als Gaufachwart eingesetzt. Rainer meldete an den Reichssportführer Hans von Tschammer und Osten, dass Deutsch-Österreichs Turner und Sportler ab sofort „für Führer und Volk ihr Bestes" geben würden. Dass aus den österreichischen Turnern nun deutsche geworden waren, bejubelte Rainer mit diesen Worten: „(Turnvater) Jahns Vermächtnis ist damit erfüllt worden!"

Der österreichische Liga-Fußball wurde in das System des Deutschen Reiches eingegliedert. Die oberste Spielklasse war die so genannte Gauliga. Ab 1933 ermittelten hier die Sieger von 16 Gebiets-Ligen in einer Endrunde den deutschen Meister, mit Hin- und Rückspielen in Vierer-Gruppen. Der Meister wurde auf neutralen Plätzen in Halbfinal- und Finalmatches ausgespielt. Mit den Eroberungen Hitler-Deutschlands wuchs die Zahl der Gaue am Beginn des Krieges auf 32, so dass man den Meister ab 1942 im K.O.-System ermittelte. Schon ab 1939 wurde der Begriff Gauliga abgeschafft und durch „Bereichsklasse" ersetzt – das Wort „Liga" klang den Nazis zu englisch.

Die oberste österreichische Spielklasse wurde durch die „Gauliga Ostmark" (beziehungsweise dann „Bereichsklasse Ostmark") ersetzt. Die oberösterreichische Landesmeisterschaft wurde im ersten Jahr, oder eigentlich Halbjahr, also in der Frühjahrsrunde der Saison 1937/38, als „Bezirksklasse Oberdonau" abgewickelt. In der Spielzeit 1938/39 wurden zwei Gaue zusammen gelegt zur „Bezirksklasse Oberdonau und Salzburg", im folgenden ersten Kriegsjahr trugen acht oberösterreichische Vereine aus Linz, Wels und Steyr den Titelkampf in der „Kriegsmeisterschaft" wieder unter sich aus, von da weg hieß dann die Landesmeisterschaft bis zum Kriegsende erneut „Bezirksklasse Oberdonau".

Wenn man heute die Fotos betrachtet von den Hitler-Ansprachen auf dem Linzer Hauptplatz am 13. März 1938, und die vom 15. März am Wiener Heldenplatz, dann muss man der Nazipropaganda glauben: Zigtausende Österreicher bejubelten den Führer. Doch unterschwellig waren Ressentiments der Ostmärker gegen die „Altreichler" schon damals vorhanden. Das belegt exemplarisch ein Beispiel aus dem Fußballsport, gleich aus der dritten Woche, nachdem Hitler Österreich seinem Reich einverleibt hatte.

Das „Anschluss-Spiel": Der Führer persönlich habe den Österreichern ein Länderspiel geschenkt, verlautete die Propaganda. Vor der Begegnung, die am 3. April 1938 im Wiener Stadion stattfand und das große „Verbrüderungsfest der Fußballer" werden sollte, tönte Reichssportführer Hans von Tschammer und Osten lautstark, dass dieses „letzte Spiel Österreichs gegen die deutsche Nationalmannschaft ... eine rechte Werbung für die großdeutsche Vereinigung" sein müsse. In der Realität wurde daraus eine erste Demonstration österreichischer Aversionen gegen die „Piefkes" – sichtbar schon in der Dressenwahl: Obwohl Österreich bis dahin meist in schwarz-weiß gespielt hatte, wählte man für diesen Anlass rot-weiß-rote Dressen, angeblich auf Wunsch von Stürmerstar Matthias Sindelar.

Von vornherein war klar, dass der Sieger Deutschland heißen musste. Die Österreicher mit ihrem so genannten „Scheiberlspiel" (kurze flache Pässe in schneller Folge) waren den Deutschen jedoch haushoch überlegen. Der legendäre Sindelar und seine Stürmer-Kollegen vergaben in der strahlenden Frühlingssonne absichtlich eine ganze Reihe von todsicheren Chancen, und die Absicht war dermaßen mit Händen zu greifen, dass die 60.000 Zuseher es bald mitbekamen und mit demonstrativem Applaus an den falschen Stellen die neuen Machthaber verhöhnten.

In der zweiten Halbzeit konnten sich die österreichischen Kicker nicht mehr zurückhalten, Sindelar und „Sesta", der eigentlich Karl Szestak hieß, schossen je ein Tor. Die Blamage war komplett. Der Reichssportführer Von Tschammer und Osten, der dem Spiel beigewohnt hatte, reagierte auf den erkennbaren Österreich-Patriotismus mit einer etwas gewundenen Ansprache von der Ehrentribüne des Stadions, die

Anschluss-Jubel im März 1938, hier in Linz: Aber nicht zuletzt der Fußball bewies es: Die Freude war keineswegs ungetrübt.

in dem Satz gipfelte: „Ich erkläre, dass der Wiener Fußballsport weiterleben wird – gemeinsam mit dem deutschen!"

In den offiziellen Länderspiel-Statistiken Österreichs scheint dieses Spiel nicht auf, hier gilt das Länderspiel gegen die Tschechen vom Oktober 1937 in Prag (2:1 für die Tschechen) als letztes vor und die 2:0-Niederlage gegen Ungarn in Budapest vom August 1945 als erstes nach dem Krieg.

Im April 1938 taten sich die Zeitungen, alle bereits strikt auf NS-Linie, schwer mit dem Anschluss-Match. Die Wiener Ausgabe des „Völkischen Beobachters" brachte zwar eineinhalb großformatige Seiten, die Berichterstatter kommentierten die Begegnung aber strikt aus der Sicht des deutschen Teams und erklärten den Lesern die Niederlage mit einem unerklärlichen Versagen der deutschen Stürmer-Reihe.

In den Linzer Zeitungen sah es anders aus. Wahrscheinlich wussten die Sportredakteure in der Provinz nicht recht, wie sie mit diesem unerwarteten Resultat umgehen sollten, und so schrieben sie vorsichtshalber nur dürftigste Sachinformationen. Besonders in der „Tages-Post" fällt auf, dass am Ende des extrem kurzen Beitrags vom Anschluss-Spiel stand, man werde in den folgenden Tagen ausführlicher vom großen Spiel berichten – diese Berichte kamen aber nie.

Die nächste fußballerische Blamage erlebte das Großdeutsche Reich bei der Weltmeisterschaft im Juni 1938 in Frankreich, und zwar *weil* es sich Österreich einverleibt hatte. Da die Ostmark-Kicker besser waren als die deutschen, standen in der reichsdeutschen Mannschaft des Eröffnungsspieles gegen die Schweiz am 4. Juni im Pariser Prinzenpark-Stadion acht Wiener Spieler. Die Spielweisen und Strategien der Spieler waren jedoch zu verschieden, sie schufen kein harmonisches Zusammenspiel. Die Partie endete 1:1, das Wiederholungsspiel am 9. Juni gewann die Schweiz mit 4:2 – da die WM im K.O-System ausgetragen wurde, war damit die Nationalmannschaft „Deutsches Reich" aus dem Bewerb geworfen. Es war eine Sensation und eine Riesen-Blamage. Deutschland hatte bis dahin als beste Amateurmannschaft der Welt gegolten, das Team hatte bei der WM 1934 in Italien den dritten Platz erreicht, hinter Italien und Frankreich, die Fachwelt hatte die Deutschen zu den WM-Favoriten gezählt.

Nicht überliefert ist, was die Nazi-Sportfunktionäre 1938 mehr schmerzte: die Niederlage in Paris, oder der Umstand, dass in beiden Spielen die „hässlichen Deutschen" vom Publikum während der gesamten 90 Minuten ausgebuht und ausgepfiffen wurden. Diese Erfahrung teilten sie mit dem Nationalteam des faschistischen Italien – das am Ende allerdings trotz der geballten Ablehnung mit einem 4:2 gegen Ungarn Weltmeister wurde.

Nach den großen Propaganda-Veranstaltungen vom April 1938, die ihren Zweck nicht wirklich erfüllt hatten, kehrte in der Ostmark der fußballerische Alltag ein. Der Landesbewerb in Oberdonau, wie Oberösterreich nun hieß, ging weiter wie gehabt. Im Frühsommer stand Amateure Steyr als Meister fest, gefolgt von Hertha Wels, Admira Linz und dem LASK.

Die Sprache der Sportreporter über den Fußball und den Sport im Allgemeinen veränderte sich nachhaltig und mehrfach, zwischen März 1938 und September 1939 sind ein paar Brüche in Tonfall und Aufmachung der Sportberichterstattung feststellbar. Mit Händen zu greifen ist es, wie der subtile Umgang der Nazis mit dem, was sie Propaganda nannten, mit Massenbeeinflussung also, in die Redaktionsstuben Einzug hielt.

Der Sport, und insbesondere der Fußball, wurde für ein paar Monate lang eine Art „Wohlfühl-Medium", vom Regime forciert, um die Massen bei Laune zu halten. Im weitesten Sinne ein Brot-und-Spiele-Konzept, wie es diktatorische Systeme immer schon eingesetzt hatten, und umso intensiver, je mehr sie ihren Bürgerinnen und Bürgern zumuteten.

Der Sportteil der „Tages-Post" sah irgendwie frischer aus, lockerer und leserfreundlicher umbrochen, und die Fußballberichterstattung wurde ausführlicher. Sie wirkt moderner, informativer, ja, man muss es sagen, sosehr sich die Finger auf der Tastatur sträuben: Sie kommt einem im Vergleich zu den dunkelgrauen und kleingesetzten Artikeln aus der Schuschnigg-Ära sympathischer vor.

Natürlich war das knallhartes Kalkül. Und Ausdruck der im Vergleich zu den anderen politischen Kräften der Vorkriegszeit unbestreitbaren „Modernität" des Nationalsozialismus in seiner Selbstdarstellung. Das Hitler-Regime erkannte die Funktion von Medien und nutzte sie, es setzte Bilder ein und durchkalkulierte Inszenierungen, es benutzte Stimmungen, oder erzeugte sie im Bedarfsfall, um für sich selbst Stimmung zu machen. Es trachtete in dieser Anfangsphase offensichtlich, die Köpfe der Menschen in Österreich zu gewinnen, indem es auf „den Bauch" zielte. Die Sport- und Fußball-Berichterstattung unter NS-Dominanz wurde dementsprechend in Oberösterreich zu einem populären, gut gemachten, modern gestalteten Instrument. Allerdings dauert das nicht einmal ein Jahr.

In den oberösterreichischen Zeitungen finden sich ab der zweiten Hälfte des Jahres 1938 plötzlich neben Spielberichten der Vereinsmeisterschaft auch solche vom Tschammer-Pokal, ohne dass mit einem Wort erklärt wird, worum es sich da handelt. Nun, es ist die „Deutsche Vereinspokalmeisterschaft", Vorläufer-Bewerb des DFB-Pokals, die seit 1935 gespielt wurde (erster Pokalsieger: 1. FC Nürnberg), und die nach Reichssportführer Hans von Tschammer und Osten benannt wurde. Dieser SA-Mann und Rittergutsbesitzer hatte schon bei seiner Amtseinführung im Jahr 1933 Derartiges von sich gegeben: „Für die männliche Jugend müssen die Orte der Leibesübungen Pflanzstätte soldatischer Tugend sein."

In diesen Pokalbewerb wurden die österreichischen Vereine eingegliedert, und sie schlugen sich recht gut. Im ersten Spieljahr nahmen vier oberösterreichische Vereine daran teil: LASK, Vorwärts Steyr, SV Ried und Hertha Wels. Zum letzten Mal wurde der Tschammer-Pokal im Jahr 1943 ausgespielt, danach ließ der Kriegsverlauf keinen Spielbetrieb mehr zu. Erst 1952/53 wurde der deutsche Pokalbewerb fortgeführt, nun unter seinem heutigen Namen DFB-Pokal.

Der Rang und die Bedeutung von körperlicher Ertüchtigung wuchsen in der NS-Gesellschaft. Anfang 1939 wurden alle Betriebe verpflichtet, für alle bei ihnen arbeitenden Jugendlichen zwei Wochenstunden Sport einzuführen, und zwar während der Arbeitszeit und ohne Lohnausfall. Das galt für Burschen zwischen 14 und 18 Jahren und für Mädchen zwischen 14 und 21 Jahren.

In der „Tages-Post" nimmt in den Monaten nach dem Anschluss die Sport- und Fußballberichterstattung zu, die Spielberichte werden länger und ausführlicher, sie sind auch aus heutiger Sicht gut gemacht. Der meiste Raum eingeräumt wird allerdings anderen Sportarten, Turnen vor allem, und auch dem Motorsport, der in ständestaatlich-österreichischen Zeiten noch überhaupt keine Rolle gespielt hatte. Zum Thema Fußball liest man meist mehr über die obersten Ligen des „Altreiches" als über die lokalen Spiele.

Die Landesmeisterschaft wurde fortgesetzt als „Bezirksklasse", den Meistertitel holte sich SK Amateure Steyr vor Hertha Wels, Admira Linz und dem LASK. Die Steyrer spielten im nächsten Jahr in der „Bereichsliga" mit, also der obersten Liga des ehemaligen Österreich, sie erreichten dort Platz neun.

Aus Sport wird Wehrertüchtigung

Am 2. Mai 1939 findet sich in der „Tages-Post" eine seltsame Meldung: Die Reichsportführung habe das Wiener Prater-Stadion gesperrt, FC Wacker Wien werde für alle Spiele mit ausländischen Gegnern gesperrt, „repräsentative Fußballkämpfe" würden in Wien nicht mehr durchgeführt, solange „Übergriffe undisziplinierter Besucher nicht von vornherein ausgeschlossen werden können". Was der Grund war für diese

Erstes Spiel auf dem neuen Sportplatz in der Unionstraße: Reichsbahn Linz – Vorwärts Steyr 1:2 (1939)

harten Disziplinarmaßnahmen, was genau geschehen war beim Spiel von Wacker gegen FC Ferencvaros Budapest am 10. April 1939, das erwähnt die Zeitung mit keinem Wort.

Tobende und handgreiflich werdende Fans, deretwegen das Spiel abgebrochen werden musste, beim Stand von 4:2 für die ungarischen Gäste, die passten ganz und gar nicht in das Nazi-Bild vom Sport als Erziehungsinstrument für „Menschen mit gutem, festem Charakter, erfüllt von Entschlussfreudigkeit und Willenskraft, (...) wertvoller für die Volksgemeinschaft als ein geistreicher Schwächling", wie es der Führer selbst formuliert hatte.

Schon während seiner Festungshaft im Jahr 1924 hatte Hitler seine Gedanken über den „Wert des Sports" niedergeschrieben, die dann 1927 im zweiten Band von „Mein Kampf" veröffentlicht wurden. Hitler formulierte da etwa die vorrangige Aufgabe des „völkischen Staates": Dieser habe „seine Erziehungsarbeit so einzustellen, dass die jungen Körper schon in ihrer frühesten Kindheit zweckentsprechend behandelt werden und die notwendige Stählung für das spätere Leben erhalten". Denn nicht „im ehrsamen Spießbürger oder der tugendsamen alten Jungfer" sieht Hitler sein „Menschheitsideal", sondern „in der trotzigen Verkörperung männlicher Kraft und in Weibern, die wieder Männer zur Welt zu bringen vermögen".

Ganz in diesem Sinne veränderte sich der Stellenwert des Sportes im Frühjahr 1939 in den Zeitungen. Der Sport wurde umgeformt zu seiner wahren Bestimmung. Die Berichterstattung über den Fußball gewann an Umfang, gleichzeitig rückte das Kicken auf eine gewisse Art jedoch eher in den Hintergrund. Denn wesentlich ausführlicher wurden nach und nach die Reportagen und Berichte von Wehrsport-Veranstaltungen. Allerdings wurde über die Fußballmeisterschaft regelmäßig und komplett berichtet, jeden Montag wurde der aktuelle Tabellenstand abgedruckt. Was besonders auffällt: Auf die Sportseiten hielten Fotos Einzug. Jedoch sind nie Bilder vom Fußball zu sehen, abgebildet werden entweder Sportler in Disziplinen, die irgendwie militärisch wirken, oder Mädchen in kurzen Röcken. Und immer wieder SA-Reiter mit ihren Pferden.

Der Sport bekam im April 1939 eine ganze Seite in der „Tages-Post", die Hälfte davon widmete sich dem Fußball, also dem Frühjahrsdurchgang der Oberdonau-Liga. Am 2. Mai 1939 gehörte die gesamte Sportseite dem Fußball – der LASK war Meister geworden. Auf den Plätzen folgten Admira Linz und Vorwärts Steyr. Die Landesmeisterschaft war in ihrem ersten kompletten Spiel-Jahr unter der NS-Herrschaft genau genommen gar keine oberösterreichische Angelegenheit mehr gewesen. Sieben oberösterreichische und drei Salzburger Klubs hatten den Bewerb unter dem Titel „Bezirksklasse Oberdonau und Salzburg" ausgetragen. Platz vier nahm der Halleiner AC ein. Die weiteren Salzburger Vereine landeten auf den hinteren Rängen (SAK siebter, Austria Salzburg neunter). Ende Mai verpasste der LASK dann mit 5:3- und 5:0-Niederlagen gegen den SC Wien den Aufstieg in die oberste österreichische Spielklasse, die Gauliga.

Am 1. Juli 1939 fand in Linz eine große Sitzung aller „Fußball-Kreisfachwarte" statt. Gaufachwart Hauptmann Janisch hatte die Fußball-Verantwortlichen der gesamten Ostmark um sich geschart, um organisatorische Neuigkeiten bekannt zu geben. Wichtigster Punkt: Die durch den „Anschluss von Gebietsteilen des Sudetenlandes" nun gleichsam heimatlos gewordenen Fußballvereine dieser Gegend wurden in die diversen Meisterschaftsklassen von Oberdonau eingegliedert. Allen Vereinen aller Klassen wurde die Bezugspflicht des „Fußball-Sonntags" verordnet, des offiziellen Organs des Gaufachamtes. Für alle gemeldeten Vereinsspieler wurde eine Versicherungspflicht eingeführt.

Schon bei dieser gesamtösterreichischen Sitzung wurde ein Problem erörtert, das später, vor allem in Kriegszeiten, immer wieder die Fußball-Offiziellen beschäftigte: Sollten HJ- und Soldaten-Mannschaften in den Verbandsbewerben mitspielen dürfen? In Linz kam es zu keiner Entscheidung, Janisch kündigte „Bemühungen zur Starterlaubnis bei den Wehrmachts- und Arbeitsdienststellen" an. Klar war zu dieser Zeit schon eines: Sportlerinnen und Sportler, die sich im Vereinsbetrieb „öffentlich betätigen" wollten, konnten dies nur tun, wenn ihr Verein Mitglied des NSRL war, des Nationalsozialistischen Reichsbunds für Leibesübungen.

Für Oberösterreich nahmen an der Fußball-Sitzung in Linz Fußball-Kreisfachwart Holzer und Sachbearbeiter Faderl teil. Sie machten sich für die heimischen Schiedsrichter stark, Janisch sagte ihnen zu, dass in Hinkunft Unparteiische aus Oberdonau häufiger in Spielen der obersten Liga eingesetzt würden.

Die Person von Adolf Faderl böte Anlass, einen Blick auf Kontinuitäten und bruchlose Karrieren unter verschiedenen Regimes zu werfen. Denn der 1896 geborene Linzer übernahm nach einer aktiven Kicker-Laufbahn bei SK Germania, LASK und SV Urfahr im Jahr 1926 die Funktion des Sekretärs des Oberösterreichischen Fußballverbandes und behielt sie bis ins Frühjahr 1978, danach fungierte er noch einige Jahre ehrenamtlich als Toto-Referent des Verbandes. Er hatte also nahtlos unter den demokratischen Regierungen der Ersten Republik, im austrofaschistischen Ständestaat, unter den Nazis und dann wieder in der demokratischen Zweiten Republik eine formal nur verwaltungstechnische, de facto aber höchst wichtige Position in der bürokratischen Abwicklung des Fußballbetriebs inne gehabt. Während in dieser Zeit etwa die Präsidenten des Fußballverbandes analog zu den politischen Zeitläuften ausgewechselt wurden: Hermann Muckenhuber, selbst im Umbruchjahr 1934 als Nachfolger von Wilhelm Kosch nach oben gekommen, verlor sein Präsidentenamt 1938 an NS-Kreisfachwart Holzer, der nach dem Krieg umgehend von Alois Dupack abgelöst wurde. Und 1951 wurde wieder Muckenhuber Präsident und blieb es bis in die Siebzigerjahre.

Im Falle Faderls ist es jedoch unangebracht und ungerecht, daraus irgendwelche Schlüsse zu ziehen. Menschen, die ihn kannten und teilweise noch mit ihm gearbeitet haben, versichern glaubhaft, dass der spätere Regierungsrat Faderl mit Politik und Ideologien Zeit seines Lebens nichts am Hut hatte, sondern sich ausschließlich dem Fußballsport und dessen organisatorischen Belangen widmete, mit einer Akribie und Hartnäckigkeit, die gelegentlich ins Verschrobene gereicht haben soll.

Zum Zeitpunkt der Linzer Fußball-Sitzung im Juli 1939 war bereits seit einiger Zeit eine unterschwellige Umformung der Bedeutung des Sports im Gange. Aus einem Instrument zur eher allgemeinen Hebung der Stimmungslage wurde ein anderes: eines, das den Kampfeswillen der Volksgemeinschaft heben und die Wehrhaftigkeit befördern sollte. Das neue (nicht formulierte, aber

Eine eigene oö. Fußball-Legende: Adolf Faderl, als Torwart der SV Urfahr aus unerfindlichen Gründen von den Sportreportern mit dem Spitznamen „Kongo" bedacht (oben), als junger Verbandssekretär (Mitte) und als ehrwürdiger Regierungsrat (unten).

klar und deutlich erkennbare) Motiv und Ziel der Sportberichterstattung in diesem Dreivierteljahr vor dem September 1939 war offensichtlich die „Wehrertüchtigung", die mentale Vorbereitung auf den Krieg.

Noch einige Zeit nach dem Anschluss im Jahr davor war der Name des Ressorts in der „Tages-Post" ein schlichtes „Sport und Spiel" gewesen, gelegentlich stand auch nur ein „Sportnachrichten" über den wenigen kurzen Beiträgen. Nun hieß das – umfangreichere – Ressort auf einmal „Kampfsport und Leibeserziehung". Ein kleines, aber deutliches Indiz dafür, was bevorstand. Sport und Leibesertüchtigung hatten eine einzige vorrangige Funktion: Wehrertüchtigung, Vorbereitung auf Auseinandersetzung und Kampf, Ausbildung der zukünftigen Krieger, Stählen der Jung-Männer-Körper. Für den Krieg.

In der Fußball-Sommerpause werden die Beiträge über Wehrsport-Veranstaltungen und SA-Wettkämpfe und HJ-Sport in der „Tages-Post" immer ausführlicher. Am 10. Juli 1939 bringt sie einen ausführlichen Bericht über die „Sporttage der Jugend des Gaus Oberdonau" in Linz, breit gewürdigt werden die Sieger der HJ-Klassen A, B, C und D in Sportarten wie Sechzig-Meter-Lauf, Staffellauf, Speerwerfen und Schleuderball-Weitwurf.

Am 15. und 16. Juli 1939 stiegen in Linz die „Wehrwettkämpfe der SA Brigade 94". Hier ging es nun dezidiert um Vorbereitung für den Kriegseinsatz. Die Wettbewerbe wurden in folgenden martialischen Disziplinen ausgetragen: Pistolenschießen, Gepäcks-Marsch über 20 Kilometer, Radfahr-Streife, Kleinkalibergewehr-Schießen, Mannschafts-Fünfkampf und „Reiterbewerb der SA-Führerschaft".

Bei diesen Wehrsporttagen war ein junger Sportler an Erschöpfung gestorben. Die „Tages-Post" dichtete den Zwischenfall um zu einem leuchtenden Bild deutscher Größe, verklärt durch den „wahren SA-Geist, denn der Kämpfer, der davon im Schweiße seines Antlitzes betroffen wurde, schloss seine Augen im Augenblick höchster Kraft- und Willensanspannung und – seine Fahne, das Panier Adolf Hitlers, vor Augen." Dann werden in der Zeitung über eine Seite lang Parolen und Phrasen gedroschen über die Kampfstärke der deutschen Oberdonau-Sportler.

Zeitungsfotos von Fußballspielen gab es in der NS-Zeit praktisch nie. Sportbilder sahen in jener Zeit etwa so aus, wie dieses Bild von den „Sporttagen der Jugend des Gaus Oberdonau" in Linz vom Juli 1939. Der Original-Bildtext: „Weibliche Anmut in beschwingter Bewegung".

Im August 1939 fand in Linz der erste „Betriebs-Sport-Appell im Gau Oberdonau" statt. Auf einer Wiese nahe der Kleinmünchner Baumwollspinnerei zeigten die Maiden und Jungmänner ihre Fertigkeiten im Formations-Turnen und Ähnlichem; die Zeitung erging sich in Erwägungen darüber, dass sich Betriebs-Sport nicht in „körperlicher Ertüchtigung erschöpfen" dürfe, viel wichtiger seien doch die „seelischen Werte".

Ende August begann der Meisterschaftsbetrieb im Fußball. Es waren neue Vereine in den unteren Klassen dazu gekommen: DFC Krummau zum Beispiel, und DFC Budweis, der sich bald in NSTG umbenannte: „Nationalsozialistische Turngemeinde". In der „Tages-Post" wurde noch ausführlicher über Sport berichtet, über Fußballspiele aus allen Ligen, über Turnen und Leichtathletik. An jenem Tag, als erstmals nach dem Sommer wieder vom Kicken geschrieben wurde, prangte auf der Titelseite der Zeitung ein Riesen-Aufmacher: „Deutsch-sowjetrussischer Nichtangriffspakt!" Joachim von Ribbentrop, hochrangiger SS-Mann und Reichs-Außenminister, weilte in Moskau und verhandelte die letzten Details des für die ganze Welt überraschenden Abkommens zwischen den angeblich feindlichen Diktatoren.

Rund um dieses Datum häufen sich die Zeitungsberichte über polnische Übergriffe auf die deutsche Minderheit, die angebliche Bedrohung des Deutschen Reiches durch Polen wird in immer grelleren Farben dargestellt. Zugleich preist sich das Nazi-Regime als den Frieden liebend und suchend. Das geht bis in kleinste Details: In der „Tages-Post" verschwindet der Ressort-Titel „Kampfsport und Leibeserziehung", die Sportseiten heißen auf einmal, ohne jede Erläuterung zur Namensänderung, schlicht und neutral „Sportnachrichten". Für ein paar Wochen ist alles Kampfbereite und Wehrsportliche aus den Zeitungen eliminiert.

Am 1. September lautet die überdimensional große Schlagzeile: „Der Führer gibt die Parole". Der Krieg hat begonnen. Über zwei Seiten hinweg werden Tagesbefehle an die Wehrmacht abgedruckt, und schon jetzt, am ersten Tag des Krieges, eine ganze Seite mit Polizeiverordnungen zu den Luftschutzbestimmungen. Am 2. September, als schon die ersten Erfolge des deutschen „Gegenschlages" gefeiert werden, findet sich im Chronikteil eine zweispaltige Verlautbarung des Ministerrates für Reichsverteidigung: Ausländische Rundfunksender zu hören wird unter Strafe verboten. Am 4. September meldet die „Tages-Post", dass sich Deutschland im Kriegszustand mit England und Frankreich befinde.

In diesen ersten Kriegswochen verschwindet der Sport völlig aus der Zeitung. Erst Ende September gibt es einen kurzen Bericht von einem eintägigen „Blitz-Turnier" von vier Mannschaften auf dem SV-Urfahr-Platz in Linz. Der reguläre Meisterschaftsbetrieb war zu diesem Zeitpunkt noch unterbrochen.

Am ersten Oktober-Wochenende begann jene Oberdonau-Landesmeisterschaft richtig, die in den ÖFB-Statistiken als „Kriegsmeisterschaft" geführt wird. Acht Vereine nahmen daran teil: LASK, Admira, Amateure Steyr, SG Reichsbahn Linz, Vorwärts Steyr, SV Urfahr, Hertha Wels und SK Germania. Die Sportberichterstattung in der „Tages-Post" verändert sich erneut, diesmal gravierend: Fußball kommt nur noch in kurzen Beiträgen vor, ebenso wie der gesamte Sport. So sollte es in den Folgejahren bleiben. Das von den Volksmassen geliebte Spiel auf dem grünen Rasen hatte seine Schuldigkeit getan. Um die Volksgenossen zum Kampf gegen fast die ganze Welt zu motivieren, bedurfte es nun anderer

Volksstimme
Parteiamtliches Blatt des Gaues Oberdonau der NSDAP

Nr. 241 2. (12.) Jahrgang — Samstag, den 2. September 1939 — Einzelpreis 10 Pfennig

England und Frankreich mobilisieren!
Der Führer sprach zu Volk und Welt!
Vormarsch gegen Polen hat begonnen
Unsere Flugwaffe hat den Gegner außer Gefecht gesetzt!

Propagandamittel. Auch verlor gerade ein personalintensiver Mannschaftssport wie der Fußball schon allein deswegen an Bedeutung, weil er innerhalb kürzester Zeit eines Gutteils seiner Akteure verlustig ging. Sie wurden gebraucht in Hitlers Armeen.

Dem Fußball kommen die Fußballer abhanden

Wie die nationalsozialistische Propaganda jeden noch so kleinen Winkel des Alltags für ihre Zwecke instrumentierte, sieht man in den Wochen vor und nach dem 1. September 1939 am deutlichsten. Man nehme bloß den Sport: Ganz kurz vor dem tatsächlichem Kriegsausbruch hatte es einen massiven (und wie immer unkommentierten) Schwenk gegeben, ein intensives Kreide-Fressen, ein Abrücken von den Kampf- und Sieg-Metaphern. Für eine kurze Weile gab sich das Deutsche Reich als Friedenslamm.

Danach setzte schlagartig das Drohen, das Auf-den-Tisch-Hauen, das Sich-selbst-Mut-Machen durch dröhnendes Lärmen wieder ein. Die neue Linie in der Sportberichterstattung war eine ganz klare: „Wir gegen die ganze Welt!". Wobei stets betont wird, dass dieses „wir", so wie in allen Bereichen, natürlich auch im Sport allen anderen haushoch überlegen ist. Was im Falle von Niederlagen die Sportreporter aber nicht wirklich in Argumentations-Notstand brachte: Über schmähliche Ereignisse wird entweder gar nicht berichtet, oder die Schuld wird den Umständen, parteiischen Schiedsrichtern oder ganz allgemein der weltweiten Deutschfeindlichkeit in die Schuhe geschoben.

In den Zeitungen der ersten Kriegsmonate, ja Kriegsjahre, dominiert eine nicht endende Serie von Siegesmeldungen, jubelnden Kommentaren und gestelzt formulierten Porträts von diversen Helden der Wehrmacht. Was Krieg wirklich bedeutet, ist jedoch ebenfalls zu lesen: Auf den hinteren Seiten häufen sich die mit Eichenlaub und Eisernen Kreuzen geschmückten Todesanzeigen, welche blutjunge Männer betreffen, die „für Führer, Volk und Vaterland" ihr Leben gegeben hatten. Und im Lokalressort häufen sich die

> ✠ Mein einziger, lieber Sohn, unser Bruder, Enkel, Schwager und Onkel
>
> **Obersoldat in einem Pionier-Bataillon**
>
> **Pg. Karl Schöberl**
>
> starb am 8. März 1942 im Alter von 22 Jahren den Heldentod. Ein schlichtes Heldengrab im Osten birgt einer Mutter Trost und Glück. In tiefem Schmerze: **Maria Schöberl**, Mutter; **Berta Pelikan** u. **Ria Schöberl**, Schwestern; **Heinrich Geyer**, Großvater; **Robert Pelikan**, Schwager; **Ernstl**, **Willi** und **Wolfi Pelikan**, Neffen.
>
> Steyrling, im April 1942.

> ✠ Nach begeistertem Einsatz und soldatischer Pflichterfüllung hat unser innigstgeliebter, mit höchsten Idealen beseelter Sohn und Bruder
>
> **Gefreiter in einer Sturmgeschütz-Abteilung**
>
> **Herbert Hoflehner**
>
> Lehrer, Inhaber des EK. II., des Sturmabzeichens in Silber und des Verwundetenabzeichens
>
> am 15. April 1942 im 22. Lebensjahre, an den Folgen seiner im Osten erlittenen schweren Verwundung, seine lieben Augen für immer geschlossen. Sein Leben galt dem Führer, Volk und unserer Jugend. Wir legen ihn am Mittwoch den 22. April 1942 um ½3 Uhr in Eferding auf dem evangelischen Friedhof in die Heimaterde. In tiefster Trauer: **Ferdinand Hoflehner**, Oberlehrer, dz. Hauptmann, **Etelka Hoflehner**, als Eltern; Flieger **Günther**, **Walter** und **Ilse** als Geschwister.
>
> Eferding, im April 1942.

> ✠ Im Glauben an Deutschlands Sieg und Größe fiel am 9. März an der Ostfront unser über alles geliebter Sohn
>
> **Gefreiter**
>
> **Pg. Herbert Lauf**
>
> Inhaber des EK. II. Kl. und des Panzersturmabzeichens im Alter von 20 Jahren. In stolzer Trauer: **Familie Franz Lauf**, Buchhändler in Bad Hall, und **Frau Marie Oehrling** als Großmutter in Wien.

knappen sachlichen Informationen über Lebensmittelrationierungen und Verdunkelungsvorschriften.

Was weiters auffällt bei den Chronik-Meldungen der „Tages-Post": Das Nazi-Regime setzte offensichtlich seine Normen unter der Bevölkerung immer drakonischer durch. Ein Linzer Buchhändler, der mit einem französischen Kriegsgefangenen Karten gespielt hatte, musste zwei Monate in den Kerker. Ein Postler, der nicht näher beschriebene Wertgegenstände aus Feldpostpaketen gestohlen hatte, bekam fünf Monate. Und ein Innviertler Bauer fasste sechs Wochen Arrest aus für „widerrechtliches Tragen des Parteiabzeichens".

Der Umfang der Sportberichterstattung schrumpfte allmählich. Über die erste Kriegsmeisterschaft, die Saison 1939/40, wird noch relativ ausführlich berichtet. Nur acht Vereine hatten daran teilgenommen, Meister wurde Vorwärts Steyr vor Amateure Steyr und dem LASK. Der Linzer Traditionsklub, die SV Urfahr, landete abgeschlagen mit fünf Punkten (zwei Siege, ein Unentschieden) aus 14 Spielen auf dem letzten Platz. In der „Tages-Post" änderte sich der Ressort-Namen erneut. So es unter der Woche überhaupt Sportberichte gab, liefen diese Kurzmeldungen unter der Bezeichnung „Sportkalender", in den Ausgaben von Samstag und Montag hieß die Sache wieder „Sportnachrichten".

Dass der rauschhafte Glückstaumel aus den Anschluss-Tagen, die Begeisterung über die Tatsache, zum Großdeutschen Reich zu gehören, im Kriegsalltag mehr und mehr verschwanden, dafür liefert der Fußball ein kleines, aber bezeichnendes Indiz. Seltsames geschah auf dem grünen Rasen: Es häuften sich zwar kurze, aber heftige und gelegentlich gewalttätige Ausbrüche von antideutschen Ressentiments.

Wozu man aber gleich sagen muss, dass die Ablehnung der Fußball-Fans nicht gegen den Nationalsozialismus gerichtet war, sondern im weitesten Sinn gegen das Deutschtum. Der Begriff „Piefke", bis dahin eine traditionelle Bezeichnung für einen preußischen Soldaten, erhielt in dieser Zeit auf den Wiener Fußballplätzen seine Bedeutung als allgemeiner, verächtlicher Name für die Volksgenossen aus dem „Altreich", ebenso wie das Wort „Marmeladinger". Damals hieß Konfitüre in Deutschland Marmelade, nicht aber in Österreich. Es ist eine Ironie der Geschichte, dass die österreichische Volksseele, lebhaft unterstützt vom Boulevard, im 21. Jahrhundert mit Inbrunst gegen die EU wetterte, weil diese verbieten wollte, dass wir unsere geliebte und angeblich so ur-österreichische Marmelade weiterhin Marmelade nennen dürfen.

Am heftigsten fielen die Krawalle der Österreicher gegen „das Deutsche" im Fußball am 17. November 1940 im Wiener Praterstadion aus. Die Vorgeschichte dazu resultiert aus dem Juni 1939, als der Ostmark-Meister, die Wiener Admira, im Berliner Olympia-Stadion vor 100.000 Zuschauern gegen Schalke 04 um den großdeutschen Meistertitel spielte – und nach sehr hohen und torreichen Siegen in den Finalrunden mit einem demütigenden 0:9 unterging. Eineinhalb Jahre später wurde sozusagen als Möglichkeit einer Revanche ein Freundschaftsspiel zwischen Admira und Schalke im Wiener Stadion angesetzt.

Dieses wurde zum Debakel. Ein Schiedsrichter aus Dresden erkannte zwei klare Tore der Admira nicht an, so dass den Wienern nicht mehr als ein 1:1 gegen die „Piefkes" gelang. Die Wiener Fans tobten, zerschlugen Sitze und Fensterscheiben und griffen die Polizei an, die zu einem Großeinsatz angerückt kam. Die Scheiben des Schalke-Mannschaftsbusses wurden eingeschlagen, und am Ende schlitzten erboste Admira-Anhänger alle vier Reifen am Auto von Gauleiter Baldur von Schirach auf.

Zahlreiche Randalierer wurden verhaftet. Der „Völkische Beobachter" rüffelte die Ostmärker für ihr „schandbares" Benehmen, für das es keinerlei Entschuldigung gäbe. Dieser Skandal war jedoch nicht der einzige. Schon ein Jahr davor hatte es in Wien Krawalle gegeben, als Rapid den SV Fürth im Tschammer-Pokal mit 6:1 schlug. Umgekehrt verprügelten deutsche Fans am 3. August 1941 Anhänger der Wiener Austria, als diese bei einem Pokalspiel in München den TSV 1860 mit 5:2 schlug. Derlei Vorfälle führten sogar zu einer formellen Note Hitlers an Gauleiter von Schirach, wobei Hitler eindeutig wissen ließ, dass „der Führer wünscht (...), dass Sie auch in Wien die Erörterung derartiger Gegensätze rücksichtslos unterbinden".

An der oberösterreichischen Landesmeisterschaft 1940/41 nahmen drei aufgestiegene Vereine teil: Der Welser SC, Ostmark Linz und Adlerhorst Wels, eine Mannschaft von in Wels stationierten Luftwaffensoldaten. Dennoch traten nur zehn Vereine gegeneinander an, denn der Vorjahrs-Dritte LASK war in diesem Jahr nicht dabei: Er hatte sich in einem Aufstiegs-Bewerb gegen FC Wien, Brevillier Urban Graz und Donawitz durchgesetzt und spielte in der obersten „österreichischen" Spielklasse.

Im Frühjahr 1941 lagen Adlerhorst Wels und Amateure mit zehn Punkten Vorsprung weit vor den Mitbewerbern in Führung. Zu dieser Zeit waren bei den Mannschaften schon lange nur noch Rumpf-Teams im Einsatz. Am zweiten April-Wochenende stand dazu sogar eine kurze versteckte Andeutung in der „Tages-Post": Im Bericht über den 3:1-Sieg der Linzer Admira gegen SK Germania beklagt der Journalist den deutlichen Form-Rückgang bei Germania, der „hauptsächlich auf das Fehlen wertvoller Spieler zurückzuführen ist", worunter vor allem „der spielerische Zusammenhang und das präzise Kombinationsspiel leiden". Wohin die „wertvollen Spieler" verschwunden sind, schreibt die Zeitung nicht.

Der Spielbetrieb litt zunehmend. Mitte April 1941 fand etwa in Linz ein Freundschaftsspiel des LASK gegen die Linzer Flaksoldaten statt. Die Soldatenschar, eine bunt zusammen gewürfelte Truppe, die bis dahin kaum gemeinsam gespielt hatte (erst im nächsten Jahr nahm sie an der Landesmeisterschaft teil), gewann mit 3:2. Geradezu verschämt werden in der „Tages-Post" die Ursachen vermerkt: Beinahe hätte das Spiel nicht abgewickelt werden können, weil zuwenig LASK-Spieler aufgetaucht waren. Erst als man sich aus dem Publikum drei Germania-Spieler „auslieh", wurde angepfiffen.

Die demütigendste Erfahrung wegen des Ausfalls von Stammspielern hatte der LASK da schon hinter sich: Das legendäre Spiel in der obersten Liga gegen die Austria in Wien vom 21. Jänner 1941. Es war eine Doppelveranstaltung zum Auftakt der Frühjahrsrunde, die wegen der kriegsbedingten Probleme ohnehin schon um eine Woche verschoben worden war. Im ersten Spiel gewann Wacker Wien gegen den FAC mit 7:1. Zum LASK-Spiel gibt es verschiedene Berichte, die alle ein wenig voneinander abweichen.

In den Wiener Zeitungen heißt es, dass die Linzer nur neun Mann zur Verfügung hatten, als das Match angepfiffen wurde. Der LASK, der „wie kaum eine zweite Mannschaft der Bereichsklasse mit Notbesetzungen aller Art operieren musste", sei dann in eine „Pfeif-drauf-Stimmung" sondergleichen geraten und habe schließlich mit 21:0 verloren. In den Annalen des ÖFB heißt es, dass der Zug, mit dem ein Teil der Spieler angereist war, wegen eines Fliegeralarms in Amstetten stecken geblieben war. Nur sieben Spieler erreichten Wien, Trainer Georg „Schurl" Braun, seinerzeit Mitglied des österreichischen Wunderteams, sprang selbst ein, auch „rekrutierte" er kurzerhand aus dem Publikum ein paar Soldaten im Heimaturlaub, die mit dem LASK aufs Spielfeld liefen.

Andere Quellen erzählen, dass der LASK mit sieben oder acht Spielern das Match begonnen habe, die restliche Mannschaft sei erst in der letzten halben Stunde eingelaufen. Sogar das Resultat ist nicht unumstritten, manche Quellen sprechen von einem 21:0, andere von einem 22:0. Als gesichert scheint, dass es sich bei drei der Treffer um Eigentore handelte.

Das Jahr in der obersten Liga war für den LASK in Summe ein dunkles Kapitel. Noch vor Meisterschaftsbeginn im Herbst 1940 war die gesamte reguläre Kampfmannschaft zur Wehrmacht eingezogen worden. Für den LASK traten also nur gelegentlich Stammspieler an, wenn sie gerade Heimaturlaub hatten, ansonsten mussten ganz junge Burschen oder Spieler aus den Senioren-

Noch ist Wackers Mittelstürmer Reitermayer am Ball, doch schon im nächsten Augenblick wirft sich Weichselbaumer vor seine Beine und sichert sich das Leder.

1.DIVISION 1940/41 - Ostmark (Gauliga 17) 1940/41 - 17.Runde - SONNTAG, 16.3.1941

WACKER WIEN - LINZER ASK 9:1 (6:0) - 1500 Zuschauer

WACKER-PLATZ

DOPPELVERANSTALTUNG MIT FC WIEN - FLORIDSDORFER AC

Tore:
1:0 REITERMAYER (2')
2:0 ZISCHEK (??')
3:0 REITERMAYER (8')
4:0 HÖNIG (13')
5:0 HÖNIG (19')
6:0 WALZHOFER (??')
7:0 ZISCHEK (67')
7:1 FUCHS II (??')
8:1 WALZHOFER (86')
9:1 DR. SCHMATTRAL (88')

Insgesamt ein deprimierendes Kapitel: Das Antreten des LASK in der obersten „österreichischen" Spielklasse in der Saison 1940/41; neben dem legendären 0:21 gegen die Wiener Austria gab es auch gegen Wacker Wien eine kräftige 1:9-Abfuhr

mannschaften ran. Zu drei der 18 Pflichtspiele konnte der LASK wegen kriegsbedingter Schwierigkeiten gar nicht antreten, die anderen 15 gingen alle verloren. LASK wurde Tabellenletzter, wie es wohl noch selten einen gegeben hatte: Null Punkte, 17 Tore geschossen, 106 (oder 107, je nach Zählweise) erhalten.

Die Idee des Klubfußballs, oder gar jene die jungen Männer eines Ortes gegen jene eines anderen ihre Kräfte messen, wurde mit zunehmender Kriegsdauer ad absurdum geführt. Jetzt spielten zufällig zusammen gewürfelte Mannschaften gegeneinander, und an lokalen und regionalen Meisterschaften nahmen Mannschaften unterschiedlicher Waffengattungen teil, deren Kicker Soldaten waren, die der Zufall – besser: der Kriegsverlauf – an jenen Ort geführt hatte.

In der Zeitung verlor der Fußball mehr und mehr an Bedeutung. Ausgiebig berichtet wurde über anderes. Etwa über die Gau-Entscheidung im Betriebssport, die am 26. Mai 1941 in Linz über die Bühne ging. Ausgetragen wurden da Wettbewerbe wie „Fließende Rhythmik" oder „Übung Kraft und Freude".

Die Landesmeisterschaft in Oberdonau ging am 6. und 7. Juni 1941 zu Ende. Meister wurde Amateure Steyr vor Adlerhorst Wels und Vorwärts Steyr. Als bester Linzer Verein wurde die SV Urfahr vierter. Die „Tages-Post" schrieb darüber auf rund einer Viertelseite.

Drei Wochen später war die Zeitung voll von Meldungen, die nichts mit Fußball zu tun hatten. Das Deutsche Reich begann auf einer Front, die von der Ostsee bis zu den Karpaten reichte, den Überfall auf die völlig überraschte Sowjetunion. Nun dominierten wieder die Erfolgsmeldungen, Erwartungshaltungen in Richtung „Blitzkrieg"-Euphorie der vergangenen Jahre wurden geweckt, die Propaganda gegen die Bolschewisten wurde mit einer gewaltigen Prise übelster antisemitischer Propaganda gewürzt.

Der Krieg gegen Russland begann am 22. Juni 1941. Am selben Tag feierte Rapid im Berliner Olympiastadion einen Triumph, der sich rasch als Pyhrus-Sieg entpuppen sollte. Der Wiener Verein stand im Endspiel um die großdeutsche Meisterschaft, Gegner war Schalke 04 aus dem Ruhrgebiet. Bereits nach acht Minuten stand es 2:0 für die Gelsenkirchener. Reichssportführer Hans von Tschammer und Osten ließ in der Pause bereits Sekt einkühlen für die Siegesfeier. In der 58. Minute gingen die Gelsenkirchener gar mit 3:0 in Führung.

Aber innerhalb von nur 15 Minuten drehte Rapid das Match jedoch um, nach dem Anschlusstreffer von Georg Schors schoss „Bimbo" (Franz) Binder drei weitere Tore, zwei aus Freistößen, eines aus einem Elfmeter. Endstand: 3:4, Rapid war großdeutscher Meister. „Die Deutschen" rächten

Die ersten Kampfhandlungen an der sowjetrussischen Grenze

Größter Aufmarsch aller Zeiten

Schamloser Verrat der Moskauer Machthaber

Front vom Eismeer bis zum Schwarzen Meer — Finnisches und rumänisches Heer mit angetreten
Enthüllung verbrecherischer sowjetrussisch-englischer Machenschaften — Kampf zur Sicherung Europas

22. Juni 1941: An dem Tag, an dessen frühem Morgen der Russland-Feldzug begonnen hat, schlug Rapid im Finale um die deutsche Fußballmeisterschaft Schalke 04 mit 4:3, nachdem die Gelsenkirchener schon mit 3:0 geführt hatten. Franz „Bimbo" Binder (2. v. l.) steuerte drei Treffer bei, und vor lauter „Freude" darüber schickte ihn das NS-Regime bald darauf an die Front.

sich subtil: Kurz nach dieser peinlichen Niederlage Schalkes wurden Binder und einige weitere Rapidler an die Front abkommandiert; Binder wurde während der restlichen NS-Zeit nicht mehr im Nationalteam eingesetzt.

Ende August 1941 begann die nächste Meisterschafts-Runde in Oberösterreich. Zum Auftakt setzte man Doppelveranstaltungen an, die waren leichter zu organisieren. In Linz etwa spielten SV Urfahr gegen Hertha Wels (5:1) und Amateure Steyr gegen Germania Linz (2:1), in Wels traten Adlerhorst Wels gegen Reichsbahn Linz (7:3) sowie Admira Linz gegen Welser SC (7:1) an. Der LASK, zurückgekehrt in die „Bezirksklasse Oberdonau", schlug auswärts einen Neuling in dieser Liga, Budweis, mit 5:3.

Der Sport kommt in den Zeitungen, wie gesagt, mit immer kürzeren Beiträgen vor. Nur wenn man ihn braucht, wird er gnadenlos instrumentalisiert. Am 28. September 1941 wurde auf dem Admiraplatz in Linz ein so genanntes „Blitzturnier" ausgetragen, und zwar unter dem Titel: „Der Fußball rollt fürs WHW!" WHW, das war das Winterhilfswerk des Deutschen Reiches, 1933 gegründet zwecks Entlastung der staatlichen Arbeitslosenfürsorge, das im Verlauf des Krieges zunehmend die Funktion übernahm, die Folgen von Kriegsschäden abzufedern.

Sechs Mannschaften traten in Linz zu Spielen von je zwei mal zehn Minuten gegeneinander an, in den Pausen gab es „eine lebhafte Sammeltätigkeit" für die Soldaten an der Ostfront. Ähnliche Turniere gab es zeitgleich auch in Wels, Steyr, Budweis und Krumau, die laut „Tages-Post" Rekordsummen an Spenden erbrachten. Genaue Zahlen werden dazu nicht genannt, die Spendenbereitschaft, angekurbelt durch sehr hartnäckiges Abzeichen-Verkaufen, dürfte aber tatsächlich im ganzen Reich hoch gewesen sein. In den Winter-Kriegsmonaten zwischen 1939 und 1943 stieg jedenfalls die Gesamt-Spendensumme von 560 Millionen auf mehr als eineinhalb Milliarden Reichsmark.

Die „Tages-Post" bejubelte den „schwungvollen Beginn des neuen Kriegs-Winterhilfswerks" ausgiebig, und sie brachte Berichte von allen Mini-Spielen.

In diesen Wochen stürmte die Wehrmacht in Russland noch vorwärts, die Zeitung war voll von Siegesmeldungen von der „großen Schlacht bei Kiew". Im November wurde laufend von der Einkesselung Leningrads berichtet. Die Deutsche Wehrmacht erklärte sich zum „Sieger des Ostfeldzuges" und kündigte den Beginn des Vordringens auf Moskau an. Der Sportteil in der „Tages-Post" verlor in dieser Kriegsphase seinen Ressortnamen. Die üblichen kurzen Zweispalter über die Meisterschaftsspiele des vergangenen Wochenendes wurden nun auf einer Seite untergebracht, die „Aus dem Heimatgau des Führers" hieß.

Die letzte Meisterschaftsrunde, bei der Vorwärts Steyr durch ein 2:1 über Reichsbahn Linz den Herbst-Titel errang, fand an einem historischen Tag statt: 7. Dezember 1941. An diesem Tag überfiel Japan die in Pearl Harbor vor Anker liegende amerikanische Pazifikflotte. In der „Tages-Post" vom 8. Dezember ist dies natürlich die Titelgeschichte. „Um 11 Uhr japanischer Zeit hat an diesem Montag Japan England und den USA offiziell den Krieg erklärt", heißt es. Der Name Pearl Harbor kommt in den seitenlangen Berichten nicht vor, auch kein Wort über den Überraschungsangriff der japanischen Flotte.

Einen Tag später war der internationale Sport zu Gast in Linz: Bei einem groß aufgezogenen Schwimmfest im Parkbad trat die dänische Weltrekord-Schwimmerin Ragnhild Hveger als Stargast auf. Die damals 21jährige Ausnahmesportlerin hielt zu jener Zeit 20 Weltrekorde, vor allem auf den Freistilstrecken. Olympia-Medaillen schaffte sie jedoch in ihrer ganzen Karriere nur eine einzige, eine silberne, errungen 1936 in Berlin, dann nahm ihr der Krieg alle Olympia-Chancen. In Linz trat sie über 400 Meter Freistil an. Ihr eigener Weltrekord stand bei fünf Minuten und einer Zehntelsekunde. Im Parkbad reichten ihr fünf Minuten und 14 Sekunden für einen souveränen Sieg über eine sechsköpfige Schwimmstaffel von Hitlerjugend-Burschen.

Die „Tages-Post" widmete dieser Veranstaltung enorm viel Platz. Allein der Vorbericht zum Antreten Hvegers ist umfangreicher als die gesamte Berichterstattung über die Fußball-Herbstmeisterschaft. Sogar ein Foto findet sich aus diesem Anlass wieder einmal auf der Sportseite: Es ist natürlich Ragnhild im Badeanzug. Vorne in der Zeitung dominierte Weltgeschichtliches: „Kampfgemeinschaft mit Japan" hieß die Schlagzeile am 12. Dezember, ausführlich wurde mitgeteilt, dass der Führer am Tag davor zusammen mit Italien „den Kriegszustand mit den USA erklärt" habe.

Weltrekord-Schwimmerin Ragnhild Hveger als Star eines Schwimmbewerbes im Linzer Parkbad – locker schlug sie eine sechsköpfige Schwimmstaffel von Hitlerjungen.

Die Kriegsmeisterschaft von Oberdonau blieb bis zum beinahe letzten Spiel offen und bis zur letzten Minute spannend. Die NS-Gemeinde Budweis lag mit vier Punkten vor den Steyrer Amateuren in Führung, Steyr hatte jedoch ein Spiel weniger bestritten, hatte also noch Meister-Chancen. Das Entscheidungs-Match zwischen Budweis und Amateure Steyr fand am Sonntag, den 31. Mai 1942, in Budweis statt. Das erste Tor schossen die Budweiser in der 16. Minute und gingen so in die Pause. Nach dem Seitenwechsel war Steyr überlegen, schaffte sieben Minuten vor dem Abpfiff den Ausgleich durch einen Elfmeter. Zwei Minuten später ging Budweis erneut in Führung, weitere zwei Minuten später glich Steyr noch einmal aus. Eine Minute vor Schluss gelang dem Linksaußen der Budweiser (er trug wie alle Spieler einen deutschen Namen, nämlich Heß, Vorname unbekannt) alleine der Durchbruch durch die Steyrer Abwehr, mit einem Schrägschuss brachte er den Ball ins Tor zum 3:2.

Der oberösterreichische Landesmeister 1942 hieß Budweis. Es liest sich heute seltsam, wenn in den Tabellen des Oberösterreichischen Fußballverbandes eine tschechische Stadt an erster Stelle aufgelistet wird, hat aber offensichtlich noch nie jemanden animiert, diesen Umstand in einem Jahrbuch, einer Festschrift oder sonst in einem offiziellen Organ näher zu erläutern. Man befand sich halt in einem „tragischen Zwischenspiel".

Wie sehr der Spielbetrieb in dieser Zeit beeinträchtigt war, kann man aus einem Nebensatz des zweispaltigen Berichts lesen, den die „Tages-Post" am 1. Juni 1942 unter dem Titel „NST Budweis Kriegsmeister" brachte. Da heißt es nämlich, dass im Vorspiel die „alten Garden" von Budweis und Steyr angetreten waren, auch dieses Match gewannen die „alten Herren" von Budweis (4:1). In dieser Phase des Krieges traten bei Meisterschaftsspielen schon lange nicht mehr die zweiten Mannschaften oder die Reserve-Teams der Klubs an. Das Vorprogramm bestritten nun entweder HJ-Buben oder Senioren-Teams, also Männer, die zu alt für den Kriegseinsatz waren.

Sport war Nebensache geworden. In der Neujahrsausgabe vom 1. Jänner 1943 beklagte die Sportgauführung in der „Oberdonau-Zeitung", dass immer mehr Fußballplätze kriegswichtigen Zwecken weichen mussten, der SV Urfahr-Platz etwa, jener des LASK und die Anlage des „Turnerbund 1862". Folgerichtig finden sich in der Zeitung zunehmend Beiträge über Kinder- und

Oberdonau-Zeitung

Letzter Kampf unter der wehenden Hakenkreuzfahne

Ganz Deutschland als Rächer!

Unser Gelöbnis in der heiligen Stunde, die den größten Heldenkampf der Geschichte beschloß

Linz (Donau), Donnerstag, 4. Februar 1943

Versehrtensport. Dominiert wurde die Zeitung von Meldungen von der Ostfront. Die Erfolgs-Geschichten werden immer krampfhafter: „Bei Stalingrad äußerster Widerstand", heißen die Schlagzeilen, und täglich wird die Zahl abgeschossener sowjetischer Panzer aufgelistet.

Chefredakteur Harald Schreiner trommelt Tag für Tag Parolen in seinem Leitartikel, dass „der heldische Einsatz der Ostfront-Kämpfer" von der Heimat dieses fordere: „Noch mehr arbeiten! Noch mehr opfern!" Appelle von Eigruber, Göring und Goebbels werden abgedruckt, der Tenor: „Kampf bis zum eindeutigen Sieg." Doch all das auf Angriff und Vorwärts-Stürmen gerichtete Pathos erhielt den ersten Dämpfer, und es sollte gleich der entscheidende sein. Am 31. Jänner 1943 kapitulierte die 6. Armee, am 2. Februar gaben die letzten deutschen Einheiten im Südkessel bei Stalingrad auf.

Die „Oberdonau-Zeitung" berichtet darüber erst am 4. Februar, unter der riesigen Aufmacher-Schlagzeile auf Seite eins: „Ganz Deutschland als Rächer!" In dürren Worten wird darunter die Meldung des Oberkommandos der Wehrmacht bekannt gegeben: „Der Kampf um Stalingrad ist zu Ende."

Von diesem Tag an ändert sich der Tonfall in den Zeitungen unmerklich, aber stetig, weg von Siegeszuversicht hin zu Durchhalte-Parolen und dramatischen Ankündigungen von Wunderwaffen.

> Aus dem Führerhauptquartier, 3. Februar 1943.
> Das Oberkommando der Wehrmacht gibt bekannt: Der Kampf um Stalingrad ist zu Ende. Ihrem Fahneneid bis zum letzten Atemzug getreu, ist die 6. Armee unter der vorbildlichen Führung des Generalfeldmarschalls Paulus der Übermacht des Feindes und der Ungunst der Verhältnisse erlegen. Ihr Schicksal wird von einer Flak-Division der deutschen Luftwaffe, zwei rumänischen Divisionen und einem kroatischen Regiment geteilt, die in treuer Waffenbrüderschaft mit den Kameraden des deutschen Heeres ihre Pflicht bis zum Äußersten getan haben. Noch ist es nicht an der Zeit, den Verlauf der Operationen zu schildern, die zu dieser Entwicklung geführt haben. Eines aber kann schon heute gesagt werden: Das Opfer der Armee war nicht umsonst. Als Bollwerk der historischen europäischen Mission hat sie viele Wochen hindurch den Ansturm von sechs sowjetischen Armeen gebrochen. Vom Feinde völlig eingeschlossen, hielt sie in weiteren Wochen schwersten Ringens und härtester Entbehrung starke Kräfte des Gegners gebunden. Sie gab damit der deutschen Führung die Zeit und die Möglichkeit zu Gegenmaßnahmen, von deren Durchführung das Schicksal der gesamten Ostfront abhing. Vor diese Aufgabe gestellt, hat die 6. Armee schließlich auch durchgehalten, als mit der Dauer der Einschließung und dem Fortgang der Operationen die Luftwaffe, trotz äußerster Anstrengungen und schwerster Verluste, außerstande war, eine ausreichende Luftversorgung sicherzustellen und die Möglichkeit des Entsatzes mehr und mehr und schließlich ganz dahinschwand. Die zweimal vom Gegner verlangte Übergabe fand stolze Ablehnung. Unter der Hakenkreuzfahne, die auf der höchsten Ruine von Stalingrad weithin sichtbar gehißt wurde, vollzog sich der letzte Kampf. Generale, Offiziere, Unteroffiziere und Mannschaften fochten Schulter an Schulter bis zur letzten Patrone. Sie starben, damit Deutschland lebe. Ihr Vorbild wird sich auswirken bis in die fernsten Zeiten, aller unwahren bolschewistischen Propaganda zum Trotz. Die Divisionen der 6. Armee aber sind bereits im neuen Entstehen begriffen.

Am 28. März 1943 begann mit einer Woche Verspätung die Fußball-Landesmeisterschaft. An diesem Tag wurden alle Begegnungen mitten im Spiel unterbrochen. Eine Trauerminute war verordnet worden, für Reichssportführer Hans von Tschammer und Osten, der am 25. März in Berlin im Alter von 56 Jahren an einer Lungenentzündung gestorben war.

Am 4. Oktober 1943 fand in Linz ein freundschaftliches Turnier einiger städtischer Mannschaften statt. Da sich nicht genug Teams fanden, wurde auch ein Spiel der „alten Herren von Linz" gegen jene von Urfahr aufs Programm gesetzt. Im Tor der Urfahraner stand ein 47 Jahre alter groß gewachsener Mann: Adolf Faderl, Sekretär des Verbandes. Er habe sich tapfer gehalten, schreibt die Zeitung.

Eines fällt auf bei den Meldungen vom Fußball der Spielzeit 1942/43: Der Vorjahresmeister NSTG Budweis verschwindet plötzlich und unkommentiert aus der Berichterstattung und auch aus den offiziellen Statistiken. Es ist mir nicht gelungen, die Geschichte dieses Vereins zu eruieren, wahrscheinlich hat er wegen des Kriegsverlaufs nach dem Erreichen des Meistertitels den Spielbetrieb eingestellt. An der oberösterreichischen Landesmeisterschaft der Saison 1942/43 nahm Budweis jedenfalls nicht teil, und in die oberste Klasse ist der Klub auch nicht aufgestiegen.

Den Meistertitel 1943 holte sich Amateure Steyr vor den Flaksoldaten von Adlerhorst Wels und Vorwärts Steyr, der LASK wurde vierter. Das Leben im fünften Jahr unter den Nazi-Bannern und im vierten Jahr des Krieges wurde immer ungemütlicher. Manchmal weisen darauf kurze Meldungen in der „Tages-Post" hin. So wurde berichtet von einem Soldaten, der seiner Frau von der Front „bezugsbeschränkte Waren" mit der Feldpost geschickt hatte, und die hatte sie dann schwarz in Linz verkauft. Der Soldat fasste dafür ein halbes Jahr Haft aus, seine Frau ging für zwei Monate hinter Gitter.

Die KZ-Schergen werden Landesmeister

Ein mysteriöser Verein wurde letzter oberösterreichischer Fußball-Landesmeister während des Krieges: ATSV Mauthausen, in heutigen Statistiken oft auch geführt als Mauthausen I, in den zeitgenössischen – raren – Berichten manchmal SG (Spielgemeinschaft) Mauthausen genannt, meist aber nur Mauthausen.

In den Vereinsarchiven der anderen damals aktiven Klubs ist ebenfalls nichts zu finden. Beim Österreichischen Fußballbund in Wien gibt es dazu keine Unterlagen. Das ÖFB-Argument ist nachvollziehbar: „Uns hat es damals nicht gegeben, wir wurden 1938 bei der FIFA abgemeldet", heißt es auf Anfrage, zuständig für die Zeit zwischen 1938 und Mitte 1945 sei der DFB, der Deutsche Fußball-Bund. Eine plausible Aussage, denn der ÖFB existierte zu jener Zeit nicht, er war aufgegangen im so genannten „Reichsfachamt Fußball". Doch

Die typischen Weltkrieg-II-Paarungen begannen schon 1942: Hier Reichsbahn-Sportgemeinschaft gegen Luftwaffe

auch dort ist nichts über diesen geheimnisvollen Meisterschaftsgewinner zu erfahren, das einzige, was man bekommt, ist eine knappe Auskunft: „Über Tabellen, Spieler und Aufstellungen jener Jahre existieren keine Aufzeichnungen."

In der oberösterreichischen Fußballszene erfährt man ebenfalls nichts. Und Zeitzeugen gibt es kaum noch, Männer also, die damals schon als Funktionäre oder Spieler aktiv waren bei den heimischen Traditionsvereinen.

Doch der Reihe nach. Die „Tages-Post" hörte im Jänner 1944 zu existieren auf. Das offizielle Organ der Nazis, als „Volksstimme" aus dem „Volksblatt" hervorgegangen, war nun einzige oberösterreichische Tageszeitung. Mittlerweile hieß sie schon eine Zeitlang „Oberdonau-Zeitung", mit Reichsadler und Hakenkreuz im Kopf und dem Untertitel „Amtliche Tageszeitung der NSDAP/Gau Oberdonau".

Gleich die erste Fußballmeldung aus diesem Jahr zeigt, wie rudimentär das Vereinssportleben da schon war. Am 7. Februar sollte in Wels ein Fußballturnier mit vier Freundschaftsspielen stattfinden. Nur zwei Spiele wurden angepfiffen, die anderen Teams schafften es nicht, den Austragungsort zu erreichen, darunter auch der LASK, der gegen den neu gegründeten SK Lenzing antreten sollte.

Die Zeitung ist voll von großen Durchhalte-Geschichten, etwa in Form einer Reportage über die

ƒƒ Mauthausen—Vorwärts 11 : 3 (5 : 1)

Es kommt wohl selten vor, daß ein Neuling bei einem seiner ersten Spiele gleich einen Gaumeister in spe zu einem Gastspiel einlädt. Aber die junge Mannschaft der ƒƒ-Sportgemeinschaft Mauthausen hatte am Sonntag den Steyrer Vorwärts zu Gast. Vom Anstoß weg kannten die ƒƒ-Männer keine Scheu vor dem Favoriten und bei ihrem gesunden Zug zum Tor blieb auch der Erfolg nicht aus. Schon in der 11. Minute stand es 1:0 für sie. Bis zum Seitenwechsel stellten die Mauthausener das Torverhältnis auf 5:1 zu ihren Gunsten und blieben am Ende mit 11:3 Sieger. Erst als ihre Abwehr im Verlaufe des Spieles etwas erlahmte, kamen die Steyrer etwas in Fahrt. Die junge ƒƒ-Mannschaft hat somit überraschend gut abgeschnitten, die von ihnen gezeigten Leistungen standen weit über dem Durchschnitt.

Mitte Dezember 1943 tritt die Mannschaft der KZ-Wächter erstmals öffentlich auf. In der Zeitung heißt der Verein SS Mauthausen.

Linzer Frauen, die „an der Heimatfront" ihren Mann stehen. Das wird bebildert mit Fotos von Frauen als Zugs-Schaffnerinnen oder Weichenstellerinnen bei der Bahn. Viel berichtet wird über die Sammelerfolge des Winterhilfswerks. Ein Artikel namens „Die Kunst der Menschenführung im Bombenterror" lobpreist die Nervenstärke der von alliierten Luftangriffen geplagten Bevölkerung. Und der Großteil der Zeitung gehört Geschichten, die immer ähnliche Titel tragen wie: „Abwehrerfolge an der ganzen Ostfront".

Die ominöse Mauthausener Spielgemeinschaft war eine Mannschaft, die sich aus dem Wachpersonal des Konzentrationslagers zusammensetzte. Männer, die Tag für Tag Häftlinge quälten, folterten, erschlugen, die zogen am Sonntagnachmittag Fußballdressen an und kickten gegen den LASK, die SV Urfahr, Hertha Wels, den Welser SC, gegen die Steyrer Kicker von Vorwärts und Amateure, gegen Reichsbahn Linz und SK Enns.

Ein hochbetagter Mauthausener, der in der Nazizeit ein Bub war, hat die Geschichte bestätigt: Anton Weinzierl, 1946 beteiligt an der Wiederbegründung des ASKÖ Mauthausen. „Ja", sagte er auf Anfrage, „das war eine Mannschaft von der SS. Ich hab selber ein paar Spiele von denen gesehen."

Wann genau die SS-Männer des Konzentrationslagers begonnen haben mit dem Fußballspielen, lässt sich nicht eruieren. Es muss irgendwann im Herbst 1943 gewesen sein. Ihren ersten öffentlichen Auftritt als Kicker hatten sie am 12. Dezember 1943. Da berichtet die „Oberdonau-Zeitung" von einem Freundschaftsspiel zwischen „SS-Mauthausen gegen Vorwärts". Die SS-Fußballer hatten sich zu ihrem ersten Spiel gleich den amtierenden Herbstmeister eingeladen. Im Titel dieses Einspalters ist, wie auch im gesamten Text, das „SS" in der Runen-Schreibweise gedruckt.

Fünf Wochen später, am Sonntag, den 23. Jänner 1944, zeigten die KZ-Schergen ihre Fußballkünste in der Gauhauptstadt Linz. „Die erst kürzlich gegründete SS-Fußballgemeinschaft von Mauthausen stellte sich nun auch den Linzer Sport-

Freundschaftsspiele der Fußballer
SV. Urfahr—ᛋᛋ Mauthausen 2:1 (2:1)

Die erst kürzlich gegründete ᛋᛋ-Fußballgemeinschaft von Mauthausen stellte sich nun auch den Linzer Sportfreunden in einem Freundschaftsspiel mit der SV. Urfahr vor. Den Gästen ging ein

Am 23. Jänner 1944 kassierten die SS-Fußballer ihre einzige dokumentierte Niederlage, und zwar in einem Freundschaftsspiel gegen SV Urfahr.

freunden in einem Spiel mit der SV Urfahr vor", heißt es im Bericht der „Oberdonau-Zeitung", wieder sind statt der lateinischen Buchstaben in Titel und Beitrag die SS-Runen eingesetzt. Von den Gästen, denen „ein guter Ruf voraus ging", wurde ein Sieg erwartet. Jedoch: „Die Mauthausener besiegten sich mit einem Eigentor selbst." Zwar hatten die SV Urfahr-Spieler „gegen die körperlich bedeutend stärkere Gäste-Elf einen schweren Stand", und sie ließen sich darauf ein, „statt engmaschig zu spielen die anstrengende Langball-Methode der Gäste nachzuahmen", sie gewannen aber doch mit 2:1.

Die SS-Männer waren in der achten Minute durch einen Überraschungsschuss des Rechtsverbinders Doppelreiter in Führung gegangen. Vier Minuten später landete ein Rückpass der Mauthausener im eigenen Tor. In der 15. Minute erkämpfte SV Urfahr einen Eckball, den köpfte ein gewisser Eisenbach zum 2:1 ins Tor der SSler. Danach gab es einen „offenen Kampf" ohne Tore, die SS vergab kurz vor dem Abpfiff ihre einzige echte Chance. Laut der zugänglichen Spielberichte von 1943 bis 1945 war die Niederlage gegen SV Urfahr die einzige der SS-Truppe.

Die KZ-Wächter trugen ihre Heimspiele direkt oben beim Konzentrationslager aus. Der Fußballplatz lag an der Südseite des KZ, dort, wo unmittelbar nach dem Krieg ein Massengrab angelegt wurde. Heute ist der Platz eine Wiese. Leute aus Mauthausen, die sich die Spiele ansehen wollten, waren als Zuschauer willkommen. Anton Weinzierl: „Ich war damals ein Bub, ein Lehrling. Ich bin ein paar Mal hinauf und hab mir Spiele angeschaut." Dann fügt er noch an: „Ob die Fußballer – ob die in irgendwas involviert waren, weiß ich nicht."

Ob die SSler, die an den Sonntagen dem Fußball hinterher jagten, wochentags Verbrechen begingen, wird sich wohl kaum noch aufklären lassen.

Am 27. Februar 1944 lud die SS die Fußballer der SV Urfahr zu einem freundschaftlichen Revanche-Match nach Mauthausen ein. Diesmal gewannen die SSler mit 5:4. In der „Oberdonau-Zeitung" wird übrigens ab diesem Spiel die KZ-Truppe nur noch SG (Spielgemeinschaft) Mauthausen genannt, die SS-Fußballer werden nur noch „die Mauthausener" genannt oder „die Männer von der SG Mauthausen". Die SS-Rune kommt nicht mehr vor, außer einmal in einem Satz des Spielberichts vom 6. März 1944.

In der Ausgabe der „Oberdonau-Zeitung" vom 28. Februar 1944 findet sich neben dem Spielbericht vom Match gegen Urfahr ein großer Beitrag von Gauleiter Eigruber. Kurz vor diesem

SG. Mauthausen — RSG. Linz 3:0 (2:0)

In Mauthausen trafen sich die spielstarke Mannschaft der Reichsbahn Linz und SG. Mauthausen im Tschammerpokal-Spiel. Es kam zu einem interessanten, abwechslungsreichen Kampf, der bis zum Abpfiff dauerte. Nicht ganz unerwartet gewann Mauthausen durch seinen Kampfgeist mit 3:0 Toren.

Nach offenem Spiel kam in der 14. Minute Mauthausen durch den Linksaußen H e l l e r in Führung. Linz drängt auf Ausgleich, aber die starke Läuferreihe, in der Podlucky und Merkker besonders hervorragten, ließen keinen Torerfolg zu. Noch einmal konnte H e l l e r aus schwerem Winkel das zweite Tor für die ᛋᛋ schießen, das durch eine schöne Durchgabe des Halblinken eingeleitet wurde. — Nach Seitenwechsel verlegten sich die Reichsbahner auf Durchbruchsversuche, die aber immer wieder gestoppt wurden. Mauthausen kam immer mehr auf und konnte durch seinen Mittelstürmer noch einen Torerfolg buchen, womit die Niederlage der Linzer besiegelt war.

Im Spielbericht vom Match der Mauthausener gegen Reichsbahn Linz vom 5. März 1944 kommt das letzte Mal die SS-Rune vor; danach nennt die Oberdonau-Zeitung den SS-Klub nur noch SG Mauthausen.

Wochenende hatte die Innenstadt von Steyr erstmals schwere Bombentreffer erhalten. Eigruber rief trotzig zum Durchhalten auf, der Titel seines Appells: „Jetzt erst recht!"

Fußballspielen war in dieser Phase des Krieges bereits zu einer Art Luxus geworden. Funktionierende Mannschaften mit ausschließlich jungen Spielern konnten nur noch Wehrmachtsformationen, die Eisenbahner oder andere Institutionen aufstellen, wie die Polizei. Am Tag der Begegnung SS Mauthausen gegen SV Urfahr fand etwa in ganz Oberösterreich nur ein einziges weiteres Spiel statt: Eine „Spielgemeinschaft der Ordnungspolizei Wien" kickte gegen den SK Lenzing, die körperlich haushoch überlegenen Polizisten gewannen mit 9:2.

Beliebt waren derartige Soldaten-, Polizei- oder Eisenbahner-Mannschaften und auch die Mauthausener SSler bei den Kickern der anderen Vereine offensichtlich nicht. Es gab da starke Animositäten. Ein oberösterreichischer Sportjournalist, dessen Vater Eisenbahner gewesen war, erzählte mir, dass damals im Fußballbetrieb enormer Unmut über die Reichsbahn-Kicker geherrscht hatte. Die hätten nicht zur Wehrmacht gemusst, das seien lauter junge, gut ernährte Männer gewesen, die seien rein körperlich den anderen Mannschaften überlegen gewesen. Dasselbe muss man wohl in noch stärkerem Maß für die SS-Mannschaften annehmen. Junge, kräftige, groß gewachsene Männer, allein schon durch ihren „Beruf" an Härte gewohnt – es nimmt nicht wunder, das die Mauthausen-Mannschaft alle ihre Spiele in der Landesmeisterschaft 1944/45 gewonnen hat.

Rudi Strittich, der legendäre Spieler und Trainer aus Steyr, ist einer der letzten noch lebenden Kicker, der noch gegen jene SS-Mannschaft gespielt hat. Er kann sich erinnern, dass die Fans die SS-Truppe gehasst haben, zumindest in der Arbeiterstadt Steyr: „Die Leute haben immer gepfiffen bei denen. Wenn die ein Foul gemacht haben, da haben die Zuschauer geschrieen. Alle waren gegen die Mauthausener Mannschaft. Das war was Politisches. Man hat aber keine Angst haben müssen, weil da war so ein Wirbel auf dem Platz, da hat ja keiner was beweisen können, wer was geschrieen hat."

Auch bei den Fußballern der anderen Teams, die man sich als sehr unhomogene Gemeinschaften vorstellen muss, zusammengesetzt aus wenigen gelegentlich auf Heimaturlaub weilenden richtigen Kickern, Hitlerjungen und älteren Volkssturmmännern, bei denen waren die Reichsbahn-Männer und die SS-Fußballer verhasst. Es gibt zwar in der „Oberdonau-Zeitung", dem Amtsblatt der Nazis, dazu keinerlei Meldungen, aber einige kurze, beinahe versteckte Hinweise in ein paar Spielberichten belegen die feindseligen Gefühle gegen die Nazi-Sportler.

Am 26. März 1944 fand etwa in Linz ein Mini-Freundschaftsturnier statt, das dann aber doch nur aus einem Spiel bestand, da der LASK und Freistadt nicht genug Spieler zusammenbrachten. Im Spiel Reichsbahn gegen SV Urfahr stand es nach einer halben Sunde 2:1, dann wurde die Begegnung abgebrochen: Ein Reichsbahn-Stürmer hatte auf den Urfahraner Tormann eingedroschen, daraufhin begann eine Rauferei unter den Spielern.

Am selben Sonntag trat die Linzer Admira auf dem Platz neben dem KZ gegen SG Mauthausen in einem Tschammer-Pokalspiel an. Auch dieses Spiel wurde nicht zu Ende gespielt, die SS-Mannschaft wurde mit 4:1 als Sieger gewertet. Die Ursache wird in der „Oberdonau-Zeitung" nur angedeutet: Offensichtlich waren die Admiraner in Führung gegangen, der Schiedsrichter hatte sie dann aber massiv zugunsten der SSler benachteiligt. Die Zeitung schreibt dazu: „Leider ergaben sich im weiteren Verlauf Unstimmigkeiten, und die Admira-Mannschaft verließ vor Spielschluss das Feld." Das zweite oberösterreichische Tschammer-Spiel dieses Tages fand gar nicht statt, die Spieler von Vorwärts Steyr erreichten Wels nicht.

Am 2. April 1944 begann die Frühjahrsrunde der Meisterschaft. Die „Oberdonau-Zeitung" ist da gerade noch dünner geworden, sie besteht nur noch aus sechs bis acht Seiten, der Sport auf der letzten Seite hat ab da maximal eine halbe Seite Umfang. Am Ende der Fußballergebnisse steht eine interessante Mitteilung: „Über Verfügung der Sportgauführung wird die SG Mauthausen mit Beginn der Meisterschaft 1944/45 in die Gauklasse eingeteilt." Sprich: Die KZ-Mannschaft wird in der nächsten Meisterschaft ganz oben mitspielen, ohne irgendwelche Aufstiegs- oder Qualifikationsspiele. Damit die SSler Erfahrung sammeln können, wird weiters verfügt, dass der jeweils spielfreie Verein in der aktuellen Meisterschaft ein Freundschaftsspiel gegen Mauthausen austragen müsse. Zu dieser Zeit kämpften elf Vereine um den Titel (FG Salzburg war in die Oberdonau-Liga genommen worden), so dass es jedes Wochenende einen spielfreien Klub gab.

Eher wie nebenbei meldet das Nazi-Amtsblatt die Invasion der Alliierten am 6. Juni in der Normandie. „Weiter erbitterte Küstenkämpfe" heißen die Schlagzeilen, oder: „Neue Schläge gegen Invasionsflotte". Um diese Zeit herum wird in der Zeitung in kryptischen Andeutungen von einer „neuen Waffe gegen England" geraunt. Am 26. Juni nennt das Regime die neue Waffe erstmals beim Namen: „V.1. stört die feindliche Strategie" lautet der Aufmachertitel in der „Oberdonau-Zeitung".

Am Tag zuvor hatten die Fußballer die letzte Runde der Meisterschaft 1943/44 ausgetragen. Meister wurde ein Klub, den es am Beginn des Bewerbs gar nicht gegeben hatte: FC Steyr. Schon im Mai hatte Amateure Steyr den Spielbetrieb aufgegeben, da der Klub zuwenig Spieler hatte, kurz danach ging es Vorwärts ähnlich, sodass man zum FC Steyr fusionierte. Auf den Plätzen landeten Reichsbahn Linz, Adlerhorst Wels und die Linzer Admira, der LASK wurde siebenter, SV Urfahr zehnter.

Im Sommer wird eine neuer Bereich des Sports Gegenstand des Journalisteninteresses: „Verwundetensport". Als erster Beitrag dazu erscheint in der „Oberdonau-Zeitung" die Meldung, dass ab sofort auch in dieser Sparte Frauen im Funktionärsbereich zugelassen sind, und zwar als „Sportwartinnen und Übungsleiterinnen".

Die Kriegsmeisterschaft 1944/45 begann am 10. September 1944 mit zehn Vereinen. Und so schwer beeinträchtigt, dass die NS-Lokalzeitung es nicht verschweigen konnte: Reichsbahn Linz hatte die Hälfte der Mannschaft „nicht mehr zur Verfügung und musste Senioren einstellen", das Spiel gegen SV Urfahr ging mit 2:3 verloren. Der per Dekret in die Liga eingestiegene SG Mauthausen gewann auswärts gegen den Meister FC Steyr klar mit 4:2.

Am nächsten Wochenende schaffte es die Mannschaft des Welser SC nicht, nach Linz zu kommen, um gegen den LASK zu spielen. Die Linzer hatten eine komplette Elf aufgeboten. Um die Zuseher nicht zu enttäuschen, wurde ein Freundschaftsspiel ausgetragen – gegen die Reserve der

Die Mannschaft von Amateure Steyr 1943, bevor im Mai 1944 Amateure und Vorwärts zum „FC Steyr" fusionierten, weil beide Mannschaften alleine nicht mehr genügend Spieler hatten.

Mauthausener SS-Truppe, in der „Oberdonau-Zeitung" geführt als SG Mauthausen II. Der LASK gewann mit 7:4.

Zu diesem Zeitpunkt war der Fußballbetrieb nur noch ein Witz. Auf die Spielfelder liefen Mannschaften, deren Spieler großteils mit den Vereinen und den Städten, für die sie antraten, nichts zu tun hatten. Die einzigen homogenen Teams neben den nun zwei SS-Teams zerfielen im Herbst 1944 ebenfalls: die Soldaten-Mannschaften. Nach der Runde vom 1.

Vor einem Match von Strittichs Vienna gegen Bratislava 1942; Vienna in den hellen Dressen, Rudolf Strittich 5. v. l.

Oktober meldet die „Oberdonau-Zeitung", dass Mauthausen I die Tabellenführung übernehmen konnte, weil die Luftwaffen-Vereine von Linz und Wels ihre Spiele nicht bestritten hatten. Eine Woche später wird kommentarlos berichtet, dass die Resultate von Luftwaffe Linz und Adlerhorst Wels gestrichen werden. Beide Klubs verschwanden spurlos von der Bildfläche.

Die Meisterschaft ging nun aber nicht mit acht, sondern mit neun Vereinen weiter. Ebenfalls völlig unkommentiert durch die Sportjournalisten und offensichtlich auf Anordnung der Gausportleitung spielte auf einmal auch die Mannschaft SG Mauthausen II um den Titel mit. In einer konfusen Meisterschaft: Der Neueinsteiger Mauthausen II lag Mitte Oktober, obwohl er erst ein Spiel absolviert hatte und die anderen Klubs bis zu fünf, nicht an letzter, sondern an siebenter Stelle.

Gastspiele bei der Spielgemeinschaft Mauthausen müssen etwas Düsteres gewesen sein. Rudi Strittich beschreibt so ein Match: Die Gegner von Steyr waren damals in der SS-Unifom in die Kabine gekommen, hatten die Fußballdressen angezogen und gespielt. Danach waren sie wieder in die Uniform geschlüpft und hatten die Steyrer Kicker zu einem Bankett eingeladen. Im Lager. Strittich: „Ich kann mich nicht so genau erinnern, wo genau das Bankett war. Ich glaub, es war da – wenn man hinein geht beim Tor, rechts."

Bedient wurden die Fußballer von Häftlingen. Rudi Strittich: „Die haben wir nicht ansprechen dürfen. Umeinander gehen im Lager haben wir nicht dürfen. Was da vorgeht, hat man nicht ge-

Die Steyrer Fußball-Legende Rudi Strittich hatte Glück: Die Wehrmachtsuniform musste er nur gelegentlich anziehen.

sehen. Das haben wir erst später, nach dem Krieg erfahren. Wie wir dort waren, da haben wir geglaubt, das ist ein Arbeitslager." Die Steyrer Spieler saßen beisammen und redeten auch nicht mit den Kickern der SS, erinnert sich Strittich.

In dieser Zeit bestand die „Oberdonau-Zeitung" fast nur noch aus jeweils vier Seiten. Dies war wohl der Grund, warum auch die Sonntagsausgabe nur noch zehn Reichspfennig kostete. Wirklich regelmäßig spielten nur die beiden SS-Mannschaften aus dem KZ, und zumindest Mauthausen I dominierte gegen die anderen Rumpf-Teams immer mehr. Am 12. November 1944 etwa schickten die SS-Wärter die Kicker des Welser SC mit einem 21:0 nach Hause. Also mit einer genau so hohen Niederlage, wie sie der LASK dreieinhalb Jahre zuvor in Wien gegen die Austria eingefangen hatte. Bemerkenswerterweise gilt das LASK-Debakel allgemein als höchste Niederlage, die je ein oberösterreichischer Verein erhalten hat – auf die Welser mit ihrer gleich hohen Packung vergisst das offizielle und mediale Fußball-Gedächtnis offensichtlich.

Ab Mitte November fielen fast alle Meisterschaftsspiele aus. Wenn es irgendwie möglich war, wurden auf den Plätzen Freundschaftsspiele organisiert, worüber die „Oberdonau-Zeitung" nur wenig berichtet. Außer es geht um die Mauthausener Mannschaften, da gibt es Ende November einen ausführlichen Bericht von einem Ausflug beider SS-Teams nach Krems, wo sie ein Freundschaftsturnier gegen nicht näher bezeichnete Niederdonau-Mannschaften austrugen.

Meisterschaftsrunden wie die vom 3. Dezember wurden die Regel. Da kam der LASK mit so großer Verspätung nach Mauthausen, dass sich ein reguläres Spiel bei Tageslicht nicht mehr ausgegangen wäre. Also ließ man das Meisterschaftsspiel ausfallen. Damit die Kicker aber nicht umsonst angereist waren, gab es ein Freundschaftsspiel über zwei mal 30 Minuten. Eine Woche später gab es ein einziges Ligaspiel, es sollte das letzte der Kriegsmeisterschaft 1944/45 werden. Erneut fand es in Mauthausen statt. Die SS-Mannschaften I und II traten gegeneinander an, es gewann das Team I mit 6:1.

Beim Meisterschafts-Rückspiel von Mauthausen I gegen den FC Steyr kam es zu einem Eklat, der allerdings in der Zeitung verschwiegen wird. Rudi Strittich hat die Geschichte erzählt: „Der Schiedsrichter hat einen Elfer gepfiffen, für uns. Da ist gleich der Offizier hinein, der oberste von der SS, und hat den Schiedsrichter beinahe verhaften lassen!" Er lacht wie ein kleiner Bub. „Dann, beim Hinausgehen, da haben sie den ein bissl gedroschen, den Chef von den Nazis in Steyr und dann von Oberösterreich –" Nach einer Pause fällt ihm der Name ein: „Eigruber, richtig, den Gauleiter. Den haben sie da gedroschen. Beim Ausgang vom Platz, da war nur so ein kleines Tor, da war immer ein Gedränge, da haben sie von hinten ein paar Mal hin gehaut auf ihn. Der war da als Zuschauer und prominenter Gast, und weil er aus Steyr war."

Das Jahr 1945 begann in der „Oberdonau-Zeitung" am 2. Jänner mit einem Appell Hitlers als Aufmacher-Schlagzeile, die den unerschütterlichen Glauben des Führers an die Zukunft der Volksgemeinschaft vermitteln sollte: „1945 wird das Jahr der geschichtlichen Wende sein!" Der Führer lag mit seiner Prophezeiung richtig, allerdings nicht in dem Sinn, wie er sie gemeint hatte. In der Zeitung kam Sport nun kaum noch vor, die Ausgaben sind voll von Durchhalteparolen und Darstellungen der alliierten Vorstöße an allen Fronten als „Terrorwelle" oder heldenhafte Abwehr von Judentum und Bolschewismus. Manchmal finden sich kuriose Geschichten, etwa wenn in einem krampfhaft witzig formulierten Beitrag den Lesern empfohlen wird, das eben gelesene Zeitungsblatt als Dichtungsmaterial für Fenster und Türen zu verwenden, oder zum Einwickeln von Kohlebriketts wegen des höheren Brennwertes, oder als Einlage unter Teppichen in „fußkalten Räumen".

Ab dem 29. Jänner besteht die „Oberdonau-Zeitung" an Wochentagen fast ausnahmslos nur noch aus einem Blatt, also zwei Seiten, der Preis von zehn Pfennig bleibt aber aufrecht. Sport kommt wochenlang nicht mehr vor, nur gelegentlich wird berichtet vom Florettfechten der Frauen, die einen Dr. Eder-Preis austragen. Die massiven Luftangriffe auf Linz ab Ende Februar werden nur am Rande erwähnt, es wird von schweren Sachschäden geschrieben, aber kein Wort über Todesopfer. Ab März besteht auch die Wochenendausgabe nur noch aus einem Blatt.

Am Sonntag, den 18. März 1945, fand das letzte Fußballspiel während des Krieges auf oberösterreichischem Boden statt. Austragungsort war – naturgemäß, möchte man beinahe sagen – der Fußballplatz an der südlichen Außenmauer des KZ Mauthausen. SG Mauthausen I schlug den LASK in einem Freundschaftsspiel mit 10:0. Laut „Oberdonau-Zeitung" war das Match „in freundschaftlichem Geiste" abgelaufen.

Die letzte Meldung, die unter dem Ressorttitel Sport erscheint, findet sich in der „Oberdonau-Zeitung" vom 16. April. Sie ist knapp zehn Zeilen lang und besagt, dass im Deutschen Reich kürzlich zum 10.000sten Mal das Versehrten-Sportabzeichen verliehen wurde.

Im April werden die Schlagzeilen immer martialischer. „Es wird gehalten!", heißt es etwa in jenen Wochen, als die Frontberichte schon aus dem Wienerwald und dem Donau-March-Winkel kamen, oder „Adolf Hitler – der Mann dieses Jahrhunderts!" am 20. April, dem Geburtstag des Führers. Die Schlagzeile sechs Tage später: „Der Krieg klopft an die Tore Oberdonaus".

Am 30. April entzog sich Hitler der Verantwortung durch Selbstmord. Am 2. Mai titelt die „Oberdonau-Zeitung" mit einem Aufmacher in enormer Größe, unterstrichen von einem fetten schwarzen Balken: „Der Führer gefallen", darunter eine nur wenig kleinere Schlagzeile: „Sein

Selbst die letzte große Schlagzeile des NS-Regimes ist noch eine Lüge: Hitler ist nicht im Kampf gefallen, sondern er hat im Führerbunker Selbstmord begangen.

Alle Zeitungsausschnitte in diesem Beitrag: Archiv der Stadt Linz

Leben im Kampf gegen den Bolschewismus geopfert".

Am 3. Mai 1945 erscheint die letzte Ausgabe der „Oberdonau-Zeitung". Der geschäftsführende Redaktionsleiter Herbert Caspers schwärmt in einem langen Kommentar von „Adolf Hitler – ewiges Vorbild", Gauleiter Eigruber garantiert: „Die Idee Adolf Hitlers lebt, wir sind Garanten dafür". Ausführlich zitiert wird auch eine Rundfunkrede Eigrubers, in der er unter anderem der „Bevölkerung in den besetzten Gebieten" zurief: „Bleibt eurem Volke treu!" Ganz unten, auf der zweiten, der letzten Seite, beinahe verschämt versteckt, steht eine kurze Meldung über die in Linz eingetretene Brotverknappung. Die Gauleitung habe verordnet, heißt es, dass ab sofort jeder „Verfügungsberechtigte in Linz, Rohrbach und dem Landkreis Linz nördlich der Donau" statt 1.000 Gramm Brot 2.000 Gramm Hülsenfrüchte bekomme.

Ein paar Tage später war das „tragische Zwischenspiel", wie der ÖFB es nennt, vorbei. Für den Fußball folgten einige Monate des Stillstands. Wobei allerdings gerade in den letzten Wochen des Krieges zu bemerken ist, wie sich die alten und die neuen Herren der Macht des Fußballs als Instrument zur Stimmungsmache bedienten, wann es nur immer ging. So fand etwa das letzte Fußballspiel während des Krieges in Österreich am 2. April 1945 im Wiener Praterstadion statt, als sich die Rote Armee schon auf österreichischem Boden befand. Der WAC besiegte die Austria mit 6:0, das wohl den Anschein von Normalität im Chaos aufrechterhalten sollte. Einen Monat später, am 1. Mai 1945, als das Ende des Krieges noch eine Woche entfernt war, kickte eine Wiener Stadtauswahl gegen eine Mannschaft der Sowjetarmee. Das Spiel sollte die Freundschaft zwischen Siegern und Besiegten festigen. Das Resultat der Begegnung ist nicht überliefert.

Der Umgang des offiziellen Fußball-Österreich mit dem letzten oberösterreichischen Meisterschafts-Jahr in der Nazizeit ist verwirrend. Beim ÖFB und beim OÖ. Fußballverband heißt die Sprachregelung, dass es 1945 keinen oberösterreichischen Meister gegeben habe, da die Meisterschaftsrunde unvollständig war. In Büchern, Broschüren, Festschriften und auf den Homepages von ÖFB und Landesverband ist jedoch eine Meisterschaftstabelle enthalten, mit dem Zusatz: „Nur Herbstrunde".

Als Tabellenerster geführt wird beim ÖFB eine Mannschaft namens ATSV Mauthausen I. Sie hatte alle ihre sechs Spiele gewonnen, hatte zwölf Punkte gesammelt, 49 Tore geschossen und neun erhalten. Auf Platz zwei landete der LASK mit acht Punkten aus drei Siegen, zwei Unentschieden und einer Niederlage. Dritter wurde FC Steyr mit sieben Punkten aus sieben Spielen. Auf Platz sieben rangierte ATSV Mauthausen II, mit vier Punkten aus fünf Spielen.

Die Vereinsbezeichnung „ATSV" für die zwei Mauthausener SS-Klubs ist, gelinde gesagt, irreführend. Es hatte nämlich in dem Donau-Ort lange vor 1938 einen Verein mit dem Namen ATSV Mauthausen gegeben. Es handelte sich dabei um einen in unteren Ligen spielenden Arbeitersportverein, den die Nazis kurz nach dem Anschluss aufgelöst hatten. Erst 1946 wurde er als ATSV neu gegründet und zehn Jahre später in ASKÖ Mauthausen umbenannt, als der er heute noch aktiv ist.

Am 1. Mai 1945, einen Tag nach Hitlers Selbstmord, kam es in Wien zum ersten Fußballspiel nach der Befreiung: eine Auswahl der Roten Armee kickte gegen eine Wiener Stadtauswahl; Bild oben: Bundeskanzler Ing. Leopold Figl und der Wiener Stadtkommandant, dazwischen vermutlich eine Dolmetscherin; Bild unten: Wiener und Sowjetsoldaten friedlich vereint als Zuseher.

Ob das dezidiert falsche, einen roten Verein suggerierende Kürzel ATSV mit bewusster Verschleierungsabsicht in die Statistiken gekommen ist, sei dahin gestellt. Wahrscheinlich war und ist es zu peinlich, als Landesmeister 1945 eine Mannschaft in den Statistiken zu führen, die ihre Spieler aus dem Wachpersonal der Mauthausener SS-Totenkopfstandarte IV „Ostmark" rekrutiert hatte.

War da was? – Wir schauen vorwärts!

Nach dem 8. Mai 1945 befand sich die österreichische Gesellschaft, die gerade noch Teil einer Volksgemeinschaft gewesen war, offensichtlich in einer Art Schockstarre, die Wochen, wenn nicht Monate anhielt. Bald aber hatte die Öffentlichkeit, oder zumindest die veröffentlichte Meinung, eine neue „Erzählung" gefunden, auf die sie sich ziemlich problem- und friktionslos einigen konnte: Man richtete den Blick nach vorne. Kommentarlos die Trümmer wegräumen und sich zusammenschließen unter der Parole vom Wiederaufbau, lautete der Konsens.

Und wieder einmal bediente man sich eines bewährten Mediums zur Schaffung von Identität und allgemein akzeptiertem Zusammengehörigkeitsgefühl: des Fußballs. In den Monaten nach dem Untergang des Dritten Reiches spiegeln dieser Sport und die Berichterstattung darüber das neue Lebensgefühl: Alles Alte wird weggeräumt (und nach Möglichkeit in ein großes gemeinsames Schweigen verdrängt), die ganze Energie geht in Neuanfang und Wiederaufbau.

So ungustiös es auf Heutige wirkt, wie die unmittelbare Nachkriegszeit in den österreichischen Zeitungen dargestellt wird – nämlich über weite Strecken so, als hätte es das sieben Jahre währende „Tausendjährige Reich" nicht gegeben – so klar zeigt sich, wie zuverlässig der Sport und ganz speziell der Fußball, dieses doch so harmlose Freizeitvergnügen, geeignet sind, als Treibmittel von gesamtgesellschaftlichen Entwicklungen zu dienen, und als vordergründig jeder Ideologie unverdächtiger Beförderer von gravierenden sozialen und politischen Veränderungen.

Die erste Ausgabe der „Oberösterreichischen Nachrichten", dem Nachfolge-Blatt der „Tages-Post", erschien am 11. Juni 1945, herausgegeben von der 12. Heeresgruppe der US-Armee für die Bevölkerung Oberösterreichs. Die erste Geschichte ist eine an Personen orientierte umfassende Darstellung der neuen Machtverhältnisse. Es wird klargemacht, wer Oberösterreich regiert. Als Landeshauptmann vorgestellt wird Adolf Eigl, das eigentliche Kommando hat aber das Military Government der Amerikaner unter Communication-Officer Colonel Russel A. Snook, für die verschiedenen Regierungsressorts sind lauter amerikanische Offiziere aufgelistet.

Eigl hatte bereits unter den Habsburgern, in der Ersten Republik, im Ständestaat und unter den Nazis als Beamter gedient, zuletzt als NS-Reichsstatthalter von Oberdonau. Der national-liberale Jurist stand der von den Amerikanern eingesetzten Beamten-Regierung nur kurz vor, schon im August 1945 wurde er in Glasenbach, dem Anhaltelager für erheblich belastete Nazis, inhaftiert und saß dort länger als ein Jahr.

Die erste Ausgabe der „OÖ. Nachrichten" besteht aus einem einzigen Blatt. Die allerletzte Meldung auf der zweiten Seite betrifft den Sport. In einem namentlich nicht gekennzeichneten kurzen Aufruf heißt es: „An alle Sportler! Dass der Krieg die Aufrechterhaltung eines geregelten Sportbetriebes in Österreich beinahe unmöglich machte, ist gewiss. Nun heißt es, den gesamten Sport wieder aufzubauen und neu zu gestalten!"

Am nächsten Tag, dem 12. Juni, findet sich wieder eine Meldung zum Thema Sport: „Ludwig Lutz und Rudolf Fuchs, zwei oftmalige Stützen früherer Linzer Fußballauswahlen, sind in ihre Heimatstadt zurück gekehrt." Wo sie waren, und weshalb sie weg waren, darüber wird nichts geschrieben. Eine weitere Meldung: „Barnreiter, der bekannte Spieler von Admira Linz, hat seine Beinamputation erfreulicherweise gut überstanden und will auch in Zukunft am Linzer Sportleben einen hoffentlich regen Anteil nehmen."

Die erste größere Sport-Geschichte erscheint in den „OÖ. Nachrichten" am 13. Juni unter dem Titel „Neues Leben auf den Sportplätzen". Es wird berichtet, dass Freiwillige begonnen haben, die verlotterten oder zerstörten Sportanlagen und Fußballfelder wieder herzurichten. Die Lage war trist: „Bombentrichter auf den Spielplätzen, eingestürzte Umkleideräume, verrostete Brauseanlagen." Das Aufräumen nahm seinen Anfang auf dem Verbandsplatz, dem früheren Sparta-Platz an der Wimhölzlstraße, am Admiraplatz in Urfahr und am Eisenbahner-Sportplatz an der Unionstraße. An diesem Tag hielt auch in der Stadtverwaltung ein wenig Normalität Einzug: Der erste Linzer Magistratsdirektor nach der Nazi-Zeit wurde eingesetzt, in der Person von Egon Oberhuber.

In diesen ersten Wochen ihres Erscheinens berichten die „OÖ. Nachrichten" gelegentlich auch über die jüngste Vergangenheit, etwa am 16. Juni 1945, als ein Beitrag über die Gräuel im KZ Mauthausen erscheint. Mehr Platz eingeräumt wird aber Meldungen wie jener vom 20. Juli: Das Caféhaus Schönberger hat wieder aufgesperrt. Zwei Tage später eine Jubelmeldung aus dem Sport: Franz Schwab, Fußballer beim Eisenbahner-Sportklub, der als vermisst gegolten hatte, war „zur Freude seiner Eltern und Sportkameraden" heimgekehrt.

Ende Juni kam der neue Steyrer Sportbeauftragte Johann Strauß in der Zeitung zu Wort. Er kündigte an, dass ein neuer, großer „Allround-Sportverein" entstehen werde, mit dem Namen „Sportverein Steyr". Der Verein solle sich aller Arten sportlicher Betätigung widmen, im Zentrum werde jedoch der Fußball stehen, da ja „prächtiges Spielermaterial" der ehemaligen Klubs Vorwärts und Amateure vorhanden sei.

Über Spiele aus Oberösterreich konnte nicht berichtet werden, denn es fanden noch keine statt. Am 7. Juli 1945 setzte das Staatssekretariat für Volksaufklärung, Unterricht und Kultusangelegenheiten einen Ausschuss ein zur „Wiedererrichtung der österreichischen Sportbewegungen". Wichtigstes Merkmal sollte Überparteilichkeit sein, die Aufgaben des Ausschusses wurden definiert mit der „Umerziehung der Jugend" sowie der „endgültigen Überwindung der faschistischen Entartung und der Erziehung zu sturem Marschieren." Es gelte, so die Absichtserklärung, „eine körperlich und moralisch gesunde Generation heranzuziehen!"

Seltsam hört sich die Sprache der damaligen Entscheidungsträger der gerade entstehenden Zweiten Republik an: Die tief eingeprägten Muster der eben erst beendeten tausend Jahre, die im Falle Österreichs nur sieben gedauert hatten, sind da noch sehr klar zu hören aus den Äußerungen von Beamten und Politikern und Journalisten; Worte wie „Entartung" oder „Heranziehen von gesunden Menschen" nimmt man ohne eine Spur von Reflexion in den Mund.

Am 14. Juli sahen die „OÖ. Nachrichten" erstmals annähernd wie eine Zeitung aus, sie bestand an diesem Tag aus zwei Blättern mit vier Seiten voller eher amtlicher Verlautbarungen und Welterklärungen aus US-Sicht. Ein paar Tage später eine Sportmeldung aus Gmunden: So wie vor kurzem Steyr gab die Gemeinde am Traunsee bekannt, dass sie einen alle Sparten umfassenden Großverein gründen werde.

Das erste im weitesten Sinne offizielle Fußballspiel Oberösterreichs nach dem Ende des Zweiten Weltkriegs stieg am 22. Juli 1945 in Bad Hall. Der Ort war im Sommer 1945 für kurze Zeit so etwas wie die Fußball-Hauptstadt Oberösterreichs, weil dort ein paar starke Spieler von Wiener Vereinen festsaßen: Sie konnten und wollten nicht über die Enns in die sowjetische Zone. Kontrahenten des ersten Friedens-Matches waren der neu gegründete Bad Haller Fußballklub Libertas und eine Steyrer Stadt-Auswahl, deren Spieler auf der Ladefläche eines Lastwagens angereist waren. Bei Libertas kam etwa Ernst Stojaspal zum Einsatz, der bei Ostbahn XI begonnen hatte. Ab 1946 spielte er dann bis 1958 fast 200mal für die Wiener Austria und schoss dabei 218 Tore. Oder Ernst Epp, gefährlicher und erfolgreicher Torjäger für den Wiener Sportklub. Für die Steyrer trat Rudi Strittich an, der bald darauf für die Vienna, die österreichische Nationalmannschaft und in Südamerika spielte und eine internationale Trainer-Karriere machte.

Im Tor der bunt zusammengewürfelten Bad Haller Truppe sollte der Handball-Torwart Alois Schnabel stehen. Schnabel war Schlussmann jener österreichischen Handballmannschaft gewesen, die 1936 bei der Olympiade in Berlin die Silbermedaille errungen hatte (Gold war an Deutschland gegangen). Tatsächlich kam dann doch der Wiener-Sportklub-Tormann Brenner zum Einsatz, den die Zeitung abwechselnd als „famos" und dann wieder als „etwas mollig" beschrieb. Für Steyr liefen Spieler von Amateure und Vorwärts aufs Feld. Als Vorprogramm trugen zwei Mannschaften der 63. US-Infanterie-Division ein Baseball-Spiel aus.

Die „OÖ Nachrichten" widmeten diesem Fußballfest relativ viel Raum. Die Baseball-Begegnung fiel allerdings durch den Rost, von ihr ist nicht mehr zu finden als die Information, dass „3.000 erwartungsvolle Besucher den grünen Rasen umsäumt" hatten, als die GIs loslegten. Wesentlich ausführlicher wird in der Einleitung zur Reportage berichtet, welche Bezirkshauptmänner und Bürgermeister die Ehrentribüne bevölkert hatten, und wie Bad Halls Bürgermeister Schaubmayr den Ehrenanstoß vorgenommen hatte. Zum ersten Mal nach dem Krieg stand übrigens wieder so etwas wie ein Ressort-Titel über den Berichten: „Sportspiegel der OÖ. Nachrichten".

Das Spiel endete mit einem 3:2-Sieg von Libertas Bad Hall, die schon zur Halbzeit mit 2:1 geführt hatte. Laut Zeitungsbericht war es ein hoch spannendes Match, bei dem sich über weite Strecken zwei gleich starke Mannschaften ausgewogen gegenüberstanden. Das Publikum war begeistert, als die Steyrer 20 Minuten vor Schluss zum 2:2 ausgeglichen hatten, alles sah nach einem Unentschieden aus. Drei Minuten vor Spielende gelang den Bad Hallern jedoch eine „technische Meisterleistung", sie spielten die Steyrer Abwehr aus, und der verletzte Reichart (vom Wiener Sportklub) brachte den Ball mit einem abgefälschten Schuss ins Tor.

Zwei Tage später, am 24. Juli, erlaubte die amerikanische Militärregierung formell die Abhaltung von Sportveranstaltungen. Allerdings ist danach wochenlang nichts von Fußball zu lesen. Ein bedeutsamer Tag aus sportlicher Perspektive ist der 5. August 1945: Die Stadtgemeinde Linz hielt eine große Parade der Linzer Turner und Sportler auf dem Westbahnplatz an der Unionstraße ab. Auf dem Platz, der für 5.000 Zuschauer eingerichtet war, drängten sich an diesem strahlend schönen Sonntagnachmittag 8.000 Menschen. Einzel- und Staffelläufe wurden absolviert, sowie Bewerbe in Weitsprung, Hochsprung und Kugelstoßen. Weiters am Programm: Ein kleines Radrennen (mit fünf Startern), Handballspiele, Faustballspiele und ausgiebigste Turner-Vorführungen.

Auch ein Fußballspiel fand statt: Es spielte eine Auswahlmannschaft von Linz gegen jene von Urfahr. Wie dieses Match ausgegangen ist, wird nicht berichtet. Der Höhepunkt des Sportfestes war ohnehin ein anderer: Zu den schmissigen Klängen der Linzer Magistratsmusikkapelle fand ein „Dirndlreigen in oberösterreichischer Landestracht" statt, heftig beklatscht vom Publikum.

Am folgenden Tag veränderte sich die Welt grundlegend, ohne dass man im kleinen Oberösterreich groß Notiz davon genommen hätte. Die US-Armee warf ihre erste Atombombe ab, auf die japanische Stadt Hiroshima. Die „OÖ. Nachrichten" bringen davon und von den Folgeschäden nur kurze Einspalter. Man konnte sich in Europa offensichtlich nicht vorstellen, was für ein epochales Ereignis das war, und die Vergleiche mit der Sprengkraft herkömmlicher Fliegerbomben wirken hilflos und lächerlich. Über Opferzahlen wird gar nichts geschrieben – was bei einer von den US-Besatzern herausgegebenen Zeitung nicht weiter verwundert.

Am 10. August steht eine kurze Sportmeldung in der Zeitung: „Rapid-Spieler Bimbo (Franz) Binder lebt!" Der Beitrag ist nur drei, vier Zeilen lang; es gibt nicht viel mehr an Information, als dass sich Binder, der als gefallen galt, in Innsbruck aufhalten soll. Franz Binder war, nachdem er 1941 Rapid mit drei Toren zum deutschen Meistertitel geschossen hatte, als einfacher Landser an die Front abkommandiert worden. Die Kriegswirren hatten ihn nach Tirol verschlagen. Drei Monate lang kickte der Rekord-Rapidler im zweiten Halbjahr 1945 für den FC Kufstein, ehe er es schaffte, sich heim nach Wien durchzuschlagen, wo er 1946, bereits 35 Jahre alt, mit Rapid noch einmal Meistertitel und Cupsieg holte.

Die kurze Meldung über den verloren geglaubten und wieder gefundenen Helden „Bimbo" Binder ist symptomatisch für die Stimmungslage, wie sie damals in der Öffentlichkeit herrschte und von den Medien dargestellt wurde. Über die unmittelbare Vergangenheit der Akteure, die im neuen freien Österreich nun den Ton angaben, sprach und schrieb man nicht. Das galt sowohl für Personen wie Landeshauptmann Eigl, der gerade noch Reichsstatthalter der Nazis gewesen war, als auch für jene Männer wie den Linzer Bürgermeister Ernst Koref, die im NS-Regime verfolgt worden waren.

Die vergangenen sechs Kriegsjahre kommen vor, jedoch nur in der Form, dass man die große Tatkraft und Entschlossenheit reportiert, mit der man daran geht, ihre Schäden zu beseitigen. Von der Straßenbahn, die wieder fährt, wird ebenso begeistert geschrieben wie vom ersten Theater, das seine Pforten öffnet. Auf der Sportseite erscheint die Kriegszeit nur indirekt, über sich häufende Berichte von heimkehrenden Sportlern. Von wo die jeweils zurück kamen, und warum sie dort gewesen waren, wird nicht angesprochen. Es wusste damals ja eh ein jeder. Und es wollte wahrscheinlich niemand viel darüber reden.

Kontinuitäten, bruchlose Karrieren, die hat es sicher im Fußball hierzulande genau so gegeben wie in Sport, Kultur, Politik und Wirtschaft. Diese zu recherchieren und zu beschreiben, wie es etwa für Deutschland Nils Havemann mit seinem im Jahr 2005 erschienenen Buch „Fußball unterm Hakenkreuz" getan hat, war im Rahmen dieser Publikation nicht zu leisten. Und genau genommen ist es eine andere Geschichte, wie der braune Ungeist nach dem 8. Mai 1945 in vielen Köpfen verblieben ist, wie die Herren neue Seilschaften bildeten und einander beförderten und relativ bald wieder an etlichen Schalthebeln saßen.

Im Falle des Fußballs stößt man jedenfalls, bei aller Dürftigkeit der Quellen, schon bei flüchtigstem Hinschauen immer wieder auf Ungereimtheiten. Bemerkenswert ist beispielsweise ein Schriftstück, das sich im Archiv der SV Urfahr findet. Es ist ein Brief, den Walter Reder Ende April 1983 an die „lieben Freunde und Landsleute" und speziell an die „lieben Kameraden der SVU" geschrieben hat.

SS-Sturmbannführer Reder wurde 1951 von einem italienischen Militärgericht in Bologna als Kriegsverbrecher zu lebenslanger Haft verurteilt. Er wurde für schuldig befunden, die Verantwortung für das Massaker von Marzabotto und für die Ermordung von 2.700 Zivilisten in der Toskana und der Emilia Romagna im Jahr 1944 getragen zu haben. Bis 1985 saß er in Festungshaft in Gaeta. Danach ließ er sich in Wien nieder – obwohl der im heutigen Tschechien geborene Reder bereits 1934 die österreichische Staatsbürgerschaft zugunsten der deutschen zurückgelegt und sie erst 1955 nach Interventionen alter Nazis wieder zurückbekommen hatte. Dass er bei seiner Einreise von Innenminister Friedhelm Frischenschlager mit Handschlag begrüßt wurde, sorgte seinerzeit für einen handfesten Skandal.

In dem Schreiben aus 1983 bedankt sich Reder bei der SV Urfahr „sehr herzlich für Ihren nun bei mir eingetroffenen schönen Ostergruß mit 200 Jonny-Zigaretten und einem Schoko-Osterhasen". Und er dankt für einen „am 3. April eingetroffenen Brief ... mit dem immer für mich interessanten Bericht aus dem Vereinleben (sic)". Er rät davon ab, „wenn Sie nun einen Brief von mir veröffentlichen würden und sei es auch in der Vereinszeitung, denn grundsätzlich gilt, dass von allen Veröffentlichungen abgesehen werden muss". Gezeichnet: „Aus meiner Klause, im in Kürze beginnenden 39. Jahr meiner Kriegsgefangenschaft, in kameradschaftlicher Verbundenheit, Ihr Walter Reder."

Der Kriegsverbrecher Reder hatte offensichtlich in den Achtzigerjahren des vorigen Jahrhunderts freundschaftliche Verbindungen zu Funktionären der SV Urfahr. Zugleich findet sich aber im Archiv des damaligen Ehrenobmanns und SV-Urfahr-Chronisten Rudolf Weixlbaumer eine Kopie aus einer undatierten Vereinsbroschüre, die aus der Zeit um 1983 bis 1985 stammen muss. In der heißt es unter anderem, dass die SV Urfahr „nach dem Anschluss im Gegensatz zu anderen Linzer Vereinen (...) dafür bekannt war, dass hier nie nach dem Ariernachweis gefragt wurde", was etlichen Kickern Spielmöglichkeiten geboten habe, die sie anderswo nicht mehr hatten. Mit den „anderen Linzer Vereinen" ist mit hoher Wahrscheinlichkeit der LASK gemeint. In einer Ausgabe des Fußballmagazins „Kicker" von 1939 wird etwa berichtet, wie der LASK in den Jahren vor 1938 „in Misskredit geraten" sei und „mancherlei Schwierigkeiten" gehabt habe, „weil er als Naziverein betrachtet wurde".

Widersprüche, wohin man blickt. Es wäre, wie gesagt, eine andere Geschichte, nachzuforschen, wie und auf welchen Wegen alte „kameradschaftliche Verbundenheiten" im oberösterreichischen Fußballwesen der Nachkriegsjahrzehnte weiter gewirkt haben. Für das Jahr 2007 scheint mir eine Anmerkung notwendig: Eine (aktive) Verweigerung des Rückblicks auf die Jahre 1938 bis 1945 kann man dem heutigen Fußballbetrieb in Oberösterreich nicht mehr zum Vorwurf machen. Ich habe bei meinen Recherchen bei der jüngeren Generation im Verbands- und Vereinswesen sehr viel Unterstützung und neugierige Aufgeschlossenheit zu diesem Thema erlebt, etwa bei der SV Urfahr, beim ASKÖ Mauthausen, dem OÖ. Fußballverband, ebenso bei den Sportredaktionen bzw. Archivaren von „Neues Volksblatt" und „OÖ. Nachrichten".

1945 erfolgte jedenfalls der Wiederaufbau des Spielbetriebs in atemberaubender Geschwindigkeit. Ab dem Herbst wurde eine funktionierende Landesmeisterschaft mit zehn Vereinen abgewickelt, mit einigen Einschränkungen wegen der Zonengrenzen, was auch für die Folgejahre galt. Erster Nachkriegsmeister wurde Vorwärts Steyr vor dem LASK und ESV Westbahn. Insgesamt spielten im ersten Jahr nach dem Krieg 37 oberösterreichische Vereine in offiziellen Meisterschaften. In der nächsten Saison waren es bereits 67. Heute betreiben in ganz Österreich an die 600.000 Männer und 10.000 Frauen bei 2.200 Vereinen in 3.700 Kampfmannschaften das, was man die schönste Nebensächlichkeit der Welt nennt: Das Spiel mit dem runden Leder. Welches allerdings schon lange nicht mehr aus Leder ist.

Der Dank des Autors geht an: „Neues Volksblatt", „OÖ. Nachrichten", SV Urfahr (Linz), ASKÖ Mauthausen, Kremser SC, OÖ. Fußballverband (Linz), Archiv der Stadt Linz, Archiv der KZ-Gedenkstätte Mauthausen (Wien), Zeitungsarchiv der Österreichischen Nationalbibliothek (Wien), ÖFB (Wien), DFB (Frankfurt) sowie an Rudolf Strittich (Steyr) und Anton Weinzierl (Mauthausen).

SCHLUSSTABELLEN DER „KRIEGSMEISTERSCHAFTEN":

1938/39

RANG	VEREIN	SPIELE	GEW	UNE	VER	TO	RE	PUNKTE
	Bereichsliga (Gauliga Ostmark)							
1	Admira	18	12	4	2	62	20	28
2	Wacker	18	12	2	4	52	27	26
3	Rapid	18	11	3	4	60	29	25
4	Sportklub	18	10	4	4	50	28	24
5	Vienna	18	9	4	5	47	37	22
6	Austria	18	9	3	6	55	40	21
7	Amateure Fiat	18	6	3	9	47	50	15
8	Grazer SC	18	5	1	12	34	53	11
9	SK Amateure Steyr	18	2	0	16	22	75	4
10	Wacker Neustadt	18	2	0	16	17	87	4
	Bezirksklasse Oberdonau und Salzburg							
1	LASK	18	13	2	3	100	36	28
2	SK Admira Linz	18	12	1	5	66	32	25
3	SK Vorwärts Steyr	18	10	4	4	50	35	24
4	Halleiner AC	18	9	2	7	54	50	20
5	SK Hertha Wels	18	8	2	8	64	53	18
6	SV Urfahr	18	7	2	9	42	64	16
7	SAK 1914	18	6	4	8	33	53	16
8	Rapid Linz	18	7	1	10	54	49	15
9	Austria Salzburg	18	5	1	12	41	81	11
10	SV Ried i.I.	18	3	1	14	31	82	7
	Aufstiegstabelle für die Gauliga							
1	FC Wien	6	6	0	0	22	10	12
2	LASK	6	2	1	3	14	22	5
3	Brevillier u. Urban	6	2	0	4	19	18	4
4	Donawitz	6	1	1	4	10	15	3

1939/40

RANG	VEREIN	SPIELE	GEW	UNE	VER	TO	RE	PUNKTE
	Kriegsmeisterschaft							
1	SK Vorwärts Steyr	14	9	2	3	46	31	20
2	SK Amateure Steyr	14	8	3	3	55	36	19
3	LASK	14	8	3	3	42	24	19
4	SK Admira Linz	14	6	3	5	46	45	15
5	SK Germania Linz	14	6	2	6	45	52	14
6	Reichsbahn SG Linz	14	5	2	7	38	46	12
7	SK Hertha Wels	14	3	2	9	36	51	8
8	SV Urfahr	14	2	1	11	30	53	5

1940/41

RANG	VEREIN	SPIELE	GEW	UNE	VER	TO	RE	PUNKTE
	Gauliga (Ostmark)							
1	Rapid	18	12	4	2	82	29	28
2	Wacker	18	10	4	4	60	33	24
3	Vienna	18	11	2	5	52	33	24
4	Austria Wien	18	10	2	6	56	22	22
5	Admira	18	8	5	5	56	46	21
6	Sportklub	18	7	4	7	47	37	18
7	FC Wien	18	6	5	7	32	40	17
8	FAC	18	7	3	8	40	60	17
9	Grazer SK	18	4	1	13	26	62	9
10	LASK	18	0	0	18	17	106	0
	Gau Oberdonau 1. Klasse							
1	SK Amateure Steyr	18	16	0	2		29	32
2	LSV Adlerhorst Wels	18	14	2	2		28	30
3	SK Vorwärts Steyr	18	9	2	7	73	56	20
4	SV Urfahr	18	10	0	8	50	56	20
5	SK Admira Linz	18	8	3	7	56	44	19
6	SK Germania Linz	18	8	2	8	65	68	18
7	SK Hertha Wels	18	8	1	9	38	60	17
8	Reichsbahn SG Linz	18	4	2	12	38	89	10
9	Welser SC	18	3	1	14	50	97	7
10	SK Ostmark Linz	18	2	3	13	29	87	7

Um Teilnahme an den Aufstiegsspielen
SK Amateure Steyr - SK Austria Salzburg 2:4 und 2:1 (mit 4:5 ausgeschieden)

1941/42

RANG	VEREIN	SPIELE	GEW	UNE	VER	TO	RE	PUNKTE	ANM
	Bezirksklasse Oberdonau								
1	Budweis	22	19	0	3	91	25	38	
2	SK Amateure Steyr	22	16	1	5	82	40	33	
3	Luftwaffe Linz	22	15	1	6	97	34	31	
4	SK Vorwärts Steyr	22	13	3	6	64	44	29	
5	LSV Adlerhorst Wels	22	12	0	10	80	57	24	
6	Reichsbahn SG Linz	22	8	5	9	47	65	21	
7	LASK	22	9	2	11	53	52	20	
8	SK Hertha Wels	22	7	2	13	47	57	16	
9	Welser SC	22	7	2	13	38	69	16	
10	SV Urfahr	22	7	1	14	38	71	15	
11	SK Germania Linz	22	4	1	17	36	88	9	
12	SK Admira Linz	22	3	0	19	36	107	6	

1942/43

RANG	VEREIN	SPIELE	GEW	UNE	VER	TO	RE	PUNKTE	ANM
	Bezirksklasse Oberdonau								
1	SK Amateure Steyr	18	16	0	2	86	24	32	
2	LSV Adlerhorst Wels	18	15	1	2	111	34	31	
3	SK Vorwärts Steyr	18	11	1	6	71	35	23	
4	LASK	18	10	0	8	43	42	20	
5	SK Hertha Wels	18	9	0	9	42	60	18	
6	SK Admira Linz	18	8	0	10	57	62	16	
7	Reichsbahn SG Linz	18	5	3	10	51	78	13	
8	SK Germania Linz	18	4	4	10	42	75	12	
9	SV Urfahr	18	3	3	12	28	57	9	
10	Welser SC	18	2	2	14	29	83	6	

1943/44

RANG	VEREIN	SPIELE	GEW	UNE	VER	TO	RE	PUNKTE	ANM
	Bezirksklasse Oberdonau								
1	FC Steyr	20	18	2	0	90	16	38	
2	Reichsbahn SG Linz	20	16	2	2	69	21	34	
3	LSV Adlerhorst Wels	20	9	7	4	58	42	25	
4	SK Admira Linz	20	10	2	8	79	61	22	
5	SK Hertha Wels	20	9	4	7	71	59	22	
6	Welser SC	20	9	2	9	45	61	20	
7	LASK	20	8	0	12	58	56	16	
8	FC Salzburg	20	6	3	11	43	53	15	
9	SK Germania Linz	20	6	3	11	35	64	15	
10	SV Urfahr	20	3	1	16	23	78	7	
11	Ennser SK	20	2	2	16	38	98	6	

1944/45 (nur Herbstrunde)

RANG	VEREIN	SPIELE	GEW	UNE	VER	TO	RE	PUNKTE	ANM
1	ATSV Mauthausen I	6	6	0	0	49	6	12	
2	LASK	6	3	2	1	8	7	8	
3	FC Steyr	7	3	1	3	20	13	7	
4	SK Hertha Wels	6	2	3	1	22	18	7	
5	Reichsbahn SG Linz	6	2	1	3	20	20	5	
6	SV Urfahr	6	2	1	3	15	20	5	
7	ATSV Mauthausen II	5	2	0	3	14	20	4	
8	Ennser SK	7	1	2	4	17	30	4	
9	Welser SC	7	2	0	5	7	38	4	

KINDERSPIELE

von Alois Brandstetter

Nachdem die gefährlichen Kriegsspiele mit der scharfen Munition ausgespielt waren, begannen wir mit den harmlosen bürgerlichen Lustbarkeiten, Räuber und Gendarm, Eins-zwei-drei-Anschlagen, überhaupt Versteckspiele jeder Art, Völkerball und natürlich Fußball. Oft wurden wir dabei von den Erwachsenen gejagt, wenn wir die schönen Wiesen „betraten". Später fanden wir uns darum zum Fußballspielen meist im entfernten Pichl auf dem Sportplatz ein.

Mit diesem Sportplatz hatte es eine eigene Bewandtnis. Es handelte sich dabei um eine Wiese neben der Schule zwischen Weg und Bach, und war sie auch nicht ganz rechteckig, und hatte sie auch sonst nicht die heute von einem Fußballplatz erwarteten Maße, so war sie doch für Ballspiele sehr gut geeignet. Alle Ortschaften hatten in dieser Weise individuelle und, wie ich es heute sehe, originelle Sportplätze. Das erhöhte auch, anders als heute wo die Plätze überall gleich und gleich langweilig sind und absolut keine Unterschiede bestehen, den Heimvorteil der Einheimischen. Einige Mannschaften, mit den Tücken ihres eigenen Platzes bestens vertraut – hier kannten sie sich aus wie in ihrer Westentasche –, waren daheim einfach nicht zu schlagen. Auf einem normierten, modernen Platz hilft dir die Ortskenntnis gar nichts! Früher sah man, wer hier die Fremden sind ... Einige Plätze verjüngten sich auf einer Seite so stark, dass das Treten einer Ecke auf dieser Seite unmöglich war und man sich für eine Ersatzlösung in Form eines indirekten Freistoßes entschied. Andere verfuhren überhaupt nach der Devise: Drei Corner ein Elfer. Flexibel war hier das Stichwort. Durch den Seitenwechsel nach der Halbzeit, den wir auch damals bereits praktizierten, war ja der Gerechtigkeit Genüge getan und ein Ausgleich geschaffen. Musste man etwa in der ersten Hälfte bergauf spielen, so freute man sich auf die Zeit nach der Pause. Und einige der Plätze waren unvorstellbar gebirgig. Oder es liefen über den Platz nicht nur einige Spieler, sondern auch einige Gräben. Es war eben alles offen, man handelte vor jedem Spiel die Regeln aus, auch die Zahl der Mitspieler, und oft wurde eine Mannschaft übertölpelt, und sie merkte erst hinterher, dass bei den anderen ein Mann zuviel mitgespielt hatte. Dies alles betraf vor allem das interne Spielen, aber auch im Vereinsfußball, den Pichl zu Beginn der fünfziger Jahre aufnahm, dann aber bald wieder aufgab, wahrscheinlich aus Enttäuschung über die Humorlosigkeit und die Auflagen im Hinblick auf den Standard, die den Verbandsfußball beherrschten, um zuletzt erst in den sechziger Jahren ernstlich hier mitzumachen, auch in diesem Vereinsfußball ging es am Anfang nicht so tierisch ernst zu. So trug halt jeder die Schuhe, die er zur Verfügung hatte. Man durfte aber auch barfuß spielen, und einige Barfußläufer waren gerade wegen ihrer Schnelligkeit weitum bekannt, sie liefen allen davon. Natürlich waren sie besonders gefährdet, da andere wieder höllisch schwere und harte Schuhe trugen. Oder es half einer in Straßenschuhen aus. Um die

Mannschaften unterscheiden zu können, trugen die einen ihre Hemden, die anderen agierten mit nacktem Oberkörper.

Nachdem Geisenheim einmal auf einem dreieckigen Platz gegen Malling und Umgebung verloren hatte, borgten wir uns für das Rückspiel daheim von den Pfaffendorfern einen Spieler aus, nämlich den Wiesinger, der eigentlich Wieslinger hätte heißen müssen und der nun nicht nur wegen seiner Schnelligkeit und Spielstärke, sondern auch wegen seines bei den Gegnern Furcht und Schrecken verbreitenden Schuhwerkes berüchtigt war. Er trug nämlich sogenannte Holzpummerln, das sind Schuhe mit einem starren Brett zur Sohle und massivem Oberleder, mit Haken und Ösen. Diesen Mann stellten wir in die Verteidigung als sogenannten Ausputzer.

Dieses Spiel fand bezeichnenderweise in der Sautratte des Miklbauern statt, und dementsprechend verlief es auch, es war ein Gemetzel. Der Wiesinger spielte mit und ohne Ball, war also das Leder gerade in einem anderen Sektor, so war er dennoch nicht müßig und attackierte mit Ingrimm den nächstbesten Gegner. Er ging einfach davon aus, dass der Ball jederzeit angeflogen kommen und dass gerade dieser Feind angespielt werden könnte. Darum behandelte er ihn. Dazu muss man wissen, dass wir ohne Schiedsrichter spielten, nach dem Motto: Wir werden keinen Richter brauchen. Wir spielten klar und eindeutig. Man könnte also sagen, der Wiesinger war nicht faul, foul im englischen Sinn war er allerdings schon ein wenig, jedenfalls nicht besonders fair. Eine Fußball-„Begegnung" und ein Freundschaftsspiel war dies nicht, das war eher eine Auseinandersetzung, ein ausgesprochenes Feindschaftsspiel, jedes Dribbling Wiesingers eine Feindberührung. Was sage ich: Dribblings ... hier handelte es sich um Trapplings. Eine der härtesten Fragen bei diesem schiedsrichtslosen Spiel war immer die Frage, war der Ball im Tor oder ist er darübergegangen, wir hatten nämlich wohl zwei seitliche Torstangen, aber keine Querlatte. Von Netzen keine Rede, so etwas hatten sie nicht einmal in Schallerbach, wo wir oft hinpilgerten, um uns Spiele anzusehen. Wir haben das Spiel in der Sautratte verständlicherweise haushoch gewonnen. Es gab eine Art Abbruch wegen eklatanter Unterlegenheit, die Burschen aus Malling waren dezimiert und demoralisiert.

Ein Problem stellten bei allen diesen Spielen nicht nur die Stiefel, sondern auch die Bälle dar. Mancher hatte zwar schon einen Lederball, lieh ihn aber nicht her, jedenfalls nicht für eine, wie man annehmen musste, härtere Begegnung. Und oft ging der sogenannten Seele im Inneren der Lederhülle mitten in einem Spiel die Luft aus. Hatten wir keinen zweiten Ball, was die Regel war, dann war damit auch durch höhere Gewalt das Match beendet. Natürlich waren auch schon unter den jungen Leuten Spezialisten im Picken. Platte, sogenannte „Patschen", reparieren, war damals ja eine allen Fahrradfahrern geläufige Beschäftigung. Kaum eine Fahrt nach Wels verlief ohne Luftverlust. Atemnot wegen der Berge und Luftverlust wegen des schlechten Materials. Dort und da stand einer, der sein Rad auf Lenkstange und Sattel gedreht, die Fahrraddecke vom Felgen gezwängt und den Schlauch herausgezogen hatte, um ihn an der durchlöcherten Stelle mit Glaspapier zu reinigen und mit einem Gummipflaster zu versehen, eine Praktik und Technik, die sich auch beim Behandeln von Fußbällen bewährte. Andere suchten den Ausweg aus der Luftnot des Fahrrads im Vollgummi. Dabei wurden luft- und schlauchlose Hartgummiwülste auf die Felgen gezwängt. So hatte man in Hinsicht der ständig entweichenden Luft seine Ruhe. Aber frage nicht, lieber Leser, wie einen eine Fahrt auf dem Vollgummirad auf den damaligen Schotterstraßen mitgenommen und durchgebeutelt hat, dass die Seele Mühe hatte, sich im Leib zu halten! Wie gut hat es der Fahrradfahrer heute, da sich nicht nur die Straßen, sondern auch noch die Räder gebessert haben. Auf einer planen Asphalt- oder Betonstraße ließe sich auch auf dem vollen Gummi schön fahren. Nobel fährt die Welt zugrunde.

Oft war es auch nur das Ventil, das Luft ließ. Manchmal löste sich während des Spiels die Verschnürung, das Ventil sprang heraus und irritierte die Spieler. Da zog hin und wieder einer der Mannen den Ball gerade in einer für seine Mannschaft prekären Situationen aus dem Gefecht ... Das galt als feig.

Was den Sportplatz in meiner Heimatgemeinde betrifft, so haben sich die Gemeinderäte schließlich wirklich einen Schildbürgerstreich geleistet. Als sie sich um einen Gemeindearzt bewarben und vor der Notwendigkeit standen, diesem ein Quartier anbieten zu müssen, entschlossen sie sich zum Bau eines neuen Hauses. Was aber den Baugrund betraf, so erinnerten sie sich an den Sportplatz! In der einen Ecke des Platzes wurde gebaut und so die Spielfläche um den Bauplatz verkürzt. Um das Haus und den Garten des Doktors zu schützen, errichtete man hinter dem einen Tor ein hohes Maschengitter. Wie oft aber flog trotz allem der Ball in den Arzneigarten. Es lässt sich leicht ausrechnen, dass es unter diesen Rahmen- und Raumbedingungen nicht gerade zu einem herzlichen Verhältnis zwischen der Familie des Arztes und den Sporttreibenden kam. Bequem aber hatten wir es mit den Verletzten, wir brauchten sie ja nur über den Zaun zu reichen, der Arzt spielte in gewisser Weise immer mit. Einmal wollten auswärtige Spieler in Verkennung des Sachverhaltes sogar ins Arzthaus eindringen, um sich für das Spiel umzuziehen und herzurichten.

101

Sie mochten etwas Ähnliches von ihrem Sportplatz her gewöhnt sein. Bei uns gab es aber keine Umkleidekabinen und kein Vereinslokal. Wir zogen uns entweder in den Büschen entlang des Innbachs um oder aber wir kamen, was die näher Wohnenden betraf, bereits in Spielausrüstung von daheim angezogen. Wer sich nach dem Spiel ein wenig erfrischen und abwaschen wollte, ging ebenfalls zum Bach und stieg auf eine Waschbank hinunter. Als aber der Fußballbund anfing, dies und jenes zu bemängeln, Forderungen und Termine stellte, dass dies bis dann und dann abgestellt und verbessert sein müsste, ansonsten man uns nicht weiter in der Meisterschaft mitspielen lassen wollte, da verabschiedeten wir uns wie gesagt. Wir wollten doch nur Fußball spielen, aber keinen Betrieb gründen und Bauwerke errichten und was nicht noch alles.

Bei den Gemeindeoberen gab es von vornherein wenig Verständnis für das „Ballschupfen". Der Bürgermeister war Bauer. Den Bauern aber kam damals jeder Sport wie reiner Müßiggang vor, die sichtbaren Anstrengungen, die immerhin beim Spielen erbracht wurden – der Schweiß war nicht zu übersehen und zu überriechen –, für sinn- und nutzlos, weil sie ja zu nichts führten. Als sich mein Bruder einmal beim Schifahren die Hand brach, erntete er damit bei unserem Vater auch alles andere als Mitleid. Aus Wels kam öfters eine Frau zu uns, die einen schweren Sportunfall und seither ein wahrscheinlich von den Ärzten verdorbenes, kürzeres Bein hatte. Diese hüpfende, hinkende Frau war für den Vater zeitlebens ein Exempel für das schlussendliche Ergebnis aller Sportlerei. Der Sportler wurde zum Krüppel, das war klar. Er begab sich in die Gefahr und kam in ihr um.

Fußballspielen war damals außerdem ein ausgesprochen proletarischer Sport, im wesentlichen eine Wiener Angelegenheit. Es waren auch oft Wiener, nicht selten alte Nazis, denen es „unten" zu heiß geworden war und die darum auf das Land übersiedelten und den „Unfug" des Fußballspielens in ihrer neuen Heimat initiierten. Bekanntlich aber galten die Fußballspieler als dumm. Heute ist das natürlich ganz, ganz anders. Lauter Intellektuelle sind es aber auch heute noch nicht, was man bei der Breite dieses Breitensportes auch nicht erwarten kann.

Konsequenterweise war das Fußballspielen am Kollegium Petrinum, dem bischöflichen Internat in Urfahr, an das ich als Zehnjähriger kam, um freilich zwei Jahre später von dort ziemlich unfriedlich zu scheiden, nicht gern gesehen. Um so lieber aber hätten wir es betrieben. Dort stand jedoch Faustball in hohem Ansehen, ein Sport, dem ich allerdings nichts abgewinnen konnte. Das Fußballspielen ließ sich freilich nicht abstellen, es entsprach sozusagen einem Urtrieb, und nach öfterem Bitten durften wir eine Klassenmannschaft bilden. Ich war dort anfangs der Mittelstürmer und so etwas wie ein Star, jedenfalls hatte ich Allüren. Die Mitspieler mussten mir vor jedem Spiel gut zureden, mir schöntun und mich um meine wertvolle Mitwirkung fast kniefällig bitten. Nun bitte, wenn ihr mich unbedingt braucht, dann komme ich halt, ließ ich mich schließlich herab. Einmal aber muss ich übertrieben und meine Zusage, um mich als begehrt und gebraucht zu genießen, zu lange hinausgezögert haben, denn meinen Kameraden war die Drängerei über und langweilig geworden. Sie ersetzten mich einfach und gewannen das Spiel sogar noch. Das war nun ein bitteres Zusehenmüssen für mich. Ich stand nicht mehr in der Mitte, hatte mich vielmehr selbst buchstäblich an den Rand gebracht. Als sich auch sonst die Schwierigkeiten in puncto Disziplin mit mir häuften, bekam ich während des dritten Schuljahres vom Regens die rote Karte gezeigt und musste die Anstalt verlassen. Und was ich vorher auch alles angestellt haben mochte, als hätte ich es darauf angelegt, verwiesen zu werden – als ich an jenem Spätherbsttag mit meiner Mutter, die mich abholen kommen musste, bepackt mit den Habseligkeiten, einem zeinernen Koffer, mit dem mein Vater bereits in den Ersten Weltkrieg gezogen war, Schachteln und Taschen beim Tor hinausging, war es ganz wie eine Vertreibung und einer der dunkelsten Tage in meinem Leben. Die Mutter sagte: Warum hast du mir das angetan! Ich war voll unendlicher Reue. Nie, nie in meinem Leben wollte ich der Mutter wieder so wehtun. Als wir schon auf der Straße waren, öffnete sich oben im Studiersaal ein Fenster, und einige ehemalige Klassenkameraden sahen auf uns herunter.

Es ging mir mit anderen Gemeinschaften ähnlich wie mit unserer Petriner Klassengemeinschaft. Immer wollte ich irgendwo mittun, war ich aber dann dabei, so kam sehr schnell die Krise. Ich will mich aber hier nicht geheimnisvoll machen, vielleicht war es wirklich nur immer der gewöhnliche Egoismus, der mich daran hinderte, mich einzufügen, wie mir oft gesagt wurde.

Auch an dem öffentlichen Gymnasium in Wels, an das ich nach meiner Beseitigung aus dem Petrinum kam, hatte das Fußballspielen wenig Ansehen. Die Hauptschüler und Hilfsschüler traten den Fußball, wir Gymnasiasten widmeten uns der Leichtathletik ... Dabei hatten wir ein großes Vorbild. Während die fußballwilden Hauptschüler irgendwelchen Wiener Vorstadtproleten nacheiferten, war unser, mindestens mein sportliches Vorbild der Josef Bauer aus Gunskirchen, der ein guter Zehnkämpfer, vor allem aber ein hervorragender Stabhochspringer war und es dabei bis zum Staatsmeister brachte. Für mich war die Identifikation um so zwingender, als Bauer aus dem gleichen Milieu wie ich kam. Wie er hatte auch ich mir im Garten hinter dem Haus eine provisorische Trainingsanlage, vor allem eine Sprunggrube, hergerichtet. Manchmal sah mir ein Eingeborener dabei zu und wunderte sich sichtlich, dass ich mir meine Latte so hoch gelegt hatte, wo ich sie doch immer wieder abwarf. Ich habe entwaffnete Äußerungen über den Leistungssport gehört, unwiderlegliche Einsichten und plausible Vermutungen. Zwar gab es auch das sogenannte Stockspringen bei Kindern, eine Art Mehrsprung während des Laufens mit Hilfe eines Steckens, mancher half sich auch mit dem Stiel des umgedrehten Rechens, wenn er über einen Graben hüpfte, wozu aber sollte dieses Stabhochspringen gut sein? Vielleicht, um einmal bei einem Heubodentürl hineinzuspringen? Warum aber sollte man bei einem Heubodentürl hineinspringen wollen!? Archaische Ansichten – und Frozzeleien – mag auch Josef Bauer gehört haben, wenn er auf der Wiese vor seinem Elternhaus in Gunskirchen die Diskusscheiben und Speere umherwarf! Die Jäger werden sich gedacht haben, damit trifft er doch nie etwas. Und welchen Nagel kann wohl ein Hammerwerfer mit seinem sogenannten Hammer einschlagen ...

Mit dem Vorbild des überall gefeierten Leichtathleten Bauer hatte ich mir die Latte natürlich sehr hoch gelegt. Es war aber dafür gesorgt, dass meine Bäume leichtathletisch nicht in den Himmel wuchsen, schon durch die Körpergröße waren mir enge Grenzen gezogen, die ich nun wirklich nicht überspringen konnte. Außerdem war ich nicht besonders schnell im Laufen und darum auch beim Fußballspielen immer eher das, was man einen Techniker nennt. Das schwerste Handikap waren aber meine brettebenen Plattfüße, die ich mir wahrscheinlich durch das von den älteren Brüdern übernommene unpassende Schuhwerk zugezogen hatte! Ich war darum nicht absolut, sondern nur relativ gut, angesichts meines Handikaps bzw. „Pedikaps" eben. Man müsste wie bei den Pferderennen vielleicht auch in der Leichtathletik die Vorgabe einführen, um das blinde Schicksal ein wenig zu korrigieren.

Das eigentliche Spiel meiner Kindheit war der Völkerball. Wir spielten es meist hinter dem Haus, wo wir die nötigen drei Striche gezogen hatten. Ich hatte es im Völkerball zu einiger Fertigkeit gebracht und war sehr stolz, dass ich oft zu einem von den zwei bestimmt wurde, die die Völker auswählen durften. Dieses Auswählen der Völker war wie eine tägliche Börse, auf der die Spielstärke der einzelnen Kinder beurteilt wurde. Wie notierte Franz, wie Theresia ... Hin und wieder war eins beleidigt, wenn es lange stehen gelassen wurde, und es wandte sich überhaupt ab. Mich freut heute das Völkerballspielen nicht mehr.

Nicht nur kühle und sachliche Urteile, auch Sympathien drückten sich bei den Wahlen aus. Oft wollte man ein Mädchen, an dem einem etwas lag, gerade nicht in der eigenen Mannschaft, sondern beim gegnerischen Volk sehen, um ihm in der Konfrontation zu imponieren oder es auch für seine Hochmütigkeit mit besonders scharfen Schüssen zu bestrafen. Die Kleinsten und Jüngsten blieben immer bis zum Schluss übrig, und keiner wollte sie im Grunde, sie standen den anderen ja nur im Weg und konnten zum Sieg nichts beitragen. Sie waren Kanonenfutter und schnell abgeschossen. Die älteren und verständigeren Kinder zügelten freilich ihre Kraft, wenn sie auf eins von den kleinen zielten, andere aber kannten keinen Spaß und Pardon. War die Zahl der Mannschaften ungleich und ungerade, dann hatte eins aus dem schwächeren Volk zwei Leben, wie es hieß. Dieses Kind brauchte also zwei Schüsse, um auszuscheiden. Der Haupttrick beim Völkerballspielen war – und ist sicher auch heute noch – die Täuschung, ähnlich wie beim Elfmeterschießen im Fußball. Man sah den einen grimmig an und schoss auf den anderen. Schielst du vielleicht, wurde der Täuscher gefragt. Hatte man das lange genug praktiziert, so dass die Gegner die Irreführung „gelernt" hatten, so schoss man zur Abwechslung auch wieder einmal auf den Anvisierten. Es ist im übrigen ein beziehungsreicher Umstand, dass sich im Völkerball die Mannschafsführer, die Regierung gewissermaßen, ins Politische übertragen, die Völker wählen.

Ganz zu Beginn aber waren es, um am Schluss vom Anfang zu reden, die Versteckspiele, die wir mit großer Ausdauer trieben. Es ist nicht auszudenken, wieviel Möglichkeiten, sich zu verbergen, ein Bauernhof bietet, namentlich ein Heuboden oder eine Scheune. Ein zusätzlicher Effekt des Versteckens in Heu, Grummet und Stroh bestand darin, dass wir nebenbei manches Nest fanden, in das die Hühner ihre Eier gelegt hatten, was eine kleine Belohnung durch die Mutter abwarf. Jetzt war das Verstecken und Verbergen ein Kinderspiel, wenige Jahre vorher aber hatte sich mancher im Ernst einen geheimen Platz in seinem Haus ausgesucht, wo er sich vor den Soldaten der Besatzungsmächte verkriechen oder wo er auch Familienangehörige vorübergehend in Sicherheit bringen könnte. Unsere Mutter füllte 1944 eine große Mauernische mit haltbaren Lebensmitteln als Notration und ließ sie dann zumauern. Auch andere Gegenstände wurden weggeräumt und an einem sicheren Platz aufbewahrt. Als ich im vorigen Jahr in meinem Haus ein morsches Brett aus einem alten Zwischenboden riss, entdeckte ich ein einläufiges Schrotgewehr. Der Vorbesitzer wird gewusst haben, warum er es dort hineinsteckte. Vor allem aber erzählten die Klassenkameraden im Petrinum, die aus dem Mühlviertel stammten, wie sich dort viele Menschen vor der russischen Besatzungsmacht gefürchtet und vor allem die Väter ihre Töchter versteckt hatten. Meine Mutter hatte ebenfalls große Angst, als sie mich das erste Mal ins Petrinum brachte und am Urfahrer Brückenkopf der Nibelungenbrücke dem russischen Posten die Identitätskarte zeigen und den Inhalt der zwei Koffer deklarieren musste. Da war aber wirklich nichts, was dem Ivan gefallen hätte, die Mutter hatte auf Anraten einer anderen Frau sogar absichtlich ihre Armbanduhr daheimgelassen, weil es hieß, dass gerade die Uhr für die Soldaten der Roten Armee ein Reizgegenstand sei, weshalb man am besten gleich „Ich nix Uhra" sagen solle. Es kam aber auch einmal vor, dass russische Soldaten einen Knabenseminaristen mit einem Militärfahrzeug vom Oberen Mühlviertel ins Internat nach Urfahr brachten ...

1949, als ich das erste Mal einrückte, waren die Kontrollen noch streng, 1951, als wir den Weg zurückgingen, nahm keiner mehr von uns Notiz.

Copyright (c) 1981 Residenz-Verlag im Niederösterreichischen Pressehaus Druck- und Verlagsgesellschaft mbH,
St. Pölten - Salzburg

HAKOAH LINZ UND ANDERE FORMEN JÜDISCHER SPORTKULTUR IN OBERÖSTERREICH NACH 1945

von Michael John

Zuerst ein Blick in die Bundeshauptstadt: Hakoah Wien war ein jüdischer Klub. Noch in der Kaiserzeit wurde 1909 dieser zionistische Sportverein mit verschiedenen Sektionen gegründet, ausschließlich für jüdische Mitglieder. Hakoah ist ein hebräisches Wort, es bedeutet Stärke. Ziel des Vereins war das Training der physischen Kräfte der Juden. Diese Gründung war eine Reaktion auf den spürbaren Antisemitismus, der Juden auch im Sport diskriminierte. Ein erheblicher Teil der jüdischen Bevölkerung Wiens hatte großes Interesse am Fußballsport: als Spieler, Zuschauer und Funktionäre. 1924/25 wurde Hakoah erster österreichischer Meister der Professionals. Dadurch wurde der Verein innerhalb des Judentums zur Legende, zum Symbol eines sportlichen, wehrhaften, physisch erfolgreichen Judentums. Österreich zählte in der Zwischenkriegszeit zu den stärksten Fußballnationen der Welt. In Wien stellten die jüdische Bevölkerung vor dem Zweiten Weltkrieg eine große Gruppe dar. Nach den Jahren der nationalsozialistischen Verfolgung war es den Überlebenden wichtig, Hakoah Wien möglichst bald, noch im Juni 1945, wieder zu gründen.

In Oberösterreich konnte weder der Fußballsport noch die kleine jüdische Gemeinde auf derartige Traditionen zurückgreifen. Oberösterreich war allerdings in den NS-Jahren aufgrund des ganzen Systems an Lagern, ausgehend vom Hauptlager Mauthausen, zum Land der Konzentrationslager geworden. Infolge der militärischen Niederlage des NS-Staates wurden auch tausende überlebende Juden befreit. Dazu kamen in den nächsten Monaten weitere so genannte Displaced Persons (DPs), verschleppte Personen, darunter viele osteuropäische Juden, die in die US-Besatzungszone Österreichs, also nach Salzburg und Oberösterreich zu gelangen versuchten. Die US-Besatzungstruppen und die UNO sorgten für ihre Unterbringung und unterstützten die jüdischen Verfolgten, die dem Tod entronnen waren. Die jüdischen DPs lebten in Linz in eigenen Lagern. Zählt man Asten und Haid hinzu, so wohnten zeitweilig mehr als 8.000 Juden im Großraum Linz. Der bekannteste DP war sicherlich Simon Wiesenthal, der im Konzentrationslager Mauthausen befreit worden war und jahrelang in Linz lebte. Die jüdischen Flüchtlinge wollten allerdings keineswegs in Oberösterreich bleiben, für sie war Linz die ehemalige Patenstadt Hitlers, überall im Land waren von den Nationalsozialisten Konzentrationslager errichtet worden. Die meisten DPs versuchten, in die USA oder nach Palästina auszuwandern, dies war problemlos aber erst nach der Gründung des Staates Israel im Jahre 1948 möglich. Trotz des Wissens um die Geschichte der nationalsozialistischen Judenverfolgung und auch trotz diverser Versuche einer Versöhnung wurden Juden in

Oberösterreich seitens der Bevölkerung in der Nachkriegszeit mit Antisemitismus konfrontiert, eine ambivalente Situation war entstanden. Es kam zu Verbalattacken und auch physischen Auseinandersetzungen, Protesten und Demonstrationen. Der konservative Landeshauptmann forderte den Abzug von Displaced Persons, die sozialdemokratische Arbeiter-Zeitung titelte: „Wir wollen sie los sein", und meinte damit die jüdischen Flüchtlinge.

Der jüdische Verein Hakoah Linz wurde 1946 gegründet und hatte seinen Standort im jüdischen DP-Lager Linz-Bindermichl. In der Isolation Fußball zu spielen hat wenig Sinn, denn der Sport stellt ein ritualisiertes Kampfspiel dar, das eines Gegners bedarf. Den DPs wurden im März 1946 von der amerikanischen Militärbehörde „die gleichen Möglichkeiten zur Sportausübung wie Österreichern gewährt", die österreichischen Sportorganisationen hatten jedoch bereits vier Wochen zuvor allen „vereinslosen Sportlern den Start bei Wettkämpfen, gleich welcher Sportart, ausnahmslos" untersagt. Seitens des Fußball-Verbandes wurden zwei Ausländer pro Verein zugelassen. Der Oberösterreichische Fußballbund gestattete jedoch Vereinen von Displaced Persons und Flüchtlingen die Teilnahme an den Meisterschaften 1946/47 und 1947/48. Hakoah Linz wurde 1947 in der 2. Klasse, Gruppe A Vierter. Um die Stärke der jüdischen sportlichen Aktivitäten zu dokumentieren, organisierte die jüdische Hilfsorganisation AJDC, kurz genannt Joint, im Juni 1947 ein großes Jüdisches Sportfest. Es traten dabei Sportler der Vereine Hakoah Linz, Bar Kochba Linz, Makkabi Wegscheid, Makkabi Bad Ischl, Makkabi Goisern, Hapoel Steyr und Hakoah Steyr in den Disziplinen Tischtennis, Netzball, Boxen und Fußball gegeneinander an.

An dieser Stelle sollte man erwähnen, dass infolge der Befreiung des KZ Ebensee viele Juden als DPs im Salzkammergut untergebracht waren. Ehemalige Spieler der polnische Nationalmannschaft, die ins KZ deportiert worden waren, spielten kurzfristig bei SV Ebensee. In Gmunden wurde die Fußballszene auch in Gang gehalten durch den jüdischen KZ-Überlebenden Heinz Colm, der in der Traunseestadt einen Suchdienst für DPs aufgebaut hatte. Colm spielte selbst aktiv Fußball, machte sich aber vor allem einen Namen als Schiedsrichter. Colm pfiff Gastspiele von Austria Wien und Rapid Wien in Linz ebenso wie entscheidende Meisterschafts- oder Cupspiele. Die Salzkammergut-Zeitung würdigte ihn, ebenso wie andere Schiedrichter, sprach „von einer Reihe zuagroaster Unparteiischer", die eine wesentliche Grundlage des Nachkriegsfußballs im Salzkammergut dargestellt hätten.

In der Saison 1947/48 ging Hakoah Linz in der 2. Klasse Gruppe C der oberösterreichischen Fuß-

Hakoah gegen SV Edelweiß (Wohnlager 65), Saison 1948/49
Hakoah in den hellen Leibchen

ballmeisterschaft überlegen als Sieger hervor und stieg in die höchste oberösterreichische Liga, die 1. Klasse auf. Der Ablauf der Meisterschaft 1948/49 kann rückblickend nicht anders als skandalös bezeichnet werden. Die Meisterschaft hatte bereits begonnen, als knapp vor Spielbeginn der 2. Runde in der höchsten Liga verkündet wurde, dass ab nun Hakoah Linz und der Klub Breitbrunn (bei Hörsching) aufgrund der Ausländer-Klausel außer Konkurrenz anzutreten hätten. Hakoah hatte sich bereits mit dem ungarischen Torjäger Laszlo Simko* und zwei Wiener Hakoah-Spielern verstärkt. Ein kurioses System wurde in der Folge eingerichtet: In der nunmehrigen Zehnerliga mussten alle Mannschaften zu so genannten Pflichtfreundschaftsspielen gegen Hakoah und Breitbrunn antreten. Es wurden zwei Tabellen veröffentlicht, eine Meisterschaftstabelle und eine Tabelle „außer Konkurrenz". Die Oberösterreichischen Nachrichten machten kein Hehl daraus, dass sie diese Regelung für unsinnig hielten. Hakoah und Breitbrunn, eine Mannschaft großteils mit sog. volkdeutschen Spielern, platzierten sich im Mittelfeld. Letztlich wurde die Meisterschaft dennoch zur Farce, da bei den Pflichtfreundschaftsspielen keine tatsächliche Wertung erfolgte.

Ungeachtet des gegenüber den jüdischen DPs fraglos unfreundlichen Akts des de-facto-Spielverbots war die Fußballbegeisterung der jüdischen DPs groß. Rund 3.000 Personen sahen zu, als Hakoah im September 1948 in der ersten Liga Enns mit 5:0 besiegte. Schon in den Saisonen davor, als Hakoah Linz in der 2. Klasse antrat, hatte die Zuschauerzahl bei den Heimspielen der Bindermichler des öfteren jene des oberösterreichischen Rekordmeisters LASK übertroffen. Am 11. September 1948 trat Hakoah gegen die stärkste oberösterreichische Mannschaft an, gegen den späteren Meister der Saison, Vorwärts Steyr. Im Bericht der Tageszeitung Neues Österreich fand sich dazu folgender Kurzbericht: Vorwärts gegen Hakoah 3:2 (3:1). Die Linzer waren in diesem Pflichtfreundschaftsspiel den Steyrern vollkommen ebenbürtig und hätten bei etwas mehr Schußglück ohne weiteres ein Unentschieden erreichen können. Vorwärts war wesentlich schwächer als vor acht Tagen. Die Läuferreihe war der beste Mannschaftsteil der Unterlegenen, Lackner der beste Mann. Zu den weiteren Stützen zählten der Verteidiger Harle sowie die Stürmer Dr. Pusztay, Gerber und Simko. 2500 Zuschauer, Schiedrichter Recknagel.

Nach der Auswanderung des Mittelstürmers Adam Elboum benötigte Hakoah dringend einen Ersatz und fand ihn in dem ungarischen Torjäger Laszlo Simko: „Als ich vom LASK zu Hakoah gekommen bin, war die Begeisterung der jüdischen Fans riesig, das war ganz unglaublich. In Linz waren tausende Juden und die sind zu unseren Matches gekommen. Wir hatten viel mehr Zuschauer als die meisten anderen Vereine. Und der Dr. Pusztay und ich haben die Tore gemacht. Die meisten Spieler bei Hakoah waren Ungarn… Um ein Beispiel von der Begeisterung zu geben, wie weit die ging: Wir hatten wirklich fanatische Fans, die stark gejubelt haben bei jedem Tor. Einmal, wir haben gerade über Fußball geredet, sieht ein Hakoah-Fan meine Uhr und fragt: Wieviel hat die Uhr gekostet? Er hat nicht gefragt, wo, denn das wußte er, ich habe die Uhr beim DP-Lager in Ebelsberg gekauft. Da hat man alles bekommen. Ich sagte ihm den Preis, er meint: Was? Da hast du viel zu viel bezahlt. Fährt er mit mir hin, ich zeig ihm den Mann, er schimpft mit ihm, sagt, gib unserem Star sofort das Geld zurück, das er zu viel bezahlt hat. Ich bekam sofort 40 Schilling. Da. Also, ich bin bei Hakoah einmalig behandelt worden, wirklich, es war eine schöne Zeit."

Interessant ist, dass Hakoah Linz entgegen der Doktrin der Zwischenkriegsjahre auch mit nichtjüdischen Spielern spielte, etwa mit dem Oberösterreicher Mühlberghuber, der zeitweilig das Tor hütete, dem volksdeutschen Gerber und dem

---

* Vgl. dazu auch die Beiträge von Judith Scharinger und Andreas Praher in diesem Band.

San Francisco zu spielen. Er blieb jedoch in Linz, wanderte nicht aus, sondern wechselte wieder zurück zum LASK. Bei der jüdischen Hilfsorganisation Joint erhielt er einen Job als Chauffeur. Drei Jahre lang fuhr er zeitweilig Simon Wiesenthal durch die amerikanische Zone. Hakoah Linz nahm an der Meisterschaft 1949/50 nicht mehr teil. Die jüdischen DP-Lager waren sukzessive aufgelöst worden, das Camp Davidstern-Ebelsberg in den ehemaligen Offizierskasernen am Südrand der Stadt wurde als letztes Lager im Linzer Stadtgebiet per 20. Oktober 1950 geräumt. Alle jüdischen Hakoah-Spieler haben Oberösterreich verlassen, der Verein hat den Betrieb eingestellt.

Hakoah-Spieler Laszlo Simko, darunter Spielerpass

Ungarn Simko. Das war auch bei Hakoah Wien nicht anders. Sogar ehemalige Kriegsgefangene waren mit im Team. Laszlo Simko bekam in Linz am Ende der Saison 1948/49 das Angebot, in die USA, nach Kalifornien, zu gehen und bei Hakoah

Alle Fotos: Laszlo Simko
Laszlo Simko als Chauffeur von Simon Wiesenthal

Literaturangaben (Auswahl):

Fußball in Oberösterreich, Linz 1971.

Interview mit Laszlo Simko, geboren 1925, Budapest (28/12/2007)

Michael **John**/Matthias Marschik, Ortswechsel: Antisemitismus im österreichischen Sport nach 1945. In: Heinz Wassermann (Hg.), „Antisemitismus in Österreich nach 1945." Forschungsergebnisse und Forschungsperspektiven (= Schriftenreihe des David Herzog Centrums für jüdische Studien an der Karl Franzens Universität Graz, Band 3), Innsbruck-Wien-München 2002, S.180-202.

Michael **John**, Upper Austria, Intermediate Stop: Reception Camps and Housing Schemes for Jewish DPs and Refugees in Transit. In: Thomas Albrich/Ronald, W. Zweig (Hg.), Escape through Austria. Jewish Refugees and the Austrian Route to Palestine, London 2002, S. 21-46.

Susanne **Rolinek**, Jüdische Lebenswelten 1945 1955. Flüchtlinge in der amerikanische Zone Österreichs, Innsbruck, Wien, Bozen 2007.

Dietrich **Schultze-Marmeling** (Hg.), Davidstern und Lederball. Die Geschichte der Juden im deutschen und internationalen Fußball, Göttingen 2003.

Adina **Stern**, Nur weg von Österreich! Die Linzer Durchgangslager für jüdische Flüchtlinge. In: Willibald Katzinger, Fritz Mayrhofer (Red.), Prinzip Hoffnung. Linz zwischen Befreiung und Freiheit, Linz 1995, S. 271 286.

DER MÜHLVIERTLER FUSSBALL 1945/46[1]

von Fritz Fellner

An die 10.000 Besucher wurden geschätzt, als erstmals nach dem Krieg, am 5. August 1945, ein für damalige Verhältnisse sportliches Großereignis in Linz statt fand. Am Westbahn-Sportplatz wurde von der Stadt Linz ein buntes Sportprogramm organisiert.[2] Sportveranstaltungen wurden gerne besucht. Es war eine beliebte Abwechslung im Besatzungsalltag. Viele Sportstätten waren aber noch unbenutzbar, entweder durch die Kriegsereignisse zerstört oder aber zweckentfremdet.

1945 kann von einem geregelten Sportbetrieb kaum gesprochen werden. Es fehlte an Spielern und Sportlern, es gab kaum Sportvereine oder Organisationen, die Veranstaltungen managen konnten.

Die legendäre „Mühlviertler Meisterschaft" war der erste Versuch, eine gewisse Struktur in den Nachkriegsfußball im Mühlviertel zu bringen. Südlich der Donau, im amerikanisch besetzten Gebiet, wurden schon früher Meisterschaften gespielt. Alle Mühlviertler Vereine, die eine Sektion Fußball betreiben, wurden daher per Zeitungsaufruf zu einer Besprechung am 6. März 1946 in das Gasthaus „Zum Tiroler" am Bernaschekplatz in Urfahr eingeladen[3]. Eingeladen dazu hat der Oberösterreichische Fußballverband. Gegenstand der Besprechung: „Austragung eines Wettbewerbes für den Kreis Mühlviertel."[4]

In der Saison 1945/46 gab es in Oberösterreich fünf Spielgruppen, nämlich die Gruppen A (Landesliga), B (Traunviertel), C (Salzkammergut), D (Innviertel) und die Gruppe M, die Mühlviertler Gruppe aus der sowjetischen Besatzungszone[5]. Bezeichnend für die Sonderstellung des Mühlviertels ist die Tatsache, dass das Mühlviertel nicht logischerweise den Buchstaben „E" zugewiesen bekommen hat sondern das „M".

Am Anfang war der „Russenkick"

Die ersten Fußballspiele im Mühlviertel nach dem Zusammenbruch des Nazi-Regimes sind kaum dokumentiert. Betreiber dieser Veranstaltungen waren durchwegs Angehörige der sowjetischen Besatzungsmacht, die in ihrer Freizeit Sport treiben wollten. Dazu brauchten sie Gegner, die leicht bezwingbar waren. Davon fanden sie viele in der Mühlviertler Zivilbevölke-

---

1 Zur Quellenlage: Die wesentlichen Hinweise auf die Fußballgeschichte des Mühlviertels in den Jahren 1945 und 1946 liefern ausschließlich die beiden Wochenzeitungen „Der Mühlviertler" und der „Mühlviertler Bote". Besuche auf den Homepages der Sportvereine (eingesehen im Juni 2007) brachten überhaupt keine Informationen, zwölf Anfragen per Email wurden in nur in zwei Fällen beantwortet. Die Pflege der Vereinsgeschichte scheint derzeit bei den Mühlviertler Vereinen kein Thema zu sein.
2 Prinzip Hoffnung, Linz zwischen Befreiung und Freiheit, Ausstellungskatalog Stadtmuseum Nordico, Linz 1995, S. 382.
3 Mühlviertler Bote, 28. Feb. 1946, S. 3.
4 Der Mühlviertler, Nr. 7, 28. Feb. 1946.
5 www.fussballoesterreich.at. Eingesehen am 6. Mai 2007.

rung. Nur richtige Sportler waren kaum dabei. Die Rekrutierung der Mühlviertler erfolgte oft unter „leichtem" Druck, und die Präsentation einer geladenen Kalaschnikow verwandelte einen biederen Bauernsohn oder Handwerker in einen Fußballer. Diese liefen dann mit Holzbundschuhen oder Wehrmachtsstiefeln auf das Spielfeld und legten wahrlich keine gute Figur hin. Mit Niederlagen im zweistelligen Bereich wurden sie dann vom Platz geschossen. Schiedsrichter bei dieser Art der Matches waren immer Sowjets, die nach ihren eigenen Regeln handelten. So war es an der Tagesordnung, dass ein Spielvergehen nicht mit der einem Freistoß, sondern mit einer „kräftigen Watschen" geahndet wurde[6]. Auch war es mancherorts üblich, dass der sowjetische Schiedsrichter während des Spiels den Kampfanzug und die vollständige Bewaffnung trug. Das bewirkte „mächtigen Respekt" und förderte die Spieldisziplin der Mühlviertler, nicht aber die der Gastgeber. Sprachprobleme gab es nicht: Die Mühlviertler wussten, was die Sowjets wollten. Sie verstanden ihre Zeichensprache. Auch die Siegesfeiern nach den Spielen waren legendär: die unterlegene Mannschaften ‚durften' daran teilhaben. So mancher hat dabei seine erste Bekanntschaft mit dem Wodka gemacht.

Die „Mühlviertler Post" berichtete von solch einem ungleichen Spiel:[7] „In unserem kleinen Stadtranddörfchen Steg hat sich eine Gruppe junger Fußballer zusammengefunden, die am Sonntag, den 23. d. M. mit einer Auswahlmannschaft der Roten Armee am schönen Sportplatz in der Kaserne Auhof ein Spiel austrug. Die junge Steger Mannschaft setzte der erfahrenen und technisch besseren Elf, in der auch russische Offiziere mitwirkten, ein hartes Spiel entgegen. Das Spiel verlief spannend. Dieser schöne Nachmittag zeigte erneut, dass auch bei uns in Steg der Kontakt zwischen Privatbevölkerung und unseren Befreiern immer enger wird. Nach dem Spiel waren die Steger Gäste der Roten Armee …" Das Ergebnis wird uns nicht mitgeteilt. Sicherlich haben die Steger eine vernichtende Niederlage eingefahren.

Dieser Zustand dauerte aber nur einige Monate. Auf der einen Seite war er auf Dauer für beide Seiten unbefriedigend, auf der anderen hatten solche Veranstaltungen natürlich absolut nichts mit Sport zu tun. Auf höchster nationaler Ebene gab es schon im August 1945 Bemühungen, den Fußballsport wieder zu beleben. Am 19. August fand ein Länderspiel zwischen Österreich und Ungarn in Budapest statt, das die Gastgeber 2:0 gewannen. Einen Tag später verloren die Österreicher wieder, diesmal mit 5:2, gleich-

Gruppenfoto der Freistädter Mannschaft im so genannten „Russenstadion" auf dem Friedhofsberg im Süden von Freistadt.

---

6 Aussagen der Zeitzeugen Walter Stadler und Heinrich Leitner (beide Freistadt).
7 Mühlviertler Post, 29. 9. 1945, S. 2.

falls in Budapest. Das Torverhältnis war egal, die Mannschaften genossen die neuen Freiheiten, fremde Länder zu besuchen und Gleichgesinnte zu treffen.

Der Fußballplatz war ein Autofriedhof

Die Situation im Mühlviertel war zu diese Zeitpunkt aber eine andere. Praktisch alle Sportstätten waren durch die Endkriegsereignisse anders genutzt worden. Flüchtlinge wurden in Klubhäusern einquartiert[8], Sportpätze wurden als Lagerplatz für Kriegsmüll verwendet. So auch der „Admira-Platz" in Urfahr. Dieser lag in unmittelbarer Nähe der Eisenbahnbrücke am Hochwasserdamm, daher auch die Bezeichnung „Platz am Damm". Der „Mühlviertler Post" ist das eine kurze Notiz wert:[9] „Der Spielplatz der Admira wird von der Stadtgemeinde Urfahr den Fußballvereinen SVU (Sportvereinigung Urfahr) und SKA, sowie dem Handballverein Urfahr zur Verfügung gestellt, nachdem der Platz von antifaschistischen [sic!] Sportlern aus eigenem Antrieb wieder hergerichtet wurde. Der Platz war ziemlich verwahrlost und wurde vorher als Autofriedhof verwendet. Die Stadtgemeinde Urfahr hat außerdem die Abtragung einer Baracke am Urfahrer Kai verfügt. Die Baracke wird auf dem Sportplatz wieder aufgestellt und wird den Spielern als Umkleideraum und Klubheim dienen." Was hier als Vollzugsmeldung den Lesern präsentiert wurde, war nur ein Plan oder ein Wunschdenken, das erst im Frühjahr 1946 umgesetzt werden konnte. Aber ein zaghafter Anfang war gemacht. Wichtig dabei war auch der politische Wille und die Absicht, dass der Sport neben der Kultur einen annähernd gleichwertigen Rang in der Gesellschaft einnehmen soll.

Wie nahe Aufbuchstimmung und Mangelwirtschaft beisammen lagen, beweist eine Seite der „Mühlviertler Post"[10]. „Auf dem neu eröffneten Sportplatz in Ottensheim sah eine 250köpfige sportbegeisterte Zuschauermenge ein sehr hartes und schönes Freundschaftsspiel zwischen Ottensheim und Gramastetten, das die Gastgeber mit 12:4 (3:3) gewannen ..." Gleich daneben findet sich ein Aufruf der ESG in der Anzeigenspalte, möglichst sparsam mit dem elektrischen Strom umzugehen und „... dass das Anschließen von Heiz- und Kochgeräten jeder Art ohne Bewilligung des Werkes verboten ist." Zuwiderhandlung könnten einen Zusammenbruch des Netzes und Schäden an den elektrischen Anlagen zur Folge haben. Ersatzteile für die Reparatur waren in dieser Zeit überhaupt noch nicht verfügbar.

Welche Sportarten wurden knapp nach dem Krieg betrieben, welche waren so beliebt, dass sie eine Erwähnung in den Mühlviertler Zeitungen fanden (in Klammer die Anzahl der Erwähnungen)[11]? Neben Fußball wurden erwähnt: Wasserball (1), Schwimmen (1), Radrennen (2), nämlich das Linzer Höhenstraßenrennen und das Linzer Rundstreckenrennen rund um den Hessenplatz, Handball (4), Schwerathleten-Meisterschaft (1), Schispringen (1) auf der Schanze auf dem Pöstlingberg, Schilauf[12] und Tischtennis (1)[13]. Alle anderen sportlichen Aktivitäten hatten rein privaten Charakter und waren daher nicht erwähnenswert. Recht viele werden es nicht gewesen sein, die Mühlviertler hatten zu diesem

---

8 So wurde z. B. das Freistädter Schützenhaus ab Spätherbst 1944 als Flüchtlingsquartier verwendet. Hunderte volkskulturell wertvolle Schützenscheiben wurden dadurch vernichtet.
9 Mühlviertler Post, 11. Sept. 1945, S. 3. Hilfe für den Sport .
10 Mühlviertler Post, 15. Sept. 1945, S. 4.
11 Mühlviertler Post und Mühlviertler Bote vom Aug. 1945 bis Dez. 1946.
12 Die OÖ. Schimeisterschaften fanden am 10. Februar 1946 in Spital am Pyhrn statt, die österreichischen Schimeisterschaften, die in Eisenerz geplant gewesen wären, wurden vom Chef der Militärregierung in der Steiermark, Oberst Wilkinson, mit der Begründung verboten, „daß Österreich jetzt wahrlich mehr Anlaß hätte zu arbeiten, als durch Sportveranstaltungen zahlreiche Menschen von der Arbeit abzuhalten." Der Mühlviertler, Nr. 5, 14. Feb. 1946.
13 Der Mühlviertler, Nr. 4, 7. Feb. 1946. Städtekampf Grein-Amstetten im Gasthof Petz in Grein. Bei den Herren siegten die Amstettener, bei den Damen die Greinerinnen. Die Bevölkerung hatte „durch Massenbesuch ihr Interresse bekundet."

Zeitpunkt wahrlich andere Sorgen. Die „Mühlviertler Post" bemerkt sogar, dass die früher bei Schifahrerern so beliebte „Mairwiese" in Urfahr im Winter 1945/46 beinahe verwaist war. Kein Wunder, kaum jemand hatte die nötige Ausrüstung, um sinnvoll Wintersport betreiben zu können. In den Kriegsjahren wurden die Bretter eifrigst für die Truppen an der Ostfront gesammelt. Und dort sind sie auch geblieben.

Hamsterfahrt zum Blitzturnier

Die zweite Hälfte des Jahres 1945 war die Zeit der Freundschaftsspiele und der sogenannten Blitzturniere. Einen geregelten Meisterschaftsbetrieb gab es noch nicht. Am 23. September luden die Greiner Fußballer zu einem Blitzturnier ein, bei dem sie 15 Tore kassierten und kein einziges schossen. Die gegnerischen Mannschaften waren: Vienna (2:17), Amstetten (3:9) und Hitiag-Neuda (1:7). Eine Erklärung für die haushohe Niederlage der Gastgeber hatte der Berichterstatter auch[14]: „Unter den Sportgästen aus Wien wimmelte es von Internationalen der Jetztzeit (Herbst 1945!) und Mitgliedern des ehemaligen ‚Wunderteams'. Unser kleines Städtlein hatte zum ersten Mal das Glück, eine Sportkunst, die man höchstens im Wiener Stadion bewundern kann, vorgeführt zu sehen." Die „Internationalen der Jetztzeit" waren wahrscheinlich froh, zumindest für einen Tag aus dem von Hunger und Mangel geplagten Wien zu entkommen und nach einem Match mit einer viertklassigen Mannschaft sich für damalige Zeiten fürstlich bewirten zu lassen. Abgesehen vom zweifelhaften sportlichen Ereignis war der Auftritt der Vienna nichts anderes als eine legale Hamsterfahrt in die russisch besetzte Provinz. Kaum zu glauben, dass die Mitglieder des „Wunderteams" sonst die Strapazen der Fahrt auf sich genommen hätten. Auch unwahrscheinlich, dass sich die Vienna unter normalen Bedingungen sich mit solchen Gegnern abgegeben hätte. Trotzdem, einige hundert Zuschauer verlebten einen spannenden Nachmittag auf dem Greiner Platz und die „Mühlviertler Post" konnte von einer Sensation berichten.

Die Einladung der Vienna nach Grein dürfte die Initiative von einigen Sportbegeisterten gewesen sein. Denn die erste Hauptversammlung des Sportvereins Grein erfolgte erst einige Tage später. Vermutlich am Sonntag, 30. Sept. 1945 wurde Dir. Karl Gürtler zum Vereinsobmann gewählt[15]. Die Begegnung der Fußballer von Grein mit denen der Vienna am 23. Sept. 1945 war praktisch ein vorehelicher Verkehr zwischen einem erfahrenen Draufgänger und einer naiven Landpomeranze. Spaß hat es anscheinend beiden gemacht, das war wohl das Wichtigste.

Aber nicht nur fußballerische Quickies waren in dieser Aufbauphase nach dem Krieg beliebte Formen der sportlichen Treffen. Haben sich nur zwei Mannschaften gemessen, so nannte man das „Freundschaftsspiel". Immer freundschaftlich ist es dabei aber nicht zugegangen. Es gibt kurze Zeitungsnotizen, dass bei solchen Treffen es durchaus zu Tumulten gekommen ist. Da gab es rabiate Spieler und unfähige Schiedsrichter, Proteste gegen Mitspieler und angeblich ungerechte Entscheidungen.

Das Freundschaftsspiel am 7. Okt. 1945 auf dem Ottensheimer Platz zwischen den Gastgebern Ottensheim und dem SV Freistadt verlief aber ohne Zwischenfälle und endete mit einer 0:2 Niederlage der Freistädter. Am 4. Nov. 1945 erspielten sich die Gastgeber Haslach eine gewaltige Niederlage gegen den SV Rohrbach: Das Endergebnis 0:6 war aber laut Berichterstatter der Mühlviertler Post durchaus gerechtfertigt: „Die Rohrbacher waren in allen Mannschaftsteilen den Heimischen weit überlegen, sodass das Ergebnis

---

14 Mühlviertler Post, 29. Sept. 1945, S. 2.
15 Mühlviertler Post, 4. Okt. 1945, S. 3.
16 Mühlviertler Post, 8. Nov. 1945, S. 2.

in diesem Ausmaße verdient ist."[16] Ebenfalls am 4. Nov. 1945 trafen sich die Mannschaften der SV Urfahr und des SV Steyregg in Steyregg. 300 Zuschauer verfolgten das Match, das 5:5 unentschieden endete. Eigentlich waren die Gastgeber weit besser, so urteilt der Berichterstatter[17], aber die zahlreichen Fehlentscheidungen des Schiedsrichters hätten dieses Ergebnis verursacht.

Wie schwierig die Organisation solcher Veranstaltungen war, kann sich heute kaum jemand mehr vorstellen. Allein die Terminvereinbarung setzte ein großes Organisationstalent voraus. Alles musste schriftlich erfolgen, wobei niemand abschätzen konnte, wie lange der Postweg dauerte. Eine gewisse Vorlaufzeit musste immer eingerechnet werden. Es war dann immer eine Zitterpartie, ob die beiden Mannschaften zur gleichen Zeit am gleichen Ort (Platz) zusammentrafen. Ein weiteres Problem war die Verpflegung. Zu dieser Zeit waren die Lebensmittel bewirtschaftet, jeder Spieler musste sich seine „Markerl" für die Würstel und das Bier, das er nach dem Spiel konsumieren wollte, selber mitnehmen. Noch ein Problem: der Transport. Transportmittel für Mannschaften und Betreuer waren im Herbst 1945 kaum vorhanden. Meist verwendete man Wehrmachts-LKWs, auf deren Ladefläche Holzbänke geschraubt waren. Bei Schlechtwetter wurde einfach die Plane übergezogen, bei Schönwetter hatten die Passagiere Cabrio-Feeling.

Aber manchmal hemmten ein unvorhergesehener Reifenschaden oder ein mehrstündiger Motoraussetzer die sportlichen Ambitionen der Fußballer.

Ganz prekär wurde die Transportsituation dann im November 1945. Die Zivilverwaltung Mühlviertel (ZVM) sah sich gezwungen, scharfe Maßnahmen zu verordnen. „Keine Möbel- und Personentransporte" titelte die Mühlviertler Post in ihrer Ausgabe vom 8. November 1945. Die Anordnung hatte folgenden Wortlaut: „Ab sofort, d.

i. ab 12. November 1945, wird bis auf weiteres im Bereiche Mühlviertel der gesamte Möbel=(Umquartierungsgut) und Personentransport eingestellt. Transporte mit Pferdefuhrwerken sind davon ausgenommen. ..."[18]

Die Mühlviertler Meisterschaft 1946

Unter diesen Voraussetzungen stand es schlecht um die für das Jahr 1946 geplante „Mühlviertler Meisterschaft". Fußballmatches, auch in Klein-

Fussballerdress 1946: Unterleibchen, Clothhose, Kniestrümpfe. Das Leder ist auch nicht ganz rund. Aufnahme 1946.

17 Mühlviertler Post, 8. Nov. 1945, S. 2.
18 Mühlviertler Post, 8. Nov. 1945, S. 2.

Angriff mit voller Wucht. Josef Prinz von der Freistädter Mannschaft durchbricht die feindlichen Linien. 1946.

räumen, wie es das Mühlviertel ist, setzten Personentransport voraus, und das war mit dieser Verordnung praktisch vorbei. Dass es nicht so dick gekommen ist wie die Verordnung der ZVM vermuten ließe, beweist die doch recht erfolgreiche Durchführung der „Mühlviertler Meisterschaft" im Jahr 1946.

Die restlichen Wochen des Jahres 1945 nützten die Mühlviertler Sportvereine, um eine rechtliche Basis für die weitere Vereinsarbeit zu schaffen: Sie führten Hauptversammlungen durch und diskutierten über die Aktivitäten im kommenden Jahr. Ein Beispiel: „Die Sportvereinigung Urfahr hielt kürzlich ihre Generalversammlung ab, in der das Gründungsmitglied Obmann Steininger den Tätigkeitsbericht erstattete. Von 50 Spielen konnten seit dem Einmarsch der Besatzungstruppen 26 gewonnen werden, 6 endeten unentschieden und 18 gingen verloren. Herr Steininger dankte allen jungen Funktionären, Spielern und Mitgliedern, die sich beim Wiederaufbau des Vereins eingesetzt haben. Die Neuwahl des Vereinsausschusses wurde nach den Statuten des Jahres 1927 mit Stimmzetteln durchgeführt ..."[19] Hier sollten wir eine Rechnung anstellen. Der Obmann berichtete von 50 Spielen seit Beginn der Besetzung des Mühlviertels. Bis zum Jahresende waren dabei etwas mehr als 7 Monate vergangen, etwa 30 Wochen. Das würde bedeuten, das die SV Urfahr etwa 1,7 Spiele pro Woche durchgeführt hätte. Eigentlich eine erstaunliche Anzahl, von denen nur 36% verloren wurden. Es konnte sich dabei nicht nur um Begegnungen mit den Russen handeln, denn die waren von vornherein verloren. Auch kaum ein ernst zu nehmender Vereinsfunktionär führte diese Spiele als vereinsrelevant. Diese liefen eher als Nebenwirkungen der Besatzungszeit, eben so, wie man es widerwillig duldete, dass man mit den Sowjets billigen Fusel soff oder als Treiber bei einer illegalen Jagd dabei war. Man wollte eben den Unmut der Besatzer nicht unnötig vergrößern.

Etwa zur gleichen Zeit veröffentlichte der Bundeskanzler Leopold Figl eine Regierungserklärung, in der es u. a. hieß[20]: „Wenn unsere Bevölkerung heute immer noch Not leidet und wir alle gerade in diesen Tagen vor Weihnachten es besonders schmerzlich empfinden, dass nirgends eine richtige Weihnachtsstimmung aufkommen kann, müssen wir uns nur an die Zeit vor sieben Monaten erinnern – es scheint uns heute so, als wenn es ebenso viele Jahre gewesen wären –, wo noch der Krieg im Zentrum von Österreich tobte,

Spannung auf dem Freistädter Platz: Vor dem Tor der der Auswärtigen wird es gefährlich. Aufnahme Mitte 1946.

19 Mühlviertler Post, 24. Dez. 1945, S. 2.
20 Aus der Regierungserklärung von Bundeskanzler Dipl.-Ing. Leopold Figl vom 21. Dez. 1945 im Parlament. Zitiert nach: Fellner Fritz: Das Mühlviertel - Eine Chronik Tag für Tag. Helbetschlag 1995.

wo wir uns aus den Kellern nicht hinauswagen konnten und nicht wussten, ob wir am nächsten Tag noch am Leben sein werden ... Die größte und heiligste Aufgabe aber für uns wird es sein, unsere Kinder über diesen Winter hinwegzubringen. Dazu möchte ich jetzt schon unsere ganze Bevölkerung zur Mithilfe auffordern ..." Dieses sehr düstere Stimmungsbild des Bundeskanzlers steht doch recht konträr zur reellen Situation im Mühlviertel. Existenziell bedroht von Hunger war hier wohl niemand, obwohl es wahrlich keinen Überfluss gegeben hat. Die Mühlviertler Sportler wurden in einer nicht ganz sportlichen Beziehung von ihren Wiener Kollegen beneidet: Zu Essen gab es hier ausreichend.

Ein turbulentes Jahr ging zu Ende. Im Fußballsport war ein erster guter Anfang gemacht. Sieben Mühlviertler Vereine wurden vom oberösterreichischen Fußballverband ausgesucht, sich sportlich in einer Meisterschaft zu messen. Es waren keine reinen Ortsmannschaften, die Reihen wurden vielfach durch „Auswärtige" verstärkt. Dies waren vielfach integrationswillige Flüchtlinge aus den letzten Kriegsmonaten[21] oder Bewohner der österreichischen Großstädte, die das Schicksal in die ländlichen Gegenden verschlagen hatte. So betrachtet waren die Mühlviertler Meisterschaftsmannschaften auch irgendwie international.

Am 15. Jänner 1946 wurden Steyregg und Grein in den oberösterreichischen Fußballverband aufgenommen[22]. Damit wurde indirekt „die Hoffnung ausgesprochen, dass im heurigen Frühjahr, wenn auch erst in freundschaftlichen Begegnungen, der Spielverkehr zwischen hüben und drüben aufgenommen werden kann." Hier sind die Mannschaften südlich der Donau gemeint, die sich bis dato nicht mit den Mühlviertler Mannschaften treffen konnten, weil sie durch die Demarkationslinie getrennt waren.

In den ersten Monaten des Jahres 1946 gab es einige Freundschaftsspiele zwischen den Mühlviertler Mannschaften, soweit es eben die Witterung erlaubte. „Noch sind die Sportplätze kleine Moräste, aber bald wird sie die Frühlingssonne trocknen. Dann erwacht das Leben wieder am grünen Rasen und die Bälle werden gegen das Tor fliegen."[23] Im März war es dann soweit: Die geplante Mühlviertler Meisterschaft wurde Realität. „Bei der am Mittwoch voriger Woche in Urfahr abgehaltenen Sitzung des oberösterreichischen

> **Mühlviertler Sportleben**
> **Wie steht's in Freistadt?** Der Sportplatz ist in einem betrüblichen Zustand. Arbeiterturn- und Sportverein turnt, spielt Fußball und will nun auch Tischtennis und Boxen einführen. Der Sportverein „Union", dem vorwiegend Studenten und Schüler angehören, ist sehr rührig. Der Freistädter Sportverein aber, der Rechtsnachfolger der 1938 aufgelösten SV. Freistadt, leidet an den Folgen der damals erfolgten Ausplünderung.

Mühlviertler Bote, 23. März 1946

Fußballverbandes mit den Vertretern der Mühlviertler Vereine kam eine Einigung zustande.[24] Sieben Mühlviertler Vereine, und zwar Steyregg, Grein, Ottensheim, Freistadt, Mauthausen, Gallneukirchen und Schwertberg, werden vom 7. April bis 28. Juli eine Meisterschaft mit Hin- und Rückspielen austragen." Als Vertreter aller Mühlviertler Vereine wurde Herr Rous aus Steyregg in den oberösterreichischen Fußballverband berufen.

---

21 Im August 1945 hielten sich allein in Freistadt mehr als 12.000 Flüchtlinge auf, die einerseits versucht haben, hier einen längeren Aufenthalt zu nehmen, andererseits auf einen Weitertransport gewartet haben.
22 Der Mühlviertler, Nr. 1, 18. Jän. 1946. Die Überschreitung der Demarkationslinie (ab 1. Aug. 1945 war das die Donau) war auch noch 1946 nicht nur für Einzelpersonen schwierig. Meist bedeutet das einen längeren Aufenthalt und unangenehmen Papierkram.
23 Der Mühlviertler, Nr. 6, 21. Feb. 1946.
24 Der Mühlviertler, Nr. 9, 14. März 1946.

Die erste Rund sah nur einen Sieger

Die erste Runde der Mühlviertler Meisterschaft sah nur einen Sieger: Schwertberg besiegte Freistadt mit 4:0. Die Spiele Ottensheim-Steyregg (0:0) und Gallneukirchen-Grein (3:3) gingen unentschieden aus. Der Berichterstatter schilderte das Zusammentreffen in Ottensheim folgendermaßen:[25] „Bei der Sportplatzeröffnung in Ottensheim trafen zwei Gegner zusammen, die sich das letzte abverlangten. Die Platzherren traten mit einer ziemlich neuen Mannschaft an, die einen guten Eindruck hinterließ. Mit dem Wind im Rücken gelang es den Einheimischen in der ersten Halbzeit einige gefährliche Angriffe nach vorne zu tragen, die aber an der tadellos arbeitenden Abwehr der Steyregger scheiterten. Die Gäste, die in diesen gefährlichen Minuten ihren Halbrechten durch eine Verletzung verloren, kämpften nur mehr mit zehn Mann. Langsam machten sie sich aus der Umklammerung los, trugen ihre eigenen Angriffe mit großem Schwung nach vorne, die aber am Tormann Steininger, der eine Glanzleistung bot, scheiterten. In der zweiten Halbzeit war die Überlegenheit der Steyregger drückend, denn sie standen ununterbrochen vor dem Tor der Ottensheimer. Doch die Stürmer aus Steyregg müssen noch viel lernen, wenn ihre Mannschaft in der Meisterschaft erfolgreich abschließen soll. Als Schiedsrichter amtierte Steininger einwandfrei."

Nach der zweiten Runde setzte sich Schwertberg klar an die Tabellenspitze, Freistadt ist Schlusslicht. Kommentar zum Spiel Mauthausen-Freistadt:[26] „Was eigentlich nicht passieren sollte, ist tatsächlich geschehen. Das Spiel musste 10 Minuten vor Schluss vom Schiedsrichter Grubner abgebrochen werden, weil die Gastgeber (die Mauthausener d. V.) keinen Reserveball zur Verfügung hatten."

Mühlviertler Bote, 14. Mai 1946

Mühlviertler Bote, 18. Mai 1946

Mühlviertler Bote, 25. Mai 1946

25 Der Mühlviertler, Nr. 13, 11. April 1946.
26 Der Mühlviertler, Nr. 14, 18. April 1946.

Steyregg als Sieger des ersten Durchganges

Nach der 3. Runde zeigte die Tabelle ein ähnliches Bild: Schwertberg verteidigte die Spitze, und Freistadt war weiterhin letztplatziert. Steyregg hat sich an die 2. Stelle gesetzt. Die Mannschaft aus Pregarten, die nicht bei der Meisterschaft dabei war, dürfte relativ stark gewesen sein, denn bei den Freundschaftsspielen gingen sie durchwegs als Sieger hervor. So z. B. siegten sie im Match gegen Gallneukirchen am 22. April 1946 mit 6:5!

In der vierten Runde setzte sich dann Steyregg durch einen Sieg gegen Schwertberg an die Spitze. Gallneukirchen ist nun Schlusslicht. Die vorletzte Runde des 1. Durchganges sah wieder Steyregg an der Tabellenspitze. Am 2. Juni stand dann Steyregg als Sieger des ersten Durchganges fest. Freistadt wurde von ihnen mit 12:1 besiegt.

Am 16. Juni 1946 war dann der 1. Spieltag der zweiten Serie der Mühlviertler Meisterschaft, und Steyregg setzte seine Siegesserie fort. Die dritte Runde brachte eine kleine Sensation. Erstmals siegte Gallneukirchen über Freistadt mit einen Rekordergebnis 11:1. Freistadt rutscht dadurch an das Tabellenende. Vierte Runde: Von den drei angesetzten Spielen fiel die Begegnung Grein-Schwertberg dem schlechten Boden zum Opfer. Freistadt wurde auf der Fahrt nach Ottensheim von einem Autodefekt betroffen, sodass das Spiel ebenfalls ausfiel.[27] In der nächsten Runde erreichte Steyregg ein Unentschieden gegen Grein, somit ist sie die einzige Mannschaft, die noch keine Niederlage erleiden musste. Das Spiel sahen etwa 1.000 Zuschauer. In der vorletzten Runde war es dann gewiss: Steyregg oder Ottensheim sind die Sieganwärter. „Die letzte Runde steht vor der Tür. Wie vorauszusehen, machen Steyregg und Ottensheim das Ende unter sich aus. Am Sonntag wird in Steyregg zwischen beiden Vereinen um den Titel gespielt. Steyregg ist gegenüber Ottensheim um einen Punkt im Vorteil, braucht also nur ein Unentschieden zu erreichen, um den Titel zu haben. Gelingt Ottensheim ein Sieg, dann fällt der Meistertitel ihm zu."[28] Das hat aber dann doch nicht ganz geklappt. Steyregg wurde erwartungsgemäß mit drei Punkten Vorsprung Mühlviertler Meister 1945/46. Der Lokalberichterstatter schrieb über dieses Spiel[29]: „Vor 500 Zuschauern kam es am Sonntag zwischen Steyregg und Ottensheim zum entscheidenden Spiel, bei dem der Meistertitel des Mühlviertels eindeutig an die bessere Elf fiel. Steyregg beginnt mit heftigen Angriffen, die aber in der Tornähe meist verflachen und dem Gegner die Möglichkeit der Abwehr geben. Vereinzelte Vorstöße von Ottensheim sind weit gefährlicher ... Ottensheim erzielt ein Abseitstor, Steyregg bald darauf ebenfalls eines. Fünf Minuten vor der Pause fabriziert Leibetseder eine ‚Kerze', wobei der Ball beim Niedergehen gegen das eigene Tor zieht und über den herausgelaufenen Tormann ins Netz springt. Nach Seitenwechsel drängt Ottensheim sehr stark. Die Abwehr von Steyregg ist des öfteren unsicher, und es hat den Anschein, nachdem Streinz den Ausgleich erzielen konnte, als ob Ottensheim doch noch gewinnen würde ... Nach einer Flanke von rechts begeht ein Verteidiger von Ottensheim ein Hands, der Schiedsrichter lässt weiterspielen und Schimpl erzielt den vielumjubelten Siegestreffer. Die letzte Viertelstunde gehörte eindeutig den Steyreggern. Schiedsrichter Steininger amtierte in dem schnellen und abwechslungsreichen Spiel einwandfrei."

Die Siegerehrung nahm unter anderem auch der Redakteur der Zeitung „Der Sport", Mühlberger, vor, diese hatte den Pokal gespendet. Anschließend begleitete die Musikkapelle Steyregg die Sieger in den Ort zu einer ausgiebigen Siegesfeier.

Die erste Meisterschaft war geschlagen. „Der Mühlviertler" fasste die Ereignisse kurz zusam-

---

27 Der Mühlviertler, Nr. 26, 11. Juli 1946.
28 Der Mühlviertler, Nr. 28, 25. Juli 1946.
29 Der Mühlviertler, Nr. 29, 1. Aug. 1946.

Sportecke des „M. B."

Steyregg – erster Mühlviertler Fußballmeister

Die Steyregger Fußballer haben es geschafft! Das sonntägige Spiel brachte ihnen mit der Palme des Sieges auch den Meistertitel. Sie sind die ersten Fußballmeister des Mühlviertels. Dabei machten es ihnen die Ottensheimer, die mit ihrem gesamten Anhang gekommen, nicht leicht, denn sie kämpften wie die Berserker. Kein Wunder auch, hatten sie doch noch Chancen, die allerdings verlungen waren und vertan, selbst wenn sie eine Punkteteilung zu erzwingen vermochten. Ausschlaggebend konnte für sie nur ein Sieg sein.

ten sie alsbald stark zurück, wurden schließlich in die Verteidigung gedrängt. Als Stadtmayer, der für Steyregg auf 2:1 gestellt hatte, schienen die Mannen aus Ottensheim resigniert zu haben. Daß in diesen letzten zwanzig Minuten nun nichts mehr passierte, war lediglich das Verdienst ihres ausgezeichneten Torhüters Steininger. Bei Steyregg war der Mittelläufer Halter der beste Mann im Feld. Schiedsrichter Steininger hatte den Kampf vom Beginn bis zum Schlußpfiff souverän in der Hand.

Mühlviertler Bote, 30. Juli 1946

Dem Sieger in der ersten Mühlviertler Meisterschaft 1946.
Die Redaktion
Der Sport

Quelle: SV Steyregg

men[30]: „Als am 11. April dieses Jahres zum ersten Mal in der Geschichte des oberösterreichischen Fußballsportes das Mühlviertel als ‚Staat im Staate' eine eigene Fußballmeisterschaft auszutragen begann, ahnte niemand, mit welch ungeheurer Ambition und Begeisterung alle teilnehmenden Vereine ihr Arbeitspensum erledigen würden. Zum Teil mit altem Herkommen kämpfend, – nicht jede Gemeinde, in der ein Verein besteht, brachte den Meisterschaftsteilnehmern das nötige Verständnis entgegen, – sich mit der besonders durch die Landschaft bedingten Schwierigkeiten eines geeigneten Sportplatzes abfindend, wurden dem allen zum Trotz nur mit einer kurzen Un-

---

30 Der Mühlviertler, Nr. 33, 29. Aug. 1946.

Steyregg	12	10	2	—	64	24	22
Ottensheim	12	9	1	2	40	13	19
Mauthausen	12	6	1	5	37	35	13
Grein	11	4	2	5	37	33	10
Schwertberg	11	4	—	7	18	28	8
Gallneukirchen	12	3	2	7	32	45	8
Freistadt	12	1	—	11	15	65	2

Mühlviertler Bote, 1. August 1946
Das in der Tabelle noch ausstehende Spiel zwischen Grein und Schwertberg endete 1:1

terbrechung die zwei Spielferien anstandslos ausgetragen. Dass es organisatorisch anfangs nicht immer ganz klappte ist in Anbetracht des ‚Meisterschaftsneulings' ganz nebensächlich."

In der neuen Spielsaison beteiligen sich noch die Vereine von Gramastetten und Steg an der Meisterschaft. „Eifriges Training und Trachten nach Verstärkung der eigenen Mannschaft wird die kommende neue Meisterschaft sicherlich wieder zu einem spannenden Wettbewerb gestalten, dem diesmal als Lohn der Mitbewerb an den Aufstiegsspielen winkt."[31]

Im Laufe des Jahres 1946 hat sich die Situation der Mühlviertler Fußballer normalisiert: Die Russenspiele wurden immer weniger, ein geregelter Spielbetrieb hatte seinen Anfang genommen. Die sportlichen Leistungen waren der Zeit und den Umständen angepasst: Man hatte wenig Zeit zum Trainieren und auch keine Kraftnahrung. Die Kalorien wurden genau gezählt, und Sportler erhielten keinen Schwerarbeiterzuschlag. Die täglichen amtlich genehmigten Kalorien schwankten so zwischen 750 und 1500, je nach Wirtschaftslage.

Auch die sowjetische Erbsenspende hat aus den Mühlviertlern keine Spitzensportler gemacht[32]. Aber das sind sie auch jetzt nicht, trotz bester Ernährungslage. Rückblickend gesehen hat man all die Schwierigkeiten ganz schnell und ohne viel Aufhebens in den Griff bekommen: Transport, Verpflegung, Verwaltung, Betreuung, alles stimmte irgendwie. Und Spaß hat es auch allen Beteiligten gemacht. Das war wohl die Hauptsache. Gratulieren wir dem SV Steyregg zum Meisterschaftstitel 1945/46. Unter diesen Umständen war er wohl verdient. Bewundern wir die unterlegenen Mannschaften, die es zustande gebracht haben, zu einem bestimmten Zeitpunkt an einem bestimmten Ort zu sein, obwohl die Straßen miserabel und die Fahrzeuge unzuverlässig waren. Normalisierung war angesagt, und diese wurde gerade von den Fußballvereinen gepflegt. Bravo den Kickern der subalternen Vereine, ihr habt einen ersten wichtigen Schritt zur Normalisierung im Mühlviertel gemacht.

Sportecke des „M. B."

Zwei Fußballer kehrten heim

Der weit über die Grenzen Oberösterreichs hinaus bekannte Mittelläufer und mehrmalige Internationale, Max Wöß, ist aus amerikanischer Gefangenschaft zurückgekehrt und hat sich seinem Stammverein Admira (Urfahr) wiederum zur Verfügung gestellt. — Auch Michael Freudenthaler ist zurückgekehrt und wird nun wieder bei der SV. Urfahr spielen.

Mühlviertler Bote, 4. Juli 1946

---

31 Der Mühlviertler, Nr. 33, 29. Aug. 1946.
32 Es ist nicht bekannt, ob überhaupt ein Kilo dieser legendären russischen Lebensmittelhilfe je das Mühlviertel erreicht hat. Zumindest berichten einige Zeitzeugen mit ähnlicher Abscheu darüber wie seinerzeit über den sogenannten Bayerischen Hilfszug, der 1938 den Bewohnern des Mühlviertels mit Eintopf über die „ärgsten Hungersnöte" hinweghelfen sollte. Anscheinend war beides ungenießbar, sogar für die gar nicht verwöhnten Mühlviertler Mägen. Die russischen Erbsen hatten ein

Die Sorgen der Mühlviertler

Dass sich die Mühlviertler in diesen unmittelbaren Nachkriegsjahren nicht nur um Fußball kümmerten, sondern auch andere Sorgen hatten, belegen die nachfolgenden Zeitungsüberschriften:

Die Heimkehr der Kriegsgefangenen (Der Mühlviertler, Donnerstag, 4. April 1946)

Mit Bangen gehen die Bauern abends zur Ruhe – Mühlviertler Nachtleben - Die Landbevölkerung in den weitverteilten Einschichthöfen ist völlig wehrlos (Der Mühlviertler, Donnerstag, 9. Mai 1946)

11. MÄRZ 1938 – Gott schütze Österreich – Weder Kerker noch Konzentrationslager konnte unsere Zuversicht erschüttern! EIN TATSACHENBERICHT von Hans Sebinger

Baldige Räumung Österreichs – Der Londoner „Observer" veröffentlichte auf der ersten Seite seiner Sonntagsnummer folgende Meldung eines diplomatischen Korrespondenten: „Eine drastische Herabsetzung der Besatzungstruppen in Österreich wurde soeben von der Alliierten Kommission beschlossen. Dies ist das Resultat langwieriger Verhandlungen, in welchen die Engländer immer wieder die Notwendigkeit der Herabsetzung der Besatzungsmacht betonten."

Gestohlen wurden: Nachts zum 24. April dem Johann Gattringer in Stammersdorf bei Herzogsdorf ein vier Jahre altes Pferd; Ortsfeuerwehr Felsleiten, Gemeinde Herzogsdorf, aus dem versperrten Zeughaus 135 Meter Schläuche und sonstiges Löschgerät; in der Nacht zum 27. April aus dem Bauernhof des Josef Schwarz in Schlammersdorf 6, Gemeinde Alberndorf, zwei Schweine im Gewichte von je 50 Kilogramm (ein gestohlenes Schaf haben die Täter vom Wagen verloren); in der gleichen Nacht wurde dem Bauer Franz Niedermayr in Langzwettl eine zehnjährige Stute gestohlen.

Ein SA-Obersturmbannführer im Mühlviertel aufgegriffen – Plazotta, ein Beteiligter am Kanzlermord

Die Ernährungslage in Österreich – Einfuhr von 300.000 Tonnen Lebensmitteln in diesem Jahr notwendig

Er ist da - der Urfahrer Jahrmarkt! – Ein bescheidener Anfang, jedoch ein Paradies für alle Kinder - Die Geschäftsleute sind ausgeblieben (Der Mühlviertler, Donnerstag, 2. Mai 1946)

Keine wesentlichen Kürzungen – ...weisung wird um die Hälfte verringert – Nur die Kart...

Rupert Leukauf zum Tod durch den Strang verurteilt – Wer ist für die übrigen Vergiftungen verantwortlich?

Konrad Rosenbauer
TECHNISCHE GROSSHANDLUNG
Technische Bedarfsartikel aller Art, Gummiplatten, Riemen, Gas-, Hanf- und Gummischläuche, Armat...
LINZ-DONAU,

Die Mühlviertler Kuh

„Bist du das Rindvieh, das in der Zeitung immer behauptet, ich gebe zu wenig Milch ab?!" Hintergrund dieser Karikatur ist die Tatsache, dass die Bauern damals, um der Milchlieferverpflichtung zu entgehen, die Milchleistung ihrer Kühe immer krass untertrieben.

F. St.

Was bekommen die Kriegsopfer?

"DAS HABEN SIE NICHT VERKRAFTET, DIE GESTANDENEN ÖSTERREICHER"

von Robert Hummer

Es gilt als offenes Geheimnis, dass die Heimatvertriebenen nach 1945 eine bedeutsame Stütze des Wiederaufbaus und Wirtschaftsaufschwungs waren. Weniger bekannt ist die durchwegs prominente Rolle, die sie und ihre Klubs im oberösterreichischen Nachkriegsfußball gespielt haben.

Oberösterreich fungierte nach 1945 als ein Zentrum der Wander- und Fluchtbewegungen. In keinem anderen österreichischen Bundesland waren in der unmittelbaren Nachkriegszeit mehr Flüchtlinge anzutreffen. Unter ihnen stellten die etwas mehr als 150.000 deutschsprachigen Heimatvertriebenen das größte Segment. Umgesiedelt, vertrieben oder geflüchtet kamen sie aus den deutschsprachigen Gebieten Mittelosteuropas nach Österreich. Die Umstände ihrer Flucht waren äußerst widrig: Ausgestattet mit dem Notdürftigsten, erreichten sie – oftmals der Gefahr alliierter Bombardements ausgesetzt – nach Wochen oder gar Monaten das Land, das für viele

Foto: Siebenbürgen-Institut, Gundelsheim/Neckar
Aufbruch zur Flucht in Billak, Nord-Siebenbürgen, September 1944.

Damit man über diese menschlichen Extremsituationen nicht allzu leicht darüberliest, empfehle ich: Schlagen Sie in Ihrem Atlas eine Mitteleuropakarte auf und lokalisieren Sie Baja-Mare in Nordsiebenbürgen. Und dann fahren Sie langsam mit dem Finger die ungefähre Route dieses Flüchtlingstrecks nach, bis nach Österreich, und werfen Sie zwischendurch immer wieder einen Blick auf die Ochsenkarren, um sich deren „Geschwindigkeit" vor Augen zu führen ... und denken Sie daran: Es wird schon Herbst, und zumindest die Nächte sind schon empfindlich kalt ...

von ihnen zu einer neuen Heimat werden sollte. Eduard Stanek hat die in mehrfacher Hinsicht dramatische Situation vieler Betroffener mit folgenden Worten beschrieben: „Kolonnen ausgemergelter Menschen, meist Greise, Frauen und Kinder – die wehrfähigen Männer waren entweder gefallen, kriegsgefangen oder in den Lagern ihres ehemaligen Heimatlandes interniert – trieb man über die Grenze nach Österreich, in ein Land, das ihnen nicht mehr bieten konnte als Hunger und Massenquartiere in verlassenen Barackenlagern der Wehrmacht und des Reichsarbeitsdienstes, in leerstehenden Kasernen, Fabriken und Schulen."

Potsdam blieb Stückwerk

In Österreich angekommen, erhielten Donauschwaben, Siebenbürger Sachsen oder Sudetendeutschen die Sammelbezeichnung „Volksdeutsche" (in amtlichen Dokumenten als „VD" abgekürzt). Dabei handelte es sich eigentlich um eine nationalsozialistische und dementsprechend irreführende Namensgebung, nicht zuletzt weil so manche dieser Menschen in gemischtsprachigen Gebieten aufwuchsen und die deutsche Sprache dort – wenn überhaupt – nur als Zweitsprache benützten. Ursprünglich hätten die „Volksdeutschen" auf Grundlage der alliierten Beschlüsse von Potsdam (1945) nach Deutschland transferiert werden sollen. Dieser Aspekt des Potsdamer Abkommens blieb aber aufgrund der beschränkten Aufnahmekapazität nur Stückwerk. Neben denen, die den Sprung nach Deutschland schafften, wanderte viele Heimatvertriebene im Laufe der Jahre weiter, unter anderem nach Frankreich, Schweden, Südamerika, Australien, Kanada und in die USA. Ein beträchtlicher Teil blieb in Österreich, wobei der unter amerikanischer Kontrolle stehende Teil Oberösterreichs das primäre Siedlungszentrum bildete.

Während die Umsetzung von Potsdam zusehends unrealistischer wurde, erkannten heimische Entscheidungsträger allmählich das wirtschaftliche Gewicht der Heimatvertriebenen. Schließlich legten die „Volksdeutschen" im Baugewerbe und vor allem auch in der Industrie kräftig Hand an. Gerade mit Blick auf die Expansion der VÖEST darf ihre Bedeutung für den Wirtschaftsaufschwung nicht unterschätzt werden. Nach Michael John waren sie schließlich „von Anbeginn in der österreichischen Wirtschaft tätig und substituierten damit in den fünfziger Jahren die Anwerbung auswärtiger Arbeitskräfte, die in anderen Ländern früher eingesetzt hatte". In einer durchaus heiklen diplomatischen Situation wurden von Seiten der Politik – vor allem mit dem 1954 verabschiedeten Optionsgesetz – leise Schritte in Richtung einer staatsbürgerschaftlichen Integration gesetzt. Nach und nach eröffnete sich für die Vertriebenen die Möglichkeit, ihren „Personalausweis für Ausländer und Staatenlose" durch die österreichische Staatsbürgerschaft zu ersetzen. Viele nahmen diese Chance auch wahr, zumal sie in Oberösterreich längst Wurzeln geschlagen hatten.

Die Zentren der Ansiedelung lagen ausschließlich südlich der Donau, vor allem aber in Linz sowie in den Vororten und Umlandgemeinden der Landeshauptstadt. Gemeinden wie Traun – wo die Baugründe vergleichsweise erschwinglich waren – erlebten in diesen Jahren einen enormen Zuzug. Noch heute dürfte nach Schätzungen der Stadtgemeinde Traun knapp ein Drittel der Bevölkerung der Gruppe der Heimatvertriebenen bzw. deren Nachkommen zuzurechnen sein.

Wenige Kilometer entfernt liegt die zur Stadtgemeinde Ansfelden zählende Ortschaft Haid. Auf dem Gelände eines ehemaligen Kriegsgefangenenlagers entstand dort das – wie Harry Slapnicka in einem Aufsatz über die Vertriebenen schrieb – mit 93 Objekten und 3300 Bewohnern größte Flüchtlingslager Oberösterreichs. Das Lager war mit einer – den Umständen entsprechend – ansehnlichen Infrastruktur ausgestattet. So gab es dort neben zwei Gaststätten, zwei Lebensmittelgeschäften, zwei Kirchen, Jugendheimen, Schulen, einem Krankenrevier und einem Kindergarten auch einen Fußballplatz.

Kicken im Lager

Nicht zuletzt für die heranwachsenden Burschen – heute würde man sie als ‚zweite Generation' bezeichnen – stellte der Fußball einen wesentlichen Aspekt des Lagerlebens dar. Im Lager wimmelte es damals nur so von hoffnungsfrohen jungen Kickern, und für einen von ihnen ging der Traum von der Profikarriere dann tatsächlich in Erfüllung: Hans Kondert. Als Mitglied jener LASK-Mannschaft, die 1965 als erste Provinztruppe die österreichische Meisterschaft gewann, und späterer Legionär in der deutschen Bundesliga wurde er zu einem der berühmtesten Söhne des Lagers. Kondert wurde 1944 in Sächsisch Regen geboren, das heute zu Rumänien gehört und damals vorwiegend von Ungarn und deutschsprachigen Siebenbürger Sachsen bewohnt war. Da seine Eltern auch Ungarisch sprachen, wurde er nicht nur Hans oder Johann, sondern auch Janos gerufen. Gemeinsam mit seiner Mutter und drei Geschwistern kam er nach monatelanger Flucht im Dezember 1946 nach Haid. Dort stieß auch sein Vater wieder zur Familie, und zwei weitere Geschwister kamen zur Welt. Die achtköpfige Familie musste rund zehn Jahre lang mit einem 27 m² kleinen Wohnraum auskommen, ehe sie in eine größere Baracke umziehen konnte.

„Es war jämmerlich, wie man da aufgewachsen ist und gelebt hat", erinnerte sich Kondert in einem Interview mit Elisabeth Kotvojs und Georg Spitaler an seine Kindheit zurück. Mit großem Ehrgeiz kickte der spätere LASK- und VÖEST-Trainer mit seinen Freunden, schließlich hatte man die Vorstellung, irgendwann nach Wien zu fahren und bei „Bimbo" Binder einfach vorzuspielen. Daraus wurde freilich nichts, statt Rapid hieß für Kondert der erste Verein ASK Nettingsdorf. In Haid spielte er nie in organisierter Form, weder für die Lagermannschaft (für die er zu jung war) noch für den 1956 gegründeten Klub Union KJ Haid (aufgrund seines evangelischen Glaubens). So zerriss er seine ersten Fußballschuhe für den Werksverein der Nettingsdorfer Papier-

Der ehemalige Flüchtlingsbub Hans Kondert (links) zeigt heute den Kindern die Geheimnisse der Fußballtechnik.

fabrik. 1962 gelang ihm dann – noch nicht einmal 18-jährig – der Sprung zum LASK, wo er sich schon bald gegen hochkarätige Konkurrenten einen Namen machen konnte. Bei Heimspielen unterstützte ihn stets eine Hundertschaft aus Haid: „Und wenn wir eingelaufen sind, haben sie sich immer bemerkbar gemacht. ... Aber die waren dort und haben gezeigt, ja wir sind da und unterstützen dich, du bist einer von uns. Und sie waren stolz irgendwie: Einer von uns Flüchtlingskindern hat's geschafft dorthin zu kommen."

Tanz und Fußball

Stolz auf Hans Kondert war auch Toni Hermann. Für ihn, der zehn Jahre vor Kondert im ehemaligen Jugoslawien geboren wurde und für

OÖ. Landesarchiv, Fotosammlung
Das Barackenlager Niedernhart („Wohnsiedlung 65") war das größte Flüchtlingslager im Stadtgebiet von Linz

Blaue Elf Linz, Union Edelweiß und Sankt Dionysen spielte, war der LASK-Star immer auch ein Symbol für das fußballerische Können der Heimatvertriebenen. Hermann verbrachte lange Jahre selbst im Lager, allerdings nicht in Haid, sondern im Linzer Stadtteil Niedernhart. In der als Lager 65 bezeichneten Barackensiedlung kickte er zunächst für die örtliche Lagerauswahl. Diese als SVL 65 antretende Truppe (aus der wiederum der Verein Union Edelweiß hervorging) hatte auf dem Lagergelände einen eigenen Fußballplatz, mitten durch das Spielfeld führte – wie amerikanische Luftaufnahmen zeigen – ein Fußweg. Gespielt wurde in der Regel am Sonntagnachmittag, wobei die Teams der verschiedenen Lager gegeneinander antraten. Wenngleich es um keine Meisterschaftspunkte ging und kein Cup gewonnen werden konnte, zählten diese Spiele zu den soziokulturellen Höhepunkten des Lagerlebens. Der mittlerweile in Traun lebende Toni Hermann: „Da waren alle dort – ob Frauen, Männer oder Kinder. Da hat es nichts anderes im Lager gegeben: Samstagabend war Tanz und am Sonntag war Fußball. Sonst vielleicht noch Kino, aber mehr nicht."

Wir stellen vor:
Klassenneuling Union SC. 60 Breitbrunn

Foto: SC Hörsching
Union SC 60 Breitbrunn Foto „Der Sport" 6.8.1947

Nach den Erzählungen von Toni Hermann brachten die Flüchtlingslager eine Reihe äußerst talentierter Fußballer hervor. Neben Kondert müssten in diesem Zusammenhang auch Namen wie Eisemann oder Matthias „Jupp" Jünger genannt werden. Letzterer kickte unter anderem für den LASK und nach seiner Emigration in die USA für Blau-Weiß Gottschee. Als Jünger später mit seinem New Yorker Klub im Rahmen eines Freundschaftsspiels gegen den LASK nach Linz kam, übernachtete er selbstverständlich bei Toni Hermann, seinem alten Mannschaftskollegen bei SVL 65.

Sowohl Eisemann als auch Jünger verdienten sich ihre ersten Sporen bei einem Klub, der als SC 60 Breitbrunn ein in vielerlei Hinsicht außer-

Foto: SC Hörsching
Mannschaft SC 60 Breitbrunn

Foto: SC Hörsching
Lokalderby des SV Hörsching gegen die damals ungeliebten Zuwanderer aus Breitbrunn

gewöhnliches Kapitel oberösterreichischer Fußballgeschichte schrieb. Für Hermann stellte der im Lager 60 gegründete Verein, aus dem später der SC Hörsching wurde, nicht nur eines der besten Teams der Nachkriegszeit. Breitbrunn war für ihn und viele andere fußballbegeisterte Heimatvertriebene auch ein Identitätsstifter: „Da haben früher nur unsere Leute gespielt. Hörsching war nicht so groß, da waren mehr Leute im Lager als im Dorf. Breitbrunn hat damals eine Mannschaft gehabt, da hat der LASK keine Chance gehabt."

Erfolge und Schikanen

Nach den Angaben des Breitbrunn-Chronisten Hans Aumayr bildete sich im Lager 60 bereits im Herbst 1945 eine Lagermannschaft. Die erste Spielkleidung wurde laut Vereinschronik von den Frauen des Lagers aus – von den amerikanischen Besatzern zur Verfügung gestellter – Fallschirmseide genäht. Nachdem der Anschluss an den örtlichen Fußballverein scheiterte, gründete man den SC 60 Breitbrunn, der 1946 dem OÖFV beitrat. Die enorme Spielstärke der Breitbrunner sorgte schon bald für Schlagzeilen. Auf Anhieb gewann das Team der „volksdeutschen" Flüchtlinge den Meistertitel der 2. Klasse (Gruppe A) und stieg über die Qualifikationsspiele in die 1. Klasse auf, der zu diesem Zeitpunkt höchsten Spielklasse des Bundeslandes.

Endstand der 1. Klasse des Meisterschaftsjahres 1947/48:

1947/48								
RANG	VEREIN	SPIELE	GEW	UNE	VER	TO	RE	PUNKTE ANM
	1. Klasse							
1	LASK	20	16	3	1	99	24	35
2	SK Vorwärts Steyr	20	13	3	4	61	17	29
3	SK Admira Linz	20	11	2	7	57	24	24
4	SK Amateure Steyr	20	11	1	8	50	41	23
5	ASK Sparta	20	9	2	9	36	35	20
6	SV Urfahr	20	8	3	9	41	58	19
7	U SC 60 Breitbrunn	20	7	3	10	34	36	17
8	Welser SC	20	6	5	9	49	53	17
9	SK Hertha Wels	20	6	5	9	30	56	17
10	Ennser SK	20	4	6	10	25	45	14
11	ESV Westbahn Linz	20	5	2	13	36	53	12

Erstellt von D. I. Hans Aumayr, SC Hörsching
Nach dem Aufstieg in die 1. Klasse spielte Breitbrunn in Augenhöhe mit den oberösterreichischen Spitzenklubs

Mit „warmer Sympathie" kommentierte „Der Sport", das offizielle Medium des Oberösterreichischen Landessportamts, den Aufstieg: „Jeder Kenner dieses Sportklubs weiß, dass in seinen Reihen keine Ausländermentalität zu finden ist. ... Wir sehen dem künftigen Wirken der erfolgreichen und doch bescheidenen Mannschaft des SC Breitbrunn mit Erwartung entgegen und hoffen, dass eine objektive Sportkennerschaft die disziplinierte Fußballelf so achten wird, wie sie es als Pionier fairster Sportgesinnung schon lange verdient."

Diese durchaus wohlwollende Haltung fand keinesfalls ungeteilte Zustimmung. Im selben Blatt wurde in diesen Tagen eine „endgültige Bereinigung der Frage um das Spielrecht von versetzten Personen" gefordert. Dabei handelte es ich um eine verbale Speerspitze, die sich nicht zuletzt in Richtung Breitbrunn richtete: „Wir treffen heute noch viele Mannschaften an, in denen noch mehrere Ausländer mitwirken. Sie spielen in Mannschaften im oberösterreichischen Meisterschaftsbewerb, sei es nun in der ersten oder zweiten Klasse. Es liegt in der primären Tendenz auch einer heimischen Fußballmeisterschaft, dass sie nur von bodenstämmigen Spielern bestritten wird, denn mit welchem Recht kann sich eine Mannschaft, die zum Beispiel durch Verstärkung mit Ausländern eine heimische Konkurrenz gewinnt, als wirklich rechtmäßiger Titelträger bezeichnen?" Breitbrunn belegte in der Saison 1947/48 in der höchsten Spielklasse auf Anhieb den achten Platz, in der Rückrunde konnte sogar Vizemeister Vorwärts Steyr bezwungen werden. Derartige Erfolge gossen nach Auffassung von Toni Hermann wohl noch zusätzlich Öl ins Feuer: „Das war ihnen ein Dorn im Auge. Das haben sie nicht verkraftet, die gestandenen Österreicher."

Entgegen dem Willen der amerikanischen Besatzungsmacht wurde von Seiten des OÖFV dann tatsächlich eine Ausländerklausel eingeführt, was sowohl für Breitbrunn als auch für die 1948 ebenfalls aufgestiegene Linzer Hakoah dramatische Folgen hatte. Im Endeffekt begann die Landesligasaison 1948/49 zwar unter den bis dato üblichen Bedingungen, im Laufe des Wettbewerbs wurde dann aber das Regelement geändert und die beiden „Ausländervereine" durften nur mehr außer Konkurrenz mitwirken. Obwohl Breitbrunn hinter Vorwärts – und noch vor dem LASK – inoffizieller Vizemeister wurde, musste der Klub zwangsweise absteigen. Trotz des Abgangs einiger arrivierter Spieler steckte man nicht auf und kehrte 1952 in die oberste Landesklasse zurück. Die alten Erfolge blieben jedoch unerreicht, nach vier Spielzeiten stieg Breitbrunn wieder ab. Retrospektiv darf sich der Klub aus dem Lager 60 dennoch als erfolgreichster Vertreter der deutschsprachigen Heimatvertriebenen bezeichnen. Andere Vereine mit ähnlichem Hintergrund – etwa Union Edelweiß, Union Haid oder Viktoria Marchtrenk – kamen zu keinem Zeitpunkt an die damalige Leistungsstärke des SC 60 Breitbrunn heran.

Mit etwas niedrigeren Barrieren als Breitbrunn waren die einzelnen Spieler aus den Lagern konfrontiert. Hans Kondert wurde zwar vereinzelt als „Lagertschusch" verunglimpft, erlebte den Fußball aber auch als eine Möglichkeit, eine bessere Behandlung zu erfahren, als es für Leute aus dem Lager zu dieser Zeit üblich war. Er selbst machte nie einen Hehl aus seiner Herkunft und kehrte auch immer wieder nach Haid zurück. Dort warteten meistens schon die Buben auf ihn, um mit ihm auf der Straße zu kicken. Auch Toni Hermann musste sich Beschimpfungen gefallen lassen, die sich weitgehend auf seinen im Lager 65 entstandenen Verein Union Edelweiß bezogen: „Wir waren immer die Tschuschen." Auf der anderen Seite wurde er als Heimatvertriebener bei Blaue Elf Linz stets bestens behandelt. Als später Tormann Franz Lindenberger und ein Funktionär des LASK ins Lager kamen, um ihn zu den Athletikern zu holen, lehnte er aus Scham über sein kümmerliches Barackenzimmer ab. „Das war eine falsche Scham", so der pensionierte Schneider im nachhinein. Seine Liebe zum Fußball hat durch diese Episode keinen Abbruch erlitten, im Gegenteil: Toni Hermann spielte lange Jahre im Unterhaus weiter, sein vorläufig letztes Spiel absolvierte er für die Senioren von Sankt Dionysen im Alter von 72 Jahren.

Der Autor dankt Georg Spitaler für wertvolle Tipps sowie für die Überlassung des Interviews mit Hans Kondert. Siehe diesbezüglich auch Barbara Liegl/Georg Spitaler: Legionäre am Ball. Migration im österreichischen Fußball nach 1945, Wien 2008 (erscheint Ende April).

STREIFLICHTER AUS DER GESCHICHTE DES FUSSBALLS IM SALZKAMMERGUT
Von den Anfängen bis in die Nachkriegszeit

von Wolfgang Quatember

Nicht Tabellen und Ergebnisse stehen im Blickfeld dieser kurzen Geschichte, sondern heute kurios anmutende Ereignisse und schlichtweg Vergessenes aus der Fußballgeschichte im südlichsten Gebiet Oberösterreichs.

Sein vermutlich erstes Fußballspiel überhaupt sah das Salzkammergut 1908 in Bad Ischl. Damals spielte der eben gegründete LASK gegen ein „Sommerfrischlerteam", bestehend aus Kurgästen, das der LASK prompt mit 1:11 verlor.

Es hat somit den Anschein, als hätte, ohne es zu wollen, der Kaiser den Fußballsport ins Salzkammergut gebracht, denn sein Sommersitz in Ischl zog zahlreiche internationale Adelige und bürgerliche Kurgäste an, die offensichtlich mit dem hierorts noch unbekannten Ballsport bereits in Berührung gekommen waren. Fußball war um die Jahrhundertwende durchaus noch eine elitäre sportliche Betätigung, mit der die in der Mehrheit dem Arbeitermilieu angehörenden „Einheimischen" nichts anzufangen wussten.

Die Gründung der Salzkammergutvereine erfolgte ab dem Jahr 1921. Als erster entstand der „Gmundner Fußballkub" am 9. 7. 1921 auf Initiative des Majors Friedrich Butula. Nahezu gleichzeitig kam es auch in Ebensee zu einem Spielbetrieb. Die „Neueste Post" berichtete am 2. 10. 1921:

„Sonntag, den 2. Oktober (1921), findet am Gmundner Fußballplatz (Reitwiese des Herzogs von Cumberland) das zweite Freundschaftsspiel zwischen Gmunden und Ebensee statt. Anstoß 3 Uhr nachmittags. (…) Es wäre wünschenswert, dass sich die einheimische Bevölkerung zu den Fußballwettkämpfen oft und in großer Zahl als Zuschauer einfindet, um dieses spannende, an Abwechslung reiche Spiel durch wiederholten Augenschein kennen zu lernen. Dann werden auch die hier noch bestehenden Vorurteile gegen diesen zweifellos schönsten Rasensport schwinden." (Neueste Post, 2. 10. 1921)

Beide Spiele gewann übrigens der FK Gmunden. Dass der Herzog von Cumberland seine Reitwiese zur Verfügung stellte, ist ein weiterer Hinweis auf den elitären Charakter der Sportart.

Die offizielle Gründung des Vereines SK Ebensee erfolgte 1922. Zwar soll auch im Arbeiterort Ebensee der sozialdemokratische Arbeiter-Turn- und Sportverein mit dem Fußball geliebäugelt haben, jedoch, so die Überlieferung, hätte der SK Ebensee damals alle personellen Ressourcen an sich gebunden, weswegen sich der ATSV traditionellerweise dem Turnen und dem Handballspiel widmete.

In dieser frühen Phase war im Fußball die Turnierform noch vorrangig. Trotzdem beteiligten sich die Gmundner bereits an der Welser Gaumeisterschaft und mussten gegen ungleich stärkere Vereine antreten.

Im Herbst 1923 wurde auf Anweisung des oö. Fußballverbandes eine „Salzkammergut-Gau-Meisterschaft" gestartet. Die ersten Mannschaften und somit ältesten Vereine des Salzkammerguts waren Gmunden, Ebensee, Altmünster und Steyrermühl (in Bad Goisern wurde 1923 ebenfalls ein Verein gegründet). Die Spiele fanden anfangs alle in Gmunden zwischen Ende September und Ende Oktober statt. Geregelte Spielzeiten gab es keine. Meistens war um halb zwei Spielbeginn,

SV Ebensee, Mannschaft 1925, Chronik: SV Ebensee

und das *„P. (pleno) T. (titulo) Publikum wurde um pünktliches Erscheinen ersucht"*. (Festschrift 50 Jahre Ebensee Sportvereinigung 1922 - 1972, s. 6

In Bad Ischl ging der Fußballverein aus dem nach dem 1. Weltkrieg gegründeten „Reichsbund der katholisch deutschen Jugend", der späteren „Deutschen Jugendkraft" hervor. Als Gründungsdatum gilt der 3. Mai 1925. An diesem Tag wurde der Sportplatz am ehemaligen Holzplatz der k.k. Reichsforste nahe dem Bahnhof eingeweiht, aber nicht, wie man vermuten könnte, mit einem Fußballspiel, sondern mit einem damals viel populäreren Schauturnen.

Die Anreise zu den Auswärtsspielen nahm gehörige Zeit in Anspruch, weil die Spieler Ende der 20er Jahre mangels finanzieller Möglichkeiten und anderweitiger Transportmittel nur mit Fahrrädern zu den Spielstätten gelangen konnten. Als legendär werden die Zustände der Plätze beschrieben: Manche Plätze wiesen eklatante Schieflagen auf, sodass beim Elfmeter oder Freistoß ein Stein hinter den Ball gelegt werden musste, um ein Wegrollen zu verhindern. Auf anderen Plätzen wiederum standen mitten im Feld Telegraphenmasten, die wie einen Gegner umspielt werden

wollten, oder aber die Masten wurden beim Ausschuss vom Tormann ungewollt getroffen, sodass er den zurückspringenden Ball wieder fangen musste. (Festschrift, 50 Jahre Sportvereinigung Bad Ischl 1925 - 1975, s. 19)

Die österreichweiten innenpolitischen Auseinandersetzungen in den 30er Jahren schlugen sich, folgt man der Berichterstattung in den Chroniken und in der Regionalpresse, zumindest vordergründig kaum auf den Fußballbetrieb nieder. Als im Februar 1934 alle sozialdemokratischen Vereine aufgelöst und verboten wurden, konnte im Fußball durch die Notlösungen von Fusionierungen und Vereinsumbenennungen der politische Druck gemildert werden.

Der SK Gmunden feierte in den 30er Jahren große Erfolge und spielte während einiger Saisonen in der höchsten oberösterreichischen Klasse. 1936 scheiterte die Mannschaft nach Siegen über Vorwärts und Amateure Steyr, das Spiel fand übrigens unter Beisein von Landeshauptmann Heinrich Gleißner statt, erst im Finale des oö. Landescups am SK Admira Linz.

Ab dem März 1938, aber viel mehr noch nach Kriegsbeginn, kam der Spielbetrieb sukzessive zum Erliegen. Vereine wurden aufgelöst, in

Bad Ischl, ca. 1937, Festschrift 50 Jahre Sportverein Bad Ischl 1975 (mittlere Reihe 1.v.links. Franz Föttinger)

Bad Ischl konfiszierten die NS-Machthabern im Spielerheim alles, was nicht niet- und nagelfest erschien, Wimpel, Pokale, Schriftstücke etc. Bis 1938 war auch der spätere Widerstandsaktivist gegen den Nationalsozialismus, Franz Föttinger, im Ischler Team. Föttinger wurde wegen politischer Betätigung 1942 zu KZ-Haft verurteilt.

Der Neubeginn nach dem 2. Weltkrieg wird in einer Festschrift des Ebenseer SV folgendermaßen geschildert und dürfte zweifellos auch auf alle anderen Salzkammergutvereine zutreffen

„Kriegsende, die ehemalige Mannschaft in alle Winde zerstreut, viele Gefallene, ein Großteil der einst so hoffnungsvollen Jugend angehörend. Einige Unentwegte sammeln sich wieder, suchen die vorhandenen Dressen-Reste zusammen und spielen in Grün-Weiß unter dem Namen ATUS (Arbeiter-Turn- und Sportverein) einige Freundschaftsspiele. Im Herbst 1945 beginnt die oö. Meisterschaft in zwei Klassen. In der ersten Linzer, Welser und Steyrer Vereine, in der zweiten wir – eine bunt zusammengewürfelte Mannschaft. Versammlungen werden am Kirchenplatz abgehalten, zu den Spielen ging's mit LKW. Dennoch wird der Verein auf Anhieb Zweiter nach Wimsbach. Dahinter rangieren Lambach, Steyrermühl, Vorchdorf, Gmunden, Bad Ischl." (Aus: Festschrift 50 Jahre Ebenseer Sportvereinigung 1922 - 1972, s. 8)

In der unmittelbaren Nachkriegsphase prägte ein erwähnenswertes Phänomen insbesondere den Fußball in Ebensee: Bedingt durch die Existenz eines KZ-Lagers in Ebensee und Zwangsarbeitslagern in der Umgebung befanden sich im „Displaced Persons"-Camp (so nannte die US-Militärregierung durch die Nationalsozialisten vertriebene Menschen) zahlreiche ausländische Flüchtlinge. Unter ihnen waren grandiose Fußballspieler, die, wie erzählt wird, vor ihrer KZ-Haft den Nationalmannschaften ihrer früheren Heimat angehört hatten.

Dazu kamen Spitzenspieler aus Wien und Niederösterreich, die als ehemalige Nationalsozialisten vorübergehend in die US-amerikanische Zone ausgewichen waren, um sich der rigoroseren Entnazifizierung der Sowjetarmee zu entziehen.

Vom 28-Mann-Kader (!) des Ebenseer SV stammten damals nur 8 tatsächlich aus Ebensee. Grey, Matuszik, Mankowski, Zuk, Wostal, Nemeth, allesamt überlebende KZ-Häftlinge und Zwangsarbeiter, waren klingende Namen im Salzkammergutfußball.

Ein weiteres Kuriosum: Trainer und Sektionsleiter des SV Ebensee in den Jahren 1946/47 war der spätere Radio- und TV-Kommentator und Sportjournalist Heribert Meisel. Der Grund dafür war, dass Meisel nach dem Krieg als Sportredakteur

SV Ebensee, Mannschaft 1948, Chronik SV Ebensee (4. von rechts: KZ-Überlebender Czeslaw Matuszik, vorne rechts: KZ Überlebender Bruno Grey (beide aus Polen)

bei der wöchentlich erscheinenden „Salzkammergut-Zeitung" seine Karriere begann.

In Bad Ischl wurde im Herbst 1945 der jüdische Sport Klub „J.S.K. Makkabi" mit verschiedenen Sektionen wie Fußball, Handball, Netzball, Tischtennis, Schach und Schwimmen gegründet. Alle Akteure des jüdischen Sportklubs waren ehemalige Verfolgte des NS-Regimes. Sie lebten im von der UNRRA („United Nations Relief and Rehabilitation Administration") betreuten Camp 406 „Golden Cross" am Kreuzplatz.

„Fußball Wettspiele mit österreichischen Mannschaften werden jeden Samstag und Sonntag ausgetragen, deren Ergebnisse meistens günstig für unseren Klub sind", heißt es in einem Schreiben der Lagerverwaltung. (November 1946, YIVO Inst. for Jewish Research, RG 294.4, MK 490, Folder 324)

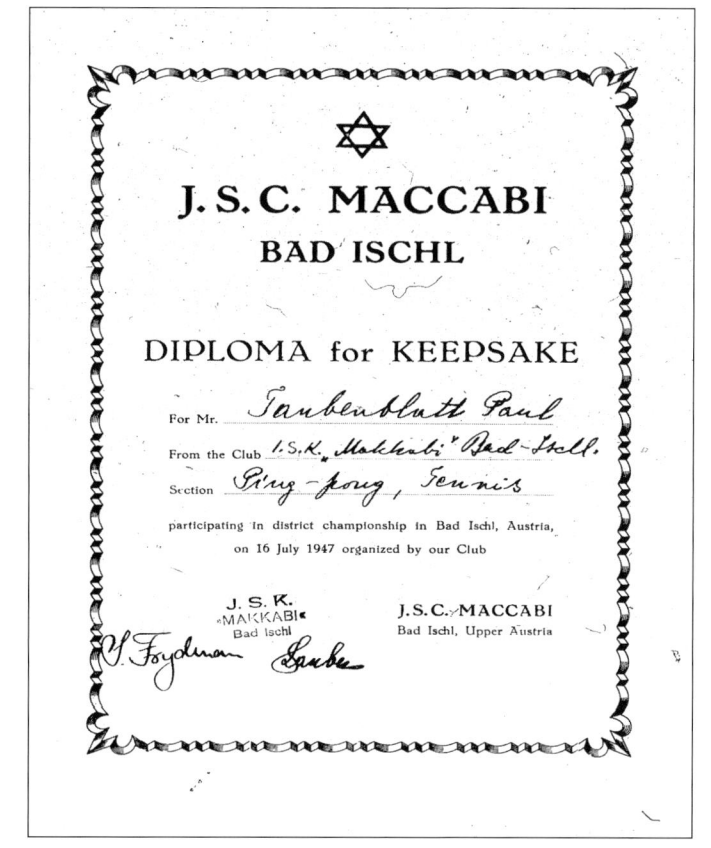

Der J.S.K Makkabi Bad Ischl wurde 1946/47 im internen Wettbewerb der jüdischen Fußballvereine Oberösterreichs Meister. Vergleichskämpfe etwa mit der Mannschaft des Ischler Sportvereines endeten großteils ausgeglichen. Am 16. Juli 1947 fand ein Länderkampf der jüdischen Mannschaften Oberösterreichs und Salzburgs statt. Neben Spielern des SC Hakoah Linz und und ISK Hapoel Steyr waren zwei Spieler von Makkabi Bad Ischl im Team der Oberösterreicher: Maks Grünberg und Wiktor Lezerkiewicz

Hauptproblem für den jüdischen Fußballklub war die Ausstattung mit Dressen, da die in den Camps lebenden Menschen in allen Belangen auf die Zuteilung durch die UNRRA angewiesen waren. Um als Mannschaft ein einheitliches Erschienungsbild zu bieten, ersuchte man die UNRRA um Überlassung von Uniformstoffen, um die Dressen selber zu nähen.

Auf antisemitischen Stereotypen fußende Missgunst und Verständnislosigkeit der Salzkammergutbevölkerung gegenüber den jüdischen Flüchtlingen machten auch vor dem Sport nicht halt. Unter dem Titel „Mathematischer Sportbericht" wurde am 8. Oktober 1946 über Makkabi im Demokratischen Volksblatt (Ausgabe Ausseerland) ein ungemein polemischer Artikel veröffentlicht. Makkabi hätte gegen die Fußballmannschaft Alt-Aussees in erster Linie deshalb gewonnen, weil die jüdischen Spieler von der UNRRA eine weitaus höhere tägliche Lebensmittelzuteilung erhielten als die Österreicher. Die Redaktion musste eine Richtigstellung veröffentlichen.

1947 verließen die letzten jüdischen Flüchtlinge Bad Ischl, und somit hörte Makkabi Bad Ischl auf zu existieren.

Resümierend sei aus gegenwärtiger Sicht festgehalten, dass sich die ältesten Salzkammergutvereine, Gmunden, Ebensee, Ischl und Goisern, nach mehrfachen Höhenflügen und oft auch existenzbedrohenden Tiefschlägen erhalten haben. Die derzeit erfolgreichste Mannschaft ist der in der Regionalliga Mitte spielende SV Gmunden. Heute gibt es, sieht von Hallstatt und Obertraun ab, (der ASKÖ Hallstatt spielte letztmals in der Saison 1993/94) in jeder Salzkammergut-Gemeinde einen Fußballverein, in Ebensee sogar noch zwei.

Diplom J.S.K. Maccabi Bad Ischl 1947 (Quelle: YIVO Inst. For Jewish Research, RG 294.4, Microfilm 490) RG 294.4, MK 490

DER GRANDSEIGNEUR DES FUSSBALLS
Gustl Jordan, der prominente „österreichische Franzose" des Pariser Racing Clubs

von Hubert Potyka

Es war in den Siebziger Jahren, ein nebeliger, trostloser November-Tag auf der Linzer Gugl. Genau so trostlos wie das Match, das unten auf dem Rasen zwei Mannschaften vor fast leeren Rängen fast ein wenig lustlos ablieferten. Sie spielten nicht mit dem Ball, sie quälten förmlich das arme runde Leder.

Alle schimpften auf der Ehrentribüne, nur einer raunzte nicht – Gustl Jordan, der wieder einmal aus Paris in seine Heimatstadt angereiste „Franzose aus Österreich".

Keiner wollte verstehen, warum ausgerechnet er, der große Fußball-Könner und Fachmann, das grausliche Gekicke verteidigte und die Spieler in Schutz nahm: „Es gibt eben Tage im Sport, an denen nichts gelingen will, selbst wenn der Wille noch so groß ist."

So war er eben, ein Sir in allen Lebenslagen. Ein Grandseigneur des Fußballs. Als Profi genau so wie später als Trainer und Zuschauer. August „Gustl" Jordan – einer der besten Spieler, die der LASK in seiner hundertjährigen Klubgeschichte hervorgebracht hat.

Die Lehrer spionierten

Sein fußballerisches Handwerk hatte der am 21. Februar 1909 geborene Linzer bloßfüßig spielend auf einer Wiese gelernt. Dort, wo so wie er viele prominente Linzer Fußballer entdeckt worden sind. Schon mit 15 Jahren feierte Jordan als Verbindungsstürmer beim LASK sein Debüt in der Kampfmannschaft. Oft mussten damals Spieler und Funktionäre noch am Vormittag bei Linzer Geschäftsleuten um Geld betteln, damit für das Match am Nachmittag ein neuer Ball gekauft werden konnte.

Weil Fußball bei den meisten Lehrern verpönt war und als „Proletensport" verteufelt wurde, mussten die jungen Spieler manchmal unter falschen Namen antreten. „Wenn wieder einmal ein Lehrer am Nachmittag zur Kontrolle spionie-

Spielerpass von August Jordan

www.mythos-lask.fotopic.net

www.mythos-lask.fotopic.net
Ein Bilddokument aus dem Jahre 1932: Gustl Jordan im Angriff auf das Tor von Germania

rend auf dem Platz erschienen ist, hat so mancher von uns oft fluchtartig das Training verlassen", erinnerte sich Jordan an die Anfangszeit seiner großen Fußballkarriere.

Übersicht, Beidbeinigkeit und Kopfballstärke waren herausragende Qualitäten des blendenden Technikers, der bis zu seiner Übersiedlung nach Wien an sechs Landesmeistertiteln und am Gewinn der österreichischen Amateurstaatsmeisterschaft maßgeblich beteiligt war. Mit 20 holte ihn Erstligist Floridsdorfer AC und gab ihm den ersten für damalige Zeiten recht gut dotierten Profivertrag. „Dieser Linzer ist ein Jahrhunderttalent. Er streichelt den Ball wie eine Geliebte", schwärmte das Wiener „Sport-Abendblatt" von Gustl Jordan. Der Reporter lobte vor allem seine Technik, die Art, wie er gefühlvoll den Ball in der Luft stoppte, als würde er ihm am Fuß kleben

Da jubelte sogar de Gaulle

Lob, das auch Frankreichs Meister Racing Club Paris nicht verborgen geblieben war. 1933 zog Jordan mit Österreichs Wunderteam-Tormann Rudi Hiden von Wien nach Frankreich, wo er 1938 auf Drängen seines Präsidenten eingebürgert wurde. Der weltgewandte, immer höfliche und bescheidene Linzer war im Nu ein Volksheld, brachte sogar General de Gaulle ins Schwärmen. Als „Monsieur Jordan" einmal im Cupfinale ein Traumtor erzielte, war der damalige Ministerpräsident Frankreichs nicht zu bremsen, sprang von seinem Sitz auf, jubelte lautstark und kam nach dem Schlusspfiff als Gratulant in die Kabine der Sieger. Am nächsten Tag sah man in großen französischen Zeitungen gleich auf der ersten Seite ein Bild, wie de Gaulle dem „österreichischen Franzosen" auf die Schulter klopfte und ihn an sich drückte.

Jordan spielte sagenhafte 13 Jahre für den Pariser Racing Club, wurde mit ihm einmal Meister und viermal französischer Cupsieger, dazu kam das begehrte „Coup de France Double".

In seiner Glanzzeit war der Linzer einer der populärsten Sportler Frankreichs. Wenn „Schüsti" – wie ihn die Fans liebevoll riefen – in Paris über die Champs Elysee spazierte, wurde er von allen Seiten begrüßt und um Autogramme gebeten. „Ich liebe Frankreich, ich liebe Paris, aber mein Herz wird immer auch meiner Heimatstadt gehören", meinte Jordan einmal.

Dass er als Linzer jemals den französischen Nationaldress tragen und dazu noch Kapitän dieser Nationalmannschaft sein durfte, war für ihn das größte Wunder seiner Karriere. Über 60mal spielte Jordan, zuerst als Stürmer, später als Läufer und Stopper, für die Pariser Liga-Auswahl, 16mal vertrat er Frankreich, bei der Weltmeisterschaft 1938 im eigenen Land war er bei allen Spielen Fixstarter.

Gustl Jordan zeigt stolz den französischen Fußballcup, den sein Racing Club de Paris soeben gewonnen hat.

In Wien gegen Österreich

An zwei Länderspiele mit der „Equipe Tricolore" hat sich Jordan immer besonders gerne erinnert: An das 2:2 gegen England 1945 im Londoner Wembley-Stadion, als er mit einem wuchtigen Kopfball das Unentschieden rettete, und an sein erstes und einziges Match als französischer Teamkapitän gegen Österreich am 6. Dezember 1945 im Wiener Praterstadion.

Für Jordan war es ein eigenartiges Gefühl, als Franzose gegen seine einstigen Landsleute anzutreten. Positive Gedanken überwogen aber am Ende trotz einer 1:4 Abfuhr gegen die groß aufspielenden Österreicher: „Wenigstens für ein paar Stunden konnte unser Sport neue, friedliche Perspektiven eröffnen und die Menschen von all dem Kriegsleid mit den von Bomben zerstörten Häusern ablenken."

Dabei hatte es vor diesem ersten Nachkriegsländerspiel Österreichs im Prater heftige Diskussionen und Proteste der Besatzungsmächte gegeben. Am Ende setzte sich aber doch Kriegsgegner Frankreich mit sportlichen Argumenten am Verhandlungstisch durch und es gab grünes Licht für das Ländermatch. Für Österreichs Sport war es nach den schrecklichen Kriegsereignissen der erste kleine Schritt zur Rückkehr in die Normalität.
Auf der Tribüne sah man sogar einen tief beeindruckten FIFA-Präsidenten Jules Rimet, der extra aus Paris angereist war. „Ein Österreicher stößt den Fußball nicht, auch wenn er mit Kraft und Energie schießt. Er streichelt den Ball und erzählt mit ihm Witze auf dem Spielfeld."

Drei Österreicher für Frankreich

Die Franzosen verliebten sich in den Jahren vor und nach diesem Spiel in die österreichische Fußballschule und holten einen nach dem anderen zu ihren Klubs. Hiden, Brinek, Happel, Kominek, Habitzl, Melchior, Stojaspal, Aurednik, Hanreiter, Hitl, Jerusalem, die Linzer Jordan und Kappl oder die beiden Steyrer Strittich und Mühlböck – sie

August Jordan, der große Sir unter den Fußballspielern

alle waren Publikumslieblinge in Frankreich. Im Jänner 1940 spielten in der französischen Nationalmannschaft mit Rudi Hiden, Gustl Jordan und Heinrich Hitl sogar drei eingebürgerte Österreicher gegen Portugal.

Ein von Österreich nach Frankreich ausgewanderter Fußballprofi hat nicht nur im Sport Karriere gemacht: Karl Josef Gunsam spielte in Paris Fußball, studierte nebenbei an der Academie Vitty Malerei und wurde 1945 Mitglied der Wiener Secession. Von 1952 bis zu seinem Tod im Jahr 1972 gehörte Gunsam dem Wiener Künstlerhaus und der Akademie an.

Gustl Jordan war nach seinem Rücktritt als Spieler auch als Coach ein Könner. Oft erzählte er von der Zusammenarbeit mit Ernst Happel, den er zum Racing Club brachte. Der Wiener, später selbst einer der erfolgreichsten Trainer der Welt, begeisterte zwischen 1954 und 1956 in Paris als Stopper, als genialer Ausputzer mit herrlichem Stellungsspiel und weiten, genauen Pässen. Einmal musste Happel sogar als Mittelstürmer aushelfen. Red Star Paris, Olympique Marseille,

Saarbrücken und Standard Lüttich, mit dem er 1963 belgischer Meister wurde, waren weitere Trainer-Stationen von Gustl Jordan bei großen Vereinen.

Im Mai 1990 starb Gustl Jordan nach langer Krankheit mit 80 Jahren in Paris. Eigentlich wollte man dem Linzer in Frankreichs Hauptstadt ein Denkmal setzen, doch dazu ist es nie gekommen. Ganz hat man Jordan aber doch nicht vergessen. In einem kleinen Sportcafé nahe dem alten Prinzenpark-Stadion hängen noch ein paar Bilder, die an glanzvolle Auftritte des „österreichischen Franzosen" erinnern.

Geburt des Schmieranski-Teams

Überhaupt ist Oberösterreichs ruhmreiche Fußballgeschichte mit großen Namen verbunden. Nicht nur mit jenen, die 1965 mit dem Gewinn des österreichischen Meistertitels und Cupsiegs den bisher größten Erfolg des LASK feiern konnten. Wer weiß heute noch, dass im legendären österreichischen Wunderteam auch der Name eines späteren LASK-Spielers und -Trainers eine wichtige Rolle spielt?

„Da habt's euer ‚Schmieranski-Team'!", warf Hugo Meisl in seinem Stammlokal, dem Wiener Ringcafé, Wiener Sportjournalisten, die ihn nach Niederlagen heftig kritisiert hatten, zornig einen Notizzettel mit dieser Aufstellung hin:

Hiden (WAC), Schramseis (Rapid), Blum (Vienna), Braun (WAC), Smistik (Rapid), Gall (Austria), Zischek (Wacker), Gschweidl (Vienna), Sindelar (Austria), Schall (Admira), Vogel (Admira).

Die von den Reportern forcierten Fußballer feierten ein paar Tage später, am 16. Mai 1931, ein 5:0-Schützenfest gegen Schottland. Mit dabei Georg „Schurl" Braun, der vorher im Team nie überzeugen konnte, aber mit der Geburtsstunde des Wunderteams zu einem der ganz Großen des österreichischen Fußballs aufgestiegen ist. Er war auch beim 8:2-Schützenfest gegen Ungarn und bei den 5:0- und 6:0-Triumphen gegen Deutschland mit dabei.

Georg „Schurl" Braun noch als Nationalspieler bei einem Ländermatch in Stockholm (o.) und als LASK-Coach (u.)

Der bitterste Trainer-Tag

Nach der Rückkehr aus Frankreich verstärkte der am 22. Februar 1907 in Wien geborene Georg „Schurl" Braun, übrigens der Großvater eines bekannten Linzer Journalisten, ab 1939 als Spielertrainer den LASK, später war er bis 1952 nur noch Trainer. An einen Arbeitstag wollte der Wahl-Linzer nie erinnert werden. Es war der 19. Jänner 1943, als der LASK in Wien mit 0:21 (!) unterging. Als der Unparteiische die Frühjahrssaison in Meidling mit diesem Spiel anpfiff, standen nur sieben LASK-Fußballer auf dem Platz. Der Trainer war der achte, ein Zuschauer der neunte. Er hatte früher einmal in Linz gespielt und erhielt vom Schiedsrichter eine Ausnahmegenehmigung. Erst als es 0:17 stand, trafen die anderen LASK-Fußballer ein. Ein Fliegerangriff hatte bei Amstetten ihren Zug gestoppt. Die Meisterschaft endete für die Linzer fatal. Sie wurden mit einem Torverhältnis von 17:106 mit 18 Niederlagen in 18 Spielen Letzter.

Als Trainer war Braun aber auch bei vielen glanzvollen Auftritten der Athletiker dabei. Etwa im Sommer 1946, als die Wiener Austria mit 6:4 heimgeschickt und der schmächtige, aber technisch brillante Alois „Loisi" Hartl von den LASK-Fans als dreifacher Torschütze stürmisch gefeiert wurde. Brauns Trumpfkarte war damals vor allem der legendäre Sturm Fuchs II, Fuchs I, Hartl, Lutz, Toljan. Wiggerl Lutz schwärmte später noch oft von diesem schwarz-weißen Angriff: „Wir Fünf hätten einen Zirkus aufmachen können."

Hartl, so wie etwa die Brüder Fuchs, Lutz, Schaffelhofer, Lemberger, Toljan, Rekirsch, Kralovics, Gurtner, Doppler, Schmidhofer oder Mayböck einer der herausragenden LASK-Fußballer der Nachkriegszeit, musste später oft über Schurl Brauns taktische Besprechungen lächeln: „Burschen, ihr wisst's eh, wie's geht – hinten zumachen und vorne abdrücken." Die Klasse der damaligen LASK-Spieler hat es dem Trainer nicht allzu schwer gemacht.

„Herr Hugo" war sein Vorbild

Brauns Vorbild als Trainer war bis zuletzt „Herr Hugo", wie die Wunderteamspieler ihren sieben Sprachen beherrschenden Teamchef Hugo Meisl ehrfurchtsvoll nannten. „Sein Humor, sein Fußballverstand und sein Auftreten in der Öffentlichkeit waren für mich und für alle Wunderteamspieler beeindruckend." Brauns Trainer-Stationen waren nach dem LASK die oberösterreichische Auswahl, das äthiopische Nationalteam, der SK VOEST in der Landesliga und SV Micheldorf. In Linz wollte Georg Braun im Kreis seiner Familie den Lebensabend und seine Fußball-Pension genießen, doch am 22. September 1963 verlor er schon mit 56 Jahren den Kampf gegen ein Krebsleiden.

RUDI STRITTICH
Stenogramme zum Zaungast vom Hoferweg

von Erich Hackl

Der Vater Hilfsarbeiter in den Steyr-Werken, nach Ausbruch der Wirtschaftskrise die meiste Zeit erwerbslos oder nur tageweise beschäftigt, als Gerbergehilfe und Schneeräumer. Zwei ältere Schwestern. Die Mutter geht als Bedienerin. Sie stirbt, als Rudi sechs ist, 1928, nach einer Abtreibung, wie er später erfahren wird. Nach fünf, sechs Jahren heiratet der Vater wieder, was Rudi freut, weil es mit dem Durcheinander zu Hause und mit dem Schuldenhaben vorbei ist. Aber die Stiefmutter, die eine Handstrickerei betreibt, hat ihn nicht lieb. Er soll ihr möglichst selten unter die Augen kommen. Oder bravsein und stillsitzen. Eine Tante, Schwester der leiblichen Mutter, ist Krankenschwester in Wien. Sooft sie im Urlaub nach Steyr kommt, bringt sie ihrem Neffen einen echten Lederball mit. Deswegen lassen ihn die älteren Buben auch mitspielen, auf einer Gstättn in der Fuchslucken, unterhalb der Ennsleite, die zur Stadt hin steil abfällt.

Dem Fleischhauer ein paar Häuser weiter schießt er einmal die Auslagenscheibe kaputt. Der ist zwar versichert, aber weil die Familie nicht bei ihm einkauft, muß der Vater für den Schaden aufkommen. 70 Schilling, das ist die Arbeitslose für dreieinhalb Wochen und bedeutet einen Monat Hausarrest. Die Lehrerin Trauner in der Volksschule ist eine fanatische Schwarze. Drei Jahre hindurch hat er in Betragen einen Dreier. Sie lockt mit einer besseren Note für den Fall, daß er nicht länger bei den Roten Falken mitmacht. Auf den Tauschhandel läßt er sich nicht ein. Gemeinsam mit den anderen Buben von der Fuchsluckenpartie geht er zu Vorwärts. Mit acht debütiert er in der Jugendmannschaft, mit vierzehn in der Kampfmannschaft. 1936 beendet er die Hauptschule mit einem Vorzugszeugnis und beginnt eine Lehre als Bauschlosser in den Steyr-Werken.

Zuvor der Februaraufstand. Die Schutzbündler verschanzen sich auf der Ennsleite, vorn an der Rampe, in der Brucknerstraße, wo die Familie zur Miete wohnt. Als er zu Mittag von der Schule nach Hause kommt, hört er, sie haben einen Wachmann erschossen. Am Tabor gegenüber, jenseits der Enns, bringt das Bundesheer Feldhaubitzen in Stellung. Ein Geschoß trifft das Wohnhaus in der Brucknerstraße. Granateinschläge, Blindgänger, Maschinengewehrfeuer. Verletzte und Tote. Die Kinder sitzen im Keller, im Dunkeln, in der Kälte. Am übernächsten Tag, weiße Fahnen hängen an den Hausfassaden, marschiert die Heimwehr durch die Straßen, die Gewehrläufe drohend auf die geschlossenen Fenster gerichtet. Die Männer werden auf Schloß Lamberg getrieben, auch sein Vater, der nicht mitgekämpft hat. Es heißt, alle werden erschossen. Da rennen die Frauen und Kinder, erschreckt und schluchzend, hinterher. Nach ein paar Tagen wird der Vater entlassen.

Das Verbot aller sozialdemokratischen Organisationen trifft auch den Verband der Amateur-Fußballvereine Österreichs. Ein paar Wochen lang ruht der Spielbetrieb, ab Herbst macht Vorwärts in der Liga des Österreichischen Fußballbundes mit. Bis dahin haben es die oberösterreichischen Arbeitervereine abgelehnt, Sport

Rudolf Strittich, stehend, 2. v. l. in der Mannschaft von Vorwärts Steyr, vor 1938

mit Geldverdienen zu vermischen, und in einer eigenen Meisterschaft um den Pokal gespielt. Die politische Niederlage schmerzt Rudi weniger als das schreiende Unrecht, daß der bürgerliche Lokalrivale Amateure den angestammten Vorwärts-Platz zugesprochen erhält. Was die eigene Mannschaft betrifft, ändert sich kaum was; bis auf einen oder zwei sind die Mitspieler nach wie vor auf der Ennsleite daheim und sozialistisch gesinnt. Irgendwann in der Verbotszeit stänkert Rudi junge Männer an, die mit weißen Stutzen aufmarschieren und Nazilosungen brüllen. Nach ein paar Tagen oder Wochen passen sie ihn auf der Straße ab, schlagen ihn zusammen und schleppen ihn in ihr Versammlungslokal, wo er sich herauszureden versucht, schuld sei sein Übermut, und er habe doch gar nichts gegen sie. Ihr Anführer Eigruber, der spätere Gauleiter von Oberdonau, läßt ihn laufen.

Er weiß noch, er ist am Abend des 11. März 1938 ins Biograph-Theater gegangen, einen Film anschauen, und als er gegen zehn rauskommt, ist der Stadtplatz gesteckt voll mit Leuten. Die Arme zum Hitlergruß hochgerissen. Endlich hat sein Vater wieder Arbeit, im Kugellagerwerk, in der Rüstungsproduktion. Der Katzenjammer kommt erst später. Im Jahr darauf, als Rudi ausgelernt hat, vermittelt ihn der Sektionsleiter von Amateure zur NSTG Graslitz. In der tschechischen Kleinstadt, die jetzt zum Reichsgau Sudetenland gehört, hat er zum ersten Mal nichts anderes zu tun als Fußball zu spielen. Die Mannschaft wird Gaumeister und unterliegt in der Endrunde Rapid Wien. Als er nach Steyr zurückkehrt, wird er wegen unerlaubten Verlassens des Arbeitsplatzes drei Wochen lang eingesperrt. Er wäre ja in den Steyr-Werken dienstverpflichtet gewesen. Mit achtzehn soll er einrücken, wird aber irrtümlich als heimatverwendungsfähig eingestuft. Er kommt nach Wien, zur Bahnhofswache, die zu kontrollieren hat, ob die Wehrmachtssoldaten auf dem Perron und in der Halle einen Urlaubsschein bei sich tragen. An unangenehme Zwischenfälle vermag er sich nicht zu erinnern. Manchmal, sehr selten, hat einer keine Papiere, den liefert er dann im jeweiligen Wachzimmer ab. Ein Zubrot von sechs Reichsmark pro Aufführung verdient er sich gelegentlich als Statist in der Staatsoper. In der „Tosca" steht er mit einem Holzgewehr auf der Bühne, er wird zeit seines Lebens nie gezwungen sein, ein anderes, richtiges in die Hand zu nehmen. Im übrigen spielt er wieder Fußball.

Natürlich hat er schon früher versucht, bei einem Wiener Verein unterzukommen. Johann Luef, der Spielertrainer von Vorwärts und ehemalige Läufer des Wunderteams, hatte ihm einmal zugeredet: „Sie, gehen S´ zu Rapid, weil Ihre Spielweise paßt zu Rapid." Er war nach Hütteldorf gefahren und hatte sich auf der Pfarrwiese einem Funktionär vorgestellt, der ihn kurz gemustert, dann weggeschickt hatte. „Kommen S´ ein anderes Mal, wenn die Jugendmannschaft trainiert." Rudi probierte es noch bei Vienna, aber die hatte damals so viele gute Spieler, da sah er keine Chance, jemals in die Kampfmannschaft zu kommen. 1937 war er der Austria empfohlen worden. Er hatte mit den Profis trainieren dürfen und war mit Schulterklopfen weggeschickt worden. Jetzt, fünf Jahre später, fordert ihn NSTG Falkenau für das Hauptrundenspiel um den Tschammer-Pokal gegen Vienna an. Falkenau gewinnt 4:0. Nach dem Match redet ihn Fritz Gschweidl an, der Trainer der Vienna (und Rechtsverbinder des Wunderteams): „Hören S´, ich hab Sie doch einmal gesehen auf der Hohen Warte. Wollen Sie nicht bei uns spielen?" Eine Woche später tritt er zum ersten Mal für Vienna an, in einem Meisterschaftsspiel der Gauliga Ostmark. Nach drei, vier Spielen steht er schon in der Wiener Auswahl, die vor 90.000 Zuschauern in Berlin unentschieden spielt. 1:1.

1942 bekommt er auch zum zweiten Mal den Einberufungsbefehl, als Soldat für die Ostfront. Er ist bereits einer Marschkompanie zugeteilt, als ihn ein Offizier aus der Reihe holt: „Strittich, Strittich, sind Sie nicht der Fußballer?" „Nein", sagt er sicherheitshalber, „das ist mein Bruder." „Tun S' nicht lügen!" Er wird nach Linz überstellt, dann auf zwei Jahre unabkömmlich geschrieben und in den Steyr-Werken beschäftigt, im Kugellagerwerk. Jetzt spielt er wieder für Vorwärts, das, kriegsbedingt, weil die meisten Stammspieler zur Wehrmacht eingezogen worden sind, mit Amateure zum FC Steyr fusioniert wird. In der Saison 1944/45, die nach sieben Runden abgebrochen wird, verlieren sie auswärts gegen Mauthausen, dessen Mannschaft sich fast ausschließlich aus Angehörigen des Wachpersonals zusammensetzt. Ein ungutes Gefühl nachher, bei der Bewirtung durch ausgemergelte Häftlinge. Beklemmung auch beim Rundgang durchs Konzentrationslager, das ihnen die Gastgeber stolz präsentieren. Zucht und Ordnung, deren Wirkung Rudi erschüttert. Beim Rückspiel in Steyr will ein Scharführer aus Mauthausen den Schiedsrichter vom Platz weg verhaften, weil der nach einem Foul im Strafraum der Gästemannschaft auf Elfmeter entschieden hat. Wochen oder Monate später ein amtliches Schreiben mit der Aufforderung, sich binnen Wochenfrist bei der SS in Graz einzufinden, zwecks Teilnahme am Endsieg. Rudi läuft damit zur Bezirksstelle des Wehrkreiskommandos, in der Johann Bloderer arbeitet, der Halbbruder eines kommunistischen Widerstandskämpfers. Bloderer nimmt das Schreiben, zerreißt es und steckt es in die Jackentasche. Zwei Tage später ist der Krieg zu Ende. Beim Auftaktspiel gegen Bad Hall ist Rudi schon dabei.

Im Herbst 1945 kehrt er zur Vienna zurück. Offiziell arbeitet er als Bürodiener bei der Wiener Städtischen Versicherung. Ein Versorgungsposten, wie üblich für Halbprofis. Für Auswärtsspiele und Tourneen wird er freigestellt. Gschweidl stellt ihn an den rechten Flügel, neben Karl Decker, für den er lange nur „der Gscherte" ist. Bis ihm, bei einem Match in der Schweiz, der Kragen platzt. „Entweder der gewöhnt sich das ab, oder ich spiel nicht mehr weiter", sagt er zu Gschweidl. Später verbringen Decker und er viel Zeit miteinander, auch ihre Frauen freunden sich an. Die Beziehung erkaltet erst, als Decker seine Frau verläßt. Was Rudi damals, in der Schweiz, noch

ken. Im Länderspiel gegen die ČSSR, fällt ihm ein, hat ihn, zehn Meter vor der Strafraumgrenze, der Verteidiger am Leiberl gehalten. Er ist trotzdem weitergelaufen, hat den andern mitgeschleppt, in den Strafraum hinein, was einen Elfmeter eingebracht hat. Er wurde oft abgeklopft. Eine Woche nach dem Match gegen Jugoslawien, im Spiel gegen Austria, trat ihm ein Verteidiger gegen das Knie, er mußte wegen einer Meniskusverletzung vom Feld getragen werden. Vienna hatte damals eine Spitzenmannschaft, mit Ferdl Schaffer in der Verteidigung, Ernst Sabeditsch als Läufer, Bruno Engelmeier im Tor, Karl Decker im Sturm. Decker war beidbeinig, schußsicher, im Dribbeln eine Klasse für sich. Sie waren „gut zusammengedreht", also ist es weiters kein Wunder, daß Rudi viermal ins A-, sechsmal ins B-Team berufen wurde, trotz der Konkurrenz an Flügelstürmern vom Format eines Melchior, eines Körner.

Strittich als Vienna-Spieler gegen Sparta (oben) und den FAC

aufgefallen ist: daß Decker genug Geld hatte, um sich dort einen Anzug zu kaufen. Bis dahin hatte er in seiner Naivität angenommen, daß die Gage für alle gleich sei.

Im Herbst 1946, beim 0:2 gegen Ungarn, steht er zum ersten Mal im A-Team der Nationalmannschaft. 1949 ist er beim 3:1 gegen die ČSSR und beim 5:2 gegen Jugoslawien dabei. Gegen Ungarn setzt es mit 3:4 erneut eine Niederlage. Auswärtsspiele sind bei den Spielern beliebt, man kann Waren über die Grenze schmuggeln, die auf dem Schwarzmarkt ein Vermögen kosten, Seidenstrümpfe und Lippenstifte sind in Ungarn begehrt, an Salami, Speck, Käse fehlt es in Österreich. Als Vienna einmal in Budapest antritt, wird die Prämie in Naturalien ausgezahlt, drei Liter Öl, fünf Kilo Mehl, aber erst nach dem dritten Spiel und heftigen Protesten der Spieler.

Über seine Stärken redet er ungern. Es war halt ein Naturdrang in ihm. Kraft und Ausdauer, Schnelligkeit, ein gutes Auge und genaue Flan-

Länderspiel Jugoslawien gegen Österreich 1949

Die Teamkarriere endet, kaum daß sie begonnen hat, nach einer Nahosttournee der Vienna. Sabeditsch wird in Beirut 850 Gramm Rohopium angeboten, von bester Qualität, trotzdem spottbillig, und er fragt Rudi und Schaffer, ob sie sich am Geschäft beteiligen wollen. Ohne viel nachzudenken, sagen sie zu. In Wien versucht Sabeditsch, den Stoff in einem von Schleichhändlern frequentierten Café loszuwerden und gerät dabei an einen Konfidenten der Polizei. „Nach einem halben Jahr", sagt Rudi, „ist die Schmier vor meiner Tür gestanden." Er und Schaffer werden in einem Prozeß, der die Öffentlichkeit stark beschäftigt, zu drei Monaten Haft verurteilt, Sabeditsch zu fünf Monaten. Ein Bagatelldelikt, wie der Rechtsanwalt meint, die Sachverständigen stritten darüber, ob das Opium nicht doch hundsgewöhnlicher Mohn sei, normalerweise wäre die Anzeige nicht weiter verfolgt worden. Aber es handelt sich um bekannte Sportler, die ein Vorbild für die Jugend abgeben müssen, außerdem steht der Ruf des Fußballbundes auf dem Spiel, schon seit langem wird in den Zeitungen das Schmugglerunwesen bei Auslandsreisen angeprangert.

Die drei sitzen die Strafe im Gefangenhaus Wiener Neustadt ab, werden für Außenarbeiten herangezogen, zum Umsägen von Bäumen, Anlegen von Blumenrabatten und dergleichen. Nach seiner Entlassung bleibt Rudi für ein Jahr gesperrt und arbeitet bei Triestina, unter Béla Guttmann, als Jugendtrainer. Der Klub will ihn als Spieler verpflichten, ist sogar bereit, die von Vienna geforderte Ablösesumme von 250.000 Schilling zu bezahlen, aber der ÖFB beharrt auf seiner Sperre. Gerade da erreicht ihn

Für Rudolf Strittich verhängnisvoll: Die Nahosttournee der Vienna 1950, hier die Mannschaft in Kairo

141

eine Nachricht von Ernst Sabeditsch: „Rudi, ich hab ein Angebot aus Kolumbien. Fährst mit?" Er braucht nicht lange, um sich zu entscheiden. Dabei hat er sich in Triest wie zu Hause gefühlt, und mit Guttmann ist er gut ausgekommen. Aber Bananeros Santa Marta, das eigentlich Deportivo Samarios heißt und von Plantagenbesitzern finanziert wird, bietet ihm 5.000 Dollar Handgeld, das sind nach dem damaligen Wechselkurs immerhin 150.000 Schilling. Der kolumbianische Fußballverband gehört der FIFA nicht an, die Sperre hat dort also keine Wirkung.

Nach vierzehn Tagen hat er sich an das feuchtheiße Klima an der Karibikküste gewöhnt. Dann läuft er zur Form seines Lebens auf. Man übersetzt ihm die Schlagzeile aus dem „Heraldo": „Millonarios hat einen Di Stéfano, aber Santa Marta hat einen Strittich." Die Mannschaft ist bunt zusammengewürfelt, außer ihm und Sabeditsch, der sich beim ersten Spiel den Knöchel bricht, hat Bananeros noch vier, fünf Ungarn und zwei Tschechen unter Vertrag genommen. Millonarios tritt überhaupt mit der halben argentinischen Nationalelf an, und Junior de Barranquilla hat sich mit Spielern aus Brasilien verstärkt. Sogar die Schiedsrichter sind Profis aus Großbritannien, unbestechlich, weil gut bezahlt. (Einem von ihnen, Sidney Donald Brower, widmet ein blutjunger Journalist namens García Márquez eine respektvoll-spöttische Glosse.) Die Heimspiele gegen Millonarios, die Meistermannschaft aus Bogotá, werden schon zu Mittag angepfiffen, in der Hoffnung, daß den Gästen aus dem Hochland die Hitze zu schaffen macht. Oben in der Hauptstadt, auf 2600 Meter Seehöhe, geht wiederum Rudi nach jedem Sprint die Luft aus. Freunde findet er in Santa Marta in der kleinen österreichischen Kolonie, jüdischen Emigranten, mit denen er am Ende der Saison auch Abschied feiert, fast versäumt er die Abfahrt, im Hafen von Puerto Drummond wird schon der Steg eingeholt, mit einem Sprung schafft er es gerade noch, an Deck zu kommen. Zwei Wochen später geht der Frachter in Hamburg vor Anker.

Im Ruderleibchen, zwei Bananenbüschel geschultert, die Reisetasche in der Hand, trifft Rudi an einem trüben Novembermorgen im Wiener Westbahnhof ein. Er erfährt, daß er immer noch gesperrt ist, weil ihm der ÖFB die in Kolumbien verbrachte Zeit nicht angerechnet hat, und nimmt ein Angebot aus Zürich an, wo er in einer Fabrik arbeitet und in der Freizeit die Jugendmannschaft von Young Fellows trainiert. Bei seiner Rückkehr überredet ihn Joschi Walter, wieder bei Vienna zu spielen. Nach einem halben Jahr wird er um 250.000 Schilling an Besançon RC verkauft. Kaum angekommen, erleidet er einen Bandscheibenvorfall und kann nur noch auf Krücken gehen. Der Klubpräsident, ein frommer Mann, schickt ihn auf Wallfahrt, in ein Kloster, beten. In Lyon wird er operiert, erfolgreich, aber nach einem Monat oder zwei wiederholt sich der Vorfall, worauf ihn der französische Klub vorzeitig nach Hause schickt. Er absolviert einen Trainerkurs und übernimmt, 1955, die Mannschaft von Sturm Graz. In Graz der dritte Bandscheibenvorfall. Die zweite Operation. Er zweifelt daran, ob er überhaupt noch als Trainer arbeiten kann.

Überrascht, ja schockiert war er vom niedrigen Niveau der zukünftigen Trainer: Es gab nur drei oder vier Kursteilnehmer, die sich mündlich wie schriftlich halbwegs verständlich ausdrücken konnten. Er hat ein gutes Zeugnis bekommen, und er glaubt in aller Bescheidenheit auch, daß er ein guter Trainer gewesen ist. Er hat viel gesehen: „Von jedem Trainer kannst du was lernen. Und du mußt die Besonderheit eines Spielers erkennen. Wissen, wie du mit jedem einzelnen umzugehen hast." Menschlich, ohne Arroganz, nicht ungehobelt wie der Schreihals Max Merkel, der sich nur deshalb behaupten konnte, weil den Deutschen die Hitlerzeit noch in den Gliedern steckte. Béla Guttmann, Ernst Happel: klasse Burschen. Sympathisch auch der ruhige, bescheidene Leopold Štastný, der ihn einmal angesprochen hat: „Herr Strittich, wir haben vor vielen Jahren gegeneinander gespielt, können Sie sich erinnern?" (Städteturnier Preßburg gegen Wien,

Mit dem Esbjerg fB wurde Strittich vier Mal dänischer Meister

Šťastný linker Verteidiger der einen, Rudi Rechtsaußen der andern Mannschaft.)

Die zweite Station als Trainer, von Walter Nausch vermittelt: FC Basel. Er hat sich dort nicht besonders wohl gefühlt. Die Schweizer, sagt er, sind ja irgendwie eigen. Eingebildet, erhaben, ohne Schmäh. „Seien Sie froh, daß Sie bei uns sein dürfen." In Griechenland, bei Apollon Kalamaria, hat er das keinen sagen hören. Wenn er am Ende der Saison Saloniki verließ, dann nicht deshalb, weil der Verein mit ihm oder er mit der Mannschaft unzufrieden gewesen wäre, sondern weil die Klubkasse leer war. „Ich hab immer nur Klubs erwischt, die kein Geld hatten." Zum Beispiel, Jahrzehnte später, Real Murcia, das damals in der Zweiten spanischen Division gespielt hat. Als Trainer war man immerhin in der Lage, einzufordern, was einem zustand. Aber die Spieler waren arm dran. In Murcia haben sie sich vor jedem Spiel den Magen vollgeschlagen. „Ich konnte es ihnen nicht verbieten, sie waren einfach hungrig." Auch haben ihn welche angefleht, sie aufzustellen, wegen der Prämie, damit sie finanziell

über die Runden kommen. Ansonsten war er in Murcia nicht unzufrieden. Ein Schüler stellte sich ihm als Übersetzer zur Verfügung, betreut wurde er von einer Familie, die sich um ihn wie um den eigenen Sohn gekümmert hat. Neu für ihn war, daß nach jedem Tor, mitten im Spiel, sofort drei, vier Journalisten auf ihn zugestürzt kamen, um seine Meinung einzuholen.

In Dänemark ist er heute noch unvergessen. Die Ära Strittich, die zwanzig Jahre gedauert hat, beginnt und endet in Esbjerg, einer Hafenstadt im Jütland, in der die meisten Leute deutsch sprechen, was die Verständigung von Anfang an leicht gemacht hat. Dazwischen Aalborg BK, ein großer Verein, und Viborg FF, ein kleiner. Und natürlich das Nationalteam, sechs Jahre lang. Den Esbjerg fB hat er viermal zum Meistertitel geführt. Er rechnet sich das nicht als Verdienst an, er hat halt gut reingepaßt. Verblüfft war er nur im ersten Moment, weil ihn gleich alle geduzt haben, die Vorstandsmitglieder, die Spieler, die Spielerfrauen und die Leute auf der Straße. Er hatte sofort einen guten Draht zu ihnen, ist mit ihnen Ski gefahren und hat sie zu Weihnachten oder am Ende der Saison mit Uhren beschenkt. Im Training wollten die Spieler immer noch eine Übung anhängen, obwohl sie reine Amateure waren und keinen Groschen bekamen. Es war selbstverständlich, daß auch ihre Frauen und Kinder Zutritt zum Klubhaus hatten. Dort haben sie Skat gespielt, sich miteinander unterhalten, wehe, wenn er ihnen das Trinken verboten hätte. Nach jedem Match wurde eine Kiste Bier herbeigeschleppt.

Als Nationaltrainer stand er vor dem Problem, daß alle Spieler einem Beruf nachgingen. Er konnte nie länger mit ihnen arbeiten, bekam sie erst kurz vor einem Spiel zu Gesicht. Außerdem war ihnen Treue wichtiger als Karriere. Kaum einer opferte dem Ehrgeiz, um den Titel mitzuspielen, die Verbundenheit mit seinem angestammten Verein. Da war es nur logisch, daß er sogar Spieler aus der Dritten Liga in die Mannschaft gestellt hat. Immerhin ist es ihm gelungen, einen dritten Trainingstag einzuführen. Bis dahin wurde nur zweimal pro Woche trainiert. Den Beschluß des dänischen Verbands, streng am Amateurstatus festzuhalten, hat er hingegen nicht umdrehen können. Spieler, die als Profis ins Ausland gingen, wurden automatisch für die Nationalmannschaft gesperrt, blieben es sogar noch in den ersten zwei Jahren nach ihrer Rückkehr nach Dänemark. Erst angesichts der Niederlagen im Europa-Cup dämmerte den Vorstandsmitgliedern, daß eine Umstellung angebracht wäre. Als das Verbot, Geld anzunehmen, schließlich aufgehoben wurde, war er nicht mehr im Land. Aber seine beste Zeit hat er zweifellos dort verlebt, wo er wenig verdient, vieles erreicht hat, zwanzig Siege, elf Unentschieden mit dem Nationalteam und die Endrunde bei den Olympischen Spielen in München, in der sie Brasilien ausgeschaltet haben, die Dänen liegen ihm einfach mehr als die Österreicher, sie sind offener, aufrichtiger, nicht zufällig war er ja auch in zweiter Ehe, siebzehn Jahre lang, mit einer Dänin verheiratet, und sie sind nicht im Unfrieden auseinandergegangen, sondern hauptsächlich deshalb, weil sie nicht in Österreich leben wollte und ihn alles hierher zurückgezogen hat. Nach Steyr, obwohl gerade Vorwärts sich ihm gegenüber einigermaßen schäbig benommen hat.

Noch während er die dänische Nationalmannschaft betreut hatte, war ihm der Posten des österreichischen Teamchefs angeboten worden. Er hatte die Einladung ausgeschlagen, wegen der Intriganten und Wichtigtuer hierzulande. Als er dann doch, 1980, einen Trainerposten in Österreich übernahm, bei Austria Salzburg, bereute er bald seine Entscheidung. Er wurde nach 105 Tagen gefeuert, mangels Erfolgen, eigentlich

Mit der Einberufung junger Talente legte Strittich den Grundstein für die späteren Erfolge des „Danish Dynamite", die im Europameistertitel 1992 gipfeln sollten. Während seiner Regentschaft debütierten spätere Weltstars wie Morten Olsen oder Allan Simonsen in der Nationalmannschaft.

deshalb, weil er die dänischen Verhältnisse verinnerlicht hatte. Aber die Einstellung der Spieler in Salzburg war grundverschieden, sie brauchten nicht einen Trainer, sondern einen Peitschenknaller, der er nie gewesen ist. Ein paar Jahre später bekam er noch einmal zu spüren, was es heißt, in Österreich Trainer zu sein. Von einem Freund, der bei SK Enns Sektionsleiter war, ließ er sich überreden, den Verein zu übernehmen. Am ersten Trainigstag kamen zwanzig Zuschauer. Am zweiten zehn. Am dritten ein Vater, um sich bei ihm zu beschweren: „Warum haben Sie meinen Sohn nicht aufgestellt?" Beim ersten Match saß er auf der Betreuerbank und hörte, wie einer hinter ihm sagte: „Da ist er ja, der alte Tepp." Nach drei Monaten hat er aufgehört.

Trainieren oder spielen? „Spielen ist schöner. Hast ja keine Verantwortung. Spielst einmal schlecht, na gut, wirst das nächste Mal nicht aufgestellt. Aber wenn 20.000 Zuschauer schreien: Hauts ihn aussi, den Strittich!, dann brauchst eine dicke Haut. Schuld geben sie immer dem Trainer. Ja, solange du Erfolg hast, ist es schön, Trainer zu sein."

Er darf von sich behaupten, daß er einiges von der Welt gesehen hat. Mit Vienna hat er in vielen Ländern und auf mehreren Kontinenten, sogar in Uruguay und in Brasilien, gastiert. „Eins muß ich aber schon sagen: Ich hab mir kein Museum von innen angeschaut. Weil wir waren immer zusammen, die Haberer und ich, und haben uns lieber irgendwo ein Viertel Wein gekauft."

Der ewigen Debatte, ob früher besser oder schlechter Fußball gespielt wurde, kann er nichts abgewinnen. Heute fallen kaum Goals, denn es geht um einen Haufen Geld. Das Tempo ist viel höher. Die Anforderungen an die Trainer sind gestiegen. Zu seiner Zeit ist es nur selten vorgekommen, daß ein Trainer nach ein paar Runden abserviert wurde. Heute schon. Ganze Spielzüge sind ausgestorben. Wer weiß noch, was ein Stanglpaß ist. Trainiert wurde nur zweimal die Woche. Das System war ganz anders. Bei zwei Backs, drei Läufern, fünf Stürmern bist du kaum gedeckt worden. Deshalb sind auch so hohe Ergebnisse zustande gekommen. 5:1, 7:1. Schöner... ja, schöner war der Fußball, den sie gespielt haben.

Ein ständiges Brennen im linken Bein und im Kopf. Ein Phantomschmerz, behaupten die Ärzte. Ein Nerv, der abgestorben ist und trotzdem wehtut. Es schmerzt höllisch, bei jedem Schritt. Wann immer es geht, lagert er das Bein hoch, wegen der Durchblutung. Auch rechts dieser Dauerschmerz, bis hinunter zum Knöchel. Das rechte Knie wäre zu ersetzen, durch ein künstliches Gelenk. Geht nicht, sagen die Ärzte. Er hat schon drei Operationen hinter sich, die nichts gebracht haben. Einmal am Tag geht er trotzdem aus dem Haus, humpelt den Hoferweg entlang, achtzig oder neunzig Meter weit bis zum Haus an der Ecke Goldbacherstraße, in dem ich aufgewachsen bin. Dort rastet er eine Weile, wobei er sich mit Armen und Oberkörper am Zaun abstützt, um die Beine zu entlasten und die Muskeln zu dehnen, und hält Ausschau nach meiner Mutter, mit der er sich gerne unterhält. Dann macht er sich wieder auf den Rückweg. Er ist heiter, gesellig, auch gastfreundlich wie Monika, seine Frau, die mir als Nachbarin seit meiner Kindheit vertraut ist. In einem Koffer im Kabinett lagern die Spuren eines langen Fußballerlebens. Zeitungsausschnitte und Fotos bunt durcheinander. Monika hat sich einmal bemüht, sie zu ordnen, dann den Versuch bis auf weiteres aufgegeben.

Fragen, die offen bleiben. Eine ganze Menge. Komm uns besuchen, sagt er am Telefon, wenn du das nächste Mal in Steyr bist. Und vergiß nicht, deine Mutter mitzunehmen. Und meine Mutter sagt, tags darauf, heute ist der Herr Strittich wieder am Zaun gelehnt und hat nach dir gefragt.

FREI NACH FRIEDRICH HEBBEL:
Steyrs kleine Fußballwelt, in der die große ihre Probe hält. Teil II

von Till Mairhofer

Schon 1945 wird der Spielbetrieb in der Landesliga wieder aufgenommen, aber zuerst ist noch daran zu erinnern, dass der frühere Spielertrainer Luef ebenso wie die Spieler König und Haidl nicht mehr aus dem Krieg nachhause gekommen sind.

Der Landesmeister 1945/46 heißt Vorwärts. Nicht zuletzt haben in dieser ersten Nachkriegsmeisterschaft mehrere Wiener „Profis", die in Steyr festsaßen, die Vorwärtsmannschaft verstärkt, und vor allem Rudi Strittichs Torregen hat dazu beigetragen, dass man von 18 Meisterschaftsspielen fünfzehn gewann, bei zwei Unentschieden und nur einer Niederlage. Torverhältnis 114:20.

Nach zwei zweiten Plätzen hinter dem LASK ist es endlich so weit: Der Landesmeister von

Foto: Stadtarchiv Steyr
Bombenschäden in Steyr 1945

1948/49 spielt ab dem 28. August 1949 in der höchsten österreichischen Spielklasse, der Staatsliga A. Ein Kunststück, das neben Vorwärts mit Gloggnitz (NÖ) und Sturm Graz nur drei „Provinzvereinen" gelingt. Zuvor hatte man schon im österreichischen Fußballcup kräftig aufgezeigt und das Finale (gegen die Wiener Austria, am Ende 2:5) erreicht. Nun spielte man mit Austria, Rapid, Vienna, Sport-Club & Co um den Titel eines österreichischen Fußballmeisters.

1. Runde: Gloggnitz – Vorwärts 2:5. 2. Runde Vorwärts – Rapid 3:2, und das nach einem 0:2-Rückstand zur Pause – Tabellenführung!

4. September 1949: 10.000 auf dem Vorwärtsplatz, die übrigen Steyrer (gab's einen Radiokom-

Die Läuferreihe Erwin Hilber, Franz Springer und Fritz Wittek, das Herzstück von Vorwärts in den späten 40er und frühen 50er-Jahren; Selbst die Wiener Spitzenklubs hatten nichts Besseres zu bieten.

mentar?) zuhause: So ein Tag, so wunderschön wie heute, so ein Tag, der dürfte nie vergehen. Ich sehe und spüre beim Betrachten der unscharfen Schwarzweißaufnahme, die den Ball zum 3:2 im Netz zeigt, wie halb Steyr sich in den Armen liegt – und in den OÖ. Nachrichten vom Montag nachlesen kann: „Die Eisenstadt im Freudentaumel". Welche Genugtuung: Gerade hatte man das dreißigjährige Vereinsjubiläum gefeiert und die Festschrift mit den Worten geschlossen: „Durch Kampf zum Sieg!" Unvorstellbar, was dieses 3:2 insbesondere für Trainer Pojar, den Vereinsvorstand und die Funktionäre bedeuten musste. Ebenso für Steyr, das noch nachkriegsgrau dasteht, vom Krieg schwer gezeichnet, und ganze Stadtteile sind noch in schwarze Tarnfarbe gehüllt. Wie phönixgleich aus der Asche Auferstandene verlassen die Spieler Schürrer; Schneider, Rambacher; Springer, Wittek, Hilber; Anselgruber, Kurt Eigenstiller, Hartl, Brickler, Rehak, umarmt oder auf den Schultern getragen, das Spielfeld.

Eröffnung des renovierten Vorwärts-Stadions „hinterm Volkskino" am 4. September 1949 mit dem ersten Heimauftritt in der obersten österreichischen Liga und einem sensationellen 3:2-Sieg über Rapid Wien.

Schani Rehak jubelt über das Siegestor zum 3:2

Jedoch: Der Ball ist rund und höchstes Glück währt immer nur kurz.

Schon mit dem nächsten Spiel gegen den FAC 0:5 verblasst die Freude vom 4. September, die Meisterschaft wird hart, schließlich erreicht man unter dreizehn Teams den neunten Rang mit 9 Siegen, bei 2 Unentschieden und 13 Niederlagen. Torverhältnis 47:65.

Die Vorwärts-Mannschaft um 1950

Im Jahr darauf liefern sich die Rot-Weißen ein packendes Abstiegsduell mit dem eben aufgestiegenen LASK, das man nach einem 1:1 in Linz und einem 1:2 in Steyr knapp verliert. In den letzten neun Runden kann man keinen einzigen Punkt holen.

Zwischen 1951 und 1969 spielt Vorwärts mit einmaliger Unterbrechung (1954/55) in der jeweils zweithöchsten Fußball-Liga Österreichs: bis 1959 in der Staatsliga B, nach deren Auflösung in der neu gegründeten Regionalliga Mitte.

Amateure Steyr stieg 1950 in die Staatsliga B auf, ein Jahr später aber wieder ab. Nach einem Jahr Landesliga folgte 1952/53 wieder ein Jahr in der B-Liga, und ein dritter Versuch für ein Jahr folgte nach dem Landesmeistertitel 1953/54. In der Regionalliga etabliert hat sich Amateure dann in den Sechzigerjahren.

Stadtderbys – an Spannung und Emotionen unübertroffen – standen also während eines Jahrzehnts wieder auf dem Herbst- und Sommerkalender.

Raimund Neuhauser, anfangs Linksaußen, dann Mittelfeldmotor der Vorwärts, erinnert sich: In der „Bude" (Steyr-Werke, Anm. d. Verf.) wurde schon mindestens vierzehn Tage vorher über nichts anderes mehr gesprochen als über diese Partien. Das war Fanatismus pur. Gehässig sei es aber weder im Vorfeld noch auf dem Platz jemals geworden. Sportliche Rivalität bis aufs Messer, das ja, aber ein politisches Lagerdenken habe er keines mehr kennengelernt. Sicherlich, die Vorstände des SK Amateure waren der Generaldirektor, Direktoren und Prokuristen, die bei Vorwärts Werkmeister oder Kalkulanten, Stadtpolitiker seien aber in beiden Vereinen nie vertreten gewesen. Beide Vereine, so Neuhauser, hätten sich völlig unpolitisch gefühlt.

Beweis dafür ist wohl auch der oftmalige Wechsel von Spielern zwischen Amateure und Vorwärts, der sich bis zu Kurt Hochedlinger (aus der Amateure-Jugend 1980) verfolgen lässt. Monti Polster, nach einem kurzen Trainergastspiel von Strittich, und einem sehr erfolgreichen von Willi

---

Einer der legendärsten Vorwärts-Siege...

... gelang 1958 im Heimspiel der Staatsliga B gegen den LASK: 9:0! „Da ging alles eini", erinnert sich Joschi Strasser, der den Linzern gleich drei Bummerl verpasste.

Spielszene aus diesem 9:0 Kantersieg über den LASK

Torhüter „Weikerl" Weikertschläger bei einer seiner Glanzparaden

Reinl (Vorwärts – Winterkönig 1961) 1964 von Vorwärts als Langzeit-Trainer (bis 1972) bestellt, war zuvor von Wacker Wien zu Amateure geholt worden, indem ihm in den Steyr-Werken der Posten des scheidenden Kurt Eigenstiller angeboten worden war. Und Raimund Neuhauser schaffte 1975/76 als Amateure-Trainer mit dem SK den Landesmeistertitel.

Obwohl Vorwärts in diesen Jahren zumeist vor dem Stadtrivalen in der Tabelle der Regionalliga-Mitte platziert war, fällt die Derby-Statistik zugunsten von Amateure aus. Von 18 Spielen gewann Amateure sechs, Vorwärts vier, 8 Partien endeten unentschieden. Dank eines 7:1 am 18. 4. 1964 auf dem Amateure-Platz lautet das Torverhältnis 23:20 für Amateure.

Noch einmal zu Raimund Neuhauser, der schon 1963 zum Retter des SK Amateure avancierte. Durch seinen Hattrick gegen den Welser SC und damit einen 4:2 Auswärtserfolg der Vorwärts im letzten Meisterschaftsspiel entging Amateure nur dank des besseren Torverhältnisses in diesem Jahr dem Abstieg aus der Regionalliga. Amateure hätte dies am 29. 6. 1969 der Vorwärts danken können. Ein Sieg im Derby, dem wiederum letzten Spiel der Saison, hätte Vorwärts zum Verbleib in der Regionalliga genügt, indes Amateure mit drei Punkten Rückstand als Vorletzter bereits Fixabsteiger war. Aber nichts da: Mit einem schier unvorstellbaren Reflex boxte Amateure-Torhüter Dangl beim Stand von 2:2 in der Schlussphase einen Vorwärts-Volley-Schuss aus dem Kreuzeck über die Latte, und so riss Amateure den Stadtrivalen mit hinunter in die dritte Liga.

Der Verfasser dieses Essays, damals elfjährig und Augenzeuge dieser in seinen Augen bodenlosen Gemeinheit, hat sich selbige dann auch in einer Deutsch-Schularbeit von der Seele geschrieben. Ohne freilich zu ahnen, dass Vorwärts ein Jahr später den Spieß wieder umdrehen könnte und mit einem Punkt Vorsprung vor dem Spielverderber als Meister in die Regionalliga zurückkehrte, um dort bis zu deren Auflösung 1974 in mittleren Tabellenrängen mitzumischen.

Zwischenbilanz

Sowohl der Bürgerkrieg 1934 als auch die Situation nach 1945 schufen Handlungsbedarf. Dankbar, dem Tod entronnen zu sein und deshalb voll neuer Vitalität, konnte man sich auf jeden Mitarbeiter in Sachen (Wieder-)Aufbau verlassen.

Es wurde nicht analysiert, sondern angepackt.

Fußball war und blieb ein Vereinssport, die Vereinten waren Gleichgesinnte.

Damalige Vereinsvorstände inklusive Funktionäre ließen nichts unversucht, besonders die Jugendarbeit zu fördern. So wurde durch die Bestellung von geschulten Schüler- und Jugendtrainern schon 1945 ein Grundstein gelegt, aus dessen Reservoir Jahre später die Staatsliga-B- bzw. Regionalliga-Mitte-Mannschaften von Vorwärts und Amateure gespeist werden sollten.

Reiter, Stadlbauer, Vorauer, Grasserbauer, Antonitsch, Mühlböck, Ursprunger, Neuhauser I sind alle Vorwärts-„Eigenbau", ebenso die Spieler Kanitz, Füreder, Kaiser, Moschner, später Dangl, Told, Irro, Käfer, Tischler, Köstenberger, Katzenschläger aus dem Amateure-Nachwuchs.

Kurt Eigenstiller (1), Hans Eigenstiller (47), Helmut Köglberger (28), Willi Harreiter (13) [in Klammer die Teamberufungen ins A-Nationalteam] „lernten" unter „Beistellung von Schüler- und Jugendleitern", lange bevor ein Gedanke an Sporthauptschulen, Fußballgymnasien bzw. Fußballakademien oder Leistungszentren finanziell überhaupt zu erwägen war, vor Ort gut betreut, ausgezeichnet Fußball spielen.

Spieler- und Trainergagen waren bis in die 1970er Jahre, wenn man heute die noch lebenden Veteranen fragt, nebensächlich.

Natürlich gab es schon damals Unterschiede, das Fixum betreffend, und wurden Siegesprämien ausbezahlt, bedeutete ein Abstieg aus einer höheren Liga Spielerverkäufe, um Schulden zu tilgen (für Vorwärts: 180.000 Schillinge nach dem Abstieg aus der Staatsliga A 1951). Auch hat man schon damals „geldige" Vereinspräsidenten gesucht, aber angeblich nie gefunden. Die weiten

Fahrten, ob in Staatsligazeiten oder nach der Einführung der Regionalligen, hatten schon damals die Zeitungen resignierende Kommentare verfassen lassen. So schrieb das OÖ Tagblatt 1960 vom sportlichen wie finanziellen Durchfall der Regionalliga.

Dennoch – um nur zwei Namen aus der Vorstandsriege hervorzuheben – Viktor Molterer (Vorwärts) und Hans Wesp (Amateure) haben ihre Vereine über Jahrzehnte immer über Wasser gehalten. Und was auch sicher für Wesp gilt, sei aus der Vorwärts-Chronik (Jahreshauptversammlung 21. 2. 1960) zitiert: „Obmann Zehetner dankte in herzlichen Worten besonders Ehrenobmann Molterer, der mehr als vierzig Jahre in fast allen Funktionen für den Verein tätig war, und man kann wohl sagen, dass er sein Leben für seinen Verein Vorwärts gegeben hat."

Um dem nicht den Geruch von sentimentaler Vereinsmeierei verleihen zu können, sei als Beispiel dafür, was Obleute und Funktionäre damals tatsächlich leisteten, nur auf drei Fakten verwiesen:

Schon nach der Beendigung der Meisterschaft 1949/50 wurde von Vorwärts im Sommer eine Deutschlandtournee gestartet, im August 1953 eine Hollandreise und 1957 über Einladung des russischen Fußballverbandes nahmen Vorwärts und Amateure, zwecks diesem „Event" wieder zu einer Mannschaft vereint, als einzige österreichische Mannschaft am Sport-Festival in Moskau teil.

Zweite Halbzeit (1970 – 2000)

Schon ab 1967 hatte ein Umbau der Mannschaft begonnen, der bis in die späten siebziger Jahre das Herzstück der Vorwärtsmannschaft genannt wurde. Josef Reisinger ersetzte Fritz Gergelyfi im Tor, Staudenmayr und Vorlaufer bildeten die Innenverteidigung, Berger und Just II deckten außen ab oder drängten ungestüm in die Offensive. Im Mittelfeld werkten die Techniker Neugschwandtner und Jetzinger mit saisonweise wechselnden Mitspielern, und im Sturm sorgten Just I (besonders durch seine Haartracht), Karl Käfer (von der Amateure geholt) und immer einer aus der Stöffelbauer-Dynastie, anfangs Walter, dann Gerhard und Fritz (und nach 1989 noch Günther) für Unruhe im gegnerischen Strafraum.

Amateure Steyr kann die späten siebziger Jahre auch als erfolgreiche in der Vereinsgeschichte einreihen, obwohl die Aufstiegsspiele in die Nationalliga nicht zur Qualifikation reichten und größere Sensationen im österreichischen Fußballcup ausblieben.

1979 bis 1983 brachte einen kleinen „Höhenflug" auch für den ATSV Steyr, der nach Landesligajahren von 1954 bis 1967, damals in der 2. Landesliga (4. Liga) spielte und zuweilen mit Amateure im Derby die Klingen kreuzen konnte. (Eine Situation, die sich erst nach der „Wiedergeburt" von Vorwärts im neuen Jahrtausend wiederholen sollte. – 2005: vor 2500 Fans in Münichholz – Zuschauerrekord! – in der 1. Klasse Ost gegen Vorwärts 1:5, womit Vorwärts als Meister in die Bezirksliga zurückkehrte).

In der Folge, parallel zum immer höheren Aufstieg von Vorwärts Steyr, gerieten die übrigen Steyrer Traditionsklubs ins fußballerische Abseits und spielen heute allesamt im Unterhaus. Somit rückt Vorwärts Steyr in den alleinigen Blickpunkt.

Nach dem legendären 3:2 gegen Rapid war es am 15. August 1978 bei strahlendem Fußballwetter und glühender Hitze wieder einmal so weit. Reisinger & Co besiegten in der zweiten Runde des österreichischen Fußballcups Austria Wien mit 3 : 1.

Schon in der ersten Halbzeit hatte man die Wiener Stars, durchwegs Nationalspieler, kalt erwischt und war mit 3:0 (Bauer 5. Minute, Fritz Stöffelbauer 24. Minute und Berger – der Schuss seines Lebens! – 30. Minute) uneinholbar in Führung gegangen. In der Schlussphase setzte Steyr sogar seinen Fußballnachwuchs ein: Ab der 82. Minute stürmte ein gewisser Georg Zellhofer gegen die Austria.

15. August 1978:
Die Wiener Austria aus dem Cup geworfen!

Willi Bauer von Vorwärts im Kampf mit dem Austrianer Horvath

Gegen Manfred Neugschwandtner, an diesem Tag der beste Spieler auf dem Platz, hatte sogar ein Schneckerl Prohaska schlecht ausgesehen

... und der Jubel der Fans kannte kaum ein Ende!

Mit Rudi Jetzinger, der seinen Ex-Mitspieler Stadlbauer als Trainer ablöste, gelang zum 60. Vereinsjubiläum der Aufstieg in die 2. Division, in der man sich jedoch nicht halten konnte. So holte man mit Alfred Günthner erstmals einen Profi-Trainer (von VOEST) und schienen allmählich auch im Spielerkader immer mehr ausschließlich fürs Fußballsspielen Bezahlte auf. Spiegel und Ortner vom LASK, vor allem aber der tschechische Ex-Nationalspieler Ladislav Petras blieben in Erinnerung.

Auch der damals zwanzigjährige Kurt Hochedlinger kam, wie gesagt, 1980 von Amateure zu Vorwärts, er sollte wie kein anderer alle die Höhe- und Tiefpunkte der nächsten zwei Jahrzehnte miterleben. Er war in mancher Saison der einzige Steyrer in der Mannschaft, und bis zu seinem verletzungsbedingten Ausscheiden 1993 nach wie vor Fußballamateur, der – wie seine Fußballahnen – nach der Arbeit in den Steyr-Werken zum Training ging und an spielfreien Sonntagen sich nicht zu gut war, sich mit seinen jugendlichen Fans auf den umliegenden Wiesen gelegentlich auf ein Spielchen einzulassen.

Der Wiederaufstieg in die 2. Division gelingt mit Trainer Stadlbauer 1982, und man beendet unter sechzehn Vereinen die folgenden drei Meisterschaften jeweils am 6. Tabellenplatz. Als Erinnerung an die WM in Argentinien hüllen die Steyrer die Südtribüne jahrelang vor jedem Anpfiff in einen Papierschnitzelregen.

Nach einem 0:2 in Bregenz ist im März 1985 die Stimmung im Mannschaftsbus allerdings auf einem lange nicht gekannten Tiefpunkt. Man müsste heuer Fünfter werden, um in einer der von 32 auf 24 Mannschaften reduzierten beiden ersten Divisionen wieder dabei zu sein, sprich zehn(!) Vereine würden in die diversen Landesligen absteigen.

Das schier Unmögliche gelingt: Mit 18 Punkten

aus den letzten 11 Spielen fixierte man Rang fünf schon im vorletzten Match durch ein 3:1 gegen Wolfsberg. Oben blieben neben Vorwärts nur der Salzburger AK, Flavia Solva, der Kremser SC und SV St. Veit.

Es war ein Jahrzehnt des Kleinstadtfußballs auf – aus heutiger Sicht – relativ hohem Niveau, wenngleich der erste Komet Union Raika Wels nach dreieinhalb Jahren in der 1. Division im Februar 1984 sang- und klanglos und hoch verschuldet die Segel streichen musste und Vorwärts seinen Weg um rund fünfzehn Jahre vorausging, während Steyr jetzt unter Trainer Mrakowitsch zum zweiten Höhenflug ansetzte. Neben der wachsenden Zahl klingender Namen waren es immer wieder auch junge Eigenbauspieler wie Sulzner oder Kiss, die für die guten Erfolge der Vorwärts mit verantwortlich zeichneten.

Ende der achtziger Jahre wird der Spielerkader immer homogener.

Erwin Fuchsbichler, jahrelanger Rückhalt der VOEST, ist die Ruhe in Person. Mit Lukic, Hochedlinger, Karlsberger und Stöffelbauer (jetzt Fritz) besitzt man ein Verteidigungsbollwerk. Mittelfeldregisseur Didi Mirnegg, dessen Freistöße nicht selten spielentscheidend waren, weicht (nicht ganz ohne Groll) dem blutjungen Peter Stöger, unterstützt von Petar Amersek und Teddy Malnowitz. Zwei Punkte hinter Austria Klagenfurt versäumt man 1987 ganz knapp den Aufstieg in die höchste Spielklasse. Weil man Stöger nicht halten kann, verpflichtet man im Herbst 1987 wieder einen blutjungen Mittelfeldmotor, den Vorarlberger Daniel Madlener, und weil Sport-Club-Sponsor Avanti-Boss Nouza Bernd Dallos und Ali Facel im Vorwärtsstadion einlaufen lässt, sieht man sich einer baldigen Sensation noch näher. Als dann im Frühjahr mit Polanz und Novak (wieder vom Sport-Club) zwei neue Goalgetter ver-

Vorwärts-Legende der späten 80er und 90er Jahre: der Ukrainer Oleg Blochin, der auch 101 Spiele für die sowjetische Nationalmannschaft bestritt und dabei 35 Tore erzielte

pflichtet werden können, kommen Traum und Wirklichkeit schon fast zur Deckung. Die überraschende Verpflichtung des Mittelfeldstars der UdSSR-Nationalmannschaft, Oleg Blochin, setzte den Punkt auf das I, brachte das Fass der Steyrer Fußballbegeisterung endgültig zum Überlaufen, und Vorwärts schafft ausgerechnet im Linzer Stadion gegen Werner, Zellhofer & Co den Aufstieg in die höchste österreichische Fußball-Liga. Den alles entscheidenden Treffer zum 2:0 nach herrlichem Pass von Novak, der die gesamte Abwehr düpiert, erzielt – natürlich – Oleg Blochin.

Die Fans ganz nah am Spielfeldrand: Das gab dem alten Vorwärtsplatz bis 1980 seine unvergleichliche Atmosphäre

Seinen zweiten Frühling erlebte der ehemalige LASK-Spieler Teddy Malnowitz in Steyr

Dieser Treffer des russischen Strategen bleibt jedem, der ihn gesehen hat, ebenso in Erinnerung wie Edi Finger Seniors Radioschrei „I werd narrisch" genau zehn Jahre zuvor. Ein Jahrzehnt lang sollte Vorwärts Steyr erneut Fußballgeschichte schreiben. Fast jedes der geschossenen aber auch erhaltenen Tore konnte man nunmehr im Abendsport in Zeitlupe wieder und wieder studieren.

Um den Rahmen dieser Arbeit nicht völlig zu sprengen, seien im Folgenden eine Auswahl an Namen all jener Spieler und Trainer aufgezählt, die den zweiten „Höhenflug" des Steyrer Fußballs bewerkstelligten, begleiteten und nach rund zehn Jahren seinen vollständigen Niedergang einleiteten.

Neben den schon erwähnten Spielerpersönlichkeiten spielten sich gegen die besten österreichischen Fußballmannschaften ins Rampenlicht bis 1995: Hans Gröss, Peter Barac, Rupert Lehermayr, Slobodan Brankovic, Tomislav Ko-

Großartiges Fußballtalent und poetischer Charakter: Daniel Madlener

Steyrer Fußball-Ikone: Kurt Hochedlinger

cian, Herbert Wieger, Walter Waldhör, Herbert Linimayr, Manfred Trost, Zelko Vukovic, Andi Heraf, Hans Kogler, Ivo Knoflicek, Jürgen Gassner, Marko Felbermayr, Günther Stöffelbauer, Emir Music, Dragan Dubajic, Thomas Gröbl, Christian Hassler, Eduard Sarpei, Gernot Krisper, Bernd Pfister, Richard Niederbacher, Christoph

Westentaler, Richard Nawu, Muhammed Azima, Dietmar Berchthold ... die Trainer Peter Barthold, Otto Baric, Felix Latzke, Ivan Markovic, Ernst Weber, Radan Lukic, erneut Franz Mrakowitsch, Ivan Gudej, Milan Djuricic, Marinko Koljanin. Walter Waldhör und Daniel Madlener brachten es als langjährige Stammspieler von Vorwärts auf je eine Einberufung ins A-Nationalteam.

Die Platzierungen in der höchsten Spielklasse, die in je einer Hin- und Rückrunde im Herbst (= 22 Spielen) und in einem Meister-Playoff bzw. Abstiegs-Playoff (von je 8 Mannschaften = 14 Spiele) im Frühling ermittelt wurden: 1988/89 neunter Platz, 1989/90 zehnter Platz, 1990/91 siebter Platz (erstmals Teilnahme am Meisterplayoff) 1991/92 wieder Siebter, 1992 bis 1995 dreimal Achter.

Noch im Sommer 1995 war man im Vorwärtslager äußerst optimistisch, hatte man doch erstmals am UI-Sommercup teilgenommen und das zudem äußerst erfolgreich. In der Gruppenphase gegen Iraklis Saloniki, Spartak Plowdid, Wilna und Eintracht Frankfurt besiegte man nach Heimsiegen gegen die Griechen und Tschechen und einem Unentschieden gegen die Litauer auswärts den Gruppenfavoriten aus Deutschland sensationell im Waldstadion mit 2:1 und musste sich erst in der K.O.-Phase um den Einzug in die erste UEFA-Cup-Runde auswärts Racing Strassbourg 0:4 geschlagen geben. Jedoch Marinko Koljanin, der Milan Djuricic, den Mitbegründer der Viererkette, als Trainer ablöste, verlor mit seiner Mannschaft zwischen September 1995 und Juni 1996 von 28 Meisterschaftsspielen zweiundzwanzig und landete keinen einzigen Sieg.

Dolfi Blutsch schaffte im Jahr darauf mit einer anfangs völlig verunsicherten Mannschaft beinahe den Wiederaufstieg, und ein Jahr später durfte Rudi Eggenberger die Früchte von Blutschs Arbeit ernten. Er löste – was damals kaum jemand verstand – den neuen „Erfolgscoach" der Rot-Weißen ab und brachte Vorwärts 1998/99 ein bislang letztes Mal – und dies vermutlich für lange Zeit – in die Bundesliga.

Sechs Stunden lang hieß der neue Trainer Didi Constantini, dann sprach man wieder Eggenberger das Vertrauen aus. Nach nur einem Sieg gegen Lustenau in der gesamten Herbstsaison übernahm der deutsche Fußballprofessor Jürgen Sundermann im Jänner die Mannschaft. Der Rückstand war trotz weiterer zwei Siege und insgesamt sechs Unentschieden bis zum Meisterschaftsende nicht mehr aufzuholen, und mit 12 Punkten Rückstand auf den Vorletzten und dem desaströsen Torverhältnis von 29:81 verabschiedete man sich endgültig von Österreichs Spitzenfußball. Die nur bis zum Ende der Herbstsaison 1999/2000 dauernde Rückkehr in die 2. Liga (1. Division) unter Neotrainer Kurt Hochedlinger besiegelte das endgültige Aus.

Der Abpfiff oder Summa summarum

Nie wieder, Buben!, hat mein Nachbar Leopold – Bruder des legendären Vorwärts-Präsidenten Molterer –, der immer nur bei Amateure Fußball gespielt hat, zu uns Anfang der Siebzigerjahre gesagt, werdet ihr das erleben: Vorwärts in der höchsten Spielklasse. LASK, Rapid, Austria, Innsbruck, Sturm Graz, Vienna, Sport-Club alle vierzehn Tage. Er hat sich geirrt, wir haben es erlebt, da waren Leopold und Viktor schon tot.

Wir waren dabei im Auf und Ab zwischen Erster und Zweiter Liga, nahmen Anteil am häufigen Trainerwechsel: Entwickler – Vergeiger – Noname – Promi – Möchtegern – Vaterfigur.

Kein Höhenflug, keine Misere des österreichischen Fußballs, die sich nicht auch in Steyr wiederholt hätte. Je höher der Flug, desto fahrlässiger die Krida. So lange für Österreichs Profimannschaften das Wort Verein verwendet wird, obwohl es sich längst um Fußballunternehmen handelt, und somit bei Insolvenz das Vereinsrecht zur Anwendung kommt und nicht die Haftung beispielsweise einer GmbH, werden immer auch Funktionäre und insbesondere Vorstände bzw. das Präsidium teilweise persönlich haften, ob das nun einen Herrn Radlspäck oder Jahre später einen Herrn Kartnik betraf. Nach Union Wels, noch vor Vorwärts, verschmolz 1996 die Hochofenelf VOEST Linz in einer Fusionierung mit dem LASK und verglühte schon im darauf folgenden Jahr. Der Höhenflug Paschings (seit 2002) muss auf Grund des wieder erstarkten städtischen Linzer Fußballs ab der Saison 2007/08 in Kärnten fortgesetzt werden, da seit 1996 mit dem SV Josko Ried ein weiterer oberösterreichischer Spitzenklub in der Bundesliga vertreten ist. Und der GAK ist seit 19. 11. 2007 nach hundertfünfjährigem Spielbetrieb aufgelöst (Schuldenlast mehr als 17 Millionen Euro). Gegen Vorwärts Steyr wurde das Konkursverfahren am 2. 2. 2000 eröffnet. Neben der persönlichen Haftung des Obmanns (er musste (s)ein Haus verkaufen), steht bis zum heutigen Tag die Stadt Steyr vor einem Schuldenberg in der Höhe von mehr als einer Million Euro für eine Bürgschaft, die bis 1995 zurückreicht, immer unterschätzt wurde und bis heute nicht bezahlt ist. Insbesondere die anfallenden Zinseszinsen sind ein Affront wider die SteyrerInnen, darunter auch die zahlreichen Vorwärtsfans.

Allerdings, was hätten wir tun sollen?, fragt sich der heutige Sportreferent der Stadt. – Was hätten wir tun können?, überlegt auch der Verfasser dieser Zeilen zusammen mit Franz Lechner, dem ehemaligen Spitzenleichtathleten, langjährigen Turnlehrer und heute – in Pension – Steyrs Fußballexikon in Person.

Vorwärts war immer ein Nimbus. Steyr immer eine Stadt im Fußballfieber, wie kaum eine andere im ganzen Land und die Fieberkurve einmal steil nach oben, dann steil nach unten, nie flach. Auch nicht in den glorreichen Neunzigerjahren.

1993/94 – 6:0 gegen den Sport-Club, 3:0 gegen Rapid, auswärts gegen die heimstarken Mödlinger unter Trainer Krankl 5:0. Den Aufstieg ins Meister-Playoff unter die besten acht geschafft. Warum musste Trainer Mrakowitsch am 14. Februar, umgezogen zu einer Fahrt ins Trainingslager, den Mannschaftsbus verlassen, weil das Präsidium über Nacht einen neuen Trainer aus dem Hut gezaubert hatte? Lechner erinnert sich, wie Franz M. Mannschaft und Verein verließ, kopfschüttelnd mit seinem Koffer zu Fuß durch den Schnee in der Allee zwischen Stadionplanken und Stadttheater in Richtung Schlosspark immer kleiner wurde und verschwand ...

1994/95 – Das Flutlichtspiel gegen den FC-Tirol. 5:0 – Hans Krankl, den Europacupgegner Tirols in Spanien beobachtend, erfuhr von der zweiten 0:5 Niederlage seiner Trainerlaufbahn gegen Vorwärts am Telefon. Milan Djuricic, schon damals der Verfechter der Viererkette, Referent vor allen Bundesligatrainern in Salzburg zum Thema, hatte zugeschlagen.

Der Milan, aber auch Felix Latzke, der Lechner immer zu den Spielbesprechungen mitnahm, sind ihm in bester Erinnerung, ebenso Ernst Weber. Otto Baric weniger.

Der war ein Abkassierer, sagt Heinz Scheichl, befragt, warum sich eigentlich das unter Scheichl und dem Trainer-Duo Brunmayr/Adamec gegründete Leistungszentrum (BNZ) für den österreichischen Fußballnachwuchs in Steyr nicht etablieren konnte. Baric habe nichts davon gehalten – „Da spielen ja auch Mädchen mit!" – und Radlspäck auch nicht.

Die zu wenig professionelle Jugendarbeit in Steyr trotz Sporthauptschule und der damaligen Möglichkeiten auf Grund einer Bundesligamannschaft, da sind alle Befragten sich einig, war und ist bis heute langfristig die schlechteste Weichenstellung gewesen, die der SK Vorwärts in den neunziger Jahren, geblendet von kurzfristigen Erfolgen, hohen Zuschauerzahlen und namhaften Legionären bzw. Trainern, je getroffen hat.

Dabei hat man schon unter Mrakowitsch, zumindest die Kampfmannschaft betreffend, auf damals durchaus neue Trainingsmethoden gesetzt, und Friederike Lechner bat als staatlich geprüfte Fitnesstrainerin die Herrn Profis zur wöchentlichen Gymnastikstunde.

Abschließend ein Beispiel für die 1995/96 eingeleitete Talfahrt des SK Vorwärts: Meisterschaftsspiel gegen den Lask am 11. 11. Leider kein Faschingsbeginn-Scherz. Präsident Dittrich lässt beim Stand von 0:2 das Flutlicht nur auf Notbeleuchtung entflammen und hofft auf einen Spielabbruch wegen technischen Gebrechens. Schiedsrichter Kohl entscheidet auf Weiterspielen, und Vorwärts verliert 0:3. Keine gute Idee. Provinzielle Unfairnes. Hohn in der Presse!

Unfair gegenüber Trainern, Spielern und Ex-Spielern (es seien stellvertretend nur Blutsch und Lukic genannt) verhielt sich das Präsidium während der gesamten Ägide zwischen 1990 und 2000. Geld verdirbt den Charakter. Erfolg blendet, und Misserfolg macht panisch, aber auch ungerecht.

So genannte Berater agieren als Totengräber, dubiose Geldgeber („Druide soll verschwinden", Steyrer Rundschau vom 15. 5. 1997) verhalten sich Zuhältern nicht unähnlich, und je mehr von einem sportlichen Zugewinn gesprochen wird, einem Vorbild auch und angeblich für die sportbegeisterte Jugend, desto tiefer wird der Sumpf – jedem Idealismus zum Trotz – , in den man versinkt.

Selbst die angeblich immer tolle Stimmung im Vorwärts-Stadion ist nur eine Mär. Der einsame Schrei V o r w ä r t s . . . ! !, ist immer dann, wenn es eigentlich rückwärts geht, dagegen jedem Zuschauer im Stadion und nicht nur Dauerkartenbesitzern bestens vertraut. Insbesondere in den Frühjahrs-Saisonen, als man im Meisterplayoff spielte, herrschte, da die Heimmannschaft zumeist wenig spielbestimmend agierte, oft gespenstische Ruhe am angeblich so „gefürchteten" Platz.

Nur wenn Vorwärts sich von unten hochkämpft (wie wieder seit 2005, nach dem Aufstieg aus zwei Klassen Unterhaus in die Bezirksliga), reagieren die Ultras auf der Südtribüne mit Schlachtgesängen.

Nachspiel (seit 2001)

Seit dem Neustart ist Vorwärts bisher in die Landesliga Ost (derzeit 5. österreichische Liga) aufgestiegen. Vorwärts-Urgestein Otto Eigenstiller, Helmut Medizevec und Ernst Hasenleithner bilden zusammen mit Vertretern aus Wirtschaft (Dir. Rigger, Mag. Köck als Präsidenten) und Stadtgemeinde (Stadtrat Willi Hauser Vize-Präsident) unter anderem den neuen Vorstand.

Die Internet-Plattform macht heutzutage jeden eingeloggten Fan zur virtuellen Stimme, die sich mitzureden anmaßt.

Die fast neunzigjährige Vereinsgeschichte sollte zur Vermutung Anlass geben können, man habe aus den Fehlern der Vergangenheit gelernt. Dass dem leider nicht so ist, zeigt der derzeitige Stand der Diskussionen.

Quellen:

Mein Dank gilt neben allen befragten und genannten Personen insbesondere Rudi Strittich, Franz Lechner, Raimund Neuhauser, Kurt Eigenstiller, den Verfassern der Festschriften und Jahrbücher sowie den Autoren Bert Ehgartner und Hubert Pramhas.

Verwendete Literatur:

Ehgartner, Pramhas: „SK Vorwärts Steyr – Das rot-weiße Wunder" (1989)
Festschriften: 30 und 50 Jahre Vorwärts Steyr (1949 und 1969), 60 Jahre SK Amateure Steyr (1980) sowie die Jahrbücher 2005, 2006, 2007 des SK Vorwärts

DIE ZEITEN ÄNDERN SICH UND WIR UNS IN IHNEN.
Die Unterhaus-Jahre des SK Vorwärts Steyr aus der Sicht eines Fans

von Martin Steinwendner

Die Zeiten ändern sich, und sie ändern sich so gravierend, dass man sich ab einem gewissen Zeitpunkt gar nicht mehr erinnern kann, dass es auch einmal anders gewesen ist. Nur mit großer Anstrengung kann ich mich zurückversetzen und mir für einen kurzen Moment vergegenwärtigen, dass der SK Vorwärts einmal mehr als ein notorisch favorisierter Unterhaus-Klub war. 1988 aufgestiegen, hatte sich das einstige Gründungsmitglied der Staatsliga A in der höchsten österreichischen Liga etabliert und war über Jahre hinweg der einzige oberösterreichische Bundesligaverein gewesen. Woche für Woche durfte man dem größten Fußballer der UdSSR zujubeln, und selbst als Oleg Blochin den Verein verließ, fanden sich immer noch bekannte Namen in den rot-weißen Reihen: Heraf, Madlener, Westerthaler, Kocijan, Vukovic, Waldhör – allesamt Nationalteamspieler, und das zu einer Zeit, als das noch wirklich etwas bedeutete. Zugegeben, die Vorwärts spielte nie um den Titel mit, doch mit dem Abstieg hatten wir meistens auch nichts zu tun.

Doch dann riss der Faden. Und weil Hochmut vor dem Fall kommt, riss er genau in dem Moment, als wir uns alle zu Höherem berufen fühlten: 2:1-Auswärtssieg im UI-Cup bei Eintracht Frankfurt, Gruppensieger! Nächster Gegner: Racing Straßburg – Europa, wir kommen! Was danach folgte, kann man noch heute in Fußballskurrilitätenbüchern nachlesen: 43 Spiele ohne Sieg, Rückwärts Steyr, wie lustig.

Der gelernte Fußballfan weiß mit Demütigungen, selbst in solch einer Größenordnung, umzugehen, denn morgen wird die Sonne wieder scheinen, und nach der Saison ist vor der Saison. Doch die Luft war draußen. Der Wiederaufstieg nach zwei Jahren konnte nichts daran ändern, dass der in sich morsch gewordene Verein vor dem Ende stand. Auf dem Feld standen Profis, doch im Vorstand walteten Amateure, die dem hart gewordenen Fußballgeschäft nicht mehr gewachsen waren. Im Jänner 2000 folgte das Unvermeidliche, die Schuldenlast war nicht mehr zu bewältigen, und der SK Vorwärts Steyr stellte den Spielbetrieb ein. Nie wieder Vorwärtsplatz. Ich saß in meiner Wohnung in Wien und weinte.

Tage wie dieser

Der 28. August 2001 war ein strahlender Sommertag, der seinen Glanz nicht nur der Sonne verdankte, sondern vor allem der Tatsache, dass die Vorwärts ihr erstes Heimspiel nach dem Zwangsabstieg bestreiten würde. Zwar in der achten und somit untersten Spielklasse Österreichs, zwar gegen das benachbarte 1.700-Seelen-Dorf Maria Neustift, zwar mit Spielern, deren mangelnde Bekanntheit nur noch durch ihr jugendliches Alter übertroffen wurde, aber immerhin – wir spielten wieder. Scharenweise zog es die Anhänger zum Vorwärtsplatz, Anhänger, die in den letzten Jahren wahrlich nicht viele Gelegenheiten zum Feiern gehabt hatten. In allen Gesichtern stand die Freude geschrieben, dass der Verein nicht untergegangen war, dass man wieder auf den Vorwärtsplatz gehen konnte. Spürbar das Vergnügen, die alten Stehplatznachbarn wiederzusehen, mit denen man sich bei jedem noch so unbedeutenden Spiel die Kehle heiser geschrien und von denen man geglaubt hatte, man würde sie nie wieder treffen. Jeder der bedächtig gesetzten Schritte auf die Tribüne, jedes Bier (nostalgischerweise in „max.Bundesliga"-Bechern ausgeschenkt), ja sogar die Bosna hatte an diesem Tag einen feierlichen Charakter. Alles war getragen von dem erhebenden Gefühl „... dass wir das noch erleben dürfen!", und der Gewissheit, dass es von nun an bergauf gehen müsse, weil es tiefer eh nicht mehr gehen könne.

Es konnte. 1500 Zuschauer sorgten zwar für einen wohl ewigen Rekord in der 2. Klasse Ost, mussten aber gleichzeitig eine 1:3-Niederlage der wiedererstandenen Vorwärts mit ansehen. Ich habe mich oft gefragt, wie viel ein Fußballfan ertragen kann. Noch öfter wurde ich von verständnislosen Mitmenschen gefragt, wann denn endlich der Zeitpunkt sei, an dem ein Fan genug hat und aufhört, ins Stadion zu gehen. Die Wahrheit ist, dass es für all jene, die nach dieser Niederlage weiter zu Vorwärts-Spielen gegangen sind, diesen Zeitpunkt nicht gibt. Und wenn es ihn doch geben sollte, dann haben ich und etliche andere Leute in Steyr ihn übersehen. Denn eines steht fest: Wer einem Verein dabei zusieht, wie er in der ersten Liga alles verliert und danach auch in der zweiten Liga zur Lachnummer wird, wer einen Konkurs, die Auflösung und die Verbannung in den dunkelsten Keller des österreichischen Unterhauses miterlebt und sehen muss, wie der Verein seines Herzens dann auch noch in der letzten Liga des Landes verliert und dann dennoch an einem Sonntagnachmittag nichts besseres zu tun hat, als sich mit einem rot-weißen Schal auf einen Dorf-Fußballplatz im Bezirk Steyr-Land zu stellen, dem ist wahrlich nicht mehr zu helfen.

Lohn der Leiden

Doch nun kommt das Überraschende: Es lebt sich gar nicht schlecht als Fan in diesen Ebenen. Denn wer den oben geschilderten Punkt überschritten hat, der weiß, dass er den Rest seines Lebens Herzblut an einen Verein verschenken wird, egal wo dieser spielen wird, der spürt so etwas wie eine Befreiung. Befreit vom Erfolgsdruck, befreit vom Zwang, unbedingt einen Sieg sehen zu müssen und endlich frei für das pure Vergnügen am Fußball und der Existenz seines Vereins. Gerade in der achten Liga war dieses Vergnügen besonders groß: Jene 600 bis 700, die in den ersten beiden Jahren des Neubeginns im Durchschnitt die Spiele der Vorwärts besuchten und denen es nicht zu blöd war, die Woche damit zu verbringen, Spielen gegen Kleinreifling, Großraming oder Waldneukirchen entgegenzufiebern, bekamen als Gegenleistung die Gewissheit, die absoluten Fans zu sein. Niemand konnte diesen Anhängern in punkto Leidensfähigkeit und Treue etwas entgegensetzen, und auch jetzt noch, da der Verein in der fünften Liga spielt und der Zuschauerschnitt längst bei 2500 Fans liegt, muss ein neu (oder wieder) dazugekommener Zuschauer damit rechnen, von einem der wirklich allzeit Getreuen bisweilen als „Erfolgsfan" bezeichnet zu werden – ungeachtet der Tatsache, dass die Landesliga Ost nicht wirklich der glamouröseste Ort des Fußballsports ist. Man sieht, der Fan ist ein eitles und selbstgefälliges Wesen, und nicht wenige Vorwärtsanhänger haben sich – ebenso wie der Verfasser dieser Zeilen – in der Rolle des ewigen, aber sympathischen Verlierers zu gefallen begonnen. Der Alltag auf den Dorfplätzen von Adlwang bis Weyer war also im Wesentlichen nicht so hart und demütigend für uns bundesliga-erprobten Fans, wie man dies vielleicht vermuten könnte, sondern rückblickend der Ritterschlag für all jene, die den Weg nach wirklich ganz unten nicht gescheut haben.

Blasmusik und Bauernhof

Man sollte dabei jedoch nicht verschweigen, dass die untersten Ligen zu all dem bereits Gesagten noch einen weiteren unschätzbaren Vorteil hatten: Sie waren wirklich unterhaltsam. Denn nirgendwo sonst sieht etwa man Referees, an deren von Bierbauch und Vokuhila geprägten Anblick man sich auch in der zweiten Halbzeit noch nicht gewöhnt hat und deshalb einen Gutteil des Spiels damit zubringt, herzlich über diese zu lachen. Wahrlich, an Skurrilitäten sind sie nicht arm, die 2. und die 1. Klasse, und schon jetzt, da wir erst die fünfte Liga erreicht haben, fehlt mir bereits so Manches, was uns Fans das Unterhaus einfach sympathisch gemacht hat. Die Blasmusik von Haidershofen zum Beispiel, die extra aufspielt, wenn die Vorwärts gegen den örtlichen Verein antritt und somit unweigerlich Länderspiel-Stimmung verbreitet. Oder der 85jährige Kartenabreißer in Aschach an der Steyr, der einen auf die Frage, ob es eine Studentenermäßigung gibt, ansieht, als stünde ein Außerirdischer vor ihm. Der Linienrichter in Aschach, der in Gummistiefeln, mit Hemd und langer Schnürlsamthose aufläuft und die 90 Minuten mit dem Schirm in der einen und dem Outfahnl in der anderen Hand absolviert. Die kulinarische Versorgung in Reichraming, die in Ermangelung einer Vereinskantine im Bauernhof neben dem Fußballplatz erfolgt, wo man – nachdem man den Platz kurzfristig verlassen muss – mit Most und Topfenbroten versorgt wird. Der Platzsprecher in Losenstein, der nach einem umstrittenen Vorwärts-Treffer mit der Durchsage „0:3 für Vorwärts Steyr. Torschütze: Der Linienrichter!" brilliert. Die Steyrtal-Museumsbahn, mit der man zum Auswärtsspiel nach Neuzeug anreisen kann.

Und nicht zuletzt die landschaftliche Schönheit so manches Fußballplatzes: Wer sieht, wie sich in Ternberg die Enns elegant an den Platz heranschmiegt oder in Losenstein die Burgruine über dem Platz thront, der braucht keine Groundhopping-Berichte mehr von irgendwelchen peruanischen oder vietnamesischen Fußballplätzen. Apropos Fußballplätze: Da es außerhalb vom

Sportanlage in Ternberg ...

... und in Losenstein

Vorwärts-Stadion in den gesamten unteren drei Ligen nirgends eine echte Abgrenzung zum Spielfeld gibt, gewann auch der Torjubel immens: Wo sonst ist es möglich, den Torschützen persönlich zu umarmen, indem man kurzerhand das Feld betritt?

Brüder, zur Sonne!

Wenn sich der geneigte Leser nun wundern sollte, warum die vorangegangen Absätze in der Vergangenheitsform geschrieben sind, obwohl die Vorwärts ja eigentlich noch immer unterklassig spielt, dann muss an dieser Stelle angemerkt werden, dass die liebenswerte Sorglosigkeit der siebten und achten Liga bereits hinter uns liegt. Wie eingangs betitelt: Die Zeiten ändern sich und dies sowohl auf als auch neben dem Feld. Der SK Vorwärts hat sich bereits einige Stufen nach oben gekämpft, und mit jedem Aufstieg hoben sich nicht nur die Erwartungen und die sportlichen Ansprüche, sondern auch die Zuschauerzahlen. Nach einem knappen zweiten Platz in der Saison 2001/02 gelang 2002/03 der Meistertitel in der 2. Klasse Ost und somit endlich der lang ersehnte erste Schritt aus dem sportlichen Jammertal; 1000 Fans jubelten damals ihrer Mannschaft in Großraming zu. Nach einem verkorksten ersten Jahr in der 1. Klasse Ost spielte die Vorwärts in der Saison 2004/05 groß auf und besiegte in einem Herzschlagfinale den ASK St. Valentin in Steyr vor damals wie heute unglaublichen 5000 Zuschauern. Deutlicher konnte das Signal nicht sein: Steyr war bereit für mehr. Obwohl nun eigentlich jeder sportliche Anpassungsprobleme und einen damit verbundenen Zuschauerschwund erwartet hatte, sollte sich das kleine rot-weiße Wunder prolongieren. Denn dank der Großzügigkeit des Präsidenten Jörg Rigger massiv verstärkt, gelang der Mannschaft auch im folgenden Jahr der nächste Meistertitel, diesmal in der Bezirksliga Ost. Spitzenspiele lockten auch in dieser Saison wieder bis zu 3500 Fans auf den Vorwärtsplatz. Die Landesliga Ost, also die fünfte Liga, war erreicht.

Heimspiel gegen Sierning

Wir sind die Vorwärts

Der sportliche Aufstieg und die steigenden Zuschauerzahlen blieben auch nicht ohne Auswirkungen auf die Fanszene in Steyr. Schon seit dem Wiederbeginn hatte die Fangemeinde im Verein eine ungleich wichtigere Rolle gespielt als zuvor in Bundesligazeiten; um den Betrieb zu erhalten, fanden sich etliche Fans plötzlich als Stadionsprecher, Jugendtrainer, Platzwart und

Ordner wieder. Vor allem der alteingesessene Fanclub Rot-Weiß hat sich in dieser Zeit unschätzbare Verdienste um den SK Vorwärts erworben. Auf die Fans wurde und wird seit diesem Zeitpunkt im Verein gehört – der Anhänger ist nicht mehr der unwillig geduldete, unmündige Claqueur, seine Stimme wird nun auch außerhalb der 90 Minuten ernst genommen. Gerade in einer Zeit der ungebremsten Kommerzialisierung im österreichischen Fußball, welche von willkürlichen Lizenzverkäufen und Vereinstransfers sowie von einem geradezu frevelhaften Umgang mit Vereinsnamen und -farben gekennzeichnet wird, ist der Fan wohl der letzte verbliebene Pfeiler der Vereinstreue und der Tradition. Kluge Vereine wissen das und setzen auf den Identifikationsfaktor Fankultur, so auch der SK Vorwärts Steyr. Die von den Fans geforderte Wiedereinführung des angestammten Traditionswappens im Jahr 2004 und das Eingehen des Vereins auf die Wünsche der Fans bei Fanartikeln und Choreographien sind beredtes Zeugnis einer neuen, positiven Geisteshaltung. Man fühlt sich in Steyr als Fan angenommen, mehr noch: Man fühlt sich als integraler Bestandteil des Klubs und als Mitwirkender des neuen rot-weißen Wunders. Dieses Gefühl ist wohl der größte Wert des Wiederbeginns im Amateurfußball.

Apropos Choreographien: Die großen Fanbewegungen und Moden sind auch an Steyr nicht spurlos vorübergegangen, und so hat sich auch auf der Südtribüne einiges getan. Angeregt durch die generelle positive Entwicklung der österreichischen Fanszene beschlossen einige arrivierte Fans des harten Kerns, auch in Steyr ihrem Verein nicht mehr bloß akustische, sondern auch optische Unterstützung zu liefern. Resultat waren und sind zahlreiche, teils sehr aufwändige Choreographien, die natürlich nicht immer perfekt waren, aber dennoch einen Vergleich mit dem Anhang von etlichen Profivereinen nicht scheuen müssen.

Institutionalisiert wurden dieses Aktivitäten durch die Gründung der übergreifenden Fan-Plattform Südtribüne Steyr, welche durchaus als Zeichen der Weiterentwicklung der Steyrer Fanszene gesehen werden kann. Rückblickend ist eingetreten, was im Jahr 2001 keiner der auf Dorfplätzen herumstehenden Vorwärtsler ahnen konnte: Die Steyrer Fanszene und die von ihr erzeugte Stimmung sind besser als je zuvor und bereits über jene der Bundesligazeit zu stellen, über die man damals in so mancher österreichischen Stadt geschmunzelt hat – nicht ganz zu Unrecht, wie man sich heute eingestehen muss. Ich wage zu behaupten, dass dieser Aufschwung auf der Tribüne ohne den Wiederbeginn in der untersten Liga, ohne die noch engere Verbundenheit der Fans sowohl untereinander als auch mit ihrem Verein so nicht möglich gewesen wäre.

Der dunkle Schatten

Aktuell gibt es jedoch nicht nur Grund zum Jubel. Die Vorwärts-Anhänger mussten in der Landesliga Ost erfahren, dass der Zuschauerboom auf dünnem Eis steht, weil es des ständigen Erfolges bedarf, um die Euphorie aufrecht zu erhalten. Die neu gewonnenen Zuschauer wollen unterhalten und können meist nur dann wieder zum regelmäßigen Stadionbesuch animiert werden, wenn der Siegeszug der Mannschaft weitergeht. Im ersten Jahr, der Saison 2006/07, klappte der Vormarsch zunächst noch wunderbar: Nach dem obligaten Rückstand im Herbst spielte sich das Team in einen Rausch, der in einer grandiosen Aufholjagd und schließlich in der letzten Runde in einem Entscheidungsspiel gegen den direkten Konkurrenten Weißkirchen gipfelte. Auch die überregionalen Medien hatten längst von den fantastischen Zuseherzahlen in Steyr Wind bekommen und überboten sich in ihrer wohlwollenden Berichterstattung, die wohl kein einziges Mal ohne das Prädikat „Kultklub" auskam. Etwas ungläubig verfolgten wir Anhänger diesen medialen Hype rund um unseren Verein – zu sehr waren wir bereits an die beschauliche Anonymität des Amateurfußballs gewöhnt, als dass wir damit gerechnet hätten. Und obwohl bekannt ist, was aus dem noch kurz zuvor von den Medien ebenso als Kultklub titulierten SV Pasching geworden ist, so fühlten wir Steyrer uns dennoch geschmeichelt und nicht wirklich unwohl in der Rolle des Liebkinds der Fußball-Nation. Nun bedurfte es eigentlich nur noch eines Sieges, um den Aufstieg in die vierthöchste Liga perfekt zu machen und damit das nächste Kapitel im Märchen der wunderhaften Rückkehr des SK Vorwärts zu schreiben. Ernsthafte Zweifel an einem Sieg hatte wohl kaum einer der unglaublichen 7000 Zuschauer, die sich diesen Festtag nicht entgehen lassen wollten und letztlich doch nur Zeugen einer Trauerfeier wurden. Löste Goalgetter Amarildo Zela mit seinem Führungstreffer zunächst noch den wohl lautesten und längsten Torjubel aus, den ich im Vorwärts-Stadion jemals erlebt habe, so beendete der Weißkirchner Ausgleichstreffer und die folgende Torsperre rasch die Festtagsstimmung. Die nach Abpfiff auf den Rängen zu beobachtenden Frustrationstherapien bewegten sich irgendwo zwischen Schweigen, Heulen und unmissverständlichen Aufforderungen an Schiedsrichter und Exekutive, die Körperkräfte zu messen. Noch eine halbe Stunde nach Spielende sangen sich tausende Kehlen Trauer und Frust aus dem Leib, obwohl ihnen allen eher zum Weinen als zum Singen war.

Ich weiß bis heute nicht, ob dieses Spiel nur ein kleiner Dämpfer oder aber der fatale Wendepunkt der Steyrer Erfolgsgeschichte war. „Hoffentlich war das nicht unser Bad Bleiberg!" hörte ich mehr als einen Fan an jenem Tag sagen, und auch ich musste damals unweigerlich an den tragischen Nichtaufstieg von Blau-Weiß Linz in die Zweite Bundesliga denken, einem Einschnitt, von dem sich dieser Verein bis heute nicht erholt hat. Der bisherige Verlauf des zweiten Jahres in der Landesliga Ost nährt die Befürchtung, dass auch unser Klub durch diesen verpassten Aufstieg einen schwereren Schlag bekommen hat, der allen Durchhalteparolen zum Trotz nicht ganz so einfach weggesteckt werden kann. Auch die Be-

Ein Unentschieden, das eine Niederlage war: 1:1 gegen Weißkirchen

fürchtung eines sinkenden Zuschauerschnitts bei sportlichem Misserfolg hat sich im zweiten Jahr in der fünften Liga zum Teil bereits bewahrheitet – es steht daher zu hoffen, dass die Rückkehr des SK Vorwärts nicht schon ein Ende findet, bevor wir überhaupt wieder richtig da waren.

Whatever will be, will be

Trotz allem: Ich lüge nicht, wenn ich sage, dass die Zeit seit dem Wiederbeginn die bisher schönsten Jahre waren, die ich als Vorwärts-Fan verbracht habe. Nie war die Bindung höher, nie war der Schmerz größer, nie die Freude schöner. Seit ich die Unterhaus-Jahre des SK Vorwärts miterlebt habe, weiß ich, dass es dir als Fan irgendwann egal ist, wo dein Verein spielt und gegen wen. Es ist nur noch wichtig, dass er spielt. Für einen Vorwärts-Anhänger, der eineinhalb Jahre lang befürchten musste, dass er nie wieder mit dem Schal um den Hals, Bier in der Hand und Freude im Schädel „Come on, you boys in red!" singen könnte, ist jeder Stadionbesuch eine Freude – egal, ob die Mannschaft gegen Rapid gewinnt oder gegen Kleinreifling verliert. Der

Zwangsabstieg hat uns allen das Schönste und Wesentlichste am Fansein bewusst gemacht: Ehrliche Hingabe, bescheidene Freude und der Beweis, dass Treue mehr ist als das besoffene Grölen von „You'll never walk alone".

Dieser Beitrag basiert zu einem nicht unbedeutenden Teil auf den vom selben Verfasser geschriebenen Artikeln „Ganz unten" und „Zum Siegen verdammt", die im April 2003 bzw. im Dezember 2005 im „fm ballesterer" erschienen sind und für das vorliegende Buch völlig neu bearbeitet und erweitert wurden.

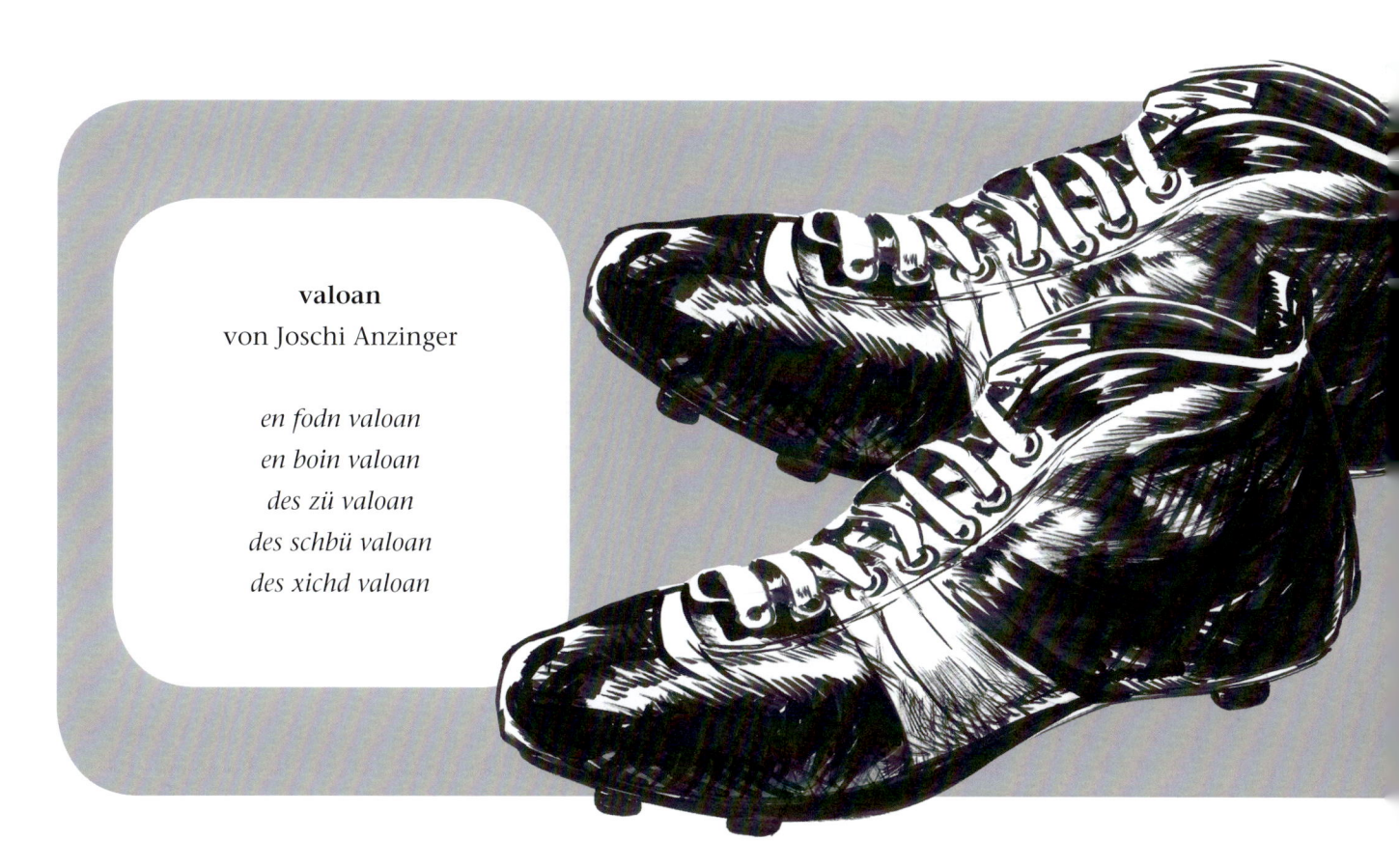

* * *

valoan
von Joschi Anzinger

en fodn valoan
en boin valoan
des zü valoan
des schbü valoan
des xichd valoan

DER AUFSCHWUNG DES LASK NACH DEM KRIEG

von Andreas Praher

"Ludwig Lutz und Rudolf Fuchs, zwei Stützen früherer Linzer Fußball-Auswahlen, sind wieder in ihre Heimatstadt zurückgekehrt."[1] Diese Zeitungsnotiz vom 12. Juni 1945 drückt die damalige Befindlichkeit aus: Ganze Straßenzüge waren von alliierten Bombentreffern zerstört, und aus den Befreiern waren Besatzer geworden – südlich der Donau die Amerikaner, nördlich davon die Sowjets. Als Teil des nationalsozialistischen Deutschlands stand Österreich plötzlich als Verlierer da, sah sich jedoch nicht als Täter, sondern vielmehr als erstes Opfer der Aggressionspolitik des Dritten Reiches. Die Kriegsheimkehrer wurden wie Helden gefeiert, obwohl die wenigsten von ihnen welche waren und auch keine sein wollten. Sie litten unter den Folgeerscheinungen der Kriegserfahrungen und fanden sich in dem veränderten Umfeld oft nur schwer zurecht. Psychologisch diente der Sport dazu, wieder eine gesunde Nation zu schaffen, nicht nur körperlich, sondern auch geistig – gereinigt von den Altlasten des Krieges und des NS-Systems. Jubelmeldungen über heimkehrende Fußballer waren keine Seltenheit. Sie wurden zu den Hoffnungsträgern eines Neubeginns.

Rascher als in anderen Bereichen ging man im Fußball wieder zur Tagesordnung über. Bereits am 24. Juli 1945 wurde verkündet, dass in Linz Sportveranstaltungen ab sofort gestattet seien. Mit Erlaubnis der alliierten Besatzungsmächte meldete sich jenseits und diesseits der Donau der Fußball zurück. Auffallend dabei sind die personellen Kontinuitäten im Linzer Fußballwesen unmittelbar nach 1945: So wurde Alois Dupack, der seit 1910 Mitglied bei den Schwarz-Weißen war, bei der Hauptversammlung des Oberösterreichischen Fußballverbandes am 1. Dezember 1945 zum Präsidenten gewählt, und der damalige Torhüter des SK Germania und des LASK, Adolf Faderl, während des Nationalsozialismus „Sachbearbeiter für Fußball im Gau Oberdonau", zum Sekretär des Oberösterreichischen Fußballverbandes bestellt.[2]

Der Nationalteamstürmer Franz Fuchsberger erklärte sich bereit, das Training bei der SV Urfahr zu übernehmen, der aus der sowjetischen Kriegsgefangenschaft zurückgekehrte Wunderteamspieler Georg „Schurl" Braun trainierte wieder den LASK.[3]

Bei Rapid Linz wurde ebenfalls wieder begonnen, Fußball zu spielen. Die Arbeiterkicker überraschten gleich in Bad Hall mit einem 6:0-Sieg. Auch der LASK schoss sich ein und besiegte den Welser SC 6:2 und Sparta 5:2. Beim ersten „Län-

---

1   Zit. Nach. Fußball in Oberösterreich. S. 55.
2   Vgl. u. a.: Fußball in Oberösterreich. S. 55-56. / Das Buch vom LASK. S. 13.
3   Ob Georg Braun tatsächlich aus der sowjetischen Kriegsgefangenschaft zurückkehrte, lässt sich nicht mit hundertprozentiger Sicherheit sagen. In dem Buch „Ewig lockt der LASK" S. 36 ist von der französischen Kriegsgefangenschaft die Rede. Andere voneinander unabhängige Quellen sprechen von der sowjetischen Kriegsgefangenschaft. Diese Mehrfachnennung lässt also den Schluss zu, dass sich Braun tatsächlich in sowjetischer Kriegsgefangenschaft befand. Sicher ist dagegen, dass Braun 1939 nach seiner Spielertätigkeit beim französischen Klub Stade Rennes das Amt des Spielertrainers beim LASK übernahm und ein Jahr später zum Kriegsdienst eingezogen wurde. Zuvor spielte für den Wiener AC und war in den 1930er Jahren neben Matthias Sindelar maßgeblich am Erfolg des österreichischen Nationalteams beteiligt, das als „Wunderteam" in die Fußballgeschichte einging. Vgl. u. a.: Gödeke, Peter: Tor! Die große Fußball-Chronik. S. 42.

derspiel" nach dem Krieg, beim 7:1-Sieg Oberösterreichs gegen Salzburg am 3. September 1945, beherrschte das LASK-Innentrio Fuchs-Hartl-Lutz die Szene. Waren bei Kriegsende 30 Fußballvereine in Oberösterreich gemeldet, so waren es ein Jahr danach bereits 85.[4]

Fußball als Leitkultur

Die 1950er markieren die Zeit, in der sich eine eigenständige Jugendkultur zu entwickeln begann. Die Jugend wurde zum ersten Mal gesellschaftlich „auffällig", schreibt bereits Helmut Schelsky im Jahr 1957 in „Die skeptische Generation".[5] Sie war die Triebfeder des zunehmenden Wohlstands und der Konsumgesellschaft und lieferte den ideologischen Gegenentwurf zu den Wertevorstellungen der Elterngeneration.[6]

Kinobesuche und Tanzveranstaltungen zählten zu den beliebtesten Beschäftigungen der damaligen Jugendgeneration. In der Freizeitgestaltung nahm aber auch der Sport eine besondere Stellung ein, und hier vor allem der Fußball. Der LASK war damals *der* Klub in Linz, das in Urfahr gelegene Rosenstüberl ein beliebter Treffpunkt für Spieler, Funktionäre und Anhänger des Vereins. „Linz, das war der LASK", erinnert sich auch LASK-Legende Laszlo Simko.[7] Und der LASK war damals tatsächlich mehr als nur ein Fußballverein, er war Teil eines Lebensgefühls, wenn auch nur für eine Hälfte der Gesellschaft. Denn Frauen am Fußballplatz bildeten in den 50er Jahren eine klare Minderheit. Fußball war ein Hobby, das den Männern vorbehalten war, auch in seiner passiven Form. Der Fußballplatz mutierte zum sozialen Treffpunkt und diente als Zufluchtsort der männlichen Jugend. Hier waren die Jugendlichen nicht unter Aufsicht der Erwachsenen und konnten sich frei bewegen. Die kampfbetonte, männliche und raue Spielart des Fußballsports trug zu seiner Beliebtheit bei. Die Zugehörigkeit zu einem Verein wirkte identitätsstiftend, und so entstanden im Gefolge der Fußballmannschaften erste Anhängerklubs, die ihre Idole auch zu Auswärtsspielen begleiteten.

Der Fußballplatz schien aber auch ein Ort zu sein, wo alte und neue Werte, jung und alt nebeneinander ihr Auslangen fanden, wo der Unterschied zwischen der Vater- und Sohngeneration aufgehoben zu sein schien. In diesem Sinne hatte der Fußball eine identitätsstiftende, verbindende und generationenübergreifende Wirkung. Die Sportart entwickelte sich von einer schichtzugehörigen Subkultur zu einer populären Leitkultur.

„Ich habe Tore geschossen, das war meine Aufgabe"

Der Ungar Simko stieß in der Nachkriegszeit zu den Athletikern. Die Mannschaft in den ersten Jahren nach dem Krieg bestand aus dem früheren LASK-Spieler Walter Ruhs, Karl Hartl, dem älteren Bruder des späteren Mittelstürmers Alois Hartl, Karl Hajek, Willi Körner als Sektionsleiter und Hans Spiesmayer als Obmann. Auch Rudolf Fuchs (Fuchs I) war wieder mit von der Partie. Trainiert wurden die Schwarz-Weißen von Georg Braun, der bis 1950 Spielertrainer war. Gespielt wurde vorerst auf dem Westbahnplatz in der Unionstraße, da der ehemalige LASK-Platz auf dem Kleinen Exerzierfeld durch Bombentreffer zerstört worden war. Die Jubiläumsfestschrift „60 Jahre LASK" berichtet von „10.000 Menschen, die sich am Fußball erfreuten und dadurch für einige Stunden die Sorgen des Alltags vergaßen."[8]

---

4 Vgl. Fußball in Oberösterreich. S. 55-56.
5 Vgl. Schelsky, Helmut: Die skeptische Generation. Düsseldorf/Köln. 1957.
6 Vgl. u. a.: Luger, Kurt: Die konsumierte Rebellion. Geschichte der Jugendkultur von 1945 bis 1995. 498-500./ Fischer-Kowalski, Marina: „Früchterln" und was sie fruchten. In: Jagschitz, Gerhard (Hg.): Die „wilden" fünfziger Jahre. Gesellschaft, Formen und Gefühle eines Jahrzehnts in Österreich. S.64.
7 Interview mit Laszlo Simko. Geführt am 28. Dezember 2007.

Alois Hartl avancierte zum Torschützenkönig und schoss in der ersten Saison nach dem Zweiten Weltkrieg 66 Tore für den LASK, ein bis heute unerreichter Rekord.

Bereits zwei Jahre nach Kriegsende gelang dem LASK das Meisterstück. Im Juli 1946 wurde Rapid mit 3:2 geschlagen, vier Wochen später die Wiener Austria mit 6:4 abgefertigt. 1948, genau rechtzeitig zum 40jährigen Bestehen, beschenkte sich der Verein mit seinem 12. Meistertitel. Rudolf Fuchs erinnert sich: „So konnten wir auch Rapid und Austria in Freundschaftsspielen besiegen: Besonders auf den Sieg gegen Rapid sind wir sehr stolz, da diese Mannschaft bis dahin sowohl national wie international lange ungeschlagen war."[9] Nicht unbedeutend für die Spieler war die damit verbundene Siegesprämie. Diese war gleichzeitig ein Zeichen des fortschreitenden Wohlstands. „Ein kleines Prämiengeld – ungefähr zwanzig Schilling pro Sieg – erhielten wir auch. Vor dem Krieg gab es als Prämie immer ein Essen – das war sehr wichtig, weil die meisten arbeitslos waren und sich nichts kaufen konnten. Nach dem Krieg konnte man sich zum Beruf schon einiges dazuverdienen."[10]

Die Rufe nach einer gesamtösterreichischen Meisterschaft wurden immer lauter. Ein Jahr später, im Jahr 1949, wurde schließlich die Staatsliga gegründet. Steyr war der erste oberösterreichische Verein, der oben mitspielte, der LASK folgte ein Jahr später.[11]

Als der Mittelstürmer Alois Hartl erkrankte, suchte der LASK im Angriff Verstärkung. Zu diesem Zeitpunkt kickte Simko noch im Lager

Dieses LASK-Mannschaft besiegte im Sommer 1946 die große Rapid-Mannschaft aus Wien:
Stehend v. l.: Braun, Multenberger, Engbarth, Fuchs I, Schmidhofer, Köttsdorfer, Öppinger, Toljan, Lutz, Sektionsleiter Körner; vorne: Hartl, Schürer, Enzenhofer, Fuchs II.

Haid.[12] Dort spielte nach dem Krieg eine Auswahl volksdeutscher und anderer Flüchtlinge Fußball, um sich den tristen Lageralltag zu vertreiben.[13] Simko war einer von ihnen. Am 5. November

8   60 Jahre LASK. S. 49.
9   Oberösterreichische Rundschau. 2. August 1990.
10 Oberösterreichische Rundschau. 2. August 1990.
11 Vgl.: 80 Jahre LASK. S. 59-60.
12 Das Lager Haid war eines der Flüchtlingslager oder DP-Lager, wie sie nach dem Ende des Zweiten Weltkrieges existierten. Neben den drei großen Lagern am Bindermichl, in Ebelsberg und in Wegscheid, befand sich ein solches auch in Haid. Die Abkürzung DP steht für „Displaced Persons". Darunter verstanden die Amerikaner vorerst alle Landfremden. In der österreichischen Alltagssprache fokussierte der Begriff allerdings rasch auf die jüdischen und fremdsprachigen DPs. Volksdeutsche Vertriebene (also jene aus ehemals deutschsprachigen Gebieten) wurden in der Regel umgangssprachlich nicht als DPs bezeichnet. Vgl. u. a.: John, Michael: Bevölkerung in der Stadt. Einheimische und Fremde in Linz. Linz, 2000. S. 286-287.
13 Bereits 1947 gab es in Haid eine Fußball-Lagermannschaft. Gespielt wurde auf der Wiese hinter der Steinbaracke der Volksschule. 1953 erfolgte die offizielle Gründung der Fußballmannschaft KJ Union Haid.

1925 in Budapest geboren, kam der Ungar als deutscher Kriegsgefangener 1945 nach Ebensee und später nach Steyr. Nach Kriegsende wurde er von der amerikanischen Besatzungsbehörde in das DP-Lager nach Haid bei Ansfelden überstellt. Dort musste er sich gemeinsam mit dutzenden anderen Flüchtlingen eine Baracke teilen – es war dies die Baracke Nummer 107, während der Rest seiner Familie – sein Vater, seine Mutter und seine drei Brüder – in Ungarn weilte. Eine Rückkehr in sein Heimatland war aufgrund der politischen Verhältnisse unmöglich geworden, da er bei den Sowjets in Verdacht der Kollaboration mit den Nationalsozialisten geraten wäre. Eines Tages habe Simko einen Brief von seinem Vater bekommen. Darin stand, er solle alles mitnehmen, wenn er heimkommen würde, denn sie hätten seit Monaten kein Brot mehr gesehen. „Das war für mich sofort der Hinweis, nicht heimzukommen", erzählt Simko, der sich daraufhin entschloss, hier zu bleiben. Erst nach 18 Jahren sah er seinen Vater wieder, seine Mutter war in der Zwischenzeit verstorben.

„Schon in Haid haben sie mein Talent erkannt und immer zu mir gesagt, dass ich einen Kompass in den Füßen hätte. Das kam daher, weil wir als Kinder einen Elfmeter nur dann gewertet haben, wenn der Ball ins Kreuzeck gegangen ist", erinnert sich Simko. Und wie der Zufall es wollte, wurde der LASK in einem Testspiel gegen den SC Breitbrunn auf den kleinwüchsigen Ungarn, den sie alle immer nur Zsöbi (Kleiner) nannten, aufmerksam. Simko wurde damals von Breitbrunn getestet. „Sie haben gehört, dass ich in Haid ständig die Tore geschossen habe und wollten mich haben. Bei einem Freundschaftsspiel gegen die Admira schoss ich dann das 1:1, als plötzlich der Mister LASK Sepp Brunetzky (damals Sektionsleiter bei den Linzern, Anm. d. Verf.) zu mir herkam und sagte: ‚Laszlo, Sie unterschreiben nicht für Breitbrunn. Sie kommen zu uns, zum LASK.' Also habe ich meinen Personalchef gefragt, ob ich zum Zahnarzt gehen darf. Ich hätte mich nie getraut, zu sagen, ich gehe zum LASK für ein Probespiel." Es war das Spiel gegen den Lokalrivalen SV Urfahr, das Simko als erstes für die Schwarz-Weißen bestritt. Die Urfahraner führten 2:0. Simko erzielte den Anschlusstreffer und auch den Ausgleich zum 2:2 Endstand. Simko erinnert sich noch heute an die Worte des Journalisten Franz Pilsl, der ihm nach dem Spiel um den Hals fiel: „So wie Sie Tore schießen, so was kann niemand. Sie sind am Ball, und der Ball ist im Netz, und keiner weiß wieso."

Am darauf folgenden Tag fragte ihn der Personalchef, welcher Zahnarzt ihn behandelt habe. „‚Simko!', hat er mich gerufen, ‚Warum lügen Sie mich an?' und zeigte mir stolz den Zeitungsartikel mit meinem Namen." Der LASK sei damals so etwas gewesen, wie heute Bayern München, sagt Simko. „Ich weiß noch, wie ich mir gedacht habe: ‚Was tue ich dort, vom Lager Haid zum LASK?'"[14] Doch Simko tat das, was er am besten konnte und schon in seiner Jugend beim ungarischen Fußballverein Ferencvaros Budapest gemacht hatte: „Ich habe Tore geschossen, das war meine Aufgabe." 1947 spielte Simko schließlich Seite an Seite mit Rudolf Fuchs und Axel Toljan im Sturm. Doch bereits nach einem Jahr wechselte der flinke Ungar zum jüdischen Fußballklub Hakoah, der ihm eine Arbeit als Chauffeur beim American Jewish Joint Distribution Committee (AJDC), der Hilfsorganisation US-amerikanischer Juden, vermittelte. „Ich brauchte die Arbeit und ich war so stolz darauf, der einzige Christ unter 30 jüdischen Chauffeuren zu sein und dann noch Simon Wiesenthals erster Chauffeur." Wiesenthal war ein begeisterter Anhänger des LASK, auf Linz sei er aber nicht gut zu sprechen gewesen. „Er hat immer gesagt: ‚Ich lebe solange, bis ich Eichmann erwische.'" Das Intermezzo bei Hakoah dauerte jedoch nur ein Jahr. Danach wechselte Simko wieder zum LASK. „Eines Tages kam der Herr Brunetzky zu mir nach Haid: ‚Laci,

---

14 Interview mit Laslzo Simko. Geführt am 28.Dezember 2007.

wir brauchen jemanden, der uns in die Staatsliga schießt. Sie müssen zurückkommen', und das tat ich dann auch". Der LASK zahlte damals 10.000 Schilling Ablöse, und Simko stürmte wieder für die Schwarz-Weißen. Die Arbeit als Chauffeur konnte der Ungar behalten. Und so kam es, dass er mit dem Wagen, einem Pontiac, nicht nur amerikanische Offiziere durch Linz kutschierte, sondern damit auch zu den Trainings auf den LASK-Platz fuhr. „Wir sind mit dem herrlichen Wagen auf der Landstraße spazieren gefahren. Ich habe mich gefühlt wie der Liebe Gott. Kein Mensch hätte sich damals getraut den Wagen anzugreifen, aber die Leute haben nur so geschaut, als der Wagen plötzlich neben der Baracke in Haid stand."

LASK-Legenden der Nachkriegszeit: Tormann Lindenberger, Lusenberger und der früh tödlich verunglückte Axel Toljan

„Die Platzwartin war die Seele der Mannschaft"

Generell hätte es damals nicht viel gegeben: „Da waren der LASK, das Cafe Central und das Rosenstüberl." Aus diesem Mangel an Angeboten erklärt sich Simko die Begeisterung für den Fußball. Die Spiele auf dem ehemaligen LASK-Platz in der Paul-Hahn-Straße nach dem Krieg sind ihm in guter Erinnerung geblieben. Anders als heute, sei es damals nicht ums Geld gegangen. Die Menschen seien gekommen, um ein schönes Spiel und nicht um einen Sieg zu sehen. „Pro Spiel kamen an die 4000 Leute. Die Leute haben schon beim Eingang applaudiert und einem auf die Schulter geklopft. Die Zuschauer und wir waren eins. Jeder war froh, wenn sie mit einem gesprochen haben, und wir waren froh, wenn uns auf die Schulter geklopft wurde. Wir haben in einer Zeit gelebt, wo der Fußball den Alltag schöner gemacht hat. Das war schon beim Training so. Die Zuschauer wollten die Spieler näher kennen lernen. Das gibt es heute alles nicht mehr. Am LASK-Platz war alles vertreten, was Rang und Namen hatte. Fußball, das war Unterhaltung, heute ist es eine Geldfrage. Wenn heute einer verliert, ist es Scheiße", bedauert Simko den Sinneswandel. „Der Fußball ist groß geworden ohne Sponsoren, ohne Fernsehen und ohne Radio", denkt der ehemalige LASK-Goalgetter gerne an die 50er-Jahre zurück, auch wenn es nicht viel gegeben hätte. Als Weihnachtsgeschenk habe er damals vom LASK ein Mannschaftsfoto bekommen, das könne sich heute keiner mehr vorstellen. „Das Bad in der Kabine war eine einfache Wanne." Aber sie hätten damals eine tolle Platzwartin gehabt, die sich um alles gekümmert hat. „Die Platzwartin, Tiply hat sie geheißen, auch eine Ungarin, die war die Seele der Mannschaft", so Simko.

Mit falschen Papieren über die Zonengrenze und retour

1950 stieg Simko schließlich mit dem LASK in die oberste Spielklasse auf. Als Torschützenkönig mit

25 Toren hatte er wesentlichen Anteil am Erfolg der Schwarz-Weißen. Der Fußball öffnete dem heute 82-Jährigen sämtliche Türen und bescherte ihm ein besseres Leben. Ein Leben, das der Ungar bisher nicht gekannt hatte. „Ich war immer der kleinste Dreck. Ich bin immer um zwei Köpfe kleiner gewesen als die anderen, aber ich wollte nie Zweiter werden, und das ist mir gelungen – ein Leben lang."

Wegen seiner Herkunft konnte Simko aber nicht zu den Auswärtsspielen nach Wien mitfahren. „Ich hatte zu viel Angst, von den Russen geschnappt und nach Sibirien transportiert zu werden." Seine Frau Gertrud Krenmayr, die Simko 1952 heiratete, habe ihn aber so lange gedrängt, bis er schließlich nachgegeben hat. „Meine Frau war Vollwaisin und hatte als einzige Verwandte ihre Tante in Wien. Da hat mir der LASK einen gefälschten Ausweis besorgt, und wir sind mit einem Geschäftspartner mit dem Pkw nach Wien gefahren." Am selben Tag spielte der LASK gegen die Vienna, und Simko kann sich noch genau erinnern, wie er, in Wien angekommen, mit der Straßenbahn zum Vienna-Platz gefahren ist: „Steht neben mir ein russischer Offizier, Sie können sich gar nicht vorstellen, was ich für Ängste gehabt habe. In der Zeitung stand zu lesen, dass ich nicht mitfahren konnte. Stellen Sie sich vor, der hätte die Zeitung gelesen. Aus wäre es gewesen."

Bei der Rückfahrt mit dem LASK-Mannschaftsbus nach Linz wäre es beinahe eng geworden. „Als wir zur Ennsbrücke kommen und der Russe in den Bus steigt, zeigen plötzlich zwei Mitspieler mit dem Finger auf mich und sagen: ‚Er ist Ungar, er ist Ungar.' Dem Russen war das völlig egal, aber ich habe mir schon ausgerechnet: ‚Wenn mich die jetzt aus dem Bus rausholen, laufe ich über die Brücke, sollen sie doch schießen'." Der sowjetische Besatzungssoldat zeigte keine Reaktion, und Simko passierte mit gefälschten Papieren die Zonengrenze, ohne festgenommen zu werden. „Die haben sich einen Spaß gemacht und den Ernst der Lage nicht erkannt, aber ich habe mir geschworen, nie wieder nach Wien zu fahren." Und so bestritt Simko zwar jedes Heimspiel des LASK, blieb aber bei den Auswärtsspielen in Linz. Selbst bei den Derbys gegen Urfahr konnte Simko nicht antreten. Die Gefahr, von den sowjetischen Besatzungssoldaten enttarnt zu werden, wäre zu groß gewesen. Einige SV Urfahr-Spieler drohten dem Ungarn sogar: „Wenn du kommst, kommst du nie wieder zurück." Ob sie diese Drohung wirklich ernst meinten, bleibt offen. Es war zumindest Abschreckung genug und hielt den gefürchteten Torschützen der Schwarz-Weißen davon ab, die Donau zu überqueren. Aufgrund fehlender Papiere und seines politischen Status konnte Simko auch an der ersten Auslandsreise des LASK in der Nachkriegszeit in die Schweiz 1947 nicht teilnehmen.

Der Major aus Deutschland und der Wechsel nach Nettingsdorf

Der LASK tat sich im Oberhaus alles andere als leicht und galt nach einer miserablen Herbstsaison als sicherer Abstiegskandidat. Die Führung des Vereins hatte inzwischen Otto Nader übernommen, Sektionsleiter war Sepp Brunetzky und als Trainer wurde der Deutsche Alt verpflichtet. Im Sturm stieß der Wiener Internationale Josef Epp zu den Schwarz-Weißen. „Dann ist ein neuer Trainer gekommen, ein gewisser Major Alt, ein deutscher Soldat. ‚Simko, so geht es nicht weiter', sagte er zu mir. Ich könne nicht jedes Heimspiel spielen und auswärts zu Hause bleiben. Wann können Sie trainieren?' Und ich war immer beschäftigt und auch ein schlechter Trainierer, das gebe ich zu, ich wollte nie trainieren, ich wollte nur spielen. Da habe ich die Wahl gehabt. Ich hätte nach Salzburg gehen können zur Austria, aber ich wollte meine Frau nicht verlassen, also bin ich nach Nettingsdorf." 1951 wurde die amerikanische Hilfsorganisation AJDC aufgelassen, Simko verlor seine Arbeit und wechselte 1953 nach Nettingsdorf, wo er für zehn Jahre als Spieler und Spielertrainer tätig war. Dort lernte Simko als Jugendtrainer den damals noch jungen Janos Kondert kennen, den er später zum LASK holte. Ab 1953 arbeitete Simko als Angestellter in der Nettingsdorfer Papierfabrik und bekam eine eigene Dienstwohnung.

Um einen Zähler vor Vorwärts Steyr rettete der LASK seine Existenz in der Staatsliga. Mit Alfred Teinitzer und Ferdinand Zechmeister wurden zwei wertvolle Wiener Stürmer nach Linz gelotst. Es folgten Auslandstourneen in den fernen Osten nach Indien, Südostasien und China 1953 und in den hohen Norden nach Schweden 1954. Für die meisten war es der erste Auslandsaufenthalt überhaupt. Dabei kommt es zu heiteren kulturellen Begegnungen, die auf ironische Weise in der Jubiläumsschrift „Das Buch vom LASK" festgehalten sind. „Durch das Chinesenviertel gehen wir studienhalber zu Fuß. Wir beobachten, wie die Menschen mit Stäbchen ihr Essen hinunterschlingen. Der Geruch, der dort herrscht, ist fast nicht auszuhalten. Fische, die ganz hart und blau sind, werden dort mit einem Genuss verzehrt, dass man wegen des Appetits Neid bekommen könnte. Ein anderer knabbert an einem Hühnerfuß, wobei offenbar die Krallen ein besonderer Leckerbissen sind."[15]

Zuhause angekommen, folgte 1955 der Abstieg in die B-Liga. Nach zwei Jahren stiegen die Linzer 1957 wieder in die höchste Spielklasse auf und ab 1958 war immer ein Linzer Fußballverein in der obersten Spielklasse vertreten, entweder der LASK oder der 1954 aus dem ASK Sparta Linz entstandenen SV Stickstoff Linz, kurz SVS, später dann noch der SK VÖEST. Ersterer wurde fixer Bestandteil der Staatsliga und entwickelte sich immer mehr zum österreichischen Spitzenverein. Nicht zuletzt wegen der neu eingekauften Spieler, wie Heribert Trubrig, Helmut Kitzmüller oder Gerhard Sturm-

Wichtige Verstärkung für den LASK: der aus Wien geholte Ferdinand Zechmeister

Zeitungsbericht über die Fernost-Tournee des LASK 1954

berger. Der SVS ging später im SK VÖEST auf, zählte aber ab 1960 zu einem ernsthaften Lokalrivalen für die Schwarz-Weißen.

Die 60er Jahre bildeten also nicht nur die Zeit, als die großen Wiener Vereine in Linz gastierten und bis zu 33.000 Zuschauer anlockten, sondern auch die ersten Linzer Derbys die Massen auf die Gugl zogen. So kamen zur Oberhaus-Premiere

---

15 Das Buch vom LASK. S. 103.

LASK gegen SVS in der 13. Meisterschaftsrunde 1961 18.000 Zuschauer ins Linzer Stadion. Das Duell endete 3:0 für die Athletiker. Alle drei Tore gingen auf das Konto des Exil-Ungarn Laszlo Nemeth. Insgesamt trafen die beiden Klubs acht Mal aufeinander. Ende der Saison 1963/64 musste der SVS absteigen und Linz bis 1969 auf das nächste Derby warten. Dieses stieg in der zweiten Runde der Saison 1969/70 zwischen dem LASK und der Werkself der VÖEST.[16]

1963 bestritt er sein Abschiedsspiel vom LASK:
Alois „Loisi" Hartl

Die oberen 2 Bilder zeigen den LASK-Stürmer Karl Höfer, dem man den Spitzenspieler gar nicht ansieht, der es jedoch sogar zu einem Länderspiel-Einsatz gebracht hat.

Das Meisterjahr aus der Sicht von Laszlo Simko
„Jungbauer war ein Schotte zum Quadrat"

1962 reichte es bereits für den Vizemeister hinter der Wiener Austria. 1963 kamen die Athletiker ins Cupfinale. Dort unterlagen sie zwar gegen die Austria mit 0:1, hatten damit aber das Recht erworben, im Europacup mitzuspielen, wo sich die Linzer keine Blöße gaben. Nach einem 2:2 gegen Dynamo Zagreb entschied das Los jedoch für die Gäste. Ein fünfter und ein dritter Platz folgten in der Staatsliga, ehe der LASK 1965 zuerst Cupsieger gegen Wiener Neustadt wurde und dann den Meistertitel erstmals nach Linz holte.[17] „Linz

Einer der ganz Großen des LASK in den frühen 60er Jahren:
Alf Wurdinger

16 Vgl.: Blitzlichter in Rot-Weiß-Rot. S. 258-259.
17 Vgl.: 80 Jahre LASK. S. 60-61.

Eine großartige Stütze der LASK-Meistermannschaft: der äußerst gemeinnützige Luka Lipisinovic

Im Winter 1964/65 als LASK-Coach abgelöst: Karl Schlechta. Die Ansichten, ob die LASK-Meistermannschaft ihre Technik und ihr taktisches Verständnis von ihm oder von Laszlo Simko hatte, gehen jedenfalls auseinander. Aber dass sie nicht vom neuen Trainer Frantisek Bufka (Bild unten) stammten, darin sind sich alle einig. Von dem gefürchteten Schleifer hatte die Mannschaft ihre Kraft bekommen.

wurde jetzt Österreichs Fußball-Hauptstadt. LASK gewann nach dem Cup auch Meisterschaft", titelten die Oberösterreichischen Nachrichten am 5. Juli 1965.

„1965 war ein wunderbares Jahr, das war einfach wunderschön", erinnert sich Simko, der den LASK im Jahr des Doubles gemeinsam mit dem Tschechen Frantisek Bufka trainierte. Der 47jährige aus Ostrau in Mähren wurde am 1. Jänner 1965 vom damaligen LASK-Präsidenten Otto Jungbauer verpflichtet, nachdem dieser Karl Schlechta im Dezember entlassen hatte. Der LASK lag damals auf Platz sieben in der Tabelle, und der Linzer Juwelier Jungbauer wollte unbedingt den Titel.[18] Simko, der von Nettingsdorf 1964 als Jugendtrainer zum LASK zurückgekehrt war, erinnert sich an die Worte des Präsidenten: „‚Herr Simko', sagte er, ‚Sie wissen, wir haben keinen Trainer. Dieses Jahr kommt der Herr Bufka aus der Tschechei, der kennt Österreich nicht, der kennt den LASK nicht, werden Sie ihn unterstützen?' ‚Selbstverständlich', sagte ich." Simko sei über diese Entscheidung nie verärgert gewesen, der Familienmensch wollte nie Profitrainer werden. „Wenn einer daneben schießt oder du verlierst mehrere Spiele, hast du die Arbeit verloren und stehst da. Ich wollte nie meine Familie aufs Spiel setzen." Dennoch hätte nicht Bufka,

18   Vgl.: Ewig lockt der LASK. S. 48.

LASK-Aufholjagd im Frühjahr 1965: vom 7. auf den 1. Platz! Im Bild Sabetzer, Pichler, Blutsch

sondern hauptsächlich er die Mannschaft trainiert. Bufka kam eigentlich aus dem Eishockeysport und hatte mit dem Fußball zuvor nicht viel zu tun gehabt. Deshalb verließ sich der Tscheche beim Training auf seinen erfahrenen Co-Trainer Simko.

Unter Schlechta hätten die Spieler tun und lassen können, was sie wollten, das sollte sich nun ändern. „Die Spieler bemühten sich zwar, hatten aber keine Kondition und keine Kraft", erinnert sich Simko. Im winterlichen Salzkammergut schlug der LASK im Jänner 1965 seine Zelte für das Trainingslager auf, um sich in der später legendär gewordenen „Schneehölle von Obertraun" auf die Frühjahrsmeisterschaft vorzubereiten.[19] „Die Spieler sind eine Woche nur durch den Schnee gelaufen", erzählt Simko. Es folgte eine phänomenale Aufholjagd mit neun Siegen und vier Remis.

In der letzten Runde, am 3. Juli 1965, siegte der LASK in Wien gegen die Vienna durch die Tore von Adolf Blutsch und Gyula Szabo mit 2:0, während sich Rapid beim GAK 0:1 geschlagen geben musste. „Meisterliches Spiel krönte den LASK" und „Rapid enttäuschte auf allen Linien" titelten die Oberösterreichischen Nachrichten tags darauf.[20] Nach einem Einkehrschwung im Wiener Heurigenlokal „Drei Spatzen" folgte in der Nacht die Heimfahrt nach Linz. Bufka war bereits auf dem Weg zu seiner Familie nach Ostrau unterwegs, und so trat Simko mit den Spielern die Heimreise an. „Bufka war ein Familienmensch. Er fühlte sich nicht wohl in Linz, hatte keine Freunde hier und wollte immer zu seiner Familie", erzählt Simko. Der Tscheche hatte nicht einmal eine eigene Wohnung in Linz, sondern bewohnte das Zimmer von Willi Harreither in Urfahr, der zu dieser Zeit den Militärdienst ableistete. „,Ihnen geht es aber gut', sagte ich zu Bufka, als er zum LASK kam. Sagte er: ‚Nix gut, zuhause besser. Ich schlafe im Trainingsanzug, Wohnung kalt.' Jungbauer war in dieser Hinsicht ein Schotte zum Quadrat."

„Bei der Heimfahrt haben wir am Westbahnhof angehalten und uns die Abendzeitungen gekauft, weil wir es nicht glauben konnten, dass wir Meister sind", erinnert sich Simko. Noch nie zuvor in der österreichischen Fußballgeschichte war ein Provinzverein österreichischer Meister und Cupsieger geworden, dementsprechend groß war die Begeisterung in der oberösterreichischen Landeshauptstadt. Rund 5000 Fußballverrückte waren zu später Stunde noch auf den Beinen, um auf die Ankunft ihrer „Helden" zu warten.

---

19 Vgl.: InTEAM. Sondernummer. 95 Jahre LASK. S. III
20 Oberösterreichische Nachrichten. 4. Juli 1965.

Zeigt im Triumph die Trophäe: LASK-Kapitän Rudolf „Cäsar" Sabetzer

Die LASK-Meistermannschaft von 1965:
Stehend: Kitzmüller, Kozlicek II, Zechmeister, Kondert, Sturmberger, Pichler, Sabetzer, Blutsch, Harreither, Masseur Meinschad; sitzend: Viehböck, Trubrig, Köglberger, Trainer Simko und Bufka, Szabo, Chico (Carlos Lima), Liposinovic.

„In Linz angekommen wurde der Bus dann in der Blumau angehalten, die Spieler förmlich aus dem Bus gezerrt, ein Jubelmarsch zum Café Zentral folgte." „Freudentaumel in Linz: Die Nacht wurde zum Tag", titelte am Montag, 5. Juli 1965, das Linzer Volksblatt zwei Tage nach der entscheidenden Partie. „Das Abendessen beim Heurigen geriet so lange, dass das für 24 Uhr in Linz über den Rundfunk angekündigte Eintreffen der Mannschaft um eineinhalb Stunden verzögert wurde. …Da es indessen 1.30 Uhr früh geworden war, glaubte man, die Leute seien längst schlafen gegangen. Bei der Goethestraße stoppte aber ein Polizeikordon den Wagen. ‚Sie können hier auf der Landstraße nicht weiterfahren, Sie müssen einen Umweg nehmen!' Ehe das Auto abfahren konnte, war es aber von Begeisterten auch schon umstellt, und Chico wurde im Triumph über die Landstraße getragen."[21]

Doch der LASK wurde nicht nur in Linz gefeiert, die Glückwünsche kamen sogar aus dem benachbarten Deutschland. So schrieb der damalige Chefredakteur des deutschen Fußball-Magazins „Kicker", Robert Becker: „Was der LASK leistete, ist eine ganz großartige Sache. Das ist eine europäische Fußballsensation!"[22] Der „Kicker" widmete dem LASK sogar eine ganze Doppelseite.

Am Tag nach der Siegesfeier ist Simko zu Präsident Jungbauer gegangen. Der Name Bufka

21 Linzer Volksblatt. 5. Juli 1965.
22 Oberösterreichische Nachrichten. 6. Juli 1965.

war damals in aller Munde, von Simko war keine Rede. Weder von den Medien noch von offizieller Seite des Vereins wurde der Ungar in irgendeiner Weise besonders erwähnt. Der Erfolg gebührte einzig dem Tschechen Bufka und seiner Elf. „Ich habe nie etwas bekommen. Keine Prämie, nichts. Zehn Jahre später korrigierte Jungbauer das Bild. Da habe ich zu ihm gesagt: ‚Nach dem Regen brauche ich keinen Regenschirm.'" Zu dieser Zeit war Simko längst nicht mehr beim LASK. Nach dem Meisterschaftsgewinn ging er wieder zu Nettingsdorf zurück. „Der Bürgermeister rief mich an und wollte, dass ich zum Verein komme." Bis 1978 war Simko dort Spielertrainer und wurde mit 41 Jahren nochmals Torschützenkönig. Der LASK ist für den 82-Jährigen aber nach wie vor sein Leben.

Ein beinahe rührendes Bild:
Der damals 10jährige Klaus Lindenberger, dessen Vater schon jahrelang das LASK-Tor gehütet hatte, bittet Rudi Sabetzer um ein Autogramm

Quellen- und Literaturliste zu den Beiträgen von Andreas Praher:

Chronik Wenzelskirche. 2. September 1945.
Ortschronik Pregarten. Pregarten, 2000.
80 Jahre ASKÖ Pregarten. Pregarten, 2002.
Linzer Athletik Sportklub (Hg.): Das Buch vom LASK. Linz, 1954.
Linzer Athletik Sportklub (Hg.): 80 Jahre LASK. Linz, 1988.
Linzer Athletik Sportklub (Hg.): 60 Jahre LASK. Linz, 1968.
Oberösterreichischer Fußballverband (Hg.): Fußball in Oberösterreich. Linz, 1971.
Größing, Stefan/Niedermann, Erwin: Turn- und Sportvereine. In: Größing, Stefan (Hg.): Sport in Linz. Linz, 1992.
Klimo, Peter: Leistungssport – Sportveranstaltungen. In: Größing, Stefan (Hg.): Sport in Linz. Linz, 1992.

Klimo, Peter: Sportstätten. In: Größing, Stefan (Hg.): Sport in Linz. Linz, 1992.
Größing, Stefan/Krenslehner, Sabine. Sport unter dem Hakenkreuz. In: Größing, Stefan (Hg.): Sport in Linz. Linz, 1992.
Marschik, Matthias: „Wir spielen nicht zum Vergnügen". Arbeiterfußball in der Ersten Republik. Wien, 1994.
Winter, Klaus: Blitzlichter in Rot-Weiß-Rot. Wien, 2007.
Matheis, Rudolf (Hg.): Ewig lockt der LASK. Das offizielle Buch zu „100 Jahre LASK". Linz, 2007.
Mittermayr, Bernhard: LASK-Platz. In: Tröscher, Andreas/Marschik, Matthias/ Schütz, Edgar (Hg.): Das große Buch der Österreichischen Fußballstadien. Göttingen, 2007.

Aglas, Gernot: Linzer Stadion („Gugl"). In: Tröscher, Andreas/Marschik, Matthias/ Schütz, Edgar (Hg.): Das große Buch der Österreichischen Fußballstadien. Göttingen, 2007.

Eisenberg Christiane/ Lanfranchi, Pierre (Hg.): FIFA 1904-2004. 100 Jahre Weltfußball. Göttingen, 2004.

Grüne, Hardy: Enzyklopädie der europäischen Fußballvereine. Die Erstliga-Mannschaften seit 1885. Kassel, 2000.

Schobersberger, Hans: Geschichte der Linzer Arbeiter-Turn- und Sportbewegung. Linz, 1981.

Gödeke, Peter: Tor! Die große Fußballchronik. München, 2005.

Schelsky, Helmut: Die skeptische Generation. Düsseldorf/Köln. 1957.

Luger, Kurt: Die konsumierte Rebellion. Geschichte der Jugendkultur von 1945 bis 1990. Wien, 1990.

Fischer-Kowalski, Marina: „Früchterln" und was sie fruchten. In: Jagschitz, Gerhard (Hg.): Die „wilden" fünfziger Jahre. Gesellschaft, Formen und Gefühle eines Jahrzehnts in Österreich. St. Pölten/Wien, 1986.

John, Michael: Bevölkerung in der Stadt. Einheimische und Fremde in Linz. Linz, 2000.

Pichler, Petra: Der Milliarden Pleite-Bankier. Wolfgang Rieger und das Rätsel um die

verschwundenen 1.000 Millionen Schilling. Täter-Opfer-Hintergründe. Wien/Frankfurt, 1999.

Weiss, Maria: D.P. Siedlung 121 Haid 1941 bis 1961. Historisch-biographische Fotodokumentation. Haid, 2005.

Mayrhofer, Fritz (Hg.): Linz zwischen Revolution und Weltkrieg. 1848-1918. Linz, 2005.

Verwendete Zeitungen und Zeitschriften:
LASK-Information. Herbst 1988.
Sportmagazin. Fußball-Extra 97/98.
InTEAM
Tagespost
Oberösterreichische Nachrichten
Rundschau
Kronen Zeitung
Neues Volksblatt
Mühlviertler Bote

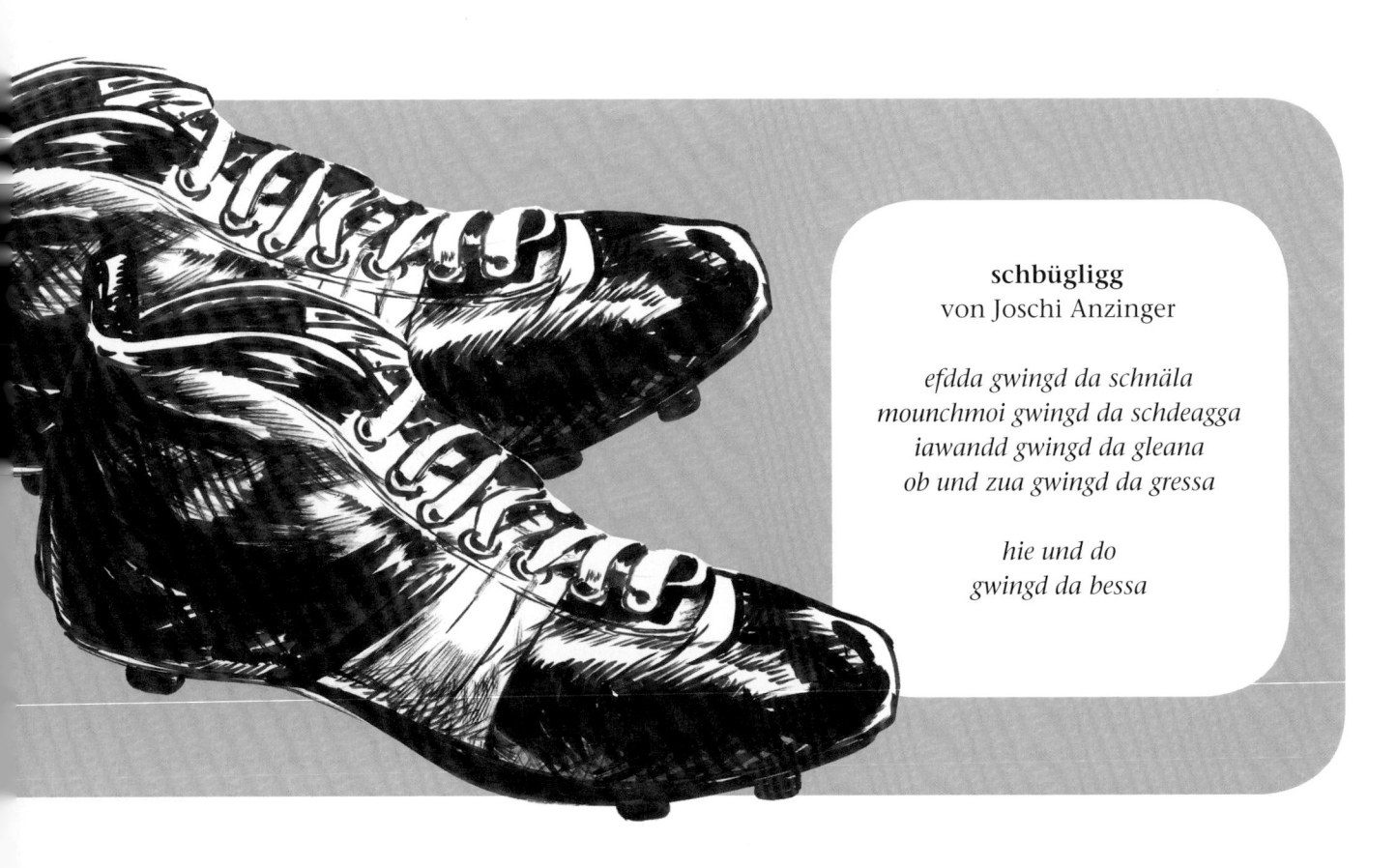

schbügligg
von Joschi Anzinger

*efdda gwingd da schnäla
mounchmoi gwingd da schdeagga
iawandd gwingd da gleana
ob und zua gwingd da gressa*

*hie und do
gwingd da bessa*

SAND IM LASK-GETRIEBE
Über Leiden und Freuden eines Fußballfans

Von Peter HUEMER

Es muss um 1950 gewesen sein, ich ging in die Volksschule. Der LASK gewann mühsam 1:0, meines Erinnerns gegen den WAC. Das *Linzer Volksblatt* brachte den Spielbericht unter der Überschrift: „Sand im LASK-Getriebe". Wie ein Leitmotiv zieht sich dieser Satz durch mein Leben: „Sand im LASK-Getriebe". Manchmal mehr, manchmal weniger Sand. Keiner fast nie. Ein Fußballfan muss leiden. Da geht es den Anhängern von Real Madrid und Manchester United nicht anders als denen des LASK. Auch für sie ist der Leidenskelch übervoll. Allerdings auf anderem Niveau – das muss man schon zugeben.

Warum tun wir uns das an? Wir können nicht anders. Wer einem Fußballverein in früher Kindheit anheim fällt, kriegt lebenslänglich. Dabei handelt es sich selten um eine freie Entscheidung. Das Milieu, die Geographie, spielen Schicksal. Wer wie ich in der Nachkriegszeit in der Nähe von Linz aufwuchs und selber Fußball spielte, für den konnte es nur der LASK sein. So nahm ein langer Leidensweg seinen Anfang. Freuden, sogar Triumphe gab es natürlich auch. Aber meistens war Bescheidenheit angesagt, höchstens das kleine Glück. „Zechmeisters ‚Spitz' brachte die Erlösung", ist eine andere Schlagzeile aus meinen Kindertagen.

„Erlösung" ist ein religiöser Begriff. Das Wort ist gut gewählt. Im konkreten Fall meint es die Leiden von Mannschaft und Zuschauern bis zu Zechmeisters siegbringendem Schuss mit der Fußspitze. Darüber hinaus deutet „Erlösung" aber auch an, dass es um mehr geht: Nicht nur um Freud und Leid, auch um Glaube, Liebe, Hoffnung, um Identität, um Fanatismus, um Verzweiflung und um Triumph. Es geht um Sinn. Für manche hat mehr Sinn in ihrem Leben nicht Platz gefunden. Nicht Religion, nicht Kunst, nicht Sex, nicht Beruf, nicht Familie: nur der Verein. Kein leichtes Leben.

Mein erstes LASK-Spiel: Die Erinnerung ist merkwürdigerweise verschwommen. Weder Datum noch Ergebnis sind im Gedächtnis geblieben, nicht einmal der Gegner steht zweifelsfrei fest. Es dürfte die Vienna gewesen sein, ich war etwa neun und hatte den ersten Armbruch beim Fußballspielen schon hinter mir. Mehrere weitere während meiner Gymnasialzeit sollten folgen – dreimal gerade zu Beginn der Sommerferien! Allerdings habe ich im Gips weitergespielt, was zweimal eine nachträgliche Korrektur der Bruchstelle mittels nochmaligem künstlichen Armbruchs nötig machte. Fußball ist tatsächlich eine Leidenschaft!

Was ich noch weiß von jener ersten Begegnung mit meinem Verein: die riesige Aufregung, die Vorfreude auf das Spiel, das auf dem alten LASK-Platz stattfand. Begleitet wurde ich dabei von meinem Wiener Großonkel, der als einziger in der Familie wirklich etwas von Fußball verstand, weil er nach dem Ersten Weltkrieg als junger k.u.k. Offizier bei der Vienna gespielt hatte. Abgesehen davon, dass diesem Großonkel ohnehin meine uneingeschränkte Liebe galt – ich war auch sehr stolz auf ihn und seine Fußballvergangenheit. Wer hat schon einen Großonkel, der in den frühen Tagen des österreichischen Fußballs bei der Vienna gespielt hat! Auf der Hohen Warte, dem damals größten österreichischen Fußballstadion!

Wie viele LASK-Spiele habe ich seit jenem ersten Mal gesehen? Hunderte – obwohl ich seit 1959, seit Beginn meines Studiums, in Wien lebe. Auch heute fahre ich zuweilen von Wien nach Linz, um mir im Stadion ein LASK-Match anzuschauen. Und freue und ärgere mich wie in meiner Kindheit. Und nach jedem Fußballwochenende studiere ich die Tabelle, als wollte ich sie auswendig lernen – auch wenn es scheinbar um wenig geht, weil der LASK irgendwo im Mittelfeld grundelt. Denn für den wahren Anhänger geht es immer um alles, wird nahezu jedes Spiel zum Schicksalsspiel. Fansein heißt übertreiben. Dabei ist unerheblich, in welcher Liga der eigene Verein gerade antritt.

Abstieg und Aufstieg sind dem LASK-Fan wohlvertraut. Ebenso die dazugehörigen Erzählungen und Gerüchte, die sich zu Mythen verdichten. Es sei in den frühen 50ern gewesen, der LASK stand vor dem Abstieg. Ein Elfmeter knapp vor Schluss im letzten Spiel sollte entscheiden. Fuchs I trat an. Hinter dem Tor stand ein Mäzen und winkte dem Schützen mit einer Tausend-Schilling-Note. Tausend Schilling! Eine gewaltige Summe – nicht nur angesichts des damaligen Geldwerts, sondern auch angesichts der Tatsache, dass zu jener Zeit selbst hervorragende Fußballer nur einen Bruchteil dessen verdienten, was mittelmäßige heute kriegen.

Jedenfalls, der LASK blieb oben. Ich bin dem Wahrheitsgehalt dieser Geschichte, die damals in Linz erzählt wurde, nicht nachgegangen, habe auch nachträglich nie die näheren Umstände jenes Spiels überprüft – was für den Historiker selbstverständlich wäre. Doch für den Fan sind Mythen wichtiger als banale Wahrheiten, die die Legende zerstören könnten.

Eine andere Geschichte – die weiß ich allerdings von einem verlässlichen Augenzeugen: Der LASK stand wieder einmal vor dem Aufstieg. Wenige Tage vor dem letzten Spiel, das nichts mehr entschied, sei dem Vereinspräsidenten Otto Jungbauer im Zuge eines ORF-Interviews mehrmals eine Verwechslung von Dativ und Akkusativ unterlaufen. Daraufhin wurde am letzten Spieltag im Fansektor des Linzer Stadions ein Transparent entrollt, auf dem stand: „Otto, wir lieben dir". So lieben LASK-Fans – auch in der Stunde des Sieges mit der Grammatik unter dem Arm.

Allerdings: Wer über den Fußball und seine Anhänger spricht, über Prägung und Identität, der sollte auch die Beziehung von Fußball und Nation berücksichtigen. Zahllose historische Beispiele belegen die Bedeutung von Sieg oder Niederlage. Die Auswirkungen des WM-Finales in Bern 1954 auf das nachfolgende Wirtschaftswunder bei den Siegern und auf die ungarische Revolution 1956 bei den Verlierern sind ausführlich untersucht. Ein anderes Beispiel: Als im Februar 1974 die regierenden Konservativen in Großbritannien wider die Prognosen bei den Unterhauswahlen 33 Sitze verloren, führten die düpierten Meinungsforscher das letztlich darauf zurück, dass England einige Zeit zuvor im Wembley-Stadion erstmals ein Länderspiel gegen Italien verloren hatte und dass die Engländer diese Schmach ihrer Regierung nicht verzeihen wollten und sie deshalb abwählten. Möglicherweise eine Ausrede der Meinungsforschungsinstitute, aber allein die Tatsache, dass so argumentiert werden konnte, ist bezeichnend.

Gelegentlich stellt sich daher die Frage: Sind Fußballfans dümmer als der Rest? Nicht unbedingt, aber manchmal schon. Nicht alle natürlich. Am 2. Dezember 2007 fand in Luzern die Auslosung für die EURO 2008 statt. Deutschland und Österreich kamen bekanntlich in dieselbe Gruppe. Am darauffolgenden Tag brachte *Der Standard* auf seiner Titelseite ein älteres Photo, das österreichische Fußballfans mit einem großen Transparent zeigt, auf dem „Cordoba 2" steht.

Eine Zeitlang war es ganz lustig, immer wieder an Cordoba zu erinnern. Es war ja auch schmerzlindernd für die wunde österreichische Fußballseele. Und schließlich passiert es nicht alle Tage, dass der Fußballzwerg den Fußballriesen besiegt – sonst wäre der eine kein Zwerg und der andere kein Riese. Dazu kommt noch der besondere Charakter der deutsch-österreichischen Beziehung: Im Heiligen Römischen Reich Deutscher Nation fast ein Jahrtausend vereint, 1806 das Ende des Reiches und als späte Folge ein Deutschnationalismus, der Österreich von Königgrätz 1866 bis 1945 vergiftet hat. Nach der moralischen und militärischen Katastrophe des Nationalsozialismus die endgültige Trennung: Österreich mutiert zum Opfer deutscher Aggression, ist ganz und gar unschuldig. Eine österreichische Identität entsteht, die es bis dahin nicht gegeben hatte. Diese neue österreichische Identität versteht sich zunächst vor allem als Gegenentwurf zum Deutschtum. Das alles muss mitbedenken, wer sich Cordoba auf der Zunge zergehen lässt.

Daher war Cordoba in österreichischen Augen ein viel größerer Triumph als die beiden tatsächlich triumphalen Siege des „Wunderteams" über Deutschland: im Mai 1931 6:0 in Berlin, im September 1931 5:0 in Wien. Die „Wunderteam"- Siege widersprachen in gewisser Weise dem herrschenden Zeitgeist der 30er Jahre und wurden durch den Deutschnationalismus entwertet, während Cordoba ganz im Gegenteil die relativ neue österreichische Identität gestärkt hat, in deren Zentrum ja gerade die Abgrenzung von Deutschland stand.

Aber inzwischen sind wiederum 30 Jahre vergangen, und der noch immer emphatische Hinweis auf Cordoba wirkt lächerlich – wie eine schwer heilbare Profilneurose. Ja, ist schon gut, ist man versucht zu sagen, einmal haben auch wir gewonnen. Aber mittlerweile wird uns die verblassende Freude über diesen Sieg durch seine fortgesetzte Erwähnung vergällt. Und ich möchte auch nicht, dass meine deutschen Freunde den *Standard* vom 3. Dezember 2007 mit diesem „Cordoba 2"-Foto in die Hand kriegen. Auch wer sich abgeklärt genug dünkt, wer meint, dieses Gefühl längst hinter sich gelassen zu haben – dieses Sichgenieren für das eigene Land: Auf einmal ist es wieder da angesichts eines blöden Transparents. Dieser Fußballpatriotismus nimmt uns in nationale Geiselhaft. Die lautstarken Cordoba-Erinnerungen, die beim EURO-Match gegen Deutschland im Juni 2008 wieder auftauchen werden, sind mir schon heute ein Greuel – peinlich, das ist das richtige Wort. Peinlich, wie Fiona Swarowski, die natürlich auch an „ein zweites Cordoba" glaubt. Peinlich, wie jene Sportreporter, die mangelnde Kompetenz durch Liebe zum Vaterland ersetzen. Peinlich, wie jene Politiker und Prominenten aus den „Seitenblicken", die sich beim Volk beliebt machen wollen, indem sie der österreichischen Nationalmannschaft vor Beginn der EURO 2008 eine glänzende Zukunft vorhersagen: bis ins Achtel-, ins Viertel-, ins Halbfinale. Hurrapatriotismus braucht keinen Sachverstand.

Fußball und Nation: Wir entgehen diesem fatalen Zusammenhang nicht, auch wenn wir es noch so sehr wollen – obwohl von der These auszugehen ist, dass wirklichen Fußballfans ihr eigener Verein wesentlich näher steht als die Nationalmannschaft. Wer keinen Verein liebt, wer nur der Nationalmannschaft zujubelt (falls diese Anlass dazu bietet), der ist vermutlich gar kein richtiger Fußballfan, sondern ein gewöhnlicher Nationalist. Mit so einem sollte kein Liebhaber des Fußballsports etwas zu tun haben wollen. Von so einem trennt uns der Abgrund.

Zurück nach Linz: Die Anhänger des LASK und die Anhänger der VOEST waren einander immer spinnefeind. Naturgemäß, hätte Thomas Bernhard gesagt. Bei Stadtrivalen ist das unvermeidlich. Auf der einen Seite der Traditionsverein und auf der anderen der erfolgreiche proletarische Newcomer, dessen Anhänger von den LASK-Fans verächtlich „Koksler" genannt wurden. Nur einmal waren beide Seiten einig: Im Linzer Stadion gab es ein Derby der Stadtrivalen, und zur gleichen Zeit drohte die Verschmelzung der beiden Vereine, nachdem die VOEST auf Grund der Stahlkrise der 80er Jahre und auf Grund schwerer Managementfehler als verstaatlichtes Unternehmen abgewirtschaftet hatte und ihren Verein nicht mehr halten konnte oder wollte. Daher, um den Fußballclub VOEST wenigstens symbolisch zu retten, sollte er mit dem LASK vereinigt oder diesem angeschlossen werden – ganz offensichtlich eine Idee der Politik.

Doch beide Seiten lehnten das ab. Es war wohl das einzige Mal, dass die Anhänger des LASK und die Anhänger der VOEST vollständig eines Sinnes waren. Und einträchtig haben wir vor jenem Derby auf vorbereiteten Listen im Linzer Stadion unterschrieben: Wir wollen nicht zusammenkommen! Zumindest in diesem Punkt waren LASK und VOEST ein Herz und eine Seele.

Genützt hat es bekanntlich nichts. Der Zusammenschluss fand dennoch statt – und hat sportlich nichts gebracht. Hier kam nicht zusammen, was zusammen gehört, sondern ganz im Gegenteil: Hier kam zusammen, was überhaupt nicht zusammen passte. Der LASK konnte wenigstens seinen Namen retten, bekam allerdings, weil die anderen „VOEST Linz" geheißen hatten, den Zusatz „Linz" – damit irgendetwas vom Fußballverein VOEST erhalten bleibt. LASK Linz war allerdings ein ziemlich blöder Name, weil Linz ja schon im Namen des LASK drinnen steckt. Eine unsinnige Verdoppelung also, die sich zu Recht nicht halten konnte. Der LASK heißt wieder LASK, „Linz" steht zwar auf dem Vereinswappen drauf, unterhalb von „LASK", aber so klein, dass man es übersieht. Kein Mensch sagt heute „LASK Linz", und das ist gut so. Schade um den Fußballclub VOEST, der untergegangen ist wie Karthago: eine relativ kurze, aber zum Teil ruhmreiche Vergangenheit, doch ohne Spuren zu hinterlassen – nur mehr Geschichte in den Herzen seiner Anhänger.

Eine zum Teil ruhmreiche Vergangenheit hat allerdings auch der LASK: erster österreichischer Fußballmeister aus der Provinz! Wer sich die Dominanz des Wiener Fußballs von der Nachkriegszeit bis in die 60er Jahre vergegenwärtigt, kann ermessen, was dieser Triumph am 3. Juli 1965 bedeutet hat. Zumal der LASK in diesem Frühjahr auch den Cup gewann und mit dem Double unbestritten die beste Mannschaft der Saison 1964/65 stellte. Linz sei jetzt „die österreichische Fußball-Hauptstadt", stellten die *Oberösterreichischen Nachrichten* stolz und zu Recht fest.

Es war allerdings knapp, sogar sehr. Mitte März, zu Beginn der Frühjahrsrunde, lag der LASK noch an 7. Stelle und sieben Punkte hinter den Führenden Rapid und Sport-Club. Das bedeutete damals mehr als es heute bedeuten würde, weil der Sieg zwei Punkte zählte und nicht drei.

Danach begann ein fulminanter Siegeslauf. Nach einem 2:1 gegen Sturm Graz Anfang April rückte der LASK auf Platz 6 vor, immer noch fünf Punkte hinten, nachdem Rapid überraschend gegen Schwechat und Sport-Club überraschend gegen den 1. Wiener Neustädter SC verloren hatten. Am 12. April, nach dem LASK-Sieg über Schwechat und der Rapid-Niederlage gegen Austria, fassen die *Oberösterreichischen Nachrichten* erstmals ganz zaghaft den Meistertitel ins Auge: „Die engsten Titelanwärter heißen jetzt Sport-Club, Rapid und Austria, aber selbst Admira-Energie und der LASK liegen so gut im Felde, dass auf alle Fälle ein dramatisches Finale erwartet werden kann." Eine hellsichtige Prognose: Und wie dramatisch dieses Finale letztlich werden sollte! Aber noch immer ist der LASK an 5. Stelle und vier Punkte hinter dem Sport-Club. Mit uneinholbar schlechterem Torverhältnis.

Eine Woche später im ausverkauften Stadion auf der Gugl ein 2:0 gegen Austria. Rapid und Sport-Club gewannen leider auch. Der LASK bleibt im Frühjahr weiterhin unbesiegt, schlägt anschließend Wacker in Meidling triumphal 6:1, während Rapid den führenden Sport-Club besiegt und wieder die Tabellenspitze übernimmt. Jetzt ist der LASK nur mehr drei Punkte hinten und sei laut *Oberösterreichischen Nachrichten* vom 10. Mai „im Kampf um den Titel ganz ernst im Gespräch".

Dann gab es gegen Rapid im Linzer Stadion nur ein 1:1 – der LASK drei Runden vor Schluss drei Punkte hinter Rapid und Sport-Club. Dann ein 2:1-Sieg über den Sportklub in Wien, aber immer noch drei Punkte hinter Rapid. Nur noch zwei Runden zu spielen! Die Titelchancen sind angesichts des wesentlich schlechteren Torverhältnisses nur theoretisch: Rapid müsste zweimal verlieren und der LASK zweimal gewinnen. Aber auch der Sport-Club liegt immer noch einen Punkt vor dem LASK.

In der vorletzten Runde verliert Rapid gegen Admira-Energie 0:2, der Sportklub verliert gegen Vienna 0:2, der LASK gewinnt auf der Gugl 4:0 gegen den GAK, und die *Oberösterreichischen Nachrichten* jubeln: „LASK kann noch Meister werden!" Stimmt, aber Rapid genügt im letzten Spiel ein Unentschieden, und selbst Admira-Energie und der Sport-Club, beide einen Punkt hinter dem LASK, haben theoretisch auf Grund des besseren Torverhältnisses noch Chancen. Vier Kandidaten für den Meistertitel vor der letzten Runde! Dramatischer hätte dieses Finale kaum sein können!

Unter den jubelnden LASK-Fans auf dem Spielfeld:
Peter Huemer (leider nicht im Bild)

Zwischendurch, Ende Juni, gewann der LASK den österreichischen Fußball-Cup. Auch dies als erste Bundesländermannschaft.

Am 3. Juli 1965 spielte Rapid gegen den GAK in Graz, und der LASK trat auf der Hohen Warte gegen Vienna an. Am Ende hieß es 2:0 für die Linzer, doch das Spiel in Graz hatte einige Minuten später begonnen. Der GAK führte 1:0. Hält das? Wir standen gemeinsam mit den Spielern auf dem Rasen, in Trauben um Kofferradios geschart, und zitterten. Dann das Ende der Übertragung, ein unbeschreiblicher Jubel. Alle fielen allen um den Hals. Wie das halt so ist, wenn die eigene Mannschaft Meister wird. Noch dazu, nachdem alles buchstäblich bis zur letzten Sekunde offen gewesen war, und noch dazu: der Wiener Fußball erstmals besiegt!

Denn dazu muss man wissen: Die Wiener Vereine haben wir in meiner Kindheit wegen ihres Hochmuts gehasst. Natürlich war das ein klassischer Provinzler-Komplex, aber der hatte schon seine handfesten Gründe. Es war nicht nur die Arroganz derer, die überzeugt waren, sich den Meistertitel auf unabsehbare Zeit untereinander ausspielen zu können – die österreichische Fußballmeisterschaft als Wiener Stadtmeisterschaft. Es war auch der nagende Verdacht, dass selbst die besten Spieler aus Bundesländermannschaften

RANG	VEREIN	SPIELE	GEW	UNE	VER	TO	RE	PUNKTE	ANM
1	LASK	26	14	8	4	49	29	36	
2	Rapid	26	14	7	5	42	21	35	
3	Admira-Energie	26	14	7	5	52	28	35	
4	Wr. Sportklub	26	15	3	8	54	36	33	
5	Vienna	26	12	6	8	51	36	30	
6	Schwechat	26	10	9	7	27	28	29	
7	Austria Wien	26	9	10	7	29	28	28	
8	Wacker Innsbruck	26	8	10	8	29	23	26	
9	Wr. Neustadt	26	8	7	11	31	32	23	
10	GAK	26	6	8	12	28	48	20	
11	Kapfenberg	26	5	10	11	25	45	20	
12	Sturm Graz	26	7	5	14	29	40	19	
13	Wacker Innsbruck	26	5	5	16	31	54	15	
14	Wacker Wien	26	4	7	15	27	56	15	

Schlusstabelle der Staatsliga-Meisterschaft 1964/65

nur geringe Chancen hatten, ins Nationalteam zu kommen. Und da war sicherlich etwas dran. Die Nationalmannschaft schien lange Zeit eine reine Wiener Angelegenheit zu sein.

Tempi passati: Damals konnte der österreichische Fußball noch aus dem Vollen schöpfen, konnte es sich sogar leisten, Provinztalente sträflich zu vernachlässigen, so lange sie nicht bei Wiener Vereinen spielten – auch wenn das empörend war. Heute dagegen werden in den hintersten Winkeln des Landes Begabungen verzweifelt gesucht, nur leider mit geringem Erfolg. Der Fußballkrieg Wien – Provinz ist längst Geschichte.

Nach dem LASK kamen VOEST, Wacker Innsbruck, Austria Salzburg, Sturm Graz und der GAK. Die Vorherrschaft des Wiener Fußballs ist zertrümmert. Allerdings ist nicht zu bestreiten, dass der österreichische Fußball, solange er Weltgeltung hatte, Wiener Fußball gewesen ist. Mit dem Sieg der Provinz begann der Abstieg in die Bedeutungslosigkeit. Aber daran sind nicht die Bundesländervereine schuld. Der Wiener Fußball war einmal eine Größe gewesen, dann ist er aus eigenem Versagen in die Mittelmäßigkeit abgestürzt.

Zum Schluss: Warum diese exakte Chronologie von Mitte März bis Anfang Juli 1965? Warum die detaillierte Beschreibung, wie sich der LASK in einer triumphalen Frühjahrssaison vom 7. Platz bis zum Meistertitel vorgearbeitet hat? Nostalgie!

Der Fußballfan hofft, leidet und hat Erinnerungen an bessere Zeiten. Die braucht er, sonst wäre es nicht auszuhalten. Denn ewig knirscht der Sand im LASK-Getriebe. Daher: Für einen dem LASK Verfallenen gibt es kaum etwas Schöneres, als die präzise Rekonstruktion jenes wunderbaren Frühlings 1965. Sich daran zu erinnern, dies niederzuschreiben, ist reines Vergnügen. Allen nachgeborenen Anhängern unseres Vereins diene es zur Belehrung, zur Erbauung und zur Festigung ihres Glaubens.

DER „HELI" –
Die außergewöhnliche Karriere des Besatzungskindes Helmut Köglberger

von Rudolf Habringer

Helmut Köglberger
geboren am 12. Jänner 1946; aufgewachsen bei der Großmutter in Sierning;
Vereine als Spieler: SV Sierning 1956 – 1960, Amateure Steyr 1960 – 1964, LASK 1964 – 1968, Austria Wien 1968 – 1974, LASK 1974 – 1981.
Vereine als Trainer: SV Grieskirchen, LASK (Jugendtrainer), VOEST Linz (Jugendtrainer), BNZ Linz (Jugendtrainer), Union Baumgartenberg, DSG Union Perg;
sportliche Erfolge:
Meister und Cupsieger mit dem LASK 1965, 2x österreichischer Meister mit Austria Wien (1969, 1970), 2 x Cupsieger mit Austria Wien (1971, 1974)
28 Länderspiele, 6 Tore, auch Kapitän der österreichischen Nationalmannschaft,
Bronzener Fußball 1969;
insgesamt 236 Tore in Meisterschaftsspielen (211 in der Bundesliga, 25 in der 2. Division; 140 Tore für den LASK, 96 für Austria Wien)
bester Torschütze der österreichischen Nationalliga (1965 – 1974) mit 141 Treffern,
1969 Torschützenkönig bei Austria Wien (31 Tore)
1975 Torschützenkönig beim LASK (22 Tore, davon 9 für Austria Wien),
1979 Torschützenkönig beim LASK (2. Liga)
berufliche Tätigkeiten: Lohnbüro der Steyr-Werke, Angestellter bei der oö. Landesregierung, später Versicherungsagent, Geschäftsführer einer Handelsgesellschaft für Ausschank- und Kühlgeräte. Lebt als Pensionist in Altenberg bei Linz. Verheiratet mit Christina, drei Söhne: Michael, Helmut und Stefan, zwei Enkelkinder.

Dezember 2007. Während unseres Gesprächs in seinem Haus in Oberbairing bei Linz steht Helmut Köglberger plötzlich auf, geht zu einem Schrank, entnimmt diesem einen Packen unscheinbarer Schulhefte im DIN-A-4-Format und drückt ihn mir in die Hand: „Helmuth Köglberger: Kritiken und Berichte" steht auf jedem der fünf Hefte: eine von ihm selber erstellte Sammlung von Zeitungsausschnitten, die beinahe vollständig den Verlauf seiner außergewöhnlichen Fußballkarriere belegt. Von den Anfängen in der Kampfmannschaft als 16jähriger bei Amateure Steyr im Jahr 1962 bis zu seiner Rückkehr zum LASK in den Siebzigerjahren.

Kindheit, Jugend und erste Fußballjahre beim SV Sierning

Die ersten Jahre müssen für den Buben schwierig gewesen sein: „Ich bin als Kleinkind von der Mutter nach einem Jahr zur Großmutter gegeben worden. Meine Mutter war eine Dirn auf einem Bauernhof zwischen Sierning und Bad Hall, da waren Amerikaner stationiert. Und da bin ich dann entstanden, aus einer Beziehung, die aber keine war." Das Verhältnis zur Mutter sei schlecht gewesen, den Vater, nach dem er erst viel später zu suchen beginnt und vom er nur weiß, dass er in Korea gestorben sein soll, hat Köglberger nie kennen gelernt. Bei der Großmutter und mit zwei Tanten ist Helmut auf einem Bauernhof in Sierning aufgewachsen. Als Kind habe er viel bei der Arbeit mitgeholfen, manches von der Pike auf gelernt und den Bauernsohn, der ein Transportunternehmen führte, schon als Fünfjähriger im Lastwagen begleitet, „immer fesch unterwegs".

Über einen Lehrer in der Schule ergibt sich ein erster Kontakt zum Fußball; auf dem kleinen Platz der Katholischen Arbeiterjugend hätten die Kinder und Jugendlichen beinahe täglich gespielt. Der Lehrer habe die Kinder gefördert, schnell habe sich eine erfolgreiche Mannschaft zusammengefunden, „das war eine goldenen Generation für Sierning", meint Helmut Köglberger rückblickend.

Mit zehn Jahren darf er sich in der Schülermannschaft des SV Sierning einschreiben. Bei diesem Verein spielt er in der Jugend- und der Reservemannschaft, Meisterschaften, die von Lokalderbys vor allem gegen die großen Steyrer Klubs Vorwärts, Amateure und Bewegung geprägt sind.

Köglberger besucht die Hauptschule in Sierning, ist bis auf Mathematik, Handarbeit und Zeichnen ein guter Schüler, und wechselt schließlich in die Handelsschule nach Steyr.

Bei Amateure Steyr

Mit vierzehn Jahren holt ihn der Sohn des Wunderteamspielers Schurl Braun zu Amateure Steyr. Der Klub zahlt sogar das Schulgeld. Besondere Förderung erhält er durch den Jugendleiter Sepp Wolf, einen Junggesellen, der Besitzer eines Motorrollers ist und die Kinder, die weiter weg wohnen, von zu Hause abholt und nach dem Training wieder heimfährt. Zur Firmung bekommt Helmut Köglberger ein Gangrad geschenkt, ab diesem Zeitpunkt fährt er mit dem Rad zum Training.

Bald schon trainiert er mit der ersten Mannschaft. Amateure Steyr spielt in der Regionalliga, jeden Donnerstag ist nach dem Training Spielerversammlung im Hotel Minichmayr, dann folgt ein gemeinsames Abendessen, abends bringt ihn ein Mitspieler nach Hause.

Im November 1962, beim 6:4 Freundschaftsspielsieg von Amateure Steyr gegen Polizei Linz, scheint erstmals Köglbergers Name in einer Kampfmannschaft auf. „Amateure-Sturm ist wieder im Kommen", titelt die Steyrer Zeitung. Bei seinem ersten Spiel begeistert Köglberger die Zuschauer mit zwei Treffern und einer starken Leistung. Amateure spielt mit einer Mischung

Hoch talentierter Fohlenstall in der Jugendmannschaft von Amateure Steyr: Ruttnig, Harreither, Köglberger, Käfer

aus routinierten älteren Spielern wie Scharrer, Renner, Weigner, zu denen sich junge Talente wie Harreither, Käfer, Kupfinger und eben Köglberger gesellen.

Wenige Tage später debütiert Köglberger vor 400 Zuschauern in einem Meisterschaftsspiel der Regionalliga Mitte gegen den SK VOEST, als jüngster Spieler der Liga. VOEST tritt mit folgender Elf an: Dangl (Harreither); Hofinger, Weigner, Ursprunger; Strutzenberger, Lindlgruber; Köglberger, Käfer, Kaiser, Scharrer, Renner. Bei VOEST Linz läuft unter anderen Alf Wurdinger ein, der spätere Vereinskollege beim LASK. Noch erscheint Köglberger dem Sportjournalisten als „zu jung und körperlich zu schwach".

Schnell avanciert er zum Stammspieler der Steyrer Amateure. Bereits in dieser Zeit folgen zahlreiche Einberufungen in die oberösterreichische Jugendauswahl. Zwar verlieren die Oberösterreicher ein Match gegen die Steiermark (die mit den späteren Erstligaspielern Hodschar, Koleznik, Kaiser und Peintinger antreten), doch bester Mann auf dem Platz ist der 17jährige Köglberger, „der – wenn er so weiter macht – bald einen Staatsligadress tragen dürfte", wie es in einem Bericht heißt. Dass er in dem Artikel als „Negerl" tituliert wird, wie er in seinen ersten Jahren beim LASK öfter als Murli II (neben dem Brasilianer Chico) bezeichnet werden wird, gehört zu den Belegen eines Alltagsrassismus, der im Sportjournalismus jener Jahre noch völlig ungeniert gepflegt wurde. Er persönlich habe wegen seiner Hautfarbe aber nie Schwierigkeiten gehabt, meint Köglberger später in einem Interview.

Mit Amateure Steyr fährt er zu Turnieren nach Kaufbeuren, mit dem oberösterreichischen Jugend- und Juniorenteam zu Turnieren nach Krems, wo unter anderem Josef Argauer Ausschau nach Talenten hält, und wo junge Spieler wie Parits, Ettmayer, Sara und Böhmer erstmals von Vertretern der Spitzenklubs angesprochen werden. In diese Zeit fällt auch die erste Berufung Köglbergers ins österreichische C-Team (mit Fröhlich/Austria Wien, Pumm/Simmering, Rafreider/FC Dornbirn, Siber/Hall und Kreuzer/SVS Linz) zu einem Spiel gegen Eintracht Braunschweig. Nun ist Köglberger auch Spieler des so genannten UEFA-Teams unter seinem Trainer „Vogerl" Geyer, für das er insgesamt 6 Mal antritt. Im Jänner 1964 reist die Mannschaft mit einem türkischen Schiff von Neapel zu einem Turnier nach Haifa in Israel, Köglberger wird seekrank. Zweimal verlieren die Österreicher, gegen das israelische Juniorenteam gelingt ein 2:1 Sieg. Per Schiff geht die Reise weiter nach Griechenland, Athen wird besichtigt, mit dem Balkanexpress geht es wieder nach Hause. Zwei Monate später reist die UEFA-Mannschaft zu einem Turnier nach Holland. Im Kader stehen u. a. Janotka (Austria), Sara (Donau), Wallner (FC Wien), Kaiser (Donawitz), Poindl (Wacker) und Parits (Siegendorf); Köglberger ist der einzige Oberösterreicher. Im entscheidenden Vorrundenspiel gegen Nordirland schießt der Steyrer ein herrliches Tor und trägt wesentlich zum 3:1 Sieg bei. Ein 1:2 gegen England im Viertelfinale besiegelt das Ausscheiden im Turnier.

Ernst Happel, damals Trainer in Holland, besuchte täglich das österreichische Team, erinnert sich Köglberger heute an dieses Juniorenturnier.

Längst ist der Name des Amateure-Juniors in Österreich bekannt. Vor allem die Linzer Staatsligavereine werden auf ihn aufmerksam. In einem Vorbereitungsspiel im Winter 1964 schießt Köglberger der Staatsligamannschaft von SVS Linz zwei Tore, davon ein prächtiges Volleytor, kurz darauf bereitet er mit Amateure dem Stadtrivalen von Vorwärts vor 3500 Zuschauern ein 7:1 Debakel und steuert einen Treffer bei, wenig später wird VOEST im Linzer Stadion mit 3:0 besiegt, Köglberger erzielt zwei Tore, bereitet eines vor und ist der überragende Mann auf dem Platz. Beim 8:0 Heimsieg der Amateure gegen Radenthein sind die LASK-Spione Karl Schlechta und Dolfi Blutsch unter den Zuschauern. Köglberger zeigt ein begeisterndes Spiel und erzielt drei Tore, eines, nachdem er vier Gegenspieler überspielt hatte. Wenig erfreut ist der Steyrer Sektionsleiter Wesp, der mit einer Kaperanzeige droht, als er den LASK-Trainer Schlechta im Gespräch mit dem Vater von Torhüter Willi Harreither beobachtet.

Auch Spielbeobachter aus Wien werden in Steyr gesichtet, für den Steyrer Trainer käme ein Wechsel der Talente Harreither und Köglberger aber zu früh: Es habe keinen Zweck, eine unreife Frucht zu pflücken, Harreither und Köglberger seien „für ein sportliches Abenteuer nicht genügend ausgerüstet". Doch es ist bereits zu spät. Eine Zeitlang rauscht es in den Zeitungen, angeblich zeigen neben dem LASK auch der Wiener Sport-Club und Wacker Innsbruck Interesse an dem Talent. Heute gesteht Köglberger ein, dass ihm der Wirbel um den Transfer damals „furchtbar in den Kopf gestiegen" sei. Die Steyrer Zeitung rügt die „Starallüren" des jungen Stürmers, als er einmal ein gar „aufreizendes Spiel" zeigt. Köglbergers verblüffende Erklärung: Er habe nur deshalb schwach gespielt, „um für seinen angestrebten Verein billiger zu werden ..."

Mit einem 2:1 Sieg gegen St. Valentin und einem Tor verabschiedet sich Köglberger schließlich von den Steyrer Anhängern. In seiner letzten Saison hat Köglberger 23 der 26 Spiele seiner Mannschaft bestritten, Amateure landet auf dem 5. Tabellenplatz.

Meister und Cupsieger mit dem LASK

Am 16. Juli 1964 wechselt Köglberger für eine damals beträchtliche Summe und ein Handgeld von 40.000 Schilling zum LASK. Am 1. August 1964 gibt er sein Debüt in einem Vorbereitungsspiel für die neue Meisterschaft gegen den ASK St. Valentin, das der LASK mit 5:2 gewinnt. „Der junge Fußballer zeigte gute Anlagen, kam aber nicht richtig ins Spiel, was vor allem auf seine große Nervosität zurückzuführen ist.", schreibt Hubert Potyka in seinem Spielbericht. Der Wechsel von der Regionalliga mit bloß zwei Trainingseinheiten pro Woche auf sechs Trainingseinheiten beim LASK fällt Köglberger nicht leicht. Noch einmal spielt er in Steyr: im Ablösespiel gegen Amateure, das der LASK 2:1 für sich entscheidet. Erstmals spielen auch Willi Harreither und Franz Viehböck für die Athletiker; Köglberger kommt erst nach der Pause für Kapitän Sabetzer. Schon in den Vorbereitungsspielen zeigt sich: Der vereinsinterne Konkurrenzkampf wird hart. Trainer Karl Schlechta stehen eine starke Stürmer- und Läuferreihe zur Verfügung: die teamerfahrenen Viehböck, Sabetzer und Kozlicek, die Ausländer Liposinovic und Chico, der torgefährliche Fürst, LASK-Urgestein Ferdl Zechmeister, der seit den frühen 50er Jahren beim LASK kickt, die jungen Kondert und Rautmann.

Doch beim ersten Pflichtspiel, dem Linzer Cupderby gegen SVS, ist Köglberger in der Startelf. Mit Mühe und durch ein Zechmeister-Tor in der Verlängerung bezwingt der LASK den gerade abgestiegenen Stadtrivalen. Köglberger, der statt Sabetzer aufgelaufen war (ein Austausch war damals noch nicht möglich), hat sichtlich Anpassungsschwierigkeiten. Beim Meisterschaftsauftakt – einer 1:4 Heimpleite gegen Admira – fehlt der junge Stürmer, bei der 4:2 Auswärtsniederlage gegen Wiener Neustadt steht er auf dem Platz und erntet als einziger Linzer gute Kritiken. Eine Woche später erzielt er sein erstes Tor für den LASK und fixiert den knappen Sieg über Aufsteiger Wacker Innsbruck. Zwei Siege folgen, auswärts 2:1 gegen den WAC, daheim 3:1 gegen Kapfenberg: „Mit zwei

Toren ‚erschoss' Köglberger elf Kapfenberger", schreibt Leo Strasser im Volksblatt. Wieder folgt eine Auswärtsniederlage, dann ein Heimsieg gegen Schwechat, dennoch ist das Publikum nicht zufrieden. Die Erwartungen sind vor Saisonbeginn hoch geschraubt worden, jetzt folgen mediale Abrechnungen: „Aus dem bisherigen Linzer Mitglied des Spitzenfeldes in der Tabelle wurde ein Mittelständler. Diejenigen, die sich am Beginn der Meisterschaft Ambitionen auf den Titelgewinn machten, sind jetzt arg enttäuscht:

„Wer das Maß richtig nahm, tat gut. Der LASK von heute ist mit dem LASK des Jahres 1962 nicht zu vergleichen!", schreibt Franz Pilsl in den Oberösterreichischen Nachrichten nach acht Runden. Nach dem Sieg, aber einem schwachen Spiel gegen Wacker Wien zitiert Pilsl den Ex-Internationalen Turl Wagner: „Dieser LASK ist um zwei Klassen schlechter geworden!"

Helmut Köglberger beim LASK: Vom Sorgenkind zum Liebling der Schwarz-Weißen

Gegen Rapid und Sport-Club ist Köglberger nur in der Reserve im Einsatz, der Kräfteverschleiß zu Saisonbeginn war zu groß. Mit fünf Toren gegen den Sport-Club stiehlt er der Ersten Mannschaft dennoch die Show: Die spielt 1:1, die Reserve fegt die Wiener 7:1 vom Platz. „Das Festessen fand schon vor dem Hauptmahl statt" stellt ein Zeitungskommentar lapidar fest. Gegen Vienna (0:0) und den GAK (0:4) ist Köglberger wieder dabei, die Mannschaftsleistung bleibt aber schlecht. Allenthalben regnet es Kritik auf die Athletiker, auch auf den Trainer: „Die Schuld ist in den eigenen Reihen zu suchen. Dem LASK fehlt der Vereinsgeist. Solange dieser nicht in wesentlich anderer Form wiederkehrt, wird es keine Wendung zum Guten geben."

Bei der Weihnachtsfeier klagt Köglberger einem Journalisten sein Leid und bekennt, „dass ihm in Linz – als Ledigem – die häusliche Wärme und das regelmäßige Essen wie in seiner Heimatstadt Steyr fehlen."

Ein paar Tage später eine überraschende Entscheidung der Vereinsleitung: Trainer Karl Schlechta wird entlassen und vom mährischen Trainer Frantisek Bufka abgelöst. Eine Entscheidung, die auch Auswirkung auf Helmut Köglberger hat: „Bei Bufka habe ich lange gebraucht, bis ich ihn überzeugt habe, er war unnahbar", erzählt Köglberger heute. Er nimmt teil am legendären Wintertrainingslager in Obertraun. Als aber die Meisterschaft wieder beginnt, ist er nur mehr in der Reserve im Einsatz. Allerdings mit Erfolg: Beim 7:1 gegen Sport-Club gelingen gleich fünf Treffer! Mit insgesamt 13 Saisontoren wird Köglberger bester Torschütze in der damals so genannten 1b-Mannschaft.

Erst in der entscheidenden Endphase der Meisterschaft und in den Cupfinali steht Köglberger wieder in der Ersten. Beim zweiten Cupfinale gegen Wiener Neustadt wird er von Bufka hart kritisiert: „Besonders Köglberger, den die Zuschauer vergöttern, hat total versagt", tobt der Trainer. Trotz des Cupsieges laufen Köglberger Tränen der Enttäuschung über die Wangen. Aufgrund der schwachen Leistung stellt ihn Bufka aus der Mannschaft. Heute erinnert sich Helmut Köglberger an einen Vorfall, der wohl auch zur Eliminierung aus dem Kader führte: Knapp vor Beginn des Cupfinales – über Linz brütete lähmende Hitze – holte Köglberger seine Freundin Christina vom Pichlingersee ab. In Zeitnot fuhr er ins Stadion: Als er dort ankam, lag die noch aufgepumpte Luftmatratze seiner Freundin deutlich sichtbar im Fond seines 600er Fiat. „Nur mit Müh und Not habe ich weis machen können, dass ich nicht baden war", erinnert sich Köglberger. Ihm dürfte doch nicht geglaubt worden sein.

Beim größten Erfolg der Vereinsgeschichte ein paar Tage später – der LASK wird auf der Hohen Warte als erste Mannschaft aus der Provinz österreichischer Meister – ist er lediglich im Vorspiel dabei.

Ab jetzt ist er aber in der Ersten gesetzt. Bald wird seine Spielweise – schnell, quirlig, schussstark, ehrgeizig, an sehr guten Tagen mit einem Hauch von Artistik – von den Fans angenommen, Köglberger avanciert zum Publikumsliebling. Bei den ersten Europacupspielen des LASK (gegen Gornik Zabrze aus Polen) erzielt er ein Tor. 1967 steht er in der Elf, die im Cupfinale unglücklich gegen die Wiener Austria durch Losentscheid verliert.

Spiele für die Nationalmannschaft

Bald nach dem Meistertitel wird Köglberger von Teamchef Edi Frühwirth erstmals in das österreichische Nationalteam berufen. An der Seite von Nemec, Hof, Grausam, Koller und Fiala und gemeinsam mit den Vereinskollegen Viehböck, Sturmberger und Sabetzer spielt er in einem inoffiziellen Länderspiel gegen die Tschechoslowakei. Das Spiel geht zwar 0:2 verloren, Köglberger wird aber von 14.000 Fans auf der Gugl begeistert aufgenommen. Eine Woche später, am 5. September 1965, debütiert er gegen die Ungarn im Nep-Stadion im Rahmen vor WM-Qualifikation für 1966. Vor 110.000 versagen allerdings die Nerven. Österreich verliert 0:3 und damit die Chance auf eine WM-Teilnahme. Josef Argauer schreibt in seiner Zeitungskritik: „Was er (Köglberger) anpackte, ging schief. Er gewann keinen Zweikampf, er hatte keine Übersicht, er passte schlecht und kam fast nie in Schussposition. Die Größe der Aufgabe ging wahrscheinlich über seine Kräfte."

Auch sein zweiter Team-Einsatz gegen die BRD in Stuttgart geht daneben; Köglberger kommt für Viehböck auf das Feld, als die Niederlage schon besiegelt ist. Ein kurioser Fund in Helmut Köglbergers Zeitungsausschnittsammlung: die Menükarte mit der Speisenfolge des Spielerbanketts, das nach dem Spiel in der Stuttgarter Liederhalle gegeben wurde: Serviert wurden Hummersalat, Kraftbrühe mit Trüffelklößchen, Poulardenbrüstchen „Lady Curzon" und Champagnersorbet. Auf der Menükarte die Autogramme von Spielern beider Mannschaften: Tilkowski, Höttges, Lorenz, Beckenbauer, Nafziger, Ulsass, Netzer neben Fraydl, Hasil, Buzek, Flögel ...

Erst unter Erwin Alge, 1967, erhält Köglberger gegen England in einem Freundschaftsspiel wieder eine Chance, im Jahr darauf läuft er beim ersten Länderspiel Österreichs vor 32.000 Zuschauern in Linz gegen Rumänien ein (1:1, erstmals spielen Starek und Hickersberger für Österreich), in der WM-Qualifikation zur Fußballweltmeisterschaft in Mexiko unter dem neuen Trainer Leopold Stastny ist Köglberger beim 0:2 gegen die BRD im Einsatz, bei dem ihm „immense Einsatzfreude" konstatiert wird. Bei der Niederlage gegen Schottland ist er eine Halbzeit auf dem Feld, in einem Freundschaftsspiel gegen Malta schießt Köglberger seine ersten zwei Tore fürs Team. Das bittere 0:1 gegen die BRD in Nürnberg (das Siegestor durch Gerd Müller fällt zwei Minuten vor Schluss) bedeutet das Aus jeglicher WM-Träume. Wieder gibt es eine zweijährige Spielpause für Köglberger, aber bei der vergeblichen EM-Qualifikation 1971 gegen Italien kehrt er mit einer starken Leistung gegen den Vizeweltmeister Faccetti in die Mannschaft zurück und rasiert sich Augenzeugenberichten zufolge vor Freude über das gelungene Comeback nach dem Match seinen Schnurrbart ab, wobei ihm Mitspieler Robert Sara assistiert.

Zwei der sechs Tore Köglbergers im Nationalteam; oben mit Tommy Parits, unten gegen Ungarn.

Ein drittes Mal tritt Köglberger in einer WM-Qualifikation an: Beim 2:2 gegen Ungarn zeigt er eine „einwandfreie Leistung als Sturmspitze", beim 2:0 Auswärtssieg gegen Malta erzielt er den wichtigen ersten Treffer, in einer freundschaftlichen Begegnung gegen Holland markiert er das Siegestor zum 1:0, untypisch für ihn: per Kopf. Im Entscheidungsspiel bei Schneetreiben gegen Schweden sitzt Köglberger nur auf der Bank. Lapidar vermerkt er in seinem Heft: „Gegen Schweden in Gelsenkirchen 1:2 (Hatte) verloren. Entscheidungsspiel. Keine WM. 5. 12. 73"

Zu einem Höhepunkt in seiner Karriere wird ein Match gegen Brasilien in Sao Paulo im Mai 1974 gegen den regierenden Weltmeister Brasilien mit Rivelino und Jairzinho, das 0:0 endet. An der Seite von Köglberger stürmt der junge Hans Krankl. Damit ist ein Generationenwechsel im Team vollzogen. Neben Krankl kämpfen nun im Sturm Kreuz, Pirkner, Stering, Jara, Riedl, Welzl und Gallos um einen Startplatz in der Mannschaft.

Bei der EM-Qualifikation (gegen Ungarn, Luxemburg und Wales) bringt Köglberger als Joker jeweils den Umschwung, die Qualifikation wird aber erneut verfehlt.

Zehn Jahre nach seinem Teamdebüt wird Köglberger von Leopold Stastny beim 0:0 gegen die CSSR erstmals zum Kapitän der Nationalmannschaft ernannt. Köglberger ist mit 29 Jahren der Älteste in der Mannschaft, im gleichen Spiel debütiert Bruno Pezzey. Auch gegen die BRD (0:2) ist Köglberger noch einmal Kapitän mit der für einen Stürmer ungewöhnlichen Aufgabe, die Kreise Franz Beckenbauers zu stören. Köglberger wird nach guter Leistung durch Sepp Stering ersetzt, Beckenbauers Ersatzmann Beer schießt beide Tore für Deutschland.

Ausgerechnet auf der Gugl in Linz, beim Freundschaftsspiel gegen die Schweiz, erzielt Köglberger mit einem herrlichen Treffer aus 25 Metern noch einmal ein Tor für Österreich. Im Herbst 1976 folgt dann das letzte Länderspiel: Auswärts gegen Griechenland wird Köglberger für Welzl eingetauscht. Zwei Monate nach diesem Spiel beginnt die Qualifikation für die WM in Argentinien. Neuer Trainer ist jetzt Helmut Senekowitsch, der Köglberger nicht mehr berücksichtigt. Gegen Malta spielt erstmals der junge Walter Schachner, der gemeinsam mit Krankl und Kreuz in Argentinien Furore machen wird. Heli Köglbergers Teamkarriere ist nach elf Jahren, nach 28 Länderspielen und 6 Toren zu Ende. Leider ohne jegliche Endrundenteilnahme. „Was Stastny aufgebaut hat, hat Senekowitsch geerntet", meint Köglberger heute und zollt dem weißhaarigen Slowaken größten Respekt: Mit Stastny habe er sich persönlich sehr gut verstanden, er habe von ihm nicht nur fußballerisch, sondern auch menschlich viel gelernt.

Die Jahre bei der Wiener Austria

Vier Saisonen lang spielt Köglberger beim LASK. Bald schon interessieren sich auch die Wiener Vereine für ihn: Mehr als 40 Meisterschaftstore und phasenweise begeisternde Spiele (u. a. ein 4:0 Sieg vor 25.000 Zuschauern gegen den späteren Meister Rapid unter Trainer Vytlacil) wecken Begehrlichkeiten. 1968 ist es dann so weit. Die Wiener Austria lässt Köglberger von Josef Argauer beobachten, bald wissen auch die Journalisten von einem bevorstehenden Wechsel. Erst schwirren nur Gerüchte durch Linz, dann wird Köglberger mit einem neuen Wagen gesehen. Ausgerechnet zu diesem Zeitpunkt trifft der LASK auf der Gugl auf die Wiener Violetten.

Köglberger erinnert sich mit Schrecken an den Spieltag, als er am Morgen die Zeitung mit der Transfermeldung aufschlägt: „Um Gottes Willen, jetzt ist der Wirbel fertig". Als er gegen Austrias Tormann Szanwald eine Chance vergibt, wird er vom enttäuschten Publikum ausgepfiffen. In einer Überreaktion verlässt er eigenmächtig das Spielfeld und marschiert in die Kabine – so endet sein letztes Spiel für den LASK mit einem Eklat. Für die restlichen Meisterschaftsspiele wird Köglberger intern gesperrt und erhält eine Geldstrafe.

Bei der Wiener Austria unter Ernst Ocwirk beginnt ab der Saison 1968/69 ein neuer, erfolgreicher Abschnitt in der Karriere von Helmut Köglberger. Bei seinem Debüt in einem Freundschaftsspiel gegen den deutschen Meister 1. FC Nürnberg unter Max Merkel erzielt er das Führungstor und erhält begeisterte Kritiken für seinen „triumphalen Einstand". Dass das Spiel beim Stand von 2:1 für Nürnberger nach einem Streit mit dem Schiedsrichter schließlich abgebrochen wird, ist Nebensache. In kurzer Zeit erobert Köglberger die Herzen der Fans. Wenige Tage, nachdem Lokalrivale Rapid im Achtelfinale des Cups der Meister sensationell Real Madrid aus dem Bewerb geworfen hat, schießt Heli Köglberger den Grünweißen beim 4:3 Sieg im Derby drei Tore und sichert der Austria ungeschlagen den Herbstmeistertitel. Köglberger wird in die Elf der Saison gewählt und belegt bei einer erstmals durchgeführten Wahl zum Fußballer des Jahres hinter Björn Bjerregaard den zweiten Platz.

Die erste Saison bei der Austria wird zu einer der erfolgreichsten für Köglberger: In der letzten Meisterschaftsrunde trifft er erneut gegen Rapid, schafft mit Austria den Meistertitel und sichert sich überlegen den Titel des österreichischen Torschützenkönigs. Für seine erzielten 31 Treffer wird er in Paris mit dem Bronzenen Schuh (hinter Jekov und Sideris, vor Stürmern wie Müller und Kindvall) ausgezeichnet.

Heli Köglberger im Austria-Dress gegen den LASK ...

... und mit dem damaligen Austria-Trainer Ernst Ocwirk

In der folgenden Saison gelingt der Austria erneut der Meistertitel, Köglberger ist aber durch eine Leistenverletzung, die eine Operation nötig macht, gehandicapt. Dennoch gelingen eindrucksvolle Erfolge, so ein 4:1 Sieg gegen den Cupsieger Wacker Innsbruck (ein Tor). Ernst Ocwirk verlässt gemeinsam mit Thomas Parits den Verein Richtung Köln, mit dessen Nachfolger Rudi Szanwald, mit dem Köglberger oft gemeinsam gespielt hat, verträgt er sich nicht. „Wien reizt mich nicht mehr, Linz dagegen sehr", gesteht er in einem Interview. Eine Knöchelverletzung wirft ihn erneut zurück. Erst unter dem neuen Trainer Karl Stotz findet Köglberger zu alter Form zurück und wird mit der Austria Cupsieger gegen Rapid.

Nach dem Vizemeistertitel 1972 verlassen mit Hickersberger (Offenbach), Riedl (Belgien), Geyer, Dirnberger, Fröhlich und Foka mehrere Stützen den Verein. Mit einer jungen Spielergeneration, darunter Daxbacher und Prohaska, macht sich Stotz an den Neuaufbau. Weil sich der Erfolg nicht sofort einstellt, muss Stotz gehen – wieder folgt mit Béla Guttmann ein Trainer, mit dem sich Helmut Köglberger schwer tut – ein Muster, das sich als roter Faden durch seine Karriere zieht: Er braucht Betreuer, die ihn motivieren können und ihm Wertschätzung entgegenbringen. Die Austria belegt den enttäuschenden 10. Gesamtrang, Köglberger wird mit elf Toren Vereinsschützenkönig. Jetzt, mit 27 Jahren, möchte er endgültig ins Ausland wechseln. Schon melden belgische Zeitungen einen Transfer zu Brüssel, Anvers oder Liège, allein Köglberger erhält keine Freigabe, der Transfer zerschlägt sich. In der neuen Meisterschaft unter Trainer Sepp Pecanka ist er erst ab der 9. Runde dabei. Die Südamerikaner Morales und Martinez verstärken inzwischen das Team, am Ende der Saison (es ist das letzte Jahr der Nationalliga) belegt die Austria Rang vier, Köglberger erzielt 14 Tore und wird mit 6 Treffern Schützenkönig im Cup, wo unter anderem Rapid (mit 4:1 und 6:2) ausgeschaltet und im Finale Austria Salzburg bezwungen wird.

Die neue Bundesligasaison mit zehn Oberhausvereinen beginnt Köglberger bei der Austria und beendet sie beim LASK. Mit Robert Dienst ist erneut ein Trainer am Ruder, mit dem sich Köglberger nicht versteht. In der Vorbereitung verliert die Austria mit dem Sturm Pirkner-Morales-Köglberger auf Mallorca gegen CF Barcelona mit dem großen Johan Cruyff 3:2, im Herbst 1974 zwei Spiele im Europacup der Cupsieger gegen Real Madrid mit Günter Netzer. Sein letztes Tor für die Austria schießt Helmut Köglberger ausgerechnet gegen den LASK. Im Winter 1974 löst er – obwohl in der Torschützenliste führend – den Vertrag und kehrt im Tausch für Kurt Leitner zu den abstiegsgefährdeten Linzern zurück. In der Fanzeitung schreiben die Anhänger der Austria ihrem „Heli" zum Abschied einen Brief, der die Wertschätzung für Köglberger zum Ausdruck bringt: „ (...) wenn Du uns nach sechseinhalb Jahren Adieu sagst, dann sei sicher: Wir vergessen Dich nicht! (...) Auf Wiedersehen im Frühjahr – wir werden jubeln – auch wenn Du als Gegner kommst!"

Rückkehr zum LASK

In Linz wird Köglberger mit offenen Armen empfangen. Der LASK steht am Tabellenende und hofft auf die Tore des Heimkehrers. Der feiert die Freigabe von der Austria mit Sekt: „Endlich bin ich dort, wo ich hingehöre." In Oberbairing bei Altenberg hat er sich ein Haus gebaut, hier möchte er mit seiner Familie bleiben. Angeblich schockte Köglberger den LASK-Präsidenten mit der Bemerkung, er wolle von Austria weg, weil dort jedes Spiel gewonnen werden müsse: „Bei uns gibt's dieses Muss doch auch", soll der verschreckte Präsident geantwortet haben.

Gleich im ersten Spiel schießt Köglberger (damals im Afrolook) das Siegestor gegen Rapid und gewinnt damit im direkten Vergleich mit Krankl und seinem Gegenspieler Sturmberger. In den Duellen gegen die ehemaligen Kameraden von der Austria gelingen ihm im Linzer Stadion alle drei Tore. Nach dem Tor zum 3:2 springt Köglberger über die Barriere und liegt sich mit entgegenstürmenden Fans in den Armen: „Der Star und sein Volk, es war ein Begeisterungsausbruch, wie er sonst nur noch in Südamerika üblich ist" schrieb die Zeitung. Sogar der Schiedsrichter musste warten.

Köglberger ist in Linz angekommen. Unter Trainer Latzke fühlt er sich wohl, mit den Mitspielern Gallos, Gayer und Kondert versteht er sich bestens. Am Ende der Saison hat er 22 Toren auf dem Konto und wird erneut österreichischer Torschützenkönig (13 Treffer für den LASK, 9 für die Austria) vor Hans Krankl. Und mit dem Abstieg hat der LASK nichts mehr zu tun, die Mannschaft belegt den soliden 6. Platz.

Auch die folgenden Jahre sind von vielen Köglbergertoren geprägt. Ein Spieler seines Kalibers ist immer für ein Tor gut. Die Stadtderbys mit der starken VOEST, dem Meister von 1974, prägen in den folgenden Jahren die Szene. 1978 folgt nach zwanzig Jahren Oberhaus der Abstieg in die 2. Division. Der Wiederaufstieg (mit einer Serie von 20 Spielen ohne Niederlage) gelingt prompt, Köglberger holt sich mit 25 Toren auch den Titel des Schützenkönigs der zweiten Liga.

Beim LASK ist noch lange nicht Schluss. 1977 wird Köglberger als ein Mann „in allen Gassen" für zwei Tore gegen Ujpest Dozsa gefeiert, 1980 ist er noch einmal international in den Begegnungen gegen Niš dabei. Als Kapitän führt er die Mannschaft als 36jähriger in die Saison 1980/81. In seinem letzten Derby gegen VOEST wirkt er „flott und spritzig wie einst im Mai", gegen Admira erzielt er sein letztes Tor für den LASK. Am 13. 6. 1981 im Spiel gegen Sturm Graz erleidet Köglberger einen Muskelfaserriss – eine Woche später gibt er sein Karriereende bekannt. Nach 283 Meisterschaftsspielen für den LASK, nach insgesamt 236 Meisterschaftstoren, davon 140 für den LASK (0,49 Tore pro Spiel!) hängt Heli Köglberger die Schuhe an den berühmten Nagel – und wird Trainer – erst als Spielertrainer bei Traun, später bei Grieskirchen.

Ein Jahr später ein Schock: Köglberger bricht zu Hause zusammen, kann nicht mehr reden, nicht mehr gehen. Erst Monate nach Entfernung eines Kopftumors in der Größe einer Orange steht fest, dass die Geschwulst gutartig ist. In der Zeit der schweren Krankheit lernt Köglberger Ehefrau Christina, mit der er seit 1966 verheiratet ist, noch mehr zu schätzen: „Sie gab nie auf, war voller Zuversicht und hat mir Mut gemacht." Ein Jahr darauf geht für das Ehepaar Köglberger ein Wunsch in Erfüllung: Ihr drittes Kind kommt zur Welt. Eine intakte Familie – das war es immer gewesen, was sich der „Heli" als Kind erträumt hatte. Köglberger weiß, was er an seiner Frau hat: „Da kann man sich nur bedanken." Christina Köglberger, die 20 Jahre bei den Kindern geblieben ist und sich erst dann als Lebensberaterin qualifizieren konnte, sieht ihr Leben an der Seite eines Berufsfußballers nüchtern-ironisch: Zeitweise sei es „schon hart" gewesen, eigentlich sei sie mit ihrem Mann nur halb so lange verheiratet, weil er ja damals 160-180 Tage im Jahr nicht zu Hause gewesen sei. Die Söhne haben alle Matura gemacht, Michael ist Techniker, Helmut Finanzbeamter, Stefan, der jüngste, der in der Landesliga Fußball spielt, studiert Deutsch und Geschichte.

Bis zu seiner Pensionierung kurz vor seinem 60. Geburtstag hat Helmut Köglberger eine GmbH. für Schankanlagen und Kühltechnik geführt. Dem Fußball ist er treu geblieben: „Fußball ist eine Sucht", meint Köglberger noch heute, und dass es ihm Freude bereite, junge Talente zu entdecken und zu begleiten. So hat er die UEFA-B-Lizenz erworben, ist staatlich geprüfter Fußball-Lehrer und hat viele Jahre lang die Jugendteams von LASK und VOEST sowie im Bundesleistungszentrum und Mannschaften im oberösterreichischen Unterhaus – Grieskirchen, Union Baumgartenberg und DSG Union Perg – betreut.

Den Fußballfans wird er immer in Erinnerung bleiben – als quirliger Unruhegeist im gegnerischen Strafraum, als Rekordtorschütze des LASK und als eine der auffälligsten Erscheinungen der oberösterreichischen Fußballgeschichte.

EINE LEGENDE, UND EIN SCHLIMMES ENDE
Walter Kohl über das Drama des Charly Chico

Ich habe einmal eine viertel oder halbe Stunde mit einer Fußball-Legende verbracht. In einem Redaktionsbüro, das ich damals mit einem Sportjournalisten teilte. Die Fußball-Legende klopfte leise an der Tür, kam herein, stellte sich vor dem Schreibtisch des Sportredakteurs auf und begann zu schimpfen. Ich saß daneben und hörte zu. Dann wurde die Fußball-Legende allmählich kleinlaut, das Schimpfen ging über in ein leises Jammern, der Mann fing an, über seinen Alltag zu reden. Und in dieses Gespräch klinkte ich mich ein mit ein paar Zwischenfragen.

Wir Journalisten, beide Männer um die dreißig, saßen da und hörten dem Fußballer zu, der damals an die 50 Jahre alt war. Das Wort legendär wird heutzutage ziemlich inflationär verwendet, doch dieser Sportler war und ist eine wirkliche legendäre Erscheinung in der österreichischen und speziell oberösterreichischen Geschichte der Populärkultur (zu dieser rechne ich das Phänomen Fußball). Er war ein Held, und zwar ein idealer.

ist bereits sein Beginn von einem Mysterium begleitet: Er habe den genauen Tag seiner Geburt nicht gekannt, besagt die Sportreporter-Fama. Es soll dies wohl ein Indiz darstellen für die Leichtigkeit und Unbekümmertheit, die den genialen Kicker während seiner Blütezeit kennzeichneten. Während die andere Fama – dass er sich zeit seines Lebens nicht darum gekümmert habe, die Papiere zur Erlangung der österreichischen Staatsbürgerschaft zu besorgen – wohl die Flatterhaftigkeit und Instabilität seines Charakters kennzeichnen soll, die später die Stationen des Abstiegs markierten.

Seine Fußball-Laufbahn führte Chico bereits in jungen Jahren nach Europa, zuerst nach Portugal, dann nach Österreich. 1963 kaufte ihn der LASK um 10.000 Dollar von FC Porto. „Einer der besten Deals der LASK-Geschichte", meinte dazu Ex-Präsident Otto Jungbauer. Ein Dollar war damals zwar rund 25 Schilling wert, und man bekam darum in einem einfachen Wirts-

> ... dennoch waren 250.000 Schilling für einen Spieler dieser Klasse auch in jenen Zeiten ein ausgesprochenes Schnäppchen.

Denn er war ein gebrochener Held. Und da stand er jetzt und redete mit uns! Das Gespräch war für eine Weile entspannt, am Ende dann wurde es peinlich.

Der Mann war Carlos Lima, als Fußballer hörte er auf den Namen Chico. Geboren wurde er 1935 im brasilianischen Pernambuco, welches heute Recife heißt. Wie es sich für eine Legende gehört,

haus locker ein Gulasch und ein Bier – dennoch waren 250.000 Schilling für einen Spieler dieser Klasse auch in jenen Zeiten ein ausgesprochenes Schnäppchen. Legendär ist das Foto von Chicos Ankunft in Österreich: Er steht auf dem Rollfeld vor dem alten Flughafen in Wien-Schwechat, in Anzug und Krawatte, und köpfelt ganz entspannt mit einem schweren Lederball. Die Airport-Aus-

Chico bei seiner Ankunft in Schwechat 1963

sichtstribüne im Hintergrund ist voller Leute, die ihm zuschauen. Chico kam verletzt an auf seinem neuen Arbeitsplatz, seine rechte Hand ist bis zum halben Unterarm hinauf dick einbandagiert.

Chico soll „unbrasilianisch" gespielt haben, sagen Leute, die ihn noch auf dem Spielfeld erlebt haben. Nämlich mit einer Riesenportion Kampfgeist. Dieser jedoch, gepaart mit dann doch sehr südamerikanischen Qualitäten wie einem ausgeprägten Spielwitz und einer exzellenten Technik, machten aus Carlos Lima einen Kicker, der Spiele entscheiden konnte. Wenn er einen guten Tag hatte und in Spiellaune war.

Wie gut eine Legende tatsächlich war, ist aus einem Abstand von mehr als 40 Jahren schwer zu beurteilen. Es fällt jedenfalls auf, dass Chico in Spielberichten der Zeitungen aus den Sechzigerjahren ein sehr instabiles Bild bietet. Oft fällt sein Name bei der Auflistung der zwei oder drei besten LASK-Spieler des jeweiligen Matches. Dann aber gab es immer wieder Aussetzer, wie etwa beim 3:0-Sieg gegen den Wiener Sportklub am 3. April 1964, wo es heißt: „Sabetzer war das Um und Auf des Angriffs, in dem sich Chico einen Versager leistete und nach dem Seitenwechsel mit Zechmeister Platz tauschen musste."

Wahrscheinlich sagt auch dieser negative Bericht einiges über die Klasse Chicos aus. Denn sich „einen Versager leisten", das kann nur jemand, für den das Nicht-Versagen das Selbstverständliche ist. In der Regel kam Chico in den Zeitungen eher mit Sätzen wie jenem vom Freundschaftsspiel gegen die Tschechoslowakei vor, das der LASK am 15. Mai 1964 in Linz 2:1 gewann, wo der ungenannte Reporter schrieb: „Die besten Spieler beim LASK: Liposinovic und Chico". Und sogar bei einer Niederlage, wie etwa dem 1:2 gegen Wiener Neustadt am 24. Mai 1964, überzeugte Chico das Publikum und die Medien: Er, Blutsch und Sabetzer werden als herausragende Akteure genannt.

Das Jahr des Meistertitels, 1965, begann für Chico eher durchwachsen. In den ersten Spielen der Frühjahrsrunde wurde er nicht eingesetzt, und auch bei den wichtigen Matches ab Mai, als die Titelchance für den LASK immer greifbarer wurde, war Chico nicht regelmäßig aufgestellt, etwa beim 1:1 gegen Rapid in Linz.

Dann aber wieder entschied er quasi im Alleingang entscheidende Begegnungen. Etwa das erste Cupfinalspiel gegen Wiener Neustadt am 25. Juni 1965. Da schoss Chico in Wiener Neustadt das Siegestor zum 1:0 in der vorletzten Minute, welches einen Tag später den Cupsieg bringen sollte. Im ganzen Spiel sei von Chico die „meiste Gefahr ausgegangen", hieß es in den Zeitungen. Das Rückspiel in Linz am 26. Juni endete bekanntlich mit 1:1, damit war der LASK Gewinner des Fußballcups. Dieses zweite Spiel war übrigens eher schwach, nur einige wenige LASK-Spieler, darunter Chico, kamen halbwegs an ihre sonstige Form heran.

Der 3. Juli 1965 war für einige Legenden der Populärkultur ein wichtiger Tag. Im Falle eines Musikerquartetts aus Liverpool, bekannt als The Beatles, wird dieser Samstag sowohl in der offiziellen Historiographie als auch in der Mythologie ausgeblendet. Denn die Fab Four erlebten mitten im Höhepunkt der Beatlemania in Spanien einen gewaltigen Flop. Bei ihrem Konzert in der Madrider Stierkampfarena verloren sich gerade einmal 7000 Leute in dem mehr als 25.000 Sitzplätze fassenden Rund. So was passt natürlich nicht zu den Mechanismen der Legendenbildung, und darum kommen in unseren Erinnerungen an die Sechzigerjahre im Zusammenhang mit den Beatles nur krachend volle Säle und Stadien vor, in denen kreischende Teenager die Verstärkeranlagen überbrüllen.

Bei der Legende LASK ist es einfacher. Der 3. Juli 1965 war für die Kicker im schwarz-weißen Dress ein Tag ohne Brüche, einer ohne Wenn und Aber. Der Tag der Erringung des Meistertitels. Die Geschichte ist bekannt, der LASK, vor der letzten Runde zwei Punkte hinter Rapid, gewann auswärts gegen Vienna mit 2:0, während Rapid in Graz gegen den GAK mit 0:1 verlor.

Die Legende Chico dürfte bei diesem Match nicht in Form gewesen sein. In den zeitgenössischen Reportagen vom Entscheidungsspiel wird zwar der gesamten LASK-Mannschaft konzediert, dass sie in wahrer Meister-Form gespielt, dass sie mit Konzentration und Energie das Spiel beherrscht habe, dass sie vor allem im Mittelfeld überlegen gewesen sei. Sabetzer, Liposinovic und Viehböck werden als herausragend im Angriff herausgestrichen, weiters Blutsch und Sturmberger im Mittelfeld. Chico kommt jedoch nicht vor in den Spielberichten.

> **Bald nach dem Meisterschaftsjahr begann der Abstieg des Carlos Lima.**

Bald nach dem Meisterschaftsjahr begann der Abstieg des Carlos Lima. Einige Jahre spielte er noch beim LASK, ohne mit besonderen Leistungen hervorzustechen. Die nächste Station des begnadeten Fußballers war der SV Traun, wo er zuerst im Angriff kickte und dann kurz als Trainer tätig war. 1972 war die Fußball-Karriere des Brasilianers zu Ende. In unglaublich kurzer Zeit rutschte der damals 37jährige in eine Existenz als Sozialfall. Der erste Tiefpunkt: Weil er die Alimente für eine uneheliche Tochter, die er mit einer Oberösterreicherin hatte, nicht bezahlen konnte, saß er für kurze Zeit in Haft.

Das viele Geld, das er beim LASK verdient hatte, war ihm zwischen den Fingern zerronnen. Er habe das

Jubel über den Meistertitel des LASK 1965: Chico mit Fans

meiste nach Hause, nach Brasilien geschickt, sagte er, wenn man ihn danach fragte, und seine Familie habe mit seinen Gagen eine ganze Reihe von Häusern gekauft. Bitterer Kommentar vom einstigen LASK-Sektionsleiter Franz Enzenebner: „Der besitzt dort nicht einmal ein Zelt ..."

Seine früheren LASK-Kollegen und auch Linzer Sportjournalisten versuchten ihm manchmal zu helfen. Doch mehr als einmal erlebten sie, dass es Chico mit dem Geld, das sie ihm für eine Fahrt zur brasilianischen Botschaft in Wien gegeben hatten, nicht weiter schaffte als bis zur Bierstube am Linzer Hauptbahnhof. Eine Weile hielt er sich mit Gelegenheitsjobs über Wasser, unter anderem im Linzer Schlachthof.

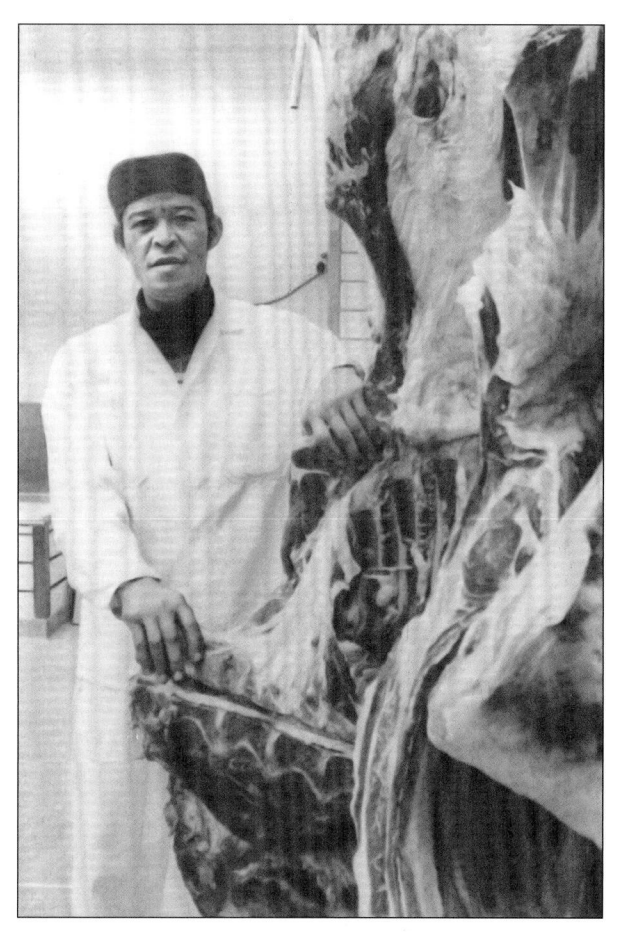

(Foto: Durchan)
Rare Hoffnung auf ein stabileres Leben: Fußball-Legende Carlos Lima, genannt Chico, als Hilfsarbeiter im Linzer Schlachthof.

In diese Zeit fiel meine Begegnung mit der Fußball-Legende. Carlos Lima, bekannt als Chico, war in die Sportredaktion der Zeitung gekommen, bei der ich damals arbeitete, um sich zu beschweren. Tags davor war ein Beitrag über ihn erschienen im Sportressort, eine eigentlich positive Geschichte: Der Abstieg des einstigen Superkickers sei gestoppt, denn Chico habe nun offensichtlich eine feste Anstellung im Schlachthof. Neben dem Artikel stand ein Bild, das zu jener Zeit regelmäßig durch die Zeitungen ging: Chico im Schlachthof, an einer Rinderhälfte lehnend, mit einer Schürze.

Wegen dieses Fotos werde er jetzt überall angesprochen, beschwerte er sich beim Sportredakteur. Nachdem er sich beruhigt hatte, redeten die beiden über vergangene Zeiten. Irgendwann flüsterte Chico dem Sportjournalisten etwas zu, sie unterhielten sich kurz so leise, dass ich nur Fetzen der Unterhaltung mitbekam. Es schien, als sei Chico mit der ungefragten Veröffentlichung des Schlachthof-Fotos nicht einverstanden und drohe mit rechtlichen Schritten. Ich verstand den Satz: „500 Schilling, und wir vergessen es ..." Dann flüsterten sie kurz weiter, der Journalist nahm ein paar Geldscheine aus der Tasche und steckte sie der Fußball-Legende zu. Dann schlich Carlos Lima hinaus. Wir zwei Journalisten saßen eine Weile und schwiegen uns an. Was soll man auch sagen, wenn einer, den man bewundert, als Bittsteller zu einem gekommen ist.

Erst 20 Jahre später, als ich den einstigen Kollegen aus dem Sportressort traf und wir zufällig auf Chico zu sprechen kamen, erfuhr ich, was sie damals geflüstert hatten. Es war todtraurig. Chico war damals als Bettler in die Redaktion gekommen. Er hatte sein Bild in der Zeitung gesehen, war zum Journalisten marschiert und hatte mit nicht sehr glaubwürdiger Forschheit ein Honorar für die Ablichtung seiner Person verlangt. Der Redakteur hatte ihm erklärt, dass Honorare für Bilder nur dem Fotografen zustünden. Chico hatte ihn dann beiseite genommen und ihm etwas zugeflüstert. Ob der Journalist nicht ein paar Hunderter übrig habe – schließlich kenne man sich ja noch aus besseren Zeiten. Der Sportreporter hatte damals nicht lange überlegt und Chico Geld zugesteckt. Nicht die verlangten 500, sondern 300 Schilling.

Kurz danach erlitt Chico einen Arbeitsunfall und musste den Job im Schlachthof beenden. Ein paar Jahre lang schlug er sich durch als Hilfsarbeiter in verschiedenen Großmärkten. Am Ende konnte er sich nicht einmal eine bescheidene Wohnung leisten, er lebte in einem Quartier der Heilsarmee. Das, was wohlmeinende Chronisten als Chicos „Lebenslust" bezeichneten, ruinierte ihn schließlich endgültig: Im Jahr 1988 wurde er als hoffnungsloser Pflegefall in den Linzer Sonnenhof eingeliefert.

Die alten LASK-Kollegen kümmerten sich weiter um den Mann aus Pernambuco. Dolfi Blutsch und Otto Jungbauer etwa organisierten ein Benefiz-Match für Chico. Der Erlös kam auf ein Sperrkonto, mit dem Geld wurden die laufenden Kosten für die Betreuung bestritten, und Chico selbst bekam ein kleines Taschengeld.

Am Montag, den 18. Juli 1994, spät in der Nacht, starb Chico im 59. Lebensjahr in seinem Pflegebett. Eine Woche später wurde er auf dem Linzer Barbara-Friedhof begraben. Eine der schillerndsten Figuren des heimischen Fußballsports sei völlig verarmt verstorben, hieß es in der kurzen Nachrufen der lokalen Zeitungen. Überregionale Medien nahmen den Tod des Meister-Fußballers gar nicht mehr wahr.

„NARR AUF LEBENSZEIT"
Hubert Potyka über die Präsidenten-Legenden Rudolf Trauner und Otto Jungbauer

> Ein deutsches Massenblatt hat einmal von Psychologen untersuchen lassen, was Menschen dazu treibt, Präsident eines großen Fußballklubs zu werden. Die Studie hat viel Geld gekostet, aber nichts Neues gebracht. Herausgekommen ist das, was man ohnehin wusste: Fast alle machen es aus oft grenzenloser Liebe zum Verein, aus Eitelkeit, aus Appetit auf Macht und Popularität, verbunden mit der Hoffnung auf einen beruflichen und persönlichen Aufstieg. Am Ende haben es aber die meisten bereut, dass sie sich auf so ein Abenteuer eingelassen haben. Ja, manchmal sticht eben selbst den Klügsten der Hafer, obwohl er es schon vorher besser wissen müsste ...

Das Paradebeispiel für ewige Vereinstreue hat mit Kommerzialrat Rudolf Trauner ein ehemaliger Klubchef des LASK geliefert. Mehr als 20 Jahre stand der erfolgreiche Verleger an der Spitze der Athletiker, immer wieder tadelte er sich selbst als „Narr auf Lebenszeit". Mit Umsicht und Sparsamkeit hat er den Traditionsklub durch die stürmischesten Gewässer gesteuert. Auch wenn er oft durch die Hölle gegangen ist, darf man die positiven Aspekte nicht übersehen. Immerhin hat der LASK, der Fußball, sein Unternehmen und ihn selbst in Österreich immer bekannter und populärer gemacht. Wer weiß, ob Trauner ohne seine Fußball-Leidenschaft zum Kammerpräsidenten und Wirtschafts-Landesrat emporgestiegen wäre. „Als Fußballboss stehst du noch mehr Blickfeld als in der Politik, machst zehn Mal mehr Interviews als in der Politik", war oft von Trauner zu hören.

Eine teure Morgengabe

Als Otto Jungbauer nach dem Gewinn des österreichischen Meistertitels und Cupsiegs abtrat, stand der LASK über Nacht vor dem Nichts und vor der Auflösung. „Weil von Landeshauptmann Erwin Wenzl und Landesrat Gerhard Possart Unterstützung signalisiert wurde, ließen sich im Mai 1968 Trauner, Schartner Bombe-Chef Hubert Fein, Schuhfabrikant Ferdinand Richter und der Industrielle Ludwig Lindpointner breitschlagen, die Führung des LASK zu übernehmen. Der Anfang für dieses Team war brutal: Vier Millionen Schilling Schulden, die seit Monaten auf ihr Geld wartenden Spieler kurz vor einem Streik,

LASK-Präsident Rudolf Trauner (links) und sein Vize, Schartner-Bomben-Erzeuger Hubert Fein (rechts), in der Mitte Gustl Starek

keine Aussicht auf Sponsoren. „Da hat jeder von uns Vier bei der nächsten Sitzung einen 350.000-Schilling-Scheck als Morgengabe mitgebracht", erzählte Trauner einmal. Sparsame Jahre folgten, bis 1972 erstmals kräftig investiert und mit Otto Baric ein damals noch schweigsamer, aber schon recht erfolgreicher Trainer verpflichtet wurde.

Mit dem Bau der LASK-Anlage in der Neuen Heimat setzte sich Trauner ein Denkmal, das allerdings im Zug der Riegerschen Aufräumarbeiten zerstört und in die Fußballverbands-Anlage umgebaut wurde. Je länger er Präsident war, desto mehr fühlte sich Trauner im Stich gelassen, von der Politik, von der Wirtschaft und von den Fans. Nach seinem Rückzug folgte mit dem aus dem Nichts hervorgeholten Bad Haller Johann Molnar ein Präsident mit hochtrabenden Plänen, aber ohne Geld und ohne ernsthafte Verbindungen.

„Dann machts der Jungbauer!"

Der LASK war ein Jahr später ein Scherbenhaufen und wirtschaftlich am Ende. Also feierte Trauner 1990 ein Comeback, das er aber schon ein paar Monate später bitter bereuen sollte. Am 13. Mai 1991 wollte Trauner bei einer außerordentlichen Generalversammlung die Fusion mit dem FC Linz und ehemaligem SK VOEST durchbringen, doch sein Antrag wurde abgeschmettert. Worauf Trauner endgültig die Nase voll hatte und in den Saal rief: „Ich mach keinen Tag länger weiter! Wer macht's statt mir?" Allgemeines Schweigen. „Gut, dann macht's also der Jungbauer!"

Der Linzer Juwelier schluckte zweimal, „gehorchte" und war plötzlich zum zweiten Mal nach seiner erfolgreichen Ära in den Sechzigerjahren LASK-Präsident. Ungewollt, aber voller Tatendrang. Er holte mit Helmut Senekowitsch den ehemaligen VOEST-Meistermacher und Teamchef, verpflichtete Stars wie Andi Ogris, Christian Keglevits oder Manfred Linzmaier, verloste bei einem Spiel gegen Kufstein 200 Swatch-Uhren unter den Zuschauern und schickte seine Mann-

Zweimal LASK-Präsident, darunter als Meister-Macher 1965: Otto Jungbauer

schaft in ein Trainingslager an die Cote d'Azur. Gleichzeitig wurde aber auch der Sparstift angesetzt, Gagen wurden gekürzt, die Klomuscheln auf dem LASK-Platz reduziert, Lampen abgeschraubt.

Mit dem Aufstieg in die höchste Spielklasse wuchs auch der Ärger für den fußballbegeisterten Juwelier. Anzeigen bei der Finanz, böse Vernaderungen der Neidgenossenschaft, ein von anderen inszenierter, nicht unbedingt notwendiger Konkurs trieben Jungbauer im Jänner 1995 zur endgültigen Aufgabe. „Alles ein abgekartetes Spiel", hatte der Linzer das Komplott gegen ihn bald durchschaut.

Das Jahr 1965 bleibt unvergessen

Genau so wie Österreichs Fußballfreunde immer wieder liebend gerne an Cordoba 1978 denken, schwärmen ältere LASK-Fans von 1965, als Otto Jungbauer dem LASK mit dem Gewinn des Doubles zu einem einzigartigen Sommermärchen verholfen hat. Er hatte schon damals das richtige G'spür fürs beinharte Fußballgeschäft. Weil Jungbauer merkte, was seinen technisch blendenden Spielern fehlte, feuerte er Karl Schlechta in der Winterpause und holte mit Frantisek Bufka einen Peitschenknaller aus Ostrau. Für den gab es vor der Rückrunde beim unbarmherzigen Training in der Schneehölle von Obertraun nur eine Devise: „Gut laufen, dann gewinnen!" Als Lohn für die Schinderei folgte im Frühjahr der Sprung vom 7. auf den 1. Platz.

Anders als es die heutigen Präsidenten machen, hat sich Jungbauer nie auf Einflüsterungen von Managern verlassen. „Bevor ich einen Fußballer gekauft habe, wurde er von mir ein paar Mal beobachtet. Ich hab mich immer selbst davon überzeugt, ob der Mann menschlich und sportlich sein Geld wert ist."

Komisch, trotz aller Tiefschläge war für Jungbauer das Präsidentenamt fast immer mit Lust verbunden: „Lust, weil ich es mir leisten konnte, alles selber zu finanzieren. Sonst ist es wohl die größte Last, weil du als Präsident für jede Kleinigkeit haftbar bist."

Nach Otto Jungbauers Abschied kam der LASK nie zur Ruhe. Wolfgang Rieger ist ein eigenes Kapitel. Wer weiß, wäre er erst ein paar Monate später der Justiz in Frankreich in die Falle gegangen – der LASK wäre 1998 nach der so genannten „Fusion" mit dem FC Linz wahrscheinlich ein zweites Mal Meister von Österreich geworden. Er hatte damals lauter Klassespieler, die im Zuge des Konkurses der Rieger Bank und der schmerzhaften Sanierungsversuche verkauft, nein verschenkt worden sind.

DER LASK, DER LEO & (S)EIN FAN

von Reinhold Aumaier

Zeit: Frühjahr 1965. Ort: Oberes Mühlviertel. Genauer gesagt, im alten Fiat meines Vaters auf der Strecke Lembach-Obermühl. Fahrgäste: Drei Buben auf dem Heimtransport von der Hauptschule Lembach.

Die Stimmung war ausgelassen. Die G'scherten vom Land trauten sich was und röhrten aus vollen Hälsen nicht nur: „Was is' Rapid? A Seitl und zehn Flasch'n!", sondern auch – noch frecher für das fußballerische Gefälle Wien-Bundesländer anno dazumal: „Es ist so klar wie Kleister, der LASK wird heuer Meister!"

Das war der einander zugesungene Mut in der Mühltalleit'n. Denn dass es mit der Meisterschaft des ersten Vereines aus den Bundesländern tatsächlich etwas werden sollte, wenn auch nur denkbar knapp, bedurfte des ganzen Mut-Willens des Völkchens ob der Enns. Für den 12jährigen, der zu eben dieser Zeit auch die ersten heiß ersehnten Single-Platten in die Hände bekam und ein TV-Gerät ins Wohnzimmer, taten sich gleich mehrere Welten auf. Sport und Musik – was für ein schöner einfacher Radiosendungs-Titel – hielten Einzug ins fast noch kindliche Gemüt. Die sinnvolle Bündelung der Leidenschaften des für derlei entflammten Jugendlichen hatte begonnen.

1967 – der große Abschied von zuhause. Weg aus dem eng-vertrauten Donautal in die große fremde Stadt: nach Linz. Über Nacht warst du nicht mehr Mamas Liebling, sondern einer von vielen im Lehrlings- und Schülerheim am Froschberg ... auf der Gugl. Genau diese Nähe zum mit imposanten neuen Flutlichtmasten ausgestatteten Linzer Stadion, und also zum LASK, war das große Glück im kleinen Unglück des entwurzelten, der heimatlichen Umgebung beraubten Teenagers.

Beeindruckten den Mühlviertler Buben in Linz schwer: die Flutlichtmasten im Linzer Stadion

Die Schulbesuche in der Honauerstraße: so ... Das Heimleben: lala ... Zu diesem gerade so bewältigten und eher nur dahingestammelten Alltagsleben gab's die Rettung durch Sport & Musik. Eckpfeiler und Pflichttermine: die tägliche Musicbox auf Ö3 und die Spiele des LASK, 150 Meter von der Heim-Haustür entfernt. Das sehnsüchtige Warten auf das Erklingen der neuesten Beatles- und Stones-Platten sowie das geschlossene Pilgern zu den damals – zumindest in der Erinnerung – meist sehenswerten Partien des LASK ergaben, zusammen genommen, eine wirkungsvolle Medizin gegen das Alltagsgrau in Schule und Heim.

Die fußballerischen Leckerbissen und Höhepunkte waren jenes legendäre 4:0 gegen Rapid – 2x Köglberger, 2x Mütter – ein dramatisches 4:2 gegen Wacker Innsbruck; die 1:2-Niederlage gegen die Merkel'sche Meistermannschaft des 1.FC Nürnberg; und zu zwiespältig-schmerzhafter Letzt ein 1:1 im Freundschaftsspiel gegen die ... ja, die Sowjetunion. Warum zwiespältig-schmerzhaft, ein 1:1 gegen eine fußballerische Weltmacht? Einfach darum, weil unsere LASKler bis kurz vor Spielende 1:0 geführt hatten und die Sensation nur noch ein paar Zentimeter über dem Rasen in der Luft lag. Es wäre nur mehr eine Sache von 2 oder 3 Minuten gewesen, und wir begeisterten Fans wären mit dem Ich-bin-dabeigewesen!-Triumph unseres Lebens nachhause gegangen. So aber schlichen wir nach 90 Minuten mit dem schwachen Trost: Was wü'st, a Unentschieden gegen die Russ'n!, kopfschüttelnd heim.

Was war passiert? Nicht viel, nichts Besonderes. Nur ein kleiner Fehler. Ein Missverständnis. Ob gewollt oder ungewollt – wir rätseln heute noch. Unser vergötterter Willi Harreither im Tor war nicht fähig gewesen, einen verunglückten Rückpass des hochgeschätzten Gerhard Sturmberger zu erreichen – ein Russe spritzt dazwischen: Ausgleichstor, Endstand und hängende Köpf'. In dieser Szene war der ansonsten so gute Gerhard seinem liebevoll gemeinten Kosenamen „Stumperl" im negativen Sinn gerecht geworden – ein stumperlhafter Fehler, eine den Gegner verspotten wollende Aktion war buchstäblich nach hinten losgegangen. Dass dabei kein „Falscher" am Werk war, ist eine andere Geschichte: Sturmberger, der Hochbegabte und Frühverstorbene, war eine Spielernatur in all ihren Facetten.

Winter 2005. Vor mir liegt ein schon ziemlich vergilbtes 32-Seiten-Magazin mit dem Titel: LASK Information Herbst 1969. Unter der Überschrift „Mit Optimismus in die neue Spielsaison" ist der 18-Mann-Kader mittels Porträtfotos zur Schau gestellt. Links oben der Karl „Kiesi" Kiesenebner, zwischen den Leitners, Pichlers und Bauers der für damalige Verhältnisse schwer exotische Carlos Lima ... „da Chico" ... sowie die altösterreichisch-behmischen Landsleut' Michal Medvid und Dr. Titus Bubernik. Als Vorletzter, am Fotografen rechts vorbeischauend, der kraft seines sporadisch genialischen Auftretens auch irgendwie exotische Alf „Knieküsser" Wurdinger. Neben ihm, als letzter im Bunde, der frischg'fangte, in diesem Kreise völlig namenlose Leo Pumberger. In der Kurzbiografie heißt es über ihn: „Pumberger Leo, 14. 12. 1946, Sattler. Kam vor einem Jahr von dem Mühlviertler Klub Lembach zum LASK und zählt heute auf Grund seines Ehrgeizes und seiner guten Leistungen zum engeren Kader."

Hat für einen kaum 23jährigen gar nicht so schlecht geklungen, damals, im Herbst 1969. Heute, im Rückblick, hört sich die ganze G'schicht „unseres Leo beim LASK" in seiner Erinnerung so an: Über einen Arbeitskollegen, der einen Ordner kannte, kam er zum LASK. Vorher hatte der – wie auch ein gewisser Rudolf Kirchschläger – aus Grafenau bei Obermühl stammende begabte Kicker beim erwähnten 3. Klasse-Verein Lembach gespielt. Und wie! Ich erinnere mich noch gut und gerne an ein völlig reguläres 25:0 gegen St. Ägidi. Dieses Ergebnis kam deshalb zustande, weil die tapferen Innviertler ganz am Anfang standen und in ihrem ersten Spiel quasi noch nicht wussten, wo hinten und vorne war. Trotzdem: 9 Tore, und die hatte Scharfschütze Leo meist mit seinen

203

gefürchteten Flachschüssen aus der Halbdistanz erzielt, muss man erst einmal in einem einzigen Spiel zu Stande bringen. Erzählstoff jedenfalls für Kind und Kindeskind, diese Einmaligkeit aus der Provinz.

Da ein Held, der eindeutig zu Höherem begabt war und berufen schien – dort, in der damals großen Fußballwelt beim LASK, einer von mehreren auf dem Sprung. Für ihn, erzählt Leo im Rückblick, habe sich dort eine Wahnsinnswelt aufgetan. Er sei sehr mit dem Zuschauen beschäftigt gewesen … bei all dem, was die arrivierten Stars so mit dem Ball machten, besonders in der ihm bis dato überhaupt nicht geläufigen Schnelligkeit. „Da glaubst, du hast an Herrgott vor dir", dachte er beim ersten Kontakt mit Helmut Köglberger. Der Sprung von Lembach zu den Athletikern sei so gigantisch gewesen und das Tempo so hoch, dass er zu Beginn kaum einen Ball erwischt habe.

Heute ist ihm klar, dass er ein, zwei Entwicklungsstufen nötig gehabt hätte – etwa in der Landes- und der Regionalliga. So aber, mit der unausgereiften Begabung zu Höherem, blieb er zwei Jahre lang im Schatten der namhaften Vorbilder und Stammspieler Viehböck, Leitner, Wurdinger und Medvid. In seiner Erinnerung gut verankert sind ein Trainingslager in Obertraun sowie eine Intertoto-Tournee in den höheren Norden. Dabei verbrachte er eine schöne Zeit mit den anderen Nesthäkchen Willi Bauer, Manfred Samhaber und Karl Kiesenebner, dem Vater des heutigen Austrianers. Kam er über die Reservebank hinaus, dann war er für ein Tor gut – wie zum Beispiel auf der Skandinavienreise gegen Aalborg oder beim GAK; dort allerdings war es von einem übereifrigen Outwachler aberkannt worden.

Ebenso gut erinnert er sich an ein gleichermaßen unangenehmes wie lehrreiches Duell mit Teamverteidiger Erich Fak auf der Pfarrwiese in Hütteldorf. Da stand er bei der 0:1-Niederlage auf verlorenem Posten, sah kaum einen Ball. Torschütze: Bjerregaard

Dafür hatte ich um eben diese Zeit – soeben nach Wien gekommen und immer noch LASK-Fan – im Herbst 1970 einen 1:0-Sieg der Schwarzweißen gesehen. Das Siegestor fiel durch einen Riesenfernschuss Michal Medvids. An dieses Spiel erinnert sich Leo genau so wenig wie an ein vernebeltes Cupmatch gegen Schwechat auf der Gugl. Es gab eine Verlängerung, er wurde eingewechselt. Ob das entscheidende Tor in der Verlängerung fiel oder es ein Elferschießen gab, könnte ich wiederum nicht mehr beschwören. Jedenfalls liefen wir nachher auf den Platz, und ich war stolz, „unserem Leo" auf die Schulter klopfen zu können.

Seine Trainer in diesen zwei Jahren in der größeren Fußballwelt waren Dipl.-Ing. Vojtech Skyva und Willi Kmentt.

Viehböck, Bauer, Pumberger und Kiesenebner auf Fähre nach Kopenhagen

Erfahrungs- und erinnerungssatt, wenn auch ohne mittlere oder gar größere Karriere im Rucksack, wechselte Leo Pumberger 1971 zum SV Traun. Dort verbrachte er sechs erfolgreiche Jahre. Die Krönung: Der Meisterteller in der 2. Landesliga unter Heribert Trubrig, dem guten alten Bekannten aus dem schwarzweißen Meisterteam von 1965. Zu guter, ausklingender Letzt hat der heute als LKW-Fahrer sein Brot verdienende Bua vom Donautal noch ein paar Jahre bei Altenfelden angehängt. Heute mischen sich Wehmut und ein gewisser Stolz in seiner Rückschau auf die Jahre beim LASK.

Aus meiner Zeit als LASK-Fan bleiben neben der Erinnerung an das 1:0 bei Rapid noch jene bittere 1:2-Niederlage gegen die Austria auf dem Sport-Club-Platz – Siegestor: ausgerechnet Köglberger – sowie ein furioses 5:0 gegen den Sport-Club auf eben diesem Platz.

Der kostbarste Moment im Zusammenhang mit dem LASK ist allerdings ein ganz persönlicher. In der Reserve von Union Lembach am Werk, gelang es mir, direkt vor den Augen des hoch geschätzten, zufällig in Lembach weilenden Gerhard Sturmberger, einen Einwurf mit dem Außenrist über meinen Kopf hinweg volley weiterzuleiten.

Der gewisse Kick zur rechten Zeit am rechten Ort: Mehr war nicht drin.

Doch der Ball, wenn auch längst nicht mehr aus Leder, bleibt im Rückblick und selbst beim bloßen Zuschauen verführerisch rund.

Leo Pumberger im LASK-Dress

DAS LOS DES HEIMATLOSEN.
ODER: DER LASK UND SEINE PLÄTZE

von Andreas Praher

Vom Kick auf dem Exerzierfeld – Von der Ertüchtigung der Körper zum Meistertitel

Dort, wo einst vor einer Kulisse von bis 15.000 Zuschauern Fußball gespielt wurde, erinnert heute nichts mehr an die gefeierten Erfolge des LASK. Das Oval an der Paul-Hahn-Straße, wo vor 40 Jahren die HTL ihr Quartier bezog, wurde 1921 vom Linzer Athletik Sportklub gepachtet. Damaliger Grundeigentümer war die Heeresverwaltung, die einen Teil des Geländes auch weiterhin für militärische Übungen nutzte. Um das Fußballfeld führte die Trabrennbahn des Linzer Zucht- und Trabrennverbandes. Außerhalb der Spielzeiten wurde der Rasen auch zu Trainingszwecken für Hockey und Schlagball verwendet. In den Kurven befanden sich Leichtathletikanlagen. Die 800 Meter lange Rennbahn erwies der neu gegründeten Rad- und Motorfahrersektion des LASK ihre Dienste.

Insofern kann die damals um eine Million Kronen errichtete Sportstätte in der Paul-Hahn-Straße durchaus als multifunktionale Sportanlage bezeichnet werden. Aus heutiger Sicht nicht zeitgemäß, entsprach sie damals nicht nur den Anforderungen des modernen Leistungssports, sondern auch dem vorherrschenden Zeitgeist der körperlichen Ertüchtigung im Sinne einer Stärkung des „deutschen Volkscharakters". So schreibt ein Redakteur in der Sonntagsausgabe der Tagespost vom 24. September 1921 anlässlich der Eröffnung des neuen Sportplatzes an der Paul-Hahn-Straße folgende Zeilen in seinen Kommentar: „Während das Turnen schon seit Jahrzehnten volkstümlich ist, wird jetzt der Sport gleichfalls zum Gemeingut

Foto Archiv der Stadt Linz
Der „neue" LASK-Platz an der Paul-Hahn-Straße, eröffnet 1924

Foto Archiv der Stadt Linz
Die dortige Trabrennbahn war auch Schauplatz für die neu aufkommenden Radrennen

des ganzen deutschen Volkes. Das deutsche Volk erkennt immer mehr, dass nur eine planmäßige Erstarkung von Körper und Geist ihm wieder nachhelfen kann." Diese einsetzende Ideologisierung des Sports und damit auch des Fußballs sollte später noch ganz andere Ausmaße annehmen. Doch zurück zur ersten Sportanlage auf dem kleinen Exerzierfeld.

Der LASK hatte immer schon treue Anhänger, die sich selbst vom ärgsten Sauwetter nicht abhalten ließen

Fußball, wo einst Soldaten marschierten

Die Pläne für eine Sportanlage auf dem dortigen Gelände existierten bereits vor dem Ersten Weltkrieg. „Die Bemühungen, in Linz nach dem Vorbilde zahlreicher deutscher Städte eine Sportanlage zu schaffen, reichen schon einige Jahre zurück. Leider wurde es in der ‚guten, alten Zeit' vor dem Kriege versäumt, die Spiel- und Sportplatzfrage befriedigend zu lösen. Ein knapp nach dem Kriege von Stadtbaudirektor Curt Kühne entworfenes großzügiges Projekt, das das ganze kleine Exerzierfeld in ein Stadion umgewandelt hätte, musste in Folge der Kostenfrage und anderer Schwierigkeiten fallen gelassen werden."[1] So mussten sich die Schwarz-Weißen bis dahin mit der Wiese hinter dem Isabellen-Kinderspital begnügen. Der an der Grünauerstraße gelegene Platz gehörte dem Linzer Großindustriellen Heinrich Franck, Seniorchef der Franck-Kaffeefabrik. Wegen der Unebenheit des Bodens pflegten die Kicker ein halbhohes Spiel. Dank der finanziellen Unterstützung des Linzer Kaufmanns Karl Helletzgruber entstand bald ein eigenes Klubhaus, das aber bereits in den ersten Kriegstagen einem Pferdestall weichen musste. Der ehemalige Mittelstürmer Franz Schenkenfelder erinnert sich: „Mit Ausnahme der strengen Winter gab es kaum einen Tag, an dem wir nicht auf dem alten Sportplatz gegenüber dem Allgemeinen Krankenhaus tätig waren. [...] Oft gab es finanzielle Krisen, denn die Einnahmen bei Wettspielen waren schwach, die Mitgliederzahl gering und die wirklichen, wenigen Gönner wurden zu viel in Anspruch genommen. Der Zins wurde selten bezahlt."[2] Dies sollte sich 1921 ändern.

Unter der Führung des Obmannes Richard Straub und des damaligen Prokuristen Rudolf Mayer gelang es, mit der Heeresverwaltung als Platzeigentümer und dem Linzer Trabrenn-Verein ein Übereinkommen zur gemeinsamen Benützung zu treffen. Ein mit dem Bundesministerium für Heerwesen auf fünf Jahre abgeschlossener Pachtvertrag sicherte dem LASK die Rechte auf die Benützung des Platzes. Wegen eines Ausbaus des Straßennetzes in diesem Gebiet war der Linzer Gemeinderat aber vorerst gegen eine Sportanlage an diesem Standort, stimmte jedoch unter der Fürsprache von Stadtrat Bauer der Errichtung zu.

Der LASK baute vorwiegend durch Eigenleistung der aktiven Mitglieder die Umzäunung, errichtete an Stelle der alten Rundbaracke eine Großbara-

---

1 Tagespost, 24. September 1921, S. 7.
2 Das Buch vom LASK. S. 18-19.

cke für Umkleidezwecke, und der Trabrennverein stellte seine beiden Tribünen samt Nebengebäude zur Verfügung. Der damals als Sportoffizier beim Militär tätige Hauptmann Eduard Schröder unterstützte das Projekt.[3] In einem zweitägigen Sportfest wurde der neu adaptierte Platz am 24. und 25. September 1921 schließlich eröffnet.

Im Zweiten Weltkrieg wurde das Areal durch Bombentreffer stark in Mitleidenschaft gezogen und war bis auf weiteres unbespielbar. Der LASK musste für zwei Jahre auf den Westbahn-Platz in der Unionstraße ausweichen, bevor er 1947 an seine alte Wirkungsstätte zurückkehren konnte. Herr Sturm, dessen Vater LASK-Spieler war,

Schnappschuss von einem Match beim auf dem ersten LASK-Platz beim damaligen Isabellen-Kinderspital gegen den Wiener Sport-Club (1916)

berichtet über seine Kindheitserlebnisse Ende der 1940er Jahre: „Einer der Ordner hat immer weg g'schaut, oder man hat sich halt hinter dem Rücken eines anderen Besuchers reingeschwindelt, das ging schon irgendwie. Es war ja alles nicht so streng damals."[4]

Verglichen mit dem heutigen Gugl-Oval, wo die Anhänger wegen der Zäune und der Laufbahn ihre Idole nur aus einem gewissen „Respektabstand" bewundern können, wirkt die Nähe zu den Spielern auf dem damaligen LASK-Platz an der Paul-Hahn-Straße aus heutiger Sicht direkt befremdend.

Der enge und persönliche Kontakt der Fans zu den Spielern und umgekehrt war nichts Ungewöhnliches. So sahen sich die Fußballer immer wieder auch mit untergriffigen Wortmeldungen und Zurufen von der Outlinie konfrontiert. Bei emotionsgeladenen Duellen, wie jenen gegen Vorwärts Steyr, konnte es auch zu Übergriffen und kleineren Auseinandersetzungen kommen. Zum Schutze der Spieler und Schiedsrichter wurde deshalb eine Unterführung errichtet, von den Zuschauern liebevoll „Schützengraben" genannt, durch die sie auf das Spielfeld gelangten. Dass die Verehrung der Spieler die Grenzen der Privatsphäre überschritt, war keine Seltenheit, wenn auch nicht ganz uneigennützig und mit gewissen Hintergedanken verbunden: „Schon in der Mittagspause belagerten wir das Haustor eines solchen ‚Stars' und stritten bei seinem Erscheinen, wer ihm heute das Kofferl tragen durfte. Wie Trauben hingen wir unterwegs zum Sportplatz an ihm, allerdings auch in der Hoffnung, dadurch freien Eintritt zu bekommen und die vom Vater erhaltenen Groschen zum Ankauf von Schleckereien verwenden zu können. Wie stolz war dann derjenige, dem das Glück hold war, wenn der Angebetete zum Ordner sagte: ‚Der Bub gehört zu mir!' – Man fühlte sich gegenüber den anderen Jungen, die draußen bleiben mussten, wahrlich als Auserkorener", erzählt Herr Sturm.[5]

Sportlich gesehen erlebte der LASK in den 50er Jahren eine Berg- und Talfahrt. Dem Abstieg in die Staatsliga B 1955 folgten der Wiederaufstieg 1958 und der Meistertitel und Cupsieg 1965. Der LASK-Platz allerdings hatte als Austragungsort für Meisterschaftsspiele ausgedient und wurde nur noch für Trainings- und Freundschaftsspiele genutzt, während die sportlichen Höhepunkte bereits im neuen Stadion auf der Gugl stattfan-

---

3 Vgl.: 60 Jahre LASK. S. 27.
4 Mittermayr, Bernhard: LASK-Platz. In: Tröscher, Andreas (Hg.): Das große Buch der Österreichischen Fußballstadien. S. 98.
5 Mittermayr, Bernhard: LASK-Platz. S. 98.

den. Eines der letzten Highlights erlebten die Besucher des LASK-Platzes beim Spiel der Linzer gegen die englische Profimannschaft West Bromwich Albion am 24. Mai 1961 anlässlich der Einweihung der neuen Flutlichtanlage. Initiator des Gastspiels war der damalige Vizepräsident und spätere Präsident des LASK, Otto Jungbauer. Die Partie endete mit einem 3:2-Sieg der Engländer.[6] 1965 folgte dann noch das Cup-Finale-Rückspiel mit einem 1:1-Remis gegen Wiener Neustadt vor 7400 Zuschauern.[7]

Foto: LASK
LASK-Platz mit neuer Flutlicht-Anlage

Vom Heimatlosen zum stolzen Hausherren und schließlich zum Untermieter

Ein gerichtliches Urteil vom 15. Juli 1966 zwang den Klub schließlich zur „ersatzlosen Räumung" des Areals. Die Anlage sollte einer Höheren Technischen Bundeslehranstalt Platz machen. „Der LASK musste auf eigene Kosten sämtliche Baulichkeiten und Aufschüttungen entfernen. Dies war schon in einem Vertrag aus dem Jahre 1955 mit der Bundesgebäudeverwaltung als Grundeigentümer vereinbart worden."[8] Der LASK wurde obdachlos und für fünf Jahre Untermieter im neu errichteten Linzer Stadion. Die Stadt gestattete den Schwarz-Weißen die Benützung eines Nebenplatzes und einiger Kabinen. Die Sportausrüstung lagerte indessen in einer alten Baracke an der Laskahofstraße.

In unzähligen Verhandlungen mit der Stadt wurde ein neues Quartier gesucht. Dieses wurde erst 1973 mit der Eröffnung der Trainingssportanlage am Flötzerweg im Linzer Stadtteil Neue Heimat gefunden. Um rund 35 Millionen Schilling erwarb der damalige LASK-Präsident Rudolf Trauner ein 32.000 Quadratmeter großes Grundstück. Auf diesem entstand eine moderne Anlage mit drei Fußballplätzen und einem Klubhaus samt Kabinen.[9] Im Zuge der Riegerschen „Aufräumarbeiten" musste diese schöne Trainingsstätte veräußert werden und bietet nun dem Oberösterreichischen Fußballverband ein Zuhause. Der LASK wurde wieder zum Untermieter.

Von der modernen Multifunktionsarena zum ungeliebten Beton-Oval

Es ist eine Hass-Liebe, die die Linzer Fußballfans mit ihrem Stadion verbindet. Einst als multifunktionale Sportarena gefeiert, entspricht das Gugl-Oval heute in keiner Weise mehr den Anforderungen des modernen Spitzenfußballs. Eine politische Einigung über dessen Zukunft scheint

---

6 Vgl.: 60 Jahre LASK. S. 48.
7 Vgl.: 80 Jahre LASK. S. 61.
8 Mittermayr, Bernhard. S. 99.
9 Vgl.: 80 Jahre LASK. S. 14.

in weite Ferne gerückt. Während andernorts im Zuge der Europameisterschaft 2008 neue Spielstätten entstanden, herrscht in Linz Zwietracht. Die eine Seite will einen Ausbau des bestehenden Stadions, die andere einen Neubau.

Bereits ein Jahr nach dem Ende des Zweiten Weltkriegs war die Linzer Stadtverwaltung auf der Suche nach einem geeigneten Stadion-Standort. Dieser wurde schließlich in der Lehmgrube auf dem Linzer Froschberg gefunden. Das Areal mit der daneben liegenden Ziegelei[10] und den ehemaligen Baracken des Reichsarbeitsdienstes war in den letzten Kriegstagen stark bombardiert worden und unbesiedelt. Einer der ersten Förderer des Projekts war der damalige Bürgermeister Ernst Koref. Auf wenig Resonanz hingegen stießen die Pläne für ein Stadion bei der Bevölkerung. Doch trotz der Geldknappheit und kaum vorhandener materieller Ressourcen

Fotos: Archiv der Stadt Linz
Fotos vom Bau des Linzer Stadions

wurde das Projekt innerhalb von nur sechs Jahren realisiert und am 28. Juni 1952 mit einem großen Schul- und Sportfest feierlich eröffnet. Zu den 4500 unüberdachten Sitzplätzen gesellten sich 21.000 Steher. Ein für damalige Verhältnisse würdiges Stadion für eine Stadt in der Größenordnung von Linz, auch wenn der ursprüngliche Plan von Curt Kühne ein noch großzügigeres Sportzentrum vorgesehen hatte.

Laut diesem sollten ein Stadion mit einer überdachten Zuschauertribüne, ein Schwimmstadion mit Wettkampfbecken, Sprungbecken, Zuschauertribüne und Schwimmbecken samt Liegewiese sowie ein Sportgebäude mit Turnhalle und einer Tennisanlage gebaut werden. Im Jahr 1946 wurde mit den ersten Bauarbeiten begonnen und später nach den Plänen des Architekten Otto Lehmann fortgesetzt.[11] Die übrigen Anlagen, bis auf die Sporthalle (1974) und die Tennishalle (1976), wurden nie realisiert, und so blieb das Stadion auf einer

---

10 Noch heute erinnert die Ziegeleistraße, die vom Linzer Hauptbahnhof zum Stadion führt, an die damalige Ziegelfabrik.
11 Vgl.: Sport in Linz. S. 215.

Die ursprüngliche Planung hatte noch die klassische ovale Stadion-Form vorgesehen
http://www.mythos-lask.fotopic.net/

Seite offen und bildet bis heute die markante Form eines U.

Im Jahr 1967 wurde die Flutlichtanlage montiert, und 1971 kam die längst überfällige Überdachung der Sitzplätze hinzu. Als am 1. Juni 1974 der SK VÖEST durch den 2:0-Sieg über die Vienna österreichischer Fußballmeister wurde, stürmten hunderte Fans vorzeitig den Rasen, was beinahe zu einem Spielabbruch geführt hätte. Aus diesen Grunde wurde im darauf folgenden Sommer der Stehplatzbereich abgezäunt. Im Europapokal gegen den spanischen Meister Barcelona pilgerten schließlich 26.000 Zuschauer auf die umzäunte Gugl. Beim 1:0-Sieg des LASK im UEFA-Cup gegen Inter Mailand waren es annähernd so viele. „Nach LASK-Triumph brüllten 20.000 Fans Zugabe, Zugabe", titelte die Kronen Zeitung.[12]

1985 erlebte das Stadion eine Sanierung, bei der weite Teile der Stehplätze überdacht wurden.

Die Komplettierung in der Kurve hinter dem Tor erfolgte erst neun Jahre später. Mit der Bestuhlung des Stehplatzes durch Klappstühle im Winter 1994/95 war es dann auch mit den dicht gedrängten Menschenmassen auf den Rängen vorbei.

Volle Ränge und tolle Stimmung

Auch wenn der LASK noch bis 1966 abwechselnd auf dem alten LASK-Platz in der Paul-Hahn-Straße und im neuen Stadion seine Spiele austrug, so entwickelte sich die Gugl, wie das Oval landläufig genannt wurde, rasch zu einem Publikumsmagneten – nicht nur bei den Derbys zwischen LASK und SK VÖEST, sondern auch bei Länderspielen. So sahen 1968 32.000 Zuseher das erste Ländermatch außerhalb Wiens gegen Rumänien auf Linzer Boden. Den Rekord hält aber immer

Stadion-Eröffnung am 28. Juni 1952
Foto: Archiv der Stadt Linz

12 Kronen Zeitung. 24. Oktober 1985.

noch die Partie LASK gegen Wiener Sportklub am 31. März 1962, in der sich die beiden Vereine vor 33.000 Besuchern mit 3:3 trennten. Nicht gerechnet sind dabei die 40.000 Menschen beim Live-Auftritt des US-Popstars Michael Jackson am 6. September 1988.[13]

Zu den Highlights zählten aber trotzdem die Linzer Derbys. Als sich in den 1970er Jahren der LASK und der SK VÖEST im Oberhaus ein Kopf an Kopf-Rennen lieferten, war die Gugl stets gut besucht. Die Busse Richtung Stadion waren überfüllt, und die Schlangen vor den Stehplatzkassen schienen endlos. Bereits vor dem Stadion wurden Fangesänge angestimmt, und es hagelte zum Teil nicht ganz jugendfreie Hasstiraden auf die Rivalen. Mitunter hatte die Polizei alle Hände voll zu tun. Im Stadion ging es dann nicht nur darum, sportlich klarzustellen, wer die Nummer Eins in Linz ist.

Ein jähes Ende fand dieses immer wiederkehrende Spektakel mit der Fusion und der damit verbundenen Auflösung des FC Linz. Nach dem letzten Linzer Stadt-Derby am 31. Mai 1997 gab es noch einmal ein Aufeinandertreffen der beiden Fangruppen. Im Cup-Spiel traf dabei der FC Blau-Weiß Linz am 27. August 2002 auf den ewigen Rivalen. 10.000 zog es auf die Gugl, und die Blau-Weißen agierten, als wären sie nie weg gewesen. Als dann der Sieger auch noch FC Blau-Weiß Linz hieß, brache alle Dämme.[14] Danach ist es bis vor einem Jahr ruhig geblieben. Vor teilweise weniger als 2000 Zuschauer wirkte die Gugl verwaist. Doch dann kehrte der LASK nach sechsjähriger Abstinenz wieder zurück in die höchste Spielklasse und lockt seither wieder an die 12.000 Besucher ins Stadion. Die glorreichen Zeiten, in denen das Stadion aber 20.000 Menschen und mehr gesehen hat, scheinen zunächst vorbei. So bleibt der ungeliebte Beton-Bau eine Sportstätte, die mehr von der Vergangenheit lebt als von der Gegenwart, geschweige denn von der Zukunft.

---

13 Vgl.: Aglas, Gernot: Linzer Stadion („Gugl"). In: Das große Buch der Österreichischen Fußballstadien. S. 109.
14 Vgl.: Aglas, Gernot: Linzer Stadion („Gugl"). S. 110.

Eine Erinnerung an SVS

Der SV Stickstoff ging aus dem 1920 gegründeten Arbeiterklub ASK Sparta Linz hervor. Nach nur zwei Saisonen in der B-Liga musste der ASK Sparta 1952 in die Landesliga absteigen. Mit dem Engagement der Österreichischen Stickstoffwerke AG erfolgte 1954 die Umbenennung in SV Stickstoff Linz. Unter neuen Namen wurde Stickstoff prompt Zweiter der Landesliga und bekam mit dem Gewinn der Landesliga nur ein Jahr später 1956 die Chance auf die Rückkehr in die B-Liga. In der Relegationsrunde traf der Klub dabei auf den SV Mattersburg, der mit 5:0 und 3:4 besiegt wurde. In der ersten B-Liga-Saison 1956/57 spielte Stickstoff zwar noch gegen den Abstieg, sowohl 1957/58 und 1958/59 wurde der Relegationsplatz zur A-Liga nur noch um einen einzigen Punkt verfehlt. Doch 1959/60 konnten die Linzer die mittlerweile neugeschaffene Regionalliga Mitte deutlich vor dem Kapfenberger SV für sich entscheiden und damit direkt in die A-Liga, die heutige Bundesliga, aufsteigen.

In der höchsten österreichischen Liga trat Stickstoff in den folgenden Jahren mit Routiniers wie Turl Wagner und Leopold Barschandt aus der 54er-Mannschaft an und hatte selbst mit Franz Viehböck und Oskar Kohlhauser zwei aktiven Nationalspieler in den eigenen Reihen. Letzterer spielte seit 1957 beim SVS Linz und wurde jedes Jahr Vereinsschütze. Im ersten Staatsligajahr wurde er sogar Österreichs drittbester Schütze. Bereits sein Vater Ferdl Kohlhauser spielte während der Zwischenkriegszeit in der VAFÖ-Meisterschaft bei Amateure Steyr.

Legendär waren auch die Derbys gegen den Lokalrivalen LASK. Zur Oberhauspremiere des SVS gegen die Athletiker kamen auf Anhieb 18.000 Zuschauer.[1] Das Spiel endete 3:0 für den LASK. Für Furore sorgten die Arbeiterkicker aber insbesondere im ÖFB-Cup. Nach Siegen über den SC Bruck an der Mur und den FC Wien stand der SV Stickstoff 1960/61 im Viertelfinale dem großen Lokalrivalen LASK aus der A-Liga gegenüber, der trotz 2:4-Pausenrückstand noch sensationellerweise mit 6:4 geschlagen werden konnte. „Wir schlugen in einem denkwürdigen Cupspiel den LASK auf der Gugl mit 6:4, obwohl wir 2:4 im Rückstand waren", erinnert sich der Teamstürmer Kohlhauser. Im Halbfinale gegen Rapid schaffte der SVS nach einer raschen 2:0-Führung beinahe die Sensation, erst wenige Minuten vor Spielende konnte Robert Dienst mit seinem Tor den knappen 4:3 Sieg des Rekordmeisters fixieren. Das erreichen des Semifinales blieb der größte nationale Erfolg in der Vereinsgeschichte.[2]

Der SV Stickstoff Linz spielte insgesamt vier Saisonen erstklassig, bis 1963/64 der unglückliche Abstieg folgte. Auch die seit 1962 existierende Spielgemeinschaft mit Vöest konnte das sportliche Ende des Vereins nicht mehr verhindern. Ein Jahr darauf folgte die Auflösung der Ehe und das Aus für den Arbeiterklub SVS.[3] Vöest gab damals die talentiertesten Spieler wie Hans Eigenstiller an den Staatsligaverein und erhielt als Gegenzug bewährte, aber ältere Spieler wie Franz Kaisereder. Auch Jürgen „Joe" Kreuzer wanderte damals in die Staatsliga ab, kehrte aber 1964 wieder zur ehemaligen Vöest-Mannschaft zurück. „Trotzdem", so sagt er, „gab es in diesem Jahr einen meiner größten sportlichen Erfolge: Wir konnten Rapid 3:1 schlagen, und ich gehörte zu den Torschützen."[4] Den Spitznamen „Joe" erhielt er damals aufgrund seines Fliegengewichts, ursprünglich nannten ihn alle „Jockey".

Unter dem neuen Namen SV Chemie erlebte der ehemalige SVS sein Revival. Seit 2003 ist der Klub mit einer Kampfmannschaft in der 2. Klasse vertreten.

1 Vgl.: Winter, Klaus: Blitzlichter in Rot-Weiß-Rot. S. 273.
2 Vgl.: Oberösterreichische Rundschau. 9. August 1990.
3 Vgl.: Fußball in Oberösterreich. S. 94.
4 Oberösterreichische Rundschau. 6. September 1990.

AUS DER FERNE UND NÄHE
Niederösterreichische Bemerkungen zum LASK

von Andreas Weber

1   In Lois kannten wir den LASK.

Dieser Name klang in den 70ern irgendwie interessant, fast nach einer Truppe aus dem Ausland. Im Ort hatten wir damals nur den SVL, das steht noch immer für Sportverein Langenlois (auf den Landkarten heißt es nicht Lois, sondern Langenlois am Kamp, eine der Hauptstädte von Pröllanien, wie Niederösterreich nach seinem ÖVP-Landesvater Josef Pröll von der Opposition genannt wird). In der zehn Kilometer entfernten Bezirkshauptstadt gab es noch den KSC, den Kremser Sportclub, bei dem einmal der argentinische Fußball-Weltmeister Mario Kempes zwei Jahre spielen und seine aktive Karriere beenden sollte. Der SVL spielte in der Zweiten Klasse Nordwest Mitte, aus der keiner absteigen konnte, der KSC plagte sich um den Aufstieg aus der Landes- in die Regionalliga und die Zweite Division (was in den 80ern gelingen sollte). Aber uns in Lois waren SVL und KSC zu klein und eigentlich zu weit weg, um ein Fan zu werden.

Im Nachbardorf Schiltern gab es eine Handvoll Admira-Fans, von der ÖVP ferngesteuerte und finanzierte Sonderlinge, das wusste jeder – denn seit jeher war der Fußball-Klub in der obersten Spielklasse ein zentrales Prestige-Projekt der Landeshauptmänner dieses Landes mit seiner genetisch schwarz prädisponierten Bevölkerung, was sich im (jenseits der Bundeslandgrenzen nicht nachvollziehbaren) Finanzwesen des Klubs äußerte. Die Admira spielte in der Südstadt, also eigentlich in Wien, und den Schilternern machte es angeblich Spaß, so oft wie möglich die fast 100 km zu Admira-Heimspielen in die Südstadt zu fahren. Wer sich jemals in dieses Stadion mit seinem Zuschauerschnitt von knapp mehr als 500 verirrt hat, kann sich das so wenig vorstellen wie die Finanzen dieses Profi-Klubs.

Eines Tages sagte mir ein Kremser Fußballexperte, mit dem ich mich anläßlich der 78er Fußball-WM im von einer Militärdiktatur unterdrückten Argentinien über den Zusammenhang zwischen Sport und Politik unterhielt, daß LASK für LINZER ARBEITER SPORT KLUB stehe.

Das gefiel mir.

Arbeiterklasse fand ich gut. Schon allein wegen der Stones, Anwälte des Proletariats und so. Als Sohn eines kleinen Beamten, der mehr Kinder als die mir bekannten Arbeiter hatte, verstand ich mich schon immer irgendwie als Arbeiterkind. Und sympathisch war mir der LASK ja schon längst. So war es irgendwie selbstverständlich, daß ich als Loiser ein irgendwie nicht fanatischer Anhänger des Arbeitersportclubs LASK wurde.

2   1988 lernte ich Hildegard kennen und wurde Linzer.

Fußball im Allgemeinen und der LASK im Besonderen interessierten mich damals weniger als heute. Hilde lebte in Pichling, ich noch großteils in Wien, wo ich damit beschäftigt war, mit diversen Jobs Geld zu verdienen, um mich finanziell über Wasser zu halten, keine Spur von business, schon gar nicht von big. Und vor allem wollte ich nach 19 Semestern als Werkstudent endlich einmal mein Germanistik-Geschichte-Studium aus Gründen der Psychohygiene (und wenn auch nur für die Arbeitslose) zu einem Abschluß bringen. Da war an den Wochenenden nur Zeit für die Spiele der Pichlinger, die damals in der zweiten Landesliga kickten, bei denen Hildes Jüngster spielte, und die kein geringerer als Heli Köglberger coachte. Den kannte ich aus dem Fernsehen, und jetzt stand er da neben mir an der Out-Linie. Das LASK-Urgestein Köglberger, der es immerhin zum Austria-Wien-Bomber gebracht hatte, erinnerte mich an meine fast vergessene Sympathie für den LASK. Ich las die Spielberichte mit Linzer Augen und ließ mir erklären, daß man als Anhänger der Schwarzweißen kein „Linzer", sondern ein „Laskler" war, zu einem Spiel auf die Gugl kam ich trotzdem nicht.

1992/93 lebte ich als Sprachlehrer im südwestenglischen Devon, fuhr mehrmals nach London, sah in der White Hart Lane die Tottenham Hotspurs gegen Liverpool, im Sheppards Bush Stadion die Queenspark Rangers gegen Nottingham Forest, in Stamford Bridge Chelsea gegen Blackburn Rovers und was ich dann nach meiner Rückkehr vom österreichischen Fußball sah, trieb mir den Wunsch nach dem (mit England verglichenen) nicht gerade billigen Besuch österreichischer Bundesliga-Spiele gründlich aus; was nicht heißt, daß die Premier League Tickets wenig kosten, aber dort waren Pause und Schlußpfiff jedes Mal da, bevor ich das erste Mal auf die Uhr gesehen hatte.

Wer mich dann eines Tages zum Linzer Derby einlud, weiß ich nicht mehr. Jedenfalls stand ich an einem warmen Frühlingstag im April 1995 mit 15 000 zum ersten Mal im Linzer Stadion.

Und sah ein englisches Spiel mitten in Oberösterreich.

Riesenstimmung, Tempo, Begeisterung auf dem Spielfeld, die sich auf die Ränge übertrug, Thomas Weissenberger schoß zwei Tore, Kurt Russ eines, der LASK gewann gegen den FC Linz mit 3:1. In der Pause erklärte mir einer mit schwarzweißem Schal und (schwarzweißer) Bierfahne, daß LASK für Linzer Athletiker Sport Klub stehe. Ein anderer lachte mich aus, als ich vom „Arbeiterklub" redete und sagte, daß es ihm als Arbeiter „völlig blunzn" sei, daß FC Linz die Fortsetzung des Stahl-Werksklub VOEST Linz war, er wäre ein LASKler, seit er denken könne und ins Stadion gehen dürfe.

Mir war Arbeiterklub und so weiter an diesem Tag auch egal, ehrlich gesagt kam ich mir mit meinen (an diesem Tag gar nicht laut ausgesprochenen) Ansichten über den Zusammenhang zwischen Politik und (Fußball-)Sport ein wenig überspannt vor.

Eine Woche später war ich wieder auf der Gugl. Der LASK verlor vor 16 000 Zuschauern gegen Rapid mit 1:2 und spielte genauso, wie ich es vom österreichischen Fußball erwartete. Am Ende der Saison war man mit 39 Punkten Sechster der Zehnerliga, Spiel hatte ich mir keines mehr angesehen.

3 Irgendwie wurde ich Schriftsteller.

Seit März 1998 bin ich Literatur-Profi ohne Brotberuf, am Fußball interessieren mich immer weniger die Vereine, sondern immer mehr die Fans und die Fußball-Profis. Für meinen Film über Mario Kempes redete ich mit Alfredo di Stefano, Valdano, Thomas Parits, Ernst Dokupil, Hans Krankl, Alfred Tatar und natürlich mit Mario stundenlang über das Leben eines professionellen Fußballers, über Fußball als Lebensinhalt und Lebensform. Österreichs originellster Fußball-Theoretiker Johann Skocek (Standard) analysierte mit mir die medialen und gesellschaftlichen Mechanismen der Faszination des Phänomens Fußball aus historischen und aktuellen Aspekten. Der ehemalige LASK-Präsident Wolfgang Rieger erzählte mir in einem (vor der Veröffentlichung von ihm zurückgezogenem) Interview für ein LASK-Buch, wie er vom Fan zum Präsidenten seines Klubs wurde. Aber warum ich mir im Fernsehen außer Tatort-Krimis nur mehr Fußball-Spiele anschaue, warum ich jede Sekunde genossen habe, als ich mit Frau, Tochter und Schwiegersohn (der im LASK-Pyjama in LASK-Bettwäsche schläft) in der letzten Zeit ein paar Mal auf der Gugl war, warum meine alte LASK-Sympathie ausgerechnet in den letzten zwei Jahren wieder erwacht ist – das alles weiß ich trotz meiner vielen Fußballgespräche nicht. Auch wenn ich als bekennender Sozialist natürlich längst weiß, daß der LASK ideologisch wohl eher der ÖVP nahesteht. Doch davon merkt man nichts, wenn Ivica Vastic mit seinen 38 Jahren die Jungen alt aussehen läßt. Und Ivo ist kein Schwarzer, sondern der faszinierendste Schwarzweiße aller Zeiten.

IM SCHLEUDERSCHUSS VULGO WEIBERHAKEN

Das ist ein Obstgarten, sagt Opa.
Nein, ein Fußballstadion, sage ich.
Den wird bei dieser Hitze noch einmal der Schlag treffen, meint der Nachbar. – Immer dieser hochrote Kopf!
Ja. Schrecklich!
Opa und Herr Riepel sind ausnahmsweise ganz einer Meinung.
Weil Dr. Zechmann, der Omi regelmäßig den Blutdruck misst, aber behauptet: Ganz im Gegenteil, für den Buben ist das sehr gesund, muss Opa sich geschlagen geben.
Opa hatte 1966 einen Fernseh-Appart gekauft. Weil er in der Nacht nicht einschlafen konnte. Und weil er deswegen nicht immer den Herrn Molterer und dessen Frau, die Frau Gemeinderat, stören wollte, um Familie Leitner, die Löwingerbühne, Karl Farkas oder Sendungen mit Elfriede Ott zu schauen. Auf Elfriede Ott war meine Großmutter eifersüchtig. Und da ich doch so gerne beim Herrn Molterer in der Mansarde saß, um, beleuchtet von einer Venediggondel, mit ihm Fußballspiele quasi in Farbe zu schauen, nahm auch ich von unserem neuen Schwarzweißfernseher vorerst keine Notiz.
Außerdem war Herr Molterer ein Ex-Landesligakicker, also der, der es wissen musste.
Das WM-Finale 1966 England gegen Deutschland war mein erstes Livespiel im Fernsehen im heimischen Esszimmer. Ich war krank von einem Sommerlager nach Hause gebracht worden und trotz also dank einer schweren Angina hautnah dabei.
Sigi Held flankt. Weber grätscht in den Ball. Lattenpendler in der 90. Minute. Bis heute weiß niemand: Tor oder Nichttor.
Das tut der nie ... ein Russe! Ein deutsches Tor ...! rief Herr Riepel, unser Endspielgast, und zeigte auf den Linienrichter.
Aber – tatsächlich: 2:2.
Brachmanow hielt die Fahne gesenkt, und der Schiedsrichter entschied in Absprache mit ihm auf Ausgleich.
Vom Hauch der Weltgeschichte erstmals berührt, und mitgerissen von den Deutschlandfans im Esszimmer, drückte ich während des gesamten Nachspiels die Daumen für die Deutschen – die prompt chancenlos 2:4 unterlagen.
Opa, der diesem denkwürdigen Nachmittag seine Hobelbank im Keller vorzog, bekam von dieser historischen Wende nichts mit. – Sehr viel aber seit dem 30. Juli 1966 von meiner erwachten Fußballleidenschaft.
Klarapfelbaum und James Grives bildeten eine Linie.
Opa war mit dem Hausbau auch unter die Apfelzüchter gegangen. Stichwort: Buschbaumkolonie. Dreimal vier Obstbäume standen in geometrischem Abstand gepflanzt. Jeder eine veredelte Kostbarkeit und inzwischen seit acht Jahren. –

Trägt er heuer, oder trägt er nicht? – Opas Nervenkitzel.

Fast wie im 4 – 2 – 4 oder 4 – 3 – 3-System. Auch mein Opa war ein Taktiker Ja, ich bewunderte ihn für seine Zucht-Erfolge. Wenn die Essigessenz trüb wurde und die Essiggurkerln verdarben, teilte nur ich seinen Schmerz.

Leider war in Sachen Fußball Opa nicht mein zwölfter Mann.

Ich hatte in der ersten Dreierlinie der Obstbäume den zweiten und dritten Baum als Tor ausgewählt. Abstand circa vier Meter. Etwa gleich groß wie die einzige fensterlose Hauswand gegenüber. Aus Sicht des Tormanns war somit alles klar. Kam noch dazu der Querbalken der Teppichstange im rechten Winkel. Für raffiniert gezirkelte Bälle. Abpraller. Aufsitzer. Indirekte Freistöße. Das Spielfeld: ein Meter Traufenpflaster entlang der Wand, und ein zehn Meter langer und drei Meter breiter Rasenstreifen. Der Ball springt unterschiedlich stark auf. Unberechenbar. Dem Spielfluss unterworfen. Ein gebrauchter Tennisball (weil damals: Die Kugel war immer weiß). Leicht einmal rechts, einmal links zu führen. Tückisch am Vorfuß. Schwer zu fersen. Das verlangte Geschick, vor allem aber Routine. Die von Heimspiel zu Heimspiel wuchs. Werden aus störenden Wäscheleinen und davon herabhängenden Hindernissen die Gegenspieler. Der erbitterte Zweikampf rund um die Holzstangen, die die Wäsche hochhalten. Das Publikum tobt. Die Stimmung lebt auf. Hat das anfängliche Abtasten bald ein Ende? Sind beide Mannschaften jetzt aufgewacht, sage ich, der Reporter und: Wollen sie es jetzt endlich wissen und schenken sich nichts. Ja, solche Spiele wollen wir sehen. Fehlen nur noch die Tore. Aber die sind nur mehr eine Frage der Zeit. Da – Fernschuss Grausam! –, was sage ich, ich: Harreiter pariert in den Korner. – Das macht einen Klassetorhüter aus: Zwanzig Minuten lang nicht ein einziges Mal geprüft, und dann fischt er einen schier unhaltbaren Schuss, noch dazu vom Verteidiger verdeckt, aus dem linken unteren Eck. – Aber schon Gegenstoß. Der LASK ist die Heimmannschaft. Er muss hier das

Spiel bestimmen. Und da ist sie auch schon wieder, die Meisterachse im Aufbau. Schuss aus dem Getümmel! – Da haben nur Millimeter gefehlt.

Ich Fuchsbichler habe nicht einmal reagiert.

Der mit ganzer Kraft an die Hauswand geschleuderte Tennisball war mitten durch die linke Baumkrone gepfiffen und hatte einen noch unreifen Apfel gekillt. Der Aufschrei des Publikums (oder war´s der Opas?) geht im Halbzeitpfiff unter.

Nach der Pause das gleiche Bild. – Wer wird die stärkeren Nerven haben, die bessere Kondition? Hier sind zwei Meisteranwärter am Werk. Jede Menge Teamspieler auf beiden Seiten. Der LASK im Angriff. Rapid brandgefährlich im Konter. Wenn jetzt ein Tor fällt, bringt das vermutlich die Vorentscheidung! – Hoffentlich kein Elfmeter für Rapid! Sturmberger gegen den eingewechselten Flögel. – Gerhard! pass auf…

Nur, was die 18.000 im Linzer Stadion ebensowenig wissen können wie Manfred Payrhuber, der Reporter, ich (zwei Mannschaften, Reporter, Publikum und Schiedsrichter in einem) weiß es. In diesem Spiel heute Nachmittag würde es zu keiner Elfmeterentscheidung kommen. Denn Omi hielt gerade ihren Nachmittagsschlaf.

Elfmeter wurden grundsätzlich nur im rechten Winkel zur sonstigen Spielfläche exekutiert: (Tor die Pergola: fünf Meter breit und vier Meter hoch; Abstand zur Hausmauer maximal drei Meter, dazwischen alles Waschbeton und inmitten der Schusswand das Großelternschlafzimmerfenster.)

Omis Nachmittagsschlaf war mir heilig. Denn sie hatte sich von Anfang an mit Mama gegen Opas Edelputz verbündet. Weder das sanfte Klopfen des Balls am Pflaster, noch meine ersten Geigenetüden störten sie grundsätzlich. Somit war für mich, wenn sie schlafen wollte, der Platz vor dem Schlafzimmerfenster tabu.

Das Spiel wogte nach wie vor hin und her. Ich aber war jetzt gezwungen, auch noch die legendäre Rapidviertelstunde einzuklatschen. Und verlor, ich Viehböck, prompt den Ball an Ullmann, der – Traumpass zu Bjerregard – nicht mehr zu halten war. Ich Harreither stürzte ihm also mir entgegen, rutschte aus – wieder eine unvermeidliche Schleifspur in Opas Gras – und seelenruhig kollerte der Ball unhaltbar zwischen den Obstbäumen durch. 0:1 für Rapid. Schrecksekunde! Missgeschick! Unverzeihlicher Fehler! Meine Payrhubers Stimme überschlug sich vor Schmerz und Wut. Ich wischte mir den Schweiß aus der Stirn. Und rannte – neuer Anstoß – blindlings los. Ergriff den dreckigen Tennisball und schleuderte ihn zornig im Altweiberschuss derart heftig gegen den Haussockel, dass Gerhard Fuchsbichler, noch gar nicht rechtzeitig zurück zwischen den Pfosten im vermeintlichen Siegestaumel, den Gegenstoß über Wieger zu Liposinovic übersieht – und der schickt weil schaut auf, Strebele: Flanke – und Wurdinger: Es steht 1:1, und ein hässlicher Fleck klebt am Beton, diesmal nahe dem Kellerfenster.

Dabei bleibt es dann auch, dem Spieverlauf nach gerecht.

Ein Satz, der mir immer sehr wichtig war und damals oft über die Lippen kam.

Europacupschlachten fanden meist bei sehr schlechtem Wetter statt. Unter englischen Verhältnissen eben. Sie waren ausschließlich der Rache gewidmet, falls (weil zumeist) ohne österreichische Beteiligung. Der Hamptonpark von Glasgow mit Zuschauerzahlen jenseits der Hunderttausend war der von mir bevorzugte Austragungsort. Hier mussten sie, die Österreichs Mannschaften aus dem Bewerb geworfen hatten, gegen Celtic oder die Rangers büßen: Horst Wolters, der nur 1,67 m kleine Eintracht Braunschweig-Tormann: der hexende Gnom. Aber auch Manchester United. Georgy Best, Bobby Charlton & Co, denen ich jahrelang nicht verzieh, dass sie Benfica Lissabon am 29. Mai 1969 im Meistercupfinale, ausgerechnet an meinem 11. Geburtstag, (und wieder in einem Nachspiel) 4:1 geschlagen hatten, obwohl die Portugiesen zumindest über 90 Minute das höherklassige Spiel geboten hatten und die Briten nur dank ihres Kickandrush gewannen.

Härteschlachten waren naturgemäß besonders schlecht für Opas Rasen.

Der englische Rasen, erklärte ich ihm, ist immergrün und kurz. Er hält selbst das Tennisturnier von Wimbledon ohne Schaden aus. Opa, was hältst du von einem Motormäher.

Opa drohte mit der Faust und meinte: Wenn ich erst auf dem Tabor liege, wirst du noch oft an mich denken!

Die Länderspiele fanden prinzipiell bei Schönwetter statt. Immer an Wochenden.

Entscheidend in der Qualifikation für die WM-Endrunde 1970 in Mexiko war das Heimspiel gegen Deutschland.

Einen Handkuss den Damen, einen schönen Nachmittag den Herrn und der Jugend. Dr. Kurt Jeschkos sonore Stimme strotzte vor Optimismus.

Ich dagegen steckte nur ungern in der Haut der österreichischen Nationalspieler. Missmutig hatte ich die schwarze Volksschulturnhose aus der Unterhosenlade gezogen. Dazu noch das gerippte weiße Unterleiberl plus von Opa schwarze Socken. So lief ich ausschließlich Österreichs zuliebe, und nur weil es um alles ging, aufs Spielfeld.

Eigentlich hatten ja die Deutschen in Schwarzweiß anzutreten. Allerdings mit weißen Stutzen. Dem Markenzeichen von Real Madrid – dem weißen Ballett.

Ich in Schwarz-Weiß würde dagegen auch als Pumm, Starek oder Hasil das Kraut nicht fettmachen können.

Alle waren verblendet. Ich nicht.

Von wegen erstmals drei deutsche Legionäre in einer österreichischen Nationalmannschaft. Die gehören jetzt doch auch ihnen, dachte ich schon während des Einlaufens.

Wie sollte ich da etwas ausrichten gegen Maier, Vogts, Höttges, Beckenbauer, Netzer, Ulsass und vor allem Gerd Müller, dem größten Schlitzohr unter Europas Abstaubern.

Somit rechnete ich von Anfang an mit einer Niederlage.

Aber gewagt habe ich es trotzdem. Und ich, Österreich, spielte groß auf. – Um in Schönheit zu sterben. (So steht es zumindest in der WM-Chronik von 1970)

Natürlich Müller, wie aus heiterem Himmel, schon in der 16. Minute. Und dann ein Eigentor von Eigenstiller am Beginn der zweiten Halbzeit. 0:2.

Nach 90 Minuten wusste es auch Dr. Jeschko: Heute sind wir wie schon so oft an unserer Mentalität gescheitert.

Ich habe Dr. Jeschkos Worte noch jetzt im Ohr. So wie jedes Spiel immer nur mit mir und gegen mich und doch mit allen vor Augen. Und weil Mentalität so viel wie Einstellung heißt, auch die nach jedem Spiel unserer Nationalmannschaft immer wiederkehrende Frage: Warum können die Österreicher so vieles spielend leicht, nur im entscheidenden Augenblick kein Fußballspiel gewinnen?

Ich bin gescheitert an den weißen Stutzen. Sie waren in keiner mir bekannten Wäschelade aufzutreiben gewesen.

Allein, was in der Folge mich mit mir noch viel stärker beschäftigte: Sah ich mich, umgeben von großen Namen und inmitten herrlicher Spielzüge, doch eines Tages ganz allein ziellos durch den Garten jagen, schreien, und verschwitzt statt einem Fußball einem Tennisball hinterher laufen und ihn im Schleuderschuss gegen eine Wand werfen, um den abprallenden Ball abzufangen oder auch nicht. Und kam mir mein Fußballspiel, das eigentlich großteils ein Handballspiel war, nun von Spiel zu Spiel immer peinlicher vor.

An mein Abschiedsspiel erinnere ich mich nicht.

Wohl aber an Opa, der jetzt schon seit fünfunddreißig Jahren auf dem Steyrer Taborfriedhof liegt und daran, dass wir in Sachen Fußball und Mentalität viel miteinander haben aushalten müssen.

Was Österreich-Fans betrifft: geteiltes Leid.

Schon, noch und immer wieder…

IM SCHATTEN DER HOCHÖFEN

Gemessen an nationalen Meistertiteln ist der SK VÖEST (1974) gleichauf mit dem LASK (1965) der erfolgreichste oberösterreichische Verein. Fußballgrößen wie Fritz Ulmer, Sepp Stering, Erwin Fuchsbichler und allen voran Willy Kreuz stehen für die großen Zeiten des 1997 liquidierten Werksklubs. Robert Hummer über eine turbulente Geschichte, die eng mit jener der Verstaatlichten Industrie verbunden ist.

Fast drei Jahrzehnte lang waren die Spiele zwischen „Landstraßlern" (LASK) und „Kokslern" (VÖEST) der absolute Höhepunkt im oberösterreichischen Fußballkalender. Anfangs zog das Linzer Derby regelmäßig bis zu 30.000 Besucher an, zum Teil mussten die Leute vor den Stadiontoren abgewiesen werden, weil das Gugl-Oval schon rappelvoll war. Wie auch anderswo in Europa lebte die Rivalität der beiden Linzer Vereine von den feinen Unterschieden: einerseits der „bürgerliche" Vorzeigeklub LASK mit seiner politischen Nähe zum „schwarzen" Establishment, dessen Anhängerschaft nicht nur innerhalb der Stadtgrenzen beheimatet ist. Andererseits der „proletarische" Werksverein VÖEST, bei dem der „rote" Betriebsrat ein gewichtiges Wort zu reden hatte und dessen Klientel meist aus Arbeiterbezirken wie dem Bindermichl, dem Spallerhof oder dem Franckviertel in Richtung Stadion zog. Selbst in seiner Blütezeit blieb der emporgekommene SK VÖEST gegenüber dem etablierten und von den lokalen Medien entsprechend umsorgten LASK der „kleine Bruder". Angesichts dieser Rollenverteilung drängt sich der Vergleich mit Städten wie Turin (Juventus gegen Torino), Manchester (United gegen City) oder Zürich (Grasshoppers gegen FC Zürich) nahezu auf.

Charme des Werksklubs

Was den SK VÖEST demgegenüber aber stets einzigartig machte, war seine Konzeption als Werksklub. Bis zum Umzug in die Räumlichkeiten des

Die ehemalige Sportanlage des SK VÖEST mitten im Werksgelände

Linzer Stadions fungierte das im Betriebsgebäude 1 angesiedelte Sportreferat als Schaltzentrale des Vereins. Neben den Trikots (erst ab 1986 mit einem externen Sponsor versehen) und den Funktionären (allesamt Werksangehörige) war es nicht zuletzt der inmitten der VÖEST gelegene Werkssportplatz, der auch für Außenstehende die enge Verbindung zwischen Werk und Verein deutlich machte. Umgeben von rauchenden Schloten und dicker Luft, gingen dort über Jahre sämtliche Heimspiele über die Bühne, und nach dem Aufstieg in die höchste Spielklasse wurde der Platz weiter für Trainingseinheiten und Freundschaftsspiele genützt. Vielfache Internationale wie Willy Kreuz, Alberto Martinez oder Ove Flindt gingen zwischen Hochöfen, Kokerei und Gasometer ihrer täglichen Arbeit nach. Später wurden die Trainings zwar auf die Gugl verlegt, Testspiele fanden aber gelegentlich immer noch am Werkssportplatz statt. So durfte auch ein Weltstar wie der einstige Real-Madrid-Torjäger Hugo Sanchez noch echte VÖEST-Luft schnuppern.

Als langjähriger Fan kann sich Gernot Aglas noch gut an den Flair des mittlerweile abgerissenen Werkssportplatzes erinnern. Gerade die damit verbundene Exklusivität machte den SKV für ihn so anziehend: „Ins Werk zum Training zu fahren, das war für mich als Bub kein leichtes Unterfangen. Mich hat dieses Feeling fasziniert, dass du zu deinen Fußballern nicht einfach so hingehen kannst, wie wenn du auf den LASK-Platz gehst. Da habe ich gewusst, dass da nicht jeder Trottel hingeht. Der Bezug zwischen Verstaatlichter Industrie und Verein, das war einfach das Beste, was mir passieren hat können." In der Tat war besagter Bezug die eigentliche DNA des SK VÖEST. Mit ruhigem Gewissen darf behauptet werden, dass die großen Erfolge der Blau-Weißen ohne die Gelder des Werks undenkbar gewesen wären. Budgetverhandlungen wurden von Seiten des Sportklubs in der Regel mit dem Generaldirektor geführt, der dann die Mittel für den Spielbetrieb zur Verfügung stellte. Allein schon aus finanziellen Gründen war das Schicksal der mit Blick auf andere Sektionen vergleichsweise teuren Fußballsektion eng mit jenem der Verstaatlichten Industrie verknüpft.

Zuerst Fußball, dann Hochofen

Wenn auch schon während der NS-Zeit in den damaligen Hermann-Göring-Werken gekickt wurde, so erfolgte die Gründung eines Werkssportvereins vermutlich erst später. Im Vereinsregister scheint jedenfalls der 30. 6. 1946 als Entstehungsdatum auf. Der zu diesem Zeitpunkt ausschließlich aus der Sektion Fußball bestehende Verein hörte anfangs auf den Namen SK Eisen und Stahl. Vereinsfarben waren damals noch schwarz-weiß, der Wechsel zu blau-weiß erfolgte erst mehr als zwei Jahrzehnte später zum Zweck der optischen Abgrenzung vom alt eingesessenen LASK. Noch ehe im vom Zweiten Weltkrieg massiv beschädigten Werk der erste Hochofen angeblasen wurde, konnten die entscheidenden Weichen für das Mitwirken am oberösterreichischen Fußballgeschehen gestellt werden. Die Kicker, die in der Gründerzeit des Vereins auch als ASK bzw.

Oft war der legendäre Werksportplatz schon ein ziemlicher Krautacker. Im Bild der VOEST-Spielertrainer Alfred Machan, links im Hintergrund der Urfahraner Manfred Rigler

ATSV Eisen und Stahl antraten, nahmen erstmals in der Saison 1946/47 an der Meisterschaft der 2. Klasse teil. Im November 1949 entschied man sich dann auf einer außerordentlichen Generalversammlung, keinem politischen Dachverband mehr angehören zu wollen und sich in weiterer Folge SK VÖEST zu nennen.

Nach der Namensänderung stellten sich bald die ersten fußballerischen Erfolge ein. Die Spielzeit 1950/51 beendete der SKV an erster Stelle, was den Aufstieg in die 1. Klasse Ost zur Folge hatte. Im Sommer 1954 konnte der Werkssportplatz von Bundespräsident Theodor Körner als Heimstätte eröffnet werden, als Umkleidekabine fungierte ein alter Luftschutzbunker. Gleich in der ersten Saison auf neuer Anlage gelang den Werkssportlern der Aufstieg in die Landesliga, der höchsten oberösterreichischen Spielklasse. Drei Jahre später folgte der nächste Titelgewinn, der Traum vom Aufstieg in die Staatsliga B zerplatzte allerdings in den Relegationsspielen. 1961 war es dann endlich soweit, als sich der SK VÖEST unter Trainer Walter Luger in der Landesliga abermals die Meisterkrone aufsetzen konnte. Dieses Kunststück berechtigte zur Teilnahme an der Regionalliga Mitte, die nach dem Einstellen der Staatsliga B den Unterbau der obersten Liga bildete. Die Gegner der Linzer Werkself hießen fortan nicht mehr Enns, Urfahr oder Schärding, sondern trugen Namen wie Austria Klagenfurt, Sturm Graz, WSV Donawitz oder Vorwärts Steyr.

Auf Anhieb überraschten die Werkskicker mit einem dritten Platz hinter Klagenfurt und Wels. In der Folgesaison landete man abermals an dritter Stelle. Eine weitere Leistungssteigerung war vorerst aber nicht möglich, zumal sich der zweitklassige SK VÖEST vor der Saison 1963/64 auf eine Spielgemeinschaft mit dem erstklassigen SV Stickstoff geeinigt hatte. VÖEST spielte zwar mit einer eigenen Mannschaft in der Regionalliga wei-

Die Kampfmannschaft der SK VOEST 1964 in der Regionalliga Mitte: Stehend v. l.: Sektionsleiter Dkfm. Leitner, Mann, Supolik, Knogler, Gattermayr, Eder, Mühlbachler, Trainer Homola; hockend: Reitmann, Kaiserseder, Ecker, Lischka, Prohaska, Demichiel, Kapitan Günther.

ter, erklärte sich aber bereit, Leistungsträger wie den späteren Teamspieler Hans Eigenstiller dem Nachfolgeklub von Sparta Linz zur Verfügung zu stellen. Sinn der Sache wäre gewesen, auf diesem Weg dem LASK in der höchsten Spielklasse effektiver Paroli bieten zu können. Das Experiment ging allerdings in die Hose: Stickstoff belegte den drittletzten Rang, stieg ab und musste mit Franz Viehböck seinen wohl besten Akteur zu den Athletikern ziehen lassen, während der SKV in der Regionalliga Mitte ins untere Mittelfeld rutschte. Mit kritischen Untertönen bewertete auch eine 1971 erschienene Verbandschronik die Spielgemeinschaft der beiden Linzer Werksvereine: „SVS wurde nur Zwölfter, musste damit absteigen, und die Klubehe Stickstoff-VÖEST, eine Geldheirat, wurde rasch wieder geschieden."

Gegengewicht zum LASK

In dieser Zeit verschlug es Hansjörg Holzinger zum ersten Mal auf den Fußballplatz. Holzinger, 1956 geboren und später unter anderem Stadionsprecher und Masseur des SK VÖEST und in weiterer Folge auch Vorstandsmitglied des FC Blau-Weiß Linz, kann sich noch gut daran erinnern, als ihn sein Vater zu seinen ersten Spielen mitnahm. Dieser war ursprünglich ein eingefleischter Stickstoff-Fan, und so besuchten Vater und Sohn gemeinsam die Partien der Spielgemeinschaft. Nach deren Auflösung blieb der Vater vorläufig noch bei Stickstoff, während es den kleinen Hansjörg zum SK VÖEST verschlug. Gemeinsam war ihnen schon damals eine ablehnende Haltung gegenüber dem LASK, die „Holzi" bereits in jungen Jahren vermittelt bekam: „Das hat sicher auch etwas mit der Jugendzeit meines Vaters zu tun. Als Buben versuchten sie oft, beim alten LASK-Platz an der Paul-Hahn-Straße über den Zaun zu klettern, weil sie sich den Eintritt nicht leisten konnten. Sobald sie den Zaun berührten, klopften ihnen die Ordner mit Stecken, die sie vorher in Hundedreck getaucht hatten, auf die Finger. Da hat sich mein Vater geschworen, für den LASK niemals auch nur einen Hauch von Sympathie zu haben." Noch in jungen Jahren trat der Sohn in seine Fußstapfen: „Uns ging es immer um ein Gegengewicht zum LASK."

Doch lag das erste Derby noch in weiter Ferne. Während der LASK als erster Bundesländerklub österreichischer Meister wurde, galt es für den SK VÖEST nach Auflösung der Spielgemeinschaft, in der Regionalliga Mitte zu alter Stärke zurückzufinden. Trainer Alfred Günthner baute geduldig eine starke Mannschaft auf, 1967/68 wurden die Werkssportler dann hinter den Kollegen aus Donawitz tatsächlich Vizemeister, in

Früher VÖEST-, heute Blau-Weiß-Fan: Hansjörg Holzinger

der darauf folgenden Spielzeit konnte endlich der Titel eingefahren werden. Die Stürmer Fritz Ulmer, Kurt Werner und Ferdinand Soukop zeigten sich in bester Schusslaune, dahinter zogen Andreas Klaras und der spätere Sportreferent Jürgen Kreuzer die Fäden. Am Ende der Spielzeit 1968/69 stand der SKV mit sechs Punkten Vorsprung auf Kapfenberg als Aufsteiger fest. Für Hansjörg Holzinger war der Aufstieg das Produkt eines „gesunden Wachsens", zudem „war damals die wirtschaftliche Lage im Werk besser als später." Bis ins Detail kann er sich noch an das erste Heimspiel in der Nationalliga erinnern: VÖEST schlug Dornbirn im Linzer Stadion mit 3:1. Die Tore schossen „Schimmel" Werner, Fritz Ulmer und der von Wacker Wien geholte Ferdinand Milanovich.

Nach dem Aufstieg trug der SK VÖEST – mit Ausnahme einer am Werkssportplatz ausgetragenen Meisterschaftspartie gegen Wattens – sämtliche Heimspiele im Linzer Stadion aus. Auf der Gugl stieg Ende August 1969 auch das von vielen Anhängern heiß ersehnte erste Aufeinandertreffen mit dem LASK: 22.000 Zuschauer ließen die Drehkreuze rotieren und sahen eine tapfer auftretende Werkself. Bis zur Halbzeit fielen keine Tore, im Endeffekt mussten die Liga-Neulinge aber ein 0:5-Debakel hinnehmen. Hansjörg Holzinger erinnert sich noch gut daran, „mit einem langen Gesicht" den Froschberg hinunter gegangen zu sein. Dennoch fühlte er sich damals wie ein moralischer Sieger, nicht zuletzt weil sich der LASK zu diesem Zeitpunkt noch außer Reichweite befand: „Das war wie St. Pauli gegen den HSV."

Trotz der hohen Niederlage im ersten Stadtderby verlief die erste Saison im Oberhaus durchaus befriedigend. Der SK VÖEST belegte in der Endtabelle den zwölften Platz und sicherte sich relativ komfortabel den Klassenerhalt.

Wie Weihnachten und Ostern

Die zweite Spielzeit in der Nationalliga absolvierte der Werksklub bereits an sechster Stelle – punktegleich mit dem LASK, der allerdings das bessere Torverhältnis hatte. Absoluter Saisonhöhepunkt zwar zweifelsohne der erste Derbysieg gegen die Athletiker. 12.000 Zuschauer säumten Anfang Dezember 1970 das Linzer Stadion, als die „Koksler" die „Landstraßler" mit einem historischen 1:0 in die Kabine schicken konnten. „Für uns war das wie Weihnachten und Ostern", denkt der damals 14jährige Holzinger immer noch gerne an diesen Tag zurück, der ihm nicht nur wegen der winterlichen Temperaturen im Gedächtnis geblieben ist. In der dritten Saison im Oberhaus folgte der nächste Schritt in Richtung nationale Spitze. Überraschend stand der von Günter „Prasi" Praschak betreute SK VÖEST am Ende der Spielzeit 1971/72 an dritter Stelle, wobei auf Meister Innsbruck nicht mehr als vier Punkte fehlten. Zum ersten Mal in der Vereinsgeschichte war man damit für den Europacup qualifiziert. Hansjörg Holzinger und rund 20 weitere Anhänger flogen mit der Mannschaft in einer alten Antonov-Maschine nach Dresden, wo es gegen Dynamo ein 0:2 setzte. Das Remis im Rückspiel reichte für ein Weiterkommen nicht aus.

Für Holzinger, der in dieser Zeit damit anfing, als „Uhrenwart" bei Heimspielen des SK VÖEST die damals noch manuelle Anzeigetafel zu bedienen, liegen die Gründe für den sukzessiven Aufstieg auf der Hand: Einerseits stellte die Werksführung ein entsprechendes Budget zur Verfügung, andererseits wurden die Mittel auch geschickt und mit Weitblick eingesetzt. Als zentralen Lenker nennt er Hans Rinner, seines Zeichens von 1957 bis 1980 geschäftsführender Obmann des Vereins. Rinner fungierte als eine Art Manager, während seiner Amtszeit marschierte der SKV von der Landesliga zum österreichischen Meistertitel. Respektiert wurde der gebürtige Steirer auch wegen seiner menschlichen Qualitäten, Spielverträge schloss Rinner stets per Handschlag ab. Lachend denkt Holzinger an den wohl legendärsten Deal der „grauen Eminenz" zurück: GAK-Kicker Sepp Stering saß bereits im Zug nach Linz, wo ihn die LASK-Funktionäre Rudi Trauner und Franz Enzenebner mit einem fertigen Vertrag freudig erwarteten. Rinner bekam davon Wind, flog mit dem werkseigenen Hubschrauber nach Selzthal und stieg in den Zug zu. Als dieser in Linz ankam, war Sepp Stering bereits Spieler des SK VÖEST: „Die sind gesprungen vor lauter Zorn, der Trauner ist doppelt so hoch gesprungen wie er groß war."

Stering sollte sich als Glücksgriff herausstellen. Wenngleich die abermalige Qualifikation für den Europacup knapp misslang, bekam mit ihm die Offensivabteilung der Blau-Weißen eine neue Qualität. Trotz allem war auch Sepp Stering kein wirklicher Star. Während sich der LASK in dieser Zeit mit klingenden Namen wie Gustl Starek oder Gerhard Sturmberger schmückte, blieb die Werkself ein Kollektiv ohne große Genies. Das einzige noch fehlende Element fügte Hans Rinner vor der Saison 1973/74 mit Helmut „Seki" Senekowitsch hinzu. Mit dem späteren Teamchef auf der Bank gelang den Werkssportlern gleich auf Anhieb mit dem Gewinn des österreichischen Meistertitels der große Coup. Namen wie Herbert Rettensteiner, Herwig Kircher, Hans Reich, Ferdinand Milanovich, Györgyi Kottan, Hans Scharmann, Michael Lorenz, Sepp Stering, Fritz Ulmer und natürlich Helmut Senekowitsch sind untrennbar mit dem größten Erfolg der Vereinsgeschichte verbunden. Wenngleich der SK VÖEST in der ganzen Saison nur drei Spiele verlor, standen die Weichen vor dem letzten Spieltag alles andere als auf Triumph.

Titelfavorit und Tabellenführer Wacker Innsbruck hätte bei Sturm Graz nur gewinnen müs-

Die VOEST-Meistermannschaft von 1973/74 ...

sen, um sich zum dritten Mal in Serie die Meisterschaft zu sichern. VÖEST traf zeitgleich im Linzer Stadion auf die Vienna, aufgrund der düsteren Ausgangsbasis kamen nicht mehr als 5.000 Zuschauer. Nach einer halben Stunde war auf der Gugl dank zweier Treffer von Michael Lorenz alles klar. Die VÖEST-Fans konzentrierten sich fortan auf das Spiel in Graz, das sie via Radio verfolgten. Als allmählich durchsickerte, dass die Grazer Partie torlos zu Ende gegangen war, stürmten die Anhänger voller Freude in Richtung Spielfeld, wo aber das Match zwischen VÖEST und Vienna noch im Gang war. Hansjörg Holzinger rutschte damals fast das Herz in die Hose, aber glücklicherweise „hat der Schiedsrichter dann gleich abgepfiffen. Dann sind alle Dämme gebrochen." Von Seiten der Oberösterreichischen Nachrichten wurde schon bald eine Sonderausgabe mit der schlichten Schlagzeile „VÖEST ist Meister" unter die Leute gebracht, während die Akteure im Gasthaus Seimayr die Nacht zum Tag machten. Holzinger war natürlich mit von der Partie, hält sich bis auf ein Detail aber bedeckt: „Da hat der Seki wohl zum ersten Mal in seinem Leben Alkohol getrunken."

Blau-weiße Fahnen auf den Ramblas

Als ob der Gewinn des Meistertitels noch nicht genug gewesen wäre, bescherte die Auslosung zur ersten Runde im Europacup der Meister dem SK VÖEST mit dem FC Barcelona den Gegner aller Gegner. Rund dreieinhalb Monate nach der Meisterfeier fuhr Hansjörg Holzinger nach Hörsching

... und der Meistertrainer Helmut Senekowitsch, verstorben im September 2007

zum Flughafen, um sich Autogramme von Weltstars wie Johan Cruyff, Johan Neeskens, Carles Rexach oder Juan Manuel Asensi zu holen. Für die Katalanen folgte im Linzer Stadion ein heißer Tanz: 0:0 lautete das Endergebnis. Der niederländische Barcelona-Trainer Rinus Michels gestand nach dem Schlusspfiff, mit einem blauen Auge davongekommen zu sein. Schmunzelnd weiß „Holzi", warum von Johan Cruyff in Linz nicht viel zu sehen war: „Der Kottan hat ihn zur Sau gemacht", so Holzinger über die überragende Leistung des ungarischen VÖEST-Legionärs Györgyi Kottan. Nach seiner Erinnerung hätte die Werkself durchaus gewinnen können, zumal Josef Larionows eine Flanke mit der Hand stoppte, anstatt auf den perfekt positionierten Sepp Stering durchzulassen. Einprägsam waren für ihn auch die Zuschauermassen. 27.000 füllten an diesem denkwürdigen Tag das Linzer Stadion, „da war es so eng, dass du keine Zigarette rauchen hast können." Selbst auf die Bäume rund um die Gugl sind Menschen geklettert, nur um etwas vom Spiel sehen zu können.

Zwei Wochen später flogen Holzinger und Gefährten frohen Mutes zum Rückspiel nach Barcelona. Allein beim Gedanken, mit dem eigenen Verein im Europacup beim FC Barcelona zu Gast gewesen zu sein, zieht es ihn immer noch eine Gänsehaut auf: „Für mich persönlich war es das Erlebnis schlechthin in meinem Fußballleben. Da sind wir mit blau-weißen Fahnen über die Ramblas gezogen." Als die Kicker aus der Stahlstadt dann am Abend das Feld betraten, war das Camp Nou prächtig gefüllt, die 40 bis 50 mitgereisten Fans gingen akustisch vollkommen unter. „Holzi" erzählt, dass Michael Lorenz gleich zu Beginn der Partie völlig frei vor dem Torhüter der Katalanen auftauchte. Der Deutsche ließ die Riesenchance aus, und „dann war es vorbei". VÖEST musste sich letztendlich mit 0:5 geschlagen geben und schied aus dem Europapokal aus.

In weiterer Folge spielten die Blau-Weißen abermals eine prächtige Saison, die hinter Wacker Innsbruck als Vizemeister beendet werden konnte. Im Europacup schied man gegen Vasas Budapest trotz eines 2:0-Heimsieges wieder in der ersten Runde aus. Holzinger war natürlich auch in Ungarn dabei, er sah sämtliche Europacupspiele der Klubgeschichte.

Mehr Glück als im Europacup hatte die Werkself in einem berühmt gewordenen Cup-Duell mit dem LASK. Nachdem die Schwarz-Weißen das Hinspiel mit 2:1 für sich entscheiden konnten, rief Trainer Praschak seine Kicker ins Trainingslager nach Pregarten. Am Abend vor der Partie zog es ihn in die Kirche des Ortes, wo er die für damalige Verhältnisse beträchtliche Summe von 100 Schilling in den Opferstock legte. Tags darauf gewann VÖEST das Rückspiel mit einer furiosen Leistung tatsächlich mit 2:0 und zog ins Halbfinale ein. Den Führungstreffer markierte Fritz Ulmer, der dann nach der Pause für eines der wohl schönsten Tore der oberösterreichischen Fußballgeschichte sorgte: Ferdinand Milanovich führte einen Freistoß aus, den Ulmer aus großer Distanz mit der Ferse staubtrocken ins linke Kreuzeck beförderte. Allein das Wundertor seines in der Folge nur mehr „Ferslerkönig" genannten Stürmers musste Praschak in den Glauben versetzen, dass seine Gebete erhört worden seien. Fortan erleichterte sich „Prasi" bei jeder Kasernierung um weitere 100 Schilling. „Der Pfarrer von Pregarten hat sich dumm und deppert verdient", lacht Holzinger über die Episode.

Trotz der sportlichen Überlegenheit des SK VÖEST blieb die traditionelle Affinität der Medien zum LASK auch in dieser Zeit bestehen. Hansjörg Holzinger räumt nach wie vor verärgert ein, dass die Blau-Weißen in der Berichterstattung des ORF sowie der auflagestärksten Zeitungen – mit Ausnahme des verblichenen Oberösterreichischen Tagblattes – meist nur die zweite Geige spielten. „Der LASK war ewig die Heilige Kuh, während wir auch damals der Underdog waren. Aber wir haben uns in dieser Rolle sehr wohl gefühlt", so Holzinger. Angesichts dieser Rollenverteilung war klar, dass ein Sieg über den Erzrivalen für die Fans der „Koksler" doppelt süß schmecken musste.

Noch im VOEST-Dress: Max Hagmayr (re.) im Kampf gegen Sport-Clubs Norbert Lichtenegger, einen gebürtigen Bad Goiserer

Neben dem legendären Cupsieg liefen die Blau-Weißen in den Duellen mit den „Landstraßlern" mehrmals zur Höchstform auf: 1971 gewann der SKV mit 3:0, im Oktober 1976 stand am Ende gar ein 5:1 auf der Anzeigetafel des Linzer Stadions. Das letzte Tor der siegreichen Werkskicker erzielte ein aufstrebender Stürmer namens Max Hagmayr, der später als Spieler und Manager des Lokalrivalen bei der blau-weißen Anhängerschaft sämtlichen Kredit wieder verspielen sollte.

Zuschauermagnet Willy Kreuz

Lange bevor Hagmayr beim LASK anheuerte, mussten die Athletiker den Abstieg in die zweite Spielklasse hinnehmen. Gleichzeitig schwamm halb Österreich im Soge der WM 1978 auf der Welle einer Fußballeuphorie. Der eben im Cupfinale an Wacker Innsbruck gescheiterte SK VÖEST nutzte die Gunst der Stunde und verpflichtete mit Willy Kreuz das personifizierte Herz des ÖFB-Teams, das in Córdoba gerade Deutschland geschlagen hatte. Der Mann aus Kaisermühlen befand sich zu diesem Zeitpunkt mit 29 Jahren im besten Fußballeralter, hatte sich bei Feyenoord Rotterdam europaweit einen Namen gemacht und zählte in Argentinien zu den besten Mittelfeldspielern des Endrundenturniers.

Entsprechend überraschend kam es, dass sich Kreuz für den verhältnismäßig unglamourösen Werksverein aus der damals noch unter erheblichen Imageproblemen leidenden Stahlstadt entschied. Trocken schilderte der insgesamt 56fache Teamspieler vor einigen Jahren in einem Interview die Umstände seines Wechsels: „Ein Angebot von Barcelona hat sich zerschlagen, weil die den Krankl verpflichtet haben, nach Valencia und nach Deutschland wollte ich nicht. Und weil die Rapid und die Austria nichts gezahlt haben, bin ich eben bei der VÖEST gelandet."

Abgeschlossen wurde der Transfer von Hans Rinner, selbstverständlich per Handschlag. Angesichts des kurzfristig zweitklassig gewordenen Stadtrivalen nahm Rinner volles Risiko und wurde belohnt. Schon das erste Training von Kreuz war ein lokales Ereignis. Als Publikumsmagnet zog Willy Kreuz dann die Massen ins Stadion: Der Zuschauerschnitt konnte in der Spielzeit 1978/79 mehr als verdoppelt werden, das Duell mit der Wiener Austria wollten sogar 25.000 Menschen sehen. Der Anhang des Werksvereins schloss den neuen Kapitän sofort ins Herz, was neben seinem Können und seiner Umgänglichkeit vor allem auch an seiner unbändigen Einsatzbereitschaft lag. Stellvertretend für viele andere Anhänger bringt Hansjörg Holzinger auf den Punkt, warum Kreuz in der blau-weißen Hälfte der Stahlstadt immer noch höchste Verehrung genießt: „Der Willy war ein Kämpfer, der auch technisch stark war und seine Tore gemacht hat. Er war immer in Bewegung, war sich für nichts zu schade – ein richtiger Kapitän eben. Außerdem ein leiwander Typ, der überhaupt keine Allüren gehabt hat. Der Krankl hat vielleicht mehr Tore gemacht und der Prohaska schöner gezupft, aber der Kreuz war der perfekte Fußballer."

Mit Kreuz – so das Kalkül der Vereinsführung – sollte der SK VÖEST wieder um den Titel mitspielen. Tatsächlich stellte der Werksverein in dieser Zeit eine Truppe, der die Wiederholung des Kunststücks von 1974 durchaus zugetraut werden konnte. Kapitän Kreuz standen Ausnahmekönner wie Reinhold Hintermaier, Erwin Fuchsbichler oder Max Hagmayr zur Seite, später stießen auch noch erfahrene Internationale wie Thomas Parits, Alberto Martinez und Ove Flindt dazu. Trotz namhafter Besetzungen blieb der ganz große Coup aber aus. Nach einem fünften Platz in der Spielzeit 1978/79 (zu dem Willy Kreuz insgesamt 16 Treffer beisteuerte) wurde man im Jahr darauf wieder Vizemeister. Gegen die mit Stars wie Herbert Prohaska, Felix Gasselich, Friedl Koncilia oder Walter Schachner besetzte Wiener Austria war zu diesem Zeitpunkt einfach kein Kraut gewachsen. Insgesamt fehlten sieben Punkte auf die Violetten, dafür wurde zumindest der aufgestiegene und überraschend starke LASK in die Schranken gewiesen. Am Ende konnten sich erstmals zwei Linzer Vertreter für den UEFA-Cup qualifizieren.

Das Los bescherte dem SK VÖEST mit Zbrojovka Brünn einen schwierigen Gegner. Schwierig gestaltete sich allein schon die Anfahrt nach Mähren. Hansjörg Holzinger fungierte damals gemeinsam mit Jugendleiter Rudolf Sobol als Reiseleiter und kann sich noch lebhaft daran erinnern, dass Manfred „Waschi" Mertel auf der Autobahn kurz vor Wien bemerkte, anstatt seines Reisepasses ein Scheckheft eingepackt zu haben. Nach einer erfolglosen Intervention bei der tschechoslowakischen Botschaft setzte die Mannschaft die Reise ohne den gebürtigen Kärntner fort. Dieser wurde dazu verdonnert, mit dem Taxi nach Linz zu fahren, um seinen Pass zu holen. Mertel gelang es aber zur Überraschung aller Beteiligter, pünktlich zum abendlichen Training in Brünn zu sein.

Das Match selbst begann dann für die Werkssportler dank eines frühen Führungstreffers ganz nach Plan. Auf ein Eigentor (das ausgerechnet auf die Kappe von „Waschi" Mertel ging) folgten noch zwei weitere Gegentreffer. Das Rückspiel in Linz ging zwei Wochen später mit 0:2 verloren, abermals war für die Blau-Weißen in der ersten Runde bereits Endstation. Es sollte der letzte Europacupauftritt des SK VÖEST bleiben.

Langsamer Abstieg

Nach zwei mäßigen Saisonen folgte im Sommer 1982 der große Schnitt. Neben Willy Kreuz verließen mit Max Hagmayr, Ove Flindt und dem mittlerweile verstorbenen tschechoslowakischen Abwehrspieler Kolomon Gögh die letzten Stars den Verein. Der im Stahlsektor sichtlich dunkler gewordene wirtschaftliche Horizont warf seine Schatten auch auf den Sportklub, wo nach der Pensionierung von Hans Rinner mit Zentralbetriebsratsobmann Franz Ruhaltinger ab 1980 ein politisch mächtiger Mann die Fäden zog. Vorerst blieben die Budgetkürzungen noch ohne sportliche Folgen, in der Saison 1982/83 landete die verbilligte Werkself immerhin an achter Stelle. Mit 18 Toren belegte Gerald „Naz" Haider sogar den dritten Platz in der Torschützenliste. Junge Kicker aus der näheren Umgebung wie Jürgen Werner, Manfred Schill, Georg Zellhofer oder Helmut Wartinger schienen erfolgreich in die Fußstapfen abgewanderter Größen zu treten. Entsprechend gut gelaunt zeigte sich Präsident Ruhaltinger im Sommer 1983, als er von einer „jungen, hoffnungsvollen Mannschaft" sprach, die ihn „für die neue Saison optimistisch" stimmte.

Die Hoffnungen der Vereinsleitung sollten sich nicht erfüllen. Langsam aber sicher wurden die Blau-Weißen zum Mittelmaß, ein Abrutschen in noch tiefer gelegene Tabellenregionen schien nur mehr eine Frage der Zeit zu sein. Begleitet wurde die sportliche Talfahrt von dramatischen Entwicklungen im Werk. 1985 erreichte die Stahlkrise ihren negativen Höhepunkt. Die Turbulenzen in der Stahlbranche, verfehltes Management und Spekulationsverluste zogen allein in diesem Jahr einen Verlust von 11,1 Milliarden Schilling mit sich und zwangen den gesamten Vorstand zum Rücktritt. Angesichts dieser Situation wurde es für die Fußballsektion immer schwieriger, vom Generaldirektor das nötige Geld für den Profibetrieb zu bekommen. Wenngleich Zentralbetriebsratsobmann Ruhaltinger in sportlichen Belangen nicht immer glücklich agierte, war er zutiefst mit

VOEST SPORT
INFORMATIONSBLATT DES SPORTKLUB VOEST

Nummer 149
April 1980
13. Jahrgang

Stolze Bilanz 1979 der SK VOEST-Sportler:
16 Staatsmeistertitel
42 Landesmeistertitel

SK VOEST verzeichnete deutlichen Aufwärtstrend
NR Franz Ruhaltinger wurde geschäftsf. Präsident

Von Bruno Nowak

Wenn in der Sportöffentlichkeit vom SK VOEST die Rede ist, dann verbinden die meisten Leute diesen Namen mit dem Begriff „Fußballmannschaft". Auf der einen Seite mit einer gewissen Berechtigung, weil diese als Profitruppe der 1. Fußballdivision zwangsläufig ins Blickfeld des Interesses rückt, andererseits wird im verborgenen unter dem Namen SK VOEST von unzähligen Aktiven und Funktionären Immenses geleistet und diesem Umstand sollte gebührend Rechnung getragen werden. In 19 Sparten gehen nämlich die Werksangehörigen ihren sportlichen Ambitionen nach und betreiben neben Breitensport auch beachtlichen Spitzensport.

Bei der Jahreshauptversammlung des größten Werksportvereines Österreichs, zu der 1. Obmann Dir. Ing. Hans Brandlmayr als Ehrengäste den 1. Präsidenten Generaldirektor Dkfm. Heribert Apfalter, Generaldirektor-Stellvertreter Dkfm. Johann Grünn, Ehrenobmann Vorstandsdirektor Walter Brauneis, den Abgeordneten zum Nationalrat ZBRO Franz Ruhaltinger und den Angestellten-BRO und ZBRO-Stellvertreter Josef Schraml begrüßen konnte, wurde ein eindrucksvoller Leistungsbericht vorgetragen. Der 2. Obmann, Dir. DVw. Dr. Dietmar Moshammer, konnte darauf hinweisen, daß die Aktiven des SK VOEST im Jahr 1979 nicht weniger als 16 Staats- und 42 Landesmeistertitel für sich buchen konnten. Im Sog dieser Sonderleistungen entwickelte sich auch der Breitensport in erfreulich hohem Maß.

Es liegt auf der Hand, daß zur Führung eines derart umfangreichen Vereinsgeschehens entsprechende Mittel erforderlich sind. Das vom 1. Kassier Wilhelm Wolf bekanntgegebene Budget 1979 (Einnahmen 16,9 Millionen Schilling und Ausgaben 17,5 Millionen Schilling) entspricht durchaus einem respektablen Gewerbebetrieb und man kann sich lebhaft vorstellen, mit welch einer Fülle von Aufgaben die zuständigen Funktionäre konfrontiert waren.

Sowohl der 1. Präsident Generaldirektor Dkfm. Apfalter als auch der neugewählte geschäftsführende Präsident NR Franz Ruhaltinger wiesen in ihren Ausführungen darauf hin, daß die bezahlte Profisport die Relation zwischen Leistung und Bezahlung stimmen muß. Apfalter: „Sowohl der Breiten- als auch der Spitzensport gehören zu dem Verein verbunden und fördert. Während sich ersterer in aller Stille

Zum geschäftsführenden Präsidenten des Sportklub VOEST wurde der Abgeordnete zum Nationalrat ZBRO Franz Ruhaltinger gewählt.
Foto: Kurt Prokosch

hielt diesen durch den beherzten wie geschickten Einsatz seiner Machtfülle am Leben. Den drohenden Abstieg konnte aber auch der streitbare Gewerkschaftsboss nicht verhindern: 1988 musste der SK VÖEST nach einer bitteren Niederlage bei Austria Klagenfurt nach 19 erstklassigen Jahren zum ersten Mal in der Vereinsgeschichte absteigen.

Es folgte die Tristesse der Zweitklassigkeit, der Zuschauerschnitt bewegte sich erstmals seit mehr als zwei Jahrzehnten im dreistelligen Bereich. Trotz bescheiden gewordener Ansprüche keimte aber bald wieder Hoffnung auf. Unter Willy Kreuz, der nach dem Abstieg als Trainer nach Linz zurückkehrte, scheiterte man nur knapp am Wiederaufstieg. Spielertypen wie Frank Schinkels oder Marinko Ivsic erinnerten mit ihrer Einsatzbereitschaft an bessere Zeiten. Gleichzeitig beschleunigte sich innerhalb des Vereins die eingeläutete Entwicklung. Neben dem anhaltenden Gegenwind aus der Belegschaft waren es vor allem die in Richtung Teilprivatisierung gehenden Umstrukturierungen des Werks, die letztendlich eine Ausgliederung der Fußballsektion aus dem Gesamtverein mit sich zogen. „Da ist der Untergang losgegangen", erinnert sich Hansjörg Holzinger nach fast zwei Jahrzehnten zurück. Hinzu kam im Dezember 1989 auch noch der Abgang von Franz Ruhaltinger, der bis dahin seine schützende Hand über die Kicker gehalten hatte. Für seine Nachfolger Horst Paschinger und Erhard Koppler sollten sich seine Fußstapfen – zumindest in dieser Hinsicht – als zu groß erweisen.

1991 gelang dann dem mittlerweile als FC VÖEST antretenden Verein der Wiederaufstieg, was mit der Namensänderung auf FC Stahl Linz einen weiteren Schritt in die für viele Anhänger falsche Richtung mit sich brachte. Sukzessive wurde das Schiff aus dem sicheren Hafen entlassen: Durch die Umstrukturierung des Werks hätte in weiterer Folge die neu entstandene VA Stahl AG für den Profibetrieb aufkommen

Die Präsidenten der Linzer Fußball-Oberhausvereine, Abg. z. NR Franz Ruhaltinger (VOEST) links und Komm.-Rat Rudolf Trauner (LASK) rechts – hier noch optimistisch – zeigten sich bei der OÖFV-Vorstandssitzung einig: Die wirtschaftliche und sportliche Situation spricht eindeutig gegen die Beibehaltung der Zehnerliga. Der Vorstand des OÖFV war aber anderer Ansicht und sprach sich mit 13:8 gegen das Aufstockungsbegehren aus.
TAGBLATT-Foto: Durchan

müssen, was Generaldirektor Peter Strahammer angesichts der bevorstehenden Teilprivatisierung jedoch ablehnte. So wurde 1993 aus dem FC Stahl der FC Linz, im Vereinsnamen fehlte damit jeglicher Bezug zum Werk. In diesem Jahr erfolgte auch die letzte offizielle Zahlung von Seiten des Unternehmens. Mehr oder minder widerwillig auf eigene Beine gestellt, tat sich der FC Linz hinsichtlich Identitätsfindung und vor allem Sponsorensuche sichtlich schwer. Für ein kolportiertes Taschengeld musste der einst so stolze Werksklub die Getränkemarke Keli in den Vereinsnamen nehmen. In weiterer Folge lieferten sich die finanzmaroden Blau-Weißen dem Transportunternehmer Franz Grad aus, im Mai 1997 folgte die fälschlicherweise als „Fusion" mit dem LASK titulierte Liquidierung des Vereins.

Zerplatzte Träume

Während das Schiff langsam zu sinken drohte, tauchten am blau-weißen Horizont immer wieder Hoffnungsschimmer auf. Rein sportlich sah es mehrere Male danach aus, als ob der Klub seinen Kopf aus der Schlinge ziehen könnte. Nach dem 1991 realisierten Wiederaufstieg spielten die Blau-Weißen unter Trainer Alexander Mandziara eine tolle Herbstrunde. Durchschnittlich 7.500 Besucher sahen in diesem Halbjahr die Heimspiele der Werkssportler, die lange Zeit sogar die Tabellenführung in Griffweite hatten. „Das war eine Euphorie. Da habe ich mir gedacht, dass es wieder geht", so Holzinger aus der Retrospektive. Im Frühjahr kam dann das böse Erwachen: Trainer Mandziara musste nach einigen Niederlagen seinen Hut nehmen, die darauf folgende Spielzeit endete abermals mit dem Abstieg.

Während der sportlichen Achterbahnfahrt entwickelte sich auf den Rängen des Linzer Stadions im Dunstkreis des 1991 erstmals erschienenen Fanmagazins Stahlexpress eine ebenso kreative wie außergewöhnliche Fanszene. Während dunkelhäutige Spieler anderswo kein leichtes Leben hatten, setzten Teile des blau-weißen Anhangs in diesen Tagen erste Zeichen gegen Rassismus und Rechtsradikalismus im Fußball und nahmen damit zumindest in Österreich eine Vorreiterrolle ein.

Kurzfristig schien der Funke von der Tribüne auf das Spielfeld zu springen. Trainer Walter Knaller machte die finanzielle Not zur Tugend und baute rund um den kroatischen Spielmacher Ivica Duspara und Torjäger Christian Stumpf eine junge Truppe auf, der über den Weg der Relegationsspiele prompt der Wiederaufstieg gelang. Darüber hinaus glückte auch noch der Einzug ins Cupfinale, im spärlich gefüllten Ernst-Happel-Stadion blieben die Blau-Weißen gegen die Wiener Austria jedoch ohne Chance. Die Partie lieferte eine leise Vorahnung auf die folgende Spielzeit in der höchsten Spielklasse, die abermals auf einem Abstiegsplatz beendet wurde. Das sportliche Desaster nährte wiederum die seit Jahren im Raum stehende Diskussion über eine Fusion mit dem finanziell schwer angeschlagenen LASK, vorerst scheiterte die von der Lokalpresse vehement geforderte „Konzentration der Kräfte" noch in letzter Sekunde. Vieles stand im August 1995 in den Sternen, als der FC Linz mit einem glücklichen Remis bei Austria Lustenau in die Zweitligaspielzeit 1995/96 startete. Vom sofortigen Wiederaufstieg bis zum Zusperren schien zu diesem Zeitpunkt jedenfalls alles möglich zu sein.

Was dann folgte, ging als der wohl spektakulärste Coup seit der Verpflichtung von Willy Kreuz in die Vereinsgeschichte ein. Manager Jürgen Werner konnte mit dem fünffachen spanischen Torschützenkönig und dreifachen WM-Teilnehmer Hugo Sanchez einen absoluten Weltstar als Neuzugang präsentieren. Ermöglicht wurde der Transfer durch das einstige LASK-Mitglied Franz Grad, der sich nach der gescheiterten Fusion von den Schwarz-Weißen abgewandt hatte und nun den Stadtrivalen unterstützte. Schon der erste Auftritt des früheren Real-Madrid-Goleadors, der in 75 Länderspielen für Mexiko nicht weniger als 46 Tore erzielt hatte, brachte den blau-weißen

Anhang wieder zum Träumen: Sanchez lieferte Ende September gegen die Vienna im Linzer Stadion vor 4.000 Besuchern eine Gala, schoss zwei Tore, die er wie alle seiner Treffer mit einem Salto feierte. In einem ähnlichen Stil ging es weiter, kaum ein Gegner war in dieser Saison dem überlegen aufspielenden FC Linz gewachsen. Am Ende packte der bei allen seinen Auftritten umjubelte Sanchez wieder seine Sachen, und die Blau-Weißen kehrten souverän ins Oberhaus zurück.

Während sportlich wieder gehofft werden durfte, zog hinter den Kulissen längst der schwer berechenbare Franz Grad als zentraler Geldgeber die Fäden. Schon bald zeichnete sich ab, dass die Mannschaft trotz einiger namhafter Verstärkungen in der höchsten Spielklasse nicht reüssieren konnte. Nachdem sich auch der Zuschaueraufdrang in Grenzen hielt, schien für Grad die Fuion mit dem LASK abermals eine realistische Option zu werden. Anders als noch zwei Jahr zuvor kam aus den Reihen des FC Linz kein Widerstand mehr, und so kam es, wie es kommen musste: Am 21. Mai 1997 wurde mit der Bekanntgabe der „Fusion" der FC Linz faktisch liquidiert. Die noch auszuspielenden Partien – darunter das von 15.500 Besuchern verfolgte 75. Aufeinandertreffen mit dem LASK, das in einer von Wut und Trauer geprägten Atmosphäre mit 3:0 gewonnen wurde – mutierten zur Abschiedstour.

Wenngleich bei der Auslöschung neben Grad auch noch andere Akteure – allen voran das Management um Jürgen Werner, die Werksführung, lokale Medien und nicht zuletzt die Politik – eine gewichtige Rolle spielten, avancierte Grad zum blau-weißen Sündenbock. Während dieser mit einigen provokanten und entsprechend unangebrachten Aussagen zusätzlich Öl ins Feuer goss, brach für viele Anhänger eine Welt zusammen: „Da habe ich das letzte Mal geweint, und ich schäme mich nicht dafür", erinnert sich Hansjörg Holzinger an den 21. Mai zurück.

„Holzi" dachte in diesen Stunden oft an seinen im Jänner 1997 verstorbenen Vater, der ihm einst die Liebe zum Fußball in die Wiege gelegt hatte. „Ich bin froh, dass er das nicht mehr miterleben musste. Wenn er nicht schon vorher gestorben wäre, dann wäre er dann wohl gestorben."

Wie viele seiner Gefährten steckte Holzinger nicht auf und begann energisch nach einer Möglichkeit zu suchen, den blau-weißen Fußball zumindest im Unterhaus am Leben zu erhalten. Während er an einer Kooperation mit Leonding feilte, ergab sich in der Nähe der Tabakfabrik eine noch attraktivere Alternative, die schon bald als FC Blau-Weiß Linz in der Landesliga konkrete Formen annahm.

Zentrale Gestalt hinter dieser Entwicklung war der Spediteur Hermann Schellmann. Am Bindermichl aufgewachsen, kickte Schellmann einst selbst im Nachwuchs des SK VÖEST, später unterstützte er mit seiner Firma den Klub als externer Sponsor. Gemeinsam mit einigen aktiven Fans führte er nach der Liquidierung des FC Linz erste Gespräche mit den Verantwortlichen des vom Zusperren bedrohten Werksvereins Austria Tabak über eine mögliche Zusammenarbeit, deren Ergebnis letztendlich die Gründung des FC Blau-Weiß Linz war. Schon die ersten Begegnungen zeigten, dass der neue Verein als ideeller Erbe des liquidierten FC Linz vom Publikum angenommen wurde. In der Saison 1997/98 setzte der viertklassige FC Blau-Weiß Linz mehr Dauerkarten als der FC Linz im Jahr zuvor ab, bereits im ersten Heimspiel gegen Donau Linz durfte sich Präsident Schellmann über mehr als 1.500 zahlende Besucher freuen. Die folgende Partie in Bad Schallerbach mutierte angesichts der unzähligen mitgereisten Anhänger zum Heimspiel. Nur drei Monate nach Bekanntgabe der „Fusion" stand damit fest, dass die vom SK Eisen und Stahl über den SK VÖEST bis hin zum FC Linz führende Traditionslinie so schnell nicht von der Bildfläche verschwinden kann.

VON DER FUSION ZUM GESCHEITERTEN GROSSKLUB
... denn sie wussten, was sie tun

von Andreas Praher

Es war ein rabenschwarzer Tag für den Linzer Fußball, der Tag der Fusion am 20. Mai 1997. Nicht nur für die Anhänger des FC Linz, sondern auch für viele Fans des Lokalrivalen LASK.

Ein LASK-Fan erinnert sich: „Zum ersten Mal taten mir die Blau-Weißen Leid, denn sie wurden ohne Rücksicht auf irgendwen ausgelöscht."

So mancher wechselte aus Enttäuschung das Lager, einige gingen nicht mehr auf die Gugl und blieben bis heute dem Linzer Fußball fern, andere fanden sich beim Nachfolgeklub des FC Linz, dem FC Blau-Weiß Linz auf dem ehemaligen Austria Tabak-Platz an der Unteren Donaulände wieder. „Die Großspurigkeit und der Größenwahn der Vereinsführung hat mich angekotzt. Der Linzer Fußball hat immer von der Rivalität gelebt. Dass es nach der Fusion besser wird, war ein Irrglaube, darum habe ich damals das sinkende Schiff verlassen", sagt heute ein ehemaliger LASK-Anhänger, der kurz nach der Fusion zum FC Blau-Weiß Linz übergewechselt ist.

„Man hat praktisch unser Lebenswerk zerstört", meinte ein aufgelöster Hans Rinner, nachdem er die Schreckensmeldung vom Ende des FC Linz vernommen hatte. Rinner hatte 1946 die Fußball-Sektion des SK VOEST gegründet und war maßgeblich an dem Aufstieg in die oberste Spielklasse beteiligt gewesen. „Kommt's doch noch zum Leichenschmaus", lud FC Linz- Manager Jürgen Werner am 21. Mai 1997 die Journalisten zum Buffet in das damalige Hotel Ramada beim Design Center nach Linz. Jener Ort, an dem bereits acht Tage vor der offiziellen Bekanntgabe ein Geheimtreffen zwischen den Spitzen von FC Linz und LASK stattgefunden hatte. Das Thema: Die Fusionierung der beiden Stadt-Klubs. Das

Trauerplakat der VOEST-Fans nach dem Verlust ihres Klubs

Motiv: 28 Millionen Schilling Schulden, die der FC Linz in den vergangenen zwei Jahren angehäuft haben soll.

Für manche kam die Fusion, die ja eigentlich keine war, überraschend, andere hatten bereits damit gerechnet. Wenn auch nicht überraschend, so war sie dennoch ein Schlag in die Magengrube. „Ich habe geahnt, was kommt, Franz Grad & Co. hängen halt nicht so am Verein wie die alte Führung", reagierte der ehemalige SK VOEST Präsident Franz Ruhaltinger. Mit dieser Aussage hatte Ruhaltinger nicht ganz Unrecht. Denn das Ausmaß der emotionalen Bindung des

FC Linz-Präsidenten und Inhabers der Spedition Transdanubia, Franz Grad, seinen Verein kann einerseits an seiner LASK-Mitgliedschaft, andererseits an einer Aussage wie der folgenden gemessen werden. „Es ist doch völlig wurscht, mit welchen Trikots gespielt wird oder wie der neue Klub heißt. Hauptsache er ist erfolgreich."[1] Dieser Traum vom Linzer Großklub, der nun unter dem neuen Namen LASK Linz auftrat, entpuppte sich jedoch bereits ein Jahr später als großer Flop. Was Ruhaltinger damals gelassen aussprach, sollte sich zehn Jahre später am Beispiel des SV Pasching erneut bestätigen.

Was sich neckt, das liebt sich – Annäherungsversuche zweier Konkurrenten

Die Idee, die beiden Klubs zu fusionieren war aber nicht neu, und sie kam auch nicht von Franz Grad. Schon viel früher waren es führende oberösterreichische Fußball-Funktionäre gleichermaßen wie Politiker und Wirtschaftstreibende, die die Diskussion über die Zusammenlegung der beiden Linzer Vereine regelmäßig am Köcheln hielten. Hintergründe waren der mäßige Erfolg und immer wiederkehrende wirtschaftliche Turbulenzen auf beiden Seiten. So schlitterte der LASK 1995 unter der Präsidentschaft des Linzer Juweliers Otto Jungbauer mit einem Schuldenberg von 25 Millionen Schilling in eine finanzielle Krise. Der Klub stand vor dem Ruin. Ein Zwangsausgleich sicherte noch einmal das Überleben der Schwarz-Weißen.

Doch bereits Jahre zuvor wurden vor dem 21. Linzer Derby am 2. April 1977 beim Stadioneingang Fragebögen ausgeteilt, in denen sich die 11.000 Fans zum Thema Fusion äußern konnten. VOEST, damals in sechs Frühjahrsrunden sieglos, probierte es mit einem neuen Trainer, Brzic löste Günthner ab. Beim LASK warf Helmut Kögelberger überraschend das Handtuch und legte die Kapitänsschleife zurück. Die auf mäßigem Niveau verlaufene Partie endete 1:1. Eine Saison später blühte dem LASK der Abstieg in die zweite Division.

7. Mai 1982, der LASK war wieder aufgestiegen, und trotzdem ein ähnliches Bild: Im letzten Jahr der Zehnerliga plagte diesmal beide Linzer Vereine die Abstiegsangst. „Die rote Laterne schwebt über dem Derby", titelte damals die Kronen Zeitung vor dem 38. Linzer Derby. Vor 6000 Zuschauern endete das Duell ebenfalls mit einem 1:1 Unentschieden.[2] VOEST belegte schließlich den achten Tabellenplatz. Der LASK wurde Schlusslicht und durfte dank der Einführung der 16er-Liga weiterhin oben mitspielen.

Spätestens mit der Privatisierung der VOEST und dem damit verbundenen Abhandenkommen des Hauptsponsors der Linzer Arbeiterkicker wurden die Stimmen nach einem Zusammenschluss der beiden Linzer Vereine immer lauter. Diese kamen zumeist aus dem Lager der Werkssportler oder von Seiten der Stadtväter. So sprach der damalige LASK-Direktor Franz Enzenebner in der Herbst-Ausgabe der „LASK Information" aus dem Jahr

Der letzte große Förderer des SK VOEST: Generaldirektor Heribert Apfalter (re.) mit Franz Ruhaltinger

---

1 Sportmagazin. Fußball-Extra 97/98. Die Fusion. S. 19.
2 Vgl.: inTEAM. Offizielle Match-Info des LASK Linz. Ausgabe 4/97.

Die Fusions-Präsidenten: links Wolfgang Rieger (LASK), rechts Franz Grad (FC Linz)

1988 von einem Wunschgedanken der Stadt Linz und mahnte davor, die beiden Vereine zu fusionieren: „Diesmal waren Spitzenfunktionäre der VOEST dagegen. Vor einigen Monaten haben aber einige Funktionäre eine Spielgemeinschaft mit uns lanciert, da gab es eine Flugzettelaktion für eine Ehe LASK-VOEST. Eine Fusion LASK-VOEST ist genauso undenkbar wie ein Zusammenschluss der Traditionsvereine Austria und Rapid Wien oder FC Bayern und TSV 1860 München."[3] Enzenebner sollte sich irren. Am 31. Mai 1997 feierte der FC Linz beim 74. und letzten Linzer Derby gegen den LASK einen 3:0-Sieg. „Und als der Stadionsprecher ‚Das war das letzte Heimspiel des FC Linz' ins Mirko sprach, brachen auch bei Manager Jürgen Werner alle Dämme. Er weinte hemmungslos. Die Helden aber mussten nochmals vor den Vorhang: 45 Minuten nach dem Abpfiff intonierten sie mit den ausharrenden Fans die Welle. „Der Himmel strahlte – vermutlich letztmals – königsblau", war in der Kronen Zeitung zu lesen.[4] An einem Eingangstor zum Linzer Stadion stand noch bis 1998 großflächig auf einem Metallflügel zu lesen: „Alle ins Stadion sonst Fusion!!!" Doch selbst diese Mahnung der FC Linz-Fans schien keinen zu interessieren.

So war es schließlich auch ein gewisser Franz Grad, damals Präsident des FC Linz, dem die Linzer Fans das Sterben ihres Vereins zu verdanken hatten. Als „Totengräber" wurde er fortan von den blau-weißen Fans beschimpft. Was damals noch keiner wissen konnte, war, dass eben dieser Franz Grad in der Funktion als Pasching-Präsident zehn Jahre später einen weiteren oberösterreichischen Verein verkaufen und für die erste bundesländerübergreifende Fusion in der österreichischen Fußballgeschichte sorgen würde.

Die Entscheidung wurde aber nicht von Grad alleine getroffen, auch wenn dieser fast sämtliche Transfererlöse der Spieler bekam und zusätzlich 4,2 Millionen vom damaligen VOEST-General Peter Strahammer für die Abwicklung der Fusion. Die Vorbereitungen für die Fußball-Ehe wurden von einem kleinen Kreis von Vorständen unter strengster Geheimhaltung getroffen. Bereits am 13. Mai trafen sich Eduard Saxinger, Anwalt der beiden Fusionspartner, LASK-Präsident Wolfgang Rieger, LASK-Ehrenpräsident Walter Scherb, Architekt Wolfgang Kaufmann, Nationalrat Erhard Koppler und Reifenunternehmer Othmar Bruckmüller vom FC Linz im Ramada-Hotel. Innerhalb einer Woche machten sie den Deal perfekt.[5] Acht Tage später stellten die beiden

---

3 LASK-Information. Herbst 1988. S.
4 Kronen Zeitung. 31. Mai 1997.
5 Vgl.: Ewig lockt der LASK. S. 130-140.

Auch den LASK-Fans war die Fusion nicht geheuer: Fan-Protest im Linzer Stadion

Klubchefs Rieger und Grad mit der Unterzeichnung des Fusionsvertrags die Öffentlichkeit vor vollendete Tatsachen.

„Durch unsere Fusion mit dem FC Linz kommt es zur Konzentration der Kräfte, die sowohl aus sportlichen, als auch aus wirtschaftlichen Gründen die einzige Lösung ist, um Spitzenfußball in Linz zu garantieren. Die Potentiale der beiden Vereine werden zusammengelegt und so ein Großklub geschaffen, der den Wirtschaftsraum Linz repräsentieren und der in Zukunft ganz vorne mitspielen kann. Wir haben bei der Fusion darauf geachtet, dass unser Name und unsere Vereinsfarben Schwarz-Weiß erhalten bleiben. Auch bei der sportlichen Leitung gibt es keine Veränderung. Um für unsere treuen Fans künftig attraktiven Fußball zu garantieren, werden in den kommenden Tagen von speziellen Arbeitsgruppen Weichenstellungen in sportlicher sowie wirtschaftlicher Hinsicht erfolgen."[6] Mit diesen Worten rechtfertigte der damalige LASK-Präsident Wolfgang Rieger den Entschluss für die „Scheinehe" vor den Fans. Landesrat Josef Ackerl sprach damals von einem 90-Millionen-Schilling-Budget für den neuen Großklub, der von nun an LASK Linz hieß, und auch weiterhin in den Klubfarben Schwarz-Weiß spielen würde.

Der FC Linz stellte nach 51 Jahren den Spielbetrieb ein, die Spieler wurden übernommen, zum Großteil jedoch gleich wieder abgegeben. Der vom FC Linz zum LASK übergewechselte Kader hatte einen Gesamtwert von rund 15 Millionen Schilling. Doch nur 20 von den insgesamt 45 Profis, die Athletiker mit einberechnet, blieben erhalten.[7] Nur drei Mann, nämlich Brenner, Pavlovic und Stieglmair, fanden Gnade vor den Augen des neuen Trainers Per Brogeland.[8] Der LASK lebte weiter. Doch von den versprochenen 90 Millionen bekam Rieger nie etwas zu Gesicht. Politik und Wirtschaft ließen den Großklub im Stich. Ohne Sponsoren übernahm der Bankier die finanzielle Verantwortung.

---

6 inTEAM. Offizielle Match-Info des LASK Linz. Ausgabe 9/97.
7 Vgl.: Kronen Zeitung. 24. Mai 1997.
8 Vgl.: Sportmagazin. Fußball-Extra 97/98. Die Fusion. S. 20.

Der Fall Rieger – Vom geliebten Präsidenten zum Pleite-Bankier

Wolfgang Rieger war von klein auf ein leidenschaftlicher Fußballfan. Bereits in der Schule trug er wegen seiner Affinität zum Linzer Fußball den Spitznamen LASK. Geboren in St. Wolfgang, arbeitete sich Rieger vom „Konsum"-Lehrling zum Privatbank-Eigentümer hoch und gründete die Wechselstubenkette Riegerbank. 1995 stieg der Privatbankier als Präsident beim LASK ein. Der Verein war gerade in den Konkurs geschlittert, und Rieger sollte dem Fußballklub finanziell unter die Arme greifen. Der öffentlichkeitsscheue Präsident traf sich von Beginn an lieber mit den Spielern zum Fachsimpeln oder ging mit ihnen etwas trinken, als sich in der Öffentlichkeit zu zeigen. Die Wochenenden widmete er stets den Fußballspielen des LASK. „Ab Freitagnachmittag war Rieger nicht mehr zu erreichen. Wochenende, das waren für ihn der LASK und Fußball", sagt der damalige Bilanzprüfer Walter Türke. Auch die spätere Präsidentin des LASK, Brigitte Campregher, erzählt: „Beim Fußball war er wie ein kleiner Junge. Seine Augen haben geleuchtet, und er war voll und ganz bei der Sache."[9] Das ist einer der Gründe, warum Rieger selbst nach seiner Verhaftung bei den LASK-Fans noch immer hoch im Kurs stand.

Riegers Ziel war es von Beginn an, den LASK zum Meistertitel zu führen. Dafür scheute der Bankier weder Zeit noch finanzielle Mittel. So stellte der Chef der Rieger-Bank nach der Fusion gemeinsam mit Max Hagmayr eine attraktive Mannschaft auf die Beine. Der deutsche Trainer Friedel Rausch musste gehen, stattdessen wurde ein Nobody aus Norwegen verpflichtet. Die Bestellung Per Brogelands, der mit der Damen-Nationalmannschaft seines Landes 1990 den Vize-Weltmeistertitel errungen hatte und ein glühender Verfechter der Viererkette war, sorgte gleich für den ersten „Ehe-

Nur ein vermeintlicher Retter in der Not: LASK-Präsident Wolfgang Rieger

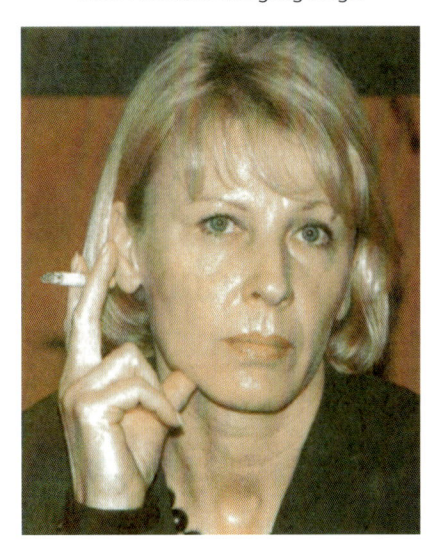

„Beim Fußball war er wie ein kleiner Junge." LASK-Vizepräsidentin Brigitte Campregher über Wolfgang Rieger

krach". „Ein Alleingang von Rieger, er hat sich diesen Norweger aufschwatzen lassen", polterte Grad.[10] Unter Brogeland fanden neben Vidar

---

9 Der Milliarden Pleite-Bankier. S. 231.
10 Sportmagazin. Fußball-Extra 97/98. Die Fusion. S. 20.

Riseth, der bereits ein Jahr in Linz weilte, zwei weitere Norweger den Weg zum LASK: zum einen der 1,88 Meter große Abwehrhüne Rune Tangen, zum anderen der norwegische Teamstürmer und spätere österreichische Torschützenkönig Geir Frigard.

Doch dem nicht genug. Mit der Verpflichtung von Peter Stöger gelang dem LASK die Sensation. „Der Transfer des 56fachen Teamspielers könnte ganz Fußball-Linz wohl ähnliche Impulse geben wie der Wechsel von Willy Kreuz Ende der 70er Jahre zum SK VOEST", schrieb das LASK-Ankündigungsblatt inTEAM damals über den Wechsel Stögers von Rapid zu den Schwarz-Weißen.[11] „Die Mannschaft strebt nach oben, will etwas erreichen, da kann ich sicher noch etwas bewirken", meinte Stöger auf die Frage, warum er sich für den LASK entschieden habe. Damit hatte der Internationale nicht ganz Unrecht. Nach nicht einmal einem Jahr, im April 1998, musste der Workaholic und als Computer-Coach belächelte Brogeland Linz wieder verlassen, weil unter der Hand Otto Baric bereits als Nachfolger verpflichtet worden war. Unter dem kroatischen Erfolgstrainer sollten die Linzer den Titel holen und den Einzug in die Champions League schaffen. Dazu kam es aber nie.

Am 10. Oktober 1998 wurde LASK-Präsident Rieger von der Polizei für abgängig erklärt. Mit ihm waren auch 107 Millionen Schilling aus seiner Bank verschwunden, und sämtliche Konten waren leer geräumt. „LASK-Präsident hinterlässt viele Rätsel", titelten damals die Oberösterreichischen Nachrichten.[12] Wurde die Rieger Bank lange Jahre als liquide und mit einer guten Ertragslage ausgestattet angesehen – kein Geringerer als der ehemalige Kurzzeit-Finanzminister Andreas Staribacher verfasste damals das Liquidationsgutachten – zeigte sich der wirkliche Schuldenstand erst nach dem Verschwinden des Bankiers. Bei Banken und Versicherungen stand

Er verpflichtete noch Otto Baric als LASK-Trainer, bevor die Handschellen zuschnappten: Wolfgang Riegers ungeheuer starker Abgang beim LASK

er mit rund 400 Millionen Schilling in der Kreide, den Zeichnern der Rieger Bank-Anleihe schuldete das Institut 367 Millionen Schilling, Privatinvestoren schließlich weitere 200 Millionen. In Sum-

---

11 inTEAM. Offizielle Match-Info des LASK Linz. Ausgabe 21/97.
12 Oberösterreichische Nachrichten. 14. Oktober 1998. S. 1.

me betrugen die Verbindlichkeiten knapp eine Milliarde Schilling.[13]

„Der LASK steht vor den schwersten Stunden seiner Vereinsgeschichte", schrieb damals das Neue Volksblatt.[14] „Gemunkelt wurde ja schon viel. Ich habe befürchtet, dass etwas nicht stimmt, denn wer kann als einzelner so großzügig sein", brachte es Ex-LASK-Präsident Rudolf Trauner auf den Punkt.[15] Immerhin soll der LASK-Präsident rund 60 Millionen jährlich aus seinem Privatvermögen in den Klub gesteckt haben. Noch im Frühjahr 1998 hatte er gegenüber der Bundesliga eine persönliche Haftung über 35 Millionen Schilling übernommen, um den Spielbetrieb für die Saison 1998/99 sicherzustellen. Allein für seinen Einstieg in den Klub hatte er zehn Millionen Schilling aus seiner eigenen Tasche auf den Tisch gelegt. Aber schon damals waren seine Bilanzen gefälscht.[16]

Zwei Wochen nach seinem Verschwinden wurde der Besitzer der internationalen Wechselstubenkette auf der Flucht vor den österreichischen Behörden schließlich in Südfrankreich in seiner Villa in der Nähe von Cannes verhaftet. Dem Journalisten Karl Wendel antwortete er damals auf die Frage, warum er Präsident des LASK geworden sei: „Viele glauben jetzt, dass mich mein Fußballengagement finanziell ruiniert hat. Aber das war bei meinem Schuldenstand schon egal. Ich habe mir den Präsidenten-Kick gegeben, weil ich ein Fanatiker bin. Nur Wahnsinnige werden Fußballpräsidenten, denn Fußball in Österreich wird nie ein Geschäft sein. In Wahrheit sind doch alle flach. Und verrückt. – Ich war der Verrückteste."[17]

Selbst nach seiner Verhaftung wurde Rieger nicht gleich als Präsident des Fußballklubs abgewählt. „Alle Spieler, die der LASK jetzt verkauft, gehören mir, ich habe die Transferrechte. Ohne mich geht gar nichts, schließlich bin ich noch immer LASK-Präsident.", ließ Rieger durch das Nachrichtenmagazin News im Februar 1999 aus seiner Zelle im Wiener Straflandesgericht vermelden. Doch Rieger sollte sich irren. Nach 14 Monaten kehrte sein Lieblingsspieler Peter Stöger dem LASK den Rücken und unterschrieb einen Zweijahresvertrag bei der Wiener Austria, jenem Klub, bei dem er groß geworden war. „Vor allem dem Peter Stöger würde ich gerne noch einmal die Hand schütteln. Das ist ein klasser Bursch", meinte Rieger bei seiner Überstellung.[18] Aber dazu sollte es nicht mehr kommen. Rieger wurde wegen Veruntreuung und betrügerischer Krida zu achteinhalb Jahren Haft verurteilt. Mittlerweile befindet sich der Ex-LASK-Präsident wieder auf freiem Fuß und soll auch des Öfteren im Linzer Stadion zugegen sein. 2003 wurde er aus der Strafhaft bedingt entlassen.

---

13 Vgl. Der Milliarden Pleite-Bankier. S. 66-67.
14 Neues Volksblatt. 14. Oktober 1998. S. 20.
15 Neues Volksblatt. 14. Oktober 1998. S. 20.
16 Vgl.: Der Milliarden Pleite-Bankier. S. 235-236.
17 Der Milliarden Pleite-Bankier. S. 234.
18 Der Milliarden Pleite-Bankier. S. 232.

DIE PURE VERNUNFT DARF NIEMALS SIEGEN

von Roland Wolf

Es muss etwas anderes gewesen sein als das bloße Ergebnis. Denn am 16. Mai 1986 quälte sich der SK VÖEST Linz zu einem mageren 2:2 gegen Spittal an der Drau. Ein Resultat jedenfalls, wo du als Normalsterblicher nicht gleich in überschwängliche Euphorie verfällst und dir eine Dauerkarte für die nächsten zehn Jahre besorgst. Vielleicht waren es die Vereinsfarben, vielleicht das unübertroffen klare Logo, das ein kolossales blaues V und ein nicht minder mächtiges blaues Ö in symbiotischer Eintracht auf weißem Hintergrund zeigt. Vielleicht waren es auch bloß die Stadion-Pommes, die nach Expertenmeinung weltweit zu den Top-Fünf zählen. Möglicherweise war es das Ostblockflair vermittelnde Gugl-Oval, das an jenem lauen Freitagabend – drei Wochen nach Tschernobyl – nur schütter besetzt war und den Kindern genug Auslauf und Freiräume für kleinere Entdeckungsreisen bot.

Andi, damals sieben Jahre alt, weiß nicht mehr, was es war. Auf jeden Fall hat dieses Datum irgendetwas Magisches an sich und unmittelbar mit seinem Dasein als Fußballfan zu tun. „Mein Vater hat mir immer schon von der 74er-Meisterschaft erzählt, und eines Tages hat er mich ins Stadion mitgenommen." Da ist er nun gesessen, der aufgeweckte Knirps, am Zaun vorm berühmten 7er-Stehplatzsektor, und hat kleine Papierflieger Richtung Spielfeld geschossen. Die meisten haben aufgrund ungünstiger Windverhältnisse eine einem Bumerang nicht unähnliche Flugbahn genommen, einige wenige haben's zumindest bis auf die Laufbahn geschafft.

Willst du Mechaniker werden, absolvierst du am besten eine Lehre bei einer Autowerkstätte in deiner Nähe. Willst du Arzt werden, wär's nicht schlecht, wenn du ein Medizinstudium zumindest in Erwägung ziehen würdest. Andi ist von Beruf Sozialarbeiter und hat zu diesem Zweck im Vorfeld den Fachhochschul-Studiengang für Soziale Arbeit in Linz besucht. Jedes Problem kann

Talfahrt setzte sich – bis auf ein kurzes Aufflackern in der Saison 1991/92, als unter dem Namen FC Stahl Linz Platz sechs in der ersten Liga erreicht wurde – unvermindert fort und erlebte 1997 ihren traurigen Höhepunkt in der Auslöschung des Vereins.

Klar hätte sich Andi einen erfolgsverwöhnteren Verein aussuchen können, und er gibt auch zu, mit Rapid Wien kokettiert zu haben. Aber kann man sich seinen Verein überhaupt aussuchen? Hat man eine Wahl? Oder ist die Verbindung Mensch-Fußballklub eine gottgegebene, eine schicksalhafte? Warum hängt man einem Klub an, der in seiner Geschichte zweifellos mehr Niederlagen einstecken musste, als er Erfolge feiern durfte? Wie wichtig ist der sportliche Erfolg für einen Fan?

einer Lösung zugeführt werden. Nur die Antwort auf die Frage, wie jemand zum passionierten Anhänger eines Fußballvereins wird, bleibt völlig rätselhaft und wird die Menschheit wohl bis an ihr unweigerliches Ende verfolgen.

Andi hat keinen leichten Zweitjob gewählt, der ihn 24 Stunden lang an sieben Tagen in der Woche beschäftigt. Als er Mitte der 80er-Jahre in seinen Fanatismus verfiel, befand sich der einstige Bundesligameister längst am absteigenden Ast. Bei Andis Premierenspiel geigte die Mannschaft gerade im neu installierten Mittleren Play-Off auf und trat dort mit Legenden wie Jürgen Werner, Georg Zellhofer, Frane Poparic und dem unverwüstlichen Gerald „Naz" Haider gegen Teams wie Vienna, Sport-Club, Eisenstadt, SAK 1914 und eben Spittal an der Drau an. Das Mittlere Play-Off, der ultimative Brückenschlag zwischen erster und zweiter Liga, kam wie gerufen für den SK VÖEST Linz, der in leidenschaftlichen Fangesängen stets mit dem Drei-Letter-Code SKV abgekürzt wurde. Ein bisschen zu schwach für die erste Liga, ein bisschen zu gut für die zweite. Die

„Natürlich habe ich zu VÖEST-Zeiten vom Europacup geträumt", gibt Andi zu. Nicht von einer Wiederholung der 74er-Sensation, als die blauweißen Fußballgötter im Europapokal der Landesmeister ein heroisches 0:0 gegen den spanischen Meister FC Barcelona schafften. Andi war im Laufe der Jahre bescheiden geworden. Er träumte von einer Auswärtspartie bei Wisla Krakau, Widzew Lodz oder noch besser irgendwo in Rumänien.

Am 21. Mai 1997 war der Traum plötzlich und unverhofft wie eine Seifenblase geplatzt. Der SK VÖEST Linz, der zu dieser Zeit FC Linz hieß, ging im Zuge einer als Fusion getarnten Aktion einer Handvoll Leute – unter der Federführung von Geldgeber Franz Grad – im Stadtrivalen LASK auf. „Damit hat man uns praktisch über Nacht einen bedeutenden Teil unseres Lebens genommen", sagt Andi. Schon tags zuvor – unmittelbar nach dem 1:1 gegen Austria Wien – kursierten unter den Stehplatzfans erste Gerüchte über eine dra-

241

matische Veränderung in der oberösterreichischen Fußballszene.

Während die LASK-Sympathisanten die turbulenten Ereignisse letztendlich schadlos überstanden, sahen sich ihre schlimmsten Gegner dem Nichts gegenüber. Schadenfreude auf der einen Seite. Leere, Wut, Trauer und Niedergeschlagenheit auf der anderen. „Meine Arbeitskollegen haben mir blauweiße Särge gezimmert", sagt Andi, der damals Lehrling war. Sie hatten offensichtlich nicht begriffen, worum es ging. Um leidenschaftliche Hingabe, ehrliche Begeisterung, unendliche Ausdauer und wahre Zuneigung. Für viele Fußballfans könnte nur der Verlust eines geliebten Menschen ein noch einschneidenderes Erlebnis sein. Glücklich waren unter den Blauweißen in dieser Zeit nur jene, die gar nicht registriert haben oder registrieren wollten, dass sich ihr Verein in Luft aufgelöst hatte. Unfassbarkeit als Überlebensrezept in der Krise.

Doch für große Verzweiflung und Selbstmitleid blieb nicht lange Zeit. Schon am 1. August 1997 wurde der FC Blau-Weiß Linz gegründet, der vielen VÖESTlern eine neue Heimat bot. Hermann Schellmann, bis heute Präsident, hatte im Hintergrund die Fäden gezogen. Blau-Weiß nahm den Landesligaplatz des maroden Tschickbude-Teams (Austria Tabak) ein. Viele Fans sind damals zwar weggebrochen, doch ein nicht unbeträchtlicher harter Kern fasste die Chance beim Schopf und unterstützte ab sofort den neuen Klub. Ihnen war egal, wo der Ball rollte – Bundesliga oder Landesliga, Hauptsache blauweiß!

„Wir fuhren eben nicht mehr nach Wien, Graz oder Innsbruck, sondern nach Esternberg, Lenzing und Schärding", sagt Andi. Nicht überall waren die Linzer Fans beliebt. In der Provinz fürchteten sich Bezirkshauptleute, Gendarmen und Bürgermeister vor einfallenden Horden, die im Park Märzenbecher ausreißen, hinter in Seitengassen abgestellte BMW pinkeln oder zehnjährige Mädchen mit Pippi-Langstrumpf-Zöpfen erschrecken. Das Ambiente bei blauweißen Spielen in der Fremde erinnerte zeitweise an den Deutschen Herbst 1977. Nur die ohnehin als besonnen geltenden Kantineure freuten sich über die Gastspiele der Linzer. Denn der Bierkonsum und damit die Kasse stimmten immer. „Es war halt ungewohnt für die Gemeinden, wenn wir mit mehreren 50er-Bussen angerauscht kamen", zeigt Andi ein klein wenig Verständnis für die meist völlig überzogenen Sicherheitsmaßnahmen. „Doch inzwischen sind wir fast überall als Gäste willkommen." Die Märzenbecher wachsen weiter, die BMW bleiben trocken und die kleinen Mädchen können nach wie vor ungestört Tempel hüpfen.

Innerhalb kürzester Zeit hat sich der FC Blau-Weiß Linz – nicht zuletzt aufgrund der bewegten Geschichte seines Vorgängers – zu einem Kultklub entwickelt. Ähnlich wie St. Pauli, 1860 München oder der Wiener Sport-Club. Die Rolle des Underdogs, der aktuell drei Klassen tiefer als der übermächtige LASK spielt, macht sympathisch. Blau-Weiß ist nicht konventionell. Dem Klub und seinen Fans haftet so etwas wie ein rebellisches, subversives, auf jeden Fall oppositionelles Image an. Ein Hauch von Sozialromantik, die Vertreter aus allen gesellschaftlichen Schichten anzieht. Der Punk ärgert sich mit dem Versicherungskaufmann der Oberösterreichischen über vergebene Chancen. Der arbeitslose Maurer jubelt gemeinsam mit dem Nationalratsabgeordneten über das Siegestor in der Nachspielzeit, das aus einem umstrittenen Elfmeter fällt. Und der Hitler-Verehrer steht weit im Abseits. „Wir sind auch nicht nur die Bravsten", sagt Andi, „aber Neonazis, die andere Klubs unterwandern, haben bei uns sicher keine Chance." Im Herbst 2007 wurde von Fans die „Arbeitsgemeinschaft Tribüne ohne Rassismus" (kurz: ARGE ToR) gegründet, die präventiv gegen Rassismus in den Stadien agiert. Mit dem Dachverband der Blau-Weiß-Fanclubs („Stahlstadtkollektiv"), der Gruppierungen wie Blauhelme, Pyromanen, Stahlfront, Fanatics, Urtypen oder Stahlstadtkinder vereint, stellen die Anhänger die Fankultur in den Vordergrund.

In der Regel kommen nicht weniger als 1.000 Leute zu den Heimspielen in den Donaupark. „Wer professionelle Strukturen, Geschichte, ewige Hoffnung auf bessere Zeiten, unglaublich kreative Choreographien, echtes Bier, Fröhlichkeit und eine Oldschool-Stimmung erleben will, der geht zu Blau-Weiß. Bei uns riechst du den Rasen und nach dem Match diskutierst du mit den Spielern in der Kant'n", sagt Andi. „Wenn du das nicht willst, sondern ein Event mit Cheerleaders, Remmidemmi, VIP-Club und Lachsbrötchen statt Maurerforelle, dann gehst du zum LASK."

Und kein bisschen neidisch auf erfolgreichere Mannschaften? „Wenn ich alles Revue passieren lasse und ehrlich zu mir selber bin, dann muss ich zugeben, dass es furchtbar und tragisch ist, dass wir so weit unten spielen. Und als Fan-Neueinsteiger ist es natürlich vernünftiger, wenn du zu einem anderen Klub gehst. Aber die pure Vernunft darf niemals siegen." Bei Andi hatte sie schon an jenem lauen Freitagabend im Mai 1986 verspielt.

VOM MÜHLBACH AN DIE ALS
Norbert Lichteneggers Weg in die erste Liga

von Andreas Tiefenbacher

Aufgrund der landschaftlichen Gegebenheiten hat im Inneren Salzkammergut eigentlich immer der Wintersport dominiert und ist Bad Goisern auch eher als nordisches Zentrum denn als Fußballhochburg bekannt. Daher muss einer schon über herausragende Qualitäten verfügen, um sich von hier aus via Fußball ins Rampenlicht überregionaler Aufmerksamkeit zu hieven. Dass nämlich der Weg in die erste Liga, von einer gemähten Wiese eher so weit entfernt ist wie der Himalaya vom Dachstein, zeigt sich, wenn man schaut, wie viele es denn nun eigentlich sind, die es tatsächlich geschafft haben, aus dem oberen Trauntal heraus und in Österreichs oberste Spielklasse hinein zu kommen: In der 85jährigen Geschichte des SV Bad Goisern von 1923 an bis heute sind es genau zwei Spieler, denen dieses Kunststück gelungen ist.

Von Bad Goisern über den LASK zum Wiener Sport-Club

Natürlich hat man hierorts immer ambitioniert Fußball gespielt, der Erfolg allerdings hielt sich in Grenzen. 1963 gelang dem SV Bad Goisern, dessen Sportplatz unweit des Mühlbaches liegt, dann aber doch der Aufstieg in die Bezirksliga. Und zwei Spielzeiten später holte die Mannschaft sogar den Meistertitel und stieg in die damals höchste Landesklasse, die. oberösterreichische Landesliga, auf. Bevor man 1968 mit 6 Punkten hinter dem Vorletzten die Meisterschaft beendete und damit wieder zurück in die Bezirksliga musste, agierte der SV Bad Goisern immerhin drei Saisonen lang in der obersten Spielklasse Oberösterreichs. Die auffallendste Persönlichkeit dieser Mannschaft war Hannes Tiefenbacher. Er spielte beim 4:0-Sieg gegen den Welser SC, der in der Abschlusstabelle für die Saison 1965/66 den 3. Platz belegte, groß auf, erzielte zwei Tore und wechselte in der Folge zu VOEST. Der Verein war zu dieser Zeit in der Regionalliga Mitte engagiert. In den zwei Jahren, die Hannes Tiefenbacher beim Verein spielte, fehlte der Außenback in keinem Meisterschaftsspiel. In der Saison 1967/68 schaffte er mit VOEST den 4. Platz, ein Jahr darauf wurden die Linzer in der Regionalliga Mitte sogar Vizemeister. Zu diesem Zeitpunkt war Erstdivisionär LASK schon auf den ehrgeizigen Verteidiger aufmerksam geworden, der – wie er in einem Zeitungsinterview bekannte – ein Anhänger von Max Merkels Gangart war und im Fußball alles erreichen wollte, was es zu erreichen gibt.

Was Tiefenbacher noch erreichte, war ein Wechsel vom LASK zum Wiener Sport-Club, der 1968/69 Vizemeister wurde, was auch im Folgejahr unter Erich Hof gelang, der mit 33 Jahren erstmals das Amt des Trainers innehatte. Hannes Tiefenbacher gehörte dem Spielerkader an, der sich im Mitropacup 1969 gegen den italienischen Meister Cagliari – mit Weltstars wie Enrico Albertosi, Luigi Riva und Roberto Boninsegna – durchsetzen konnte. Dass er sich dann aber mit immer größerer Aufmerksamkeit dem Studium der Architektur widmete, welches er in Rekordzeit von zehn Semestern absolvierte, und seine Fußballerkarriere auf diese Weise ins Hintertreffen geriet, lag auch daran, dass sein Verhältnis zum jungen

Trainer durch Unstimmigkeiten getrübt war, der dann statt Erich Hof nur noch „der Zuckerbäcker" hieß.

Erich Hof betreute den Wiener Sport-Club auch Jahre später wieder, als ein anderer Fußballer des SV Bad Goisern an die Als nach Dornbach kam, wo sich der älteste noch bespielte, seit 1904 existierende Fußballplatz Österreichs befindet; und zwar Norbert Lichtenegger, der am 14. 11. 1951 als drittes von fünf Kindern in Bad Goisern zur Welt gekommen war.

Norbert Lichtenegger, der „gelernte" Turner

Am Anfang seiner sportlichen Aktivitäten stand das Turnen. Nachdem er schlank, wendig und nicht zu groß war, verfügte er über recht günstige Voraussetzungen für diese Sportart, welche ins Schnittmuster der sozialen Umgebung nicht recht zu passen schien. In Goisern fuhr, lief oder sprang man eher Schi oder kletterte, schwamm oder spielte wenigstens Fußball. Norbert Lichtenegger tat das anfangs nur zum Jux, auf den Feldern ringsum mit seinen Freunden. Im Fußballverein war er nicht. Mit zwölf ließ aber dann die Freude am Turnen nach. Seinem damaligen Trainer traute er sich das aber nicht zu sagen. Es verging nahezu ein Jahr, bis er sich dazu durchgerungen hatte, vom Turn- zum Fußballverein zu wechseln.

Was den Einstieg ins organisierte Fußballgeschehen anbelangte, war er damit also quasi ein Spätstarter. Doch dafür kam ihm die körperliche Disziplin, wie er sie aus dem Turnsport kannte, sehr entgegen. Er war ungemein beweglich und konnte hoch springen. Es ging daher sehr schnell, dass er in die Standardelf der Juniorenmannschaft hineinwuchs. Gerade einmal 14 Jahre alt, debütierte er im Spätherbst 1965 auch in der ersten Mannschaft des SV Bad Goisern, der in dieser Saison erstmalig in der oberösterreichischen Landesliga spielte, damals auch noch mit Hannes Tiefenbacher im Team, das 1965/66 unter den 15 in der Landesliga spielenden Mannschaften den 12. Platz belegte.

In der Saison 1967/68 gehörte der 16jährige dann schon zum fixen Kader, saß bei Meisterschaftsspielen auf der Ersatzbank und kam zum Einsatz, wenn ein Stammspieler durch Verletzung ausschied.

Als der SV Bad Goisern in der folgenden Saison wieder in der Bezirksliga spielte, konnte man sich jene bezahlten Spieler, die von auswärts kamen, nicht mehr leisten. Es spielten nur noch Einheimische, allen voran auch Norbert Lichtenegger, dessen Talent unübersehbar war. Von seiner Begabung hätte man mehrere gebraucht, denn in Summe war die Leistungsstärke des SV Bad Goisern dann nicht mehr so hoch. In der Saison 1968/69 belegte man in der Bezirksliga West unter 13 Mannschaften den 11. Platz.

1970 schloss er seine Doppellehre als Elektriker und als Gas-, Wasser-, Heizungsinstallateur

Foto SV Bad Goisern
Die Kampfmannschaft des SV Bad Goisern 1971; Norbert Lichtenegger ist hockend der Dritte von rechts.

245

ab und daneben lieferte er in der Meisterschaft großartige Spiele.

1973 war Aroma-Kaffee-Besitzer Leopold Edelbauer auf ihn aufmerksam geworden, der einige Male im Jahr nach Bad Goisern kam, um seine in der Pension Heller weilende Mutter zu besuchen. Edelbauer hatte mit dem SC Red Star nicht nur einen eigenen Verein, der in der Wiener Liga spielte, er war auch für den SK Rapid Wienerberger als Talentesucher unterwegs. Nach einem Spiel trat er an den zweikampfstarken und nicht gerade zimperlichen Spieler des SV Bad Goisern heran und fragte ihn, ob er nicht Interesse hätte nach Wien zu gehen.

Wenig später absolvierte Norbert Lichtenegger ein Testspiel bei Rapid, kam unter Trainer Ernst Hlozek zwar nicht zum Zug, das grundsätzliche Interesse an seinem fußballerischem Talent war allerdings da.

Lichtenegger stimmte einem Wechsel von Goisern nach Wien erst zu, nachdem man seine Forderung, ihm eine Wohnung und eine Anstellung zu verschaffen, erfüllt hatte. Trotz allem war es damals mehr ein Versuch, den Ausschlag hatten rein sportliche Gründe gegeben: vor allem die Aussicht, vielleicht doch in die erste Mannschaft von Rapid zu gelangen.

Wien war jedoch ziemliches Neuland. Lichtenegger hatte nicht nur ein anderes Idiom, sondern auch noch nie in einer Großstadt gelebt. Er hörte viel zu und machte sich ein Bild von den Leuten. Es dauerte, bis er dazugehörte, stand er doch fußballerisch jetzt wieder viel weniger im Blickpunkt. Um in die Startelf zu kommen, musste er schauen, dass er den einen oder anderen aus der Mannschaft hinausspielen konnte.

Von Red Star über Rapid zum Sport-Club

Die Saison 1973/74 verbrachte er bei SC Red Star in der Wiener Liga und sollte ständig von Rapidfunktionären beobachtet werden, die auch viele andere junge Talente an diesen Klub verliehen. Und sobald sie sich dort etabliert hatten, holte Rapid sie wieder zurück. Das passierte auch Norbert Lichtenegger. Nach dem einen Jahr Wiener Liga rückte er für die Spielsaison 1974/75 in den 24-Mann-Kader von Rapid auf. Damals hatte man gerade die Zehnerliga geschaffen: In der Bundesliga als der höchsten Leistungsstufe spielten zehn, in der Nationalliga als der zweithöchsten sechzehn Mannschaften. Zur Forcierung der Nachwuchsarbeit wurde gleichzeitig ein U-21-Bewerb ins Leben gerufen. Bis auf drei Spieler einer Mannschaft durften alle anderen nicht älter als 21 sein. Lichtenegger war einer dieser drei älteren Spieler, die im U-21-Team von Rapid zum Einsatz kamen. Hin und wieder saß er auch für die erste Mannschaft auf der Ersatzbank. Und wenn die Abwehrspieler Egon Pajenk und Norbert Hof beim Nationalteam waren, rückte er in die Startelf nach und kam so bei Freundschaftsspielen zum Einsatz.

Neben dem Fußball arbeitete Norbert Lichtenegger als Kühl- und Klimatechniker. Diese Doppelbelastung von Spitzensport und Erwerbstätigkeit bedeutete, dass er schon kurz nach 6 Uhr früh die Wohnung verlassen musste und erst um 8 Uhr abends wieder nach Hause zurück kam. Während der Zeit beim SK Rapid Wienerberger hatte er das Glück, einen großen Fan als Arbeitgeber zu haben, der ihm ohne Abschläge ermöglichte, zwischen der Arbeit trainieren gehen zu können.

Und Norbert Lichtenegger sagte in sportlicher Hinsicht auch kräftig Danke, dass man ihn als talentierten Fußballer in der österreichischen Handelskompanie so großzügig behandelt hatte, denn er gewann mit der U-21-Mannschaft von Rapid die erste Meisterschaft und erhielt dafür im Juni 1975 vom Präsidium des SK Rapid eine Sonderprämie von 3500 Schilling brutto. Schon einige Tage zuvor hatte man ihn für einen Ablösebetrag von 50.000 Schilling endgültig aus dem Kader des SC Red Star übernommen. Die Aufnahme in den Kampfkader von Rapid erfolgte allerdings nicht. Man bot ihm statt dessen einen Vertrag für das U-21-Team an, wo er in der abgelaufenen Saison so erfolgreich gespielt hatte.

Im Sommer 1975 hatten auch noch andere Gespräche statt gefunden: Norbert Hof, seit 1973 Kapitän von Rapid, hatte in einigen Freundschaftsspielen mit Norbert Lichtenegger die Abwehr organisiert. Sein älterer Bruder Erich war seit einem Jahr wieder Trainer beim Wiener Sport-Club, der – obwohl man unter 17 Mannschaften den 10. Tabellenplatz belegt hatte – im Sommer 1974 zwangsabsteigen musste, weil in der neu geschaffenen Zehnerliga pro Bundesland nur eine Mannschaft, für Wien zwei Mannschaften spielberechtigt waren.

Norbert Hof hatte nun seinen Bruder auf Lichtenegger aufmerksam gemacht. Er beschrieb ihn als einen Spieler, den er möglicherweise gut in die Sport-Club-Mannschaft einbauen könnte. Und tatsächlich: Am 23. Juli 1975 nannte die Tageszeitung KURIER unter Zugängen beim Wiener Sport-Club auch den Namen Norbert Lichtenegger.

Norbert Lichtenegger

Foto Sündhofer

Von der Ersatzbank zum Stammspieler

In der ersten Herbstrundenbegegnung gegen den SAK daheim war er bereits als Ersatzspieler nominiert, kam in dieser Begegnung allerdings noch nicht zum Einsatz. Aber im Schlager der 2. Runde traf der Sport-Club am 24. August 1975 auswärts auf Austria Klagenfurt. In der 80. Minute dieser Begegnung, die 1:1 endete, schied Mittelfeldspieler Günther Happich verletzungsbedingt aus. Ihn ersetzte Norbert Lichtenegger, der damit zu seinem Nationalligadebüt kam.

In den nächsten zwei Spielen saß der Bad Goiserer wieder auf der Ersatzbank. Aber in der 5. Runde gegen Kapfenberg war Lichtenegger von Anfang an dabei, genauso wie im darauffolgenden Meisterschaftsspiel auf der Hohen Warte gegen die Vienna. In dieser Begegnung, die ein 5:1 für den Sport-Club brachte, gelang es dem weitgehend unbekannten Norbert Lichtenegger den gefährlichsten Angreifer der Döblinger, Herbert Poindl, im Stil eines Routiniers zu entschärfen. Er lieferte hiermit eine erste große Talentprobe ab. Und von da weg ging es für ihn sportlich bergauf.

Bis zur 12. Runde spielte er jedes Match durch. Trainer Hof hatte ihn vom Mittelfeld in die Abwehr zurückbeordert, wo er Vorstopper spielte. In seiner besonnenen Art gelang es ihm gut, sich in die Mannschaft einzufügen. Noch vor der Winterpause stieg er zu den besten Kräften der Sport-Clubs auf, der unter seiner Mitwirkung auch das Finale des Wiener Stadthallen-Turniers am 4. Jänner 1976 gegen Rapid in überzeugender Manier mit 8:2 gewann.

Seine gute Form konnte er über die Winterpause konservieren. Bis zur 20. Meisterschaftsrunde Anfang April blieb der Wiener Sport-Club ungeschlagen. Er hatte auch die wenigstens Gegentreffer kassiert, woran die soliden Abwehrleistungen Norbert Lichteneggers großen Anteil hatten. Ab Ende März stand ihm in Norbert Hof ein neuer Libero und ehemaliger Teamspieler zur Seite. Dennoch fehlte am Saisonende dann ein wenig das Glück. Man spielte zu oft unentschieden und rutschte auf den dritten Tabellenplatz ab. Norbert Lichtenegger traf daran aber nur zum geringeren

Teil die Schuld. Andere Spieler, allen voran die Routiniers im Alter von 31 bis 36 Jahren, gerieten da schon viel mehr ins Visier der Kritiker, obwohl sie in der Nationalliga immer noch als Stützen der Mannschaft galten. Aber mehr schienen sie anscheinend auch nicht zu wollen. Es gab den Vorwurf, dass sie gar nicht aufsteigen wollten.

Den Ball häufiger im Tor unterzubringen, das nahmen sich die Sport-Club-Spieler für die neue Saison 1976/77 vor. Es gab berechtigten Anlass zu Hoffnungen, hatte doch der Verein für den Ankauf von Verstärkungen eine Million Schilling zur Verfügung gestellt. Wenn man allerdings bedachte, dass schon ein Spieler aus der Unterklasse bis zu 400.000 Schilling kosten konnte, war das wieder gar nicht so viel. Und doch startete der Wiener Sport-Club mit fünf Neuerwerbungen in den neuerlichen Kampf um den Aufstieg in die Bundesliga. Trainer Erich Hof rechnete für die ersten Spiele mit Kontaktschwierigkeiten und wurde bestätigt. Obwohl die Erstrundenbegegnung am 15. August 1976 beim Aufsteiger Kremser SC knapp, aber verdient mit 1:0 gewonnen wurde, war die fehlende Harmonie in der Mannschaft unverkennbar. Als eine der wenigen Ausnahme entpuppte sich Norbert Lichtenegger, der mit Norbert Hof den Strafraum souverän beherrschte. Daran änderte sich auch in den folgenden Spielen nichts. Lichtenegger und Hof organisierten die Abwehr gut.

An seinen souveränen Abwehrleistungen änderte sich auch im Frühjahr 1977 nichts. Er spielte konstant gut. Und nach fünf Siegen hintereinander lag der Sport-Club schließlich auf dem 2. Tabellenplatz, nur einen Zähler hinter Spitzenreiter DSV Alpine. Am 23. April spielte man in Eisenstadt. Es war eine Partie, die ungeheuer dramatisch verlief. In der 14. Minute legte Norbert Lichtenegger bei einem Konter einen kraftvollen 40-m-Sprint hin und passte zu Walter Demel. Da ertönte ein Pfiff aus dem Zuschauerraum. Die Eisenstädter Hintermannschaft war irritiert und zögerte, Demel aber spielte weiter und schoss den Ball ins Tor. Im Anschluss daran kam es zu einem Tumult, der Treffer allerdings zählte. In der zweiten Halbzeit gelang den Eisenstädtern aus abseitsverdächtiger Position noch der Ausgleich. Lichtenegger gefiel in diesem Match nicht nur durch seine Soloaktion, die den Führungstreffer einleitete. Er zählte neben Torhüter Peter List, Libero Norbert Hof und Mittelfeldspieler Günther Happich zu den auffälligsten Spielern der Sport-Club-Elf.

Nach dem Sieg daheim gegen Bregenz am 21. Mai übernahm man mit zwei Punkten Vorsprung auf DSV Alpine die Führung in der Tabelle. Eine Woche später musste man nach Donawitz. Ein ganzer Zug voll Sport-Club-Fans reiste mit. Insgesamt sahen 14.000 Zuschauer diese Begegnung, in der dem Donawitzer Jungstar Walter Schachner kein Tor gelang. Norbert Lichtenegger, der ihm als Manndecker zugeteilt war, ließ ihm keine Chance. Er war in guter Form. Das zeigte sich auch im österreichischen Fußball-Cup: Der Wiener Sport-Club spielte am 9. Juni 1977 auswärts gegen SV St. Veit um den Einzug ins Cup-Finale, wo bereits Austria Wien wartete. Trotz drückender Hitze erbrachte Lichtenegger eine auffallend gute Leistung. Er glänzte nicht nur in seinem Abwehrverhalten, er hatte auch mehrere gute Aktionen im Spiel, von denen eine besonders herausstach: Zwei Minuten, nachdem Manfred Wagner für den Wiener Sport-Club in der 34. Minuten den Ausgleich besorgt hatte, brach Lichtenegger in der Mitte durch und schoss an die Stange. Er kämpfte mit vollem Einsatz und deckte den Kärntner Torjäger Günther Golautschnig so hautnah, dass dieser kaum einen Ball sah.

Der Einzug ins österreichische Cupfinale war zu diesem Zeitpunkt Norbert Lichteneggers größter Erfolg. Er gehörte aber mit Walter Lehner und Johann Samer zu jenen Stützen der Mannschaft, welche im ersten Aufeinandertreffen mit der Austria verletzungsbedingt fehlten. Für Lichtenegger war es erst das zweite Spiel in zwei Jahren, das er aussetzen musste.

Im vorletzten Meisterschaftsspiel vor der Sommerpause zuhause gegen Wiener Neustadt war

Foto Sündhofer
Norbert Lichtenegger in einem seiner zahlreichen Zweikämpfe mit Walter Schachner

er wieder dabei, scheute keinen Zweikampf und zählte zu den Stützen der Wiener, die 1:0 gewannen. Eine Runde vor Schluss lag man einen Punkt vor Donawitz, das als einzige Mannschaft dem Wiener Sport-Club den Sieg in der Meisterschaft noch streitig machen konnte.

Vor dem alles entscheidenden Spiel um den Aufstieg in die erste Liga, das am 26. Juni 1977 in St. Veit über die Bühne gehen sollte, absolvierten die Sport-Clubspieler unweit des Stadionbades ein letztes Training. Es wurde in der Nachmittagssonne viel geschwitzt, in den Trainingspause auch gescherzt und gelacht, doch kaum begannen die Spieler wieder mit ihren Übungen, wurden ihre Gesichter ernst und verschlossen. Jeder wusste, was in der letzten Runde auf dem Spiel stand. Die angeschlagenen Knöchel brannten auch bei Norbert Lichtenegger. Er konnte nur mühsam die Gymnastik mitmachen, mobilisierte aber all seine Kräfte. Schließlich musste er, wenn am Samstag das bislang wichtigste Spiel seiner Karriere angepfiffen wurde, unbedingt wieder fit sein, was denn auch gelang. Lichtenegger war beim knappen 3:2-Auswärtssieg gegen SV St. Veit aber nicht nur dabei, er zählte neben Norbert Hof, Günther Happich und Eduard Thomas auch zu den Besten seiner Mannschaft.

Damit war der Wiener Sport-Club und mit ihm auch der 26jährige Norbert Lichtenegger aus Bad Goisern in der höchsten österreichischen Spielklasse angelangt.

Im Cup-Finale keine Chance gegen die Austria

Im Cup-Finale hatte man auch in der zweiten Begegnung gegen die Austria keine Chance. Diesmal war Norbert Lichtenegger mit von der Partie. Und obwohl er samt seinen Kollegen viel spielerisches Potential erkennen ließ, musste er den vielen Matches in letzter Zeit Tribut zollen. Denn wie der überwiegende Teil der Mannschaft ging er neben dem Fußball ja auch noch in die Arbeit, während bei Austria Wien nur Vollprofis agierten. Dennoch zählte Norbert Lichtenegger in dieser Begegnung, die 3:0 verloren ging und der Austria den 16. Cuperfolg brachte, mit Hubert Baumgartner, Karl Daxbacher, Herbert Prohaska, Julio Morales, Gustl Starek, Günther Happich und Ernst Brudna zu den besten Spielern auf dem Platz.

Für die Saison 1977/78 hatte Aufsteiger Sport-Club nur ein Ziel: Man wollte die Klassenzugehörigkeit halten. An Höheres war mit dem kleinen Budget nicht zu denken. Der Spielerkader umfasste bescheidene 18 Mann, unter ihnen Norbert Lichtenegger. Vom Verdienst her schaute es im ersten Bundesligajahr so aus: Es gab ein Fixum von 1.500 Schilling, eine Siegesprämie von 1.250 Schilling und Punkteprämien, die zwischen 250 und 2000 Schilling lagen. Durch die Einführung der Zehnerliga hatte man den ganzen Fußball auf Leistung umstellen wollen. Das führte zu einer empfindlichen Reduktion der Fixbeträge, während die Prämien im Verhältnis zu früher um einiges höher wurden.

In seinen ersten Bundesligapartien bot Lichtenegger durchwegs gute Leistungen. Nach der 0:2-Niederlage in Innsbruck musste er einige Stunden nach dem Spiel wegen Verbrennungen in Spitalspflege, weil die Linien im Tivolistadion mit einem schlecht gelöschten Kalk gezogen worden waren. Er erholte sich davon aber rasch, zählte im Heimspiel gegen VOEST wieder zu den besten Spielern und leitete auch das 2:0 seiner Mannschaft ein. Dabei sprintete Lichtenegger mit dem Ball vom eigenen Sechzehner über den halben Platz und passte zu Walter Demel. Seinen Schuss konnte Torhüter Fuchsbichler noch abwehren, gegen den Nachschuss von Karl Ritter war der VOEST-Keeper allerdings chancenlos.

In dieser Begegnung, die mit einem 3:0-Sieg des Wiener Sport-Clubs endete, war Lichtenegger einer von drei Spielern seiner Mannschaft, denen die Linzer nichts Gleichwertiges entgegenzusetzen hatten. Er zeigte auch in den nachfolgenden Partien, dass er ein großer Kämpfer und der beste Mann in der Sport-Clubverteidigung war. Die gute Form hievte ihn nach dem 15. Spieltag erstmals ins Team der Runde, das die Reporter der Kronen Zeitung Woche für Woche wählten.

Dass die positiven Leistungen in seinem ersten Herbstdurchgang in der Bundesliga überwogen, zeigten eindrucksvoll die Bewertungen der Journalisten. In einem Ranking, das auf folgenden Noten basierte: 5 ist teamreif, 4 ist besser als gut und 3 ist gut, belegte Lichtenegger hinter Vukasinovic vom LASK: 3,23; Breitenberger von VOEST: 3,21; Meister von Vienna: 3,19; Weber von Sturm: 3,17; Josef Sara von der Austria: 3,16 und Constantini von Innsbruck: 3,05 gemeinsam mit Pajenk von Rapid mit 2,95 den 7. Platz. Bei der Wahl zum Fußballer des Jahres 1977, die von der Kronen Zeitung ausging, kam er unter 293 Spielern mit 133 Stimmen auf Rang 85.

Lichtenegger hatte zu seinen Klubkollegen, wie auch zu Trainer Hof, immer ein gutes Verhältnis gehabt. Er schaffte es oft auch in brenzligen Situationen Ruhe zu bewahren und das Richtige zu tun: Im Spiel VOEST gegen Wiener Sport-Club hatte Breitenberger nach sehenswertem Dribbling das 2:0 vor den Beinen. Er wollte aus kürzester Distanz den Ball temperiert am Torhüter vorbei über die Linie schieben; Lichtenegger aber war im richtigen Moment zurückgesprintet und rettete noch auf der Linie.

Seine konsequent guten, kämpferischen Leistungen waren nicht unbeteiligt daran, dass der zeitweilig auf dem letzten Tabellenplatz stehende Sport-Club am Ende der Meisterschaft doch noch auf Platz 8 kam und damit drei Punkte vor Admira und dem LASK lag, der absteigen musste.

Am 2. Juni 1978 meldete die Kronen Zeitung, dass LASK-Direktor Enzenebner dem Wiener Sport-Club ein Tauschgeschäft vorgeschlagen hatte: Tormann Kronberger für Vorstopper Lichtenegger. Doch beim Wiener Sport-Club wollte man höchstens Schulz oder Tercek ziehen lassen, den gebürtigen Bad-Goiserer aber unbedingt behalten. Lichtenegger unterzeichnete dann auch einen neuen Vertrag. Man holte Martinez von der Austria und auch Kronberger vom LASK, gab sich aber dennoch keinen Illusionen hin: Auch für die Saison 1978/79 lautete des primäre Ziel, die Klassenzugehörigkeit zu halten.

Im ersten Spiel gegen Admira Wacker vergab Norbert Lichtenegger die große Chance auf sein erstes Bundesligator, spielte über weite Strecken aber gut. Das gelang ihm auch beim Heimspiel gegen VOEST: Willi Kreuz schaffte es nicht, seinen konsequenten Gegenspieler Lichtenegger entscheidend abzuschütteln. So blieben die Linzer über 90 Minuten ohne klare Torchance.

Selber eine Einschussmöglichkeit zu nützen, das gelang ihm beim Wiener Stadthallenturnier im spannenden Spiel gegen Rapid. Sieben Sekunden vor Schluss erzielte Norbert Lichtenegger das 4:3, das dem Sport-Club die Chance eröffnete, mit einem Sieg gegen die Austria das Turnier noch zu gewinnen. Das schaffte man leider nicht. Auch foulte in diesem Spiel Ernst Baumeister den durchbrechenden Lichtenegger schwer, dem sofort die Sympathien des Publikums zuflogen, das lautstark den Ausschluss des Austria-Spielers forderte.

Als logische Konsequenz von konstant guten Leistungen fand er auch einigen Anklang beim

Publikum und schnitt bei der Wahl zum Fußballer des Jahres 1978 im Vergleich zum Vorjahr um 44 Plätze besser ab. Von insgesamt 281 Spielern in der Wertung kam er mit 1147 Stimmen auf den 41. Rang.

Die gute Form gelang es ihm im ganzen Frühjahr 1979 zu halten. In der 30. Runde gegen die Austria konnte sich Walter Schachner zumeist nur mit Fouls gegen seinen Bewacher Lichtenegger durchsetzen, der auch sonst häufig unter den Besten auf dem Platz war.

Natürlich spielte der Vorstopper nicht immer fehlerlos: Schon im Herbst 1977 leistete er sich im Heimspiel gegen Admira in der 75. Minute beim Stand von 1:1 eine völlig unnötige Spielerei am eigenen Strafraum. Sein kurzer Rückpass missglückte, Johannes Demantke kam an den Ball, überspielte noch Torhüter Erich Pusch und schoss ein.

Zwei Wochen später schon die nächste kleine Panne: Im Spiel gegen VOEST traf ihn der Ball so unglücklich, dass er zum 2:2 über die Linie sprang.

Derart spielentscheidende Situationen verursachte er allerdings selten. Meistens hatte Norbert Lichtenegger den Spieler, dem er als Manndecker zugeteilt war, gut im Griff. Schon in Normalform stellte er für jeden Mittelstürmer ein Bollwerk dar. Lichtenegger war kein überragender Techniker, körperlich aber immer tipptopp, legte er doch auf Fitness großen Wert. Und durch die hautnahe Deckungsarbeit kam es natürlich oft zu harten Duellen und Rangeleien. Unter seinen direkten Gegenspielern befanden sich ja auch Stars wie Max Hagmayr, Gernot Jurtin, Helmut Köglberger, Hans Krankl, Thomas Parits, Herbert Prohaska oder Walter Schachner, die im Nationalteam standen, das Ende der 70er, Anfang der 80er Jahre des 20. Jahrhunderts auch international einen anderen Stellenwert hatte als heute.

Im Herbst 1977 bewachte er den Spielmacher von Austria Wien, Herbert Prohaska, so effizient, dass dieser nicht in seine gewohnte Rolle schlüpfen konnte. „Ich bin ihm fast auf die Zunge ge-

VON KARL SCHATZ

LASK — Wr. Sportklub 0:0. Trotz einer guten Mannschaftsleistung gelang es den Linzer Athletikern nicht, gegen die lange Zeit nur mit zehn Mann operierenden Wiener, beide Zähler zu erobern. Die Hausherren griffen wohl pausenlos an, rannten sich aber immer wieder an der aufopfernd kämpfenden Sportklub-Abwehr fest. Die Endstation hieß Sportklub-Keeper Kronberger.

Beim LASK, der diesmal sehr ambitioniert wirkte, war Krieger, der verletzungsbedingt ausschied, das Um und Auf in der Abwehr. Im Mittelfeld verdient Singerl die beste Zensur, auch die Gebrüder Nagl, Koch und Köglberger überzeugten. Die Gäste hatten in Kronberger ihren überragenden Mann. Aus der Verteidigung müssen Hof und Lichtenegger herausgehoben werden. Im Mittelfeld fiel Ritter durch große Umsicht auf.

Müllner klärt in der 8. Minute nach Stanglpaß von Köglberger knapp vor der Linie. Im Gegenstoß verfehlt Ritter nur um Zentimeter das gegnerische Gehäuse. Kronberger zeichnet sich in der Folge bei Schüssen von Kurt Nagl und Vukasinovic aus. In der 16. Minute wird der aufgerückte Müllner bei einem Preßball im LASK-Strafraum verletzt und scheidet auf Verdacht auf Knöchelbruch links aus. Der LASK diktiert von nun an meist das Spielgeschehen, scheitert aber an der gut gestaffelten Sportklubabwehr.

In der 35. Minute wird Köglberger im gegnerischen Strafraum zu Fall gebracht, das Publikum reklamiert heftig einen Elfer, doch der Referee läßt' weiterspielen. Zwei Minuten später foult Hof Köglberger im Mittelfeld und wird hiefür verwarnt.

In der 54. Minute foult Lehner Höld und bekommt die rote Karte zu sehen. Die numerisch geschwächten Gäste müssen in der Folge pausenlose LASK-Angriffe über sich ergehen lassen, aber Kronberger hält blendend. Die Bemühungen des LASK bringen nichts ein und die Wiener holen sich einen Punkt. — 4500, Höller. — Elferschießen 4:5. 1:0 Köglberger, 1:1 Ritter, Kronberger hält Singerls Strafstoß, 1:2 Drabits, 2:2 Vukasinovic, 2:3 Witzani, 3:3 Höld, 3:4 Samer, 4:4 Gayer, 4:5 Hof.

LASK: Lindenberger; Trafella, Krieger (70. Gayer), Bläser, Kurt Nagl; Vukasinovic, Wolfgang Nagl, Singerl; Höld, Koch, Köglberger. — **Sportklub:** Kronberger; Samer, Hof, Lichtenegger, Müller (20. Lehner); Viertl, Djuric (65. Witzani), Ritter, Brauneder; Demel, Drabits.

Foto und Spielbericht aus dem Volksblatt vom 22. September 1979

stiegen", meinte Lichtenegger nach dem Spiel zufrieden. „Das ist auch notwendig, denn ein Prohaska mit dem Ball auf dem Fuß kann nicht mehr gestoppt werden. Meine Aufgabe war zuletzt nicht mehr schwer, denn Prohaska hatte sichtlich resigniert."

Härtere Auseinandersetzungen gab es mit Helmut Köglberger und Max Hagmayr. Im Frühjahr 1980, als der Wiener Sport-Club in der 34. Runde zu Hause gegen den LASK antrat, bediente sich Lichtenegger auch nicht mehr ganz legaler Mittel, um Köglberger zu entschärfen. Max Hagmayr von VOEST warf seinem direkten Gegenspieler Norbert Lichtenegger im Herbst 1981 sogar Unfairness vor. Er behauptete, Lichtenegger hätte ihn absichtlich gefoult und spiele mit übertriebener Härte. Natürlich blieb ihm oft gar nichts anderes übrig, als den Stars, wenn sie gut in Form waren, die Schneid abzukaufen und härter hineinzusteigen.

Zweikampf mit Hans Krankl

Das war natürlich auch gegen Hans Krankl so. Ihn beschattete Norbert Lichtenegger in seiner Bundesligakarriere insgesamt neun Mal. Die Duelle gingen ungefähr pari aus. In einem Spiel gelang Krankl ein Tor, im nächsten wieder nicht. Völlig abgemeldet war er am 4. Februar 1978: In einem schnellen, kampfbetonten Match hatte ihn Lichtenegger 90 Minuten lang gut im Griff. Krankl gelang es kaum, zwischen Lichtenegger und Hof eine Lücke zu finden. In der 78. Minute schied Lichtenegger aus der mitunter hektischen Begegnung verletzt aus. Bei einem Zweikampf mit Hans Krankl wurde ihm das Knie ausgekegelt. Schon vorher wollten Besucher einen Tritt von Helmut Kirisits auf den Kopf des Vorstoppers bemerkt haben. Lichtenegger musste drei Wochen lang pausieren.

Auf seine Form färbte die Seitenbandzerrung nicht ab. Anfang März 1978 brillierte er schon wieder in der Abwehr und wurde ins Team der Runde gewählt. Da hinein schaffte er es regel-

Foto Sündhofer
Hans Krankl wurde in insgesamt neun Spielen von Norbert Lichtenegger beschattet

mäßig immer wieder. Am Ende der Meisterschaft 1978/79 lag der Wiener Sport-Club schließlich auf dem zweiten Tabellenplatz, zwar 14 Punkte hinter Austria Wien, aber 2 Punkte vor Rapid. Damit war man Vizemeister, für Norbert Lichtenegger der größte Erfolg seiner Fußballerkarriere. Es bedeutete auch, dass man nach achtjähriger Pause erstmals wieder am UEFA-Cup teilnahm. Dort traf man auf den rumänischen Vertreter FC Universitatea Craiova, gegen den man zuhause über ein 0:0 nicht hinauskam. Lichtenegger lieferte dennoch eine ausgezeichnete Partie. Gemeinsam mit Libero Norbert Hof verhinderte er, dass man bei den gefährlichen Konterstößen der Rumänen ein Verlusttor kassierte. Im Auswärtsspiel passierte das aber dafür gleich dreimal. Der Wiener Sport-Club verlor schlussendlich mit 1:3, womit das Abenteuer Europacup in der ersten Runde auch schon wieder zu Ende war.

In besserer Erinnerung als das Spiel blieb der Heimflug von Craiova. Bei der Zwischenlandung in Bukarest platzte nämlich ein Reifen der zweimotorigen Chartermaschine. Während rumänische Techniker zum rauchenden Fahrgestell hetzten, stiegen die Sport-Club-Spieler mit bleichen Gesichtern aus.

Ein bleiches Gesicht bekam Norbert Lichtenegger beim Wiener Sport-Club ja sonst höchstens vor dem Abstiegsgespenst in der Meisterschaft. Aber das konnte ihn auch nicht mehr wirklich erschrecken. Denn mit Ausnahme des einen Mals, als man Vizemeister wurde, war es ja ständig präsent. Als Spieler beim Wiener Sport-Club kämpfte man schließlich jedes Jahr um den Klassenerhalt. Mit Norbert Lichtenegger im Team ging dieser Kampf immer gut aus: 1980 und 81 wurde man Achter, 1982 – im achten und letzten Jahr der Zehnerliga – Siebenter. Damals war Norbert Lichtenegger erstmals Sport-Club-Kapitän und seine Popularität stand am Zenit. Denn bei der Wahl zum Fußballer des Jahres 1982 belegte er mit 21.594 Stimmen den 16. Platz, noch vor Walter Schachner (damals in der italienischen Liga bei Cesena).

Auch in der Saison 1982/83 war Lichtenegger Sport-Club-Kapitän. In diesem ersten Jahr der Sechzehnerliga kam man über Rang 11 nicht hinaus. Der Verein war gerade 100 Jahre alt geworden und wollte endlich wieder mit Rapid und Austria ernstlich in Konkurrenz treten. Deshalb entschloss man sich, auf Profibetrieb umzustellen. Im Alter von 32 Jahren wollte sich Norbert Lichtenegger das aber nicht mehr antun. Es war ihm ein zu hohes Risiko. Daher nahm er nach acht Jahren beim Wiener Sport-Club, sechs davon in der ersten Liga, die letzten zwei auch als Mannschaftskapitän, seinen Abschied.

Lichtenegger spielte noch einige Zeit erfolgreich bei Simmering und Vienna, ließ sich zum Trainer ausbilden und blieb bis Anfang der 1990er Jahre aktiver Spieler. Dann war Schluss. Doch ohne Sport ging es natürlich nicht. Nach Fußball kam Squash. Und wenn ihn als derzeitigen Präsidenten des Niederösterreichischen Squash Rackets Verbandes (NÖSRV) nicht gerade eine terminliche Verpflichtung ruft, genießt Norbert Lichtenegger die Ruhe beim Fischen, ob das nun in Alaska ist, in Spanien oder an der Mur. Und hin und wieder kommt er auch noch an den Mühlbach nach Bad Goisern, wo damals alles begann.

Foto: SV Bad Goisern
Andreas Tiefenbacher (li.) und Norbert Lichtenegger (Mi.) wurden anlässlich des Jubiläums „60 Jahre Sektion Fußball des SV Bad Goisern" vom Verein geehrt.

Quellen:
60 Jahre Sektion Fußball des SV Bad Goisern, hg. v. SV Bad Goisern, Wien 1983.
Zeitungsausschnitte-Sammlung Norbert Lichtenegger, 1970-1988.
Interview mit Norbert Lichtenegger in Oeynhausen (Niederösterreich), 12. 11. 2007.

WARUM ICH FUSSBALL HASSE. UND WARUM ICH FUSSBALL LIEBE

von Walter Kohl

Im Linzer Stadion auf der Gugl war ich das erste Mal als Kind Mitte der Sechzigerjahre des vorigen Jahrhunderts. Mein Bruder, welcher mittlerweile ein hochrangiger Fußballfunktionär geworden ist, und ich sahen uns Motocross-Rennen an. Unser Vater hatte uns Karten besorgt, weil wir nach einigen Ferienwochen lästig geworden waren wegen der Langeweile, die im linz-nahen Dorf herrschte, in dem wir damals lebten.

Das zweite Mal war ich ein paar Jahre später im Stadion – und besuchte ein Konzert der Wiener Kult-Band „Nowaks Kapelle". Ich stand in der ersten Reihe und konnte die exzentrische Performance des Underground-Künstlers Pahdi Frieberger am Schlagzeug aus allernächster Nähe beobachten. Allerdings sah ich nur den Rücken des Aktionisten, was auch für die Band galt. Denn die Musiker spielten unten auf der Laufbahn, in Richtung Spielfeld. Der Großteil des Publikums hatte sich jedoch brav auf die Tribüne begeben, wie auch ich, der Bursche vom Land. Die Band rackerte sich fleißig ab in der Linzer Provinz, doch nur wenige Zuschauer hatten den Mut aufgebracht, den Rasen zu betreten und die Trash-Punk-Vorläufer von vorne anzufeuern.

Erst für meinen dritten Besuch im Linzer Stadion, in den frühen Siebzigerjahren, war ein Fußballspiel der Anlass. Allerdings kein Meisterschaftsspiel. Die Linzer Ordnungshüter hatten die Idee gehabt, die Stimmung zwischen der Exekutive und den „Gammlern" zu verbessern durch Austragung einer freundschaftlichen Begegnung auf dem Fußballplatz. „Linzer Polizei gegen FC Langhaar", so hieß die Veranstaltung. Wie das Match ausgegangen ist, weiß ich nicht mehr. In Erinnerung geblieben ist mir eigentlich nur ein Linzer Friseurmeister, der während des ganzen Spiels durch die Zuschauerreihen ging und an langhaarige junge Männer Visitenkarten und Werbematerial seines Betriebes verteilte.

Als Kind habe ich Fußball gehasst. Und gleichzeitig heiß geliebt. Oder eigentlich war es weniger Liebe, sondern eine Sehnsucht, die der Fußball erzeugte, eine Sehnsucht von jener süßen Art, die davon lebt, dass sie nicht zu erfüllen ist. Es war wegen der Totoscheine. Mein Vater füllte jede Woche ein paar Tipps aus, in einem kurzen, aber schönen Ritual am Küchentisch. Wir Kinder durften eine der Kolonnen ausfüllen. Dazu war es nötig, die in Frage stehenden Begegnungen genau und ausführlich zu bereden.

In meiner Erinnerung war damals auf den Totozetteln zu jedem Spiel eine kurze Geschichte abgedruckt, mit den Ergebnissen der jüngsten Matches beider Vereine, einer groben Einschätzung der Spielstärken und einer vagen Tipp-Prognose. Diese Geschichten wurden laut vorgelesen. Das entfachte eine starke Sehnsucht. Diese Städtenamen! Manchester. Lissabon. Barcelona. Moskau. Es war wie eine Bestätigung, dass es eine große, spannende, glänzende Welt da draußen geben musste. Dort wollte ich sein, wo alles klingende Namen hat, wo alles aufregend ist, groß und weit und bedeutsam.

Wo es anders ist als in dem kleinen engen schäbigen Dorf. Wo es nicht muffelt aus allen Ecken und Enden, wo nicht der Großbauer das Sagen hat, wo nicht der Pfarrer am Montag in der Religionsstunde jedes einzelne Volksschulkind befragt, ob es am Sonntag in der Kirche war. Wo die Hilfsarbeiter nicht geduckt wie getretene Hunde zum Schichtbus schleichen, wo die Gendarmen nicht den unehelichen Sohn der örtlichen Alkoholikerin ungestraft ohrfeigen, wenn sie ihn nachts allein erwischen. Wo die kleinen Bauern nicht verhärmt und trotzig auf ihren Traktoren hocken, zornig und zutiefst gekränkt und geängstigt von den mit Bruno Kreisky anbrechenden neuen Zeiten.

Heutzutage fühle ich mich manchmal wieder so, wenn ich auf der Couch liege und verabsäume, die TV-Nachrichten wegzuzappen, und dann sehe und höre ich die borniert, engstirnigen und kleinkrämerischen Politsprech absondernden Männer, fast immer sind es Männer, die so wortreich das Kleine, das Enge, das Xenophobe beschwören. Es ist wieder so, wie es im Dorf war, denke ich dann. Alle waren damals zufrieden mit dem was ist, und hatten eine Höllenangst vor allem, was anders war.

Alles, was nicht Dorf war, was nicht durch die bloße Tatsache des seit Generationen hier beheimatet Seins seine Daseinsberechtigung belegen konnte, war nicht wirklich existent. Zählte nicht. Hatte hier nichts zu suchen, weil es hier nichts verloren hatte. Da genügte ein weißer Kopfverband nach einer Schädeloperation im Wagner-Jauregg-Krankenhaus zu Linz, um aus einem eigentlich Eingesessenen einen Fremden zu machen, dem die Dorfbuben nachliefen, um ihn als „Niedernhartler" zu verhöhnen.

Alles Fremde verunsichert. Macht Angst. Bedroht. Gefährdet das Gegebene. Während ich das schreibe, werde ich auf einmal unsicher, ob ich jetzt noch von meiner Dorfkindheit erzähle, oder ob sich da möglicherweise das xenophobe, biertischdunstige, sicherheitssüchtige Jetztzeit-Österreich davor schiebt, wie es die Platters und Gusenbauers und Molterers gerade für ihre Zwecke zurechtbiegen.

Ich weiß, das Dorf als einengender Schauplatz von Unterdrückung und Kontrolle ist ein abgelutschter und aus der Mode gekommener literarischer Ort. In meiner Kindheit war er Realität. Und ich fürchte, er ist es wieder, mit dem gewichtigen Unterschied, dass im neuen globalisierten und globalisierenden Jahrtausend ganz Österreich ein einziges muffeliges Dorf geworden ist, wo der Bürgermeister und der Pfarrer und die diversen Vereinsobmänner, und natürlich die Klatschtanten beim Bäcker und beim Nah-und-Frisch-Markt und die Frau Lehrer und, nicht zu vergessen, der Dorfgendarm alles überschaubar halten wollen, damit sie alles überschauen können. Und alles eng und fest geschlossen halten wollen, weil nur so Sicherheit zu gewährleisten ist. Sagen sie. Und meinen: Weil nur so alles beim Alten bleibt.

Doch ich schweife ab. In meiner Kindheit war der Fußball der Ausweg, das Tor in eine offene, bunte, freie Welt. Nicht der Fußball, den die Dorfburschen in der zweiten Klasse Mitte betrieben, sondern jener Fußball, wie er über die Totoscheine hereinkam in die Enge, über die Zeitung, über die (höchst seltenen) Fernseh-Übertragungen von großen Spielen. Fußball war die Versicherung, dass es eine andere Welt gab als jene enge, in der ich steckte.

Der reale Fußball dagegen war mir in meiner Kindheit ein Horror. Ich hasste das unkontrollierte und regellose Herumgekicke auf der Wiese neben der Busgarage, wo sechs oder sieben Buben dem Ball nachjagten, ohne Tore, alle droschen sie planlos auf den Ball ein, die Hälfte Kinder von VOESTlern und Hilfsarbeitern, die andere Hälfte Söhne von Bauern. Mit zuverlässigster Regelmäßigkeit endete das in wüsten Raufereien.

Ich mochte die Sonntagnachmittage nicht, an denen Vater uns Kinder mitnahm, über die Donau hinüber, nach Ottensheim, dessen Fußballverein der Traditionsgegner war. Während die Männer Bier tranken und die eigenen Spieler anfeuerten und die Ottensheimer beschimpften, spielten wir Kinder auf dem Spielplatz neben dem Fußballfeld. Nach einer halben Stunden hatten wir alle Geräte durch, dann war uns langweilig. Das Aufregendste an diesen Fußball-Ausflügen ins Feindesland war die zweimalige Fahrt mit der Donaufähre. Dass die Erwachsenen jene Drahtseil-Rollfähre „Die fliegende Brücke" nannten, hat mich ungemein fasziniert.

Und führte zu einer Art von Besessenheit. Noch Jahre später, in den wilden Jahren der Pubertät, fuhren wir immer noch mit der fliegenden Brücke nach Ottensheim und lungerten auf dem Spielplatz neben dem Fußballfeld herum, weil es in unserem Dorf keinen Spielplatz gab. Wir überquerten die Donau als Schwarzfahrer. Wie das ging, erläutere ich nicht. Es war jedenfalls extrem gefährlich, und aus heutiger Sicht, wo ich selbst gerade erst zwei Kinder als Vater durch die Pubertät begleitet habe, erscheint es mir als der nackte Wahnsinn. Ich war gelegentlich auch beteiligt an Akten von Vandalismus am Kinderspielplatz, von denen ich jedoch ebenfalls nichts erzähle. Es geht ja um das Kicken.

Eine wirkliche Qual war Fußball in den Mittelschuljahren. Wenn es das Wetter irgendwie erlaubte, fand der Turnunterricht im Freien statt, und das hieß: Nach einer Viertelstunde Kugelstoßen und Sechzig-Meter-Lauf wurde eineinhalb Stunden lang Fußball gespielt. Es war zweimal wöchentlich ein Strafgericht, das über die Unsportlichen herein brach. Allein die Demütigung, bei der Wahl der Mannschaften stets unter den letzten drei oder vier zu sein, die ausgewählt wurden! Die Sportlichen, und die waren in der überwiegenden Mehrheit, brüllten uns wenige an, wenn wir falsch passten, gegnerische Angreifer nicht stoppten, den Ball ins Aus kickten. Sie, die Freude und Begeisterung für Fußball aufbrachten und das Spiel beherrschten, waren die Normalen. Wir anderen waren die Deppen. Jahrelang.

Etwas besser wurde es mit fünfzehn oder sechzehn, da wurden andere Sachen wichtiger, Mädchen, Biertrinken, Rauchen, nachts aus dem Internat abhauen und sich im örtlichen Wirtshaus besaufen. Und die Fußballspiele, zweimal wöchentlich das ganze Frühjahr lang und im Herbst bis in den November hinein, verloren ihren Schrecken. Denn jetzt rotteten wir unsportlichen drei oder vier uns zusammen und stellten uns als „zurückhängende Außenverteidiger" in jenes Eck des Spielfelds, das am weitesten vom Turnlehrer entfernt war, und rauchten ein paar Dames, die Zigarette in der hohlen Hand verborgen, wie es Sträflinge tun, und Seeleute.

Manchmal toste das Spiel nahe an uns vorbei, wir gingen den mit verbissenem Ernst stürmenden und verteidigenden Mitschülern aus dem Weg und grinsten uns wissend an: Jetzt waren sie die Deppen. Dann hielten wir Ausschau, wo sich der Herr Professor befand, und zündeten die nächste Dames an.

Wegen dieser Erinnerungen an die realen Einbrüche des Spiels mit dem runden Leder in mein Leben hasse ich Fußball. Aber wenn ein großes Match im Fernsehen läuft, und wenn der TV-Moderator die großen Namen herunterbetet, dann liebe ich ihn. Weil die Sehnsucht immer noch da ist. Und weil der Fußball immer noch das Tor ist. Es ist ein verlockendes und weit offenes Tor. Doch es ist unpassierbar, fürchte ich.

ZWEI „WELTANSCHAUUNGEN" FUSIONIERTEN, UNION WELS SORGTE FÜR DIE GLANZLICHTER

von Manuel Fischer

Der Welser Fußball hat sicher schon bessere Tage gesehen. Dennoch spürt man in der Messestadt in den letzten Jahren eine Art Aufbruchstimmung. Der größte Verein der Stadt, der FC Wels, der vor gerade einmal viereinhalb Jahren durch die Fusion von FC Union Wels und dem SK Eintracht Wels aus dem Boden gestampft wurde, ist amtierender Vizemeister der Regionalliga Mitte, der dritthöchsten Spielklasse im österreichischen Fußball. Der FC Wels ist auch die einzige Hoffnung der städtischen Fußball-Fans, dereinst wieder einmal Bundesliga-Kick hautnah zu erleben. Mit einem neuen Stadion im Rücken – es soll in den nächsten Jahren entstehen – soll der Aufstieg in den Profifußball gewagt werden. Risiko will man allerdings keines mehr eingehen, das hat man hoffentlich aus den Fehlern der Vergangenheit schon gelernt. Denn schon einmal war Bundesligafußball in der Stadt Wels keine Illusion.

In den Jahren nach dem Krieg entstanden in Wels rasch hintereinander mehrere neue Vereine: 1946 wurde der ASK Blaue Elf Wels, 1947 der SK Eintracht Wels und 1949 der FC Union Wels gegründet. Bereits 1940 entstand der ESV Wels. Über diese Klubs später dann noch mehr.

Die Geschichte des Sportklubs Hertha Wels begann nach dem Krieg recht vielversprechend. Im Jahr 1964 konnte erstmals der Titel eines Fußball-Landesmeisters geholt werden. Doch schon nach einem Jahr der Teilnahme am Bewerb der Regionalliga Mitte folgte der Abstieg in die Landesliga. Das Selbstvertrauen und das Können der Mannschaft hatten aber nicht gelitten. 1965/66 gelang ein Durchmarsch in der Landesliga, und Hertha holte sich neuerlich den Meistertitel. Diesmal kämpfte Hertha zwei Jahre lang, bis 1968, in der Regionalliga.

Der Verein hatte stets schwer um seine Existenz zu ringen, und finanzielle Sorgen waren ständige Begleiter. Dreimal stand der SK Hertha vor der schwierigen Aufgabe, eine Sportanlage schaffen zu müssen. Nachdem zuerst auf dem „Jugendspielplatz" an der Traun und später auf dem abgelegenen Exerzierfeld (heute im Areal des Flugplatzes) gespielt wurde, entdeckte man eine Grundfläche an der Dragonerstraße, welche für eine Sportanlage sehr geeignet schien. Das Grundstück gehörte der Gemeinde Wels. Die Stadtväter zeigten sich den Vorschlägen des Vereins gegenüber sehr aufgeschlossen und stellten das Grundstück pachtweise zur Verfügung. Da es der Verein alleine aber nicht schaffen konnte, halfen Hertha und Verein „Welser Sportfreunde" zusammen. 1925 wurde der Sportplatz feierlich eröffnet, gegen Ende des letzten Krieges aber durch zahlreiche Bombeneinschläge schwer in Mitleidenschaft gezogen. Wieder fanden sich treue Anhänger, die die Erneuerung der Sportanlage durchführten. Eine Teilfläche musste für die Erweiterung eines Betriebes abgetreten werden, sodass es notwendig wurde, das Spielfeld nunmehr in Ost-West-Richtung neu anzulegen. Bei der Festversammlung am 29. und 30. Juni 1946 anlässlich des 25-jährigen Bestehens stand wieder eine prächtige Sportanlage bereit.

Ende der fünfziger Jahre wurde der Pachtvertrag wegen Eigenbedarf für ein Amtsgebäude (die heutige Polizeistation von Wels) aufgekündigt. Zum dritten Mal gelang es, diesmal im Westen der Stadt, eine neue Anlage – das Mauthstadion – zu errichten.

Im November 1967, während der Bauzeit, verlor der Verein durch einen tragischen Unfall seinen langjährigen Präsidenten RA Dr. Heinz Baldinger. Unter seinem Nachfolger, dem ehemaligen Präsidenten Josef Himmelfreundpointner, wurden die Arbeiten ebenfalls mit großem Nachdruck weitergeführt.

Zwei Weltanschauungen fusionieren

Der 11. Juli 1975 wird in die Welser Sportgeschichte als Tag eingehen, an dem die Fusion der beiden Traditionsvereine Welser SC und SC Hertha rechtskräftig wurde. Der volle Name des neuen Vereines lautete nunmehr „Welser Sportlcub Hertha". Grün-weiß und blau-weiß verschmolzen zu grün-blau. Rein wirtschaftlich betrachtet war es sicher eine vernünftige Lösung. Doch wie meist bei einer Fusion gibt es Opfer. In diesem Fall (und wie später in jenem des FC Wels) blieben Emotionen, Leidenschaft und vor allem Fanatismus auf der Strecke. WSC und Hertha – das waren zwei verschiedene „Weltanschauungen"!

Nach der Fusion wurde in der 1. Landesliga gespielt, wo zur selben Zeit auch Union Raiffeisen Wels um Punkte kämpfte. Während die Union zu einem sportlichen Höhenflug ansetzte, ging es bei WSC/Hertha 1980/81 neuerlich ums wirtschaftliche Überleben. Es gab drei Möglichkeiten: Auflösung, Fusion oder Sanierung. Ein neuer Vorstand und die Stadt Wels retteten den Verein wirtschaftlich, sportlich kam jede Hilfe zu spät. Der Verein wurde Vorletzter und stieg ab. In den darauffolgenden Jahren spielte der Verein in der 2. Landesliga, ehe er den Abstieg in die Bezirksliga hinnehmen musste.

Ende der 1980er Jahre schaffte WSC/Hertha, verstärkt mit den beiden Ex-Bundesligaspielern Gerald Haider (Ex-Nationalteamstürmer) und Fritz Zinnhobler, den neuerlichen Aufstieg in die 2. Landesliga. Zur selben Zeit wurde die Heimstätte, das Mauth-Stadion, in ein Leichathletik-Stadion umgebaut.

1996/97 schaffte die Mannschaft von Ex-Bundesliga-Torhüter Herbert Höller sogar den Aufstieg in die 1. Landesliga. Nach 16 Jahren mit vielen sportlichen und finanziellen Krisen stand der Verein WSC/Hertha wieder gut da.

Nach vier Jahren in der obersten oberösterreichischen Spielklasse endete der zwischenzeitliche Erfolg. Zurzeit unternimmt der Verein in der Bezirksliga Süd einen neuerlichen Anlauf zum Aufstieg.

Die ehemalige Heimstätte des WSC in der Friedhofstraße ist heute ein Spielplatz.

Noch immer steht auf dem Spielplatz das Originaltor des WSC.

Der erste Welser Fußball-Verein, der WSC, lebt heute nicht mehr. Einzig und allein die Original-Tore vom Sportplatz in der Friedhofstraße können noch bewundert werden. Sie stehen an geänderter Position auf jenem Spielplatz, der früher einmal die Heimstätte des WSC gewesen war.

FC Union Wels: Aufstieg und Fall

Der FC Union Wels wurde 1946 gegründet und erlebte in 1980er Jahren einen absoluten sportlichen Höhenflug. Auch finanziell stand er auf gesunden und sicheren Beinen. Diverse Sponsoren und Gönner unterstützten den Verein tatkräftig, der sich in die 2. Division der Bundesliga hochgespielt hatte. Nach einer Aufstockung der obersten Spielklasse reichte dem FC Union Wels in der Saison 1981/82 der sechste Rang in der 2. Division zum erstmaligen und einzigen Aufstieg in die erste Bundesliga.

Die erste Bundesliga-Saison 1982/83 schloss „Union Raiffeisen Wels" (auch Raika Wels) auf dem 14. Platz ab und schaffte mit einem Punkt Vorsprung auf die Vienna überraschend den Klassenerhalt. Am letzten Spieltag siegte die Union zuhause im Derby gegen den LASK mit 3:1.

In der darauffolgenden Spielzeit 1983/84 geriet der Klub in finanzielle Schwierigkeiten. Am 10. Oktober 1983 zog sich der Hauptsponsor, die Raiffeisenbank, zurück. Die Suche nach neuen Geldgebern endete erfolglos. Die immensen Spielergehälter zwangen den FC Union Wels schließlich am 31. Jänner 1984, Konkurs anzumelden. Nach dem letzten Spiel, einem 2:1-Erfolg in Wien gegen den FavAC, erteilte Raika Wels, so hieß der Verein unter der Sponsorenschaft der Raiffeisenkasse, allen Spielern die kostenlose Freigabe und zog sich aus dem laufenden Bewerb zurück.

Somit machte die Welser Union den Anfang der traurigen Geschichte der Konkurse im österreichischen Fußball. Seither verschwanden viele Vereine von der Bildfläche, da ihnen die Lizenz verweigert wurde. Union Wels kann sich nicht

Auch Didi Constantini (li.) und Didi Mirnegg (re.) spielten für die Union.

Horst „Bomber" Baumgartner wechselte nach dem Aus der Union nach Klagenfurt.

11.000 Besucher kamen ins Welser Union-Stadion, um das Spiel gegen Rapid Wien und Hans Krankl zu verfolgen.

Die beiden Kapitäne Hans Krankl (Rapid, links) und Karl Kiesenebner (Union, rechts) schenkten einander nichts.

mehr zurückkämpfen. Den Verein gibt es nicht mehr. Fanatismus und Vereinstreue wurden gegen hoffnungsvolle Träume eines Bundesliga-Comebacks, die der FC Wels erfüllen soll, eingetauscht.

Die Höhepunkte der Welser Fußball-Geschichte waren sicher die Spiele von Raika Wels in der Bundesliga gegen die Wiener Traditionsklubs Rapid und Austria Wien, als mehr als 10.000 Zuschauer ins Union-Stadion strömten.

Wie zum Beispiel Ende November 1982, als 11.000 Besucher das 0:3 gegen Rapid Wien sahen. Gegen den Rekordmeister schaffte man ein Jahr später fast die Sensation: Rapid-Star und Europameister von 1976, Antonin Panenka, glich jedoch den 2:0-Vorsprung der Union noch aus.

Nachdem die Auflösung des Vereins verhindert werden konnte, spielte der ehemalige Erstdivisionär in den nächsten Jahrzehnten nur noch im oberösterreichischen Unterhaus. Ein Auf und Ab

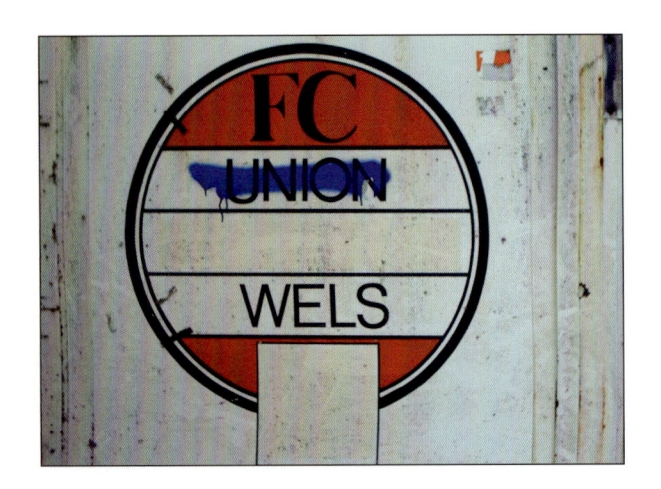

Ab dem 4. Juli 2003 gab es den FC Union Wels nicht mehr

kennzeichnete die darauffolgenden Jahre. Mitte der 1990er Jahre setzte die Union mit Aufstiegen bis in die Bezirksliga noch einmal ein Lebenszeichen, zu mehr reichte es allerdings nicht mehr.

Fusion zum Fußballclub Wels

Schlussendlich kam es im Jahr 2003 zum Entschluss, mit dem SK Eintracht Sparkasse Wels zu fusionieren. Bei der Generalversammlung beider Verein entschieden sich die Mitglieder (Union Wels mit 96%, Eintracht mit 100%) am 4. Juli 2003 zur Fusion zum neuen Fußballclub Wels.

Diese Fusion kann man auch als „Große Koalition" sehen, da die Eintracht immer als „roter" Verein (langjähriger Präsident der Eintracht war der ehemalige Welser Bürgermeister Karl Bregartner) und die Union als „schwarzer" Verein gesehen wurden. Sowohl die Eintracht (ASKÖ), als auch die Union bleiben in ihrem Dachverband bestehen. Der FC Wels ist laut eigenen Angaben der größte Nachwuchsverein Österreichs. Bei der Fusion war das vorrangige Ziel, mit „Spielern aus Wels und Umgebung so weit wie möglich oben zu spielen."

Die Idee des FC Wels geisterte allerdings schon vor ihrer tatsächlichen Realisierung durch die Stadt. Initiator und Ideengeber Jürgen Werner, ein ehemaliger Eintracht-Wels-Spieler und heute Spielervermittler, scheiterte vorerst mit seinem Vorschlag. Vorrangiges Ziel war es, alle (zu diesem Zeitpunkt fünf) Welser Vereine (Union, Eintracht, WSC/Hertha, Blaue Elf und ESV) zu einem Großklub zusammenzuschließen. WSC/Hertha, Blaue Elf und der ESV stimmten dieser Idee nicht zu. Der Traum der Stadt Wels von einem einzigen Fußballverein zerplatzte. Erst beim zweiten Anlauf im Jahr 2003 klappte es – zumindest teilweise. Wobei Union und Eintracht die verbleibenden drei Welser Klubs als neue „Mitglieder" gerne willkommen geheißen hätten.

Die Andenken an das Union-Stadion zu Bundesliga-Zeiten mussten ...

... dem Logo des FC Wels weichen.

Der Weg der Eintracht in die 2. Division

Gegründet wurde der Sportklub Eintracht Wels im Jahr 1947 als SC Neukirchen/Lambach. Die Klubfarben wurden damals noch mit Schwarz und Weiß bestimmt. Ein Jahr später, 1948, übersiedelte der Verein in die Stadt Wels, spielte aber noch zwei Jahre lang unter dem alten Namen weiter, bevor 1951 die Umbenennung in Union Schwarz-Weiß Wels erfolgte. 1953 wechselte der Verein von der Union zum Dachverband ASKÖ, was sich auch im neuen Vereinsnamen ASKÖ Eintracht Wels ausdrückte. Gleichzeitig nahm die Eintracht die neuen Klubfarben Grün und Weiß an. Erst 1997 folgte die endgültige Umbenennung in SK Eintracht Wels.

Der sportliche Höhepunkt des Vereins war sicherlich der Meistertitel in der Regionalliga Mitte in der Saison 1996/97, verbunden mit dem erstmaligen Aufstieg in die 2. Division der Bundesliga.

Die Mannschaft von Trainer Klaus Lindenberger galt ob ihrer erfahrenen Spieler wie Ralf Ruttensteiner, Bernd Pfister, Sigi Paseka und dem ehemaligen Nationalspieler Jürgen Werner von vornherein als Mitfavorit für den Meistertitel.

Mit einem Budget von 8 Millionen Schilling wollte sich der Verein im ersten Jahr in der zweiten Spielklasse etablieren, mit den namhaften Neuverpflichtungen Walter Schachner, Didi Emich, Ingolf Riedl, Stefan Auer, Ernst Kopfer und dem Dänen Rasmus Jörgensen sollte der Weg aber mittelfristig in die erste Bundesliga führen.

Trotz dieser Großeinkäufe verlief die Herbstmeisterschaft für Eintracht Wels jedoch sehr ernüchternd. Nach Ende des Grunddurchgangs fand sich die Mannschaft nach 14 Spielen mit nur einem einzigen Sieg am Tabellenende wieder. Klaus Lindenberger musste in der Winterpause den Trainerposten an Ernst Knorrek abgeben, das Team wurde neuerlich mit Zukäufen verstärkt, aber auch Spieler wie Roland Huspek und Roland Krammer konnten den Abstieg des mit großen Ambitionen gestarteten Sportklubs nicht verhindern. Am Ende der Saison 1997/98 belegte Wels mit nur vier Siegen in 18 Spielen den letzten Rang und trat nach nur einem Jahr wieder den Weg in die Drittklassigkeit an. Als Höhepunkt dieses kurzen Gastspiels in der zweiten Liga blieb einzig die kurzzeitige Verpflichtung des Ex-Internationalen Walter Schachner in Erinnerung.

Die weiteren Vereine: Blaue Elf und ESV

Alle weiteren Vereine spielen in der Welser Fußball-Geschichte jedenfalls keine dominierende Rolle. Der ASK Blaue Elf Wels und der Eisenbahnersportverein Wels erlebten immer wieder Höhen und Tiefen. Der ESV Wels schloss sich im Sommer 2007 mit den Amateuren des LASK Linz zu einer Spielgemeinschaft „SPG LASK-Amateure/ESV Wels" zusammen, von denen sich die Eisenbahner allerdings wohl mehr erwartet hatten als einen Mittelfeldplatz in der zweiten Klasse. Die Amateure des LASK tragen seitdem sämtliche Heimspiele auf der Sportanlage in Wels aus. Aktuell steht der ESV Wels da, wo er in seiner Geschichte am häufigsten zu finden war: in der zweiten und letzten Klasse.

So sah der Fußballplatz zu Zeiten des SK Eintracht Wels aus.

Der ASK Blaue Elf Wels konnte sich in den letzten Jahren bis in die 2. Landesliga hochspielen. In der letzten Saison folgte allerdings wieder der Abstieg in die Bezirksliga Süd, wo der Verein auch aktuell kämpft. Als Welser Sicht ist das dennoch interessant, da es nach langer Zeit wieder zu dem Derby mit dem WSC/Hertha kam.

Der Vereinsname entstand übrigens aus folgender Geschichte: 1946 bekamen ein paar Fußballer rund um einen Herrn Karl Kolbitsch aus nicht mehr nachvollziehbaren Gründen eine blaue Dress geschenkt, wodurch sich dann auch im Gründungsjahr 1946 der Vereinsname „Blaue Elf Wels" ergab.

Übersicht aller Welser Fußball-Vereine:

Gründungsjahre:
1912:   Welser SC
1921:   SC Hertha
1940:   ESV Wels
1946:   ASK Blaue Elf Wels
1947:   SK Eintracht Wels
1949:   FC Union Wels
1975:   Fusion Welser SC und SC Hertha zu WSC/Hertha
2003:   Fusion FC Union Wels und SK Eintracht Wels zum FC Wels

Quelle zu WSC und Hertha: „Fußball in Oberösterreich" – Ein Jubiläumsbuch des Oberösterreichischen Fußballverbandes. Linz 1971.

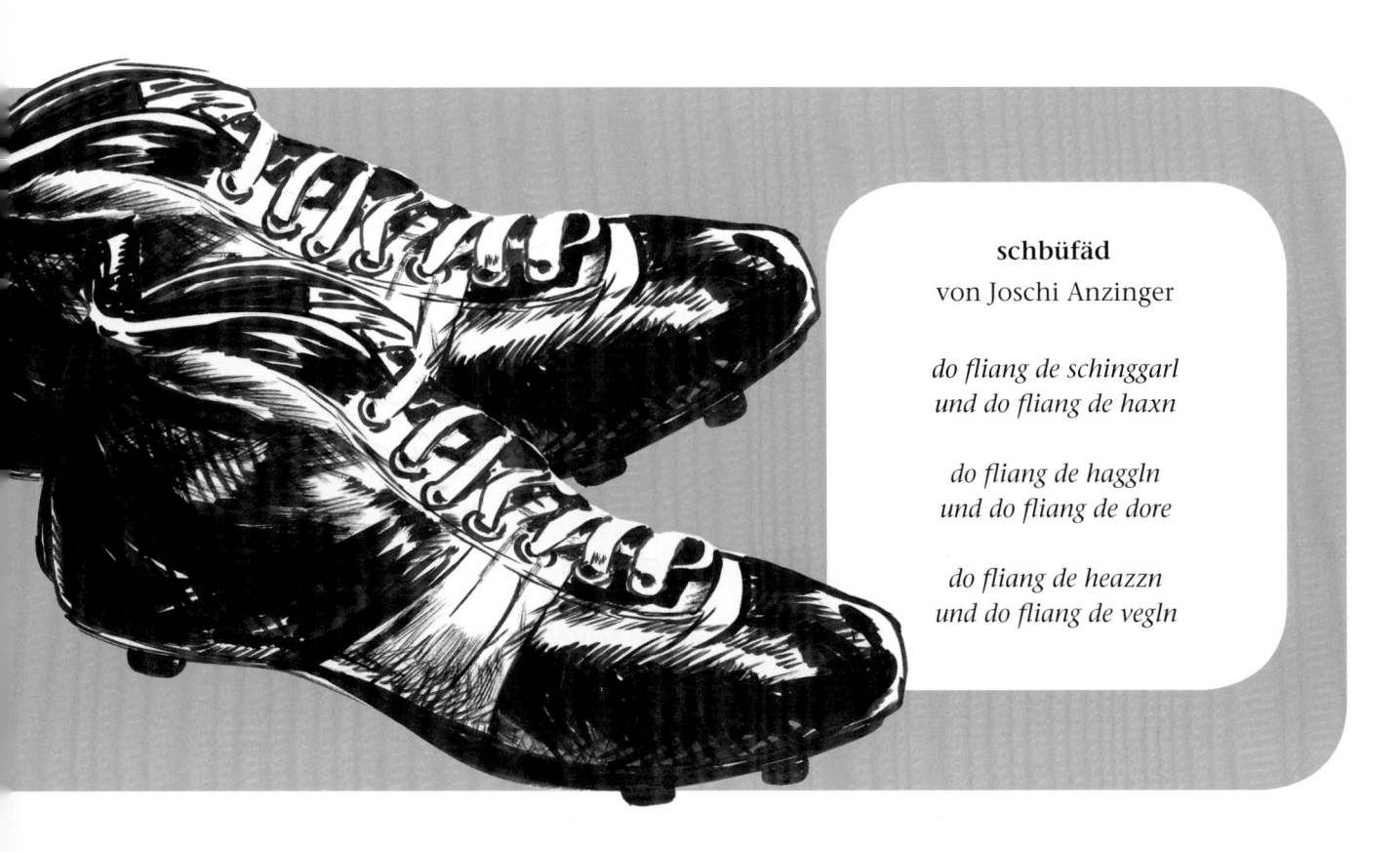

* * *

schbüfäd

von Joschi Anzinger

*do fliang de schinggarl
und do fliang de haxn*

*do fliang de haggln
und do fliang de dore*

*do fliang de heazzn
und do fliang de vegln*

DER WEG HINAUS

von Herbert Eisenreich

Als wate er in Schlamm, so mühsam ging er; die Fußballschuhe hingen, wie mit Blei gefüllt, an seinen Beinen. Nur gewaltsam, wie gegen einen Orkan ankämpfend, hielt er die Richtung auf den dunklen, unbewegten Halbkreis vor ihm am Grunde der sich steilenden, von wimmelnden Leben quellenden Stufenwand des Stadions, auf jenen Halbkreis, der der Kabineneingang war. Den steuerte er an, wie ein leckes Schiff bei schwerem Seegang den Hafen.

Hinter ihm war das unterbrochene Spiel wieder angepfiffen worden, das lenkte die meisten Augen von seinem Hinausgehen ab. Die aber, die neben und über dem Kabineneingang standen, sahen ihn näher kommen, und je näher er kam, desto mehr Blicke sammelten sich auf ihm; wie eiserne Pfeilspitzen von einem Magneten angezogen, wurden diese Blicke auf ihn gelenkt, gebündelt stachen sie auf ihn, einen unfreiwilligen Winkelried, ein. Und je näher er kam, desto artikulierter tobte es vor ihm los: Pfui-Salven, das Knattern zahlloser winziger Heißexplosionen, herangetragen auf den Wellenlinien greller Pfiffe. Gesichter sah er keine; aber er wusste, dass es dieselben Münder waren, die früher, all die stolzen Jahre lang, allsonntäglich ihren Beifall über ihn ergossen hatten, wenn er so spielte, wie sie es gerne sahen. Wenn er, den Ball am Fuß wie unsichtbar angebunden, durch die Reihen der Gegner lief, dann liefen tausend Jubelrufe mit; wenn er den Ball auf das Zentimeter genau übers halbe Spielfeld passte, dann raunte es ringsum voll Ehrfurcht; und wenn er schoss, stockte dem ganzen Stadion der Atem, und dann erst riss es ihnen den Schrei aus der Kehle. O ja, er war ein Spieler gewesen wie nicht bald einer: kein Schwerathlet, der mit seinem Körpergewicht alles niederwalzt, was sich ihm in den Weg stellt, sondern der Artist, der seine Körperkraft nicht spüren, sondern nur wirken lässt. Meistens wurde er als Läufer aufgestellt, aber wenn Not am Manne war, führte er den Angriff oder verteidigte vor dem Tor. Dort, wo er eingesetzt war, gehörte das Spielfeld, soweit er es erlaufen konnte, ihm. Und wenn sein Nebenmann versagte, dann rackerte er für zwei.

Und was hatte man ihm, war wieder ein Spiel gewonnen, nicht alles nachgerühmt! Dass er der beständigste Spieler sei, zuverlässig auf jedem Posten, ohne Formkrisen, ohne Launen; kein Star, sondern immer Teil der Mannschaft, ihr Motor und ihre Seele zugleich; und der fairste Fußballer seit langem, die Zeitungen brachten Photos, wie er über den hechtenden Tormann, um ihn nicht zu verletzen, hinwegspringt; wie er zum Kopfstoß mit regelrecht angelegten Armen hochschnellt; wie er dem Gegenspieler, der im Zweikampf zu Fall gekommen, kameradschaftlich auf die Beine hilft.

Und jetzt stapfte er schwankenden Schrittes hinein in die Mauer vor ihm aus Gejohle, Pfiffen und Flüchen. Und alles, was ihn früher über das Spielfeld getragen, was seine Läufe beflügelt, was seinen Einsatz befeuert hatte, der Beifall, der Jubel, diese Woge von aufbrausendem Schrei, die aus dem Betonoval, einer einzigen riesigen Kehle, zum Himmel stieg und alsdann wie ein linder Frühlingsregen erquickend über ihn herniederfiel: Das alles kam ihm jetzt im nachhinein unwirklich vor; ja ihm schien, als habe er sich all die Jahre lang verhört und als vernehme er erst jetzt, was die da oben all die Jahre lang wirklich geschrien hatten, und als verstände er erst jetzt, was dieses Schreien schon damals in Wirklichkeit bedeutet hatte. So torkelte er – wie ein blindgeschlagener Boxer auf den Schatten seines Gegners – darauf zu, im vernebelten Blick tat sich schwarz, mit jedem seiner Schritte sich in die Tiefe verfinsternd, der überdeckte Gang zu den Kabinen auf: ein brüllendes Maul inmitten einer zuckenden Grimasse. Und dieser Rachen tat sich auf, ihn zu verschlingen auf Nimmerwiedersehen.

Und das alles nur, weil er den Flügel nicht hatte halten können; der Bursche mit seinen einundzwanzig Jahren war eben schneller als er, der schon zehn Jahre mehr auf dem Buckel hatte, und was für Jahre! Mit einundzwanzig war er ebenso schnell gewesen oder noch schneller. Auch mit fünfundzwanzig, mit sechs- und siebenundzwanzig noch. Gegen die dreißig zu spürte er's dann: die Muskeln verkrampften sich öfter, die Lunge pfiff im Hals, das Herz klopfte, als wollte es heraus aus diesem Körper, der es pumpen hieß wie verrückt. Gegen die dreißig zu spürt man's eben allmählich, dass man die Zehen gebrochen, die Rippen geprellt und sich den Schädel brummig gestoßen hat, dass man sich Sonntag für Sonntag das halbe Leben aus dem Leib gelaufen hat. Und dann natürlich auch die Sorge um die Zukunft. Das Kaffeehaus war anfangs gut besucht, aber es kamen zu viele Schnorrer hin, und Erika taugte halt nicht fürs Geschäft, und gar nicht für ein solches! Und wenn er selber bediente, dann war's ja kein Wunder, dass er ein Achtel mittrank und manchmal auch zwei oder drei. Mehr als drei oder vier Achtel waren es selten, da hatte Rudi einfach unrecht, wenn er alles aufs Trinken schob! Und auf das bisschen Rauchen! Geraucht hatten schließlich fast alle; natürlich nicht grad vor dem Spiel, aber nachher und abends, man wollte ja schließlich auch sein Endchen Privatleben haben, wie auch Rudi seins hatte, überhaupt der! Der hatte frühzeitig Schluss gemacht, ging dann als Trainer ins Ausland, da war er ein feiner Herr mit einer Mordsgage, und nichts als Kommandieren, so wie er jetzt ihn kommandierte, seit er zurück und hier bei ihnen Trainer war.

Damals, als Rudi zurückkam und bei ihnen Trainer wurde, spielte er nur in der Reserve. Rudi hatte sich seiner angenommen, nicht nur beim Training, sondern auch privat; hatte ihm klargemacht, was er nicht wahrhaben wollte: dass er abgerutscht war in den kleinen regelmäßigen Suff bis zwei Uhr nachts in seinem verräucherten Café, wo er Tototips gab, damit überhaupt noch jemand hinkam, abgerutscht in ein rechtes Lotterleben und abgerutscht in die Reserve. Auch mit Erika, der maulenden, hatte Rudi geredet; davon erfuhr er aber erst später. Und Rudi riskierte es, stellte ihn in die Erste, obwohl es gerunzelte Stirnen gab in der Sektion und Geraune bei den Spielern. Es stand eine Serie Matches in der Provinz bevor, gegen keine allzu schweren Gegner, wenn auch vor einem fanatischen Publikum; aber Rudi riskierte es lieber vor dem fremden Publikum als vor dem eigenen, denn das eigene war, wenn ein Comeback missglückte, das schlimmste. Dieses Spiel nun war das erste Spiel vor dem eigenen Publikum, es war ein schweres Spiel und das entscheidende obendrein: Es ging um den Titel. Wollten sie Meister werden, so mussten sie siegen; dem Gegner aber reichte, weil er das bessere Torverhältnis hatte, schon ein Unentschieden dafür. Rudi hatte ihn, seine Entscheidung mit dem Grundsatz „A winning team never change!" verteidigend, auch diesmal aufgestellt, und bis zur Pause brauchte er's nicht zu bereuen. Denn sein Sorgenkind bekam, in der Verteidigung spielend, nicht viel aufzulösen, der eigene Angriff war prächtig in Schwung, sie spielten vom Anpfiff weg auf Sieg und schossen drei Tore; und mit diesem Vorsprung, den Titel schon in der Tasche, ging's in die zweite Halbzeit.

Und dann waren plötzlich die anderen da, wie ausgewechselt; wissend, dass sie jetzt nichts mehr zu verlieren hatten, warfen sie ihren Sturm nach vorne, verwirrten durch ihr Ungestüm das Konzept derer, die sich zu früh als Sieger fühlten. Und in dieser Verwirrung gelang es dem Flügel, den zu halten seine Aufgabe es war, ihn zu überlaufen, wie ein Anfänger von einem alten Hasen wurde er ausgespielt von diesem verflucht flinken Kerl, und eh' er begriffen hatte, hieß es nur noch 3:1. Von da an waren die anderen nicht mehr zu halten. Immer wieder schickten sie ihre Jügel, und diese rissen den ganzen Angriff mit; sie drängten ohne Unterbrechung, griffen mit sechs, mit sieben Spielern an, und immer wieder von seiner Seite her rollten sie die Verteidigung auf, er war eben nicht mehr schnell genug. Vom Spielfeldrand aus dirigierte Rudi das Innentrio zurück, nur noch die beiden Flügelstürmer ließ er vorne lauern; aber je mehr Spieler sie vor ihrem bedrohten Tor versammelten, desto näher rückte die ganze gegnerische Mannschaft, die es nun plötzlich verstand, das Spiel in die Breite zu ziehen und so in der Mitte den leeren Raum zu schaffen, aus dem sie aufs Tor knallen konnten. Der Tormann hielt, was zu halten war; aber die ganze Verteidigung war ins Schwimmen geraten, das machte auch ihn nervös, und nach einer Drängerei im Strafraum stand es plötzlich nur noch 3:2.

Keine zehn Minuten mehr war zu spielen, so lange noch mussten sie dieses Ergebnis halten; mit ihrem Tor verteidigten sie den Titel, der ihnen in der Pause schon sicher gewesen war. Und da kam schon wieder der Flügel durch, täuschte ihn, passte kurz zur Mitte, wie mit Zirkel und Lineal gezeichnet, so lief der Ball von Mann zu Mann, kam noch einmal heraus, er verfehlte ihn, wieder war der andere schneller gewesen, lief nun vor ihm her und flankte. Der Tormann fing, aber das sah er schon nicht mehr: Er sah nur noch den anderen ihm davonlaufen, hörte die Menge rundum rasen, wusste, dass dies nicht ihm, sondern dem anderen galt, der ihn ausgespielt, der ihn kaltgestellt hatte, von dem er sich hatte düpieren lassen, dem er nun – einmal noch schneller als jener – blindlings nachlief und den er jetzt, da jener den Ball schon zur Mitte gegeben hatte, einholte; und so, wie er auf ihn zulief, so sprang er ihn mit vorgestrecktem Fuße von hinten an.

Der Getroffene schrie auf, stürzte zu Boden, schrie noch immer; aber dieses kleine Schreien verlor sich wie ein Tropfen Wasser in der Sturzflut von Geschrei, die sogleich über ihn hereinbrach; und wie um sich dagegen zu wehren, trat er noch einmal auf den in Schmerzen sich Krümmenden ein, bis ein harter Griff ihn zurückriss, Ellenbogen ihn zur Seite stießen. Die Eigenen waren's, die ihn abdrängten, fluchend. Das Stadion röhrte. Mit ausgestrecktem Arm kam der Schiedsrichter auf ihn zugelaufen, gestikulierte, rief ihm aus rotgeschwitztem Gesicht etwas zu, das er nicht verstand. Sanitäter trugen den Verletzten vom Platz, ihm gab jemand einen Stoß ins Kreuz, der setzte ihn in Bewegung, er begann zu gehen, quer übers Spielfeld ging er auf den Kabineneingang zu, der sich als ein dunkler Halbkreis an der Längsfront gegenüber abzeichnete. Noch standen ringsum die Schleusen der Empörung sperrangelweit offen: ein Brei von Lärm fiel über ihn, klatschte ihm ins Gesicht, an den Körper. Alles, was mit ihm geschah, kam ihm unheimlich fremd vor, klar war ihm nur das Eine: dass er ausgeschlossen war, ausgeschlossen eben jetzt, da es galt, nur noch ein paar schleichende Minuten lang das Resultat zu halten, das Resultat, das den Meistertitel bedeutete.

So ging er vom Feld. Der Schiedsrichter pfiff, der Lärm ebbte ab. Hinter ihm wurde der Strafstoß getreten, er hörte das metallharte Schlagen des Stiefels gegen das pralle Leder. Wenig später hörte er die Leute klatschen; das hieß, dass der, den er niedergetreten hatte, zurück aufs Spielfeld kam; dass sie nun also mit nur zehn Mann gegen elf spielen mussten, und diese elf waren vorher schon besser gewesen, hatten die ganze Halbzeit lang auf den Ausgleich gedrängt und würden es jetzt also schießen, das dritte Tor, das sie brauchten, um den Titel nach Hause zu tragen. Sie würden es schießen nach einem Angriff von der Seite her, wo er nun fehlte. Er hatte ja gar nicht schlecht gespielt; gewiss noch nicht wieder so gut wie früher, aber wahrhaftig nicht schlechter als so viele andere; sein Gegenspieler war einfach schneller gewesen als er, hatte ihn glatt überrannt, hatte mehr Luft im Balg als er, die kräftigeren Muskeln und den flinkeren Blick für die Situation, den besseren Riecher – all das, was auch er einst gehabt hatte, all das, was die Leute früher an ihm bewundert hatten. Das war's und weiter nichts! Und das alles hätte er noch ertragen – er war kein schlechter Verlierer, weiß Gott, das war er nicht! – aber die Hyänen rundum, die würstelfressenden Zuschauer auf ihren Plattfüßen rund um das Spielfeld, die hatten ihn fertiggemacht mit ihren Pfiffen, ihrem Gelächter und Gejohle, wenn der andere ihn stehenließ und mit dem Ball davonzog. Zwischendurch, wenn der Spielverlauf ihm eine Atempause gönnte, fragte es in ihm, warum die alle denn kein bisschen Verständnis mehr hatten für ihn, kein Verständnis dafür, dass man langsam zu alt wird, um volle neunzig Minuten lang zu glänzen, dass man sich leergepumpt hat in tausend Spielen, dass man nicht immer gleich gut in Form ist und dass man seine Zeit braucht, um wieder in Form zu kommen: die Muskeln zu beherrschen, den Blick zu schärfen, den Instinkt zu wecken, sich einzuspielen in die Mannschaft, aus der man so lange verbannt gewesen war; mit einem Wort: sich selber wiederzufinden. In ihm heulte es um dieses Verständnis, bettelte es um ein bisschen Gerechtigkeit. Sie aber pfiffen und lachten, wenn ihm ein Dribbling misslang, wenn der Ball ihm über den Rist rollte, wenn er ungenau abspielte, wenn er überlaufen wurde von diesem verteufelt flinken Kerl, den zu halten seine unerfüllbare Aufgabe war, und sie riefen ihm Schimpfworte zu, wenn sie glaubten, er spiele nachlässig, gleichgültig, ohne Ambition, wo doch nur dies die Wahrheit war: dass der andere der bessere Spieler war, so wie tausendmal er der bessere Spieler gewesen war. Aber das wusste nur er allein. Und er allein wusste, dass er diesmal um mehr als nur um den Sieg seiner Mannschaft, dass er in Wahrheit um sein Leben spielte; denn auch Erika würde lachen und höhnen, wenn er endgültig aufhörte das zu sein, was sie sich angeheiratet hatte: der gefeierte Sportler, der Star seines Klubs, der Held aus neunundvierzig Länderspielen, das Idol der Masse, ein Mann, den zu besitzen allein schon deshalb wertvoll war, weil tausend andere Männer, indem sie sein wollten wie er, bekundeten, dass sie weniger waren als er, und weil tausend andere Frauen, indem sie ihn anhimmelten, ihr bestätigten, wie reich sie war, die ihn besaß. Als er das erste Tor nicht hatte verhindern können, wurde er ausgepfiffen; sie pfiffen weiter, als ihm wieder eine Abwehr misslang; und je mehr sie pfiffen, desto mehr verpatzte er. Und dann, als er gleich zweimal hintereinander von diesem wieselflinken Burschen ausgespielt wurde und als sie dem zujubelten und für ihn wieder nur ein paar Pfiffe übrig hatten: Da fuhr's ihm in das Bein, und das Bein trat hin, ohne Wut über den, der besser spielte als er und so seines Unglückes Schmied ward, sondern blind und ohnmächtig gegen irgend etwas, das eigentlich gar nicht zu fassen, gar nicht zu treffen war, und so traf sein Stiefel nur den, der da vor ihm lief, den Ball zur Mitte spielte und stehenblieb. Den säbelte er um, und er trat ihn noch einmal, als jener erste Tritt, in einen massigen Wutschrei verwandelt, auf ihn zurückfiel.

Dass der Schiedsrichter ihn vom Felde wies, verwunderte ihn schon nicht mehr, wiewohl es das erste Mal war, dass er ausgeschlossen wurde. Er wandte sich ab und ging, von einem unsanften Stoß in Gang gebracht, mechanisch Fuß vor Fuß setzend, auf den Kabineneingang zu. Hinter ihm lief das Spiel weiter, das lenkte die meisten Blicke ab von ihm. Aber je näher er dem Kabineneingang kam, diesem Maul, das finster, gelangweilt inmitten des zappelnden Lebens ringsum, gähnte, ihn zu verschlucken, desto schwerer ging er gegen die Mauer aus Geschrei, die sich neu vor ihm baute, an und desto langsamer kam er der Höhle, diesem einzigen Ort unbewegten Gleichmuts, näher. Schimpfworte, hart wie Hagel, überschütteten ihn, Böen der Empörung schlugen ihm entgegen, ausgekotzt von denselben Mündern, die all die sorglosen Jahre lang ihren Beifall über ihn erbrochen hatten, den Beifall, den er atmete wie die Luft, den er hätte schlürfen mögen sein Leben lang und der ihm nun, da er ihm seine Kehrseite wies, im nachhinein noch so schmeckte wie Jauche; ihm grauste; und ihm kam vor, es hätten die Aasgeier da droben nie etwas anderes getan, als Kübel voll Unrat über ihn gegossen, bis er dank solcher Nahrung wurde, was er jetzt war: ihr fauliger Fraß. Das also, spürte er, war es gewesen, was er all die berauschten Jahre lang für sein Element gehalten hatte; diese wogenden Wolken des Beifalls, die ihn getragen hatten, sodass er seiner selbst nicht mehr inne war, und ihn dann fallengelassen hatten, einen Ikarus auf den Flügeln der Gunst des Pöbels. Und da hörte er wieder den Schrei, den er, ach, so gut kannte, und er musste sich gar nicht erst umdrehen, er wusste: Dieses Tor hatten nicht sie geschossen, sondern die anderen; dort, wo er fehlte.

Mit dem nächsten Schritt erreichte er den Kabineneingang. Da lösten sich rechts davon, als bröckle die Mauer greifbaren Lärms, ein paar Gestalten, fünf oder sechs Männer durchbrachen die Umzäunung, allen voran ein verwachsener, glotzäugiger, ein versoffener Gnom, wie sie rund um jede Arena rudelweis gediehen. Der sperrte ihm den Weg, er sah das bläuliche Zahnfleisch, den Speichel im schnatternden Mund des Mannes, sah dessen knöchrige Fäuste sich gegen ihn heben. Umblasen hätte er ihn können, und konnt' es doch nicht; und als die Schläge, fleischgewordene Schimpfworte, fielen, haute er nicht zurück, sondern deckte nur mit Händen und Armen und zwischen den hochgezogenen Schultern sein Gesicht, wie ein Mädchen, und taumelte blindlings in die finstere Höhlung hinein, während Polizisten den Gnom und die anderen Radaubrüder bändigten. Er hörte nur noch den Lärm hinter sich, als breche dort diese Mauer aus Feindschaft, in die er hineingewankt war, herunter, den Weg zurück aufs Spielfeld ihm für immer verbauend.

Abdruck mit freundlicher Genehmigung von
Frau Christine Fritsch, Wien.

DER INNVIERTLER CUP – POKALSIEGE MIT SCHWEISS UND BLUT

von Hermann Hathayer

Als sich die Herren Karl Wagner aus Andorf, Rudolf Aichinger und Leo Kornbinder aus Antiesenhofen, Heinz Ertl aus Esternberg sowie Franz Holzner aus Ried am 2. April 1959 zur Einführung des Innviertler Cups für Vereinsmannschaften entschieden, ahnten sie wohl nicht, welches Kunstwerk ihnen damit gelungen war.

Es war die Geburtsstunde des traditionsreichsten Fußballbewerbes der ganzen Region. Die Idee, einen Pokalbewerb für Innviertler Klubs zu schaffen, entstand, nachdem eine Gründungswelle in den frühen 50er Jahren eine erste Fußballbegeisterung ausgelöst hatte.

Bei Redakteur Franz Holzner aus Ried häuften sich die Anfragen nach Pokalspenden für die jeweiligen Vereine. Im Laufe der Zeit übertraf die Nachfrage nach Pokalen das Angebot, so traf sich das Quintett und rief den in Österreich beispiellosen Innviertler Cup ins Leben.

Der Startschuss für den Bewerb erfolgte am 23. Mai 1959 bei der Auslosung im Gasthaus Wagneder in Antiesenhofen. 26 Vereine hatten sich für den ersten Cupbewerb angemeldet, die Startgebühr betrug 20 Schilling. Die Aufsteiger wurden bis zum Halbfinale in Hin- und Rückspiel ermittelt. Prämiert wurden letztlich die ersten vier Mannschaften in Form von Pokalspenden.

Im ersten Finale, das vor 1500 begeisterten Zusehern auf dem Sportplatz in Andorf stattfand, standen sich der SK Altheim und die Union Grieskirchen gegenüber. In strömendem Regen stand es nach regulärer Spielzeit 2:2. In der Verlänge-

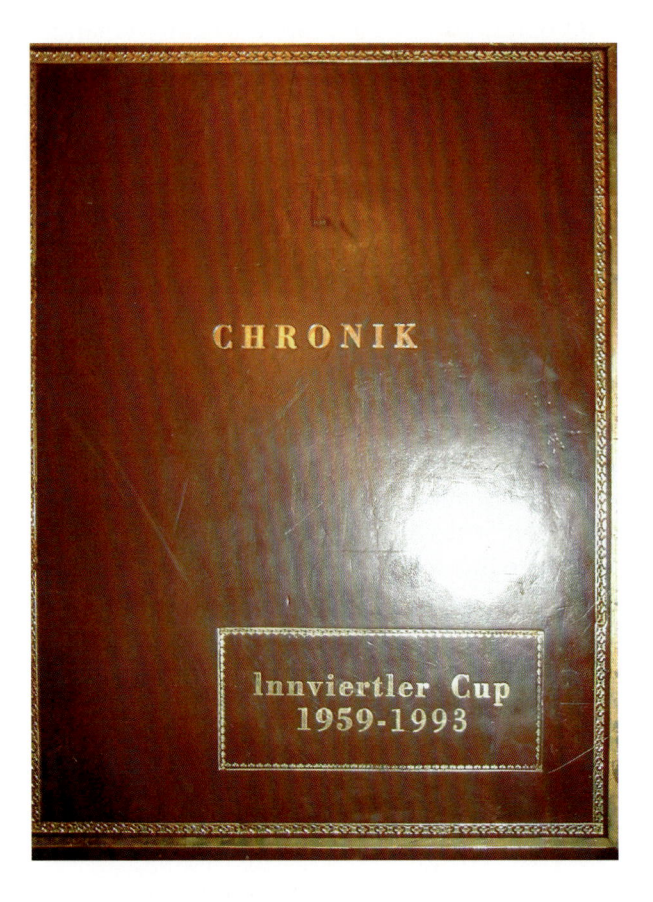

Einzigartig ist wohl die Chronik zum Innviertler Cup, die von Gründungsmitglied Leo Kornbinder aus Antiesenhofen seit 1959 geführt wird und sämtliche Details und Spielberichte beinhaltet.

rung hatte Altheim die größeren Reserven und ging schließlich mit 4:2 als Sieger vom Platz.

Für die Altheimer war es ein glorreicher Start in den neu eingeführten Cupbewerb. In der weiteren Geschichte gelang den „Roten Teufeln" dieses

Die Gründungsmitglieder des Innviertler Cups hatten zu Beginn nicht mit einem derart starken Echo gerechnet.

Kunststück noch 1965, 1967, 1991 und 1993. Damit liegt der SK Altheim in der ewigen Statistik mit fünf Titeln auf Platz 1 vor Union Esternberg. Die Esternberger gewannen den Pokal viermal und sind zudem auch der amtierende Titelträger.

In der Geschichte des Innviertler Cups, der alle zwei Jahre ausgetragen wird, gab es viele bemerkenswerte Ereignisse.

Unvergessen bleibt sicherlich das Spiel zwischen St. Martin und Münzkirchen in der 3. Runde im Jahr 1969. Zu diesem Zeitpunkt wurde der Aufsteiger in die nächste Runde schon in einem einzigen Spiel ermittelt. Nach packenden 120 Minuten war es 4:4 gestanden, so musste das Elfmeterschießen über den Aufstieg ins Halbfinale entscheiden.

Dabei passierte ein Missgeschick, das den Innviertler Cup in ganz Österreich bekannt machen sollte: Der letzte Elfer Münzkirchens sprang vom Pfosten auf den Rücken des Tormanns und von dort ins Tor. Schiedsrichter Winkler war der Meinung, der Treffer sei indirekt zustande gekommen und daher ungültig. Im ganzen Land entbrannten Diskussionen, und die Meinungen gingen bis hinauf zum Österreichischen Fußballverband auseinander. Beinahe eine Woche lang diskutierten die zuständigen Fußballgremien, bis der Treffer schließlich für regulär erklärt wurde.

Somit hätte das Elferschießen 3:3 geendet und musste daher wiederholt werden. Am Freitag, dem 1. August 1969 trafen sich die Akteure vor 500 (!) Zusehern zur Neuaustragung des Elferschießens. Und dieses endete – wie ursprünglich beim Match – mit 3:2 für St. Martin, und ganz Österreich lernte mit dieser Story den Innviertler Cup kennen.

Im Vorfeld der Fußballweltmeisterschaft 1974 in Deutschland kam es schließlich zu einem weiteren Gründungsboom von Fußballvereinen. So meldeten zum 8. Innviertler Cup im Jahre 1973 52 Vereine ihre Teilnahme an, zwei Jahre später nahmen gar 61 Vereine teil. Der Cup wurde im Laufe der Folgejahre immer beliebter, und 1985

Regionale Unternehmen und Organisationen zeichnen für die Pokalspenden verantwortlich – die Ränge 1 bis 4 werden prämiert.

Grenzenloser Jubel bei den Natternbachern nach der Pokalübergabe 1975 – nach einem wahren Cupfight hatte man Finalgegner Antiesenhofen im Elfmeterschießen bezwungen.

Großes Zuschauerinteresse – wie hier zum 30-jährigen Jubiläum 1989 in Antiesenhofen – begleitet den Cupbewerb seit seiner Gründung.

kam es zu einem Teilnehmerrekord von 78 Vereinen.

Nicht selten kam es beim Innviertler Cup zu großen Sensationen – David gegen Goliath standen sich häufig gegenüber, und nicht selten gingen die kleinen Vereine als gefeierte Sieger vom Platz. In die Siegerliste konnten sich im Laufe der Geschichte mit ATSV Kohlgrube, SV Eberschwang, Union Suben und Union Haag auch Vereine aus den unteren Klassen eintragen.

Der Innviertler Cup ist natürlich auch ein Synonym für Kampf und Härte. So verlor Natternbachs Hofer bei einem beinharten Auftritt im Halbfinale 1975 gegen SK Schärding drei Zähne, und dennoch gelang den Natternbachern der Aufstieg und in Folge auch der Cupsieg.

Doch der Innviertler Cup war auch über die Grenzen der teilnehmenden Bezirke hinaus äußerst beliebt – so zählten Landeshauptmann Dr. Josef Ratzenböck, OÖFV-Präsident Sepp Fuchs und Schiedsrichterobmann Ferdinand Marschall

Der damalige Landeshauptmann Dr. Josef Ratzenböck mit dem Schiedsrichtergespann kurz vor dem Anpfiff zum Cupfinale 1991 in Altheim

Dr. Ratzenböck führt den Ehrenanstoß zum Finale zwischen SK Altheim und SK Schärding aus

nannt. Der Präsident des Cups war mit seiner humorvollen, kameradschaftlichen und toleranten Art ein Brückenbauer und verstand es wie kein anderer, Menschen zu vereinen und Konflikte zu bereinigen. Nach den vielen Cupsitzungen blieb er zudem auch meist solange sitzen, „bis die Uhr einen Schnauzer hatte" (Anm.: Gemeint hatte er damit 02:45 Uhr). Karl Wagner verstarb am 22.Oktober 2003 im Alter von 75 Jahren.

Seit 1982 wird dem runden Leder nicht nur am grünen Rasen, sondern auch in der Halle nachgejagt. In besagtem Jahr wurde der Innviertler Hallencup eingeführt, der sich in den Folgejahren ebenso großer Beliebtheit erfreute wie der Sommerbewerb.

Waren es anfangs noch die Kampfmannschaften, die den begehrten Hallentitel ausspielten, so wird der Cup seit 2003 in memoriam Karl Wagner unter den Nachwuchsmannschaften ausgespielt. Zudem kämpfte auch das weibliche Geschlecht im Jahre 2006 das erste Mal um die Hallen-Trophäe. Die Veranstaltung in Altheim übertraf mit 600 Besuchern sämtliche Erwartungen. Den Sieg unter 12 teilnehmenden Damen-Clubs holte

zu treuen Ehrengästen. In vielen Kommentaren ging der begeisterte Landeshauptmann auf den Innviertler Cup ein und schätzte die einzigartige Faszination, die diese Sportveranstaltung auf Aktive und Zuschauer in unserem Bundesland ausübte.

Die Geschichte des Innviertler Cups ist mit dem Namen von Karl Wagner verbunden. Der Andorfer Kaufmann war Mitbegründer des Bewerbs und treuer Wegbegleiter des Innviertler Fußballs. Für seine Verdienste um den oberösterreichischen Fußball wurde er zum Konsulenten für das Sportwesen er-

Zu später Stunde stoßen die Fußballpioniere Karl Wagner, Leo Kornbinder und Ferdinand Marschall auf eine gelungene Auslosung an

273

sich der SV Taufkirchen vor der Union St. Peter/Hart.

Der Sommer-Bewerb auf dem großen Feld wurde aufgrund der verkürzten Regenerationsphasen der Kicker im Jahr 2001 modernisiert. Nach Ende der Meisterschaft gibt es nun eine längere Pause, und die Vorrunde des Innviertler Cups wird in Form von Blitzturnieren abgehalten. Erst ab dem Achtelfinale geht es im K.O.-System weiter. Nach diesen Regeländerungen hat sich die Anzahl der Teilnehmer bei 45 bis 50 Vereinen eingependelt.

2009 wird der Cup 50 Jahre alt – mit Innviertler Kämpferherz und Traditionspflege wird dieser Bewerb wohl noch lange weiterleben!!!

Zum 40-jährigen Jubiläum im Jahr 1999 gratuliert Gründungsvater Karl Wagner (Mitte) Kapitän Thomas Kirchsteiger vom ATSV Ranshofen zum Sieg

Sämtliche Abbildungen stammen aus der Chronik des Innviertler Cups.

ZWISCHEN ACH UND ENKNACH
Über den Fußball im Bezirk Braunau

schreibt Gerald Ecker

Seit 89 Jahren spielen Männer und auch Frauen im Westen von Oberösterreich, im Bezirk Braunau, Fußball in Vereinen. 89 Jahre, die voller Geschichten sind. Geschichten von Kasernenhöfen und Sportzentren, von Kriegsflüchtlingen und Auswahlspielern, von Trophäensammlungen und Konkursanträgen. Wir wollen einen kleinen Blick auf die Entwicklung des Fußballs im Bezirk Braunau werfen – mit dem Hauptaugenmerk auf die Spitzenvereine. Und mit Seitenblicken auf Land und Leute und den Lauf der Zeiten. Denn die Geschichte des Fußballs geht Hand in Hand mit der Geschichte der Gesellschaft. Wir unterscheiden sechs Epochen:

Epoche 1 – „Mit scheelen Blicken" – Wie alles begann (1919 – 1938)

Eine Kaserne war der Geburtsort. 1919 wurde in der Mannschaftsstube der Braunauer Kaserne die Sportvereinigung SV Braunau gegründet. „Am Exerzierplatz Auf der Haiden wurden die ersten ‚Gehversuche' mit dem runden ‚Laberl' unternommen", erinnert Franz Pilsl in einer Vereinschronik. Die Kicker betraten Neuland. „Wie in anderen Orten wurden die Fußballer mit scheelen Blicken beobachtet", so Franz Pilsl. In Braunau war bis dahin ja nur das Turnen verbreitet gewesen. Schon im Sommer 1919 fand das erste Freundschaftsspiel gegen die SV Ried statt.

Im Herbst 1919 begann die erste oberösterreichischen Meisterschaft – aber noch ohne Braunau. An einen geregelten Spielbetrieb war damals nicht zu denken. (Das sollte für die SVB 26 Jahre, bis 1945, so bleiben.) Die Fußballer der Gründerzeit fuhren mit Fahrrad und Pferdewagen zu den

Die Kampfmannschaft der SV Braunau 1921

Begegnungen. Die meisten Partien wurden gegen Mannschaften aus Bayern ausgetragen. Die Klubs jenseits von Salzach und Inn lagen für die Braunauer näher als Ried oder, ab 1926, Schärding. Von den anderen oberösterreichischen Vereinen gar nicht zu reden.

Von den 1920er Jahren berichtet Karl Ellinger im Braunauer Bezirksbuch: „In dieser Zeit begann der Aufstieg des Sports." 1922 wurden Sportvereine in Mattighofen und Schneegattern gegründet, in zwei der wenigen Industrieorte des Bezirks. Mattighofen war Heimat einer Lederfabrik, der ATSV hatte sich dem Turnen verschrieben. 1924 folgte eine Sektion Fußball. In Schneegattern befand sich eine Glasfabrik, der ATSV pflegte die drei Sportarten Ringen, Stemmen und Turnen. Hier begann das Fußballzeitalter erst 1946.

Um das Jahr 1930 tauchte eine Mannschaft aus Munderfing auf. Bei einem Sägewerk, einem Großbetrieb, versammelten sich die Fußballbegeisterten der Umgebung. Sie schrieben Geschichte. 1931 begann nicht nur Österreich mit dem Wunderteam Schlagzeilen zu machen. 1931 stieg mit Munderfing auch der erste Braunauer Verein in eine Meisterschaft ein: in die Salzburger Landesmeisterschaft. Der Verein blieb, so die Aufzeichnungen, bis mindestens 1935 im Salzburger Verband. Denn auch für Munderfing galt, was für Braunau geschrieben wurde: Viele der Oberösterreicher waren einfach zu weit entfernt.

Braunau, Mattighofen, Munderfing. Sonst war es still um den heutigen „König Fußball" im Bezirk Braunau der Zwischenkriegszeit. Das Leben in den Dörfern war bestimmt von der Land- und Forstwirtschaft. Und die Freizeit wurde in den Zechen (auch Kameradschaften genannt) verbracht. In diesen waren alle jungen Burschen und ledigen Männer eines Ortes zusammen. Die Zechen pflegten die Geselligkeit und übten sich im Erzählen und Spielen, in Gesang und Musik, im Raufen und im Landlertanz. „Fensterln gehen statt Fußball spielen", so lassen sich die Interessen auf den Punkt bringen.

Der Fußball blieb also in seinen ersten 20 Jahren im Bezirk Braunau noch ein zartes Pflänzchen. Zumal er in eine stürmische Zeit geboren wurde. Wirtschaftskrise und Massenarbeitslosigkeit, Bürgerkrieg und Putschversuche prägten das Land. Und ab 1933 befand sich auf der anderen Seite von Salzach und Inn ein nationalsozialistisches Deutschland. Über die Grenze wechselten nicht mehr die Fußballer, sondern Politflüchtlinge, Propaganda und Waffen.

Epoche 2 – „Die meisten waren eingerückt" – Fußball im Nationalsozialismus (1938 – 1945)

Die Zeiten wurden nicht besser. Im Gegenteil. 1938 wurde auch Österreich nationalsozialistisch, 1939 begann der Zweite Weltkrieg. „1940 hörte sich der Fußballbetrieb in Braunau auf. Die Jugend dieser Stadt stand unter Waffen", schreibt Franz Pilsl in der Chronik. 1940 trafen sich auch Mattighofen und der RSV aus Simbach, der Nachbarstadt von Braunau, zu einem letzten Freundschaftsspiel. „Anschließend gab es in den Kriegswirren keinen geregelten Spielbetrieb mehr", erinnert die Chronik der Simbacher.

Nur in der Hitlerjugend, der Organisation der 14- bis 18jährigen, rollte der Fußball noch. Josef Sallhofer, Jahrgang 1930, weiß: „Braunau hat gegen Ried, Linz, Gmunden usw. gespielt. Das ging bis 1942, 43. Dann gab es keine Bälle mehr, nichts mehr, keine Trainer, keine Schiedsrichter. Und 1944 waren schon die meisten eingerückt." Die Kriegswirtschaft der Nationalsozialisten leitete auch im Bezirk Braunau einen Umbruch ein. 1939 wurde mit dem Bau eines großen Industriebetriebes begonnen: dem Aluminiumwerk in Ranshofen. Das sollte auch auf den Fußball in der Nachkriegszeit seine Auswirkungen haben.

Epoche 3 – „Aus den Ruinen" – Fußball und Wiederaufbau (1945 – 1955)

„Fußball wuchs aus den Ruinen", beschreibt Hermann Nußbaumer die Wiederauferstehung des Fußballs in Oberösterreich. Noch 1945 wurde die SV Braunau wieder belebt und ein SV Altheim gegründet. Diese Zwei nahmen auch gleich an der ersten Meisterschaft 1945/46 teil. Es folgten 1946 die Vereine aus Mattighofen (der zunächst – drei Saisonen lang – im Salzburger Verband spielte), Ranshofen, Schneegattern und 1947 Mauerkirchen. Uttendorf und Friedburg gaben nur kurze Gastspiele, sie verabschiedeten sich nach fünf Saisonen bzw. bloß einer wieder aus dem Meisterschaftsbetrieb.

Die Mannschaften der ersten Stunde waren bunte Haufen. Innviertler und geflüchtete Volksdeutsche, befreite Zwangsarbeiter und heimgekehrte Soldaten kickten Seite an Seite. In der Bevölkerung herrschten Not und Elend, und „der Bezirk war überfüllt", wie Loys Auffanger im Braunauer Bezirksbuch schreibt. Bis zu 200.000 Menschen hielten sich 1945 in diesem Landstrich auf. Vor dem Krieg hatte der Bezirk 64.000 Einwohner gezählt. „Das Kriegsende hatte viele Spitzensportler in kleinere Städte oder Landgemeinden verschlagen", erinnert Karl Ellinger an einen Spitzenkicker wie Max Merkel, der im Innviertel ein paar Spiele bestritt.

Die Not und der Mangel prägten nicht nur das Land, sondern auch das Fußballspiel. Die Situation für die Kicker nach dem Krieg: eine Wiese als Platz, Trikots aus alten Fahnen, Umziehen im Heustadl oder im Gebüsch, Waschen am Bach oder am Eimer. Die Gäste kamen mit dem Lastwagen, alle Spieler auf der offenen Ladefläche – und ob der Straßenzustände staubbedeckt oder dreckverschmiert.

Spieler und Anhänger des ATSV Mattighofen auf der Ladefläche eines LKW, unterwegs zu einem Auswärtsspiel.

Trotz dieser Umstände kann Franz Pilsl berichten: „Die sportliche Begeisterung loderte wieder auf." Im Bezirk Braunau wurde nun in acht Orten Fußball gespielt, nicht mehr bloß in drei, wie vor dem Krieg. Und wieder sind die Orte die Stadt Braunau sowie die Märkte und Industrieorte des Bezirks. Die ersten Derbys in Altheim, Braunau und Ranshofen lösten Völkerwanderungen aus, die Zuschauer kamen zu Tausenden mit dem Fahrrad.

Und dennoch: „Sportler waren mehr oder weniger Exoten", wie Sportjournalist Fritz Langthaler betont. In den Dörfern prägte nach wie vor die Landwirtschaft, das Zechenwesen blühte wieder auf. Über die Interessen in einer kleinen Landgemeinde wie St. Veit im Innkreis erzählt Ludwig Gottfried aus den 1940er Jahren: „Damals gab es keinen Fußball, kein Tennis. Die Buben haben Tauben gezüchtet."

Die großen Drei – und ihre Nummer Eins

Mit Altheim, Braunau und Ranshofen waren aber „die großen Drei" des Braunauer Fußballs von Anfang an dabei. Wobei ihre Entstehungsgeschichten höchst unterschiedlich sind:

- Braunau wurde wiederbelebt. Schon 26 Jahre zuvor war die SV Braunau aus der Taufe gehoben worden – doch 1945 wurde zum ersten Mal Meisterschaft gespielt. „Die SVB erreichte, bedingt durch Spielerzuwanderungen, eine beachtliche Spielstärke", so Karl Ellinger. 1947 und 1948 konnten jeweils Meistertitel gefeiert werden.
- In Altheim wurde fusioniert. 1948 entstand der Sportklub SK Altheim. In diesem wurden die Sportvereine SV und ATSV sowie der christlich-deutsche Turnverein zu einem einzigen unpolitischen Verein zusammengeschlossen. „Um die Spaltung des Sportes in einer verhältnismäßig kleinen Gemeinde zu vermeiden", berichten die Zeitungen.
- Ranshofen stammt aus der Retorte. 1946 wurde der ATSV Mattigwerk gegründet – ein Werkssportverein des jungen Aluminiumwerkes. Einen der Hintergründe kennt der Ranshofner Lokalhistoriker Peter Krebs: Es gab Spannungen zwischen dem Dorf und der Werkssiedlung, zwischen den „Alteingesessenen" und den „Zugereisten". Im Sportverein sollten diese Spannungen abgebaut werden.

Der Werkssportverein wurde bald die Nummer Eins im Bezirk: „Sprunghaft ging es aufwärts", beschreibt Karl Ellinger, obwohl der Verein aus dem Nichts entstanden war. Das Werk bot Möglichkeiten, die kein anderer Verein bieten konnte.

Vor allem Arbeitsplatz und Werkswohnung lockten Spieler aus nah und fern. Schon 1949 wurde Ranshofen Innviertler Meister. In 22 Saisonspielen erzielte Joschi Strasser damals 86 Treffer und wurde zum „Welttorschützenkönig" ernannt. 1950 gewann die „Aluelf" als erste Provinzmannschaft den oö. Landespokal, 1957 wurde der Werksportverein oö. Landesmeister. Die größten Erfolge sollten aber noch kommen. Sie fielen in die Zeit des Wirtschaftswunders. Von diesem profitierte auch der Werkssportverein, der Verein der Verstaatlichten Industrie in Ranshofen.

Epoche 4 – „A Wiesn für d´Sportler" – Fußball im Wirtschaftswunder (1955 – 1980)

Erst im Wirtschaftswunder wurde der Fußball zum König. Auch im Bezirk Braunau. Ende der 1950er, fast vierzig Jahre nach der Geburtsstunde in Braunau, begann der Siegeszug durch die Dörfer. Ab 1958 stieg so gut wie jedes Jahr mindestens ein neuer Verein aus dem Bezirk in die Meisterschaft ein. Im Wirtschaftswunder hatte sich das Leben in den Dörfern und Bauernhäusern gewandelt. Die Technik zog ein in die Landwirtschaft, Traktoren und Maschinen ersetzten Pferde, Knechte und Mägde. Die alte Welt der Bauern verschwand – und mit ihr das Zechenwesen, das diese Welt lange Zeit geprägt hatte. Die Arbeitskräfte wechselten in Industrie und Handel, die Menschen wurden mobiler, der Jugend boten sich neue Möglichkeiten, ihre Freizeit zu gestalten. Etwa Fußball.

Die Anfänge in den Dörfern erinnerten noch immer an die Nachkriegszeit. Fritz Langthaler: „Wie die Sportplätz' entstanden sind? Die Spieler haben einen Bauern gefragt: Host a Wiesn für d'Sportler? A Holzhüttn zum Umziagn – und z'sammgramt woa." Fritz Langthaler erinnert sich unter anderem an ein Spielfeld, in dessen Mitte ein Strommast prangte. Helmut Söllinger aus Neukirchen weiß, dass damals auch die kritischen Stimmen noch nicht verklungen waren. Der Tenor: „Die Buben sollen Arbeiten daheim, da brauchen s'keinen Fußball." Doch die Begeisterung für das runde Leder griff weiter um sich. Sichtbarer Ausdruck: der Innviertler Cup, der 1963 ins Leben gerufen wurde (siehe dazu den eigenen Beitrag von Hermann Hathayer in diesem Buch).

Jenseits von Wiese und Holzhütte pflegte der WSV Ranshofen den Fußballsport. Das Werk sorgte für ideale Bedingungen, die Sportanlage suchte ihresgleichen. Als 1959 die Regionalliga gegründet wurde, war Ranshofen mit dabei – in der zweithöchsten Spielklasse Österreichs. Ins-

Der ATSV Ranshofen in der Regionalliga 1964

gesamt acht Saisonen war die „Aluminiumelf" in der Regionalliga vertreten, der größte Erfolg wurde 1964 erreicht: Platz 3 hinter Sturm Graz und Austria Klagenfurt. „Das waren Halbprofis. Das wäre auch nicht anders gegangen. Die sind herumgefahren in halb Österreich", erklärt Fritz Langthaler.

Die Meistermannschaft des SC Altheim 1973

Foto: SCA, Ladislav Vorich

22 Jahre war Ranshofen die – mit Abstand – beste Mannschaft des Bezirks. Dann kam die Zeit des SK Altheim.

1968 waren die Altheimer ungeschlagen in die Landesliga aufgestiegen, 1971 lagen sie erstmals vor den Ranshofnern. Der damalige Sektionsleiter Ladislav Vorich nennt seine Erklärung für den Aufschwung: eingeschworene Truppe, Verstärkung mit Spielern der Region und eine gute Basis mit den Vereinen der Umgebung. Vorich: „Je höher du bist, umso mehr Umfeld brauchst du."

1973 wurde der SK Altheim oö. Landesmeister. Es war der größte Erfolg in 25 Jahren Vereinsgeschichte. Und es war der Auslöser einer großen Diskussion im oö. Fußball. Der Meister verzichtete auf den Aufstieg in die Regionalliga, auch damals noch die zweithöchste Liga Österreichs. Die Liga sei unattraktiv, die weiten Reisen könne man nicht zu finanzieren. Und die Spieler hätten keine Zeit: Sechs der elf Kicker pendelten zur Arbeit nach Deutschland, und die halbe Mannschaft war mit Hausbauen beschäftigt. Der oö. Fußballverband erlaubte den Verbleib in der Landesliga.

Der Siegeszug des Fußballs durch die Dörfer fand in den 1970er Jahren seinen Höhepunkt. 1971 begann das Land Oberösterreich mit der Umsetzung seines Sportstättenleitplans. „Im ganzen Bezirk schreitet der Ausbau und Neubau von Sportanlagen zügig voran. Die Gemeinden – selbst die kleinsten – zeigen erfreuliche Initiativen", schreibt Karl Ellinger 1972 im Bezirksbuch. Der zuständige Referent, Landeshauptmann-Stellvertreter Gerhard Possart, lacht aus zahlreichen Heimatbüchern und Vereinschroniken im Bezirk Braunau.

In den 1970er Jahren blühte auch der Frauenfußball im Bezirk Braunau das erste Mal auf. In mehreren Orten jagten die Frauen dem runden Leder nach. Im Allgemeinen blieb es bei Freundschaftsspielen, und die Mannschaften lösten sich nach wenigen Begegnungen wieder auf. Nur die Chronik des WSV/ATSV Ranshofen kann über seine Sektion Damenfußball mehr berichten. 1971 gegründet, nahmen die Frauen an der ersten oö. Landesmeisterschaft teil und wurden Zweite hinter SVS Linz. 1973 brachte, so die Chronik, den „absoluten Höhepunkt": Die Ranshofener Fuß-

279

ballerinnen bildeten mit dem SVS Linz eine oö. Auswahl und traten gegen USV Landhaus an – im Wiener Praterstadion!

Doch auch in Ranshofen währte der Frauenfußball nur drei Saisonen. Die Chronik berichtet aus 1973: „Gegen Jahresende beschloss eine Gruppe der stärksten Spielerinnen, die Fußballschuhe an

Das Stadion in Braunau ca. 1970

den Nagel zu hängen, Ersatz konnte so schnell nicht gefunden werden, und es kam, wie es kommen musste, es war vorbei mit dem WSV Damenfußball!"

Es war nur ein vorläufiges Ende, wie die Geschichte zeigen sollte.

Neben Sportplätzen und Frauenfußball brachten die 1970er Jahre auch den Nachwuchsboom. Helmut Söllinger kennt die Initialzündung: „Die WM 1974 in Deutschland. Von da an ist es steil bergauf gegangen mit der Zahl der Nachwuchsspieler." Das galt nicht nur für die Vereine, sondern auch für den Schulfußball im Bezirk Braunau.

Epoche 5 – „Traumatische Jahre" – Fußball in Krise und Umbruch (1980 – 2000)

Dem Wirtschaftswunder folgten „die traumatischen Jahre", wie der Historiker Eric Hobsbawm die 1980er bezeichnet. Das Goldene Zeitalter war vorbei, auch Österreich wurde von Krisen geschüttelt. Unter anderem von der Krise der Verstaatlichten Industrie. Im Aluminiumwerk Ranshofen, mittlerweile Austria Metall AG AMAG genannt, erreichte diese Anfang der 1990er Jahren ihren Höhepunkt.

Im WSV/ATSV Ranshofen begann das „Trauma" schon früher. 1980 stieg der Verein aus der 1. Landesliga ab. Und das einstige Aushängeschild des Braunauer Fußballs fiel tief. Durch 2. Landesliga und Bezirksliga ging es hinab bis in die 1. Klasse, die 7. Klasse im Österreichischen Fußball. Einer der Gründe: Das Werk konnte nicht mehr den Rückhalt von einst bieten. „Ich habe das Gefühl, der Verein hatte nicht mehr die Aktualität. Vom Werk kam weder Motivation noch Druck", urteilt der Lokalhistoriker Peter Krebs. Er nennt die 1980er Jahre „die dunkelste Ära des WSV".

Krebs: „Das war ein Schock für den Verein. Der hat erstmal überwunden werden müssen."

Nach vier Saisonen in der 1. Klasse war er überwunden, dieser Schock. Der WSV fing sich wieder. Es gab eine neue Denkweise in Verein und Werk. Der Vorstand der AMAG brachte es 1990 auf den Punkt: Der WSV soll ein Aushängeschild sein, aber kein Subventionsbetrieb. Das galt auch nach der Privatisierung 1996. Im Jahr 2003 waren die Ranshofner erstmals wieder die Nummer Eins im Bezirk – nach 23 Jahren Pause.

Denn die 1980er und 90er standen eindeutig im Zeichen der SV Braunau. Der älteste Klub des Bezirks stieg hoch hinauf – und fiel ganz tief. Und Aufstieg wie Fall waren untrennbar mit einer Person verbunden: mit Obmann Lugmayr. „Walter Lugmayr war die personifizierte SVB", beschreibt es der Journalist Reinhold Klika.

1985 war Braunau nach fast 40 Jahren wieder die Nummer Eins im Bezirk. Doch die SVB wollte mehr: Der Verein rüstete zum Höhenflug, investierte in Trainer und Spieler, wurde 1992 und

1993 oö. Landesmeister – und stand schließlich in der 2. Division. Neun Jahre spielten die Braunauer im bundesweiten Fußball mit, Platz 4 im Jahr 1998 war der größte Erfolg in damals 79 Jahren Vereinsgeschichte.

Spielszene aus einem Zweitligamatch der SV Braunau gegen Leoben

Dennoch, so berichten die Zeitzeugen, habe es die SVB nicht geschafft, zum „Zentrum des Fußballs" im Bezirk zu werden. Ob Mitglieder, Vereine oder Zuschauer – es sei keine richtige Bindung zur Region aufgebaut worden. Braunau sei immer „der elitäre Klub" gewesen, wie erzählt wird. Und der Spielbetrieb in der 2. Division sollte sich als eine Nummer zu groß erweisen. „Auf einmal ist die Sache gekippt", beschreibt Josef Sallhofer. Von Jahr zu Jahr wuchs der Schuldenberg weiter an. Ende 2001 wurde der Konkurs eröffnet, im Jahr 2002 der Fußballbetrieb eingestellt.

Auch Altheim erlebte sein „Trauma": Ab 1989 war der SKA für drei Saisonen wieder die Nummer Eins im Bezirk. Und auch die Altheimer wollten hoch hinaus und zeigten, wie in der Vereinschronik zu lesen ist, „die erforderliche Risikobereitschaft in finanziellen Belangen." „Zuviel Euphorie", nennt es der heutige sportliche Leiter Karl Hager im Rückblick. Zwar wurden Trophäen gesammelt (1993 gewann der SKA den Innviertler Hallencup, den Innviertler Cup und den oö. Landescup), aber auch Schulden angehäuft. „Wir haben es gerade noch aufgefangen", sagt SKA-Urgestein Franz Jakob. Die Sanierung wurde begonnen. Wobei sich wieder das Besondere am SKA zeigte. „Im Prinzip haben die Fans – also einer aus den Reihen der Fans – den Verein übernommen – und auch gerettet", sagt Reinhold Klika. Bernhard Vorich, ehemals Obmann des Fanclubs „Die Roten Teufel", wurde neuer Präsident – mit 27 Jahren der Jüngste in der Landesliga.

Teil 6 – Das neue Jahrtausend – Fußball in der Gegenwart

Trotz aller Höhen, Tiefen und Bruchlandungen – auch im neuen Jahrtausend finden sich die drei „großen Standorte" an der Spitze des Braunauer Fußballs. In der Bezirkshauptstadt ging die SVB in Konkurs – und der FCB folgte. Dr. Gerhard Holzinger, Obmann des FCB, erklärt: „Die Nachwuchsabteilung mit 150 Jugendlichen war sehr erfolgreich. Die Mannschaften spielten in der oö. Leistungsklasse. Das konnte kein anderer Verein bieten. Die Frage war: Wollen wir das zerfallen lassen oder fortsetzen?" Es wurde fortgesetzt. Der FC Braunau stieg 2002 in die 1. Klasse ein, schaffte drei Meistertitel in Folge und fand sich so 2005 in der OÖ. Liga. Das Ziel war schneller erreicht, als erwartet. Der Eigenbau bildet den Kern der Mannschaft. Die Herbsttabelle der Saison 2007/08 zeigte den FCB an der Spitze der my-Wave-Tabelle, der Tabelle über die Einsatzdauer der E24-Spieler.

Im Jahr 2008 geben sich die Funktionäre der großen Drei betont zurückhaltend. „Realistisch", wie sie sagen. Die Zeiten des Größenwahns scheinen vorbei. Ob in Altheim, dem Kultklub, in Braunau, dem elitären Verein, oder in Ranshofen, dem Verein mit der großen Geschichte, die Ansprüche sind dieselben: Spielen in der oö. Liga, mit dem Abstieg nichts zu tun haben, ein einstelliger Tabellenplatz, die Derbys als Zuschauermagnet, eine gesunde wirtschaftliche Basis – und die Nummer Eins sein im Bezirk Braunau.

Über die oö. Liga hinaus wird nicht geplant. Die Regionalliga? Sportlich und wirtschaftlich uninteressant, so der Tenor. Zweite Bundesliga? Ein Sponsor, der soviel Geld in die Hand nimmt, sei im Bezirk Braunau nicht in Sicht. Und ein Nachteil komme dazu: die Geografie. Spieler können, im Vergleich zum Zentralraum nur aus der halben Region rekrutiert werden. Deutsche fallen unter die Ausländerregeln. „Wir sitzen an der Grenze. Das empfinden wir als Nachteil", meint etwa Friedrich Strobl, Präsident des WSV/ATSV Ranshofen. „Auf einem Auge blind", nennt es Peter Krebs.

Geretsbergs Frauen in der Zweithöchsten

Die Zeiten des bundesweiten Fußballs leben derweil in einem anderen Klub weiter: in der Union Geretsberg. 2006 wurde Geretsberg oö. Landesmeister im Frauenfußball. 2008 spielen die Frauen in der 2. Liga Mitte, der zweithöchsten Spielklasse Österreichs. Sektionsleiterin Corinna Fuchs stellt das Team vor: 25 Spielerinnen aus zehn Gemeinden, von der Jugendlichen bis zur Mutter, von 14 bis 38 Jahre alt. Die Ziele? „Natürlich wäre unser größtes Ziel, in die Bundesliga aufzusteigen. Nur wird das noch etwas dauern." Eines ist für Corin-

Bald in der höchsten Spielklasse? Kampfstarke Fußballerinnen von Geretsberg (grüner Dress)

na Fuchs aber gewiss: „Frauenfußball muss und wird immer populärer werden."

Die Voraussetzungen dafür scheinen gegeben, anders als in den 1970er Jahren, als der Frauenfußball im Bezirk Braunau nur kurz aufblühte. Im neuen Jahrtausend erlebt dieser Sport einen neuen Aufschwung. In vielen Vereinen haben sich Mädchen und Frauen zusammengeschlossen, um Fußball zu spielen. Im Jahr 2007 wurde erstmals der Innviertler Cup der Frauen ausgetragen, 44 Jahre nach der Premiere der Männer 1963. Zwölf

Teams nahmen daran teil. Der Frauenfußball ist also der Zeit der Freundschaftsspiele entwachsen. 2008 wird das erste Mal eine regionale Meisterschaft ausgetragen. Reinhold Klika, Initiator des Innviertler Frauen-Cups, erklärt: „Die Strukturen greifen jetzt auch regional. Es wächst etwas."

Zusammenfassung

Fast 40 Jahre hatte der Fußball gebraucht, bis er auch im Bezirk Braunau zu seinem Siegeszug ansetzen konnte. Weitere 20 Jahre sollte es dauern, bis er in voller Blüte stand. Heute, im Jahr 2008, stellen in den 46 Gemeinden des Bezirkes 37 Vereine Kampfmannschaften. Zwei spielen im Salzburger Verband, der Rest in Oberösterreich. Beim Blick durch die Historie zeigen sich vier Vereine, die herausragen – auch über die Landesgrenzen hinaus. Bei den Männern sind es „die großen Drei" Altheim, Braunau und Ranshofen. Bei den Frauen ist es die Union Geretsberg. Und noch eines zeigt sich beim Blick durch die Geschichte: Die Entwicklung des Fußballs spiegelt auch den Wandel des Lebens auf dem Lande. Ein Wandel, der nie aufhört – wie auch die Entwicklung des Fußballs.

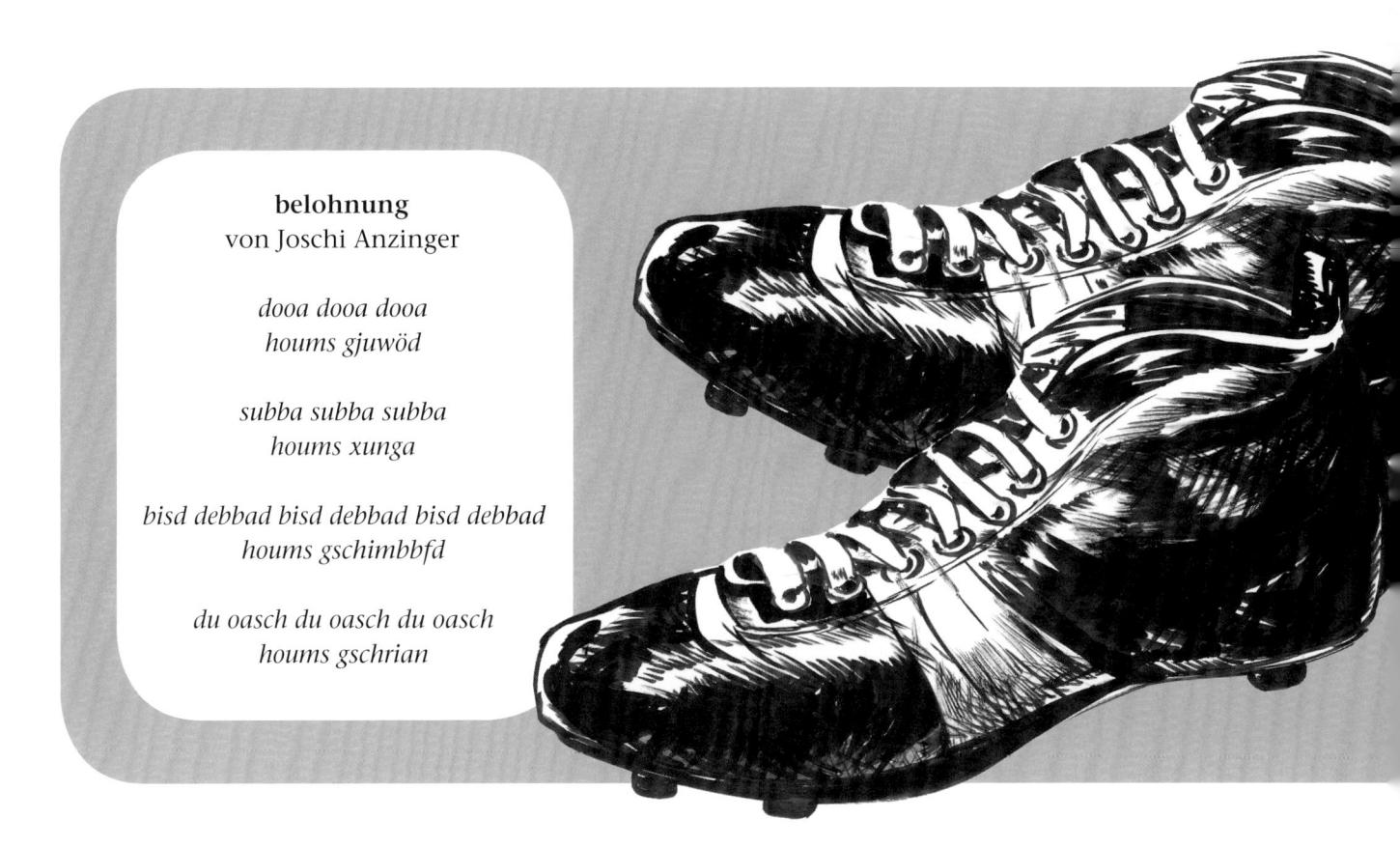

* * *

belohnung
von Joschi Anzinger

*dooa dooa dooa
houms gjuwöd*

*subba subba subba
houms xunga*

*bisd debbad bisd debbad bisd debbad
houms gschimbbfd*

*du oasch du oasch du oasch
houms gschrian*

FUSSBALLWUNDER SV RIED –
das Aushängeschild im Innviertler Fußball

von Hermann Hathayer

Als der Leondinger Christian Mayrleb am 3. Juni 1992 das Siegestor für die SV Ried gegen den Wiener Vorstadtklub Donaufeld erzielte, ahnten viele Innviertler Fußballfans wohl noch nicht, wie wichtig dieser Treffer für die weitere Fußballgeschichte der SV Ried war. Der 1:0-Sieg genügte, um im Abstiegs-Play-Off der zweithöchsten Spielklasse den rettenden fünften Platz zu erreichen und somit den Klassenerhalt im ersten Jahr der Zugehörigkeit zur Bundesliga zu sichern.

Im Jahr zuvor hatte sich die SV Ried in einer spannenden Relegation der Meister der Landesligen aus den Verbänden von Oberösterreich, Steiermark und Kärnten durchgesetzt und so den Aufstieg in die zweite Bundesliga geschafft. Damals behielten die „Wikinger" gegen Flavia Solva und SAK Klagenfurt die Oberhand.

Es war dies wohl das markanteste Ereignis in der langen Geschichte des im Jahre 1912 gegründeten Innviertler Traditionsvereins.

Die Anfänge

Die SV Ried ist der drittälteste Klub Oberösterreichs (LASK 1908; Welser SC 1912) und wurde am 5. Mai 1912 im Gasthaus Merzendorfer aus der Taufe gehoben. Gegründet wurde der Verein von Angehörigen der Fußballriege des deutschvölkischen Turnvereines. Unter dem Namen FC Germania traf man im ersten Punktespiel im September 1912 auf den Welser SC. Im Ersten Weltkrieg mussten etliche Fußballer des FC Germania zu den Waffen – und der Krieg riss große Lücken in die Reihen der Rieder Fußballer. 1919 wurde der Verein reaktiviert und in SV Germania Ried umbenannt.

Die Tugenden der SV Ried waren damals wie heute ein guter Geist und gute Kameradschaft. Erfolge lösten Begeisterung aus, Niederlagen waren noch lange keine Tragödie. Der Innviertler Fußballpionier erhielt zwar Zuzug aus der Umgebung, doch hatte man auch mit etlichen Nachteilen zu kämpfen. Für das Neue, für das Aufstrebende, wurde wenig Verständnis gezeigt, das Spiel mit dem runden Leder galt lange Zeit als verpönt. Der Verein hatte mit Finanzsorgen zu kämpfen, und jeder Spieler musste seine Schuhe und Dressen selber pflegen. Zu den Spielen wurde mit dem Fahrrad gefahren.

In der Zwischenkriegszeit spielte die SV Ried ab 1920 in der gemeinsamen Liga der Verbände von Oberösterreich und Salzburg. Nach 5 Jahren Zugehörigkeit in der unteren 2. Klasse gelang 1925/26 der Meistertitel und der Aufstieg in die 1. Klasse. Im zweiten Jahr in der zweiten Klasse musste man jedoch wieder den Gang in das Unterhaus antreten. In der neu gestalteten Liga Westkreis gelang den Wikingern 1937/38 schließlich der Meistertitel und der Aufstieg in die Bezirksklasse Oberdonau.

Nach dem Zweiten Weltkrieg ging es mit dem Verein bergauf und die nunmehrige SV Ried zog 1955 in die Landesliga ein. Nach einer sportlichen Krise Ende der 50er sowie in den 60er Jahren vollzog der Verein einen erfolgreichen Generationswechsel. Nach vielen Jahren Zugehörigkeit zur zweiten Landesliga gelang schließlich 1976 der Aufstieg in die 1. Landesliga, der höchsten oberösterreichischen Spielklasse. Dort hielt sich die SVR viele Jahre erfolgreich und holte insgesamt dreimal den Meistertitel (1987/88, 1989/90, 1990/91). Schließlich klappte es im dritten Anlauf mit eingangs beschriebenem Aufstieg in die zweite Bundesliga.

Der Aufstieg der SV Ried in den frühen 90er-Jahren ist untrennbar mit dem Namen Klaus Roitinger verbunden. Zunächst zog der gelernte Pflichtschullehrer unter Trainer Ernst Knorrek als Mittelfeldspieler die Fäden im Spiel der SV Ried. 1988 wurde Roitinger schließlich Spielertrainer und schaffte mit einem 3:0-Sieg gegen Flavia Solva (2 Tore von Roitinger) den Aufstieg in die zweite Bundesliga.

Schließlich konzentrierte sich Roitinger nach dem ersten Bundesliga-Jahr ausschließlich auf das Trainergeschäft.

Im zweiten Jahr spielten die Wikinger gleich zu Beginn groß auf und schlugen etliche Favoriten. Vor allem vor eigenem Publikum waren die Rieder eine Macht. Nach dem Grunddurchgang belegte die SV Ried hinter dem GAK den sensationellen 2. Platz, der zur Teilnahme am Aufstiegs-Play-Off zur Qualifikation für die 1. Bundesliga berechtigte.

In der vierten Saison in der 2. Bundesliga 1994/95 gelang der SV Ried schließlich der ganz große Wurf. Nach dem Herbstdurchgang lag man hinter dem GAK und St. Pölten auf Platz 3. Wie schon häufig zuvor bewies die sportliche Vereinsspitze in der Transferzeit ein goldenes Händchen und holte in der Übertrittszeit vom FC Linz den jungen Herwig Drechsel und mit Alexander Treiblmair vom SK Altheim einen Goalgetter aus der Landesliga. Beide Spieler erzielten im Frühjahr jeweils fünf Treffer.

In der Frühjahrssaison boten die Wikinger Fußball vom Feinsten und spielten vor allem im eigenen Stadion häufig wie aus einem Guss. Das Rieder Abwehrbollwerk rund um Tormann Milan Oraze, Libero Thomas Eder und die Außendecker Leopold Kiesenhofer und Herbert Laux konnte kaum geknackt werden. Im Mittelfeld verstanden sich die beiden versierten Techniker und Haudegen Goran Stanisavljevic und Marinko Ivsic prächtig. Zudem entwickelten sich die Rieder Urgesteine Steininger, Angerschmid und Glasner zu Mannschaftsstützen. Vorne sorgten der vom Lokalrivalen SV Braunau geholte Sturmtank Hubert Möseneder sowie Pavel Mraz für ständige Torgefahr.

In 15 Spielen gewann die SV Ried zwölfmal und sicherte sich hinter dem GAK den 2. Platz, der zu den Relegationsspielen gegen den FC Linz – dem Vorletzten der 1. Bundesliga – berechtigte.

Am 21. Juni 1995 traf man im Hinspiel der Relegation im Linzer Stadion auf den FC Linz. 3000 mitgereiste Ried-Fans sorgten dabei für eine Heimspiel-Atmosphäre. Nach ausgeglichener erster Hälfte erzielte der tschechische Stürmer im Diensten der SVR, Pavel Mraz, kurz nach dem Seitenwechsel einen Doppelpack. Nach 90 Minuten hieß es 2:0 für Ried. Am 24. Juni 1995 fixierte die SVR vor 8.000 Zusehern mit einem hart erkämpften 1:0-Heimsieg im Rückspiel schließlich den Aufstieg in die 1. Bundesliga.

Der Jubel im Lager der Wikinger kannte keine Grenzen, hatte man doch als erster Innviertler Verein den Aufstieg in die höchste Spielklasse Österreichs geschafft!

Als dann zum Bundesliga-Auftakt Rekordmeister Rapid Wien vor 9.500 Zuschauern im ausverkauften Rieder Stadion mit 2:1 geschlagen wurde, war auch der Start in die Bundesliga ein voller Erfolg. Schließlich gelangen unter Erfolgstrainer Klaus Roitinger in der ersten Saison weitere glorreiche Erfolge. Im Endklassement belegten die Wikinger unter 10 Mannschaften den 7. Tabellenplatz.

Im dritten Jahr 1997/98 gelang der Roitinger-Elf der größte Erfolg der Vereinsgeschichte. Als Außenseiter kämpfte man sich bis ins Cupfinale vor und traf dort im Hütteldorfer Hanappi-Stadion auf den Favoriten Sturm Graz.

Taktisch hervorragend eingestellt, ließen die Innviertler dem Grazer Starensemble rund um Ivica Vastic, Hannes Reinmayr und Mario Haas keine Chance und gewannen verdient mit 3:1. Der österreichische Cupsieg 1998 wurde durch Treffer von Stanisavljevic, Drechsel und Scharrer fixiert.

Internationale Beachtung erzielte die SV Ried im folgenden Jahr im Pokalbewerb der Cupsieger. Dort schlug man den Budapester Traditionsverein MTK Budapest sowohl im Hin- als auch im Rückspiel. Im Achtelfinale gelang im Hinspiel gegen den israelischen Vertreter Maccabi Haifa ein weiterer historischer Sieg. Auswärts unterlag die Roitinger-Elf im Rückspiel schließlich mit 1:4 und schied etwas unglücklich aus dem Bewerb aus.

Die Teilnahme am Cupbewerb der Pokalsieger kostete jedoch Substanz, und in der vierten Bundesligasaison lief es ganz und gar nicht nach Wunsch. Die Ansprüche waren gewachsen, das Budget im Vergleich zu vielen Großklubs limitiert, und so kam es im Frühjahr zu einem starken Durchhänger mit einigen deftigen Schlappen.

Nach einem bitteren 1:6-Debakel gegen den LASK trat Erfolgstrainer Klaus Roitinger zurück – jener Mann, der den Verein über elf Jahre lang begleitet und von der Landesliga bis in die höchste Spielklasse geführt hatte.

Es folgte mit Heinz Hochhauser ein Coach, der wieder Aufbauarbeit im Verein leisten musste, denn die Rieder Tugenden wie Einsatz und Kampfkraft waren zuletzt vermisst worden. Nach einem versöhnlichen Saisonabschluss wurde Hochhauser für zwei weitere Jahre zum Cheftrainer ernannt.

Der folgende Saisonauftakt war durchwachsen, doch mit einem 5:0-Heimerfolg gegen den bis dahin überlegenen Tabellenführer FC Tirol in der 13. Runde schoss sich die Mannschaft endgültig aus der Krise. Mit einem 5. Endrang schaffte Ried die bisher beste Platzierung seit ihrer Bundesligazugehörigkeit.

Nachdem Trainer Hochhauser von Austria Wien abgeworben wurde, kam es in der Folge zu einigen Trainerwechseln. Im Frühjahr 2002/03 kam es gegen Saisonende zu einer Niederlagenserie und in der letzten Runde bezog Ried eine bittere 0:3-Heimschlappe gegen Admira/Wacker. Da Bregenz gleichzeitig bei Austria Wien gewann, bedeutete dies den Abstieg aus der höchsten Spielklasse.

Nachdem sich die Wogen nach dem Abstieg wieder geglättet hatten, übernahm Heinz Hochhauser zum 2. Mal das Szepter. Schon bald stellte sich der Erfolg in der neu bezogenen Fußballarena ein und die Mannschaft vermochte zusehends auch wieder spielerisch zu überzeugen. Mit neuem Punkterekord in der Red-Zac-Liga und einem treffsicheren Sanel Kuljic (34 Tore) gelang schließlich der Wiederaufstieg.

Mit herzerfrischendem Fußball überzeugte die Hochhauser-Elf 2005/06 und erreichte nach 36 Runden den 4. Endrang. Sanel Kuljic wurde neuerlich Torschützenkönig und wechselte in die Schweiz zum FC Sion. Damit war auch die zweite Hochhauser-Ära beendet, als Nachfolger wurde der Tiroler Helmut Kraft engagiert.

Nach Startschwierigkeiten kam die SV Ried in der Saison 2006/07 zusehends in Schwung und hielt mit Moral und Kampfkraft, aber auch Spielwitz dagegen. Nach neun Runden noch Tabellenletzter, drehten die Wikinger rund um Herwig Drechsel mächtig auf und wurden am Ende sogar Vizemeister hinter Red Bull Salzburg.

Die Erfolge des SV Ried in der jüngeren Vergangenheit sind sicherlich auf die Geschlossenheit innerhalb des Vereins zurückzuführen. Zudem hat sich der Weg, auf junge österreichische Nachwuchstalente zu setzen, bewährt.

Quellen:
Fußball in OÖ, Ein Jubiläumsbuch des OÖFV, 1971
salzburg.com, Salzburgwiki

EIN BILDERBUCH DER SV RIED

Die Kampfmannschaft in der Saison 2006/2007

Herwig Drechsel, das Rieder Urgestein

Das neue Stadion der Rieder

... oft mit fairen Mitteln nicht zu stoppen: Sebastian Martinez

Torjubel

Der zwölfte Mann der Rieder, die Fans, hier als Perchten

Strafraumszene im Heimspiel gegen Salzburg

Zur Austria nach Wien abgewandert: Teamstürmer Sanel Kuljic

Oliver Glasner

Riesentalent: U 20-Nationalspieler Peter Hackmair

alle Fotos SV Ried

290

WIE ICH FUSSBALLFAN WURDE
und warum ich – trotz allem – einer bleibe

von Christian Schacherreiter

Es begann in Pramet im Jahr des Herrn 1962. Ich war acht Jahre alt, ging in die 3. Klasse Volksschule, lernte brav, zeichnete gerne, verbrachte viele Stunden auf Kuhweiden und in Wäldern, begann mich intensiv für die körperliche Andersartigkeit der Nachbarmädchen zu interessieren, aß leidenschaftlich gerne Wiener Schnitzel – und ich spielte Fußball, genauer gesagt: eine Art Fußball. Ich hatte größere Buben beim Spiel beobachtet, wusste, dass mein Vater gelegentlich ein Fußballspiel im Fernsehen sah und bekam eine kräftige Lust, mich selbst in dieser Sportart zu versuchen.

Ich hatte das Glück, einem echten Sportsfreund zu begegnen, dem Flotzinger aus der achten Klasse Volksschule. Der Flotzinger war der mentale Kern jener wilden Bubentruppe, die auf der Wiese neben dem Gemeindeamt regelmäßig dem Fußballsport frönte. Vereinsmäßig organisierten Fußball oder gar ein professionell gestaltetes Fußballfeld gab es damals in Pramet noch nicht. Der Flotzinger war ein leidenschaftlicher Kicker, blieb aber immer fair und hatte vor allem auch für uns Kleine ein Herz. Er holte uns immer in die Mannschaft und tröstete uns, wenn wir den Größeren nicht gewachsen waren, weniger wegen ihres überragenden Spielwitzes, sondern eher wegen ihrer körperlichen Überlegenheit. Der Flotzinger, über dessen späteres Leben ich leider nichts weiß, muss ein Menschenkenner gewesen sein. Er hatte rasch erkannt, dass ich ein Mann der Defensive bin bzw. damals ein Bürscherl der Defensive war. Er stellte mich als Ausputzer in den Strafraum. Ich war das Bürscherl fürs Grobe, und was mir an Technik und Körpergröße fehlte, versuchte ich durch Einsatz wettzumachen. Ich war defensiv, aber furchtlos, und trat dem anstürmenden Gegner meist mit gnadenloser Konsequenz entgegen. Das führte bisweilen zu Verletzungen, vor allem zu eigenen.

Die Krapfen der Knirzinger Altbäuerin

Im Sommer 1963 übersiedelten wir von Pramet nach Ried im Innkreis, und ich weinte herzzerreißend. Ich wollte nicht weg von den Kuhweiden und von der Auleiten, von meinen Freunden in der Franz Stelzhammer Schule und den Bauernkrapfen, die jeden Freitag in der Speis der Knirzinger Altbäuerin dufteten. Und ich weinte auch deshalb herzzerreißend, weil mir der Flotzinger soeben mitgeteilt hatte, dass in Pramet ein Fußballverein gegründet werden soll, und dass er mich dort als Vorstopper aufbauen möchte. O Unglück! Mein Sturmlauf zur Prameter Vorstopper-Legende wurde von der Viererkette des Schicksals ins Rieder Abseits gestellt.

Aber kein Unglück, das sich nicht auch als Glück herausstellen kann. Herauskatapultiert aus der Prameter Aufstellung und hineinversetzt in eine völlig neue Spielsituation, stellte sich heraus, dass ich nicht nur der geborene Defensivspieler, sondern sogar jene krasse Form des Defensivkickers repräsentiere, von der Trainerlegende Zlatko („Tschik") Čajkovski einmal sagte: „Die spinnen alle ein bisschen." Er meinte damit die Torhüter. Von meinem 12. bis zu meinem 42. Lebensjahr spielte ich nur mehr im Tor, und ich darf sagen: mit uneingeschränkter Hingabe. Obwohl Oliver Kahn eher meinen kollegialen Respekt als meine Liebe sein eigen nennen darf, betrachte ich seine Selbstbeschreibung in gewisser Weise doch als wichtigen Anhaltspunkt: „Das einzige Tier bei uns zu Hause bin ich." Rainer Schütterle sagte einmal zur Verteidigung von Oli Kahn, dieser habe schon „den einen oder anderen menschlichen Zug." Und Kahns Aussage „Ich wollte mir heute eigentlich die Bälle selbst aufs Tor schießen, damit ich mich endlich mal auszeichnen kann." beschäftigt mich auf die eine oder andere Weise immer wieder.

Goalie Christian Schacherreiter in einem Hallenturnier

Aber nicht nur zum Tormann reifte ich in der Stadt Ried heran. Dort ereignete sich auch noch etwas anderes, ohne das der echte Fan kaum vorstellbar ist. Ich spreche vom Erweckungserlebnis in einem Stadion (in bescheidener Infrastruktur auf einem Vereinsplatz). Ich habe noch keinen fußballbegeisterten Mann getroffen, der sich nicht einem Verein verpflichtet fühlt – oder bewusst trivialromantisch formuliert: *dessen Herz nicht einem bestimmten Verein gehört*. Der Germanist Wendelin Schmidt-Dengler, als bekennender Rapid-Fan auch außerhalb des literarischen Spielfelds bekannt, sieht die Anhänglichkeit an den Verein als eine Kraft, die stärker wirkt als die Anhänglichkeit an eine Nationalmannschaft. „Ich kann mir meine nun weit über fünfzig Jahre dauernde Anhänglichkeit an diesen Verein (Rapid Wien) nicht erklären". Und weiters: „Es ist schön, wenn die österreichische Nationalmannschaft gewinnt oder ein österreichisches Team international reüssiert. Aber das macht mich nicht zum Fan." Zum Fan wird der Mann meist über das Medium Vereinsmannschaft. Bei Frauen ereignet sich – so meine vorsichtige Hypothese – die Erweckung eher über bestimmte Spieler als über Mannschaften. Anders gesagt: Im männlichen Kleinhirn wird das Wir-Gefühl der urgeschichtlichen Männerhorde geweckt, im weiblichen – der Weltfeminismus möge es mir verzeihen - eher die Faszination durch den starken Krieger.

Wie gesagt, das Gefühl der Zugehörigkeit hat seinen Ursprung oft in einem Initiationserlebnis, das sich in einem Stadion ereignet. Dieses Erlebnis, das viele der Unseren zum Fußball gebracht hat und dort auf Lebenszeit festhalten wird, ereignet sich beim harten Kern der Fußballgemeinde schon in der Kindheit beziehungsweise am Übergang zur Adoleszenz, im Alter von 10 bis 12 Jahren. Die an den Fußball gebundenen Gefühle haben daher auch einiges mit dem Heimatgefühl der Kindheit zu tun und mit der Hand des Vaters oder eines anderen, meist männlichen Mentors, die uns zum ersten Mal an den Spielort geführt hat. Christoph Biermann, ein profunder Kenner des Spiels und seines kulturellen Umfelds, erinnert sich in seinem Fußballbuch „Wenn du am Spieltag beerdigt wirst, kann ich leider nicht kommen" an sein Initiationserlebnis. Gemeinsam mit dem Vater besuchte er als Zehnjähriger ein Spiel des SC Westfalia Herne 04. Biermann zitiert Arthur Hopcraft, der in seinem Buch „The Football Man" schrieb, dass Fußball die Persönlichkeit des dafür Bestimmten „in Beschlag nimmt". Er sei ab diesem Zeitpunkt so wichtig „wie für einige Leute Gedichte und für andere Alkohol wichtig ist". „Genau das", sagt Biermann, „war es, was mir an jenem Oktobersonntag bei diesem höchst durchschnittlichen Spiel der Regionalliga West (…) widerfuhr".

Ähnlich beschreibt der englische Schriftsteller Nick Hornby in „Fever Pitch" sein Erweckungserlebnis: „Ich verliebte mich in den Fußball, wie ich mich später in Frauen verlieben sollte: plötzlich, unerklärlich, unkritisch und ohne einen Gedanken an den Schmerz und die Zerrissenheit zu verschwenden, die damit verbunden sein würden." Ich finde es in hohem Maß beachtenswert, dass Nick Hornby ausdrücklich von „Schmerz und Zerrissenheit" spricht. Mit dieser Bestandsaufnahme bleibt er wahrlich nicht der Einzige. „Was viele gar nicht wissen: Fußballfan sein, das ist in erster Linie Schmerz", sagte mein Fußballfreund, der LASK-Fan, Fernseh- und Rundfunkjournalist Peter Huemer während des Zweitliga-Spiels LASK - FC Kärnten im Mai 2007 auf der Stehplatztribüne des Linzer Stadions „Auf der Gugl" zu mir. Wohl gemerkt, Peter Huemer sagte diesen ach so wahren Satz während eines Spiels, das keine Bedeutung mehr hatte, denn der LASK hatte sich schon den Titel in der 2. Liga gesichert und stand als Aufsteiger fest! Aber selbst in den Augenblicken des Triumphes verlässt den Fan nie so ganz das rätselhaft dunkle Wissen um das Tragische in seinem Dasein. Fan eines Vereins zu sein ist immer auch ein Leidensweg, ein ständiges Leben in Sorge. Nicht minder drastisch erlebt Wendelin Schmidt-Dengler dieses Phänomen: „Ein traumatisches Erlebnis wirkt bis heute nach: In der Frühjahrssaison 1955 verlor Rapid gegen Vienna mit 5:0. An Niederlagen habe ich mich gewöhnt; damit umzugehen, ist fürwahr eine gute Schule fürs Leben. Man bezieht alles auf sich, man fühlt sich schuldig, man schöpft wieder Mut, wenn es aufwärts geht. Man leidet mit, und doch ist es nicht ein Leid, das einem persönlich zugefügt wird. Bangend schalte ich den Teletext ein oder schnappe mir am Sonntag die Zeitung, um die Resultate zu erfahren (…)".

Aus eigener Erfahrung kann ich folgende bittere Episode erzählen: Was war das für ein schrecklicher Tag, als meine SV Ried in der letzten Frühjahrsrunde des Jahres 2003 daheim gegen Admira antreten musste, gegen eine Mannschaft, für die es um nichts mehr ging, ein wenig attraktives Team, das sicher ohne besondere Motivation in das Innviertel gereist war (und mittlerweile selbst aus dem österreichischen Fußballoberhaus verschwunden ist). Für die Rieder Mannschaft hingegen ging es um nichts Geringeres als den Klassenerhalt. Schrecklich! Grauenhaft! Weder in der Herbst- noch in der Frühjahrsrunde waren meine Rieder auf den letzten Tabellenplatz gerutscht. Im Gegenteil. Am Beginn der Herbstrunde hatten die Fans noch die schwarz-grünen Fahnen gehisst und einen UEFA-Cup-Platz gefordert. Und jetzt droht der Abstieg! Aber es kann nicht geschehen, nein, es darf ganz einfach nicht geschehen. Ein Pflichtsieg, ein so genannter Pflichtsieg! Ried spielt daheim gegen diese Ungegner Admira. Der direkte Kontrahent im Kampf gegen den Abstieg ist Bregenz, und Bregenz muss zur Austria nach Wien. Bregenz muss gewinnen. Ried genügt ein Unentschieden.

Ich konnte nicht bei meiner Mannschaft sein an diesem Wochenende, und bis heute kann ich nicht ausschließen, dass mein Fehlen im Rieder Stadion letztlich entscheidend war. Ich war bei der Jahreshauptversammlung der Österreichischen Gesellschaft für Germanistik in Italien und saß gerade in einem Restaurant in Udine, als ich über mein elektronisches Service auf dem Handy-Display die Spielstände erfuhr. 1:0 für Admira – naja, wahrscheinlich zu wenig auf die Abwehr geachtet vor lauter Offensive. Der Ausgleich genügt ja schon. Aber dann: 2:0 für Admira. Ich werde nervös. Und letztlich: 3:0 für Admira. Und was machen die Vorarlberger in Wien? Wenn sie nicht gewinnen, ist alles gerettet! Es darf nicht wahr sein, aber es ist wahr: Bregenz gewinnt gegen die Wiener Austria. Die SV Ried verlässt also die erste Spielklasse. – Und ich sitze blöd in Italien herum! Germanistenkongress! Was für eine Kinderei an diesem Tag! Ja, auch ich bin schuldig geworden.

Kehren wir noch einmal zum Initiationserlebnis des Buben zurück, zu seiner Einweihung in die – Papst Benedikt XVI. wird mir die Metapher nicht verzeihen – in die Weltkirche der Fußballfans. Nick Hornbys Erweckungsort war Highbury, die Mannschaft seines Herzens ist Arsenal. Ähnlich wie bei Christoph Biermann, dessen Initiation ich oben kurz erwähnt habe, spielte auch bei Hornby der Vater als Mentor eine wichtige Rolle, denn er nahm den Zehnjährigen just in einer Zeit zum ersten Mal auf den Fußballplatz mit, als die Ehe der Eltern in Trennung begriffen war. Hornby spricht dieser Ausnahmesituation eine besondere Bedeutung für seine leidenschaftliche Anhänglichkeit an den Fußball zu. Während der Dauer des Spiels konnte der Kleine seinen untreu gewordenen Vater nicht verlieren. Wenn auch Arsenal gegen Ende der sechziger Jahre nicht die herausragende europäische Spitzenmannschaft war, die es heute ist, so „verliebte" sich Nick Hornby immerhin in einen englischen Erstligisten. Ich behaupte allerdings, dass die Liga-Zugehörigkeit einer Mannschaft nicht entscheidend ist für die innere Entscheidung des Zuschauers, ab nun ein Fan zu sein.

Meine Erweckung ereignete sich Mitte der sechziger Jahre auf dem Rieder Messegelände, wo damals der Fußballplatz war und heute das Fill Metallbau Stadion steht. Der Verein meines Herzens ist seit damals die SV Ried, ein Traditionsverein, der bereits 1912 gegründet worden ist, der aber damals in der Bezirksliga umherdümpelte. Mein Vater war kein Mentor, er interessierte sich nur mäßig für Fußball. Gelegentlich traf ich meinen Onkel Pepi bei einem Spiel der Rieder. Aber meine eigentliche Hinführung zur Welt des Innviertler Live-Fußballs verdanke ich einem Schulfreund, dem Zadrazil Pepi.

Als ich in den siebziger Jahren in Salzburg studierte, besuchte ich zwar nur selten SV-Ried-Spiele, aber das Herz ist immer beim Verein der Kindheit geblieben, kein anderer Favorit konnte in all diesen Jahren an seine Stelle treten. Ich informierte mich regelmäßig über den Ausgang der Spiele, und als sich der Verein unter seinem damaligen Trainer Klaus Roitinger zum Weg in die oberste Spielklasse aufmachte, wurde ich für meine jahrelange Treue belohnt. In der Saison 2006/07 ist die SV Ried österreichischer Vizemeister geworden. Der Plafond dürfte damit erreicht sein, daher begleitete meine Freude über den großen Erfolg von Anfang an die Sorge um die Zukunft. Denn ab jetzt kann es nur mehr bergab gehen. Wie gesagt: Fußball-Fan sein heißt Schmerz ertragen können.

Rieder Torjubel nach einem Treffer gegen Mattersburg

Rieder Fans bei einem Heimspiel. Vielleicht war ja auch Christian Schacherreiter dabei?

Mein Fußballfreund Peter Huemer ist auch dem Verein seiner Kindheit treu geblieben. Dazu schreibt er: „(…) wenn der LASK gegen Untersiebenbrunn ein Tor schießt. Da solltet ihr mich sehen! Da ist alles noch so wie damals, als ich mit neun Jahren zum ersten Mal auf den LASK-Platz kam. Die Freude und der Schmerz sind gleich geblieben, konstante Größen. Bei Konrad Lorenz findet sich der Ausdruck ‚Prägung'. Lorenz meint zwar etwas anderes damit, aber das Wort beschreibt recht genau, was uns widerfährt, wenn wir uns als Kinder für einen Verein entscheiden – besser gesagt, einem Verein verfallen, weil es sich in der Regel um keine freie Entscheidung handelt: wir werden geprägt. Daher ist es uns auch ganz unmöglich, im Erwachsenenalter die Entscheidung rückgängig zu machen und den Verein zu wechseln – und wenn wir in unserer Treue noch so viel Schmerz und Enttäuschung erfahren. Charakterlos, geradezu grauenerregend, schiene mir ein späterer Umstieg zu einem anderen Verein. Einem solchen Menschen möchte ich nicht trauen. Daher bleibt uns gar nichts übrig, als mit unserem Verein (…) durch dick und dünn zu gehen. In meinem Fall ist es der LASK. Kein leichtes Los."

Seit Peter Huemers LASK wieder in der Bundesliga spielt, gibt's auch wieder die Derbys gegen meine SV Ried. Das ist eine Herausforderung für unsere Freundschaft, denn gerade die Begegnung der Lokalrivalen, das Lokalderby, erfolgt oft alles andere als freundschaftlich – ob in Mailand, London, Wien oder Oberösterreich. Und prompt gab es beim ersten Spiel LASK – SV Ried auf der Gugl gleich Verletzte. Peter und ich waren nicht unter ihnen. Wir sind einer Direktbegegnung beim ersten Derby vorsichtshalber ausgewichen. Dass Ried dieses Spiel mit 0:1 verloren hat, dürfte meiner Gesundheit förderlich gewesen sein, als ich das Linzer Stadion mit grünschwarzem Schal verlassen hatte und plötzlich einer triumphierenden Hundertschaft von LASK-Fans gegenüberstand. Sie betrachteten mich interessiert, aber ohne Hass, eher mit einer Mischung aus Hohn und Mitleid, so wie man eben antiquierten Kuriositäten mit Seltenheitswert begegnet.

Die Seele des Fans ist ein verdammt weites Land

Während die Anhänglichkeit des Fans an den Verein seiner Kindheit noch hinlänglich erklärbar erscheint, ist seine Sympathie für Mannschaften, die weit entfernt sind, weniger leicht zu durchschauen. Ich weiß nicht, warum ich für Werder Bremen mehr Sympathien habe als für Bayern München, warum ich bei einer Begegnung Chelsea – Manchester United eher Chelsea als Sieger sehen möchte, warum mir Rosenborg Trondheim völlig egal ist. Der FC Barcelona ist mir wichtiger als Paris St. Germain. Warum eigentlich? Keine Ahnung. – Die Seele des Fußballfans ist ein verdammt weites Land.

Ähnlich vielschichtig und rätselhaft wie die Sympathiewerte für oder die Antipathiewerte gegen Vereinsmannschaften sind diejenigen für oder gegen nationale Teams. Die penible historische Erklärung dafür, dass nationale Fußballmannschaften historisch an Idee und Realität des Nationalstaats gebunden sind, kann ich uns ersparen. Tatsache ist, dass die Art von Emotionalisierung, die Länderspiele auslösen, dort und da im Kontext der politischen Geschichte erklärbar ist. Obwohl Fußballfans grundsätzlich einem archaisch-tribalistischen Wir-Verhalten folgen, ist nicht gewährleistet, dass eine Nationalmannschaft immer mit der Unterstützung der eigenen Nation rechnen kann. Klaus Theweleit, der in dieser Hinsicht das Verhalten von Fernsehzuschauern in Fußball-Kneipen beobachtet hat, resümiert folgendermaßen: Das Publikum ist „niemals einfach parteiisch. Spielt das eigene Team miserabel, werden die Anhänger ziemlich gnadenlos. Aus enttäuschter Liebe natürlich; aber auch aus genauem Blick. Sie sind genauso expertig wie die Fünfzehnjährigen auf dem Schulhof mit der sonntäglichen Top Ten im Ohr. Mit der untrüglichen Sicherheit für das exzeptionelle Stück und für die bessere Mannschaft." Es stimmt, sachlich kompetente Fußballfans achten und würdigen die Leistung des Gegners. Man mag zwar dem französischen Nationalteam eine Niederlage herzlich gönnen, wenn es gegen „unsere Burschen" geht, aber wer „sich erlauben würde zu sagen, Zidane ist eine überschätzte Flasche, der braucht sich unter Fußballkörpern nicht mehr sehen zu lesen." So sagt Klaus Theweleit, und so ist es.

Trotz Sparwassers Tor ging die DDR unter

Komplexer als die Gefühle der Fans für die eigene Nationalmannschaft sind die Gefühle für andere Teams. Ich kenne österreichische Fans des lateinamerikanischen, insbesondere des brasilianischen Fußballs, solche des holländischen, englischen und italienischen Fußballs. Ich selbst sehe mich als kritischen Freund des spanischen Nationalteams. Die politisch Korrekten unter uns haben sich bei der letzten WM aufrichtig mit dem Team von Senegal gefreut, als es den ehemaligen Kolonialherrn Frankreich mit 1:0 zum Duschen geschickt hat. Ich kenne aber derzeit keinen bekennenden österreichischen Sympathisanten der schwedischen oder russischen Nationalmannschaft. Dabei haben die auch so manches Glanzstück zu bieten, und im Fall Russlands stand es nicht immer so trist um eine zumindest kleine österreichische Fan-Gemeinde.

In den siebziger Jahren, als die KPÖ mit dem KSV einen damals noch ziemlich sowjetfreundlichen Studentenverband ihr eigen nennen konnte, begeisterte sich mancher Genosse rückhaltlos für das sowjetische Team. Und als das Team der DDR in der ersten Finalrunde der WM 1974 in Hamburg die Mannschaft der BRD mit 1:0 auf den zweiten Gruppenplatz verwies, erklärte mir ein kommunistischer Studentenfunktionär ohne jede Selbstironie, dass dies ein wichtiger Beweis für die Überlegenheit des kommunistischen Systems über das kapitalistische sei. Abgesehen von dieser kleinen politischen Schnurre bewegte das Spiel DDR-BRD die Öffentlichkeit wirklich sehr heftig und ist bis heute im kollektiven Bewusstsein der wiedervereinigten deutschen Sportwelt haften geblieben, also zu einem legendären Spiel geworden. Der Stürmer Jürgen Sparwasser (Magdeburg), der damals das Siegestor für die DDR schoss, sagte: „Wenn man auf meinen Grabstein eines Tages nur ‚Hamburg 74' schreibt, weiß jeder, wer da drunter liegt." Das nenne ich Sinn für welthistorische Bedeutung.

Nicht nur für die DDR war das westdeutsche Team immer eine ganz besondere Herausforderung. In Österreich ist das nicht anders. Unser ambivalentes, teilweise geradezu neurotisches Verhältnis zu den Deutschen, das von der hysterischen Anschluss-Begeisterung des Jahres 1938 bis zu ebenso hysterischer Antipathie die ganze Skala bilateraler Emotionen ausschöpft, spiegelt sich auch im Fußball. Die Fußball-WM 1966 in England war meine erste intensive Medienerfahrung in Sachen Fußball. Damals sympathisierte ich heftig mit dem deutschen Team, mit Beckenbauer, Haller, Müller und vor allem mit dem Tormann Hans Tilkowski. Ich weiß aber nicht warum.

Am Rande sei angemerkt, dass der Vereinsfußball manchmal auch politisch konnotiert wird. Dazu bringt Christoph Biermann ein Beispiel aus Deutschland: „Mit dem Auftauchen des FC St. Pauli und seiner Fans wurde klar, daß Fußball auch politisch links codiert werden konnte." Unter anderem sei das an Slogans wie diesen erkennbar: „St.Pauli-Fans gegen Rechts" oder „Nie wieder Faschismus, nie wieder Zweite Liga". Die Spur des „links codierten" FC St. Pauli ist bis zur Krimiserie „Tatort" zu verfolgen. Der Münsterer Tatort-Kommissar Frank Thiel (Axel Prahl) wird manchmal als St. Pauli-Fan gezeigt – mit Vereins-Shirt und Schal. Dies fungiert als Kontrastzeichen gegenüber dem Rechtsmediziner Professor Karl-Friedrich Boerne (Jan Josef Liefers), durch und durch bürgerlich, ehemaliger Burschenschafter und Fan von Richard Wagner!

Von Königgrätz bis Cordoba

Meine Sympathie für die deutsche Elf erlebte im WM-Finalspiel gegen England mit dem bis heute ungeklärten Tor (oder Nicht-Tor?) der Briten zum 3:2 ihren ersten und letzten dramatischen Höhepunkt. Bald verflog meine Liebe zu Deutschlands Team, zumal ich bemerkte, dass es unter österreichischen Fußballfans nur wenige Freunde hatte. Es scheint nicht abwegig zu sein, das knisternde Verhältnis des österreichischen Fußballpublikums zum deutschen Nachbarn aus dem Kontext der deutsch-österreichischen Beziehungen seit Königgrätz (1866) abzuleiten. Zwar werden viele Österreicher nicht einmal den Namen Königgrätz kennen, geschweige denn die historische Tragweite dieser Schlacht, aber das Bewusstsein der Niederlage und Demütigung bleibt im kollektiven Gedächtnis einer Nation oft auch dann erhalten, wenn dessen Ursprung verdrängt wird.

Es ist ja kein Zufall, dass das Spiel von Cordoba bei der WM 1978 in Argentinien im österreichischen Bewusstsein eine ähnlich heroische Rolle spielt wie der Sieg von Hamburg 1974 für das DDR-Bewusstsein bzw. das, was von ihm heute noch übrig ist. Die Genugtuung, die Siege dieser Art gewähren, weisen die Strukturen des David gegen Goliath-Mythos' auf. Otto Schenk sagte einmal in einem Fernsehinterview im Hinblick auf das Cordoba-Spiel und dessen emotionale Folgen: Hier sei es dem kleinen Bruder einmal gelungen, den größeren, stärkeren zu besiegen. Das erfülle natürlich mit Genugtuung. Interessant ist, dass die unerwartete Niederlage gegen Österreich bei der WM 1978, die immerhin zum

Cordoba 1978 als Rache für Königgrätz 1866?

Ausscheiden des deutschen Teams führte, in der deutschen Erinnerung längst nicht mehr an so auffälliger Stelle steht wie in Österreich. Kein Wunder, die deutsche Nationalmannschaft hat die „Schmach von Cordoba" längst durch eine Reihe von Erfolgen kompensiert. Der umfangreiche Zitatenschatz, den der Deutsche Ben Redelings für sein Buch „Ein Tor würde dem Spiel gut tun" zusammengestellt hat, beinhaltet auch Zitate zu Ländern. Unter dem Stichwort „Österreich" scheint keine einzige Aussage zu Cordoba auf, sondern lediglich eine Reihe von Zitaten, die vorwiegend verhöhnenden und demütigenden Charakter haben, Originalton Dieter Nuhr: „Bei der Fußball-WM habe ich mir Österreich gegen Kamerun angeschaut. Warum? Auf der einen Seite Exoten, fremde Kultur, wilde Riten – auf der anderen Seite Kamerun". So lustvoll kann man lieb gewordene Antipathien pflegen – auch von deutscher Seite.

Noch ein österreich-spezifischer Gedanke zu historisch begründeten Feind- und Freundschaften im Sport. Dass in Österreich einige Jahrzehnte lang die Begegnung Österreich-Ungarn einen besonderen Reiz hatte, kann aus der langen gemeinsamen Geschichte erklärt werden. Heute ist davon nichts mehr zu bemerken, wahrscheinlich auch deshalb, weil die heutige ungarische Nationalmannschaft – ähnlich wie die österreichische – nicht mehr an den Qualitätsstandard ihrer besten Jahre anknüpfen kann. Eine Begegnung Ungarn-Österreich ist heute ein bedeutungsloses Scharmützel, David gegen David sozusagen – und beide Davids sind auch noch außer Form. Revolution 1848 hin, Zerfall der Monarchie 1918 her. Wen interessiert das noch? Ungarn mag der Stachel im Fleisch der Habsburger-Monarchie gewesen sein, aber wenn es nicht der Schrecken im österreichischen Strafraum ist, kann dem Fußballfan die Geschichte gestohlen bleiben. Unser EM-Partner Schweiz war übrigens in der Mentalität österreichischer Fans als Gegner nie belastet. Und wenn ich nicht Wesentliches übersehen habe, ist das auch umgekehrt der Fall, obwohl das habsburgische Österreich durchaus Teil der Schweizer Geschichte ist und im Unabhängigkeitsmythos des Wilhelm Tell eine ziemlich böse Rolle spielt.

Helden und Wunder

Der Fußballsport ist ein mythentaugliches Phänomen. Er hat seine Helden, seine triumphierenden und geschlagenen, seine gefeierten und tragischen. Der medial inszenierte Fußballstar der Gegenwart ist eine moderne Variante des rhapsodisch besungenen Kriegshelden. Was war das für ein Heldenlied, das wir nach dem WM-Finale 2006 über Zinedine Zidane anstimmen konnten! Der große Zizou, der göttliche Magier des Fußballs, der den Ball so souverän führte, als klebte er ihm am Fuß, der trotzdem den strategischen Überblick über das Feld behielt und zum Spielgestalter der absoluten Weltklasse aufstieg, ausgerechnet dieser Zinedine Zidane, der sich 2004 schon aus der Nationalmannschaft zurückgezogen hatte, aber, weil diese in Not geraten war, noch einmal zu ihr zurückkehrte, ausgerechnet er ließ sich von einem stänkernden Italiener im Finalspiel der WM 2006 zu einer groben Unsportlichkeit hinreißen, die ihm die Rote Karte einbrachte. Als Zidane das Spielfeld verließ, stockte mir der Atem. Was sich da abspielte, war antike Tragödie und Heldenepos in einem. Wir kennen die Geschichte von König Artus, der sein Land nie ganz verlassen hat, sondern auf Avalon ruht, um dann, wenn sein Volk in Not ist, zurückzukehren und zu triumphieren. Auch Zidane war in die Nationalmannschaft zurückgekehrt und hatte insbesondere mit seiner Leistung gegen Brasilien und Spanien einen entscheidenden Anteil daran, dass Frankreich ins Finale einzog. Und dann das! Zizou muss das Schlachtfeld verlassen. Der Held legt die Waffen nieder. Frankreich unterliegt Italien. Und es wird Abend über der Grande Nation. Die Fangemeinde in kathartischer Erregung.

Wo der Mythos so nah ist, ist das Wunder nicht fern. Überraschende und beeindruckende Mannschaften und Spielergebnisse werden sprachlich immer wieder mit dem Zeichen „Wunder" versehen. Es gab sogar ein österreichisches „Wunderteam". Das ist allerdings lange her. Für die Deutschen ist das „Wunder von Bern", der Finalsieg bei der Fußball-WM 1954 gegen die damals favorisierten Ungarn immer noch Teil des nationalen Legendenkanons. Dass dieser internationale sportliche Erfolg im Jahr 1954 ein wenig dazu beitrug, dass Deutschland langsam aus der nationalen Depression der Nachkriegsjahre herausfand, wurde immer wieder betont – manchmal sogar überbetont. Sönke Wortmanns Film „Das Wunder von Bern" wurde noch im Jahr 2003 (!) ein erstaunlicher Kinoerfolg. Umgekehrt ist für die ungarischen Fußballfans das verlorene WM-Finale in Bern immer noch Teil der sportlichen Leidensgeschichte.

Die Schmuddelecke

Meine Begeisterung für den Fußball hat mich nicht gegenüber den Schattenseiten des Spiels blind gemacht. Ich verdränge nicht die Skandale, die das große Geschäft, das Fußball nun einmal geworden ist, mit sich bringt. Die Skala reicht von Schiedsrichter- und Spielerbestechungen über geschobene Begegnungen bis zu Betrug in Millionenhöhe auf Funktionärsebene. Umgekehrt bin ich aber stolz, dass mein Verein SV Ried auch in wirtschaftlicher Hinsicht bisher sauber geblieben ist, obwohl auch im Innviertel die Sponsorengelder nicht in Strömen fließen.

Ich übersehe auch nicht die Schmuddelecken, in die sich Fußballfans immer wieder begeben. Repräsentiert wird diese Ecke meist durch den Begriff „Hooligan". Elias Canetti spricht in seinem Werk „Masse und Macht" bereits explizit von den „sportlichen Massen" neben „politischen" und „kriegerischen". Im Abschnitt „Zerstörungssucht" führt Elias Canetti aus, dass dort, wo Masse ist, auch der Zerstörungsdrang zumindest potentiell mit anwesend ist. „Am liebsten zerstört die Masse Häuser und Gegenstände", vor allem zerbrechliche, die beim Brechen Geräusche verursachen, also Glasscheiben, Spiegel, Flaschen etc. Nach den Erfahrungen der letzten Jahrzehnte müssten wir hinzufügen, dass auch Eisenbahnwaggons und Autobusse bevorzugte Objekte randalierender Fußballfans sind.

Trotz allem – für immer Fußball, für immer SV Ried

Auch Fußballfan Klaus Theweleit, der Autor des Werks „Männerphantasien", weicht dem Thema Fußball und Gewalt nicht aus, kommt aber dabei zu einer versöhnlichen Sichtweise: „95% der Zuschauer in den Stadien bekämpfen Wochenende für Wochenende erfolgreich den eigenen Hooliganismus. Als Möglichkeit liegt er in ihnen wie in den manifesten Hooligans auch. Aber mit Hilfe von Zivilisierungsformeln wie ‚Die anderen können auch Fußball spielen' … ‚Es kann nicht zwei Sieger geben' … ‚Es geht nicht immer gerecht zu auf der Welt, aber meistens gleicht sich das aus' wird das Kriegerische in Spielern wie Zuschauern ständig heruntergefahren." Wer also davon ausgehe, dass in jeder Gesellschaft ein gewisses Maß an körperlicher Gewalt vorhanden ist, könne „Fußball geradezu als eines der bedeutendsten Mittel benennen, an der Zivilisierung dieser Gewaltpotenziale mitzuwirken." Ich folge gerne dieser Ehrenrettung des Fußballs durch Klaus Theweleit, vielleicht allzu gerne, denn ich bleibe Fußballfan und meine sportliche Heimat ist und bleibt die SV Ried. Trotz allem – aber auch wegen allem.

Teile dieses Essays sind erschienen in ide. Zeitschrift für den Deutschunterricht in Wissenschaft und Schule. Heft 4/2007

Zitate aus:

Biermann, Christoph: Wenn du am Spieltag beerdigt wirst, kann ich leider nicht kommen. Die Welt der Fußballfans. 6. Aufl., Köln: Kiepenheuer & Witsch 2006

Buford, Bill: Geil auf Gewalt. Unter Hooligans. Aus dem Englischen von Wolfgang Crege, München, Wien: Carl Hanser Verlag 1992

Canetti, Elias: Masse und Macht. Frankfurt: S. Fischer 1995

Hornby, Nick: Fever Pitch. Ballfieber – Die Geschichte eines Fans. Deutsch von Marcus Geiss und Henning Stegelmann. 26. Aufl., Köln: Kiepenheuer & Witsch 2006

Huemer, Peter: Heimat. Lügen. Literatur. Texte zur gegenwärtigen Befindlichkeit. Wien: Verlag der Apfel 2006

Redelings, Ben: Ein Tor würde dem Spiel gut tun. Das ultimative Buch der Fußball-Wahrheiten. Göttingen: Verlag Die Werkstatt 2006

Schmidt-Dengler, Wendelin: Ein Platz auf der Ost, in: DER STANDARD, 23. Juni 2007

Theweleit, Klaus: Tor zur Welt: Fußball als Realitätsmodell. 2. Aufl., Köln: Kiepenheuer & Witsch 2004

MASOCHISMUS INBEGRIFFEN
Wer ausgebuht und ausgepfiffen werden will, wird Schiedsrichter

Ach wären Österreich Fußballer auch nur halb so erfolgreich wie Österreichs Schiedsrichter! Immer wieder stehen unsere Unparteiischen bei großen internationalen Spielen und Turnieren an vorderster Front und ernten Bestnoten. Unter jenen heimischen Pfeifenmännern, die es sogar zu WM-Berufungen gebracht haben, findet man auch drei Oberösterreicher: den 2006 verstorbenen Waldzeller Ferdinand Marschall, den Linzer Erich Linemayr und den Trauner Horst Brummeier. Bescheidenheit, Korrektheit, fachliche Kompetenz und Fingerspitzengefühl hat dieses Trio ausgezeichnet. Drei Stars ohne Allüren.

Nichts für schwache Nerven

Unparteiische machen neben hoch bezahlten Ballarbeitern die Drecksarbeit, sie müssen sich Beschimpfungen von Hitzköpfen anhören und in Bruchteilen von Sekunden richtige Entscheidungen treffen. „Warum tun Sie sich das nur an?", fragte ich Horst Brummeier, als wir uns im Sommer 1986 in einem Hotel im 42. Stockwerk hoch oben über dem Smog von Mexiko City zum Abendessen trafen. Ein (fast) geheimes Treffen mit dem befreundeten Landsmann, weil Unparteiische während der Weltmeisterschaft Reportern aus dem Weg gehen mussten. Der Trauner zögerte keine Sekunde mit der Antwort: „Weil es das schönste Hobby ist."

Ein Hobby, das allerdings Nerven wie Drahtseile verlangt. Wem es nichts ausmacht, gnadenlos ausgebuht und ausgepfiffen zu werden, wer auch bei der Flucht vor aufgebrachten Radaubrüdern in Richtung Kabine blitzschnell laufen kann, der ist im Kreis der Schiedsrichter herzlich willkommen. Ein bisserl Masochismus gehört halt dazu, um in diesem Geschäft mit Höhenflügen und Tiefschlägen den Mann und in letzter Zeit immer öfter auch die Frau zu stellen.

Dass TV-Bilder, in Super-Zeitlupe und aus allen nur möglichen Perspektiven, so manche Fehlentscheidung aufdecken und den Referee als Versager an den Pranger stellen, hat Brummeier nie gestört: „Als Mensch bist du gegen die Maschine Fernsehen machtlos."

Videokontrollen nach umstrittenen Entscheidungen als letzte Instanz im immer schneller werdenden Millionenspiel Fußball noch während des Spiels? Wäre vernünftig, wird aber von den meisten Verantwortlichen nach wie vor geradezu leidenschaftlich abgelehnt. Stimmt schon, ohne hitzige Wortgefechte im Stadion, ohne Streitgespräche an Wirtshaustischen wäre der Fußball wahrscheinlich nur noch halb so unterhaltsam.

100-Kilo-Marke als Alarmsignal

Trotz aller negativen Begleiterscheinungen würde Horst Brummeier den einst eingeschlagenen Weg ein zweites Mal gehen. Ein Weg, der 1965 begonnen hatte. Damals, als der gerade zum Bundesheer Eingerückte mit Schrecken feststellen musste, dass der Zeiger seiner Waage der 100-Kilo-Marke immer näher rückt. „Da hab ich beschlossen, sportlicher zu leben und Schiedsrichter zu werden." Kaum dabei, wurde der Bewunderer von Fritz Seipelt, Ferdinand Marschall und Erich

Linemayr auch schon wieder aus dem Kreis der Pfeifenmänner ausgeschlossen. Nicht weil er zu dick war, sondern weil er ein paar Spieleinsätze wegen Bundesheer-Übungen sausen lassen musste. Im zweiten Anlauf hat's aber doch geklappt, und so wurde aus dem gnadenhalber wieder aufgenommenen Notnagel bald einer der besten Referees der Welt.

Mit Morddrohungen bombardiert

Oft ist Brummeier für ein damaliges „Schmerzensgeld" von bescheidenen 1200 Schilling pro Matcheinsatz durch die Hölle marschiert. Etwa 1986, wenige Wochen nach der Heimkehr von der Weltmeisterschaft in Mexiko, als der Oberösterreicher bei der 2:4-Heimniederlage Innsbrucks mit mutigen Pfiffen und dem Ausschluss von Hans Müller kurzfristig zum wohl größten Tiroler Volksfeind avanciert ist. „Ich habe internationale Spiele mit vielen großen Fußballern gleitet, aber einem wie Müller bin ich vorher nie begegnet." Der Deutsche Weltstar und nunmehrige österreichische EM-Botschafter habe es nur darauf angelegt, Brummeier vor 16.000 Fans lächerlich zu machen.

Obwohl der Trauner in den Tagen nach diesem Skandalspiel mit Morddrohungen bombardiert wurde und seine Frau aus Angst am Abend tagelang nicht mehr aus dem Haus ging, dachte der damals 40jährige Oberösterreicher nie daran, aufzugeben und alles hinzuschmeißen.

Heute erinnert sich Brummeier nur noch an das Positive in seiner großen Laufbahn. Vor allem an die WM 1986 in Mexiko natürlich, als er als einziger Vertreter Österreichs dabei sein durfte. Drei Gründe waren dafür ausschlaggebend gewesen: Erstklassige Benotungen bei den WM-Qualifikationsspielen DDR - Jugoslawien und Dänemark - UdSSR, seine bei der Junioren-WM in fast 3000 Meter Höhe gemachte Mexiko-Erfahrung und der Zorn von FIFA-Präsident Joao Havelange auf den Österreicher Heinz Gerö, der als Vorsitzender der Europäischen Schiedsrichterkommission partout seinen Wiener Spezi und WM-Referee von 1982, Franz Wöhrer, durchbringen wollte. Havelange revanchierte sich aber bei Gerö dafür, dass ihn dieser vor Jahren als FIFA-Boss abgelehnt hatte und bestand auf Brummeiers Nominierung: „Er oder gar kein Österreicher!" Der bitter enttäuschte Wöhrer zog den Kürzeren, und Brummeier flog nach Mexiko. Inzwischen sind die beiden längst wieder gute Freunde.

Schriftliche Glückwünsche, die Horst Brummeiers Souvenir-Raum bereichern, kamen aus allen Ländern. Eines sogar vom großen FC Barcelona, der ihm noch heute jedes Jahr Weihnachtswünsche schickt. Die Katalanen haben, so wie andere Großklubs aus vielen Kontinenten, bei Länder- und Europapokalspielen und dem Supercupfinale in Aberdeen gegen Ernst Happels HSV die besten

FIFA-Schiedsrichter Horst Brummeier aus Traun

Erfahrungen mit dem auf dem Platz strengen, aber nie sturen, privat recht lustigen Trauner gemacht.

Gleich bei seinem ersten WM-Auftritt bekam Brummeier für die Leitung des Spiels Nordirland - Spanien (2:1) im „Backofen" von Guadalajara bei fast 40 Grad Höchstnoten vom schottischen Überwacher Thomas Whorton und vom ungarischen Spielkommissär Szepesi. Trotzdem wurde der Österreicher später bei vier WM-Partien „nur" noch als Linienrichter eingesetzt. Sein Fehler: Er kam im Gegensatz zu einigen Kollegen, die in der Vorrunde nur mit skandalösen Leistungen aufgefallen waren, aus einem Land ohne Einfluss in der FIFA, dem Weltfußballverband.

Vier Jahre später stand Brummeier ein zweites Mal als österreichischer WM-Fixstarter fest. Doch ein Jahr vor dem Turnier in Italien zwang ihn eine hartnäckige Fußverletzung mit 44 Jahren viel zu früh zum Rücktritt. Fast wäre mit dem Welser Hubert Forstinger, immerhin Schiedsrichter bei der Europameisterschaft in Schweden, wieder einer aus unserem Bundesland zum Zug gekommen. Doch das große Los zog der ebenso erfolgreiche Helmut Kohl. Tragisch: Der Salzburger erlag kurz nach der WM einem heimtückischen Leiden.

Dem Schiedsrichterwesen blieb Brummeier bis heute treu. Zuerst lenkte der pensionierte Trauner Gemeindebeamte sieben Jahre lang als Obmann das Oberösterreichische Kollegium, jetzt ist er als Beobachter der UEFA und der FIFA im Dauereinsatz: „Heute sitze ich wahrscheinlich mehr als während meiner aktiven Zeit im Flugzeug."

Sind ihm prominente österreichische Bundesligaspieler in besonderer Erinnerung geblieben? „Hans Krankl habe ich in allen Facetten kennen gelernt. Zu Beginn seiner großen Karriere war er ein unheimlich netter Mann. Nach der Rückkehr vom FC Barcelona nach Österreich hat er es mir oft recht schwer gemacht, und am Ende seiner Karriere war er wieder völlig problemlos." Ein Herbert Prohaska habe ihn nie vor Probleme gestellt. Und Mattersburgs Didi Kühbauer? „Oje, erinnerts mich nicht an den!"

Auch ein großer Leichtathlet

Schiedsrichter wird man manchmal ganz zufällig. So wie der 1933 in Linz geborene Erich Linemayr. Als Fußballer war für ihn in der Reserve der Urfahrer Admira Endstation, dafür war er als Mittelstreckenläufer und 16facher Landesmeister des ULC Linz umso erfolgreicher unterwegs. Als sein Verein 1956 unter Androhung einer Strafe aufgefordert wurde, einen Teilnehmer für den Schiedsrichterkurs zu melden, wurde Linemayr von einem Funktionär „nur so zum Spaß" gebeten, mitzumachen. Zwei Jahre später war er bereits FIFA-Referee – ein rasanter Aufstieg mit zwei WM-Nominierungen als Höhepunkte. 1974 pfiff er in Deutschland Schweden - Uruguay und die als „Wasserschlacht" in die Fußballgeschichte eingegangene Partie BRD - Polen, 1978 wurde er für Schottland - Holland als Unparteiischer und für das Finale Argentinien gegen Holland sensationell als erster Linienrichter nominiert. Dazwischen stehen von 1956 bis 1981 insgesamt 1149 nationale und internationale Spiele mit drei Einsätzen bei Europacup-Finali auf seiner Visitenkarte.

Der immer gradlinige, fachlich starke Linemayr galt in Fachkreisen als „laufender Schiedsrichter". Während andere oft gegen Ende des Spiels nach Luft schnappten, war der einstige Spitzen-Leichtathlet bis zum Schluss immer auf Ballhöhe unterwegs. So entging ihm vieles nicht, was andere vielleicht übersehen hätten.

Der Laufsport hat ihn fit gehalten – und einmal auf dem Linzer Freinberg auch zu einer Verhaftung geführt. Ein übereifriger Ordnungswächter stoppte den in der Dunkelheit im Trainingsanzug an ihm vorbei Sprintenden: „Was machen Sie da? Wer sind Sie?" Der Referee, ohne Ausweis unterwegs, wurde vom Polizisten zu seinem nahe gelegenen Wohnhaus begleitet, wo er schnell seine „Unschuld" beweisen konnte. Typisch Linemayr: Er hat sich über diesen Zwischenfall nie aufgeregt, sondern immer nur darüber geschmunzelt und für den Polizeibeamten Verständnis gezeigt.

Erich Linemayr beim WM-Finale 1978 in Buenos Aires: Argentinien gegen Holland (3:1 n. V.)

„Holts doch den Linemayr!"

Dass der Linzer allseits als Klassemann anerkannt wurde, hat Linemayr 1968 zu spüren bekommen: Riesenaufregung im Linzer Stadion, weil eine halbe Stunde vor dem Fernsehmatch LASK gegen Wacker Innsbruck noch immer nichts vom Schiedsrichter zu sehen war. Als schon darüber debattiert wurde, ob der Schlager abgesagt werden muss, sprang der damals bei Innsbruck spielende spätere VOEST-Meistermacher und Teamchef Helmut Senekowitsch mit einer rettenden Idee ein: „Ihr habts doch in Linz eh einen so guten Schiedsrichter. Holts doch den!" Gesagt getan. Man raste ins Farbengeschäft Colli, packte den dort beschäftigten Linemayr ins Auto, holte noch schnell seine Schiedsrichter-Utensilien aus der Wohnung am Froschberg ab – und das Spiel konnte mit zehn Minuten Verspätung angepfiffen werden. Erst nach dem Schlusspfiff und einer tadellosen Leistung des Ersatzreferees wurde bekannt, dass der Wiener Babauczek auf der Fahrt ins Linzer Stadion tödlich verunglückt war.

Bestechungsversuche? Einmal hat man es auch bei Linemayr versucht. Ein paar Tage vor einem wichtigen Spiel der Eisenstädter meldete sich ein Vertreter der burgenländischen Elektrizitätsgesellschaft telefonisch und erkundigte sich, ob der Linzer vielleicht Interesse an einem hoch dotierten Job habe. Man könne ihn auch in Oberösterreich unterbringen. „Ich habe dankend abgelehnt und das Spiel problemlos über die Runden gebracht", erinnert sich Linemayr. Mehr als eine Klubkrawatte oder eine Vereinsuhr habe er sich auch bei großen internationalen Spielen nie als Erinnerungsgeschenk geben lassen.

Ehe der mit allen Sportehrenzeichen vergoldete Linzer seine große Funktionärslaufbahn beim ÖFB, bei der Bundesliga und der UEFA beendete, bekam er als Krönung im Februar 2004 mit dem Schlager Bayern München - Real Madrid noch einen letzten, ganz großen Diensteinsatz als UEFA-Schiedsrichter-Beobachter.

Während heute die Referees vor einem Abendspiel Tageszimmer beziehen, mussten Spitzenschiedsrichter früher zwischen Arbeitsplatz und Stadien hetzen. „Meistens kamen wir erst zwei

Erich Linemayr als Schiedsrichter bei der Mini-WM im Jänner 1981 in Uruguay, einem Einladungsturnier mit allen bisherigen Fußball-Weltmeistern. Seine beiden Linienrichter sind Adi Mathias und Franz Wöhrer. Und flankiert werden die beiden von zwei Riesen-Fußballern: links der Argentinier Daniel Passarella, rechts der Brasilianer Dr. Sócrates.

Stunden vor einem Spiel in Innsbruck oder Wien an, weil der Jahresurlaub längst verbraucht war", erinnern sich Linemayr und Brummeier. Trotzdem lehnen beide das Profitum ab: „Schiedsrichter würden um nichts besser oder schlechter pfeifen, wenn sie nur vom Job als Schiedsrichter leben müssten."

Sogar Pele gratulierte Marschall

Kaum einer verkörperte den perfekten Schiedsrichter besser als der 2006 im Alter von 82 Jahren verstorbene Waldzeller Ferdinand Marschall. Ein Sir auf dem Platz, eine Respektsperson in allen Lebenssituationen. Einer, der sich nie selbst in den Mittelpunkt gestellt hat. Und der manchmal auch weghören konnte, wenn einem Spieler Flüche oder Frechheiten über die Lippen gerutscht sind. „Kritik kann man überhören, brutale Fouls darf man nie übersehen."

Der im Zweiten Weltkrieg aus Rumänien ins Innviertel gekommene Marschall, der innerhalb von nur zwei Jahren den Sprung vom Anfängerkurs in die höchste Spielklasse geschafft hatte, ist mutigen Entscheidungen nie aus dem Weg gegangen. So wie bei der Weltmeisterschaft 1970 in Mexiko, als er beim Spiel Brasilien - Rumänien (3:2) trotz stürmischer Proteste der Südamerikaner ein Tor Peles wegen Handspiels aberkannte. Am Ende kam aber Brasiliens genialer Ballkünstler noch auf dem Platz zum Österreicher und gratulierte zur guten Leistungen und zur richtigen Entscheidung, das Tor nicht anzuerkennen.

Mut, der auch dem Europäischen Fußballverband gefiel. Er übertrug dem langjährigen Amtsleiter Waldzells und Motor der Tourismusbewegung Innviertel-Hausruckwald zwei Jahre später als bis heute einzigem Österreicher die Leitung eines Europameisterschafts-Finales. Die fehlerfreie Leistung beim Endspiel zwischen Deutschland und der damaligen UdSSR (3:0) war der krönende Abschluss einer Weltkarriere mit weit über 1000 Spielen.

Nur daheim die „Dorftrotteln"

Später trug Marschall als Österreichs Schiedsrichterobmann mit Härte und Konsequenz viel zur ständigen Qualitätsverbesserung bei. Immer wieder trat er bei Diskussionen mit Trainern, Spielern und Journalisten für mehr Fairness im Umgang mit dem Unparteiischen ein. „Es gibt auch unter Fußballern bessere und schlechtere." Irrtümer müsse man als menschliche Schwächen, nicht aber als Betrug betrachten." Zornig wurde der sonst recht ruhige Marschall nur, wenn seine Zunft zu Unrecht attackiert wurde: „Im Ausland bekommen unsere Referees erstklassige Benotungen, nur im eigenen Land sind sie oft die Dorftrotteln der Nation."

Oberösterreichs WM-Schiedsrichter Ferdinand Marschall im Gespräch mit LASK-Präsident Rudolf Trauner

ÜBER EIN SPIEL, DAS 21:0 ENDETE
und den speziellen Geruch in den Kabinen des TSV Timelkam

von Kurt Palm

Von Jochling nach Timelkam

Wenn mich nicht alles täuscht, dann lautet der Titel von Max Reinhardts Autobiographie: „Meine Wiege stand im vierten Rang". Möglicherweise war es auch nur der zweite oder dritte. So genau weiß ich das nicht mehr, aber Herrn Prof. Google möchte ich nicht zu Rate ziehen, denn der erzählt einem oft ziemlich viel Blödsinn. Auf Max Reinhardt bin ich gekommen, weil ich meine Autobiographie, die ich ohnehin nicht schreiben werde, ähnlich nennen würde: „Meine Wiege stand am Platz des TSV Timelkam". Was aber so eigentlich gar nicht stimmt. Womit wir wiederum bei einer grundsätzlichen Frage angelangt wären, die da lautet: Kann man Autobiographien trauen? Natürlich nicht! Denn auch wenn es stimmt, daß ich am Fußballplatz aufgewachsen bin, stand meine Wieg nicht in Timelkam, sondern in Jochling. Dort habe ich nämlich meine ersten beiden Lebensjahre verbracht. Einen Fußballplatz hat es in Jochling nicht gegeben, dafür aber ein großes, bunt bemaltes Kruzifix, das neben unserem Haus auf einer Wiese stand und das mich schon als Kleinkind fasziniert haben muß, denn immerhin wurde ich einige Jahre später hingebungsvoller Ministrant. Das Haus, in dem meine Wiege stand, gibt es übrigens immer noch, und als ich vor kurzem an selbigem vorbeigefahren bin, mußte ich fast weinen. (Sehen Sie, das ist auch schon wieder so eine autobiographische Übertreibung, denn in Wirklichkeit habe ich mir das Haus nur interessiert angesehen, von Tränen keine Spur.)

Nachdem also meine Eltern unter tatkräftiger Mithilfe vieler Verwandter und Bekannter aus Timelkam, Redl Zipf und Neukirchen an der Vöckla unser Haus in Timelkam soweit fertiggestellt hatten, daß wir einziehen konnten, übersiedelten wir im Frühjahr 1957 von Jochling nach Timelkam. „Wir", das waren mein Vater Stefan Palm (Schlosser); meine Mutter Anna Palm, geb. Reich, (Hausfrau); meine Schwester Christa und mein Bruder Reinhard. Unser Haus hatte damals entweder die Nummer 203, 207, 403 oder 407. Irgendetwas in dieser Richtung. Natürlich könnte ich morgen beim Gemeindeamt in Timelkam anrufen und fragen, welche Nummer unser Haus tatsächlich hatte, aber da mein alter Spezi Andreas Krautschneider in der Zwischenzeit vom ÖVP-Vizebürgermeister in die Direktionsetage irgendeiner Bank aufgestiegen ist, wüßte ich nicht einmal, wen ich dort fragen sollte.

Mythenbildung im Pfarrsaal

Andreas Krautschneider führt mich aber diretissima zurück zum TSV Timelkam. Und zwar aus folgendem Grund: Im März 2002 wurde mir von der Gemeinde Timelkam die „Verdienstmedaille in Gold für besondere Verdienste und Leistungen auf dem Gebiete Kultur, Kunst und Wissenschaft" (nicht Sport!) verliehen, was Krautschneider jun. (der sen. war ein Arbeitskollege meines Vaters in der OKA) zum Anlaß einer Laudatio nahm. Und dabei kam der junge Krautschneider auch auf meine Tätigkeit beim TSV Timelkam zu sprechen. Die Festveranstaltung fand übrigens in jenem Pfarrsaal statt, in dem ich als Mitglied der Jungschar dereinst in grauer Vorzeit meine ersten Theatererfahrungen gemacht hatte. Ich erinnere mich, daß ich mein Debüt als Schauspieler in einem Stück gab, das Pfarrer Josef Zipser (vulgo Pater Joe) eigenhändig geschrieben hatte und in dem mir die Aufgabe zuteil wurde, von links auf die Bühne zu gehen und den bedeutenden Satz zu sagen: „Ein Mann, ein Wort." Dann durfte ich die Bretter, die garantiert nicht die Welt bedeuten, wieder verlassen, was mir gar nicht unrecht war, weil ich ziemliches Lampenfieber hatte. Auf dieser Bühne standen wir also, der Krautschneider und ich, als er in seiner Lobrede auch auf meine Aktivitäten beim TSV Timelkam zu sprechen kam:

„Als die Tageszeitung ‚Der Standard' vor Jahren auf den Markt kam, da dachte ich mir: ‚Na ja, wennst einmal im ‚Standard' stehst, dann musst du, – wenn du nicht ein Verbrecher bist –, schon national bekannt sein.' Nun, kurz darauf las ich zwei Artikel über Timelkamer. Die Überschrift beim ersten lautete: ‚Der Semmelkren beim Heikerdinger' und der zweite Titel war: ‚Angefangen hat's beim SV Timelkam.' Der erste Artikel hatte tatsächlich die kulinarische Kunst der Frau Heikerdinger bei der Zubereitung des vornehmlich zu Rindfleisch und Kondukten servierten Semmelkrens zum Inhalt, im zweiten Artikel war ein Interview mit Kurt Palm abgedruckt, in dem er sinngemäß sagte, daß die Zeit beim TSV Timelkam unter Trainer Hermann ‚Kerschi' Kerschberger ein gewisses Revoluzzertum in ihm geweckt hatte. Gerhard Doppler und Franzl Grabner, zwei Mannschaftskollegen aus jener Zeit, erzählten mir, daß das Alter des unheimlich kopfballstarken Kurt Palm ob seiner Größe von gegnerischen Mannschaften stets angezweifelt wurde und er auch wirklich durch mehrere Saisonen Torschützenkönig war."

Zu dieser Passage der Laudatio sind einige Anmerkungen nötig:

Erstens: Andreas Krautschneider, der ja Mitglied der ÖVP ist, hat mir diesen Text freundlicherweise gleich nach der Verleihung geschickt und ich mußte sehr lachen, als ich las, daß er zweimal

„Krenn" statt „Kren" geschrieben hatte. Was andererseits wieder verständlich ist, als die Affäre „Krenn" (nicht „Kren") damals in Österreich ziemliche Wellen schlug.

Kerschberger oder Kerschbaumer, das ist hier die Frage

Zweitens: Wenngleich ich mich im Detail nicht mehr an das Interview im „Standard" erinnere, bezweifle ich, daß ich dabei den Namen „Kerschberger" erwähnt habe. Und zwar deshalb, weil ich immer der Meinung war, daß „Kerschberger" in Wirklichkeit „Kerschbaumer" heißt. Was allerdings insofern irrelevant ist, als jeder zum Kerschberger (oder Kerschbaumer) ohnehin nur „Kerschi" sagte. Richtig ist hingegen, daß ich mit gewissen Trainingsmethoden „Kerschis" nicht einverstanden war, und zwar mit jenen, bei denen andere Spieler eindeutig bevorzugt wurden. Jeder Fußballspieler weiß, daß beim Training das Spiel mit dem Ball am meisten Spaß macht. Dagegen ist das Herumgehopse ohne Ball meistens öd und langweilig. Nach und nach hatte ich allerdings das Gefühl, daß ich permanent Übungen ohne Ball machen mußte, während meine Mannschaftskameraden bereits Freistöße trainieren und gaberln durften. Dagegen habe ich natürlich protestiert, aber nachdem meine Proteste nichts genützt haben, bin ich irgendwann einfach nach Hause gegangen. Was kein Problem war, da unser Haus ja direkt am TSV-Platz lag.

Aus Timelkam 203 oder 207 oder 403 oder 407 wurde Ende der sechziger Jahre also die Grillparzerstraße, und auch die in unmittelbarer Umgebung liegenden Straßen wurden damals in Nestroy-, Stifter- und Mozartstraße umbenannt. Merkwürdig ist in diesem Zusammenhang, daß ich mich im Laufe meines Lebens nicht nur mit Grillparzer, sondern auch mit Nestroy, Stifter und Mozart künstlerisch auseinandergesetzt habe. Ob es an den Straßen rund um den TSV-Platz in Timelkam lag, weiß ich nicht.

Die Oper von Grillparzer, die ich bei den Wiener Festwochen 1994 inszeniert habe, hieß „Der wilde Jäger". Über Stifter habe ich nicht nur das Buch „Suppe Taube Spargel sehr sehr gut. Essen und trinken mit Adalbert Stifter" geschrieben, sondern auch den Film „Der Schnitt durch die Kehle oder Die Auferstehung des Adalbert Stifter" (2004) gedreht. Von Nestroy wiederum habe ich 2001 am Grazer Schauspielhaus „Einen Jux will er sich machen" (in meinem Fall eine „Posse ohne Gesang") inszeniert, und Mozart wurde überhaupt gleich dreifach bearbeitet: Einmal in Form des Films „Der Wadenmesser oder Das wilde Leben des Wolfgang Mozart" (2005) und zweimal in Form von Büchern: „Der Wolfgang ist fett und wohlauf. Essen und trinken mit Wolfgang Mozart" und „War Mozarts Vogel ein Genie?" Ende der Werbeeinschaltung.

Angst vor Kopfbällen

Auch wenn ich etwas abgeschweift bin, sind wir immer noch bei der Laudatio von Andreas Krautschneider, der auch meine „Kopfballstärke" lobend erwähnte. Richtig ist, daß ich zu der Zeit, als ich in der Schülermannschaft des TSV Timelkam spielte, ziemlich groß war, weshalb die Trainer der gegnerischen Mannschaften des öfteren die Schiedsrichter aufforderten, das Geburtsdatum in meinem Spielerpaß zu kontrollieren. Diese Skepsis war nicht unbegründet, da ab und zu tatsächlich Spieler eingesetzt wurden, die für die Schülermannschaften eigentlich schon zu alt waren. Daß ich aufgrund meiner Größe als Mittelstürmer Vorteile hatte, liegt auf der Hand. Nicht erinnern kann ich mich allerdings daran, daß ich besonders kopfballstark gewesen sein soll, auch wenn das der Doppler Gerhard (genannt „Lutsch") und der Grabner Franzi gegenüber Krautschneider behauptet haben. Ich habe eher sogar das Gefühl, daß ich Kopfbällen eher aus dem Weg gegangen bin, weil ich Angst vor allfälligen Gehirnschäden hatte.

Daß ich des öfteren Torschützenkönig gewesen bin, stimmt wiederum. Dabei erinnere ich mich besonders an ein Spiel, das 21:0 ausgegangen ist, und bei dem ich nicht weniger als 11 Tore geschossen habe. Die bedauernswerte gegnerische Mannschaft kam übrigens aus Attnang-Puchheim. Wenn mich nicht alles täuscht, war das das höchst gewonnene Spiel aller Zeiten des TSV Timelkam.

Weg mit den Zäunen!

Ich habe bereits erwähnt, daß unser Haus direkt neben dem Platz des TSV Timelkam lag und daß ich nur über die Straße zu gehen brauchte, um Fußball spielen zu können. Das war ja das Tolle damals, daß wir jederzeit Zutritt zum Platz hatten und niemanden um Erlaubnis fragen mußten. Heute ist der TSV-Platz – wie jeder andere Platz in Österreich auch –, eingezäunt, und niemand darf außerhalb der offiziellen Trainingszeiten das Spielfeld betreten. Aber nicht nur das: Durch die Anbringung von Reklameschildern sieht man das Spielfeld nicht einmal mehr, der Platz entzieht sich quasi dem Blick des interessierten Betrachters. Diese exzessiv betriebene Einzäunung sämtlicher Fußballplätze ist meines Erachtens auch einer der Gründe, weshalb es heute um den Fußball in Österreich so schlecht bestellt ist. Wenn Kinder enorme Hindernisse überwinden müssen, um überhaupt Fußball spielen zu können, werden sie sich lieber zu Hause hinsetzen und ihre Zeit mit Ronaldinho und Beckham am Computer verbringen. Ein Trauerspiel, für das nicht nur die einzelnen Vereine, sondern auch der ÖFB die Verantwortung trägt. Wäre ich Sportminister, ich würde unter dem Motto „Weg mit den Umzäunungen!" sofort ein Gesetz erlassen, nach dem sämtliche Sportplätze in diesem Land jederzeit frei zugänglich sein müssen.

Interessante Duftnoten

Wenn ich nach der Schule Lust auf ein Fußballspiel hatte, bin ich einfach auf den Platz gegangen und habe keine halbe Stunde warten müssen, ehe meine Freunde kamen und wir mit einem kleinen Trainingsspiel beginnen konnte. Da man von allen Häusern in der Umgebung den gesamten Platz übersehen konnte, brauchte man zu niemandem nach Hause gehen, um zu sagen, daß man dann und dann spielen werde. Auf diese Weise wurde der Sportplatz zwischen März und Oktober zum zentralen Ort unserer Freizeitaktivitäten.

Wenn ich heute an diese Zeit zurückdenke, habe ich merkwürdigerweise nicht nur bestimmte Bilder im Kopf, sondern auch gewisse Gerüche. Jeder, der schon einmal Fußball gespielt hat, weiß, daß jedes Fußballfeld anders riecht, je nach Beschaffenheit des Rasens und der Wetterverhältnisse. Ein trockener Platz riecht anders als ein regennasser, und ein frisch gemähtes Spielfeld hat einen anderen Geruch als eines, das längere Zeit nicht gemäht wurde. Dasselbe gilt auch für die Kabinen, wobei hier mehrere Faktoren zusammenkommen. Vor einem Spiel riecht es in den Umkleideräumen natürlich anders, als nach einem Spiel, wenn elf verschwitzte Kicker ihre Fußballschuhe, Socken etc. ausziehen. In den aus Holz errichteten Umkleidekabinen des TSV Timelkam kam als besondere Note noch ein Teeranstrich hinzu, der im Sommer einen unverwechselbaren Duft absonderte und mich daran erinnerte, daß Fußball auch etwas mit Arbeit zu tun hat. Die sexuellen Aspekte des gemeinsamen Duschens nach einem Match spare ich hier aus, die haben mit unserem Thema nämlich nichts zu tun.

Das Netz bauscht sich

In seiner Laudatio hat Andreas Krautschneider erwähnt, daß ich beim TSV Timelkam auf der Position des Mittelstürmers gespielt habe. Das hatte zwei Gründe: Erstens stehe ich bis heute auf dem Standpunkt, daß der Sinn des Fußballspielens darin besteht, Tore zu schießen und nicht darin, keine zu bekommen, und zweitens bilde ich mir ein, daß man als Mittelstürmer nicht soviel rennen muß, wie ein Aufbauläufer (heute Mittelfeldspieler) oder Verbinder. Außerdem hat man als klassischer Mittelstürmer von allen Angreifern die besten Chancen, Tore zu schießen und was gibt es Schöneres als den Augenblick, wenn der Ball im Tor gelandet ist und sich das Netz bauscht. Vergleichbar ist dieses Gefühl vielleicht mit dem des Anglers, der einen Fisch mit dem Kescher aus dem Wasser herausholt.

Daß ich mich heute mehr für das Angeln als für Fußball interessiere, hat etwas mit der brutalen Kapitalisierung dieses Sports zu tun. Irgendwie macht es mir keine Freude mehr, Spielern zusehen zu müssen, die in den meisten Fällen nichts anderes sind als wandelnde Aktienpakete und sich auch entsprechend verhalten.

In einer solchen Situation ist es ab und zu ganz gut, einen Blick in die Vergangenheit zu werfen und sich zum Beispiel zu fragen, welche Rolle der Fußball zu Zeiten Shakespeares gespielt hat und ob Mozart während seiner Reisen nach Italien und England möglicherweise mit dieser Sportart in Berührung gekommen ist. (Antwort auf beide Fragen finden Sie übrigens auf S. 39 f. des Buches: „War Mozarts Vogel ein Genie". Schluß der zweiten – und vorletzten – Werbeeinschaltung.)

Eine andere Geschichte, die mich in den letzten Monaten beschäftigt hat, ist das legendäre Viertelfinalspiel zwischen der Schweiz und Österreich bei der WM 1954, das Österreich mit 7:5 gewann und das als die „Hitzeschlacht von Lausanne" in die Fußballgeschichte eingegangen ist. Und zwar nicht nur deshalb, weil es das bis heute torreichste Spiel sämtlicher WM-Endrunden ist, sondern auch wegen der extremen äußeren Bedingungen, unter denen es stattfand. Immerhin zeigte das Thermometer am 26. Juni 1954 im Stadion von Lausanne 40 Grad (im Schatten) an, was unter anderem dazu führte, daß der österreichische Tormann Kurt Schmied und der Schweizer Verteidiger Roger Bocquet bereits in der ersten Halbzeit durch einen Hitzschlag außer Gefecht gesetzt wurden. Da das FIFA-Reglement aber die Auswechslung sowohl von Feldspielern als auch Torleuten untersagte, mußten beide bis zum Ende der Partie durchhalten. Kein Wunder, daß der verwirrte Bocquet in der Pause seine Kollegen nach dem Spielstand fragte und Schmied auch nach seiner Einlieferung ins Krankenhaus nicht wußte, welche Mannschaft das Spiel gewonnen hatte. Selbst an die Aufholjagd der Österreicher, die einen 0:3-Rückstand binnen neun Minuten in eine 5:3-Führung verwandelten, konnte sich Schmied nur vage erinnern.

Auch wenn es die „Hitzeschlacht von Lausanne" in punkto Mythenbildung nicht mit dem „Wunder von Bern" aufnehmen kann, nimmt dieses Spiel in den Annalen des österreichischen Fußballs einen Ehrenplatz ein. Immerhin legte dieser Sieg den Grundstein für den dritten WM-Platz der österreichischen Mannschaft, den sie sich im Match gegen den regierenden Weltmeister Uruguay sicherte.

Wenn man heute jemandem erzählt, daß Österreich bei einem WM-Viertelfinalspiel binnen neun Minuten fünf Treffer erzielt hat, dann klingt das wie ein Märchen. Heute, wo viele Mannschaften gerade einmal mit einer hängenden Spitze spielen, kann man sich eben nicht vorstellen, daß es eine Zeit gab, in der Teams tatsächlich mit fünf echten Stürmern antraten und damit auch noch Erfolg hatten.

Und damit wären wir bei der dritten – und garantiert letzten – Werbeeinschaltung angelangt: „Die Hitzeschlacht von Lausanne" ist der Titel des Buchs, das dieses legendäre Viertelfinalspiel Schweiz – Österreich zum Thema hat.

Der logische Schluß dieses Beitrags kann eigentlich nur lauten, daß die Hoffnung zuletzt stirbt, denn solange die Sonne aussieht wie ein Ball, wird sie auch noch in den nächsten fünf Milliarden Jahren (solange soll es angeblich dauern, bis die Erde von der Sonne gefresen wird, ob als Vor-, Haupt- oder Nachspeise wissen wir zum Glück nicht) Menschen dazu animieren, es ihr auf der Erde gleichzutun und einem Ball als Mittelpunkt eines ganz speziellen Universums zu huldigen.

FÜR ÖSTERREICH

von Sven Daubenmerkl

Bereits an der Bushaltestelle fing das Kichern an. Das Kichern der anderen galt mir. Die Kinder kannten mich, seit einem Jahr besuchte ich zusammen mit ihnen die Hauptschule. Bisher hatten sie meinen Anblick nicht besonders komisch gefunden. Also wollte ich zunächst nicht wahrhaben, dass sie mich meinten. Ich versuchte ihr Verhalten zu ignorieren. Aber in ihren Blicken, die mich nur für Bruchteile von Sekunden streiften, um sich dann sofort verschwörerisch mit einem Kameraden zu kreuzen, lag eine Art Gelächter, die mir bis dahin fremd geblieben war.

Ich war verwirrt. Und meine Verwirrung wuchs, als ich in den Schulbus stieg. Keiner ließ mich neben sich sitzen. Als ich einen Platz weit hinten gefunden hatte, setzte sich niemand zu mir, nicht einmal einer von den Sonderschülern.

In der Schule angekommen, ging das Kichern nach und nach in offenen Spott über. Vor allem die Viertklässler verhielten sich aggressiv. Immer wieder rief man mir ein Wort zu, das ich noch nicht kannte und dessen Bedeutung ich nicht abschätzen konnte. Ich spürte aber sehr wohl, dass es als Beleidigung gedacht war. Als dann die ersten anfingen, mir am T-Shirt zu ziehen, ertönte ringsum Gejohle. Erschreckt verließ ich den Bereich der Garderoben und flüchtete in die eigene Klasse.

Der Spott regnete auch hier auf mich herab. Meine Blödheit stachelte die anderen zu weiteren Provokationen an. Noch immer kapierte ich nicht, was das Problem war. Es lag weniger daran, dass ich einzelne Wörter nicht verstand. Ich verstand die gesamte Situation nicht und war unfähig, die Eindrücke, die auf mich hernieder prasselten, zu dechiffrieren.

Was mich heute im Rückblick am meisten verwundert, war meine Naivität. Ich brauchte erschreckend lange, bis ich die einzelnen Indizien zu einer vollständigen Geschichte zusammensetzen konnte. Ein solches Indiz war die Antwort meines bis dahin besten Freundes gewesen. Als Radfahrer kam er – wie immer reichlich knapp – kurz vor dem Läuten und ließ sich atemlos auf den Stuhl neben mich fallen. Bemüht, nicht allzu sehr aufzufallen, hoffte ich auf ein kleines bisschen Normalität in dem Ausnahmezustand ringsum. Darum fragte ich ihn, ob er sich auch gestern den Krimi im Fernsehen angeschaut habe. Was er mit einem fassungslosen: „Bist deppert worn?" von sich wies, als hätte ich ihm gerade höchst Unanständiges unterstellt. Und dann sagte er mir das Wort mitten ins Gesicht, und die anderen wiederholten es. Bald höhnte die ganze Klasse im Chor, brüllte das Wort, sang dazwischen etwas über Österreich und führte sich auf, wie ich es nie zuvor bei Menschen erlebt hatte.

Bis der Lehrer kam. Wir hatten in der ersten Stunde Deutsch, glaube ich, es kann aber auch Geographie oder Geschichte gewesen sein. An den Namen des Lehrers erinnere ich mich nicht, ich weiß nur, dass er später für kurze Zeit Direktor der Schule geworden ist. Dafür kann ich mich genau an die Frage erinnern, die ich ihm stellte. Nachdem er für Ruhe gesorgt hatte, wagte ich es und zeigte auf.

Dieser Lehrer war keiner von denen, die herumbrüllen mussten, um sich Gehör zu verschaffen.

Nein, er konnte warten. Und als die anderen, verunsichert durch seine Ankunft, ihr Geschrei verebben ließen und aufstanden, lächelte er milde in die Runde. Kaum hatte er „Setzen" gesagt, zeigte ich auf.

Das war natürlich ein Fehler. Ich hätte nicht fragen dürfen. Aber es gab so viele Wörter, die ich in diesem Land erst hatte lernen müssen, Wörter wie „Tschusch", „Katzlmacher" oder „Krowot", und darum wollte ich auch das neue Wort verstehen. Darum hob ich den Arm. Ich spürte die dreißig Augenpaare der anderen im Rücken. Ich wusste, dass sie auf den Moment gewartet, diesem Augenblick entgegengefiebert hatten. Aber ich wusste eben nicht warum. Und um dies zu ergründen, zeigte ich auf. Als mich der Lehrer schließlich mit einem Nicken aufforderte, fragte ich: „Herr Fachlehrer, was heißt eigentlich Piefke?"

Alle hielten den Atem an. Nur der Lehrer lächelte weiterhin milde. Und dann antwortete er: „Also, ein Piefke – das bist du!" Minutenlanges Gelächter folgte.

Es war der 22. Juni 1978, gegen acht Uhr morgens. König Fußball hatte sich machtvoll in mein Leben gedrängt.

Am Abend zuvor war das „Wunder von Córdoba" geschehen, oder, wie man es mir ausdeutschte, die „Schmach von Córdoba". Die WM in Argentinien, Hansi Krankl und die 88. Minute: Er umspielt Rüßmann und hält drauf, der alte Maier Sepp schmeißt sich viel zu spät hin und … Edi Finger sen. macht sich unsterblich: „Toor! Tooor! Toor! Toor! Tooor! Toor! I werd narrisch! Krankl schießt ein! Dreizuzwei. Für Österreich." Ein praktisch bedeutungsloses Spiel – Österreich ist bereits ausgeschieden, Deutschlands Chancen auf den Aufstieg sind zu diesem Zeitpunkt nur minimal – wird zur eigentlichen Geburtsstunde einer Nation. Einer großen, kleinen Nation.

Man hat mir viel erzählt von Raab, Figl, den Gründungsmythen und dem Balkon vom Belvedere. Die Wahrheit ist eine andere: Österreich ist 1978 auferstanden aus Ruinen. Alles andere, 1. wie 2. Republik, war Ouvertüre, war Geplänkel. Gewissermaßen eine Form von Schwangerschaft. Vorspiel, notwendige Bedingung, retardierendes Moment bis zum Augenblick der Erfüllung, der absoluten Glückseligkeit. Bis eben Córdoba. So einfach ist Geschichte. Fußballgeschichte, wohlgemerkt.

Ich war damals dreizehn Jahre alt und hatte von Fußball keine Ahnung. Mein Pech war, dass ich am nächsten Morgen in der Hauptschule Wels-Pernau der einzig greifbare Deutsche war: „Nix Persönliches, waaßt eh, Oasch, deitscher!"

Vergessen wir nicht, dass diese Epoche später als so genannte Kreisky-Ära verherrlicht werden sollte. Es ging mit der Alpenrepublik beständig bergauf: Austropop und Kottan-Serie. Kurt Waldheim Generalsekretär der UNO. In der Schule wurde den Kindern gelehrt, dass Österreich das erste Opfer Nazideutschlands war. Schirennen wurden noch in alle Welt übertragen. „Insel der Seeligen" nannte man sich. Und war stolz darauf.

In all der Großartigkeit dessen, was Österreich ausmachte, fehlte nur eins: Die endgültige Abkehr von allem Deutschen, dem man in zwei Weltkriegen nachgelaufen war. Dafür brauchte es ein Signal. Ein unübersehbares Ereignis, welches die Geburt einer neuen Nation dokumentierte. Eine Schlacht, ein gewonnener Krieg hätte so etwas leisten können. Oder eben eine Ersatzhandlung wie ein Fußballspiel. Nicht irgendeines, nein, eines gegen die Deutschen musste es sein. Gegen den großen Bruder. Gegen die, die immer alles besser wussten. Gegen die, die ständig alles besser machten. Die gönnerisch herabblickten auf die Ösis, und die sie damals noch manchmal spöttisch „Ostmärker" nannten. Nur gegen so eine überhebliche Verwandtschaft war also ein Triumph möglich, der ein ganzes Volk zu inspirieren vermochte.

Stellen wir uns für einen Moment vor, Österreich hätte in den Siebzigern gegen England 3:2 gewonnen. Oder gegen Brasilien. Oder gegen Italien. Das wäre alles sehr schön, sehr erfreulich gewesen. Man hätte lange davon geschwärmt.

Aber es wäre nie, niemals das „Wunder von Córdoba" geworden. Es hätte niemals eine ganze Generation inspiriert. Und es hätte niemals dafür gereicht, dass ORF-Sportreporter noch heute bei wichtigen, aber langweiligen Fußballübertragungen spätestens ab der 60. Minute anfangen, übergangslos von Córdoba zu schwärmen.

Die Wahrheit ist: Es war nicht ein Spiel. Das 3:2 über Deutschland war eine Manifestation.

Wahr ist auch, dass sich das „Wunder von Córdoba" nicht mehr wiederholt hat. Der Sündenfall ließ nicht lange auf sich warten. Bereits bei der Folgeweltmeisterschaft 1982 kam es zur größten Fußball-Frechheit aller Zeiten, hierzulande besser bekannt als das 0:1 Österreichs gegen Deutschland. Eingedenk der leidvollen Erfahrungen vier Jahre zuvor und der daraus resultierenden Notwendigkeit, in diesem Land überleben zu müssen, hatte ich mich gezwungen gesehen, beide Halbzeiten vor dem Fernseher auszuharren. Ich persönlich wäre ja lieber ins Kino gegangen. Aber das Kino hatte an diesem glühend heißen Sommertag geschlossen, mangels Besuchern.

Beide Mannschaften waren der gleichen Gruppe zugelost, und zum Aufstieg in die nächste Runde reichte den Teams ein 0:1. Nachdem die Deutschen in der 11. Minute ihr Pflichttor gemacht hatten, trat ein Nichtangriffspakt in Kraft. Bis auf Walter Schachner, dem offenbar niemand vorher Bescheid gegeben hatte, schoben 21 Beteiligte eine ruhige Kugel. 80 Minuten lang. 40.000 Zuschauer im Stadion tobten vor ohnmächtiger Wut, Millionen Fernsehzuschauer saßen fassungslos vor ihren Bildschirmen und ein ganzes Land – Algerien – versank in tiefster Depression, weil es um den ehrlich erkämpften Aufstieg in die nächste Runde geprellt worden war. Es sah nicht nur nach Schiebung aus, es war Schiebung.

Fußball ist ein Paradefall für selektive Wahrnehmung. Deutsche schwärmen von der WM 74, Österreicher von der WM 78, und dem Rest der Fußballmenschheit graut vor dem Spiel beider Nationen seit der WM 82.

Und was wurde aus mir? Zunächst darf ich versichern, dass ich den 22. Juni 1978 überlebte. Die Mitschüler verloren bereits nach der zweiten Einheit das Interesse daran, mich zu quälen. Drei Jahre später lehnte ich als einziger die österreichische Staatsbürgerschaft ab, als sie mir zusammen mit meiner Familie angeboten wurde. Ich wollte zurück nach Deutschland. Leider musste ich dazu erst auf eigenen Beinen stehen, was einen weiteren Aufenthalt hier erforderte. Nach der Matura suchte ich mir einen Job, was für einen Ausländer umso schwieriger wird, je qualifizierter der Job sein soll. 1986 kaufte ich mir mein erstes Auto (einen uralten Käfer) und fuhr auf Urlaub „heim". Was soll ich sagen – Deutschland ist ein schönes Land, wo alle deutsch sprechen. Blöderweise kannte ich niemanden. Ich war ein völlig Fremder. Alle Menschen, die ich kannte und die mir etwas bedeuteten, lebten in Österreich. Also beschloss ich schweren Herzens, zurückzukehren und Österreicher zu werden.

1987 schwor ich auf Österreich. Das gebot mir der Verstand. Mit dem Herzen Österreicher wurde ich erst drei Jahre später. Und das kam – wie könnte es anders sein – durch ein Fußballspiel. Es war das erste Länderspiel meines Lebens, bei dem ich in einem Stadion saß, und es war ein Auswärtsspiel der österreichischen Nationalmannschaft. Noch dazu wurde es ein Unvergessliches. Wenn Fußball eine Art Religion ist, dann bin ich Atheist. Mir wäre es jedenfalls nicht im Traum eingefallen, wegen eines Spiels meine Reisepläne zu ändern. Ein Freund und ich waren auf der Heimreise vom südschwedischen Trollhättan. In knapp drei Wochen musste ich einrücken beim Bundesheer, und ich dachte, das sei wohl der Preis, den ich zu zahlen habe für die neue Staatsbürgerschaft. Ich sollte mich irren: Nicht nur der Preis war hoch, mir wurde außerdem eine gehörige Anzahlung in Sachen Patriotismus abverlangt.

Wir wollten per Zug über Kopenhagen und Hamburg nach Hause fahren. Doch der Freund hatte die Idee, einen Abstecher in eine schwedische

313

Hafenstadt namens Landskrona zu machen, weil dort am selben Tag die österreichische Nationalmannschaft spielen würde. Im österreichischen Lager wäre man für jede Art von Unterstützung dankbar, argumentierte er, und außerdem sei ein Sieg so gut wie sicher. Am Vorabend hatten wir nämlich im schwedischen Fernsehen ein Interview mit Toni Polster gesehen, der von einem 10:0 für Österreich gesprochen hatte.

Ich ließ mich breitschlagen. Warum? Vielleicht, weil wir Zeit hatten. Vielleicht, weil ich mich selbst davon überzeugen wollte, Österreicher zu sein, indem ich zu Österreich half. Vielleicht vertraute ich auch dem Sachverstand eines Toni Polsters. 10:0 und ich bei den Siegern, der Gedanke gefiel mir. Wir stiegen in den Zug Richtung Malmö.

In Landskrona angekommen, suchten wir zwei Stunden vergeblich das Stadion. Plakate des Spiels hingen in der ganzen Stadt, aber nirgendwo war ein Stadtplan zu entdecken. Auch konnten wir keinerlei Schlachtenbummler finden, die in eine wie auch immer geartete Richtung geströmt wären. Wir konnten überhaupt niemanden strömen sehen, darum folgten wir den winzigen Grüppchen, die zumindest in eine Richtung tröpfelten. Wären nicht die Plakate gewesen, wir hätten ernsthaft an unseren Informationen gezweifelt. Aber schließlich fanden wir das Idrottsparken Stadium, und wider Erwarten bekamen wir problemlos Karten, jedoch nicht für den Österreicher-Sektor. Den gab es nicht. Man hatte völlig freie Wahl, weil das Stadion zwar für 14.000 Zuschauer gedacht war, doch nur 1265 Leute das Spiel sehen wollten. Die meisten waren mit der Abendfähre vom nahen Kopenhagen herübergekommen. Zu diesem Zeitpunkt holte ich ernsthafte Erkundigungen über unseren Gegner ein.

Der österreichischen Nationalmannschaft stand ein Haufen von fünf Studenten, zwei Lehrlingen, zwei Arbeitern und je ein Kraftfahrer, Fischverkäufer, Postbote, Maschinenschlosser, Holzhändler, Bäcker, Bankangestellter, Abiturient, Elektriker, Tischler, Leiter eines Kühlhauses sowie ein Fußballprofi gegenüber. Auf meine Vermutung, ob es sich um eine Art Trainingspiel handle, erwiderte mein Freund, es gehe um die Teilnahme an der Europameisterschaft in zwei Jahren. Zudem bestritt die gegnerische Mannschaft das allererste Länderspiel unter Wettkampfbedingungen in ihrer Geschichte. Ich bereute längst, meine Zustimmung zum Besuch dieser völlig absurden Vorstellung gegeben zu haben, als der Anpfiff ertönte.

In einem Punkt hatte mein Freund Recht: Das österreichische Lager hatte Unterstützung bitter nötig. Angriff auf Angriff der Unsrigen rollte heran ... und zerbröselte stets irgendwo in dem Labyrinth der gegnerischen Abwehr. Der Gegner war kein bisschen gut, aber das fiel nicht weiter auf, denn die Österreicher spielten grottenschlecht. Wir waren so ziemlich die einzigen Fans auf weiter Flur, die für Rotweißrot schrieen, und selbst das gewöhnten wir uns angesichts des immer fader dahinplätschernden Spiels rasch ab.

Die Fans der anderen Mannschaft, immerhin 1263 Personen, hatten hingegen von Minute zu Minute mehr Spaß an der Partie. Gelungene Abseitsfallen der Ihren wurden beklatscht, und gegen Ende jeder Viertelstunde zählten sie die verbleibenden Sekunden herunter, die sie ohne Tor überstanden hatten. Die erste Halbzeit war bis auf einen Torschuss des Tiroler Spielers Kurt Russ in der 30. Minute de facto ereignislos verlaufen. Und diesen einzigen Schuss auf das Tor hatte der gegnerische Torwart, der tatsächlich eine gestrickte Pudelmütze trug, mit einem gewaltigen Satz gehalten.

Was ich nicht für möglich gehalten hätte, trat in der zweiten Halbzeit ein: Das Spiel der Österreicher wurde noch schlechter. Längst unterhielten sich mein Freund und ich auf Englisch, um nur ja nicht als Alpenbewohner erkannt zu werden. Wieder zählten die euphorisierten Fans den Countdown zu einer weiteren überstandenen Viertelstunde herunter. Dann passierte das „Wunder von Landskrona": Ein gegnerischer Spieler überdribbelt drei Österreicher und schießt aus 16 Metern mit dem linken Fuß flach in die

Mitte von Michael Konsels Tor. Ja, und: Tor! 1:0 für die Färöer-Inseln, für ein Land, von dem ich vorher nicht einmal wusste, wo ich es auf einer Europakarte hätte suchen müssen. Wie betäubt vernahmen wir eine halbe Stunde später den Schlusspfiff.

Es war der 12. September 1990, gegen 21 Uhr. Wir schlichen uns aus dem Stadion zurück in die Jugendherberge.

Es heißt, dass im selben Moment auf den Inseln der Ausnahmezustand losbrach. Sämtliche Autos formierten sich zu einem Korso entlang der Hauptstraße von Tórshavn. Die kleine Hauptstadt erlebte den bislang einzigen Stau in ihrer Geschichte. Das Telefonnetz brach zusammen. Weinend vor Glück lagen sich Hunderte die halbe Nacht lang in den Armen. Der Monatsvorrat an Bier wurde in dieser Nacht verbraucht. Am nächsten Morgen war praktisch vor jedem Haus geflaggt. Bei der Ankunft der Siegermannschaft standen 20.000 Menschen auf dem Flugfeld – knapp die Hälfte der Bevölkerung der Färöer-Inseln. Selbst eine neue Hymne wurde gedichtet, die mit den Zeilen begann: „Die Färöer gaben Österreich einen Walzer, den hörte man von Wien bis Mikladalur …"

Kein Zweifel, auch dieses Ereignis markiert die Geburtsstunde einer Nation. Einer großen, kleinen Nation.

Selten gewährt uns das Schicksal die Gelegenheit, Teil eines historischen Moments zu werden. Noch seltener erleben wir die Geburt einer Nation. Und so gut wie nie versorgt uns der blinde Zufall mit gleich zwei Ereignissen solch mythischen Ausmaßes. Dennoch wurde ich unfreiwillig Zeuge. Zwei verdammte Male.

In Landskrona vollzog sich meine Wandlung zum Österreicher. Ich lernte das Leiden am Patriotismus. Und seit ich erfahren habe, was es heißt, am österreichischen Fußball zu leiden, erfasse ich die volle Bedeutung von Córdoba: Die Befreiung. Das Glück. Die Erlösung. All das liegt in den Händen von elf Männern. Besser gesagt, es liegt in ihren Füßen.

Es ist nicht einfach, für Österreich zu sein. Aber was ist schon einfach.

DER FC PASCHING UND DIE GRAD-WANDERUNG

von Robert Hummer und Stefan Kraft

Im Eilzugstempo marschierte Pasching von der Bezirks- in die Bundesliga, ähnlich schnell verschwand der Verein wieder von der Bildfläche. Einziges Kontinuum im Aufstieg und Fall des einst gefeierten „Dorfklubs" ist dessen Präsident, der Transportunternehmer Franz Grad. Einen Blick auf die an Kuriositäten reiche Geschichte des Paschinger Fußballs.

27 Personen sollen es gewesen sein, die am 15. Juni 1946 in einem Paschinger Wirtshaus den Beschluss fassten, einen Fußballklub aus der Taufe zu heben. Damals zählte die agrarisch geprägte Gemeinde nicht viel mehr als 1.700 Einwohner. Seither hat sich nicht nur die Einwohnerzahl mehr als verdreifacht, auch in Hinblick auf das Erscheinungsbild des Ortes blieb kein Stein auf dem anderen. Am Stadtrand von Linz machte sich Pasching als Einkaufsziel und Betriebsstandort einen Namen: 800 Unternehmen bringen in der „Einkaufsmarktgemeinde" (OÖN) die Kassen zum Klingeln, die Steuereinnahmen machen Pasching – was das Verhältnis der Steuereinnahmen zur Bevölkerungszahl betrifft – zur viertreichsten Gemeinde im Land ob der Enns.

Eines dieser Unternehmen ist die Spedition Transdanubia, die mit einem jährlichen Umsatz von 110 Millionen Euro zu den Branchenführern im Transportgewerbe zählt. Als Chef der Firma fungiert Franz Grad, ein ehemaliger Leichtathlet, dessen Person in engem Zusammenhang mit der sprunghaften Geschichte des Paschinger Fußballs steht. Ihm ist es – in positiver wie negativer Hinsicht – zu verdanken, dass es der Ort auch jenseits seiner entlang der B139 errichteten Einkaufsmeile zu überregionaler Bekanntheit brachte.

„Linz-Land schlägt Linz-Stadt"

Der aus Bad Leonfelden stammende Franz Grad übernahm 1993 das Präsidentenamt des bis dahin weitgehend unauffällig im oberösterreichischen Unterhaus ballesternden Fußballklubs, der gerade den Meistertitel in der Bezirksliga gewonnen hatte. Zunächst fungierten die Grün-Schwarzen noch als Satellitenklub des FC Linz, nach dessen Liquidierung (an der Grad federführend beteiligt war) begann unter Trainer Georg Zellhofer – nicht zuletzt dank der ehemaligen U21-Kicker des FC Linz – der kometenhafte Aufstieg der Vorstädter: 1999/2000 stieß Pasching als Regionalligist im ÖFB-Cup bis ins Halbfinale vor, im Spiel zuvor gegen den FC Tirol sorgten an die 6.000 Zuschauer erstmals für ein ausverkauftes Haus. Der folgende Aufstieg in die zweithöchste Spielklasse wurde mit einem Duell gegen den eben erst abgestiegenen LASK belohnt. „Linz-Land schlägt Linz-Stadt", hieß es nach dem 1:0 in den OÖN. Solche Worte ließen in Suburbia nicht nur das Herz des selbstgefälligen Bürgermeisters Fritz Böhm höher schlagen. Nach dem Sprung in die Bundesliga (2002) rührte die Lokalpresse mit ihrem hysterischen Gerede vom „Dorfklub" und seiner „Kulttruppe" die Werbetrommel, während gleichzeitig die Paschinger Erfolgsgeschichte kein Ende nehmen wollte.

Die erste Spielzeit in der höchsten Klasse beendete der Klub an fünfter Stelle und qualifizierte sich damit zum ersten Mal in der Vereinsgeschichte für einen internationalen Bewerb. Dort musste die Zellhofer-Elf mit Wit Georgia, FC Pobeda und FC Tobol nicht nur sportlich unangenehme Hürden meistern, sondern auch einige strapaziöse Reisen auf sich nehmen. Die Mühen sollten belohnt werden: Pasching gelang im UI-Cup der Sprung ins Halbfinale und zog dort mit Werder Bremen ein absolutes Traumlos. Im Heimspiel wuchsen die Vorstädter förmlich über sich hinaus, die 0:4-Niederlage gegen Pasching konnte vom mehrfachen deutschen Meister im Retourspiel nicht mehr egalisiert werden. Im Finale wartete mit Schalke 04 abermals ein Verein aus der deutschen Bundesliga, die Kicker aus dem Ruhrgebiet stellten sich letztendlich aber als übermächtige Gegner heraus. In den Jahren darauf konnte Pasching in der nationalen Meisterschaft stets in den oberen Tabellenregionen reüssieren. So folgten noch einige weitere internationale Auftritte, wenngleich im UEFA-Pokal gegen Zenit St. Petersburg (2004, 2005) und AS Livorno (2006) kein Kraut gewachsen war.

Superfund statt Pasching

Trotz dieser Dämpfer gelang es dem Verein, sich in den ersten Jahren des neuen Jahrtausends zumindest vorübergehend die fußballerische Vormachtstellung in Oberösterreich zu sichern. Während der LASK über Jahre eine Etage tiefer vor sich hin vegetierte, auch die SV Ried zwischenzeitlich in die zweithöchste Spielklasse musste und schlafende Riesen wie Blau-Weiß Linz oder Vorwärts Steyr über das Unterhaus nicht hinauskamen, belegte Pasching als einziger oberösterreichischer Vertreter konstant Spitzenplätze in der österreichischen Bundesliga. Hinter dieser glänzenden Fassade war für aufmerksame Beobachter aber stets auch ein anderes Bild sichtbar. Wie kaum ein anderer Klub wurde Pasching zum Symbol eines identitätslos gewordenen Fußballs, dessen Klientel sich weitgehend auf passive Konsumenten beschränkt. Als Events inszenierte Spiele lockten die Leute zwar scharenweise ins Stadion, bei weniger attraktiven Gegnern blieben aber viele Plätze leer. Vier Jahre vor der Abwanderung nach Klagenfurt wurde im Sommer 2003 – ohne großes Aufsehen zu erregen – der Verein einfach nach einem Fondsprodukt namens Superfund des Finanzanbieters Quadriga benannt. Auch das Wappen des nunmehrigen „FC Superfund" gab über die lokale Herkunft des Vereins keinerlei Aufschluss mehr.

Foto: ruba
Eine unsterbliche Legende in der Geschichte des Dorfklubs: Spielszene aus Pasching – Werder Bremen 4:0

„Fußball ist Dienstleistung am Kunden, nur diesen wollen wir zufriedenstellen", begründete der Klubvorstand die Namensänderung. Diesem Zynismus hatte bei einem Lokalaugenschein des Fußballmagazins „ballesterer fm" im Waldstadion nur eine Minderheit etwas entgegenzusetzen. Dem leisen Protest einiger weniger stand eindeutig die Gleichgültigkeit der Mehrheit gegenüber. Man murrte zwar darüber, dass den Zuschauern per Lautsprecheranlage erklärt wurde, wie sie nun den Namen ihres Fußballklubs richtig auszusprechen hätten, doch richtig wehren wollte sich auch niemand dagegen. In Summe wurde die Namensänderung vom erfolgshungrigen Paschinger Publikum eher als geringeres Übel angenommen. Solange die Erfolgsgeschichte weiter ging, war die Fußballwelt in Suburbia in Ordnung. Einzig die wenigen alteingesessenen Fans zeigten sich empört. Von „Verrat an der Gemeinde und den Fans" war hier ebenso die Rede wie vom „Verkauf der Seele". Präsident Franz Grad reagiert auf solche Vorwürfe in gewohnt abgeklärter Manier: „Ich habe nicht gewusst, dass ein Verein eine Seele hat. Bisher habe ich immer geglaubt, das sei Lebewesen vorbehalten."

Klagenfurt statt Pasching

Vier Jahre nach der Umbenennung folgte mit dem Umzug nach Klagenfurt der negative Höhepunkt einer an Kuriositäten reichen Vereinsgeschichte. Am 10. Mai 2007 stimmten 66 der 70 erschienenen Mitglieder auf einer Generalversammlung dafür, den Verein nach Kärnten zu übersiedeln und in die Statuten des Paschinger Klubs einzutragen: „Der Sitz des Vereins ist in Klagenfurt". Manche Medien berichteten fälschlicherweise von einer „Fusion" mit dem FC Kärnten. Tatsächlich wurde ein Bundesligist per Mitgliederentscheid in ein anderes Bundesland – 350 Kilometer entfernt vom ursprünglichen Vereinssitz – transferiert, um dort – wieder per Mitgliederentscheid, jedoch mit neu hinzu gekommenen Mitgliedern – einen anderen Präsidenten zu wählen und alles so auszutauschen, dass am Ende ein Kärntner Verein herauskam. Dreh- und Angelpunkt dieser Aktion war Franz Grad. Doch wie kam Grad auf die Idee, sein liebstes Spielzeug dem Kärntner Landeshauptmann Jörg Haider als Ersatz für dessen erfolglosen und finanziell belasteten FC Kärnten anzubieten?

SPÖ-Landesrat Josef Ackerl

Wirtschaftliche Nöte sollen es nicht gewesen sein, meinte Josef Ackerl im Sommer 2007 im Rahmen eines Gesprächs mit dem „Ballesterer". Ackerl ist oberösterreichischer Landesrat und war zum Zeitpunkt der Aktion der zweite starke Mann beim FC Superfund. Jedes Jahr sei „die schwarze Null gestanden". Aber ein Weitermachen sei „nicht mehr verantwortbar" gewesen, so der Politiker, der noch im April einen „runden Tisch" mit Landeshauptmann Josef Pühringer gefordert hatte, um den Paschinger Fußball zu retten. Bei der entscheidenden Abstimmung war er dann einer der gewichtigen Wortführer für die Übersiedlung. Für Ackerl war die Bundesliga („ein Sauhaufen") daran schuld, dass der Verein nicht mehr weiter in Pasching existieren konnte. „Der Kader ist immer weniger leistbar", Mäzene wie Dietrich Mateschitz (Red Bull Salzburg) oder

Frank Stronach (Austria Wien) hätten mit ihren Riesengehältern für die Spieler eine Entwicklung in Gang gesetzt, bei der der FC Superfund nicht mithalten könne. Strukturmängel im Marketing und in der Fan-Arbeit waren laut Josef Ackerl weitere Faktoren für das Abwandern aus der Linzer Vorstadt.

Der Gemeinde gab der Landesrat keine Schuld am Zusperren. Das liegt auch an den politischen Ränkespielen im 7.000-Einwohner-Ort Pasching. Franz Grad gilt als Verbündeter des Ex-Bürgermeisters Fritz Böhm. Böhm wurde im Mai 2006 wegen Amtsmissbrauchs, schweren Betrugs und Untreue verurteilt, trat aber erst ein Jahr später von seinem Bürgermeister-Amt zurück. SPÖ-Parteikollege Josef Ackerl war federführend an Böhms Entmachtung beteiligt, als der Skandal überhand nahm. Anders Franz Grad, der die Sache im Interview mit den OÖN gelassener beurteilte: „Es ist sehr bedauerlich, wenn ein Politiker zurücktritt, der auf lokaler Ebene sehr erfolgreich war." „Sehr erfolgreich" bedeutet auch: 19,4 Millionen Euro Schulden, die dem Ort Pasching aus Böhms Ära geblieben sein sollen. Sieben Millionen wurden in den letzten Jahren in das Waldstadion gesteckt, ein Drittel davon kam aus der Gemeindekassa, der Rest vom Land Oberösterreich. Und 375.000 Euro jährlich sollten laut Gemeinderatsbeschluss an den Verein fließen. Doch der Amtsführer nach Böhms Rücktritt, Werner Ebenbichler, kündigte im Vorfeld der Übersiedelung nach Klagenfurt an, so hohe Beträge nicht mehr auszahlen zu wollen.

Fragwürdiger Neubeginn

Gleichzeitig wurde von Seiten der Gemeinde immer wieder davon gesprochen, dass es mit dem Fußball in Pasching weitergehen würde. Der ursprüngliche Plan, in der höchsten oberösterreichischen Landesklasse mit einem neuen Verein einzusteigen, scheiterte am Veto des Verbandes. Es folgte eine weitere kuriose Episode: Um sich den steinigen Weg in die „Schutzklasse" zu ersparen, bildete der am 16. Mai 2007 gegründete FC Superfund Pasching – auf Vermittlung des ehemaligen Spielers Roland Huspek – kurzerhand mit dem Verein aus Wallern eine Spielgemeinschaft und sicherte sich auf diese fragwürdige Weise einen Platz in der Landesliga West, also der fünfthöchsten Spielklasse. Präsident des neuen Vereins wurde – erraten! – Franz Grad.

Schon bald stellte sich heraus, dass das öffentlich bekundete Vorhaben, fortan kleinere Brötchen zu backen, nicht viel mehr als eine leere Worthülse war. Pasching leistet sich auch im Unterhaus mit Edi Glieder, Peter Rózsavölgyi, Jürgen Friedl und ab Jänner 2008 auch Ronald Brunmayr eine ganze Reihe hochkarätiger Kicker mit langjähriger Erfahrung im Profifußball. Trotz großer Namen und sportlicher Dominanz – die SPG Pasching/Wallern sicherte sich 2007/08 überlegen den Herbstmeistertitel der Landesliga West – glich das Waldstadion bei den meisten Heimspielen dennoch einem Geisterhaus.

Foto: ruba
Bessere Fußball-Zeiten in Pasching: Trainer Georg Zellhofer, Bürgermeister Fritz Böhm, Superfund-Präsident Franz Grad

Verstärken den nunmehrigen FC Superfund Pasching in der 1. Landesliga: Edi Glieder und Péter Rózsavölgyi

Zerbrochenes Porzellan

Am ehrgeizigen Mann mit der schwarzen Kappe sollte noch weiteres Porzellan zu Bruch gehen. Mehrfach hat der Transdanubia-Chef bei der Durchsetzung seines Willens eiserne Kompromisslosigkeit bewiesen, für Sentimentalitäten hat er seit jeher nicht viel übrig. Als Pasching-Präsident beendete er im Sommer 2006 die ohnedies konfliktreiche Spielgemeinschaft mit dem SK St. Magdalena, quasi über Nacht fanden sich die in der Regionalliga kickenden Urfahraner in der 1. Klasse Mitte wieder. Nicht nur im Fußball ist Grad für derartige Schnellschüsse gut, den von ihm gesponserten TC Tennispoint zog er aus der Staatsliga A ab, weil ihm die

Während Pasching also nicht viel tiefer gefallen ist als gewünscht, stieg mit dem LASK ein anderer oberösterreichischer Verein in die 1. Division ein. Das dürfte auch der entscheidende Grund gewesen sein, der Franz Grad letztlich dazu veranlasste, den Oberhausfußball in Pasching auszuverkaufen. Denn die ohnehin schüttere Zuschauerkulisse hätte sich mit einem schwarzweißen Großklub in der Bundesliga, der wesentliche Teile seiner Klientel traditionell aus dem Umland rekrutiert und zudem nur wenige Kilometer entfernt seine Spiele austrägt, wohl weiter gelichtet. Darüber hinaus fürchtete man in der Vorstadt die Abwanderung regionaler Sponsoren in Richtung Linz. Das gab Franz Grad auch offen zu: „Ganz klar war der Aufstieg des LASK der entscheidende Auslöser." Aber nicht nur deshalb sind der alte und neue Pasching-Präsident („Wer sechs Jahre in der zweiten Liga war, zeigt, dass er nicht gerade viel Kraft hat") und Josef Ackerl schlecht auf die Athletiker zu sprechen: Beide waren als Vertreter des FC Linz verantwortlich für dessen „Fusion" mit dem Stadtrivalen, beide zogen sich aus dem neuen Linzer Großklub aber bald wieder zurück.

Letzter Anstoß zur „Grad-Wanderung" nach Klagenfurt: der Aufstieg des LASK in die höchste Spielklasse. LASK-Kapitän Ivica Vastic mit der Meisterschale der Red Zack 1. Liga

vom Tennisverband vorgeschriebene Ballmarke nicht ins Konzept passte. Grad gilt zwar als kühler Taktiker und Stratege, in der Hitze des Gefechts ist er aber bekannt dafür, nicht lange zu fackeln. Sein einstiger Mitstreiter beim FC Linz, der gegenwärtige Spielervermittler Jürgen Werner, brachte diesen Charakterzug auf den Punkt: „Wenn man ihm Prügel in den Weg wirft, geht er."

Ähnlich sieht es Viktor Dreu. Als Fan, der schon in den Landesliga-Zeiten der späten 1990er Jahre seinen Platz im Paschinger Waldstadion hatte, kann er ein Lied vom launenhaften Führungsstil des Unternehmers singen. „Mir war immer schon klar, dass der Grad ein autoritärer Typ ist. Der duldet einfach keine Widersprüche. Das Problem ist aber auch, dass in Pasching alle vor ihm gebuckelt haben", so der Produktionsplaner. Dreu räumt gleichzeitig ein, dass angesichts des oft nur mäßigen Zuschauerinteresses („Da gibt es nur wenige Anhänger, der Rest sind Neugierige") mit dem Supergau seit Jahren gerechnet werden konnte, zumal Franz Grad bei mehreren Anlässen ganz offen am Standort Pasching gezweifelt hatte. Als er dann auch noch innerhalb der Gemeinde mit Fritz Böhm seinen wichtigsten Fürsprecher verlor, Transfer- und Sponsorverhandlungen sich zu spießen begannen und der LASK dem Aufstieg immer näher rückte, machte Grad endgültig Nägel mit Köpfen und nahm das ihm unterbreitete Angebot aus Klagenfurt an. Wenngleich Viktor Dreu ein gewisses Verständnis dafür hat, dass es „wirtschaftlich nicht mehr verantwortbar" war, stellte der langjährige Fan im Gespräch mit dem „ballesterer fm" unverholen fest: „Natürlich hat er sich bei gutem Wind abgeseilt."

Der „gute Wind" hat den FC Superfund letztendlich nach Klagenfurt verblasen. Abseits aller legitimen Kritik an Grads Aktion handelt es sich bei der Kärntner Landeshauptstadt zumindest um einen Ort mit Bundesliga-Vergangenheit. Aber wie wäre das ganze Geschacher verlaufen, hätte es andere Interessenten gegeben? Könnte etwa ein russischer Oligarch, ein amerikanischer Investment-Banker oder ein österreichischer Großindustrieller in seinem Zweitwohnsitz Bad Ischl eine Bundesliga-Mannschaft gründen, wenn dazu nicht mehr notwendig ist, als einen bestehenden Verein umzusiedeln? Könnte etwa die SV Ried auf der nächsten Mitgliederversammlung beschließen, den Vereinssitz nach Bad Ischl zu verlegen? Ein Einspruchsrecht zum Standortwechsel hat die Liga jedenfalls nicht, sofern Rahmenbedingungen wie etwa ein bundesligataugliches Stadion erfüllt sind. Neuerdings hat die Bundesliga derartigen Deals zumindest über Bundesländergrenzen hinweg einen Riegel vorgeschoben. Im Sommer 2007 galten aber noch andere Gesetze. Und so wurde aus Pasching ganz schnell der FK Austria Kärnten.

Foto: ruba
„… der duldet einfach keinen Widerspruch …": Franz Grad

Dieser Beitrag geht auf mehrere Artikel zurück, die in verschiedenen Nummern des „ballesterer fm" erschienen sind.

ÜBER DIE LIEBE

Die Paschinger Übersiedelung nach Klagenfurt bewegt auch: Franzobel

Fürwahr, dass einer wie meiner dreijährigen Nichte gelüstet, Bürgermeister zu werden, verstehe ich wohl, auch Bundespräsident, Schnapserkönig oder Faschingsprinz hat seinen Glanz, aber Präsident von einem Fußballklub? Ach, da muss die Liebe, die bekanntlich alle Logik außer Kraft setzt, sich schon sehr erdreisten.

Einer der das geschafft hat, ohne es zu wollen, beileibe nicht, war Paul Hörbiger. Von 1945 bis 48 war der beliebte Volksschauspieler Präsident der legendären Vienna. Hörbiger war allerdings ein derartiger Fußballbanause, dass er, als er in einer Spielerbesprechung die Frage hörte, wer kommenden Sonntag den Dienst nähme, dachte, es müsse sich um einen Ordnungs- oder Putzdienst handeln, den tatsächlich gemeinten Rapidstürmer Robert Dienst kannte er noch nicht einmal vom Namen. Auch wusste er nicht, dass zur Halbzeit die Seiten gewechselt wurden, und jubelte inniglich bei Toren für den Gegner. Nun sind mit Verlaub hoffentlich nicht alle ehernen Funktionäre und wackeren Präsidenten solche Fußballtölpel wie der sympathische Paul Hörbiger, obwohl die jüngsten Ereignisse in der Bundesliga schlimmste, in den Harnisch versetzen lassende Narretei vermuten lassen: Großes Theater!

Plötzlich spielt der holde Superfund Pasching als FC Kärnten, das seine Lizenz an den insolventen GAK verscherbeln will, während nicht wenige ehemals edle Fußballklub-Präsidenten in finsterer Haft sitzen oder von selbiger bedroht werden. Fußball ist ein Schlag ins Gekröse, ein unsauberes Geschäft. Nicht wenige, viele Lenze zählende Vereine haben sich aufgelöst oder sind im Niemandsland versumpert, mit VOEST Linz, Admira Wacker, Austria Klagenfurt, Vienna, Wacker Innsbruck, Vorwärts Steyr, Austria Salzburg, usw. ließe sich schon eine eigene Liga spielen, internationale Gegner wären Juve oder Marseille.

Wohlan, wenn der Schacher so weitergeht, spielt Red Bull als Chemnitz in der deutschen Bundesliga, während Austria als Torino in Italien geigt, Schwanenstadt wird österreichischer Meister, gehört aber Bayern München und heißt dann Mattersburg und spielt mit der Lizenz von Altach. Alles klar?

Wie? So was geziemt sich nicht? Der Fußball wird Probleme haben? Beileibe nicht. Im Radsport werden der Reihe nach alle hochlöblichen Tour-Teilnehmer erst als Sieger ausgerufen und kurz darauf wegen unlauteren Dopings disqualifiziert, bis von den edlen Recken niemand mehr übrig bleibt und endgültig erwiesen ist, dass die Tour de France nie und niemals stattgefunden hat. Nachträglich disqualifiziert werden auch alle Ausdauersportler, Gewichtheber, Schummel-Schumi sowieso, undundund.

Wer sollte da noch Schwerenöter sein und Fußball-Präsident werden. Und warum? Um in den gottbefohlnen Seitenblickemagazinen vorzukommen wie Franz Beckenbauer, öffentlich Zigarre zu rauchen wie Rudi Assauer oder ein eigenes TV-Format zu füllen wie Reiner Calmud? Aber die beiden letzteren waren Manager.

Präsidenten sind Machtmenschen auf Gedeih und Verderb wie weiland Berlusconi, Haider, Stronach, Leute, die vom Fußball nicht viel mehr verstehen als Paul Hörbiger, und denen dennoch nach Macht und Popularität gelüstet, dabei wird dieses präsidiale Flehen um Liebe von den Fans ja nie erhört, sie bleiben stets Gevatter Unnötig.

Daher rufe ich mit altertümlich schwülstig Altsprech ein Haltet ein, es gibt so wunderbare junge Kicker, Recken von Kanada, die noch keine 20 Lenze zählen, deren Begehr ein Platz in einer Mannschaft ist.

UNTERHAUS ODER: WARUM TUT SICH DAS BLOSS JEMAND AN?

von Gerald Ecker

Gerald Ecker ist ihm Rahmen seines Studiums in einem kommunikationswissenschaftlichen Seminar der Frage nachgegangen: Was veranlasst Menschen, ihre Freizeit im SV Weng zu verbringen? Hier seine gerafften Erkenntnisse:

Der Notnagel und der Ausnahmekönner. Der Schichtarbeiter und die Schülerin. Der Pubertierende und der Familienvater. Es gibt viele Unterschiede, sie haben aber eines gemeinsam: Sie jagen jeden Sonntag dem runden Leder nach. Mehr als 120.000 Spielerinnen und Spieler in 388 Vereinen sind beim oö. Fußballverband OÖFV gemeldet. Rund 25.000 dieser Kicker stehen Woche für Woche auf dem Platz.

Aber warum eigentlich? Was treibt die Spieler an? Was sind die Motive für den Fußball im Unterhaus? Für den Fußball abseits von Reichtum und Ruhm?

Diese Frage wird am Beispiel des SV Weng 1970 untersucht. Der SV Weng ist ein typischer Verein einer oberösterreichischen Landgemeinde. Knapp 1.400 Einwohner zählt die Gemeinde, nicht ganz 40 Jahre besteht der Sportverein. Zweimal wurde kurz die Luft der 1. Klasse geschnuppert, ansonsten ist der SV Weng 1970 Stammgast in der 2. Klasse. Was bedeutet das?

Vorab: Ein überzeichnetes Stimmungsbild, gemalt in dunklen Farben.

Fußball in der 2. Klasse West. Amateurfußball im Unterhaus – und zwar in der 8. und damit untersten aller Leistungsklassen des geregelten Spielbetriebs. Absteigen geht nicht mehr. Es gibt keine Liga im oö. Fußballverband unterhalb der 2. Klasse. Wer hier Letzter ist, ist wirklich Letzter.

Sonntag Nachmittag. Die Spieler laufen ein. Viele noch gezeichnet vom Samstagabend. Die Kicker haben ja noch andere Interessen als den Sport. Fortgehen zum Beispiel. Nasskalt ist das Wetter, ähnlich marod wie die Akteure präsentiert sich der Platz. Ohnehin nicht mit feinstem Grün gesegnet, wurde er im vorherigen Spiel der „Revue" schon arg umgepflügt. Die wenigen Zuschauer versammeln sich rund um die Ausschank. Eher ein verlorener Haufen denn eine begeisterte Menge. Gekommen sind sie vor allem, um die eigene Mannschaft, sagen wir es diplomatisch: „kritisch zu kommentieren". Sie haben ja früher auch gespielt und wissen, wie es geht.

Der Schiedsrichter pfeift an. Es wird nicht seine Partie. Er findet keine Linie, die Pfiffe bringen vor allem Unruhe. Mit den Jahren fällt es immer schwerer, auf Ballhöhe zu bleiben. Und auf die Unparteilichkeit seiner Assistenten, der „Wachler", kann er nicht zählen.

Das Spiel selbst ist arm an Höhepunkten. Es wird gerackert, gefoult und ausgeputzt. Von der ersten bis zur letzten Minute. Und was schaut am Ende heraus? Wieder eine 0:3 Heimniederlage und schmerzende Knochen. Am Montag wird es wohl einen Krankenstand brauchen. „Dienstag wieder Training. Diesmal aber alle kommen!", ruft der Trainer noch. „Ja, ja", klingt die Antwort wenig überzeugend.

Ein erster Blick auf die Fakten

Der Fußball in der 2. Klasse West scheint nur wenig Anlass zur Freude zu bieten. Stimmt das? Diesem – klar ins Negative überzeichneten – Stimmungsbild sollen „harte Fakten" nachgereicht werden. Als Beispiel dient der SV Weng in der

WARUM FUßBALL - DIE 23 MOTIVE

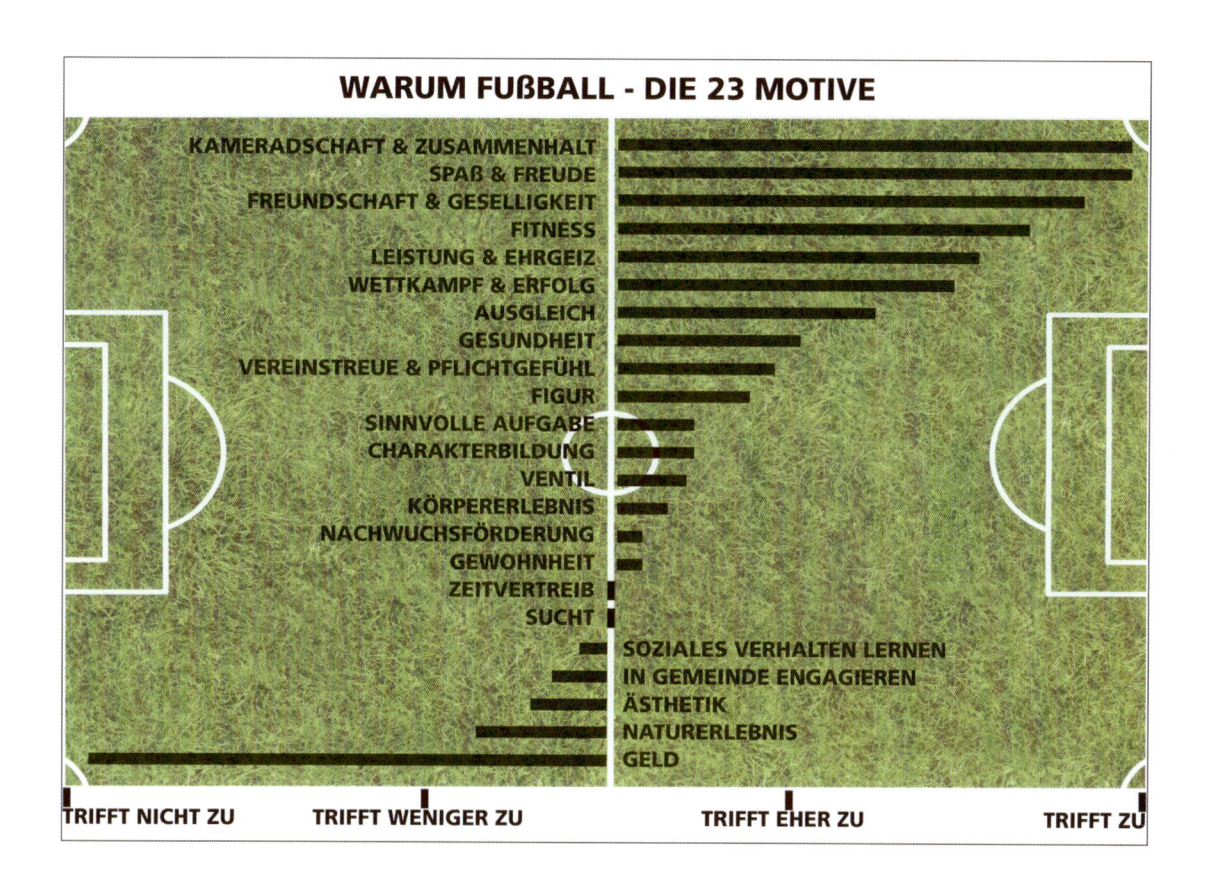

- KAMERADSCHAFT & ZUSAMMENHALT
- SPAß & FREUDE
- FREUNDSCHAFT & GESELLIGKEIT
- FITNESS
- LEISTUNG & EHRGEIZ
- WETTKAMPF & ERFOLG
- AUSGLEICH
- GESUNDHEIT
- VEREINSTREUE & PFLICHTGEFÜHL
- FIGUR
- SINNVOLLE AUFGABE
- CHARAKTERBILDUNG
- VENTIL
- KÖRPERERLEBNIS
- NACHWUCHSFÖRDERUNG
- GEWOHNHEIT
- ZEITVERTREIB
- SUCHT
- SOZIALES VERHALTEN LERNEN
- IN GEMEINDE ENGAGIEREN
- ÄSTHETIK
- NATURERLEBNIS
- GELD

TRIFFT NICHT ZU — TRIFFT WENIGER ZU — TRIFFT EHER ZU — TRIFFT ZU

Saison 2003/04. Ein Blick auf die Tabelle nach sieben Spieltagen:

Tabelle 2. Klasse West

Platz	Verein	Spiele	S	U	N	Torverh.	Tordiff	Punkte
1.	St.Johann/W.	7	7	0	0	19:7	12	21
2.	Aurolzmünst.	7	5	0	2	20:9	11	15
3.	Mining	7	4	1	2	11:8	3	13
4.	Altheim 1b	7	4	0	3	17:24	-7	12
5.	Mettmach	7	3	1	3	20:12	8	10
6.	Polling	7	3	1	3	18:12	6	10
7.	Treubach/R.	7	3	1	3	13:10	3	10
8.	Obernberg	7	3	0	4	14:14	0	9
9.	Reichersberg	7	3	0	4	13:17	-4	9
10.	Waldzell	7	3	0	4	16:24	-8	9
11.	Mehrnbach	7	2	0	5	13:21	-8	6
12.	Weng	7	0	0	7	9:25	-16	0

Sieben Niederlagen nach sieben Spielen. Letzter in der letzten Klasse. Da kommen nach den Mühen der Saisonvorbereitung wohl die ersten Zweifel auf. Dennoch treten sie Spieler des SV Weng 1970 Woche für Woche wieder auf den Platz. Es stellt sich die einfache Frage: Warum? Was sind die Gründe, die Motive der Fußballer im Unterhaus? Hierzu wurden die Spieler befragt.

Die Antworten bieten ein Spiegelbild für die Spieler, Anleitungen für Funktionäre und Betreuer sowie Erklärungen für Zuschauer, Spielerfrauen und andere Rätselnde.

Was die Spieler antreibt

An erster Stelle der Motive der Fußballspielenden im SV Weng 1970 stehen zwei gleichauf: zum einen der Spaß und die Freude an Fußball und Verein, zum anderen die Kameradschaft und der Zusammenhalt.

„Es taugt mir einfach", ist eine typische Antwort der Spieler. Oder: „Ich bin in Fußball vernarrt." Gerade die Routiniers betonen die Freude am Fußball und den Stellenwert, der sich daraus ergibt. „Ich habe alles dem Fußball untergeordnet. Urlaub und so weiter. Fußball geht vor", sagen sie.

Auch Kameradschaft und Zusammenhalt sind den Spielern wichtig. „Elf Leute, man spielt für den anderen, man unterstützt sich gegenseitig. Das ist eine Kameradschaft", beschreibt der Spieler. „Auch wenn es im Spiel Streit gibt: Danach ist alles vergessen", so ein anderer. „Einer allein kann nichts machen. Wir werden auch mit einem Ronaldo nicht Meister. Die Mannschaft muss passen", betont auch der Trainer. Den Zusammenhalt macht ein 19jähriger deutlich: „Ich würde nie wegen einer Freundin mit dem Fußball aufhören. Wie lange hat man eine Freundin? Die Freunde hat man immer!"

Mit der Freundschaft ist das drittwichtigste Motiv angesprochen. Die Jüngeren sind mit dem Freundeskreis zum Fußball gekommen. („Alle anderen haben auch gespielt.") Andere sind in den Verein gegangen, um Freunde zu finden. Und die Älteren bleiben, weil die Freundschaften dauern. Mit der Freundschaft verbunden ist die Geselligkeit: „Erst ins Training, dann zum Wirt. Der Faktor Geselligkeit ist groß", sagt der Familienvater. „Von 15 bis 50, alle sitzen zusammen", beschreibt der Teenager.

Fitness als Motiv nennen die Wenger an vierter Stelle. Einfach „etwas tun". Damit kommt – nach den hedonistischen und sozialen Gründen – erstmals der körperliche Aspekt zum Tragen. Wobei manchem das Training sogar wichtiger ist als das Spiel. „Die Spieler wollen für sich selber etwas tun – bevor sie zuhause auf der Sof' liegen", sagt der Trainer. Kondition, Luft, fit bleiben sind die Stichworte. Oder wie sich der damalige Bürgermeister im Grußwort einer Vereinschronik ausdrückte: Spannkraft für die Jugend, Spannkraft für das Alter.

Noch zwei weitere Motive werden von den Kickern uneingeschränkt als „zutreffend/eher zutreffend" bewertet: Leistung und Ehrgeiz sowie, dahinter, Wettkampf und Erfolg. „Ich habe Talent. Ich will mein Potential nutzen", beschreibt ein Spieler seinen Ehrgeiz und seinen Willen zur Leistung. Wobei es hier um mehr als um Training geht. Der SV Weng 1970 spielt ja in einem organisierten Bewerb: der Meisterschaft. Leistung und Wettkampf, Ehrgeiz und Erfolg stehen einander nahe. Zitat: „Ich habe den Willen, etwas zu erreichen. Erfolg ist der Lohn für das Training." „Gewinnen will ich immer", beschreibt einer seinen Ehrgeiz. „Es ist schön, zu gewinnen", weiß ein anderer über den Erfolg.

Weitere Motive

Auch Ausgleich (Motiv 7) wird von vielen Spielern genannt. Wobei sie damit Verschiedenes meinen: Ausgleich zur Schule, zur Arbeit oder auch zur Familie. Fußball als Beitrag zur eigenen Gesundheit (Motiv 8) wird eher von älteren Spielern gesehen: „Ich mache weiter, weil sonst wird meine körperliche Verfassung noch schlechter", sagt der 33jährige.

Weitermachen aus Treue, auch aus Verpflichtung (Motiv 9), trifft ebenfalls für eine Mehrheit der Spieler zu. Wobei hier vor allem die Verpflichtung gegenüber Trainer und Mitspielern genannt werden, und weniger abstrakt vom „Verein" gesprochen wird. Obwohl die Spieler berichten können: „Der Vorstand hilft auch bei privaten Problemen."

Ebenfalls eine Mehrheit finden die Motive „Fußball für die Figur" und „Fußball für den Charakter". Zu Motiv 10 „Figur": Der Fußballsport bewahrt vor der Gewichtszunahme: „Ohne Bewegung würde ich auseinandergehen", sagt der Eine. Und der Sport hilft bei der Gewichtsreduktion „Mir hat es schon einiges runtergerissen", freut sich der Andere. Ein Routinier bringt es auf den Punkt: „Es ist die Eitelkeit des Körpers gegen den Bierbauch."

Zitate zum Motiv 11 „Charakter": „Im Sport zeigt sich: Mag er oder mag er nicht? Hat er Einsatzbereitschaft und den Willen, etwas zu erreichen?" Oder: „Man lernt, sich durchsetzen zu können. Sich als Junger gegen die Alten durchzusetzen, ist eine Bestätigung." Oder: „Sich behaupten lernen, Kritikfähigkeit lernen, Unterordnen in der Mannschaft lernen. Das braucht man auch später im Berufsleben."

Fußball im Verein, in der Meisterschaft wird zudem als sinnvolle Aufgabe gesehen (Motiv 12). Als Körpererlebnis (Motiv 13) ist der Sport dem Fußballer nicht so wichtig wie etwa dem Bodybuilder oder der Aerobic Betreibenden. Aber dennoch wird das Motiv eher zutreffend als weniger zutreffend bewertet.

Und noch drei weitere Motive werden als eher zutreffend beschrieben. Fußball als Gewohnheit (Motiv 14, sogar wenn der Ehrgeiz etwas nachlässt. Zitat: „Früher habe ich unbedingt Fußball spielen müssen. Heute denke ich oft: Wieder ein Tag verschissen."). Fußball als Nachwuchsförderung (Motiv 15). Und Fußball als Ventil (Motiv 16, Zitat: „Beim Spiel kann ich mich abreagieren. Sonst würde ich eh durchdrehen.")

Unentschieden

Zwei Motive liegen genau zwischen „eher" und „weniger" zutreffend. Wobei sie unterschiedlicher nicht sein könnten: Fußball als Sucht und Fußball als bloßer Zeitvertreib. Zu Motiv 17 „Sucht": „Ich habe auch gesundheitliche Schäden in Kauf genommen. Ich wollte nicht aufhören", blickt der 30jährige zurück. „Ich spiele, solange ich noch kräulen (nur unzulänglich übersetzt mit: „kriechen") kann. Ich kann es nicht bleiben lassen", kündigt der 19jährige an.

Fußball als Zeitvertreib (Motiv 18) wird eher im Rückblick genannt. Im Rückblick auf den Beginn der Laufbahn, und hier vor allem von den Älteren. „Es gab wenig Auswahl", wissen sie von den eingeschränkten Möglichkeiten der Freizeitgestaltung in einem typischen Dorf der späten 1970er Jahre.

Was nur wenige auf den Platz treibt

Fünf weitere Motive werden von einzelnen Spielern aufgezeigt, oder von Funktionären gerne betont. In der Mannschaft finden sie aber keine Mehrheit. Fußball als Lernwiese für soziales Verhalten wird vor allem von Vorständen und Trainern gesehen. (Motiv 19, Zitat: „Fußball ist ein Mannschaftssport. Da ist wichtig: unterordnen, anpassen, in ein Team einpassen.") Fußball aus ästhetischen Gründen (Motiv 20) wird in der 2. Klasse als „weniger zutreffend" genannt. Und auch das Engagement in der Gemeinde (Motiv 21) trägt wenig dazu bei, dass die Spieler Woche für Woche auf den Platz laufen. Ebenso wie das Naturerlebnis (Motiv 22). Dieses wird, wenn überhaupt, für die Jugendarbeit gesehen. Zitat: „Die Kinder müssen herauskommen aus dem Häusl, weg von Fernseher und Computer." Und das Finanzielle bildet in der 2. Klasse West abgeschlagen das Schlusslicht unter den 23 genannten Motiven.

Himmelsstürmer und Gaudikicker. Drei Erkenntnisse

Es zeigt sich: Gründe gibt es viele für die Spieler. Mache finden sich bei einer deutlichen Mehrheit der Wenger Kicker, andere nur bei wenigen. Sie alle haben Platz in einem Verein. Das weiß auch der Obmann. Er sagt: „Die Motivationen sind natürlich unterschiedlich. Die einen wollen hoch hinaus, die anderen wollen gemütlich kicken. Wir wollen Sport für alle und jeden bieten."

Bei aller Unterschiedlichkeit heben sich die Top Drei der Beweggründe deutlich ab. Welche Erkenntnisse lassen sich daraus gewinnen? Ein Versuch:

Erstens: Der Spaß am Fußballspiel und der Zusammenhalt in der Mannschaft stehen vor Motiven wie dem Erfolg und der Vereinstreue. Eine Erkenntnis, die sich in der Transferpolitik von Fußballvereinen nicht immer wiederfinden lässt.

Eine zweite Schlussfolgerung: „Was zählt is' auffm Platz", ist ein beliebter Spruch. Doch für den Unterhausfußballer zählt mehr. Etwa Freundschaft und Geselligkeit. Die Funktionäre wissen das. So erklären sich Bemühungen wie der Ausbau eines Vereinsheims, die Einbindung der Spielerfrauen (WAGs – Wives and Girlfriends – wie es im Englischen heißt) oder die Familien- und Kinderfreundlichkeit rund um das Spielfeld.

Und Drittens: Spieler sehen anders als Funktionäre. Es gibt einen Unterschied zwischen den Motiven, die die Kicker nennen, und den Aufgaben, die ein Funktionär dem Verein zuschreibt. Das wird deutlich bei Themen wie

Jugendarbeit, Nachwuchspflege, Sozialverhalten oder Engagement. Eine banale Erkenntnis – die aber nie vergessen werden sollte.

Hintennach: Ein überzeichnetes Stimmungsbild, gemalt in hellen Farben:

Fußball in der 2. Klasse West. Amateurfußball im Unterhaus – und zwar in der 8. und damit untersten aller Leistungsklassen des geregelten Spielbetriebs. In der Liga sind vor allem die Nachbargemeinden vertreten. Lokalderbys sind an der Tagesordnung. Sie haben immer wieder ihren besonderen Reiz.

Sonntag Nachmittag. Die Spieler laufen ein. „Motiviert bis in die Haarspitzen", wie es heißt. Auch heute ist wieder eine Nachbargemeinde zu Gast. Noch dazu der Traditionsgegner. Die Spieler kennen sich, aus der Schule, von der Arbeit oder vom Fortgehen. Manche sind noch gestern gemeinsam an der Bar gestanden. Der Platz ist in gutem Zustand. Das Traditionsderby sorgt wieder für den Rekordbesuch der Saison. Auch auswärtige Besucher sind zahlreich gekommen. In der Fremde wollen sie besonders aufzeigen, Pyrotechnik und Trommeln haben sie sonst nicht einmal bei den Heimspielen im Einsatz.

Der Schiedsrichter pfeift an. Er hat die Partie gut im Griff, das Spiel wird zwar hart geführt, aber fair. Als alter Hase kennt der Unparteiische die lockeren Sprüche, mit denen er allzu verbissene Gesichter wieder entspannt.

Das Spiel gestaltet sich als offener Schlagabtausch. Beide Teams wollen den Sieg, für Abtasten und Taktieren bleibt keine Zeit. Der Einsatz, das Tempo, die Torraumszenen sorgen für Stimmung bei den Besuchern. Von der ersten bis zur letzten Minute. Und was schaut am Ende heraus?

Wieder eine 0:3 Heimniederlage und schmerzende Knochen. Brav gekämpft, schön gespielt, leider nichts Zählbares. „Bleiben eh noch alle da, wie setzen uns ins Vereinsheim"; ruft der Trainer und meint auch die Gäste. „Freilich", ist die Antwort klar.

Eine neue Frage wirft sich auf

Diesem – klar ins Positive überzeichneten – Stimmungsbild sollen „harte Fakten" nachgereicht werden. Wir bleiben beim Beispiel der Saison 2003/04. Wieder ein Blick auf die Tabelle, diesmal nach elf Spieltagen:

Platz	Verein	Spiele	S	U	N	Torverh.	Tordiff	Punkte
1.	Aurolzmünst.	11	9	0	2	34:11	23	27
2.	St.Johann/W.	11	8	0	3	26:17	9	24
3.	Mining	11	6	3	2	18:11	7	21
4.	Polling	11	5	2	4	26:17	9	17
5.	Altheim 1b	11	5	2	4	29:35	-6	17
6.	Waldzell	11	5	0	6	23:39	-16	15
7.	Mehrnbach	11	4	2	5	20:24	-4	14
8.	Mettmach	11	3	3	5	27:21	6	12
9.	Treubach/R.	11	3	3	5	18:20	-2	12
10.	Obernberg	11	3	2	6	18:23	-5	11
11.	Weng	11	3	1	7	18:26	-8	10
12.	Reichersberg	11	3	0	8	20:33	-13	9

Die „harten Fakten" beweisen: Nie den Kopf hängen lassen! Es gibt immer Grund zur Hoffnung. Und damit auch Motive, Fußball zu spielen. Sieben Spiele dauerte die Niederlagenserie des SV Weng 1970 zum Auftakt der Saison. Bereits am elften Spieltag konnte die rote Laterne abgegeben werden.

Wobei sich daraus eine Frage für eine weitere Untersuchung ergibt. Warum spielen eigentlich die Reichersberger?

WO DER RASEN NOCH BRENNT

In den vergangenen 60 Jahren hat es beim SK Altheim schon fast alles gegeben: Einen Meistertitel ohne Aufstieg, einen Fanklub als Hauptsponsor und den einen oder anderen Spielabbruch. Robert Hummer und Reinhard Krennhuber statteten den berüchtigt schlagfertigen „Roten Teufeln" aus dem Innviertel einen Besuch ab.

Mit weniger als 5.000 Einwohnern gehört Altheim zu den kleineren Städten Österreichs. Neben den beiden Brauereien Raschhofer und Wurmhöringer zählt vor allem der lokale Fußballverein zu den Aushängeschildern des Ortes. Die „Roten Teufel", wie die Kicker des SK Altheim genannt werden, gelten als Institution im oberösterreichischen Unterhaus. Seit mittlerweile vier Jahrzehnten sind sie aus den beiden höchsten Spielklassen des Landes nicht mehr wegzudenken. In Altheim wurde schon so mancher Gastmannschaft das Fürchten gelehrt. „Ich hatte echt Angst. Wie geprügelte Hunde mussten wir aus der Halle", gestand einst ein Grieskirchner Sektionsleiter nach einem turbulenten Hallenturnier. Neben den ÖFB-Teamspielern Franz Viehböck und Reinhold Hintermaier, die beide ihre ersten Fußballschuhe in Altheim zerrissen, ist der Traditionsklub aber vor allem für seinen leidenschaftlichen Anhang bekannt.

Die große Passion

Ein Freitagnachmittag gegen Mitte September in Altheim. Am Stadtplatz findet ein Biker-Treffen statt, das Bierzelt ist aber nur mäßig besucht. Wie die zahlreichen Ankündigungsplakate des Heimspiels gegen Blau-Weiß Linz unschwer erkennen lassen, liegen die Prioritäten der Altheimer woanders. Das emotionale Epizentrum des Ortes befindet sich etwas außerhalb des Stadtkerns und ist dank einer für Landesliga-Verhältnisse riesigen Tribüne mit 500 überdachten Sitzplätzen schon aus der Ferne zu erkennen. Der liebevoll gestutzte Rasen lässt vermuten, dass der Platzwart in Wimbledon zur

Schule gegangen ist. Für das Werk verantwortlich zeichnet Franz Jakob, der seit mehr als einem halben Jahrhundert beim Verein gemeldet ist. An seiner Seite erscheinen Ladislav Vorich und dessen Sohn Bernhard. Gemeinsam waren sie über weite Strecken der letzten vier Jahrzehnte als Sektionsleiter und Präsidenten in führender Funktion für den SKA tätig. Bei Bier und Mohnflesserl erzählen sie in der Kantine von ihrer großen Passion, dem SK Altheim.

„Gfoin loss'n deafst da nix"

Begonnen hat alles 1948, als SV und ATSV Altheim sowie der Christlich-Deutsche Turnverein nach Beschluss des Gemeinderates zu einem „unpolitischen Verein" fusionierten. Fünf Jahre später trat Franz Jakob in die Dienste des Klubs, bald darauf debütierte er in der Kampfmannschaft. Nicht ohne Stolz deutet er auf das an der Wand hängende Foto von jener Elf, die in der Saison 1957/58 keinen einzigen Punkt abgeben musste. Schon damals konnten Spiele des SKA zu einer ruppigen Angelegenheit werden, vor allem wenn es gegen Ebensee, Holzleithen oder gar Kohlgrube ging: „De hob'n uns net meg'n, und wir hob'n se net meg'n", bringt Jakob die damaligen Rivalitäten auf den Punkt. Oft begann der Wickel, indem sich die Dorforiginale gegenseitig als Bauern bezeichneten („Wos mecht's, es Bauernbuam?"), wobei es nicht zuletzt darum ging, wer aus dem größeren Ort kommt. Auf Worte folgten dann zumeist auch Taten. Zu den Akteuren zählten nicht nur die Zuschauer, sondern auch die Kicker selbst, wie sich Franz Jakob erinnert: „Gfoin loss'n deafst da nix. In Koigruabn, do hob i a zua g'haut." Die Partie wurde letztendlich vom Schiedsrichter abgebrochen. Ein anderes Mal in Ried konnte ein Raufhandel unter Zuschauern nur durch den Einsatz von Wasserspritzen der Feuerwehr beendet werden.

Als Jakob über einen weiteren Spielabbruch berichten will, stoppen seine beiden Kollegen die Ausführungen. Später kommt er nach langem Nachfragen doch noch auf das Match in Vöcklabruck zu sprechen. Nach Foul an der Strafraumgrenze hätte der Unparteiische auf den Elfmeterpunkt gedeutet, worauf Jakob an dessen Hals rüttelte. „Dann hot er glei' obpfiff 'n", so das Altheimer Urgestein. Manche Paarungen sind nach wie vor Garant für einen heißen Tanz. Stets hat es geknistert im Achtal-Stadion, wenn die Innviertler Konkurrenz aus Esternberg (Jakob: „De hob'n an Sektionsleiter g'hobt, der hot glaubt, er is da King im Innviertel"), Ranshofen oder Andorf zu Gast war. „Altheim gegen Andorf, des wor imma scho a guata Bod'n", bekräftigt Ladislav Vorich.

In Orten wie Andorf hat der Fußball ebenfalls Tradition, weshalb es bei den Begegnungen entsprechend zur Sache geht. Harte Bandagen gab und gibt es in Altheim aber auch für die Klubs aus Linz. Auch wenn Bernhard Vorich die sprichwörtliche Innviertler Härte mittlerweile als „Klischee" einstuft, sagt er doch: „De Linza woit'n früher oft Weißes Ballett spün bei uns. Beim zweiten Gurkerl hom man aussag'haut aus de Schuach." Einen Seitenhieb auf Retortenklubs wie Schwanenstadt kann er sich ebenfalls nicht verkneifen: „Entweda da Ros'n brennt, oda er brennt net. Maunche Vereine kinnan tuan, wos' woin – sie werd'n nie Altheim sein." Was für den Profifußball gilt, hat für ihn auch im Unterhaus seine Gültigkeit: „Leidenschoft kaun ma si net kauf'n."

„Wir san a fußballverrücktes Volk"

Anstatt auf das große Geld zu hoffen, bäckt man in Altheim lieber kleinere Brötchen. Laut dem sportlichen Leiter Karl Hager, der sein Amt seit 1993 ausübt, stehen im derzeitigen Kader nicht mehr als zwei Spieler, die älter als 30 Jahre alt sind. „A Großteil der Mannschaft kummt außerdem aus an Umkreis von 20 Kilometer", erzählt der gebürtige Geinberger. Angesichts der Tatsache, dass der SKA in finanziellen Belangen eher der zweiten Tabellenhälfte zuzurechnen ist, muss der vierte Platz in der abgelaufenen Landesliga-Saison 2006/07 als großer Erfolg gewertet werden. Die Herbstrunde der Spielzeit 2007/08 beendeten die in ihren Leistungen oftmals unkonstanten Altheimer an zehnter Stelle.

Bei aller Bescheidenheit zählen die „Roten Teufel" aber dennoch zu den eifrigsten Titelsammlern zwischen Inn und Hausruck. Im liebevoll ausstaffierten Trophäenkabinett, das sich gleichzeitig auch Kantine nennt, stehen nicht weniger als fünf Innviertlercups (1959, 1965, 1967, 1991, 1993). Kein anderer Klub – auch nicht die SV Ried – hat den prestigeträchtigen Wettbewerb so oft gewinnen können. Bei der Frage nach der erfolgreichsten Zeit der Vereinsgeschichte beginnen die Augen von Ladislav Vorich zu leuchten. Unter ihm als Sektionsleiter schmissen die Altheimer vor 3.000 Besuchern fast den regierenden Meister Wacker Innsbruck aus dem ÖFB-Cup. „Kurz vor Schluss hot da Bauer Rudi a Chance vernebelt. Eigentlich war i froh, weu in da Verlängerung warad ma wahrscheinlich eh einbroch'n", erinnert sich Vorich an den denkwürdigen Tag des Jahres 1971.

Knapp zwei Jahre später folgte mit dem Landesliga-Meistertitel der bislang größte Erfolg. Altheim blieb der Liga dennoch erhalten, weil man freiwillig auf den Aufstieg verzichtete. Grund für die aus heutiger Sicht kuriose Entscheidung: Sechs Spieler pendelten täglich zur Arbeit ins bayerische Burghausen, für sie wären Auswärtsspiele in anderen Bundesländern unmöglich zu bewältigen gewesen. Einige Jahre später folgte der Abstieg, den Ausschlag gab ein Spielabbruch im letzten Match. Für mehrere Spieler der „Roten Teufel" setzte es drakonische Strafen, und Ladislav Vorich musste sich in Linz beim Landesverband anhören, dass sich die Altheimer wohl nicht mehr so schnell von diesem Tiefschlag erholen würden. Vorich wusste zu kontern: „Um uns braucht's eich net sorgen. Mir san a fußballverrücktes Volk."

Dass die Fußballverrückten in Altheim nicht aussterben, dafür sorgte Vorich schon selbst. Sein Sohn Bernhard wurde quasi als SKA-Fan geboren und kann sich noch gut daran erinnern, wie sein Vater nach dem Spiel einer Nachwuchsauswahl – mit ihm an der Hand – dem Schiedsrichter die Leviten las. Kaum überraschend fiel der Apfel nicht weit vom Stamm: Bernhard Vorich zählte

1987 zu den Gründern des Fanklubs „Die Roten Teufel". Als dessen Obmann war er mitverantwortlich dafür, dass der oberösterreichische Amateurfußball erstmals mit organisierten Gesängen, bengalischen Feuern, Choreographien und sogar einem Fanzine in Berührung kam. Für Aufsehen sorgten Vorich & Co. auch mit ihren Hupkonzerten: „Mit unsare Autohupen host du 20 verschiedene Fanfaren abspielen kennan, des wor so wos wie die Altheimer Kirchenorgel."

„Net nua da zwölfte Mann"

Von Anfang an waren „Die Roten Teufel" mehr als ein normaler Fanklub. Entstanden im Zuge eines Auswärtsspiels in Andorf, durfte man schon bald auf 200 Mitglieder zählen. Deren Aktivitäten beschränkten sich nicht allein auf den Support bei Heim- und Auswärtsspielen. Die „Roten Teufel" lukrierten auch eine Menge Geld, neben einem Hallenturnier organisierten sie eine Disco-Party mit mehr als 2.500 Besuchern. „Do is da Rubel g'rollt", denkt Bernhard Vorich zurück. Nicht zuletzt dank seiner finanziellen Potenz wurde der Fanklub zu einem wichtigen Spieler im Vereinsgeschehen, zumal man in den besten Zeiten zwischen 15 und 20 Prozent des SKA-Budgets trug: „Wir woan net nua da zwölfte Mann, sondern so wos wie a Hauptsponsor, hom a Budget g'hobt wie a durchschnittlicher Bezirksligist." Die Mittel flossen keineswegs vorbehaltlos in Richtung Verein, meist war das Geld für die Nachwuchsabteilung reserviert. Dank der Unterstützung der Fans konnte für die Jugend unter anderem ein Kleinbus für Auswärtsfahrten angeschafft werden.

1995 wurde Fanklub-Obmann Bernhard Vorich sogar zum Präsidenten des SK Altheim gewählt. Vorich machte nicht nur den Teufel zum offiziellen Vereinswappen, unter seiner Ägide gelang es auch, den in finanzielle Turbulenzen geratenen Verein wieder auf eine solide wirtschaftliche Basis zu stellen. Sportlich gelang 2003 der ersehnte Wiederaufstieg in die Landesliga („Da hot da Pfarrer bei da Predigt de Tia zuamoch'n miass'n, weil's so laut woa in de Gasthäuser.") Mit Problemen hatte währenddessen der Fanklub zu kämpfen. Immer weniger junge Kräfte rückten nach, weshalb sich die älter gewordene Führungsriege im Dezember 2000 veranlasst sah, die „Roten Teufel" aufzulösen. Dennoch musste der SK Altheim nur kurzzeitig ohne akustische Unterstützung auskommen. Mittlerweile ist unter altem Namen ein neuer Fanklub entstanden, der mit seinen 40 bis 50 Mitgliedern dafür sorgt, dass bei Heimspielen im Achtal-Stadion wie in alten Zeiten der Rasen brennt.

„In Altheim is da Fußball net 90 Minuten, sondern drei Stund vorher und zehn Stund nachher. Da geht kana ham und schaut se ‚Wetten, dass…' an", hat Bernhard Vorich schon am Nachmittag angekündigt. Zwei Stunden vor Anpfiff der Partie gegen Blau-Weiß Linz beginnt sich die Kantine tatsächlich zu füllen. Eine Halbe Raschhofer nach der anderen wandert über die Schank, die ältere Dame dahinter kommt kaum nach mit dem Zapfen. Als ein Ordner den Raum betritt, kann sich Ladislav Vorich einen provokanten Kommentar in dessen Richtung nicht verkneifen. Es folgt ein trockener Konter, der den rauen Charme des Altheimer Fußballs nicht besser hätte zusammenfassen können. „Wie lang hobt's denn nu Interview", fragt der Ordner, „weil danoch liegt er!"

Alle Fotos: SCA, Ladislav Vorich

Bei diesem Beitrag handelt es sich um eine aktualisierte Version eines Artikels, der erstmals in der Nr. 30 des „fm ballesterer" veröffentlicht wurde.

DIE BASIS SIND WIR

von Michael Eisl & Robert Schwarzbauer

Praktisch jeder Fußballfan kennt Geschichten über die großen Vereine wie den LASK, den SK VÖEST, den SK Vorwärts oder die SV Ried. Die großen Erfolge dieser Vereine, und die ebenso großen Niederlagen, sind oftmals und detailliertest beschrieben worden. Ebenso sind Berichte über den zu rasanten Aufstieg und tiefen Fall von Klubs wie FC Union Wels oder SV Pasching ausreichend dokumentiert. Aber was ist mit den Vereinen an der Basis der Fußballpyramide? Was ist mit Vereinen, die selten oder nie aus dem Fußballkeller herausgekommen sind? Was ist mit den Klubs, die das Fundament darstellen, die aber trotzdem praktisch niemand kennt?

In Oberösterreich gibt es ca. 25 Vereine, die trotz langjähriger Beteiligung am Meisterschaftsbetrieb niemals oder bestenfalls einmal die unterste Klasse verlassen haben. Wir haben versucht, all diese Vereine zu kontaktieren. Ein paar Vereine wollen offensichtlich keine mediale Aufmerksamkeit und verweigerten ein Gespräch. Zu anderen, teilweise seit Jahrzehnten aufgelösten Vereinen, fanden sich keinerlei Spuren mehr. 13 Vereine haben wir besucht, um mit ihnen über ihre Probleme, ihre Höhen und Tiefen, ihre Niederlagen und Sternstunden zu sprechen und sie in einem entsprechenden Rahmen zu präsentieren.

Zusammenfassend ist die Tatsache am auffälligsten, dass gerade kleinere Vereine oft von ein bis zwei Personen geführt werden, die sich geradezu für ihren Verein „zerreißen" und deren Erfolg oder Misserfolg mit dem Engagement dieser Personen eng verknüpft ist. Gerade wenn diese Funktionäre den Verein verlassen, entsteht oft eine Lücke, die kaum zu füllen ist. Es scheint, dass eine gute Nachwuchsarbeit auf Funktionärsebene mindestens genauso wichtig ist wie im Spielerbereich, um das langfristige Überleben eines Klubs zu sichern.

Während das Verhältnis zu den Dachverbänden ASKÖ, ASVÖ und Union in der Regel als sehr gut, deren Rolle aber als unwichtig beschrieben wird, ist das Verhältnis zum oberösterreichischen Fußballverband oft zwiespältig. Während Neuerungen wie das Internet meist begrüßt werden, werden die strengen Bestimmungen bezüglich des Stellens von Reserve- und Nachwuchsteams teilweise scharf kritisiert. Gerade Vereine aus kleinen Orten oder Randlagen werden in Zukunft, auch auf Grund der kommenden geburtenschwachen Jahrgänge, kaum mehr im Stande sein, die entsprechende Zahl an Nachwuchsmannschaften zu stellen. Hier ist wohl auch vom Verband zukünftig mehr Flexibilität gefordert, wenn das Aussterben so manches Vereins verhindert werden soll.

Größtes Problem kleinerer Vereine dürfte, wie überall auf dieser Welt, das Fehlen finanzieller Möglichkeiten sein. Gerade die oft periphere Lage, verbunden mit der Tatsache, dass es vor Ort in der Regel keinerlei nennenswerte Industrie gibt, macht es praktisch unmöglich, potente Geldgeber zu finden. Gerade deswegen entdecken kleine Vereine derzeit immer mehr das „Wundermittel Nachwuchsarbeit", da der Eigenbau die einzige Möglichkeit darstellt, das Überleben zu sichern.

Die Vereine finanzieren sich in der Regel über Eigenveranstaltungen (Sportlerball, Advent- und Faschingsveranstaltungen, Sonnwendfeiern und dergleichen), den Ausschank in der Vereinskantine und Kleinstsponsoren (Bandenwerbung).

Klassische Legionäre sind in der untersten Klasse eher selten zu finden, wenn Ausländer engagiert werden, dann sind es in der Regel Gastarbeiter, die im Ort arbeiten, oder Studenten u. Ä., die sich aus den verschiedensten Gründen für eine gewisse Zeit vor Ort aufhalten und dabei im Verein mitspielen.

Auch ist der Grundtenor, dass der Ankauf von Legionären grundsätzlich abgelehnt wird, wobei sich die Frage stellt, ob sich die Vereine bei einer Besserung der finanziellen Situation ebenso verhalten würden.

Vereine stellen im Ort in der Regel einen äußerst wichtigen soziokulturellen Faktor dar, der nicht unterschätzt werden darf. Dies führt oft dazu, dass die Arbeit im Verein auch in der 2. Klasse praktisch einen Fulltimejob bedeutet. Unser größter Respekt gilt allen Funktionären, die sich für ihre Vereine hingebungsvoll aufopfern, und die mit ihrer Arbeit einen enormen Beitrag für den Sport an sich und darüber hinaus liefern. Ohne deren Engagement würde der Fußball, so wie wir ihn kennen, nicht existieren. Denn die Basis sind wir!

FC ASCHACH

Fußball Club Aschach an der Steyr
Homepage: www.fcaschach.at
Bezirk: Steyr Land
Farben: Blau-Schwarz
Dachverband: ASVÖ

1974: Gründung ASKÖ Aschach (30. 5. 1974 Aufnahme beim OÖFV), 1974: Gründung Union Aschach (6. 5. 1975 Aufnahme beim OÖFV) 1985: Einstellung der Fußballsektionen bei ASKÖ Aschach und Union Aschach; Gründung von FC Aschach.

Sportanlage: Gemeindeplatz, errichtet 1970; Adresse: Leithen, 4421 Aschach an der Steyr.

Dass sich das politische System Österreichs auch auf sportlicher Ebene manifestiert, ist allgemein bekannt. Im überwiegenden Teil der oberösterreichischen Gemeinden können sportinteressierte Menschen auf entsprechende Angebote der Sportunion oder der ASKÖ zurückgreifen. So auch im Fußball, wenngleich die Zahl der Orte, in denen das Gegeneinander von ÖVP und SPÖ in der Existenz eines „schwarzen" bzw. eines „roten" Fußballvereins zum Ausdruck kam, abgenommen hat.

Auch in Aschach an der Steyr hatte Fußball zumindest zehn Jahre lang einen politischen Hintergrund, ehe man sich für eine Fusion der beiden Fußballsektionen entschied. 1974 wurde in der seit 1945 von der ÖVP regierten Vorortgemeinde der „roten" Industriestadt Steyr die Gründung eines Union-Fußballvereines ins Auge gefasst. Nach einer entsprechenden Trainingsphase war geplant, erst 1975 in den Meisterschaftsbetrieb einzusteigen. Wer jedoch bereits 1974 Meisterschaft spielte, war ein ASKÖ-Verein, der kurzfristig ins Leben gerufen worden war. Ab der Saison 1975/76 standen sich beide Vereine in der dritten (später in der zweiten) Klasse gegenüber. Die Derbys zählten sicherlich zu den Höhepunkten im Leben der Gemeinde und erlangten zumindest in der Anfangsphase über die Gemeindegrenzen hinaus Bedeutung. Mehr als 1000 Zuschauer wollten sich das erste Aufeinandertreffen der beiden Fußballklubs nicht entgehen lassen. Insgesamt waren die Beziehungen der beiden Vereine zueinander aber nicht schlecht.

Das Gegen- (oder vielmehr Nebeneinander) des schwarzen und des roten Vereins kam recht eindrucksvoll beim gemeinsamen Sportplatz zum Ausdruck: Den von der Gemeinde 1970 angelegten Fußballplatz benutzte man gemeinsam, beide Vereine hatten getrennte Clubhäuser und sogar getrennte Buffets.

Für die Fusion der beiden Vereine 1985 dürfte nicht zuletzt auch der sportliche Misserfolg den

Ausschlag gegeben haben. Nach zwischenzeitlich durchaus achtbaren Platzierungen, bei der einmal der ASKÖ und einmal die Union die Nase vorne hatte, belegte man in der Saison 1984/1985 die beiden letzten Plätze der 2. Klasse Ost. Die Fußballsektionen wurden daraufhin aus beiden Sportvereinen ausgegliedert und spielen seither als FC Aschach an der Steyr, der sich dem „unabhängigen" Dachverband ASVÖ anschloss.

Die ursprünglich geplante paritätische Besetzung der Funktionärsriege hat sich seither jedoch verwaschen, die ASKÖ-Funktionäre schieden nach und nach aus dem Verein aus, der Einfluss der Politik ist allerdings insgesamt zurückgegangen. Nach wie vor existieren ein ASKÖ- und ein Union-Verein in der Gemeinde, auf sportlichem Gebiet (Stockschützen vs. Tennis) kommt man sich aber nicht mehr ins Gehege.

Der Fußball-Erfolg ließ auch nach der Fusion auf sich warten, und im Winter 1991 stand der Verein kurz vor dem endgültigen Aus. Gerhard Seimair, der zuvor schon einmal als interimistischer Trainer der Kampfmannschaft eingesprungen war, wurde zu diesem Zeitpunkt Sektionsleiter und übernahm zugleich auch die Nachwuchsarbeit, die sich seitdem recht erfreulich entwickelt hat. Derzeit stellt der Verein fünf Nachwuchsmannschaften und betreut damit über 100 Nachwuchsspieler und –spielerinnen – eine für die 2200-Einwohner-Gemeinde beachtliche Zahl: „Manche fragen sich, wo wir die ganzen Kinder her bekommen", schmunzelt Gerhard Seimair, der als Betreuer der U13 und der U15 in der Vergangenheit auf einige sportliche Erfolge verweisen kann. Aktuell spielen diese beiden Nachwuchsteams in der Regionsliga Ost und damit in der höchsten oberösterreichischen Nachwuchsklasse. Laufend werden Nachwuchsspieler in die Kampfmannschaft eingebaut, die sich momentan fast ausschließlich aus Spielern aus Aschach zusammensetzt.

In einer kontinuierlichen Nachwuchsarbeit sieht Seimair auch das langfristige Überleben des Vereins gesichert, vom „Zusammenkaufen" einer Mannschaft hält er nichts. Sein Ziel: in drei bis vier Jahren vorne mitzuspielen: „Planen kann man einen Meistertitel nicht. Entweder er kommt oder er kommt nicht. Und wenn er passiert, freut man sich umso mehr."

Bilanz ASKÖ Aschach:

Saison	Liga (Level)	Pl	Sp	S	U	N	Tore	Diff	Pkt
1974/75	3. Klasse Ost (8)	11.	20	0	0	20	15 : 128	-113	0
1975/76	3. Klasse Ost (8)	5.	24	14	1	9	69 : 51	+18	29
1876/77	2. Klasse Ost (7)	9.	18	3	6	9	33 : 49	-16	12
1977/78	2. Klasse Ost (7)	7.	20	6	4	10	35 : 55	-20	16
1978/79	2. Klasse Ost (7)	11.	20	3	5	12	19 : 49	-30	11
1979/80	2. Klasse Ost (7)	9.	18	3	2	13	21 : 38	-17	8
1980/81	2. Klasse Ost (7)	10.	20	5	0	15	21 : 52	-31	10
1981/82	2. Klasse Ost (7)	11.	22	4	6	12	32 : 62	-30	14
1982/83	2. Klasse Ost (7)	4.	18	8	6	4	41 : 34	+7	22
1983/84	2. Klasse Ost (7)	8.	20	7	3	10	27 : 50	-23	17
1984/85	2. Klasse Ost (7)	12.	22	1	2	19	19 : 109	-90	4

Bilanz Union Aschach:

Saison	Liga (Level)	Pl	Sp	S	U	N	Tore	Diff	Pkt
1975/76	3. Klasse Ost (8)	13.	24	0	0	24	11 : 221	-210	0
1876/77	2. Klasse Ost (7)	10.	18	4	4	10	22 : 42	-20	12
1977/78	2. Klasse Ost (7)	11.	20	2	2	16	24 : 63	-39	6
1978/79	2. Klasse Ost (7)	6.	20	8	2	10	33 : 38	-5	18
1979/80	2. Klasse Ost (7)	7.	18	4	4	10	26 : 39	-13	12
1980/81	2. Klasse Ost (7)	11.	20	0	1	19	17 : 72	-55	1
1981/82	2. Klasse Ost (7)	9.	22	6	7	9	35 : 52	-17	19
1982/83	2. Klasse Ost (7)	6.	18	7	2	9	30 : 34	-4	16
1983/84	2. Klasse Ost (7)	11.	20	0	3	17	12 : 82	-70	3
1984/85	2. Klasse Ost (7)	11.	22	2	4	16	25 : 82	-57	8

Bilanz FC Aschach:

Saison	Liga (Level)	Pl	Sp	S	U	N	Tore	Diff	Pkt
1985/86	2. Klasse Ost (7)	11.	22	3	5	14	35 : 68	-33	11
1986/87	2. Klasse Mitte Ost (7)	6.	18	6	5	7	31 : 31	0	17
1987/88	2. Klasse Ost (7)	6.	22	9	3	10	38 : 55	-17	21
1988/89	2. Klasse Mitte Ost (7)	12.	24	3	6	15	29 : 63	-34	12
1989/90	2. Klasse Ost (7)	11.	20	2	2	16	31 : 82	-51	6
1990/91	2. Klasse Ost (7)	9.	22	7	4	11	38 : 55	-17	18
1991/92	2. Klasse Ost (7)	10.	22	4	2	16	29 : 66	-37	10
1992/93	2. Klasse Ost (7)	12.	22	0	0	22	16 : 109	-93	0
1993/94	2. Klasse Ost (7)	12.	22	1	3	18	18 : 97	-79	5
1994/95	2. Klasse Ost (8)	12.	22	1	2	19	16 : 84	-68	4
1995/96	2. Klasse Ost (8)	12.	22	0	4	18	16 : 88	-72	4
1996/97	2. Klasse Ost (8)	11.	22	3	4	15	18 : 64	-46	13
1997/98	2. Klasse Ost (8)	4.	22	10	5	7	43 : 38	+5	35
1998/99	2. Klasse Ost (8)	7.	22	9	3	10	38 : 45	-7	30
1999/00	2. Klasse Ost (8)	8.	22	8	6	8	35 : 42	-7	30
2000/01	2. Klasse Ost (8)	11.	22	4	5	13	30 : 49	-19	17
2001/02	2. Klasse Ost (8)	10.	22	5	5	12	34 : 72	-38	20
2002/03	2. Klasse Ost (8)	12.	22	4	2	16	21 : 66	-45	10
2003/04	2. Klasse Ost (8)	6.	22	7	7	8	44 : 46	-2	28
2004/05	2. Klasse Ost (8)	10.	22	5	3	14	30 : 63	-33	18
2005/06	2. Klasse Ost (8)	9.	22	4	7	11	35 : 49	-14	19
2006/07	2. Klasse Ost (8)	10.	22	5	3	14	37 : 66	-29	18
2007/08	2. Klasse Ost (8)								

FWSV ATTERSEE

Feuerwehr Sportverein Attersee
Homepage: sv-attersee.at.tc
Bezirk: Vöcklabruck
Farben: Rot-Weiß
Dachverband: ASVÖ
16. 2.1949: gegründet als FWSV Attersee
Sportanlage: Gemeindeplatz; errichtet 1949; Renovierungen: 1967, 1981 und 1996;
Adresse: Sportstraße 13, 4864 Attersee
Erfolge: 1966/67 Meister 4. Klasse E

Das Kürzel „FW" im Vereinsnamen hat nichts mit „freiwillig" zu tun, wie man vielleicht annehmen könnte, sondern schlicht mit der örtlichen Feuerwehr, die in den Anfängen des Vereins die ersten Spieler stellte. Heute bestehen aber keine organisatorischen Verbindungen mehr. Mit dem Gründungsjahr 1949 gehört der FWSV Attersee fraglos zu den traditionsreichen Fußballclubs im oberösterreichischen Unterhaus. Ein weiterer interessanter Aspekt in der Geschichte des kleinen Sportvereins aus der 1400-Einwohner-Gemeinde: Man hat das Gesetz „They never come back" durchbrochen. Und das gleich zwei Mal. 1954 zog man sich aus der laufenden Meisterschaft zurück und gab erst in der Saison 1963/64 ein Comeback. 1967 wurde der bislang einzige Meistertitel in der 4. Klasse E gefeiert – das allerdings ungeschlagen.

In den Folgejahren kam man selten aus dem unteren Tabellendrittel heraus. Nachdem man in der Saison 1991/92 Prügel am laufenden Band bezogen hatte (in 20 Spielen gelang lediglich ein Sieg) beschloss man, den Spielbetrieb erneut einzustellen. Zurückgezogen wurde aber nur die Kampfmannschaft, in den Nachwuchsbewerben blieb der FWSV Attersee weiterhin präsent. Das Problem dabei: Mit fertig ausgebildeten Spielern verstärkte man die Kampfmannschaften der benachbarten Fußballclubs.

Diese unbefriedigende Situation war 2002 das Hauptmotiv für Bestrebungen, erneut mit einer Kampfmannschaft auf Punktejagd zu gehen. Junge Eigenbauspieler waren in ausreichendem Maße vorhanden. Bezüglich der kostenlosen Rückkehr der abgewanderten Spieler hatte man sich schon zuvor vertraglich abgesichert. Nun erwies es sich auch als vorteilhaft, dass man sich 1992 nicht vollständig vom oberösterreichischen Fußballverband abgemeldet hatte. Der Fußballbetrieb war lediglich stillgelegt worden. „Eine kompletten Neuanmeldung des Vereins mit rund 60 Spielern wäre kaum machbar gewesen.", erzählt Wolfram Hauser, der 2002 im Zuge der Neustrukturierung des Vereinsvorstands zum Obmann

Sportplatz FWSV Attersee 2007

bestellt worden war. Nachfolger des langjährigen Präsidenten Georg Mautner-Markhof wurde Georg Baumgartner, der mit seiner Firma Meteo-Data den SV Attersee in den ersten Jahren nach dem Comeback als Hauptsponsor unterstützte.

Seit 1950 spielt man auf demselben Platz, einem ehemaliger Eisteich der benachbarten Brauerei, der damals in einer Nacht- und Nebelaktion trockengelegt und als Fußballplatz adaptiert wurde, und der mit seinen 45 x 90 Metern gerade eben die Mindestanforderungen erfüllt.

Hier kamen schon etliche „große" Vereine ins Straucheln. So wurde 1980 der Tabellenführer FC Altmünster 3:1 besiegt und Union Oberwang zum Meistertitel in der 2. Klasse Süd verholfen. Besondere Brisanz herrscht bei den Attersee-Derbys gegen SV Weyregg und vor allem gegen den UFC Attergau aus dem benachbarten St. Georgen, wo sich schon mal 400 Zuseher auf der kleinen Sportanlage drängen.

Wie viele andere kleine Fußballvereine setzt man auch beim FWSV Attersee auf die Nachwuchsarbeit. Fußballinteressierte Kinder aus den anderen Atterseegemeinden werden per Shuttlebus zum Training gefahren. Augenblicklich ist man in den Nachwuchsbewerben jedoch nur mit zwei Teams vertreten, einige ältere Jugendliche hat man vorübergehend bei einem Nachbarverein geparkt. Spielgemeinschaften sind im Nachwuchsbereich keine geplant.

Die zehnjährige Pause wirkt sich auch auf die Funktionärsebene des Vereins aus, der derzeit rund 300 Mitglieder umfasst: Es ist schwierig, ausreichend ehrenamtliche Mitarbeiter zu stellen – ein Problem, das jedoch nicht nur den FWSV Attersee betrifft.

Nur eine humorvolle Episode blieben die von den Medien Ende 2006 lancierten Gerüchte um eine Beteiligung von FC Chelsea-Eigentümer Roman Abramowitsch am Verein. Das Hauptziel des FWSV Attersee ist also keine Teilnahme an der Champions League in den kommenden Jahren, sondern endlich vom Tabellenende der 2. Klasse Süd wegzukommen.

Bilanz FWSV Attersee:

Saison	Liga (Level)	Pl	Sp	S	U	N	Tore	Diff	Pkt
1949/50	2. Klasse I (4)	8.	16	3	0	13	15 : 72	-57	6
1950/51	3. Klasse D (6)	5.	16	8	2	6	51 : 53	-2	18
1951/52	3. Klasse D (6)	9.	22	9	2	11	55 : 67	-12	20
1952/53	3. Klasse D (6)	10.	24	6	3	15	59 : 95	-36	15
1953/54	3. Klasse D (6)	13.	24	3	2	19	33 : 111	-78	8
1954/55 bis 1962/63 keine Meisterschaftsteilnahme									
1963/64	3. Klasse F (7)	11.	24	6	0	18	52 : 113	-61	12
1964/65	3. Klasse H (7)	8.	20	4	1	15	53 : 94	-41	9
1965/66	3. Klasse H (7)	11.	20	1	2	17	30 : 101	-71	4
1966/67	4. Klasse E (8)	1.	16	13	3	0	80 : 30	+50	29
1967/68	3. Klasse Süd (7)	6.	22	9	3	10	74 : 64	+10	21
1968/69	3. Klasse Süd (7)	6.	22	12	1	9	74 : 66	+8	25
1969/70	2. Klasse Süd (6)	8.	18	6	0	12	39 : 56	-17	12
1970/71	2. Klasse Süd (7)	9.	22	6	6	10	55 : 60	-5	18
1971/72	2. Klasse Süd (7)	7.	20	6	7	7	52 : 59	-7	19
1972/73	2. Klasse Süd (7)	8.	22	7	3	12	55 : 62	-7	17
1973/74	2. Klasse Süd (7)	11.	24	6	4	14	55 : 66	-11	16
1974/75	2. Klasse Süd (7)	9.	24	9	2	13	65 : 74	-9	20
1975/76	2. Klasse Süd (7)	12.	26	9	2	15	55 : 67	-12	20
1876/77	2. Klasse Süd (7)	9.	18	3	5	10	34 : 46	-12	11
1977/78	2. Klasse Süd (7)	10.	20	6	1	13	38 : 69	-31	13
1978/79	2. Klasse Süd (7)	8.	18	5	1	12	28 : 43	-15	11
1979/80	2. Klasse Süd (7)	6.	18	6	3	9	35 : 51	-16	15
1980/81	2. Klasse Süd (7)	10.	20	6	2	12	21 : 50	-29	14
1981/82	2. Klasse Süd (7)	9.	22	4	4	14	42 : 66	-24	12
1982/83	2. Klasse Süd (7)	10.	18	2	2	14	29 : 71	-42	6
1983/84	2. Klasse Süd (7)	7.	18	6	3	9	39 : 39	0	15
1984/85	2. Klasse Süd (7)	8.	18	3	2	13	22 : 79	-57	8
1985/86	2. Klasse Süd (7)	8.	20	6	4	10	45 : 56	-11	16
1986/87	2. Klasse Süd (7)	4.	20	9	4	7	48 : 39	+9	22
1987/88	2. Klasse Süd (7)	8.	22	6	7	9	50 : 49	+1	19
1988/89	2. Klasse Süd (7)	11.	22	3	5	14	30 : 66	-36	11
1989/90	2. Klasse Süd (7)	8.	18	4	4	10	27 : 45	-18	12
1990/91	2. Klasse Süd (7)	12.	22	3	0	19	18 : 89	-71	6
1991/92	2. Klasse Süd (7)	11.	20	1	0	19	21 : 135	-114	2
1992/93 bis 2001/02 keine Meisterschaftsteilnahme									
2002/03	2. Klasse (8)	12.	22	1	3	18	30 : 89	-59	6
2003/04	2. Klasse (8)	12.	22	1	2	19	19 : 114	-95	5
2004/05	2. Klasse Süd (8)	11.	22	2	2	18	26 : 113	-97	8
2005/06	2. Klasse Süd (8)	12.	22	1	1	20	15 : 93	-78	4
2006/07	2. Klasse Süd (8)	11.	22	3	5	14	29 : 72	-43	14
2007/08	2. Klasse Süd (8)								

ASV HAGENBERG

Allgemeiner Sportverein Hagenberg
Homepage: www.asv-hagenberg.at
Bezirk: Freistadt
Farben: Violett-Weiß
Dachverband: ASVÖ
14. 6.1970: gegründet als ASV Hagenberg (7. 6. 1971 Aufnahme beim OÖFV)
Sportanlage: eigener Platz; errichtet 1970; Renovierungen 1972, 1979, 1988 und 2007; Adresse: Veichter 47, 4232 Hagenberg

Auf Initiative von Friedrich Lösch wurde im Sommer 1970 nicht nur mit dem Bau einer Sportanlage (Hauptfeld, Trainingsfeld, Vereinsheim) begonnen, sondern parallel dazu auch der ASV Hagenberg als politisch unabhängiger

Verein gegründet. Fertiggestellt wurde das Areal etappenweise bis ins Frühjahr 1976, was einen relativ großen Schuldenberg zur Folge hatte, der erst langfristig wieder abgebaut werden konnte. Gerade die immer wieder auftretenden Schulden verhinderten im Laufe der Jahre dann den sportlichen Erfolg. Umso bemerkenswerter ist der zweimalige Vizemeistertitel in den Jahren 1984 und 1985.

Fußball gespielt wurde in Hagenberg bereits vor 1971. Der „FC Tannerwirt", benannt nach einem Hagenberger Wirtshaus, war ein wilder Verein, der seine Spiele auf einer Wiese im Ortsteil Anitzberg austrug, und der das Grundgerüst der ersten Hagenberger Mannschaft in der Saison 1971/72 bildete.

Im ersten Meisterschaftsjahr reichte es gerade einmal zu einem einzigen Sieg (3:1 zuhause gegen ATSV Pregarten), und es dauerte bis zur Saison 1977/78, um einen einstelligen Tabellenplatz zu erreichen.

Auffallend ist, dass der ASV Hagenberg in seiner Geschichte niemals auf Legionäre zurückgegriffen hat, sondern praktisch nur Hagenberger sowie Spieler aus den umliegenden Gemeinden und aus Linz einliefen.

Mit der IT-Fachhochschule, die Hagenberg auch österreichweit bekannt machte, gibt es eine enge Zusammenarbeit, die Hobbymannschaften der FH können die Anlage benutzen, und Studenten, die an den Wochenenden für ihren Heimatverein spielen, trainieren unter der Woche beim ASV mit.

Seit einiger Zeit gibt es auch eine eigene Damenmannschaft, die in Spielgemeinschaft mit ASKÖ Pregarten im Sommer 2007 den Aufstieg in die Landesliga schaffte und dort im Mittelfeld liegt.

Zurzeit wird in Hagenberg das seit den Siebzigerjahren unverändert gebliebene Vereinsheim großzügig ausgebaut und auf den neuesten Stand gebracht. Die Fertigstellung ist bis Ende 2008 geplant.

Neubau des Vereinsheims in Hagenberg 2007

Bilanz ASV Hagenberg:

Saison	Liga (Level)	Pl	Sp	S	U	N	Tore		Diff	Pkt
1971/72	3. Klasse Mitte Nord (8)	12.	22	1	0	21	30 :	122	-92	2
1972/73	3. Klasse Mitte Nord (8)	12.	24	4	0	20	43 :	106	-63	8
1973/74	3. Klasse Nord Ost (8)	12.	24	3	1	20	27 :	126	-99	7
1974/75	3. Klasse Nord Ost (8)	14.	26	3	2	21	28 :	116	-88	8
1975/76	3. Klasse Nord Ost (8)	14.	26	1	4	21	21 :	81	-60	6
1876/77	2. Klasse Nord Ost (7)	11.	22	4	0	18	20 :	71	-51	8
1977/78	2. Klasse Nord Ost (7)	9.	22	7	5	10	36 :	39	-3	19
1978/79	2. Klasse Nord Mitte (7)	9.	20	5	5	10	34 :	53	-19	15
1979/80	2. Klasse Nord Ost (7)	8.	20	7	1	12	37 :	51	-14	15
1980/81	2. Klasse Nord Mitte (7)	9.	20	5	2	13	38 :	54	-16	12
1981/82	2. Klasse Nord Ost (7)	11.	22	5	4	13	35 :	54	-19	14
1982/83	2. Klasse Nord Ost (7)	6.	22	7	4	11	50 :	44	+6	18
1983/84	2. Klasse Nord Ost (7)	2.	22	12	8	2	49 :	28	+21	32
1984/85	2. Klasse Nord Ost (7)	2.	22	13	3	6	65 :	23	+42	29
1985/86	2. Klasse Nord Ost (7)	9.	22	6	4	12	27 :	40	-13	16
1986/87	2. Klasse Nord Ost (7)	6.	22	8	5	9	38 :	40	-2	21
1987/88	2. Klasse Nord Mitte (7)	6.	22	10	3	9	39 :	44	-5	23
1988/89	2. Klasse Nord Mitte (7)	12.	22	2	7	13	22 :	51	-19	11
1989/90	2. Klasse Nord Mitte (7)	5.	22	7	8	7	39 :	39	0	22
1990/91	2. Klasse Nord Mitte (7)	9.	22	5	7	10	34 :	49	-15	17
1991/92	2. Klasse Nord Mitte (7)	8.	22	6	6	10	31 :	38	-7	18
1992/93	2. Klasse Nord Mitte (7)	11.	20	1	5	14	21 :	64	-43	7
1993/94	2. Klasse Nord Mitte (7)	11.	22	2	4	16	23 :	81	-58	8
1994/95	2. Klasse Nord Mitte (8)	11.	22	4	4	14	25 :	58	-33	12
1995/96	2. Klasse Nord Mitte (8)	6.	20	9	3	8	29 :	31	-2	30
1996/97	2. Klasse Nord Mitte (8)	9.	20	6	2	12	28 :	46	-18	20
1997/98	2. Klasse Nord Mitte (8)	11.	22	3	5	14	26 :	59	-33	14
1998/99	2. Klasse Nord Mitte (8)	9.	22	4	6	12	26 :	56	-30	18
1999/00	2. Klasse Nord Mitte (8)	11.	22	2	3	17	20 :	57	-37	9
2000/01	2. Klasse Nord Mitte (8)	11.	22	5	4	13	27 :	50	-33	19
2001/02	2. Klasse Nord Mitte (8)	9.	22	4	9	9	31 :	47	-16	21
2002/03	2. Klasse Nord Mitte (8)	8.	22	6	2	14	25 :	37	-12	20
2003/04	2. Klasse Nord Mitte (8)	5.	22	12	3	7	37 :	32	+5	39
2004/05	2. Klasse Nord Ost (8)	11.	26	6	6	14	32 :	65	-33	24
2005/06	2. Klasse Nord Mitte (8)	3.	22	12	6	4	54 :	32	+22	42
2006/07	2. Klasse Nord Mitte (8)	8.	22	7	3	12	38 :	60	-22	24
2007/08	2. Klasse Nord Mitte (8)									

ASKÖ HALLSTATT

Arbeitsgemeinschaft für Sport und Körperkultur in Österreich Hallstatt
Bezirk: Gmunden; **Farben:** Rot-Weiß
Dachverband: ASKÖ
1921: gegründet als ATSV Hallstatt, **1987:** Umbenennung in ASKÖ Hallstatt
Sportanlage: Gemeindeplatz („Echerntal-Stadion"), errichtet Ende der 50erjahre (Schlackenplatz), Renovierung 1970/71, 2007 aufgelassen (während der Platzrenovierung 1970/71 wurde auf dem Sportplatz in Obertraun gespielt);
Adresse: Kohlstattweg, 4830 Hallstatt
Erfolge: 1989/90 Meister 2. Klasse Süd

Der ATSV Hallstatt wurde bereits 1921 gegründet und zählt damit zu den ältesten Sportvereinen im Salzkammergut. Eine eigene Fußball-Sektion existierte damals noch nicht, in der Zeit vor dem 2. Weltkrieg war vorwiegend Turnen an-

Dem Verfall preisgegeben: Das Echerntal-Stadion Hallstatt 2007

gesagt, und darüber hinaus waren und sind die Platzverhältnisse in Hallstatt beengt.

Erste Gehversuche fanden nach dem Zweiten Weltkrieg denn auch nur auf kleinen, „wilden" Fußballplätzen statt. Der Meisterschaftsbetrieb wurde erst Ende der fünfziger Jahre aufgenommen. Auf Grund der Randlage der Gemeinde in Oberösterreich und den daraus resultierenden weiten Wegen entschloss man sich, zunächst in den Fußball-Ligen in der Obersteiermark mitzuwirken. Der Wechsel zum oberösterreichischen Fußballverband erfolgte erst 1965, wo man vor allem Ende der achtziger Jahre recht erfolgreich agierte und 1990 mit dem Meistertitel der 2. Klasse Süd den Aufstieg schaffte. Das Ende kam kaum vier Jahre später, als sich der Verein nicht mehr in der Lage sah, die vom oberösterreichischen Fußballverband geforderte Anzahl von Mannschaften zu stellen. Der Spielbetrieb wurde auf Grund des chronischen Mangels an Nachwuchsspielern eingestellt – eine Folge der demografisch ungünstigen Bevölkerungsentwicklung im Oberen Salzkammergut.

Seine Vereinsjubiläen verstand der ASKÖ Hallstatt immer zu feiern. Zum Fünfziger gastierte die österreichische Nationalmannschaft unter Trainer Leopold Stastny mit Stars wie Josef Hickersberger, Kurt Jara oder Hans Eigenstiller. Das Endergebnis: 1:14. Zum 60jährigen Jubiläum wurde der LASK eingeladen, und 1991 feierte man mit einem Spiel gegen eine hochkarätige Tiroler Auswahl.

Im Echerntal-Stadion spielte der ASKÖ Hallstatt vor eindrucksvoller Kulisse: Die steil aufragenden Felswände der umliegenden Berge verleihen dem nun dem Verfall preisgegebenen Fußballplatz ein ganz eigenes Flair. Ein kleines Detail am Rande: Der Platz wurde in den fünfziger Jahren ursprünglich als Schlackenplatz angelegt und erhielt erst 1971 einen Rasenbelag.

Als Sportverein existiert der ASKÖ Hallstatt nach wie vor. Stolz ist man auf die recht erfolgreiche Tennismannschaft. Weitere Sektionen sind Ski alpin, Stocksport sowie Schach. Daneben veranstaltet der Verein den alljährlich im Mai stattfindenden Halbmarathon rund um den Hallstättersee. Um den Fußball ist es in Hallstatt ruhig geworden, die Fußballspieler aus dem Ort verstärken nun die Vereine der benachbarten Gemeinden.

Bilanz ASKÖ Hallstatt:

Saison	Liga (Level)	Pl	Sp	S	U	N	Tore	Diff	Pkt
1961/62	2. Klasse Ennstal (St)	9.	16	0	3	13	17 : 66	-49	3
1962/63	2. Klasse Ennstal (St)	9.	16	1	1	14	17 : 90	-73	3
1963/64	2. Klasse Ennstal (St)	7.	18	5	3	10	43 : 50	-7	14
1964/65	2. Klasse Ennstal (St)	8.	18	5	2	11	26 : 58	-32	12
1965/66	3. Klasse H (7)	4.	20	11	3	6	56 : 47	+9	25
1966/67	3. Klasse D (7)	10.	18	1	2	15	26 : 126	-100	4
1967/68	4. Klasse G (8)	7.	18	7	2	9	43 : 57	-14	16
1968/69	4. Klasse G (8)	2.	20	14	1	5	52 : 31	+21	29
1969/70	3. Klasse Süd (7)	7.	22	8	3	11	50 : 59	-9	19
1970/71	3. Klasse Süd (8)	3.	20	9	7	4	63 : 34	+29	25
1971/72	3. Klasse Süd (8)	5.	18	8	5	5	47 : 43	+4	21
1972/73	3. Klasse Süd (8)	6.	16	7	2	7	39 : 53	-14	16
1973/74	3. Klasse Süd (8)	9.	18	1	5	12	19 : 61	-42	7
1974/75	3. Klasse Süd (8)	8.	20	6	2	12	40 : 51	-11	14
1975/76	3. Klasse Süd (8)	11.	22	5	3	14	39 : 64	-25	13
1876/77	2. Klasse Süd (7)	6.	18	5	5	8	33 : 45	-12	15
1977/78	2. Klasse Süd (7)	9.	20	6	2	12	41 : 55	-14	14
1978/79	2. Klasse Süd (7)	10.	18	4	1	13	33 : 50	-17	9
1979/80	2. Klasse Süd (7)	8.	18	4	2	12	36 : 66	-30	10
1980/81	2. Klasse Süd (7)	11.	20	3	4	13	32 : 64	-32	10
1981/82	2. Klasse Süd (7)	6.	22	10	3	9	47 : 54	-7	23
1982/83	2. Klasse Süd (7)	5.	18	8	6	4	44 : 39	+5	22
1983/84	2. Klasse Süd (7)	6.	18	8	0	10	48 : 45	+3	16
1984/85	2. Klasse Süd (7)	6.	18	7	5	6	52 : 38	+14	19
1985/86	2. Klasse Süd (7)	5.	20	10	4	6	61 : 39	+22	24
1986/87	2. Klasse Süd (7)	7.	20	6	4	10	42 : 60	-18	16
1987/88	2. Klasse Süd (7)	9.	22	8	3	11	38 : 50	-12	19
1988/89	2. Klasse Süd (7)	2.	22	16	4	2	54 : 14	+40	36
1989/90	2. Klasse Süd (7)	1.	18	15	2	1	52 : 12	+40	32
1990/91	1. Klasse Süd (6)	7.	22	9	4	9	40 : 37	+3	22
1991/92	1. Klasse Süd (6)	12.	26	4	7	15	25 : 54	-29	15
1992/93	1. Klasse Süd (6)	13.	26	5	5	16	40 : 75	-35	15
1993/94	1. Klasse Süd (6)	14.	26	4	2	20	34 : 85	-51	10

UNION KEFERMARKT

Sportunion Kefermarkt
Homepage: www.union-kefermarkt.at
Bezirk: Freistadt
Farben: Blau-Weiß-Gelb
Dachverband: Union
24. 8.1963 gegründet als Turn- und Sportunion Kefermarkt (23. 9.1963 Aufnahme beim OÖFV); Sportanlage: bis in die 60er Jahre: Sportplatz beim Flanitz-Teich, ab 1964: Sportplatz Bahnhof/Hefel, seit Mitte der 80erjahre: Gemeindeplatz „Aistfeldstadion";
Adresse: Neudörfl 48, 4292 Kefermarkt

1977 wurde aus Spielermangel die Teilnahme an der Meisterschaft eingestellt, und es dauerte bis 1989, ehe ein Neustart gewagt wurde, der aufgrund notwendig gewordener Investitionen in Spieler und Infrastruktur auch zu einem finanziellen Kraftakt wurde. Während des Aussetzens spielten viele Kefermarkter bei Union Lasberg, die dann wieder zurückgeholt wurden.

Ebenso wie der FWSV Attersee zog sich auch der 1963 als Turn- und Sportunion Kefermarkt gegründete Verein für einige Jahre vom Spielbetrieb zurück, um dann wieder am Meisterschaftsbetrieb teilzunehmen. Bereits vor der Vereinsgründung wurde am Flanitz-Teich Fußball gespielt, allerdings in unorganisierter Form. Schon damals dabei: Hermann Janout, der wahrscheinlich beste Fußballer, den Kefermarkt je hervorgebracht hat. 1964 wurde der erste Sportplatz am Bahnhof/Hefel errichtet. Nachdem das Gelände in den Achtzigerjahren verbaut wurde, wurde für den Wiederanfang das neue Aistfeldstadion errichtet, dessen Vereinsheim völlig neu gebaut und im Oktober 2007 eröffnet wurde.

Legendär ist das geheime „Dopingmittel" der Kefermarkter: Beim Neustart 1989 wurden von einer fürsorglichen Spielermutter öfters Bananenschnitten zu den Spielen mitgebracht, deren Konsumierung vor dem Spiel regelmäßig zu Erfolgserlebnissen führte, und die auch heute noch gerne verspeist werden.

Das Hochwasser im August 2002 hatte auch in Kefermarkt verheerende Folgen. Die Feldaist trat weitläufig über die Ufer und überflutete sowohl das Spielfeld als auch das Vereinsheim. Durch die großzügige Unterstützung von Land Oberösterreich, die Gemeinde Kefermarkt, OÖFV und Union wurden 90.000 Euro zur Verfügung gestellt, um die Schäden zu beheben. Außerdem wurde der Fluss tiefergelegt, um solchen Katastrophen in Zukunft vorzubeugen.

Oben: Erste Mannschaft am Flanitz-Teich ca.1960, rechts: Hermann Janout am Flanitz-Teich ca. 1960, unten: Hochwasser 2002 (Quelle: Union Kefermarkt)

Hauptproblem in Kefermarkt war und ist die Nachwuchssituation, wobei das Fehlen einer eigenen Hauptschule (Hauptschüler müssen ins 9 km entfernte Freistadt auspendeln) die Anbindung junger Kefermarkter an den eigenen Verein nicht gerade leicht macht.

Am erfolgreichsten war in Kefermarkt übrigens die Sektion Damenturnen, die, geführt von Dr. Edith Frimmel, 1997 mit Elisabeth Danner eine EM-Teilnehmerin hervorgebracht hat.

Bilanz Union Kefermarkt:

Saison	Liga (Level)	Pl	Sp	S	U	N	Tore	Diff	Pkt
1964/65	3. Klasse C (7)	10.	22	3	1	18	24 : 165	-141	7
1965/66	3. Klasse C (7)	12.	24	3	2	19	36 : 140	-104	8
1966/67	4. Klasse C (8)	8.	18	3	5	10	35 : 60	-25	11
1967/68	4. Klasse C (8)	7.	20	6	7	7	48 : 55	-7	19
1968/69	4. Klasse C (8)	5.	18	9	3	6	65 : 34	+31	21
1969/70	3. Klasse Mitte (7)	11.	22	4	2	16	28 : 73	-45	10
1970/71	3. Klasse Nord Ost (8)	7.	20	8	4	8	38 : 42	-7	20
1971/72	3. Klasse Nord Ost (8)	10.	22	6	7	9	46 : 46	0	19
1972/73	3. Klasse Nord Ost (8)	4.	22	10	4	8	48 : 58	-10	24
1973/74	3. Klasse Nord Ost (8)	9.	24	10	2	12	69 : 62	+7	22
1974/75	3. Klasse Nord Ost (8)	10.	26	6	4	16	52 : 78	-26	16
1975/76	3. Klasse Nord Ost (8)	12.	26	7	4	15	41 : 68	-27	18
1976/77	2. Klasse Nord Mitte (7)	11.	20	1	1	18	12 : 83	-71	3
1977/78 bis 1989/90 kein Meisterschaftsbetrieb									
1990/91	2. Klasse Nord Mitte (7)	12.	22	6	2	14	19 : 52	-33	14
1991/92	2. Klasse Nord Mitte (7)	11.	22	6	1	15	27 : 68	-41	13
1992/93	2. Klasse Nord Mitte (7)	8.	20	7	2	11	44 : 40	+4	16
1993/94	2. Klasse Nord Mitte (7)	12.	22	2	2	18	21 : 71	-50	6
1994/95	2. Klasse Nord Mitte (8)	10.	22	4	7	11	25 : 47	-22	15
1995/96	2. Klasse Nord Mitte (8)	11.	20	3	1	16	21 : 58	-37	10
1996/97	2. Klasse Nord Mitte (8)	7.	20	6	5	9	26 : 31	-5	23
1997/98	2. Klasse Nord Mitte (8)	10.	22	4	5	13	31 : 63	-32	17
1998/99	2. Klasse Nord Mitte (8)	8.	22	5	4	13	32 : 49	-17	19
1999/00	2. Klasse Nord Mitte (8)	5.	22	11	1	10	40 : 38	+2	34
2000/01	2. Klasse Nord Mitte (8)	10.	22	6	4	12	26 : 38	-12	22
2001/02	2. Klasse Nord Mitte (8)	7.	22	8	7	7	44 : 50	-6	31
2002/03	2. Klasse Nord Mitte (8)	4.	22	10	5	7	49 : 42	+7	35
2003/04	2. Klasse Nord Mitte (8)	6.	22	8	6	8	48 : 46	+2	30
2004/05	2. Klasse Nord Mitte (8)	8.	22	8	4	10	33 : 31	+2	28
2005/06	2. Klasse Nord Mitte (8)	6.	22	9	6	7	43 : 39	+4	33
2006/07	2. Klasse Nord Mitte (8)	6.	22	7	7	8	37 : 38	-1	28
2007/08	2. Klasse Nord Mitte (8)								

ASV KLEINREIFLING

Allgemeiner Sportverein Kleinreifling
Gemeinde: Weyer
Bezirk: Steyr Land
Farben: Blau-Weiß
Dachverband: ASVÖ
6. 7.1974 gegründet als ASV Kleinreifling (30. 7. 1975 Aufnahme beim OÖFV)
Sportanlage: Gemeindeplatz; errichtet 1974;
Adresse: Sportplatz, 4464 Kleinreifling

Kleinreifling, im Dreiländereck Oberösterreich – Niederösterreich – Steiermark gelegen und zur Gemeinde Weyer gehörend, bietet auf den ersten Blick nur den Bahnhofknoten der Rudolfsbahn Selzthal - St. Valentin mit der Abzweigung nach Amstetten. Auch der dort beheimatete ASV stand meist im Schatten des SV Weyer, der es Ende der Neunzigerjahre bis in die 2. Landesliga geschafft hatte.

Bereits vor der Vereinsgründung wurde in Kleinreifling Fußball gespielt, allerdings in einer Schwarzen Liga ohne Verbandszugehörigkeit. Im Juli 1974 kam es dann zur Gründung des ASV, wobei der Verein ein reiner Fußballklub ist. Im gleichen Jahr wurde auch der sehr kleine, aber wunderschön gelegene Fußballplatz angelegt.

Bekannteste Kleinreiflinger Spieler sind Thomas Wieser (später LAZ Vorwärts, SKU Amstetten, FC Waidhofen an der Ybbs), Michael Harrer (später FC Blau-Weiß Linz und SV Grieskirchen) und Tobias Wieser (später FC Waidhofen an der Ybbs).

Hauptgrund für die geringen Erfolge des Vereins (1 Mal Vizemeister 1983) ist sicherlich die Tatsache, dass Kleinreifling eine typische Auspendler-Ortschaft ist, und die begabtesten Kicker rasch von anderen Vereinen abgeworben werden, wobei sich besonders der nur 15 Kilometer südlich, bereits in der Steiermark gelegene SV St. Gallen als „Staubsauger" betätigte.

Die Abgeschiedenheit von Kleinreifling (und dadurch bedingte mangelnde Freizeit-Alternativen) bringt eine breite Unterstützung für den Vereins in der Bevölkerung mit sich, was aber die Probleme nicht gerade kleiner macht. Besonders die Nachwuchssituation bereitet große Schwierigkeiten, immer wieder gab es Spielgemeinschaften mit dem SV Weyer, und auch eine Einstellung des Spielbetriebes stand bereits mehrmals zur Diskussion. Obwohl das Ziel des ASV 1. Klasse heißt, ist es laut Schriftführer Werner Kittinger sehr unwahrscheinlich, dass dies jemals erreicht werden wird.

Auch der Besucherandrang hält sich in Grenzen, Rekordbesuch gab es am 19. August 2001.

Damals trat der SK Vorwärts Steyr zu seinem ersten Spiel nach dem Neuanfang in der untersten Klasse an. Ca. 400 Zuschauer verfolgen das Spiel, das mit einem 2:2 unentschieden endete. Das zweite Heimspiel gegen Vorwärts in der darauffolgenden Saison gewann der ASV übrigens mit 4:3, wodurch Kleinreifling als einer von ganz wenigen Vereinen eine positive Heimbilanz gegenüber der Vorwärts aufweist.

Bilanz ASV Kleinreifling:

Saison	Liga (Level)	Pl	Sp	S	U	N	Tore		Diff	Pkt
1975/76	3. Klasse Ost (8)	10.	24	8	2	14	49 :	39	+10	18
1976/77	2. Klasse Ost (7)	7.	18	7	4	7	30 :	27	+3	18
1977/78	2. Klasse Ost (7)	3.	20	11	6	3	58 :	32	+26	28
1978/79	2. Klasse Ost (7)	7.	20	5	7	8	35 :	37	-2	17
1979/80	2. Klasse Ost (7)	3.	18	12	2	4	52 :	47	+5	26
1980/81	2. Klasse Ost (7)	7.	20	7	6	7	43 :	47	-4	20
1981/82	2. Klasse Ost (7)	4.	22	9	9	4	61 :	28	+33	27
1982/83	2. Klasse Ost (7)	2.	18	10	4	4	42 :	30	+12	24
1983/84	2. Klasse Ost (7)	10.	20	3	3	14	27 :	66	-39	9
1984/85	2. Klasse Ost (7)	10.	22	6	3	13	43 :	54	-11	15
1985/86	2. Klasse Ost (7)	10.	22	7	1	14	36 :	72	-36	15
1986/87	2. Klasse Ost (7)	7.	20	9	2	9	48 :	50	-2	20
1987/88	2. Klasse Ost (7)	5.	22	9	4	9	44 :	32	+12	22
1988/89	2. Klasse Ost (7)	8.	22	8	3	11	42 :	43	-1	19
1989/90	2. Klasse Ost (7)	10.	20	2	2	16	22 :	93	-71	6
1990/91	2. Klasse Ost (7)	11.	22	4	4	14	34 :	63	-29	12
1991/92	2. Klasse Ost (7)	4.	22	13	1	8	47 :	25	+22	27
1992/93	2. Klasse Ost (7)	9.	22	8	3	11	53 :	61	-8	19
1993/94	2. Klasse Ost (7)	8.	22	8	6	8	44 :	45	-1	22
1994/95	2. Klasse Ost (8)	9.	22	4	7	11	36 :	54	-18	15
1995/96	2. Klasse Ost (8)	11.	22	3	2	17	25 :	65	-40	11
1996/97	2. Klasse Ost (8)	12.	22	2	3	17	30 :	86	-56	9
1997/98	2. Klasse Ost (8)	11.	22	5	3	14	28 :	60	-32	18
1998/99	2. Klasse Ost (8)	9.	22	5	2	15	28 :	51	-23	17
1999/00	2. Klasse Ost (8)	11.	22	3	1	18	26 :	67	-41	10
2000/01	2. Klasse Ost (8)	7.	22	8	4	10	43 :	43	0	28
2001/02	2. Klasse Ost (8)	9.	22	6	2	14	35 :	58	-23	20
2002/03	2. Klasse Ost (8)	11.	22	3	3	16	25 :	82	-57	12
2003/04	2. Klasse Ost (8)	12.	22	3	4	15	30 :	68	-38	13
2004/05	2. Klasse Ost (8)	9.	22	7	2	13	33 :	50	-17	23
2005/06	2. Klasse Ost (8)	11.	22	4	4	14	35 :	55	-20	16
2006/07	2. Klasse Ost (8)	12.	22	4	4	14	25 :	68	-43	16
2007/08	2. Klasse Ost (8)									

ASKÖ LUFTENBERG

Arbeitsgemeinschaft für Sport und Körperkultur in Österreich Luftenberg an der Donau –Fußball
Homepage: www.fussball-luftenberg.at
Bezirk: Perg
Farben: Rot-Gelb-Violett
Dachverband: ASKÖ
20. 1.1957: gegründet als ATSV Luftenberg (8. 4.1971 Aufnahme beim OÖFV), 1992: Umbenennung in ASKÖ Luftenberg;
Sportanlage: Gemeindeplatz; errichtet 1972; Adresse: Sportweg 71, 4222 Luftenberg

Der Sportverein der östlich von Linz gelegenen Gemeinde Luftenberg an der Donau wurde zwar bereits am 20. Jänner 1957 im Gasthof Mayrhofer gegründet, Meisterschaft wird allerdings aufgrund des verspäteten Sportplatzbaus erst seit 1972 gespielt. Vor der Fertigstellung des Platzes wurde auf dem sogenannten „Wella-Gelände" gekickt, einer Wiese, die sich allerdings nicht für Meisterschaftsspiele eignete.

Als typische Wohngemeinde mit praktisch keinerlei Industrie war es schon immer schwierig Finanzierungsmöglichkeiten für den Sportverein zu finden, wodurch größere Sprünge für die Luftenberger ein Ding der Unmöglichkeit sind.

1975 wurde mit dem Vizemeistertitel in der 3. Klasse Mitte Nord der größte Erfolg erzielt, wobei der Aufstieg allerdings leichtfertig verspielt wurde. Im Spiel gegen Union Schenkenfelden führte Luftenberg bereits 3:1, als es zu einem Spielabbruch kam. Den Meistertitel bereits in der Tasche glaubend, feierte die Mannschaft bereits am Vorabend des Wiederholungsspieles, welches dann prompt verlorenging und Union Puchenau zum Meister kürte. Laut Obmann Johann Haugeneder ein einschneidendes Erlebnis, das auch heute noch in den Köpfen der Luftenberger Kicker herumschwirrt.

Seither gab es zwar noch 1995 und 1996 zweimal hintereinander den Vizemeistertitel, zum ganz großen Wurf reichte es allerdings nie.

Wie bei vielen anderen Vereinen ist auch in Luftenberg die Nachwuchs-Situation alles andere als rosig, derzeit gibt es Spielgemeinschaften mit ATSV St. Georgen an der Gusen und dem SV Steyregg, talentierte Mädchen werden aufgrund der Nähe bei Union Kleinmünchen untergebracht.

Erfolgreicher sind die Bogenschützen, welche die größte Sektion des Vereins darstellen. In Österreich zählen sie seit Jahrzehnten zur absoluten Spitze und konnten auch international beachtliche Erfolge erzielen. So wurde u.a. Herbert Reingruber WM-Dritter, Herwig Haunschmied wurde Europameister.

Bilanz ASKÖ Luftenberg:

Saison	Liga (Level)	Pl	Sp	S	U	N	Tore	Diff	Pkt
1972/73	3. Klasse Mitte Nord (8)	9.	24	7	5	12	46 : 71	-25	19
1973/74	3. Klasse Mitte Nord (8)	6.	24	10	6	8	55 : 50	+5	26
1974/75	3. Klasse Mitte Nord (8)	2.	26	17	4	5	90 : 42	+48	38
1975/76	3. Klasse Mitte Nord (8)	6.	24	11	2	11	61 : 56	+5	24
1976/77	2. Klasse Nordost (7)	9.	22	6	2	14	38 : 64	-26	14
1977/78	2. Klasse Nordost (7)	8.	22	9	2	11	53 : 40	+7	20
1978/79	2. Klasse Nordost (7)	7.	20	7	3	10	40 : 39	+1	17
1979/80	2. Klasse Nordost (7)	11.	20	2	4	14	36 : 55	-19	8
1980/81	2. Klasse Nordost (7)	9.	20	7	3	10	36 : 46	-10	17
1981/82	2. Klasse Nordost (7)	9.	22	4	7	11	30 : 43	-13	15
1982/83	2. Klasse Mitte Nord (7)	9.	22	7	4	11	33 : 42	-9	18
1983/84	2. Klasse Mitte Nord (7)	4.	22	10	7	5	35 : 27	+8	27
1984/85	2. Klasse Mitte Nord (7)	3.	22	12	4	6	52 : 27	+25	28
1985/86	2. Klasse Mitte Nord (7)	3.	22	13	3	6	74 : 37	+37	29
1986/87	2. Klasse Mitte Nord (7)	8.	22	6	5	11	36 : 42	-6	17
1987/88	2. Klasse Mitte Nord (7)	9.	24	8	6	10	54 : 49	+5	22
1988/89	2. Klasse Nordost (7)	6.	22	8	6	8	29 : 36	-7	22
1989/90	2. Klasse Ost Nord (7)	7.	20	5	6	9	32 : 34	-2	16
1990/91	2. Klasse Mitte Nord (7)	11.	26	7	4	15	42 : 69	-27	18
1991/92	2. Klasse Mitte Nord (7)	7.	22	9	3	10	29 : 38	-9	21
1992/93	2. Klasse Mitte Nord (7)	4.	22	11	2	9	55 : 44	+11	24
1993/94	2. Klasse Mitte Nord (7)	3.	24	13	4	7	62 : 43	+19	30
1994/95	2. Klasse Nordost (8)	2.	20	14	3	3	69 : 34	+35	31
1995/96	2. Klasse Nordost (8)	2.	22	15	5	2	64 : 24	+40	50
1996/97	2. Klasse Nordost (8)	5.	22	9	4	9	37 : 32	+5	31
1997/98	2. Klasse Nordost (8)	4.	22	11	3	8	47 : 36	+9	36
1998/99	2. Klasse Nordost (8)	7.	22	7	3	12	27 : 48	-21	24
1999/00	2. Klasse Mitte Nord (8)	10.	26	5	7	14	39 : 59	-20	22
2000/01	2. Klasse Mitte Nord (8)	8.	24	9	2	13	41 : 52	-11	29
2001/02	2. Klasse Mitte Nord (8)	3.	22	12	4	6	51 : 27	+24	40
2002/03	2. Klasse Mitte Nord (8)	8.	22	6	7	9	34 : 38	-4	25
2003/04	2. Klasse Mitte Nord (8)	13.	26	5	6	15	26 : 61	-35	21
2004/05	2. Klasse Mitte (8)	8.	24	9	4	11	27 : 52	-25	31
2005/06	2. Klasse Mitte (8)	8.	26	11	3	12	36 : 45	-9	36
2006/07	2. Klasse Mitte (8)	9.	26	11	2	13	49 : 61	-12	35
2007/08	2. Klasse Nordost (8)								

SV MINING-MÜHLHEIM

Sportverein Mining-Mühlheim
Homepage: www.svmining-muehlheim.at
Bezirk: Braunau
Farben: Grün-Weiß
Dachverband: ASVÖ

5. 10. 1962: gegründet als 1. Mininger SV, 1991: Fusion mit Sportunion Mühlheim zum SV Mining-Mühlheim
Sportanlage: Gemeindeplatz; errichtet 1949; Renovierungen: 1969, 1978, 1981-84 und 2003-04;
Adresse: Frauenstein, 4962 Mining
Erfolge: 1978/79 Meister 2. Klasse West

Mit gestandenen Vereinen wie SV Braunau, ATSV Ranshofen oder SK Altheim in der Nachbarschaft hat es der Sportverein der kleinen Inngemeinde Mining nicht leicht, sich zu behaupten. Neben dem Fußball hat hier das Vereinsleben einen nicht geringen Stellenwert.

Der Verein existiert seit 1962 und nahm den Meisterschaftsbetrieb in der Saison 1963/64 auf, allerdings unter teilweise recht rustikalen Bedingungen: So konnte es schon mal vorkommen, dass man zu den Auswärtsspielen per Autostopp unterwegs war. Auf dem in den Inn-Auen gelegenen Fußballplatz existierte noch keine Infrastruktur, eine Waschgelegenheit gab es im Stadel des benachbarten Schlosses oder, wenn es die Witterung erlaubte, einfach im nahe gelegenen Stampfbach.

Als Ende der 60erjahre das Braunauer Stadion gebaut wurde, übernahm man von dort die Holzbaracke als Vereinsgebäude, das nun sogar mit Strom ausgestattet war. Auch ein eigener 80 Meter tiefe Brunnen musste gebohrt werden. Bei den Masten der ersten 1978 errichteten Flutlichtanlage handelte es sich um einfache Telegraphenstangen.

All dies tat der Fußballbegeisterung im Ort keinen Abbruch, denn in der Saison 1978/79 feierte man in der 2. Klasse West den bislang einzigen Meistertitel der Kampfmannschaft. In der 1. Klasse konnte man sich jedoch nur fünf Jahre lang halten. In den vergangenen zehn Jahren ist die Mannschaft beständig in den vorderen Tabellenregionen der 2. Klasse West zu finden, 2004 stieg man als 2. erneut auf. Dieses Mal dauerte das Gastspiel in der 1. Klasse aber nur ein Jahr.

Bereits zuvor, zwischen 1981 und 1984 erfolgte eine grundlegende Neuadaptierung der Sportanlage. Seither besitzt man auch einen eigenen Trainingsplatz und ein repräsentatives Vereinsheim, das gänzlich in Eigenregie errichtet wurde. Bei den Aushubarbeiten für das Vereinsgebäude stieß man auf einen größeren Felsen, der nur mit beträchtlichem Aufwand entfernt werden konnte. Der dürfte jedoch eine Quelle abgedeckt haben, denn eine halbe Stunde später stand der gesamte Fußballplatz unter Wasser. Noch heute ist dieser Stein vor dem Vereinsgebäude zu bewundern.

1991 erfolgte die Fusion mit der Sportunion der benachbarten Gemeinde Mühlheim. Dort hatte man ursprünglich vorgehabt, eine eigene Fußballmannschaft aufzustellen. Letzlich entschied man sich aber für die „Vernunftehe" mit dem SV Mining – nicht zuletzt, weil seit jeher ein nicht unbeträchtlicher Teil der Mininger Fußballer aus Mühlheim stammte. Der Fusionsverein kann seither auf eine zweite Fußballanlage ausweichen, die jedoch noch nicht kommissioniert ist.

Aktuell spielt die Kampfmannschaft des SV Mining wieder einmal ganz vorne mit. Im Nachwuchsbereich hat man eine unkomplizierte Spielgemeinschaft mit dem SV Weng geschlossen, die Teams zwischen der U12 und der U16 werden von beiden Vereinen annähernd zu gleichen Teilen beschickt.

Das Ziel des Vereins ist die Etablierung in der ersten Klasse. Alles andere wäre reine Illusion und wirtschaftlich nicht tragbar. Von den verschiedenen Problemen, mit denen kleine Fußballvereine konfrontiert sind, lässt man sich nicht entmutigen. Nachwuchs wie Kampfmannschaft werden mit Spielern aus den umliegenden Gemeinden aufgefüllt, andererseits legt man talentierten Eigenbauspielern, die zu größeren Vereinen wechseln möchten nichts in den Weg. Und wie beinahe überall hat man auch in Mining Probleme, neue Funktionäre zu rekrutieren. Zum oberösterreichischen Fußballverband wie auch zum Dachverband ASVÖ pflegt man seit je her ein gutes Verhältnis.

Und dann sind da noch die vielfältigen Veranstaltungen, mit denen der Verein einen nicht geringen Teil des Budgets finanziert. Man nutzte den Advent- oder Christkindlmarkt, der vor Kurzem durch einen alljährlich stattfindenden mehr als gut besuchten Perch-

Altes Vereinsheim des 1. Mininger SV ca. 1975 und Neubau mit Felsen im Vordergrund 1984 (Quelle: SV Mining-Mühlheim)

tenlauf abgelöst wurde. Und ein entsprechendes Sommerfest darf auch nicht fehlen. Kurz: Man hat auch abseits des Fußballbetriebs jede Menge zu tun. Dass die Mitarbeit der einzelnen Vereinsmitglieder bei diesen Veranstaltungen ehrenamtlich, also ohne Bezahlung erfolgt, müsste hier eigentlich nicht erwähnt werden.

Bilanz SV Mining-Mühlheim:

Saison	Liga (Level)	Pl	Sp	S	U	N	Tore		Diff	Pkt
1963/64	3. Klasse E	10.	18	1	2	15	24 :	90	-66	4
1964/65	3. Klasse F	7.	20	9	2	9	50 :	48	+2	20
1965/66	3. Klasse F	4.	22	12	2	8	57 :	39	+18	26
1966/67	3. Klasse E	6.	18	7	1	10	41 :	58	-17	15
1967/68	3. Klasse Süd	8.	22	8	3	11	40 :	49	-9	19
1968/69	3. Klasse Süd	9.	22	6	3	13	42 :	55	-13	15
1969/70	2. Klasse Südwest	10.	18	2	3	13	31 :	58	-27	7
1970/71	2. Klasse Südwest	10.	18	1	2	15	22 :	60	-38	4
1971/72	3. Klasse Südwest	7.	18	7	3	8	41 :	47	-6	17
1972/73	3. Klasse Südwest	9.	20	5	5	10	29 :	46	-17	15
1973/74	3. Klasse Südwest	4.	22	10	4	8	49 :	39	+10	24
1974/75	3. Klasse Südwest	2.	24	15	4	5	74 :	28	+46	34
1975/76	2. Klasse Südwest	10.	22	5	6	11	28 :	35	-7	16
1976/77	2. Klasse West	5.	18	8	6	4	46 :	34	+12	22
1977/78	2. Klasse West	3.	18	11	2	5	56 :	28	+28	24
1978/79	2. Klasse West	1.	18	16	1	1	56 :	20	+36	33
1979/80	1. Klasse Südwest	3.	26	14	7	5	58 :	32	+26	35
1980/81	1. Klasse Südwest	11.	26	9	7	10	43 :	50	-7	25
1981/82	1. Klasse Südwest	6.	24	10	5	9	34 :	37	-3	25
1982/83	1. Klasse Südwest	10.	26	8	5	13	42 :	57	-15	21
1983/84	1. Klasse Südwest	11.	22	5	4	13	37 :	55	-18	14
1984/85	2. Klasse West	4.	20	9	7	4	34 :	20	+14	25
1985/86	2. Klasse West	10.	20	3	5	12	27 :	47	-20	11
1986/87	2. Klasse West	11.	20	3	3	14	27 :	56	-29	9
1987/88	2. Klasse West	11.	22	4	3	15	30 :	54	-24	11
1988/89	2. Klasse West	7.	22	8	6	8	31 :	34	-3	22
1989/90	2. Klasse West	9.	22	7	2	13	42 :	64	-22	16
1990/91	2. Klasse West	7.	22	6	8	8	34 :	46	-12	20
1991/92	2. Klasse West	5.	20	7	7	6	37 :	40	-3	21
1992/93	2. Klasse West	8.	20	7	4	9	37 :	35	+2	18
1993/94	2. Klasse West	8.	22	7	3	12	38 :	60	-22	17
1994/95	2. Klasse West	7.	22	8	5	9	49 :	49	0	21
1995/96	2. Klasse West	11.	22	6	2	14	50 :	77	-27	20
1996/97	2. Klasse West	6.	22	8	7	7	46 :	40	+6	31
1997/98	2. Klasse West	6.	22	10	5	7	41 :	35	+6	35
1998/99	2. Klasse West	2.	24	15	5	4	62 :	27	+35	50
1999/00	2. Klasse West	6.	26	12	7	7	62 :	47	+15	43
2000/01	2. Klasse West	2.	24	17	2	5	82 :	38	+44	53
2001/02	2. Klasse West	4.	22	13	6	3	63 :	21	+42	45
2002/03	2. Klasse West	2.	22	13	3	6	47 :	36	+11	42
2003/04	2. Klasse West	2.	22	15	4	3	45 :	19	+26	49
2004/05	1. Klasse Südwest	13.	26	6	7	13	33 :	51	-18	25
2005/06	2. Klasse West	5.	26	13	5	8	48 :	44	+4	44
2006/07	2. Klasse West	10.	26	8	5	13	36 :	59	-23	29
2007/08	2. Klasse Südwest									

UNION RECHBERG

Sportunion Rechberg
Homepage: www.unionrechberg.at
Bezirk: Perg **Farben:** Gelb-Grün
Dachverband: Union
24.10.1971: gegründet als Österreichische Turn-und Sportunion Rechberg (28.07.1980 Aufnahme beim OÖFV)
Sportanlage: 1977-1995 Sportplatz „Naarnwiese", seit 1995: Freizeitanlage Rechberg; Adresse: Rechberg 117, 4322 Rechberg

Obwohl der Verein bereits 1971 gegründet wurde, nimmt Union Rechberg erst seit 1980 am regulären Spielbetrieb des Fußballverbandes teil. Fußball wurde zwar davor auch gespielt, allerdings nur Freundschaftsspiele gegen die umliegenden Gemeinden. Die Rechberger Spieler spielten bei diversen Mühlviertler Vereinen, so waren zeitweise bis zu 7 Rechberger bei DSG Union Perg engagiert.

Anfangs dienten verschieden halbwegs ebene Wiesen als Spielfläche, bevor 1975 die „Naarnwiese" gepachtet, bis 1977 adaptiert und mit einem Freundschaftsspiel gegen Union Windhaag eröffnet wurde (Rechberg gewann übrigens 2:1). 18 Jahre lang diente der idyllisch im Naarntal gelegene Platz den Rechbergern als Heimstätte, bevor direkt im Ort die Freizeitanlage Rechberg errichtet und bis 1998 fertiggestellt wurde. Hauptgrund waren die ständig wiederkehrenden Hochwasser der Naarn, die den Platz mehr als

Freizeitanlage Rechberg 2007

nur einmal überflutet hatten. Aus der „Naarnwiese" wurde der Zeltplatz Naarntal, wobei das Kabinengebäude heute als Duschgelegenheit für die Camper benutzt wird.

Die großzügige Freizeitanlage besteht aus 2 Tennisplätzen, 8 Stockbahnen, einem Hauptfeld, einem Trainingsfeld sowie dem sich elegant an den Hang schmiegenden neuen Vereinsheim.

Nach dem Einstieg in die Meisterschaft spielte Union Rechberg die ersten 4 Jahre in einer Spielgemeinschaft mit Union Windhaag, bis aus dem Nachwuchs genug Rechberger Spieler für eine eigenständige Mannschaft kamen und die beiden Vereine ab der Saison 1984/85 getrennte Wege gingen. Erneuter Spielermangel führte zu einer weiteren Spielgemeinschaft mit Union Bad Zell in den Jahren 1994 bis 1998. Auch heute ist der Spielermangel im Nachwuchs ein Problem, was bei einer Einwohnerzahl von knapp über 900 nicht weiter verwunderlich ist. Dies ist der Hauptgrund für die erstmals im Nachwuchsbereich eingegangene Spielgemeinschaft mit Union Windhaag, eine Notwendigkeit, die auch bald wieder für die Kampfmannschaft aktuell werden könnte.

Bilanz Union Rechberg:

Saison	Liga (Level)	Pl	Sp	S	U	N	Tore	Diff	Pkt
1980/81	2. Klasse Nordost (7)	11.	20	4	1	15	25 : 71	-46	9
1981/82	2. Klasse Nordost (7)	10.	22	5	5	12	28 : 44	-16	15
1982/83	2. Klasse Nordost (7)	8.	22	5	5	12	34 : 51	-17	15
1983/84	2. Klasse Nordost (7)	6.	22	7	10	5	35 : 34	+1	24
1984/85	2. Klasse Nordost (7)	8.	22	8	7	7	40 : 30	+10	23
1985/86	2. Klasse Nordost (7)	5.	22	12	1	9	43 : 28	+15	25
1986/87	2. Klasse Nordost (7)	11.	22	2	10	10	30 : 56	-26	14
1987/88	2. Klasse Nordost (7)	9.	22	8	3	11	35 : 33	+2	19
1988/89	2. Klasse Nordost (7)	10.	22	6	7	9	27 : 36	-9	19
1989/90	2. Klasse Nordost (7)	5.	18	9	1	8	34 : 30	+4	19
1990/91	2. Klasse Nordost (7)	12.	22	2	7	13	25 : 48	-23	11
1991/92	2. Klasse Nordost (7)	6.	22	8	6	8	38 : 42	-4	22
1992/93	2. Klasse Nordost (7)	12.	22	2	5	15	15 : 65	-50	9
1993/94	2. Klasse Nordost (7)	12.	22	3	3	16	23 : 71	-48	9
1994/95	2. Klasse Nordmitte (8)	3.	22	11	5	6	44 : 29	+15	27
1995/96	2. Klasse Nordmitte (8)	7.	20	9	2	9	30 : 27	+3	29
1996/97	2. Klasse Nordmitte (8)	2.	22	13	5	4	52 : 22	+30	44
1997/98	2. Klasse Nordost (8)	5.	22	10	4	8	49 : 34	+15	34
1998/99	2. Klasse Nordost (8)	3.	22	14	4	4	49 : 27	+22	46
1999/00	2. Klasse Nordost (8)	10.	22	4	3	15	44 : 68	-24	15
2000/01	2. Klasse Nordost (8)	3.	22	11	6	5	50 : 31	+19	39
2001/02	2. Klasse Nordost (8)	4.	22	10	2	10	48 : 41	+7	32
2002/03	2. Klasse Nordost (8)	5.	20	9	3	8	38 : 42	-4	30
2003/04	2. Klasse Nordost (8)	12.	22	3	7	12	31 : 58	-27	16
2004/05	2. Klasse Nordost (8)	14.	26	3	3	20	30 : 81	-51	12
2005/06	2. Klasse Nordost (8)	11.	22	4	5	13	27 : 54	-27	17
2006/07	2. Klasse Nordost (8)	9.	22	7	4	11	32 : 44	-12	25
2007/08	2. Klasse Nordost (8)								

UNION SCHIEDLBERG

Sportunion Schiedlberg
Bezirk: Steyr Land
Farben: Schwarz-Weiß
Dachverband: Union

Dezember 1972: gegründet als Sportunion Schiedlberg (21. 7. 1973: Aufnahme beim OÖFV)
Sportanlage: Gemeindeplatz „Eternitstadion"; errichtet 1973;
Adresse: Hainbachstraße, 4521 Schiedlberg

Seit 35 Jahren nimmt Union Schiedlberg am Meisterschaftbetrieb teil, doch zu mehr als den Vizemeistertiteln in den Jahren 1980 und 1993 hat es nicht gereicht. Grund dafür ist, wie bei praktisch allen Vereinen in ähnlicher Situation einerseits der chronische Geldmangel und andererseits der chronische Nachwuchsmangel. Schon seit Jahren gibt es im Nachwuchs eine Spielgemeinschaft mit Union Rohr, und Geld für notwendige Investitionen fehlt an allen Ecken und Enden.

1973 stieg der kurz zuvor gegründete Verein in die Meisterschaft ein. Heimstätte ist das aufgrund seiner ungewöhnlichen Umzäunung liebevoll „Eternitstadion" genannte Areal, dass einer der ersten mit Flutlicht ausgestatteten Unterhausplätze war und seinen Besucherrekord beim den beiden Gastspielen des SK Vorwärts Steyr im Herbst 2002 und im Frühjahr 2004 mit knapp 1.000 Zuschauern erlebte.

Besondere Aufmerksamkeit erregte im Frühjahr 1981 das Heimspiel gegen SV Wallern. Den Siegestreffer erzielte Erich Dietachmair bereits in der 10. Minute nach einer Flanke per Kopf. Das einzige Problem: Der Ball landete nicht im Tor, sondern 2 bis 3 Meter daneben, was eigentlich alle am Platz so sahen, außer dem etwas kurzsichtigen Schiedsrichter, der von seiner Überzeugung, der Ball sei im Tor gewesen, nicht abzubringen war. SV Wallern legte Protest ein und der OÖFV setzte

"Eternitstadion" Schiedlberg mit Telefonhäusl-Sprecherkabine ca. 1990 (Quelle: Union Schiedlberg)

überrasch eine Neuaustragung an, die Wallern einen Monat später dann mit 2:1 gewann.

1992 sicherte sich Union Schiedlberg den Herbstmeistertitel, und es sah ganz so aus, als wäre der langersehnte Aufstieg eine fixe Sache, als sich Stürmer Rudi Blasi, der im Herbst 19 Tore in 11 Spielen erzielt hatte, im ersten Frühjahrsspiel schwer verletzte und nicht mehr eingesetzt werden konnte. Schlussendlich ging der Meistertitel an den SK Bad Wimsbach, und Union Schiedlberg musste sich mit dem Vizemeistertitel zufrieden geben.

Erfolgreicher waren die Schiedlberger schon bei der alljährlichen Kickerwahl, bei der mit verblüffender Regelmäßigkeit Schiedlberg den Klassensieger stellte.

Einmalig dürfte auch der Fanclub „Schiedlkirchen" sein, der sowohl Union Schiedlberg als auch Union Waldneukirchen unterstützt, und von Anhängern beider Vereine geführt wird.

Bilanz Union Schiedlberg:

Saison	Liga (Level)	Pl	Sp	S	U	N	Tore		Diff	Pkt
1973/74	3. Klasse Ost (8)	9.	18	5	2	11	25 :	47	-22	12
1974/75	3. Klasse Ost (8)	3.	20	9	6	5	58 :	38	+20	24
1975/76	3. Klasse Ost (8)	8.	24	10	3	11	62 :	50	+12	23
1976/77	2. Klasse Mitte Ost (7)	4.	18	10	2	6	47 :	31	+4	22
1977/78	2. Klasse Mitte Ost (7)	3.	18	11	2	5	59 :	28	+31	24
1978/79	2. Klasse Mitte Ost (7)	5.	18	7	4	7	27 :	31	-4	18
1979/80	2. Klasse Mitte Ost (7)	2.	18	10	2	6	47 :	38	+9	22
1980/81	2. Klasse Mitte Ost (7)	4.	22	11	6	5	60 :	31	+29	28
1981/82	2. Klasse Ost (7)	5.	22	10	4	8	36 :	35	+1	24
1982/83	2. Klasse Mitte Ost (7)	9.	20	6	4	10	48 :	42	+6	16
1983/84	2. Klasse Mitte Ost (7)	6.	22	8	8	6	42 :	34	+8	24
1984/85	2. Klasse Mitte Ost (7)	8.	22	8	5	9	36 :	33	+3	21
1985/86	2. Klasse Mitte Ost (7)	10.	20	5	3	12	24 :	40	-16	13
1986/87	2. Klasse Mitte Ost (7)	9.	18	5	4	9	35 :	38	-3	14
1987/88	2. Klasse Mitte Ost (7)	9.	24	4	11	9	31 :	56	-25	19
1988/89	2. Klasse Mitte Ost (7)	11.	24	7	5	12	45 :	50	-5	19
1989/90	2. Klasse Mitte Ost (7)	9.	20	6	1	13	29 :	62	-33	13
1990/91	2. Klasse Mitte Ost (7)	6.	26	12	7	7	47 :	37	+10	31
1991/92	2. Klasse Mitte Ost (7)	5.	22	10	4	8	50 :	38	+12	24
1992/93	2. Klasse Mitte Ost (7)	2.	22	15	3	4	57 :	28	+29	33
1993/94	2. Klasse Mitte Nord (7)	6.	24	9	7	8	55 :	43	+12	25
1994/95	2. Klasse Mitte Nord (8)	11.	22	3	0	19	26 :	76	-50	6
1995/96	2. Klasse Mitte Nord (8)	9.	22	8	4	10	38 :	43	-5	28
1996/97	2. Klasse Mitte Nord (8)	11.	24	5	5	14	27 :	55	-28	20
1997/98	2. Klasse Mitte Nord (8)	13.	24	3	4	17	26 :	59	-33	13
1998/99	2. Klasse Mitte Nord (8)	10.	26	7	4	15	35 :	64	-29	25
1999/00	2. Klasse Mitte Ost (8)	4.	24	13	6	5	56 :	33	+23	45
2000/01	2. Klasse Südost (8)	8.	22	8	2	12	34 :	47	-13	26
2001/02	2. Klasse Mitte Ost (8)	10.	26	10	2	14	55 :	61	-6	32
2002/03	2. Klasse Ost (8)	9.	22	8	2	12	33 :	35	-2	26
2003/04	2. Klasse Mitte Ost (8)	4.	26	16	1	9	60 :	39	+21	49
2004/05	2. Klasse Ost (8)	8.	22	7	3	12	29 :	43	-14	24
2005/06	2. Klasse Ost (8)	12.	22	4	3	15	27 :	53	-26	15
2006/07	2. Klasse Ost (8)	9.	22	6	5	11	29 :	50	-21	23
2007/08	2. Klasse Ost (8)									

UNION SCHWAND

Sportunion Schwand im Innkreis
Homepage:
Bezirk: Braunau
Farben: Rot-Weiß
Dachverband: Union
Juni 1974: gegründet als Sportunion Schwand
(13. 7. 1982: Aufnahme beim OÖFV)
Sportanlage: Gemeindeplatz; errichtet 1981;
Adresse: Sportplatz, 5134 Schwand

Die 1974 gegründete Sportunion Schwand ist mit über 500 Mitgliedern der größte Verein in der kleinen Innviertler Gemeinde mit gerade einmal 850 Einwohnern. Dementsprechend hoch ist auch der Stellenwert im Gemeindeleben. Neben den vielfältigen kulturellen und sportlichen Aktivitäten wird auch Fußball gespielt.

Seit Ende der 60er Jahre spielte man gegen Nachbarorte in einer so genannten „Bierliga". Bald nahmen diese Hobbyspiele derart überhand, dass man sich 1982 entschloss, im Sportverein eine Fußballsektion ins Leben zu rufen und am Meisterschaftsbetrieb teilzunehmen. Was in der Saison 1983/84 auch in die Tat umgesetzt wurde. Von privater Hand wurde 1981 ein Grundstück angemietet und der Sportplatz errichtet. Dieser wurde später von der Gemeinde übernommen. Das Vereinsheim existiert seit 1984. Der Bau der Anlage erfolgte großteils in Eigenregie und unter beträchtlichen persönlichen Einsatz.

Die größten sportlichen Erfolge feierte man in den neunziger Jahren, in denen man mehrmals Herbstmeister wurde. Zum Aufstieg hat es jedoch nie ganz gereicht. Gegenwärtig spielt man eher im unteren Mittelfeld der 2. Klasse Südwest.

Das Nachwuchsproblem für den Verein ist in einem Ort dieser Größenordnung natürlich eklatant. Der Fußballclub greift deshalb auch immer wieder auf Spieler aus den Nachbarorten zurück. Auf Legionäre aus dem Ausland oder auf bezahlte Spieler hat man bislang aber verzichtet. Sorgen bereitet momentan die Lücke zwischen der U16 und der Reservemannschaft. Gleichwohl werden aber hoffnungsvolle junge Spieler in der Reserve auf ihren Einsatz in der Kampfmannschaft vorbereitet.

Sportplatz Schwand 2007 und Pater Jeremiasz im Reserveteam (Quelle: Union Schwand)

Der bekannteste Spieler der Union Schwand ist Thomas Esterbauer, dessen Karriere typisch für einen begabten Fußballer aus der Region verlaufen ist: Mit 15 Jahren ein Stammplatz in der Ersten Mannschaft der Union Schwand, danach Wechsel zu Wacker Burghausen, dort Einsätze in der B-Mannschaft. Später mit ATSV Ranshofen sechs Jahre in der Oberösterreichischen Landesliga. Seit 2005 spielt er wieder bei seinem Stammverein, wo er auch als Nachwuchstrainer arbeitet.

Funktionärsproblem hat man im Gegensatz zu anderen Clubs zurzeit keines. Vorstand und Funktionärsriege sind mit jüngeren Leuten besetzt, die jedoch immer wieder auf die Unterstützung der ausgeschiedenen Funktionäre zurückgreifen können. So sind beispielsweise die fünf Obmänner, die den Club seit seiner Gründung geleitet haben, nach wie vor ins Vereinsleben eingebunden.

Insgesamt präsentiert man sich als große Familie: Ob es sich um gemeinsame Urlaubsfahrten handelt oder um den Umstand, dass Jugendspieler selbstverständlich beim Hallentraining der

„Großen" teilnehmen. Frauen sind nicht zuletzt durch zahlreiche sportliche Angebote in den Verein eingebunden. Kurz: Gemeinschaft wird bei der Union Schwand groß geschrieben.

Größter Fan ist der polnische Pfarrprovisor von Schwand. Pater Jeremiasz, der vor wenigen Jahren gelegentlich noch in der Reservemannschaft als Torhüter aktiv war. Er lässt es sich nicht nehmen, nach der Sonntagsmesse das aktuelles Heimspiel der Union Schwand anzukündigen. Der Franziskanerpater wird gerne mit folgendem Ausspruch zitiert: „Ich bin mit dem da oben immer einverstanden. Nur beim Fußball nicht."
(siehe auch den Beitrag „Schlaflos in Schwand" von Wolfgang Pennwieser)

Bilanz Union Schwand:

Saison	Liga (Level)	Pl	Sp	S	U	N	Tore		Diff	Pkt
1983/84	2. Klasse Südwest (7)	12.	22	0	1	21	20 :	93	-73	1
1984/85	2. Klasse Südwest (7)	12.	22	4	4	14	21 :	51	-30	12
1985/86	2. Klasse West (7)	5.	20	10	2	8	35 :	36	-1	22
1986/87	2. Klasse West (7)	7.	20	5	7	8	23 :	28	-5	17
1987/88	2. Klasse West (7)	10.	22	5	8	9	35 :	40	-5	18
1988/89	2. Klasse West (7)	11.	22	5	4	13	27 :	46	-19	14
1989/90	2. Klasse West (7)	5.	22	10	7	5	48 :	28	+20	27
1990/91	2. Klasse Südwest (7)	8.	22	6	6	10	41 :	37	+4	18
1991/92	2. Klasse Südwest (7)	3.	20	12	4	4	44 :	23	+21	28
1992/93	2. Klasse Südwest (7)	2.	20	13	1	6	60 :	35	+25	27
1993/94	2. Klasse Südwest (7)	3.	22	13	6	3	78 :	23	+55	32
1994/95	2. Klasse Südwest (8)	4.	20	8	5	7	36 :	25	+11	21
1995/96	2. Klasse Südwest (8)	5.	22	7	8	7	42 :	34	+8	29
1996/97	2. Klasse Südwest (8)	3.	22	13	2	7	55 :	37	+18	41
1997/98	2. Klasse Südwest (8)	7.	22	8	6	8	46 :	35	+11	30
1998/99	2. Klasse Südwest (8)	6.	22	9	4	9	49 :	45	+4	31
1999/00	2. Klasse Südwest (8)	8.	22	8	1	13	29 :	40	-11	25
2000/01	2. Klasse Südwest (8)	7.	22	9	2	11	47 :	40	+7	29
2001/02	2. Klasse Südwest (8)	5.	22	10	4	8	42 :	38	+4	34
2002/03	2. Klasse Südwest (8)	12.	22	3	5	14	21 :	51	-30	14
2003/04	2. Klasse Südwest (8)	9.	22	8	3	11	25 :	41	-16	27
2004/05	2. Klasse Südwest (8)	13.	26	6	4	16	30 :	61	-31	22
2005/06	2. Klasse Südwest (8)	12.	26	7	4	15	30 :	48	-18	25
2006/07	2. Klasse Südwest (8)	7.	26	10	3	13	37 :	46	-9	33
2007/08	2. Klasse Südwest (8)									

UW ST. STEFAN

Turn-und Sportunion Waldmark Sankt Stefan
Homepage: www.waldmark.at.tf
Gemeinden: Afiesl / St. Stefan am Walde / Schönegg
Bezirk: Rohrbach
Farben: Blau-Weiß
Dachverband: Union

27. 3.1977: gegründet als TSU Waldmark St. Stefan (13. 7.1982: Aufnahme beim OÖFV)
Sportanlage: 1977-82 Kitzmüllerwiese Guglwald, 1982-84 Spielwiese Guglwald, seit 1984: Gemeindeplatz; Renovierungen: 1997 und 2007; Adresse: St. Stefan 50, 4170 Haslach

Während die Fußballzentren in Oberösterreich, Linz, Wels und Steyr, drei und mehr Fußballclubs stellen, ist das an der Peripherie anders. Im Nordwesten des Landes, an der Grenze zu Tschechien, teilen sich drei Orte einen Fußballverein. Es handelt sich um die Gemeinden Afiesl, Schönegg und Sankt Stefan am Walde mit zusammen gerade einmal 1800 Einwohnern.

Seit dem Mittelalter bezeichnet man den Landstrich an der Grenze auch als Waldmark. Der Begriff wurde auch als „Sammelname" für den Sportverein gewählt, der 1977 mit den Sektionen Wandern, Schi-Nordisch und Schi-Alpin gegründet wurde. Bis 1983 folgten Judo, Stockschießen, Tennis und ab 1982 auch Fußball.

Die erste Heimstätte des Vereins befand sich im Grenzort Guglwald, wo eine entsprechende Anlage im Schnellverfahren zu einem meisterschaftstauglichen Platz adaptiert wurde. Bereits zwei Jahre später erfolgte die Übersiedlung auf den auch heute noch benutzten Fußballplatz in Sankt Stefan, der, wie etliche andere Fußballplätze in Oberösterreich, die Minimalerfordernisse des Verbandes gerade einmal erfüllt. Immerhin gibt es bereits Flutlicht und im Augenblick erfolgt der Ausbau des Vereinsgebäudes.

Während es den Fußballverein der Nachbargemeinde Helfenberg schon seit 1994 nicht mehr gibt und auch der langjährige Kontrahent um den vorletzten Platz, Union Niederkappel, den Spielbetrieb eingestellt hat, existiert die Fußballsektion der Union Waldmark St. Stefan bereits seit 26 Jahren. Im Gegensatz zu anderen Vereinen in der Region verzichtet man auf das Engagement von Legionären und setzt auf den eigenen Nachwuchs, der laufend in die Kampfmannschaft integriert wird. In die aktuelle Kampfmannschaft wurden mittlerweile etliche Spieler aus dem

U19-Team eingebaut, das im vergangenen Jahr den Meistertitel in der Regionsliga Nord erringen konnte. Das Durchschnittsalter in der „Ersten" liegt bei unter 20 Jahren. Aktuell stellt man drei Nachwuchsteams, und auch eine Damenmannschaft unternimmt erste Gehversuche.

Daneben kämpft man mit den typischen Problemen eines kleinen Vereins, der durch seine Lage an der Peripherie des Landes ein zusätzliches Handicap auf sich nehmen muss. Unglücklich ist man vor allem mit den Trainingsbedingungen im Winter, wo man auf die entfernten Kunstrasenplätze in Cesky Krumlov oder Linz ausweichen muss. Obmann Alfred Mayr würde deshalb eine Kunstrasen-Anlage in der Bezirkshauptstadt Rohrbach bevorzugen. Probleme sieht Mayr auch bei der Rekrutierung neuer ehrenamtlicher Mitarbeiter, das bestehende Funktionärsteam ist aber recht gut aufgestellt, die anfallende Arbeit wird arbeitsteilig erledigt.

Auch wenn der sportliche Erfolg der Mannschaft in den letzten Jahren ausgeblieben ist, will man sich weiterhin mit Eigenbauspielern von unten hoch arbeiten. Alfred Mayrs Credo: „Je breiter die Basis, desto eher der Erfolg an der Spitze." Was nicht nur für die Turn-und Sportunion Waldmark St. Stefan Gültigkeit haben sollte.

Bilanz UW St. Stefan:

Saison	Liga (Level)	Pl	Sp	S	U	N	Tore	Diff	Pkt
1982/83	2. Klasse Nord West (8)	11.	22	2	1	19	33 : 88	-55	5
1983/84	2. Klasse Nord West (8)	11.	22	2	7	13	37 : 60	-23	11
1984/85	2. Klasse Nord West (8)	11.	22	5	2	15	24 : 58	-34	12
1985/86	2. Klasse Nord West (8)	11.	22	2	6	14	27 : 68	-41	10
1986/87	2. Klasse Nord (8)	10.	22	5	1	16	38 : 62	-34	11
1987/88	2. Klasse Nord (8)	5.	22	8	5	9	39 : 45	-6	21
1988/89	2. Klasse Nord (8)	11.	22	4	4	14	36 : 66	-30	12
1989/90	2. Klasse Nord (8)	11.	22	3	6	13	30 : 55	-25	12
1990/91	2. Klasse Nord West (8)	9.	22	5	5	12	30 : 55	-25	15
1991/92	2. Klasse Nord West (8)	11.	20	3	7	10	34 : 42	-8	13
1992/93	2. Klasse Nord West (8)	10.	18	4	3	11	21 : 46	-25	11
1993/94	2. Klasse Nord West (8)	11.	22	5	3	14	29 : 62	-33	13
1994/95	2. Klasse Nord West (8)	5.	20	8	6	6	34 : 33	+1	22
1995/96	2. Klasse Nord West (8)	7.	22	10	2	10	39 : 47	-8	32
1996/97	2. Klasse Nord West (8)	11.	22	5	6	11	27 : 49	-22	21
1997/98	2. Klasse Nord West (8)	11.	22	2	4	16	16 : 56	-40	10
1998/99	2. Klasse Nord West (8)	11.	22	4	4	14	23 : 50	-27	16
1999/00	2. Klasse Nord West (8)	12.	22	0	4	18	12 : 71	-59	4
2000/01	2. Klasse Nord West (8)	11.	22	5	4	13	30 : 60	-30	19
2001/02	2. Klasse Nord West (8)	9.	22	6	7	9	29 : 42	-13	25
2002/03	2. Klasse Nord West (8)	9.	22	6	5	11	34 : 44	-10	23
2003/04	2. Klasse Nord West (8)	10.	22	5	6	11	35 : 51	-16	21
2004/05	2. Klasse Nord West (8)	6.	22	9	4	9	51 : 53	-2	31
2005/06	2. Klasse Nord West (8)	8.	22	7	4	11	44 : 54	-10	25
2006/07	2. Klasse Nord West (8)	10.	24	8	4	12	56 : 71	-15	28
2007/08	2. Klasse Nord West (8)								

SV GW ZELL AM PETTENFIRST

Sportverein Grün-Weiß Zell am Pettenfirst
Bezirk: Vöcklabruck
Farben: Grün-Weiß Dachverband:
9. 9. 1961: Gründung von Union Zell am Pettenfirst, 23. 5. 1966: Gründung von ATSV Zell am Pettenfirst, 1979: Auflösung der beiden Vereine und Gründung von SV GW Zell am Pettenfirst.
Sportanlage: bis 1979 Union-Platz (errichtet 1961) und ATSV-Platz (errichtet 1966); seit 1979 ATSV-Platz (Pacht); Adresse: Sportplatz, 4842 Zell am Pettenfirst
Erfolge: 1970/71 Meister 3. Klasse Mitte Süd (ATSV Zell am Pettenfirst)
1975/76 Meister 3. Klasse Mitte Süd (Union Zell am Pettenfirst)

Wie in Aschach an der Steyr beschritt man auch in der kleinen Hausruckgemeinde Zell am Pettenfirst fußballerisch zunächst getrennte Wege. Auch hier wurde die Grenze zwischen den politischen Lagern auch im sportlichen Bereich sichtbar. Und ebenso wie in Aschach waren diese Versuche zum Scheitern verurteilt. Aber wie konnten in einer Gemeinde mit nicht ganz 1000 Einwohnern zwei Fußballvereine immerhin 14 Jahre nebeneinander existieren?

Leopold Wagner, der erste Obmann des ATSV Zell, erzählt in knappen Worten den Weg zur Fusion: Union Zell am Pettenfirst war bereits 1961 gegründet worden und hatte 1963 den Meisterschaftsbetrieb in der 3. Klasse F aufgenommen, wo man sich mit den traditionsreichen Clubs aus dem benachbarten Kohlerevier konfrontiert sah. Ab der Saison 1966/67 gab es auch Derbys vor Ort, als der ATSV Zell am Pettenfirst den Spielbetrieb aufnahm. Bis in die 70er Jahre erfolgreicher als die schwarze Union, feierte der ATSV seinen einzigen Meistertitel 1971, musste jedoch bereits ein Jahr später wieder in die unterste Klasse absteigen. Es war der Union vorbehalten, 1976 den bislang letzten Meistertitel nach Zell zu holen.

Bedauerlicherweise blieb diese Meisterschaft unbelohnt, da man auf Grund einer neueinteilung der Klassen im oberösterreichischen Fußball-Unterhaus nicht aufsteigen durfte.

Für die Stimmung in der ÖVP-Gemeinde war die Existenz eines roten und eines schwarzen Fußballvereins nicht gerade zuträglich. Bei den gut besuchten Orts-Derbys ging es dementsprechend heiß her, und darüber hinaus ging man sich aus dem Weg. Beide Vereine spielten auf ihrem eigenen Sportplatz. Und: Es sei als Roter nicht ratsam gewesen, sich im Stammlokal der Union-Fußballer blicken zu lassen – und umgekehrt, erinnert sich Leopold Wagner. Und: Eltern hätten ihren Kindern schlicht untersagt, bei dem einen oder anderen Verein zu spielen. Die Konkurrenzsituation wirkte sich offensichtlich auch auf die Nachwuchsarbeit der beiden Vereine aus. Von Beginn an sah man sich gezwungen, Nachwuchsspieler aus den benachbarten Gemeinden Ampflwang und Ungenach zu rekrutieren. Drängend wurde das Problem, als vom oberösterreichischen Fußballverband die Stellung einer zusätzlichen Jugendmannschaft gefordert wurde. Nun setzte man sich zusammen und führte erste Gespräche über eine Fusion, die schließlich 1979 vonstatten ging.

„Für die Gemeinde war das eine positive Sache", ist Wagner noch heute stolz, dass ihm dieses Vorhaben gemeinsam mit seinem Union-Kollegen Josef Haslinger gelungen ist. Über das Zusammengehen von Rot und Schwarz hätten sich viele Leute zunächst gewundert, aber heute fragt im Verein niemand mehr nach einer politischen Zugehörigkeit.

Per Mitgliederbeschluss lösten sich beide Vereine auf, und der SV Grün-Weiß Zell am Pettenfirst wurde neu gegründet. Die unpolitische Ausrichtung wurde in den Vereinsstatuten festgeschrieben und kommt auch dadurch zum Ausdruck, dass man auf den Beitritt zu einem Dachverband verzichtete. Bis heute gehört der SV Zell am Pettenfirst weder der Union noch dem ASKÖ oder dem ASVÖ an. Der Zusammenschluss wurde auch durch die Gemeinde tatkräftig unterstützt, der Union-Platz abgelöst und in eine Tennis-

Die Kampfmannschaften von Zell am Pettenfirst kurz vor der Fusion: oben ATSV, unten Union

Anlage umgewandelt. Seit der Fusion bestreitet man die Heimspiele auf dem ASKÖ-Platz, dessen Pachtvertrag jedoch 2012 abläuft und nicht verlängert werden soll.

Die Errichtung einer neuen Sportanlage ist für Andreas Kienberger, seit 2004 Sektionsleiter des Clubs, auch die größte Herausforderung in den kommenden Jahren. Eine erfolgreiche Fußballmannschaft könnte sich auf die anstehenden Verhandlungen natürlich günstig auswirken, doch der sportliche Erfolg ist in den letzten Jahren ausgeblieben. Nachdem man 1981 und 1995 noch zweite Meisterschaftsränge erreichen konnte, ist man zuletzt nicht mehr aus den hinteren Tabellenregionen der 2. Klasse Mitte-West weggekommen.

Erfreuliches gibt es aus dem Nachwuchsbereich zu berichten. Die 80 Nachwuchsspieler, darunter auch einige Mädchen, werden durchwegs von ausgebildeten Trainern betreut. Allein 2007 haben fünf Vereinsmitglieder entsprechende Lehrgänge absolviert, die Unterstützung durch die Eltern ist sehr gut und laut Kienberger „finanziert sich der Nachwuchs selber".

Stolz ist man auch auf das alljährlich stattfindende Pfingstturnier für U-9 und U-11-Mannschaften. Hier finden auch immer wieder Vereine mit klingendem Namen den Weg in die Hausruckgemeinde.

Die Arbeit als Sektionsleiter ist für Kienberger „auch in der zweiten Klasse fast ein Fulltimejob". Zur Erledigung der Vereinsarbeit steht ihm eine kleine aber engagierte Truppe zur Seite: „Für einen Verein dieser Größenordnung ist der Zusammenhalt lebensnotwendig. Denn die Basis sind wir."

Bilanz Union Zell am Pettenfirst:

Saison	Liga (Level)	Pl	Sp	S	U	N	Tore	Diff	Pkt
1963/64	3. Klasse F (7)	13.	24	2	0	22	31 : 138	-107	4
1964/65	3. Klasse H (7)	10.	20	3	0	17	31 : 115	-84	6
1965/66	3. Klasse H (7)	8.	20	4	4	12	45 : 79	-34	12
1966/67	4. Klasse E (8)	8.	16	2	1	13	29 : 74	-45	5
1967/68	4. Klasse G (8)	10.	18	4	1	13	29 : 41	-12	9
1968/69	4. Klasse G (8)	11.	20	2	3	15	26 : 85	-59	7
1969/70	4. Klasse Süd (8)	8.	14	2	3	9	25 : 53	-28	7
1970/71	3. Klasse Mitte Süd (8)	7.	16	5	2	9	35 : 49	-14	12
1971/72	3. Klasse Mitte Süd (8)	10.	18	1	2	15	28 : 99	-71	4
1972/73	3. Klasse Mitte Süd (8)	10.	18	3	1	14	25 : 67	-42	7
1973/74	3. Klasse Mitte Süd (8)	7.	18	6	3	9	27 : 45	-18	15
1974/75	3. Klasse Mitte Süd (8)	3.	20	13	0	7	59 : 47	+8	26
1975/76	3. Klasse Mitte Süd (8)	1.	20	14	3	3	79 : 27	+52	31
1976/77	2. Klasse Mitte Süd (7)	4.	22	14	2	6	76 : 47	+29	30
1977/78	2. Klasse Mitte Süd (7)	3.	22	13	5	4	64 : 39	+25	31
1978/79	2. Klasse Mitte Süd (7)	6.	22	10	4	8	48 : 44	+4	24

Bilanz ATSV Zell am Pettenfirst:

Saison	Liga (Level)	Pl	Sp	S	U	N	Tore	Diff	Pkt
1966/67	4. Klasse E (8)	5.	16	7	3	6	60 : 61	-1	17
1967/68	4. Klasse G (8)	5.	18	9	1	8	42 : 39	+3	19
1968/69	4. Klasse G (8)	4.	20	10	3	7	62 : 47	+15	23
1969/70	3. Klasse Süd (7)	6.	22	11	2	9	68 : 43	+25	24
1970/71	3. Klasse Mitte Süd (8)	1.	16	10	4	2	41 : 21	+20	24
1971/72	2. Klasse Süd (7)	11.	22	6	4	10	32 : 59	-27	16
1972/73	3. Klasse Mitte Süd (8)	2.	18	13	2	3	60 : 26	+34	28
1973/74	3. Klasse Mitte Süd (8)	4.	18	11	2	5	70 : 24	+46	24
1974/75	3. Klasse Mitte Süd (8)	4.	20	10	3	7	85 : 46	+39	23
1975/76	3. Klasse Mitte Süd (8)	4.	20	12	0	8	72 : 46	+26	24
1976/77	2. Klasse Mitte Süd (7)	9.	22	8	0	14	67 : 60	+7	16
1977/78	2. Klasse Mitte Süd (7)	7.	22	8	4	10	41 : 32	+9	20
1978/79	2. Klasse Mitte Süd (7)	5.	22	12	2	8	54 : 46	+8	26

Bilanz Grün-Weiß Zell am Pettenfirst:

Saison	Liga (Level)	Pl	Sp	S	U	N	Tore	Diff	Pkt
1979/80	2. Klasse Mitte Süd (7)	3.	18	11	1	6	42 : 22	+20	23
1980/81	2. Klasse Mitte Süd (7)	2.	22	16	3	3	68 : 32	+36	35
1981/82	2. Klasse Mitte Süd (7)	11.	22	5	6	11	41 : 53	-8	16
1982/83	2. Klasse Mitte Süd (7)	6.	20	6	4	10	34 : 59	-25	16
1983/84	2. Klasse Mitte Süd (7)	8.	22	8	1	13	37 : 49	-12	17
1984/85	2. Klasse Mitte Süd (7)	8.	20	4	5	11	27 : 54	-27	13
1985/86	2. Klasse Mitte Süd (7)	9.	22	4	8	10	29 : 65	-36	16
1986/87	2. Klasse Mitte Süd (7)	10.	22	5	5	12	25 : 66	-41	15
1987/88	2. Klasse Mitte Süd (7)	13.	24	0	5	19	26 : 91	-65	5
1988/89	2. Klasse Mitte Süd (7)	9.	22	7	2	13	35 : 49	-14	16
1989/90	2. Klasse Mitte Süd (7)	8.	22	8	3	11	43 : 57	-14	19
1990/91	2. Klasse Mitte Süd (7)	8.	22	6	7	9	37 : 42	-5	19
1991/92	2. Klasse Mitte Süd (7)	6.	22	10	4	8	56 : 40	+16	24
1992/93	2. Klasse Mitte Süd (7)	10.	20	5	5	10	33 : 49	-16	15
1993/94	2. Klasse Mitte West (7)	7.	26	6	6	10	51 : 69	-18	26
1994/95	2. Klasse Mitte West (8)	2.	22	12	4	6	45 : 38	+7	28
1995/96	2. Klasse Mitte West (8)	10.	22	5	5	12	39 : 61	-22	20
1996/97	2. Klasse Mitte West (8)	9.	22	5	6	11	35 : 57	-22	21
1997/98	2. Klasse Mitte West (8)	8.	22	7	5	10	31 : 55	-24	26
1998/99	2. Klasse Mitte West (8)	4.	22	11	5	6	45 : 38	+7	38
1999/00	2. Klasse Mitte West (8)	11.	22	3	6	13	34 : 52	-18	15
2000/01	2. Klasse Mitte West (8)	10.	22	4	5	13	23 : 54	-31	17
2001/02	2. Klasse Mitte West (8)	10.	22	5	5	12	33 : 63	-30	20
2002/03	2. Klasse Mitte West (8)	12.	22	3	5	14	23 : 75	-52	14
2003/04	2. Klasse Mitte West (8)	9.	22	6	5	11	43 : 77	-34	23
2004/05	2. Klasse Mitte West (8)	13.	26	5	6	15	25 : 81	-56	21
2005/06	2. Klasse Mitte West (8)	14.	26	1	3	22	26 : 87	-61	6
2006/07	2. Klasse Mitte West (8)	11.	26	5	6	15	44 : 71	-27	21
2007/08									

Quellen:

Interviews:
FC Aschach: Gerhard Seimeir
FWSV Attersee: Wolfram Hauser
ASV Hagenberg: Klaus Edlmayr
ASKÖ Hallstatt: Wolfgang Edlinger
Union Kefermarkt: Dietmar Ahorner, Dr. Edith Frimmel, Wolfgang Grabner, Michael Rechberger & Christof Reisinger
ASV Kleinreifling: Werner Kittinger & Hermann Stangl
ASKÖ Luftenberg: Johann Haugeneder
SV Mining-Mühlheim: Erwin Steinhögl
Union Rechberg: Josef Eberhofer
Union Schiedlberg: Christian Brunner
Union Schwand: Franz Perschl, Albert Reichhartinger & Klaus Reschenhofer
UW St. Stefan: Alfred Mayr
SV Zell am Pettenfirst: Andreas Kienberger & Leopold Wagner

Schriftliche Quellen:
25 Jahre (1970-1995) ASV Hagenberg (Festschrift)
50 Jahre ASKÖ Luftenberg/Donau (Festschrift)
Fußball in Oberösterreich (Hrsg: Oberösterreichischer Fußballverband)
Geschichte der Linzer Arbeiter-Turn-und Sportbewegung (Hans Schobesberger)
Handbuch des österreichischen Fußball 07-08 (Hrsg: Ablinger & Garber GmbH)
Neue Kronen Zeitung (diverse Ausgaben)
Oberösterreichische Nachrichten (diverse Ausgaben)
Vereinsindex (Hrsg: Oberösterreichischer Fußballverband; unveröffentlichte Handschrift)

Fotonachweis:
Alle anderen Fotos, soweit dort nichts anderes angegeben, von Eisl & Schwarzbauer

SCHLAFLOS IN DER SCHWAND

von Wolfgang Pennwieser

Der Ebner Hans, früherer Trainer der Union Schwand, durchlebte vor seinem Rauswurf beim Schwandner Fußballverein manche unruhige Nacht. Vor lauter Aufregung über das bevorstehende Meisterschaftsmatch fand er oft keinen Schlaf, weshalb er sich auf verschiedenste Weise abzulenken versuchte:

Auf den ersten Blick wirkt sie verschlafen, die Schwand. Ab Mitternacht werden die Straßenlaternen ausgelöscht und einzig das Schleichen der samtpfotigen Dorfkatzen bleibt wahrnehmbar. Dennoch gibt es Menschen, die in der Innviertler Kleinstgemeinde nachts nicht zur Ruhe kommen. Vor dem Spiel der heimischen Elf gegen Hochburg dreht sich der Ebner Hans in seinem Bett hin und her, raucht eine halbe Schachtel „Meine Sorte" und betet andächtig zum Fußballgott. Nicht einmal mehr die Baldrian-Hopfen-Dragees wollen ihm jene Entspannung bringen, die von der Somnolenz zum Einschlafen führt.

Insomnia

Ebner Hans ist Trainer der Schwandner Fußballmannschaft und steht seit einigen Meisterschaftsrunden tabellarisch mit dem Rücken zur Wand. Gegen Hochburg heißt es, vom letzten Platz wegzukommen und mit einem guten Resultat den Aufwärtstrend der letzten beiden Runden zu bestätigen. Hier gelang es, gegen favorisierte Mannschaften ein Unentschieden zu erkämpfen. Dass das Spiel gegen die sechstplatzierten Hochburger nicht leicht wird, weiß Ebner, trotz des Heimvorteils und der zu erwartenden achtzig Zuschauer, die in der Schwand schon mal Fans genannt werden. Doch Fans sehen eigentlich anders aus als das Publikum, das den Schwandner Sportplatz regelmäßig besucht, und seitdem die Union Schwand nicht mehr um den Titel mitspielt, sprich: seit acht Jahren, hat die einstige Begeisterung für den Fußball der heimischen

Der Ebner Hans

Kicker in griesgrämiges Raunzen und besserwisserisches Schimpfen umgeschlagen. Eine Niederlage würde die Stimmung auf den Rängen nicht verbessern, weiß der Hans, das macht ihm auch Angst, irgendwie. Und um zwei Uhr früh nimmt er dann doch einen Zwetschkenschnaps, zur Anxiolyse quasi.

„Der Verein steht sportlich eigentlich genau dort, wo er vor fünfundzwanzig Jahren begonnen hat: am letzten Platz der Tabelle, das ist traurig", denkt sich Ebner, durch den Schnaps nun ein bisserl melancholisch gestimmt, und macht sich ein wenig Vorwürfe deshalb. Einst wurde der Bau der Sportanlage von fußballbegeisterten Großbauern initiiert. Einer der treibenden Kräfte war der damalige Sportvereinsobmann Gehmayr Sepp, der nicht nur unzählige Arbeits- und Traktorstunden investierte, sondern sogar mit seinem eigenen Vermögen für den Bau haftete. Eine Pionierleistung, die nicht hoch genug eingeschätzt werden kann, waren zu jener Zeit neben dem Kameradschaftsbund und der Blasmusikkapelle doch kaum andere Freizeitangebote im Ort vorhanden. Heute sind in der Schwand von achthundertvierzig Einwohnern mehr als hundert als Fußballerinnen und Fußballer zwischen dem fünften und fünfzigsten Lebensjahr aktiv. Der Fußball hat von allen örtlichen Vereinen den größten Stellenwert eingenommen, eine Tatsache die den Ebner eigentlich trösten könnte, und eine gesellschaftliche Erfolgsgeschichte obendrein.

Unabsteigbar

Der sportliche Erfolg blieb der Union aber beständig versagt. Noch nie konnten der Meistertitel und somit der Aufstieg in die nächste höhere Spielklasse erreicht werden. Anfang der neunziger Jahre war man einige Male nah dran: Herbstmeistertitel ließen auf höhere Aufgaben hoffen, zu Saisonende reichte es dann aber doch nicht ganz. Von der damaligen „Goldenen Schwandner Generation" spielen inzwischen schon die Söhne – leider mit weniger Erfolg. Und so dümpelt der Schwandner Fußball seit einigen Jahren in der unteren Tabellenhälfte vor sich hin. Relegationsangst muss aber trotz eines letzten Tabellenplatzes keine aufkommen, denn der große Vorteil der 2. Klasse ist die Unabsteigbarkeit. Die 2. Klasse ist die letzte aller Spielstufen und wird daher bisweilen auch „Schutzklasse" genannt. Ebner Hans will dennoch nicht Letzter werden und morgen gewinnen. Die Mannschaft ist eigentlich besser, als der jetzige Tabellenplatz zeigt, und das möchte er den Zuschauern, den Spielern und sich selbst beweisen. Noch einmal geht er die Aufstellung durch, bei der er einmal mehr zum Improvisieren gezwungen war. So kann Ebner nämlich wieder nicht auf den vollen Kader zurückgreifen. Der Tormann Reschenhofer Klausi macht einen Fahrradausflug mit seinen Arbeitskollegen, im Mittelfeld fehlt der Kreuzeder Schossi, dem die Adduktoren weh tun, und der Stürmer Huber Roland (vulgo Reuhuber Roli) muss Mais bauen. Der Sohn eines Lohndrusch- und Landmaschinenleasing-Unternehmens hat die Gunst der warmen Jahreszeit zu nutzen und den ertragreichen Samen des Futtermaises über die örtlichen Felder zu säen. Das ist ärgerlich, denn der Huber Roland – das Schwandner Jahrhunderttalent – ist nicht adäquat zu ersetzen, und deshalb wünscht sich der Trainer insgeheim einen Regenguss in einer Stärke, die das Befahren eines Ackers unmöglich macht, die Austragung eines Fußballspiels aber nicht gefährdet. Ebner Hans, der im Zivilberuf der Chef des örtlichen Lagerhauses ist, steht gerade in dieser Frage ein bisserl in einem Interessenskonflikt. Denn wenn der Reuhuber Roli den Mais im Frühjahr nicht anbaut, kann der Ebner im Herbst keinen Mais in die großen Trockentürme, die unmittelbar neben dem Sportplatz stehen, einlagern.

Nur deshalb herrscht einsichtiges, aber bitteres Verständnis für die Abwesenheit des einstigen Toptorschützens der Liga. Wünschen würde sich der Trainer freilich was anders. Denn beim Huber Roli kann man als Fußballtrainer schon mal ins Schwärmen kommen, wenn dieser mit seinem kurzen Haken die grobschlächtigen Außenpracker der 2. Klasse Südwest reihenweise ins Stolpern bringt und mit einem präzisen Schuss dem Tormann keine Chance lässt. Nicht nur dann denkt man beim Roland automatisch an den Kirsten Ulf zu dessen besten Zeiten. Mit seinen schwarzen, strähnigen Haaren sowie dem kantigen Gesicht erinnert er alleine von der Physiognomie her schon an den ehemaligen Leverkusener Stürmer. Dieser Huber Roland hätte auch mit Leichtigkeit seine Tore in der drei Klassen höheren zweiten Landesliga schießen können. An Angeboten hat es freilich nicht gemangelt, doch sein Vater, ein patriarchalischer Schwandner Großgrundbesitzer, ließ den Sohn nicht ziehen. Denn es gilt, einen Hof und ein Unternehmen weiterzuführen, wofür der Roland fit sein muss. Die Sorge um die Gesundheit des Filius war zu groß, und somit blieb das Talent des größten Fußballers des Orts weitgehend ungenützt. Das Kreuzband hat sich der Roland beim Fußball dann dennoch gerissen – und zwar auf dem Schwandner Sportplatz.

Hüttengaudi

„Vielleicht ist auch der Traktor morgen kaputt", gibt sich Ebner Hans dann um fünf Uhr morgens noch einem unrealistischen Traum hin. Er ist immer noch wach, und sein Magen knurrt inzwischen. Obwohl er über genügend Reserven verfügen würde – bauchmäßig – gibt er seinem Hunger nach und greift zum kaltgestellten Wurstsalat. Dass neben ihm vermutlich auch einige Spieler noch nicht schlafen, bereitet ihm zusätzlichen Kummer. Denn ausgerechnet heute Abend ist eine Party in der so genannten CDG-Hütt'n, einer illegalen Sauf- und Rauscheinrichtung, die versteckt in den Tiefen des Weilhartsforstes zum „Rüscherl" einlädt. Weil das Cognac-Cola-Gemisch um preiswerte Eincurofünfzig hergeht, verlässt diese Lokalität selten jemand nüchtern, und das Fußballspiel leidet am nächsten Tag dementsprechend darunter.

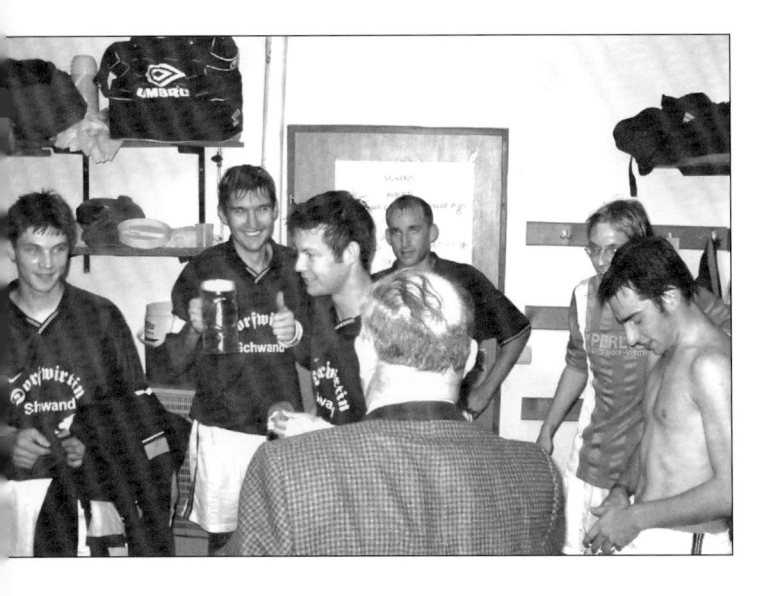

Sobald es in der Meisterschaft eigentlich um nichts mehr geht, wird es für den Trainer immer schwieriger, die Spieler zu motivieren und sie von der Notwendigkeit einer gesunden und alkoholfreien Spielvorbereitung zu überzeugen. Dazu kommt, dass die Schwandner im Generellen lustige Leut' sind und eben gerne feiern. Und so gibt es oft nur eine Hand voll Akteure, die entsprechend ausgeruht zum Spiel kommen. Viel zu wenige jedenfalls, denn an einem Sonntag werden in der Schwand gewöhnlich zwei Spiele ausgetragen, wofür mindestens zweiundzwanzig frische Spieler vonnöten wären. Das Vorspiel bestreitet die Reserve, mit der die Schwand den ehrenvollen, aber für den Aufstieg bedeutungslosen Meistertitel schon zwei Mal gewinnen konnte. Das eigentliche Hauptmatch folgt darauf und wird von der so genannten Kampfmannschaft bestritten – hier ist der Name Programm. Entsprechend couragiert wird da ans Werk und im Besonderen an den Mann gegangen. Jahr für Jahr sorgt diese Einsatzbereitschaft für unzählige gebrochene Knochen, gerissene Kreuzbänder und blutig geschlagene Nasen. Von der romantischen Mär über den Unterhausfußball, der aus reiner Freude zum schönen Spiel bestritten wird, ist auf den Spielwiesen der Dorfvereine meist wenig zu sehen. Vielmehr herrscht hier der martialische Geist über den Freundschafts- und Fairnessgedanken. Fair ist nur, dass der Ebner Hans um halb sieben dann doch noch vor Erschöpfung in seinem Fernsehsessel einschläft. Die frische Packung Erdnuss-Snips auf seinem Schoß hat er nur mehr bis zur Hälfte verzehrt.

Jahre später

Das Spiel gegen Hochburg endete schließlich mit 2:2 unentschieden. Die achtzig Zuschauer waren nicht ganz unzufrieden ob der gezeigten Vorstellung ihrer Mannschaft, so richtig zufrieden waren sie dann aber erst wieder mit den letzten drei Partien dieser Meisterschaft. Hierbei gelang es den Schwandner Kickern endlich, ihr volles Potential auszuschöpfen, und sie gewannen dreimal in Serie. Vom letzten auf den vorletzten Tabellenplatz hievte sich der Verein damit, und ein versöhnlicher Ausklang war gelungen. Mehr noch: Weil nämlich der Erzrivale, die benachbarte Union Handenberg, dadurch überholt und damit Letzter wurde, war man sogar ein bisserl glücklich.

Der Start in die nächste Saison verlief dann wieder weniger froh. Unglückliche Niederlagen folgten klaren Abfuhren, und so wurde der Ebner Hans – den Gesetzen des Fußballgeschäftes folgend – seines Amtes enthoben. Der ausbleibende sportliche Erfolg und die zunehmende Unzufriedenheit bei einigen Führungsspielern der Kampfmannschaft brachten immer mehr Unruhe in den an und für sich friedlichen Dorfverein. In einer nicht ganz unumstrittenen Nacht- und Nebelaktion wurde Ebner gefeuert. Nicht die Tatsache, dass er rausgeworfen wurde, sondern die Art und Weise wie es passierte, hat ihn vornehmlich getroffen. Mehr möchte der Ebner Hans dazu aber heute nicht mehr sagen. Gras ist inzwischen über die Sache gewachsen, und der Hans ist ja ein versöhnlicher Mensch. So geht er auch jetzt noch immer gerne auf den Schwandner Fußballplatz, um die Spiele seiner einstigen Mannschaft zu verfolgen, wenn es seine Zeit zulässt.

Denn Ebner wurde längst wieder engagiert, die Fußballexperten im Bezirk kennen die Qualitäten des Trainers nämlich genau, und so musste Ebner, dessen vornehmliche Stärke im Umgang mit jungen Menschen liegt, nicht lange auf ein Angebot eines Vereins warten. Bei Neukirchen an der Enknach, einem Schwandner Nachbarort, war er zunächst für die Betreuung der Nachwuchsmannschaften zuständig, um kurze Zeit später die Kampfmannschaft mitzubetreuen.

Inzwischen ist er Cheftrainer in der Bezirksliga – zwei Stufen über der 2. Klasse – mit dem ASKÖ Laab, wo er die jüngste Mannschaft der Liga stellt. Denn die Gesetze des Fußballs sagen auch, dass gute Leute immer gebraucht werden.

Ob den Rauswurf Ebners in der Schwand wirklich jemand gebraucht hat, ist nach wie vor fraglich. Denn seit seiner Entlassung wurde der Aufstieg noch immer nicht geschafft. Der erste Nachfolger Ebners war der Hängöbl Hans – ein ehemaliger Schwandner Spieler –, unter dessen Regie zwar kurzfristig einige Matches gewonnen wurden, tabellarisch änderte sich dadurch aber freilich nicht viel. Die Schwand beendete die erste Meisterschaft nach Ebner auf dem vorvorletzten Tabellenplatz. Die nächste Saison verlief dann etwas besser, und heuer – zwei Saisonen später – überwintern die Schwandner Fußballer auf dem zehnten Tabellenplatz – von vierzehn.

Trotz der nach wie vor tristen Tabellensituation lassen sich die Kicker aber nicht entmutigen und wollen im Frühjahr noch einige Ränge gutmachen. Dazu will man gut vorbereitet in die Meisterschaft starten, wofür die Schwandner heuer auf Trainingslager ins wärmere Mallorca zum Auftanken ihrer Kräfte reisen. Ob die Innviertler Kicker auf der spanischen Insel mit der Schwand vergleichbare Rüscherlpreise finden werden, ist allerdings ungewiss. Sicher ist, dass die Schwandner auch weit weg von zu Hause lustige Leut' sind und so manche spanische Nacht durchfeiern werden und dadurch erst recht wieder nicht zum Schlafen kommen.

Der vorliegende Text wurde – leicht geändert – von einem Beitrag in der Nr. 17 des „fm ballesterer" übernommen.

FUSSBALL – DIE FREUDEN UND DAS LEIDEN

von Herbert Kaar

Mein Freund hatte sich gewiss mehr Unterstützung durch den freundlichen Kurarzt erwartet, der leger in kurzer Hose vor uns stand.

„Sagens ihm doch, er soll endlich die Fußballschuhe an den Nagel hängen", hatte ihn Karl in rührender Sorge um meine Knie gebeten. Aber der sah ihn nur erstaunt an.

„Da sind sie beim Falschen gelandet", grinste er. „Wissen sie, ich spiele hier im Ort auch Fußball, in der Reserve. Und sie können mich beim Wort nehmen, gäbe es heute Nachmittag ein Spiel, ich würde glatt die Ordination zusperren."

Karl sah ihn verblüfft an.

„Lassens ihn doch!", beruhigte ihn der Arzt. „Solange der Lustgewinn größer ist als der Leidensdruck, wird er damit nicht aufhören", und schob uns gemeinsam zur Türe hinaus. Bis ich meine geliebten Adidas letztlich entsorgte, sollte noch eine Menge Wasser die Donau hinunter fließen.

Für mich sind die Kinder von heute nicht zu beneiden. Die enormen schulischen Anforderungen, der Erwartungsdruck seitens der Eltern, Kindsein wird immer schwieriger. Wenn ich meinen Enkeln erzähle, in welchem Umfeld ich damals aufwuchs, dass es sogar in unmittelbarer Nähe der Behausungen intakte Erlebniswelten, eben Natur, gab, schütteln sie ungläubig die Köpfe. Vor allem aber, dass es ausreichend bespielbare Flächen gab, wo man uns Kinder weitgehend in Ruhe und unsere Konflikte untereinander austragen ließ. Heute, da die Kinderzimmer vor nutzlosem Plastikkrempel überquellen und sich die Sprösslinge weitgehend allein beschäftigen müssen, klingt es wie ein Märchen, dass Spielen damals zumindest einen Partner bedingte und sich unter „virtuell" niemand etwas vorstellen konnte.

Zu zweit ließ sich zwischen den Wäschestangen unserer Siedlung bereits mit dem, was damals an Ballersatz zur Verfügung stand, stundenlang spielen. Die Duelle wurden nach festgesetzten Regeln nur mit dem Kopf ausgetragen, und zur Abwechslung spielten wir wieder mit bloßen Füßen. Natürlich gab es auch Ärger, wenn sich der Ball verlief und im Labyrinth der Leintücher, die da zum Trocknen hingen, gesucht wurde, oder gar wenn ein abgefälschter Schuss ein Wäschestück beschmutzte.

Die ungebrochene Faszination lässt mich heute noch in die vollen Körbe beim Eybl greifen. Ich taste die Bälle ab, streichle sie beinahe, und dann fallen mir zumeist die mickrigen Bälle meiner Kindheit ein. Große Ansprüche gab es ja nicht, wer besaß schon einen Ball, und vor allem in der richtigen Größe?

Auch die in Nähe des Hafens angesiedelte katholische Pfarre St. Severin, samt den zu Jugendheimen umfunktionierten Flüchtlingsbaracken, konnte nach dem Krieg mit keiner derartigen Rarität aufwarten. Der rührige Pfarrer, der sinnigerweise Teufl hieß, erbettelte von den amerikanischen Besatzern allerhand Zeug wie Footballschläger samt riesigen Lederhandschuhen. Dabei war auch ein Rugbyball, der in grotesken Sprüngen hüpfte, und bei dem niemand vorhersagen konnte, in welche Richtung er sich bewegen würde. Das Ding hieß bei uns Kindern Eierwuchtl, mit blanken Füssen war da nichts zu machen, und so litten zum Entsetzen meiner Mutter die

Schuhe sehr darunter. Zumeist musste geknobelt werden, wer sich ins Tor zu stellen hatte… Der Unglückliche bekam zwar dafür die riesigen Lederhandschuhe, musste jedoch das Tor hüten, was infolge der Unberechenbarkeit des Rugbyballes ein Ding der Unmöglichkeit war. Strafstöße wurden getreten, indem der Rugbyball von einem Mitspieler auf die Spitze gestellt und mit dem Finger gehalten wurde.

Der Schütze trat an und schlug das Eierlaberl unterhalb der Mitte an. Dieses nahm sich grotesk überschlagend, Richtung auf das Tor, und es gab keinen Tormann, der dieses Geschoß zu fangen wagte. Aufgabe des Tormannes war daher primär, den Ball im Spiel zu halten.

Insofern war es nahezu eine Erlösung, als der Pfarrer Teufl zu einem wirklich runden Ball kam, mit einer „Seele" drin, den der Mesner und zugleich Zeugwart der Hafen-Pfarre wie seinen Augapfel hütete. Ehe damit gespielt werden durfte, musste er sorgsam mit einem stinkenden Zeug eingefettet werden. Das Schläucherl, über das man anschließend die Blase aufpumpte, wurde fachgerecht mit einem Spagat abgebunden und in der Lederhülle verstaut, bevor der Ball endlich vom Mesner persönlich mit einem dünnen Lederriemen kunstvoll geschnürt wurde. Dennoch kam es manchmal vor, dass das Schläucherl wieder durch die Schnürung trat, dann sprang der Ball nicht mehr viel anders als der von den Amis.

Ob Rugby- oder Fußball, hinterher laufen musste man beiden Bällen, insofern ergab das für uns Kinder keinen wesentlichen Unterschied. Der Ball landete öfter auch im Gemüsegarten des angrenzenden Herrn Sumereder, der ein erklärter Feind jeglicher Störung war und regelmäßig den Ball konfiszierte. Sofern er nicht daheim war, stieg ohnehin jener, der das Malheur verursacht hatte, über den Zaun, was wiederum den Sumereder, sobald man es ihm zutrug, unglaublich erboste. Den Ball gab er erst nach Intervention des Mesners, oder gar des Pfarrers, heraus. Oder das Ekel requirierte den Ball, bestieg sein Fahrrad und entzog sich stundenlang jeder Intervention. Ideologisch trennten den Sumereder ohnehin Welten von der Kirche, denn er war überzeugter Kommunist. Wenn die Pfarre einen Feiertag beging und die gelbweiße Fahne der Kirche aushing, so flatterte demonstrativ die rote, mit Hammer und Sichel drauf, aus der Dachbodenluke seines Hauses.

Während wir uns mit dem steinigen Spielfeld der Pfarre begnügten, rekrutierte damals bereits der LASK für seine zahlreichen Schülermannschaften Kinder aus der Umgebung, vor allem aus den Flüchtlingslagern. Im Lager 70 gab es genug Kinder, die sich für den Ballsport begeistern ließen, ebenso in der nahe gelegenen Derfflingerkaserne. Mein Schulkollege Heli Kitzmüller, dessen Eltern dort eine Greisslerei betrieben, und der etwas zu klein geratene Puffer Max, später wechselte er zu Wacker Innsbruck, wohnten in dieser Kaserne. Der LASK war in den fünfziger Jahren ungemein populär und zog sehr viel Publikum an.

Die alte Sportanlage, der LASK-Platz, befand sich auf dem Gelände der heutigen HTL Paul Hahn. An der rechten Seite des Einganges gab es vermutlich ein Lager der Amis, denn darin hingen mehrere große Tarnnetze. Geld besaßen wir Kinder natürlich nicht, deshalb bettelten wir jeden an, der eine Eintrittskarte besaß, uns an Kindes statt vorübergehend an- und mitzunehmen. Gelang das nicht, ließ man uns dennoch später kostenlos hinein, allerdings erst nach der Halbzeit. Wir Kinder saßen auf dem Rasen, knapp an der Seitenlinie, und ich schrie für den LASK, bis ich heiser war. An ein Spiel gegen die Wiener Austria, die mit dem gefinkelten Aurednik, dem Ocwirk, Turl Wagner und Stojaspal antrat, kann ich mich noch gut erinnern.

Wie schnell man dem Ball hinterher laufen konnte und wie perfekt man mit ihm umging, führten uns die beiden Flügelflitzer der alten LASK-Mannschaft, der Höfer Karl und der Kapl Franz, vor. Neben dem Kapl und dem Fuchs I spielte der Fürst Hermann, ein genialer Techniker und wohl eines der größten Talente, die es damals in Oberösterreich gab. Der Hermann wuchs in unmittelbarer Nähe meiner Wohnadresse auf und absolvierte in der Schiffswerft eine Dreherlehre. Im Rahmen der Betriebsmeisterschaft, an der sich sein Betrieb beteiligte, habe ich sogar gegen ihn gespielt.

Gelaufen wurde nicht nur auf dem Spielfeld, sondern auch anschließend auf den Rängen. Nicht alle Zuschauer drängten nämlich hinaus, einige blieben und pickten eilig und mehr oder weniger verschämt die Stummel der Chesterfield und Camel mit einem Stecken, der mit einem Nagel versehen war, vom Boden auf. Mir fiel das allerdings erst Jahre später wieder ein, als ich selbst beim Produzenten der heimischen Glimmstängel spielte und mir ein Zuschauer bei jedem Heimspiel ein Packerl Marke Personal zusteckte. Da kickte ich jedoch bereits in der Ersten.

Begonnen habe ich natürlich in der Jugendmannschaft, für die der Verein Nachwuchs suchte. Nach dem ersten Testspiel nahm mich der Trainer auf die Seite.

„Bua, den Ball triffst scho gaunz ordentlich, aber für a Spü is des a weng z'weng!"

Ich lernte es und noch einiges mehr. Die Zeit in der Jugendmannschaft möchte ich nicht missen. Ich spielte von Anfang an als letzter Mann, als Ausputzer, und die Rolle lag mir. Im zweiten Jahr verpassten wir nur ganz knapp den Meister im Jugendbewerb. Das schönste Spiel, vor allem weil es vor der bisher größten Zuseherkulisse über die Bühne ging, war das gegen die LASK-Junioren, bei denen damals der Heli Kitzmüller im Tor spielte. Unheimlich beeindruckt war ich von dem unterirdischen Gang, der hinter dem Tor mündete. Vielleicht war er ursprünglich Teil einer Luftschutzanlage. Ich war Mannschaftskapitän, und mit den ersten Schritten ins Freie bekam ich weiche Knie wegen der imposanten Zuseherkulisse. Da konnte ich es den Gladiatoren im alten Rom nachfühlen, wenn sie die Arena

365

betraten. Mein unmittelbarer Gegner war damals einer der beiden Leitner-Brüder. Der lange Mandi brauchte bei einem Duell nur das Knie leicht anzuziehen, und ich musste von der Sanität verarztet werden. Schiri und Zuseher waren auf meiner Seite, ein schwacher Trost allerdings, da ich doch die Tage später noch im Gesicht trug. Wie sich uns die LASK-Junioren, wie befürchtet, doch um einige Nummern zu groß erwiesen. Aber es war dennoch ein recht passables Spiel, tröstete uns der Trainer.

In der Ersten, der Kampfmannschaft, kündigte sich bald ein größerer Umbau an, und neben anderen Jugendspielern bekam auch ich die Chance, mich zu bewähren. In meiner gewohnten Position als Stopper, wir spielten das damals übliche WM-System der Brasilianer, erwies sich die Konkurrenz als übermächtig. Ich rückte ein Stück vor und spielte nun im Mittelfeld. Einer der wenigen älteren Herren, die der Verjüngung der Mannschaft mit Erfolg getrotzt hatten, war der Ginzinger, ein Stürmer mit einem, zugegeben, gewaltigen Schuss. Während des Spieles kam es in der gegnerischen Hälfte zu einem bezeichnenden Dialog:

„Gingerl, i steh!", schrie ich ihm aufgeregt während des Spieles zu. Übersetzt bedeutete dieser Zuruf, dass ich mich in einer günstigen Position befand. Er reagierte augenblicklich, stieg selenruhig auf den Ball und wandte sich mir zu:

„Für di bin i nu oiwei der Herr Ginzinger", röhrte er, für jeden vernehmbar, und das restliche Spiel war ich Luft für ihn. Gingerl durften ihn seine Freunde nennen, von mir jungem Rotzer ließ er sich das nicht bieten.

Besagter Herr wechselte nach der Spielsaison den Verein, ich blieb mit wechselndem Erfolg noch einige Jahre.

Die Tschickbude war ein sehr guter Verein, mit schönen blau-weißen Dressen und schräg angeschnittenen tollen Hosen, bei denen der Oberschenkel so vorteilhaft zur Geltung kam. Sieht man von der neuen Sportanlage des SV Westbahn ab, war die unsere damals gewiss die schönste in der ersten Klasse. Lief ich in der Jugendmannschaft noch in Schuhen, die mit Lederstoppeln genagelt waren, so bekam ich nun in der „Ersten" moderne, mit Schraubstollen ausgestattete Adidas nach eigener Wahl.

Auch das war damals absolut keine Selbstverständlichkeit. Manchmal trat man sich im Training noch immer die aus Lederscheibchen zusammengesetzten Stoppeln, die sich von einem Schuh gelöst hatten, in den blanken Fuß. Das tat verflucht weh, denn meist ragten noch die Nägel daraus hervor.

Der SV Tabakfabrik spielte damals nach einem furiosen Durchmarsch der niederen Spielklassen in der ersten Klasse, der heutigen Bezirksliga. Die war hinsichtlich Spielstärke mit Mannschaften wie Admira, Westbahn, Mauthausen, Sierning, Traun usw. durchaus ausgewogen, und es gab keine so genannten Jausengegner. Mit dem Durchmarsch war zumindest vorläufig Schluss, die neue Mannschaft musste sich erst konsolidieren, sie hielt sich jedoch gut im Mittelfeld. Der Verein stand gut da, die Werksleitung der Tabakregie sorgte für eine solide finanzielle Basis.

So mancher Sportplatz in dieser Spielklasse, konnte mit der eigenen Anlage nicht im Entferntesten Schritt halten. War es in Pasching oder in Bad Hall? Man zog sich dort in einer primitiven Hütte um, in der es keinen Strom gab. Wo sich üblicherweise Fenster befinden, gab es derbe Holzverschläge, die entfernt wurden, wenn sich die Mannschaft umzog. Das Spielfeld war ein besserer Acker, der an den Längsseiten mit einfachen Holzbänken für die Zuschauer eingesäumt war. Man kann sich leicht ausmalen, in welchem Zustand man bei Regen das Spielfeld vorfand und wie man es beendete. Für die Reinigung nach dem Spiel stand nur der nahe gelegene Bach zur Verfügung. Ich erinnere mich an ein Nachtragspiel, das aus Termingründen erst im November ausgetragen werden konnte. Es hatte den ganzen Vormittag über geregnet, und die Jugendmannschaft ebenso wie die Reserve absolvierten ihre Spiele. Als letztlich die

Kampfmannschaft einlief, konnte man den Platz je nach Geschmack für eine Sumpflandschaft oder einen aufgeweichten Acker halten. An sich ein irregulärer Zustand, dennoch wurde das Spiel vom Schiedsrichter angepfiffen. Während des Spieles kam eisiger Wind auf, dann begann es auch noch zu schneien. Kontrollierte Spielzüge blieben auf beiden Seiten die Ausnahme, der Ball fiel von einer Regenpfütze in die nächste, man stand bis zu den Knöcheln im Morast. Am ärmsten dran waren sicher die beiden Tormänner. Die kamen kaum zum Einsatz, das Spiel endete so wie es begonnen hatte. Dreckig bis in die Haarspitzen und halb erfroren, pfiff endlich der Schiri die Partie ab. Nachher gab es ein verständliches Gedränge am Bach, jeder wollte sich notdürftig den Dreck zumindest aus dem Gesicht waschen. Ich war ebenfalls dem Erfrierungstod nahe, rutschte prompt im Dreck aus und landete im reichlich kühlen Bach. Den verwunderten Blick einer adretten Dame, die in einen Wintermantel gehüllt und mit aufgespanntem Schirm mich wie einen Frosch im Bach liegen sah, habe ich bis heute nicht vergessen. Fluchend rappelte ich mich heraus und lief zitternd vor Kälte in die Kabine, um das nasse Zeug los zu werden. Und das, wo es in diesem Loch zog wie in einem Rohbau. Zum Glück stand unser Autobus bereit, in den sich die Jugend und Reservemannschaft bereits geflüchtet hatten. Ja, man staune, unser Verein besaß wirklich einen Autobus! Während der Woche stand er dem Werk für den Transport des Tabaks zur Verfügung, bei Auswärtsspielen wurde er mit Sitzen ausgestattet.

Seine nicht nur blauen Wunder erlebte man damals auch auf anderen Plätzen. In Mauthausen wurde in einem aufgelassenen Steinbruch gespielt. Das Feld war zwar eben wie ein Brett, aber auch ebenso hart, und die Grashalme konnte man zählen. Wer auf diesem Pflaster zu Fall kam, und das ließ sich kaum verhindern, benötigte einen Meter Hansaplast. Die Heimmannschaft wurde von ihren Fans nicht nur entlang des Spielfeldes angefeuert. Selbst in den Nischen der Felswand, die das Spielfeld auf einer Seite begrenzte, hockten sie wie Krähen und schrieen sich die Seelen aus dem Leib. Das ergab in diesem Kessel ein höllisches Getöse, als wären es tausende Zuschauer, die ihrer Begeisterung Luft machten...

Andere Anlagen wiederum, vor allem im Mühlviertel, waren nicht nur holperig wie ein Waschbrett, sondern auch in der Länge derart gewölbt, dass die Torleute einander manchmal kaum in voller Größe sehen konnten.

Generell war im Mühlviertel, wo die Identifikation mit der eigenen Mannschaft als sehr ausgeprägt gilt, schwer zu gewinnen. Die Fans saßen oft knapp an der Linie, was vor allem für die Außenverteidiger und Flügelstürmer alles andere als angenehm war. Dazu kam, dass in diesen Klassen die Linienrichter damals von den jeweiligen Kontrahenten gestellt wurden und es nicht selten zu sehr suspekten Entscheidungen kam. Als entscheidend stellte sich in der Regel jedoch der Heimvorteil heraus, der tobende eigene Anhang und vor allem der eigene Platz. Die Ausmaße der Spielfelder waren nämlich ein eigenes Kapitel, hinsichtlich der Größe des Spielfeldes war man tolerant. Ich erinnere mich an ein Spielfeld, bei dem man den Corner nicht auf die übliche Weise treten konnte, weil sich unmittelbar neben dem Fähnchen bereits ein Abgrund auftat. Für kleine Plätze benötigte man eigentlich kein Mittelfeld, um das Spiel strategisch aufzubauen oder in die Breite zu ziehen. Es genügte, den Ball weit in die Nähe des gegnerischen Tores zu dreschen, dann warf sich das Gros der Mannschaft in die Schlacht, um den Tormann zu überwinden.

Im Gegensatz zu meinem Freund und Mannschaftskollegen Karl, der von anderen Vereinen umschwärmt wurde, war ich kein überragendes Talent. Karl stürmte am rechten Flügel, war pfeilschnell und ungemein ehrgeizig. Seit kurzem hatte er einen Schwarm aus dem Flüchtlingslager bei der Eisenbahnbrücke. C. war eine schwarzhaarige, rassige Zigeunerin, um die er sehr beneidet wurde. Für Karl hatte sich lange keine passende Gelegenheit geboten, beim

Fischen an der Donau waren sich beide schließlich näher gekommen. C. war unwesentlich älter als er, ging in die Kunstgewerbeschule, und man sah sie häufig mit dem Zeichenblock. Auf Karls Drängen hin hatte sich C. für das nächste Heimspiel angekündigt. Er war schon sehr aufgeregt und beschwor uns, ihn möglichst oft anzuspielen, damit er einen bleibenden Eindruck hinterlassen könne. Leider kam alles ganz anders: Der Gegner war der S.C. Admira, ein starker Linzer Traditionsverein, gegen den wir ohnehin noch nie gewonnen hatten. An diesem Sonntag erwischten wir fatalerweise einen rabenschwarzen Tag und lagen bereits zur Halbzeit mit 0:2 im Rückstand. Selbst Karl, der zumeist gut spielte, gelang kaum etwas. Die rassige C. saß auf der Bank, hielt den Zeichenblock und langweilte sich sichtlich. Nach der Pause kam es zu einem unspektakulären Kopfballduell, Karl gewann es zwar souverän, sein Gegenspieler dürfte ihn jedoch an der Sporthose gehalten haben, denn als Freund Karl wieder auf dem Boden aufkam, stand er buchstäblich im Freien, die Hose bauschte sich bereits um die Knöchel, und Karl wäre beinahe darüber gestolpert. Für die Zuseher war das natürlich eine heitere Abwechslung. Karls neuer Schwarm schien sich plötzlich auch nicht mehr zu langweilen, denn wie mir Freunde später versicherten, habe sie plötzlich wie wild zu zeichnen begonnen. Karl wechselte die Hose, das Spiel ging dennoch verloren... Er warf in der Kabine wütend seinen Dress in die Ecke und stürmte grußlos davon. Woran die rassige C. so emsig gezeichnet hatte, bekam ich am nächsten Tag von Karl präsentiert. C. besaß zweifellos Talent; die Bleistiftzeichnung gab Karls erschrockenes Gesicht einschließlich seines blanken Hinterteils unverkennbar wieder.

Mit C. lief es dennoch nicht so, wie es sich mein Freund erhofft hatte. Karl hatte sich mit ihr zum Fischen verabredet und ein lauschiges Plätzchen an der Donau aufgesucht. Plötzlich tauchten zwei ihrer Brüder auf und bedeuteten Karl, es sei für ihn gesünder, wenn er ihre Schwester in Ruhe ließe. Die rassige C. ging Karl von da an aus dem Weg.

In der neuen Saison kam es dann zu einem Trainerwechsel. Der neue Betreuer nahm die Sache jedenfalls ernst, das Training an Schärfe zu, das Verständnis für uns Jüngere in der Mannschaft hingegen deutlich ab. Letztlich war es eine banale Auseinandersetzung, die eskalierte. Stur wie ich war, zog ich während des Trainings grollend die Schuhe aus, säuberte sie an Ort und Stelle vor dem verblüfften Trainer und übergab sie wortlos dem Leo, unserem Zeugwart. Der Trainer wollte den Konflikt aussitzen, meine Enttäuschung über die ungerechte Behandlung steigerte sich in den nächsten Tagen noch und kurz entschlossen meldete ich mich formell vom Verein ab. Das war weder überlegt, noch entsprach es dem Anlass, denn nun stand ich wirklich neben den Schuhen. Nach den Statuten des Fußballverbandes gab es nämlich in der laufenden Meisterschaft keinen Übertritt zu einem anderen Verein.

Sorgen brauchte ich mir deswegen dennoch keine zu machen, denn für Ballkontakt war trotz erfolgter Sperre gesorgt, es gab genug andere, attraktive Möglichkeiten. Zahlreiche Betriebe in Linz, darunter die ESG, das Furnierwerk Howag, Fa. Asdag, die auf Nähmaschinen spezialisierte Fa. Jax, ebenso wie die Schiffswerft beteiligten sich mit starken Mannschaften an einer Betriebsmeisterschaft. Es war damals absolut kein Geheimnis, dass nicht wenige dieser Betriebe das Angenehme mit dem Nützlichen verbanden und bekannte Fußballer bei der Aufnahme bevorzugten. Arbeitskräfte wurden ohnehin reihum gebraucht, und dem Image der Firma tat es auch gut, wenn lebende Werbeträger herumliefen. Unter den Neueinstellungen gab es klingende Namen aus höheren Spielklassen, man konnte sich in der Betriebsmeisterschaft an ihrem Können messen, und das ergab spannende Partien.

Auch Stadt und Land beteiligten sich mit Mannschaften an diesem Bewerb. Der Auswahl des Magistrates fehlte damals ein verlässlicher Mann in der Defensive, ich willigte ein und wechselte damit auch den Arbeitsplatz. Das eigentliche Korsett der Mannschaft, die wahren Leistungsträger, rekrutierte sich aus ehemaligen Spielern der Sparta, einem Vorläufer der SV Stickstoffwerke. Das waren nicht nur ausgezeichnete Kicker, sondern auch Leute, bei denen man sich als junger Spieler wohl fühlte. Mir ging mit diesem Coup der Vereinsfußball mit regelmäßigem, verpflichtendem Training nicht ab.

Begeistert und mit Erfolg wurde aber auch im Hafen der Stadt Linz, meinem neuen Arbeitsplatz, gekickt. Es gab kaum einen Tag, an dem nicht in der Mittagszeit die Kugel rollte. Als Austragungsort der mitunter leidenschaftlichen Duelle bot sich einer der beiden riesigen Getreidesilos an. Jede Bewegung hatte eine Wolke an stets präsenten Staub zur Folge. Warum uns das so wenig störte, kann nur mit unserer Begeisterung erklärt werden... Oft konnte man weder Ball noch Gegner ausnehmen und kollidierte fluchend und hustend mit den Staubsäcken. Schlieren, die der Staub in das verschwitzte Gesicht gezogen hatte, die Augen rotgerändert und tränend, ging (oder humpelte) nachher jeder wieder an seinen Arbeitsplatz

Die nach den Statuten des Fußballverbandes verpflichtende Sperre ging dem Ende zu. Hans, mein Arbeitskollege und Sektionsleiter eines Vereines im Mühlviertel wusste das und bekniete mich die Frühjahrssaison für seinen Verein zu spielen.

„Mir brauchen nur an starken Stopper, dann holn ma den Rückstand vom Herbst leicht auf", war er sich dessen absolut sicher. Ich fühlte mich sehr geschmeichelt durch dieses Vertrauen, mein alter Verein und der neue wurden sich über die Ablösesumme handelseins, und ich unterschrieb. Wie groß der Rückstand aus der Herbstsaison wirklich war, erfuhr ich allerdings erst mehrere Wochen später beim traditionellen Faschingsball im Ort. Die zukünftigen Mannschaftskollegen gefielen mir, die hübschen Mädchen ebenso. Was mich dennoch stutzig machte, war der beachtliche Alkoholkonsum an diesem ausgedehnten Abend. Es dämmerte bereits, als sich der Großteil der Mannschaft reichlich angeheitert auf den Heimweg machte. In weiterer Folge erwies sich diese Wahrnehmung leider als ernstzunehmende Tatsache. Die Infrastruktur war mit meinem einstigen Verein auch nicht im Entferntesten vergleichbar. In der Winterpause stand für das Training ein kahler, unbeheizter Raum mit Betonboden zur Verfügung, den manchmal die Volksschule nutzte. Fatalerweise gab es einen relativ strengen Winter. Zum Training kam jedoch kaum jemand. Der Winter ging vorüber, das Training auf dem Sportplatz geriet zur Farce. Mehrere Wochen vergingen, und kaum mehr als die halbe Mannschaft fand sich ein, komplett wurden wir erst anschließend beim Vereinswirt. Von einem sinnvollen, konditionellen Aufbau für die Frühlingssaison konnte keine Rede sein, es gab ja auch keinen Trainer. Der sich bisher darum bemüht hatte, war hinausgeekelt worden, mein Arbeitskollege, der die Funktion übernahm, war dazu nicht in der Lage. Auf der Anfahrt mit dem Motorrad bestand er nämlich regelmäßig darauf, bei einem kleinen Gasthaus eine kurze Rast einzulegen. Nur ein kleiner Cognac sollte es sein, versprach er mir. Die Wirtin, eine biedere, betagte Frau, schenkte ihm dabei ein und schlurfte dann meist in die angrenzende Küche, um ihrer Arbeit nachzugehen. Dabei ließ sie leider allzu vertrauensvoll die Flasche auf der Theke und in Reichweite von Hans stehen. Der wiederum konnte der Versuchung nicht widerstehen und bediente sich rasch und ausgiebig aus der Flasche. Allerdings vergaß er meist, das Konsumierte auch zu bezahlen. Mir war das furchtbar peinlich, ich bezahlte meinen Kaffee und wartete draußen auf ihn. Dass ich mich, was die Anzahl der Cognacs anbelangt, durchaus nicht geirrt hatte, konnte man anschließend an seiner Gesichtsfarbe ablesen. Hans mühte sich auf die Sitzbank meiner Maschine, und wir fuhren weiter. Der hochprozentige Alkohol entfaltete bereits während der restlichen Kilometer seine Wirkung und Hans hing bereits mehr auf der Maschine, als er saß. Am Sportplatz regelte er den Trainingsbetrieb vom Spielfeldrand aus und mit der Bierflasche in der Hand, niemand aber nahm in mehr ernst. Mir dämmerte, dass unter den gegebenen Umständen der grandiosen Aufholjagd, die er mir versprochen hatte, ein Erfolg nicht beschieden sein konnte. Noch dazu, wo sich die Mannschaft acht Punkte im Rückstand befand. Das erfuhr ich erst zu spät, ich hatte mich zu sehr auf Hans verlassen. Die Frühjahrsmeisterschaft wurde wie erwartet zum fürchterlichen Desaster. Nicht nur, dass es von Spiel zu Spiel immer schwieriger wurde, mit einer kompletten Mannschaft anzutreten, die Ergebnisse waren schlichtweg katastrophal. An den Klassenerhalt des Vereines war offensichtlich nicht mehr zu denken, an einen Erfolg glaubte niemand mehr. Von der Vereinsleitung ließ sich niemand mehr blicken, und in der Mannschaft stiegen die Spannungen und Schuldzuweisungen. Dazu ging das Gerücht um, ich hätte als Legionär sagenhaft verdient, was natürlich blanker Unsinn war.

Die Sechzigerjahre waren gewiss die eigentliche Blütezeit des Betriebssportes. Die für mich stärkste Mannschaft stellte damals die Stahlbau-Montage der VOEST, die sich die „Roten Teufel" nannten. Die Mannschaft spielte etwa Landesliga-Niveau, und wenn sie komplett antrat, stand man zumeist auf verlorenem Posten. Kein Wunder! Was in Linz damals, mit Ausnahme von Akteuren der höchsten Spielklasse, Rang und Namen hatte, fand sich wundersamer Weise in der Mannschaft der „Roten Teufel".

Ein ungemein populärer Bewerb war zu dieser Zeit auch das Neue-/Zeit-Turnier, an dem sich ausschließlich bunt gewürfelte Strassenmannschaften beteiligten. Die „Neue Zeit" war kein esoterischer Klub, sondern die Zeitung der Kommunistischen Partei, die allerdings spätestens nach der Niederschlagung des Prager Frühlings jede Glaubwürdigkeit und somit auch ihre Abonnenten einbüßte. Das Turnier ging einige Jahre unter starker Beteiligung über den Rasen, und ich beteiligte mich auch in einer Mannschaft, die allerdings nie den Lorbeer des Siegers errang. Wesentlich erfolgreicher war eine Mannschaft, die sich zum Großteil aus ehemaligen Kollegen der Jugendmannschaft des SV Tabakfabrik zusammensetzte.

Wer der Droge Fußball einmal verfallen war, kann es nachfühlen: Fußball macht süchtig, und Sucht macht krank! Bisher war ich mit Verletzungen noch relativ glimpflich davon gekommen. Mit dem ersten Seniorenturnier, das ich spielte, riss jedoch abrupt nicht nur die Glückssträhne, sondern auch mein Seitenband im Knie. Natürlich waren mir die Risiken der Halle bewusst. Es war ja nicht nur die erhöhte Belastung der Gelenke und Sehnen. Vor allem waren es die Pausen zwischen den Spielen. Die Muskeln kühlten ab, das neuerliche Aufwärmen vor dem nächsten Spiel geschah nur mehr lax, und es gab mit zunehmender Dauer des Turniers keine ausgeruhten Wechselspieler mehr Wir wurden an diesem Tag Gruppensieger, und nach einer langen Pause ging es im Finale um den Turniersieg. Kurz vor Ende der regulären Spielzeit, es stand unentschieden, kam ich zum Schuss, bekam wohl mit, dass ein Gegner dies mit gestrecktem Bein zu verhindern trachtete, und zog dennoch voll durch.

Die Diagnose war vernichtend, mit dem Fußball war es jedenfalls für Monate vorbei.

Nach neun Monaten Unterbrechung spielte ich wieder. Mein Knie schmerzte noch, aber das war sicher nur eine Frage der Zeit, redete ich mir ein. Die Anfälligkeit für Verletzungen war jedoch nicht mehr zu übersehen. Neuerlich saß ich nach einem unfreiwillig abgebrochenen Spiel einem Unfallarzt gegenüber.

„Über ihre Schäden brauche ich ihnen wohl nichts zu erzählen." Den Nachsatz, „... mit dem Wahnsinn sofort aufzuhören...", vernahm ich nur mehr mit einem Ohr. Das Spiel war doch wunderbar gelaufen, wir waren, bis es geschah, in Führung gelegen, und der Mittelstürmer des Gegners war bei mir gut aufgehoben gewesen... Bei einem Kopfball-Duell kurz nach der Pause geschah es dann. Ich kam schlecht auf, kippte mit dem ohnehin lädierten Knöchel um, ein brennender Schmerz und das war's dann. Wenn ich nur wüsste, wie die Partie ausgegangen ist!

Zum Glück war es kein Bruch, mehr wollte ich eigentlich nicht hören Da hätte ich sonst lange pausieren müssen!

Der junge Arzt sah mir offenbar an, was mich eigentlich bewegte und hob resigniert die Schultern.

„Na dann, viel Glück bis zum nächsten Mal." Das Ende des Satzes hätte er sich getrost sparen können, so gut gefiel es mir hier wirklich nicht. Erwin, der mich ins Krankenhaus gebracht hatte, schob mich in das Gipszimmer, wo mir die Gesichter vertraut waren, und verließ den Raum. Der nette Gipser war momentan noch mit einem hübschen Mädchen beschäftigt, dem er einen Gipsverband um den Unterarm legte. Wir kannten uns vom Fußballplatz her. Der Gipser spielte in der Mannschaft des Krankenhauses, wenn es sein Turnusdienst zuließ.

Die Verletzungen kamen in unschöner Regelmäßigkeit, ich lernte die Gipszimmer in den Krankenhäusern zu unterscheiden. Nicht das es zwischen den erzwungenen Pausen an Versuchen aufzuhören gemangelt hätte. Einmal warf ich die Treter mit den drei weißen Streifen in einem lichten Moment wütend in den Mistkübel – fischte sie aber am nächsten Morgen heraus, ehe die Müllabfuhr kam.

Der endgültige Schlussstrich unter das Kapitel Fußball, dem ich so viele schöne Erinnerungen, aber auch leidvolle Momente verdanke, kam, als in der uns nahe gelegenen, neu errichteten Siedlung nach endlosen Interventionen ein Spielfeld mit Tartanbelag errichtet wurde. Damit sei ein Kristallisationspunkt geschaffen worden, für ein besseres Verständnis untereinander, und damit die Kinder ihrem natürlichen Bedürfnis nach Sport und Spiel nachkommen könnten. So oder ähnlich drückten sich der Reihe nach der zuständige Stadtrat, Gemeinderat und was weiß ich noch für Prominenz in ihren Festansprachen aus. War auch höchste Zeit. Die Kinder wurden als Lärmerreger überall verjagt, und den Teenagern fiel laufend nur Blödsinn ein. Das eingezäunte Spielfeld besaß den richtigen Allwetterbelag und vor allem zwei Tore. Genau das Richtige für meinen kleinen Enkel. Es dauerte allerdings noch einige Zeit und bedurfte beharrlicher Überredungskünste, bis er sich davon überzeugen ließ und seinen Platz vor dem Fernseher räumte. Ich warf mich in den schicken Trainingsanzug, klemmte meinem Enkel den Ball unter den Arm und zog mit ihm los. Auf das Spielfeld durfte allerdings nur Thomas, mir war der Zutritt verwehrt, und die Kinder wachten peinlich darüber, dass sie niemand störte. Die Eltern hatten sich untereinander inzwischen auf einen Modus geeinigt: Bis sechzehn Uhr war der Platz für die Kleinen reserviert, ab achtzehn Uhr kamen die älteren Jahrgänge dran. Großväterliche Typen hatte ich zu meiner Enttäuschung bisher noch nicht auf dem Platz gesehen. Die nächsten Tage kreuzte ich wieder mit Thomas auf. Er spielte mit den Kleinen, dann standen wir beide am Zaun und sahen den Großen zu. Er unwillig und maulend, weil er bereits nach Hause gehen wollte, ich hingegen, weil ich auf eine Chance lauerte.

Erst jetzt konnte ich es dem Wiggerl nachfühlen, dem es Jahrzehnte vorher sicher ähnlich ergangen war. Beinahe täglich stand er vor den Kabinen am Schiffswerft-Platz und bot sich, die abgewetzte Aktentasche zwischen den Füssen, vergeblich den Juxmannschaften als Verstärkung an. Jeder wusste, Wiggerls Zeit war längst abgelaufen, nur er selbst war nicht imstande, das zu kapieren. So stand er und beschwor die Glanzzeiten, als die Torjäger noch die Regel und nicht Mangelware waren wie heute und jedem war klar, dass er sich selbst zu Letzteren zählte. Spitzschießer seien sie allesamt, der schöne Ball könnte einem Leid tun, frozzelte der Wiggerl. Dabei lauerte er darauf, dass sich, egal bei welcher Mannschaft, einer verletzen würde und es keinen Ersatz gab. Ein Wink hätte genügt, und Wiggerl wäre samt Aktentasche, in der sich ohnehin nur seine ausgetretenen Fußballschuhe und löchrigen Socken befanden, in die Kabine gestürmt, um den Koffer nach einem Dress zu durchwühlen.

Vorläufig hatte ich mehr Glück als er und kam zu meiner Chance. Die Jungens brauchten manchmal jemand, damit sie einander als Mannschaft ausgewogen gegenüber standen. Zur Not tat es für sie auch einer, der zwar mit dem Ball umgehen konnte, dennoch aber bereits sichtlich Moos angesetzt hatte. Mir war das egal, Hauptsache ich kam auf diesem schönen Platz zum Zug. Von da an spielte ich regelmäßig. Es gab zwischen uns nie Probleme, ich spielte dort, wo sie mich haben wollten. Vor allem aber beeindruckte mich, wie fair die Spiele abliefen. Die Intensität steigerte sich, manchmal war ich mehrmals die Woche auf dem Platz. Manchmal kam auch einer der jugendlichen Rabauken an unsere Haustüre.

„Er sagt, sie brauchen dich." Die Resignation meiner Frau war unüberhörbar, sie brachte verständlicherweise Fußball nur mehr mit Gips in Zusammenhang. Der an der Tür wartete nicht vergebens auf mich. Obwohl mich alles Mögliche plagte und der Muskelkater kein Ende nahm, versprach ich zu kommen. Hieß es zuerst, bis eine Mannschaft fünf Tore erreicht hat, wird gespielt, war das den Burschen bald zuwenig. Ich spielte wieder, mit sechzig Jahren, ein Greisenalter im Fußball! Die Nachbarn schüttelten die Köpfe, wenn ich schweißgebadet mit dem Rad nach Hause fuhr, meine Frau schwieg dazu. Sie hatte es längst aufgegeben an meine Vernunft zu appellieren.

Die unfreiwilligen Unterbrechungen auf Grund von Verletzungen, meist ohne jede gegnerische Einwirkung, wurden mehr und immer öfter musste ich meinen jungen Freunden absagen. Letztlich erfüllte sich die Prophetie des Kurarztes: Der überhand nehmende Leidensdruck bewirkte, dass ich schweren Herzens nunmehr und unwiderruflich die Schuhe zwar nicht an den sprichwörtlichen Nagel hängte, sondern sie endgültig der Müllabfuhr auslieferte.

Dennoch, sobald mir etwas Rundes entgegenrollt, springt, oder sich auf dem Luftweg nähert, übernimmt heute noch ein Reflex alles Weitere. Es ist wie mit dem ausgedienten Schlachtross in einem bekannten Gedicht von Rainer Maria Rilke, „Den Trommelwirbel im Ohr", mobilisiert das in unzähligen Schlachten geschundene Fleisch alle verfügbaren Reserven, und sei es unwiderruflich zum letzten Mal.

„OUTWACHLER" UND „TORSTANGENBRUNZER"
– mein kurzes, wenngleich unvergessliches Intermezzo als Kicker in Katsdorf

von Richard Wall

*für meinen Neffen, das Fußballtalent
Christoph Wall-Strasser,
Spieler beim SV Gallneukirchen*

Wenn es darauf ankam, stand ich immer „im Abseits". Ich stand immer „abseits" wenn „wir" endlich einmal in den sogenannten Strafraum der gegnerischen Schülermannschaft vor- bzw. eingedrungen waren und eine Chance gehabt hätten, ein Tor zu schießen. Dann hieß es immer, nachdem der Schlusspfiff dem Desaster ein Ende bereitet hatte, wir hätten kein Tor geschossen, weil ich, wenn es darauf ankam, abseits gestanden sei.

Da ich offensichtlich im Eifer des Gefechts nur selten in der Lage war, die von der gegnerischen Mannschaft aufgestellte „Abseitsfalle" zu erkennen, wurde ich zum Verteidiger degradiert, der nun daran arbeiten sollte, „Abseitsfallen" für – richtiger wäre zu sagen: gegen – die gegnerischen Mannschaften zu konstruieren. Auch dabei war ich nicht sehr erfolgreich. Kurioserweise wurde ich sowohl als Stürmer als auch als Verteidiger in der linken Spielfeldhälfte – als Stürmer sogar gelegentlich als sogenannter Linksaußen – eingesetzt, obwohl ich mit dem linken Fuß gar nicht gut – vor allem nicht treffsicher – schießen konnte. Einen Pass abzugeben war eine Glückssache. Nur allzu oft schoss ich den Ball ins Out, treffsicher, mit meinem rechten Fuß.

In den hier nur kurz skizzierten Unzulänglichkeiten, ja Absurditäten, spiegelte sich das Desaster der gesamten „Mannschaft". Der Trainer, nur um einige Jahre älter und selber, wie ich heute rückblickend vermute, als Fußballer auch kein besonderes Talent, hatte manchmal Mühe, elf Spieler zusammenzubringen. Die Aufstellung erfolgte eher willkürlich und nicht alle, die spielten, bzw. spielen mussten, besuchten überhaupt das Training, das einmal in der Woche stattfand. Wir waren ja auch ohne Fußball täglich in Bewegung, diverse raumgreifende Spiele wie Räuber und Gendarm, Cowboy und Indianer und der tägliche Schulweg – in meinem Fall 10 Kilometer mit dem Fahrrad, bei jedem Wetter – hielten uns fit. Das Training war sehr allgemein und keineswegs auf die jeweilige Spielsituation bzw. auf den konkreten Einsatz innerhalb der Mannschaft abgestimmt. An dieser Stelle sind vielleicht ein paar Worte zum „wir", zum Begriff Mannschaft bzw. zur geographischen Lage und ideologischen Heimat dieser Mannschaft angebracht.

Geht man davon aus, dass eine Mannschaft aus „Männern" besteht, so ist der Ausdruck irreführend. „Wir" waren, wie gesagt, mehr oder weniger elf zehn- bis vierzehnjährige Schüler und spielten für oder bei einem Verein, genannt Sport-Union Katsdorf, in der Schülerliga Mühlviertel Ost.

Der Verein war von einigen sogenannten ehrenwerten Männern als christlich-bäuerlicher Gegenpol zu dem schon seit 1955 agierenden ATSV (= Arbeiter-Turn- und Sportverein, ab 1978 ASKÖ) Katsdorf im Jahre 1964 gegründet worden. Ein nicht unerheblicher Aufwand, wenn

373

man die Kleinheit des Ortes bedenkt („Größe" wäre euphemistisch, die Gemeinde Katsdorf registrierte damals rund 1400 Seelen). Der Charakter des Dorfes war auch damals noch von der Landwirtschaft und vom Kleingewerbe definiert; vier Wirtshäuser, zwei Fleischer, zwei Greißler, ein Postamt und ein Bäcker waren Drehpunkte des damaligen Lebens, und, für heute unvorstellbar, es gab im Dorf noch keine einzige Bank, ich glaube, sie ging auch nicht ab.

Nicht wenige griffen sich ob der Tatsache, dass die Gemeinde nun zwei Fußballmannschaften haben werde und die Bevölkerung zwei ehrgeizige Sportvereine werde zu tragen bzw. zu ertragen haben, ans Hirn und stellten die Frage, ob es nicht sinnvoller gewesen wäre, einen überparteilichen Sportverein zu gründen. Da jedoch weder die Politik noch der Sport irgendetwas mit den lebensfeindlichen Regeln der Vernunft zu tun haben, kam es, wie es sich ein Proponentenkomitee in etwa ausgedacht hatte.

Ich kam, nehme ich heute an, deswegen zur Sportunion, weil der Lehrer der dritten Klasse Volksschule, die ich damals zufällig besuchte, zu den hervorragenden Aktivisten der Vereinsgründung zählte. Objektiv gesehen waren alle Gründungsväter – es war keine einzige Frau darunter – Mitglieder der ÖVP, einige auch des Kirchenchores und der Freiwilligen Feuerwehr. Sie betrieben die Vereinsgründung mit enormem Energie- und Zeitaufwand. Darunter, wie gesagt, jener gestrenge Lehrer, der uns beinahe täglich mit dem Einmaleins und der rasanten Zahlenfolge eines zwischen Tafel und Kruzifix aufgehängten Rechenmax' (der ungefähr so groß war wie zwei Schultaschen) beglückte.

Zur Gründungsversammlung des Vereins im Großen Saal des Gasthauses Fischill, in dem sonst Bälle abgehalten und Hochzeiten gefeiert wurden, war mehr oder weniger die gesamte Klasse eingeladen, vielleicht sogar vergattert worden. Wenn ich mich nicht irre, lockte ein Freigetränk, vielleicht gab es sogar ein Paar Würstl. Der genannte Lehrer studierte mit uns – wir waren also plötzlich nicht mehr in einem Gasthaus, sondern wieder in der Schule – die Hymne der neuen sportlichen Gesinnungsbewegung ein. Wir probten stehend, dicht gedrängt, Schulter an Schulter. Ich kann mich noch heute an den Beginn der ersten Strophe, an die Verse im Mittelteil, vor allem jedoch an den Refrain erinnern:

> *Steht zusammen Turner Sportler,*
> *wir sind die neue Zeit!*
> *(...) wir turnen und wir wandern,*
> *wir spielen, schwimmen gern,*
> *Union ist unser Banner,*
> *es weht in Nah und Fern!*

Die beiden letzten Verse, mit einer ansteigenden Melodie unterlegt (zu der auch unterstützende Fanfaren gut gepasst hätten), dienten auch den anderen Strophen als Refrain, und wurden stets am Lautesten, also forte, gesungen. Beendet wurde dieser Prozess einer mentalen Selbstvergewisserung in Richtung sportliche Kampfbereitschaft mit einem dreifachen „Union voran!", so laut, dass die Fensterscheiben klirrten und die Holzdecke vibrierte. Ich hatte damals das erste Mal das Gefühl, Teil einer Gemeinschaft, ja vielleicht sogar einer großen Bewegung zu sein.

Später erkannte ich, dass dies nur Männer so gut und erfolgreich organisieren konnten, die strikte Organisationsmethoden und die Begeisterungsfähigkeit von Massen im NS-Regime erlebt hatten, und nun diese Methoden – mochten sie auch das brutale, Menschenrechte und Menschen verachtende Regime mittlerweile aus diesen oder jenen Gründen ablehnen – sowohl als hanebüchene Didaktik für den Unterricht als auch für die „Freizeitgestaltung" (gab es diesen Begriff damals überhaupt schon?) als im höchsten Maße tauglich und erfolgversprechend erkannten und einzusetzen wussten.

Da im Fußball – nachdem eine Viehweide in ein Fußballfeld umgewandelt und eine Holzkabine errichtet worden war – der Verein bei Null begann, dauerte es Jahre, bis sich dessen Mannschaften – es gab damals nur eine Schüler-, eine Reservemannschaft und die sogenannte „Erste" – ernstzunehmende Positionen erkämpfen konnten. Die „Erste" verlor übrigens im ersten Spiel gegen Sandl (!) 0:9. Ähnlich erging es in den ersten Jahren auch der Schülermannschaft. Gute Spieler einzukaufen war damals völlig unbekannt. Die Spieler kamen alle – vielleicht gab es die eine oder andere Ausnahme – aus dem Ort selber und aus dem Gebiet, das mit dem damaligen Schulsprengel, der nur ein wenig größer war als die Gemeinde, ident war.

Während auf dem Gebiet der Leichtathletik sofort großartige Leistungen erzielt werden konnten, wurden erst im Jahre 1971 sowohl die „Kampfmannschaft"(welch martialischer Ausdruck!), die in der 4. Klasse C spielte, als auch die Schülermannschaft, das erste Mal Meister. Aber zu dieser Zeit hatte ich mit dem Fußball nichts mehr am Hut.

Ich weiß nicht mehr, wann ich das letzte Mal in einer Kabine in meine Fußballschuhe schlüpfte und die Stutzen, die über den Waden kaum hielten, hochzog. Ich vermute, dass ich noch keine vierzehn Jahre alt war. Die Frustration war zu groß, und die Atmosphäre, ja die geistige Beschränktheit auf den Fußballplätzen auch nicht dazu angetan, dass mich dort als Zuschauer etwas gehalten hätte.

Ich entdeckte andere Welten, und die des Fußballs verblassten. Ich hatte, noch keine 16 Jahre alt, mit dem Klettern begonnen, damals eine sehr „abseitige" Betätigung, die bei mir zusammenfiel mit einer gewissen Weltverdrossenheit, ja Weltverachtung, und es begann die Zeit der philosophischen, später auch politischen Diskussionen auf den Berghütten mit einigen wenigen Schulfreunden. Nietzsche erschien uns als der geeignete Partner, dann wurden, in der Nachfolge der 68er Bewegung, die Themen eines Wilhelm Reich, sehr allgemein der Marxismus und die sogenannte Neue Linke aktuell, dazu kamen die Lieder von Bob Dylan, Woody Guthrie, Odetta, Pete Seeger etc. und „On the Road" von Jack Kerouac.

In dem Jahr, in dem die Schülermannschaft ihren ersten großen Erfolg feierte, durchstieg ich, siebzehnjährig, im Gesäuse die tausen Meter hohe Hochtor-Nordwand auf der klassischen Route und den Pichlweg am Festkogelturm, Klettereien zwischen dem III. und dem V. Schwierigkeitsgrad (die Skala reichte damals von I bis VI), ein Jahr später „machten" wir – zwei Zweierseilschaften, mit dabei mein erst 15jähriger Bruder) – u. a. den Biancograt, eine schwierige, kombinierte Kletterei in Fels und Eis in den Westalpen, und damit unseren ersten Viertausender.

Gegenwärtig reicht meine Bereitschaft zwar wieder so weit, dass ich die Ästhetik und die intellektuellen Leistungen eines guten Spiels (das sowohl ein „Gspür" für gemeinschaftliche Interaktion als auch eine überdurchschnittlich athletische und mentale Kondition bei den Mannschaften voraussetzt) anerkenne, sehe jedoch aufgrund des latenten oder sogar offen zur Schau gestellten, ja zelebrierten aggressiven Klimas in den Stadien, und der Kommerzialisierung des Fußballs, der sich den Gesetzen eines schrankenlosen Kapitalismus ausgeliefert hat, kaum Anhaltspunkte, die mich ernsthaft für die Welt des Fußballs begeistern könnten. Als Zuseher in den Stadien käme ich ohnehin nicht in Betracht, da mir seit jeher größere Menschenansammlungen nicht geheuer sind.

Während die Fußballmannschaft der Sportunion Katsdorf mittlerweile unter den besten Vereinen des Bundeslandes aufscheint (sie ist 2007 in die Landesliga Ost aufgestiegen), wurde die Fußballmannschaft des ASKÖ Katsdorf nach der Saison 2005/06 aufgrund der Punkteanzahl und des Torverhältnisses zur schlechtesten Oberösterreichs.

(Ein Abstieg, der, wie mir scheint, parallel zu verlaufen scheint mit dem moralischen und ideologischen Niedergang der österreichischen Sozialdemokratie.)

Die Jahre meiner Initiation in die Welt des Fußballs – auch wenn ich diese, begleitet vom Kopfschütteln Gleichaltriger, die darin vollkommen aufzugehen schienen, bald wieder verlassen habe – möchte ich trotzdem nicht missen. Vielleicht auch aufgrund einiger skurriler Begleiterscheinungen, von denen ich einige schon skizziert habe. Auch folgende Szenen und Bilder sind mir noch lebendig in Erinnerung: Ein ziemlich dünner, schlaksiger Mitspieler vollführte, wenn er das Spiel anderer als Zuschauer verfolgte, ein unglaubliches Gezappel. Er hatte die unbewusste Angewohnheit, die Beinbewegungen des Spielers, der gerade am Ball war, mitzumachen, was bei ihm, ohne zu stolpern, zu einer ständigen Hin- und Herbewegung, zu einem gelegentlichen Überkreuzen der Beine und Hochheben der Füße hinter der Out-Linie zur Folge hatte, ein bizarres Schauspiel, das uns immer so lange erheiterte, bis er, der konzentriert das Spiel verfolgte, sich als Ursache des Gelächters wahrnahm. Eine Zeitlang versuchte er daraufhin, seine Beine unter Kontrolle zu halten und einfach nur zu stehen – bis ihm die Herrschaft über seine Extremitäten – er benötigte ja auch seine Arme, um nicht aus dem Gleichgewicht zu geraten – wieder entglitt.

Und da gab es zwei Brüder, der ältere kleiner und o-beinig, der jüngere größer und mit halbwegs geraden Beinen. Sie waren am Spielfeld streitsüchtige Konkurrenten und konnten nicht zusammenspielen, sodass bei einem ernsthaften Spiel immer nur einer der Brüder eingesetzt werden konnte.

Der Ältere, O-Beinige, hatte beim Training meist eine sogenannte Kloth-Hose an, das war eine auch als Unterhose gebräuchliche kurze

Hose aus schwarzem, wie mir heute scheint, sehr dünnem Baumwollmaterial. Der Bund bestand aus einem einfachen Hosengummi. Dem O-Beinigen war die Hose viel zu weit, sodass sie nicht nur wie eine Fahne um seine Beine flatterte, sondern beim Laufen und Schießen oder in gewissen Schrittstellungen, wie sie sich beim Ballkontakt ergeben, für Bruchteile von Sekunden sein primäres Geschlechtsmerkmal zu sehen war. Ob auch Mädchen, die in geringer Entfernung vom Spielfeld Leichtathletik – also Weitsprung, Sechzig-Meter-Lauf und Schlagball bzw. Kugelstoßen trainierten – derartige Einblicke erhaschen konnten, weiß ich nicht, ist aber wahrscheinlich. Verrutschte Hosen oder Höschen waren damals nahezu die einzige Möglichkeit, Einblicke in die spezifische Beschaffenheit des jeweils anderen Geschlechts zu bekommen und somit das unbeabsichtigte Segment einer aus vielen kleinen Einzelinformationen sich zusammensetzenden, offiziell nicht existierenden Aufklärung.

Und noch eines: Ich vermute, dass ich auf den Fußballplätzen die ersten Englischvokabeln lernte: Out, foul, goal, referee etc.; und ein Wort, das ich nachplapperte, erschien mir als besonders fremd: volley. Wir sagten damals – ich versuche unsere Aussprache in phonetischer Schreibweise wiederzugeben – „wulää". Den Ball „wulää" zu nehmen und gezielt weiterzugeben, das war das Höchste! Jenes Ballspiel, das das Wesen eines Volley-Spiels wohl am besten veranschaulicht, nämlich Volleyball, wurde damals hierzulande noch nicht gespielt; zumindest hörte ich erst viele Jahre später das erste Mal davon.

Was meine sportlichen Ambitionen betrifft, war ich also, um noch einmal den englischen Ausdruck zu gebrauchen, für meinen Austritt aus der Welt des Fußballs, ziemlich wulää übergegangen von einem Spiel, das eine horizontale Fläche voraussetzt, zu einem in der Vertikalen, bei dem allerdings ein Fehltritt über Leben und Tod entscheiden kann.

* * *

a guada riacha
von Joschi Anzinger

da oani rend neizg minuddn
da ounda rend neizg minuddn mid

da oani schdehd en middlbunggd
da ounda schdehd danebm

da oani griagd des leda zehn moi
und driafd nia

da ounda griagd de wuchddl oamoi
und de baddie is gwunga

FUSSBALL IN ST. OSWALD/HASLACH – ES BEGANN AUF DER HOFWIESE

von Franz Gumpenberger

Sport wurde anfangs der 50er Jahre des vorigen Jahrhunderts in der 500-Seelen-Gemeinde St. Oswald bei Haslach am Böhmerwald kaum betrieben. Einzig das Kartenspiel auf Stubentischen oder in rauchigen Gasthäusern und das Glöckeln der Birnenstöcke auf der Großen Mühl, auf Teichen und angelegten Eisbahnen erklang an kalten Wintertagen. In der Schule gab es nur Völkerball und das auf der Straße, weil ja außer Fuhrwerken nichts daherfuhr. Nach der Mittagspause, verschwitzt vom Staub, wuschen wir uns schnell in der örtlichen Brunnenlaube, und dann war das Sitzen in der engen Schulbank wieder erträglich.

Als 1952 der junge dynamische Lehrer Paul Raab in den Grenzort versetzt wurde, baute die Gemeinde die abschüssige Schneiderhäuslwiese mit ca. 25 mal 15 m zu einem Sportplatz aus, und Dachlattentore ohne Netz dienten dem Handballspiel, das Raab vorzüglich lehrte und beherrschte.

Als ich 1955 ins Gymnasium der Jesuiten nach Linz übersiedelte, erfasste mich dort im Heim die Fußballleidenschaft, die ich in den Sommerferien nach Oswald mitbrachte. Mit einem Lederfußball, bestehend aus Gummiseele und Hülle, erstere mit Schlauch aufzupumpen und dann mit Lederstreifen verschnürt, versuchten wir, mit Bundschuhen, Turnschuhen oder bloßfüßig, dieser „Wuchtl" nachzujagen. Manches Gemüse- und Blumenbeet im angrenzenden Garten des Gemeindehauses war leichter zu treffen als das kleine Tor. Mangelnde Standfestigkeit und Schotteruntergrund verursachten schmerzende Zehen, Schrammen und Schürfwunden. Fußballtalente waren bereits erkennbar, z. B. der Neumüller Fritzl mit seinen Riesenhänden als Tormann, der kleine Schneider Franzl huselte quirlig über die Furchen, und der lange Hofer verjagte als Stopper seine Mitspieler, weil sie ihm angeblich die Sicht verstellten. Walter war ein wieselflinker Stürmer und Willi ein Rackerer im Mittelfeld. Vor dem Frühlingsgraswuchs und nach der Heu- und Grummet-Ernte ließ uns der gute Lehner-Bauer auf dem einzigen ebenen Fleckerl Erde in St. Oswald, auf der Lehnerwiese, Fußball spielen. Welch ein Gefühl des freien Laufes und des langen Balles, gespickt mit Sturz in die Maulwurfshügel, in die Mistreste oder Distelkronen.

Langsam wuchs aus den Anfangskickern eine Mannschaft, und in den Ferien kämpften wir Oswalder in Dorfvergleichsländerkämpfen. Ein grandioses Erlebnis war dabei das erste Spiel gegen die Dorfmannschaft von Sprinzenstein, an der Spitze Hyronimus Spannocci, nachmals Bankdirektor und Bezirksjägermeister. Die Hofwiese hinter unserem Haus in Damreith, an den Garten anschließend, bot sich an für ein Spiel neun gegen neun. Frisch gemäht, links durch eine zum Nachbargrundstück abfallende, rechts zum Nachbargrundstück ansteigende, ca. ein Meter hohe schräge Böschung begrenzt, Tore aus Baumstangen, vernagelt, netzlos, die Linien und 11er-Punkte mit Kalk gezeichnet, ergaben gute örtliche Voraussetzungen. Handgeschriebene Plakate, vielleicht auch von der Kanzel verkündet, ich weiß es nicht mehr, auf jeden Fall in den Mühlviertler Nachrichten verlautbart, warben um Zuschauer. Und sie kamen in Massen. Ich sehe sie heute noch sitzen an der Böschungskante, die Füße baumelnd am Abhang, die Ludwignbäuerin, den Poidl-Bauern, den alten Maurer-Bauern, fast alle aus dem Dorf und viele aus der Pfarre, bunt gemischt aus allen Berufen und mit Sicherheit

Die junge St. Owalder Laientruppe vor dem Spiel gegen Sprinzenstein auf der Irnbauern-Hofwiese in Damreith

zu 90 Prozent noch nie auf einem Fußballplatz gewesen. Die Kommentare, wenn sie nur bei der Arbeit auch so rennen würden, warum gibt man ihnen nicht mehr Bälle, warum pfeift der Schiedsrichter usw. bestätigten die letzte Feststellung. Wir Oswalder spielten in weißen Unterleibchen, in Cloth- oder Leinenhosen, die solcherart auch als Unter-, Turn- und Badhose dienten, die Gegner eben nur in Hose und ohne Leiberl, damit man sich in der Hitze des Gefechtes auseinanderkennt. Für viele Zuschauer wieder unerklärbar, schrieen wir am Anfang und am Ende des Spieles laut „Hipp, hipp – hurra!", und das dreimal. Es entwickelte sich ein rasantes Spiel, die jungen Zuschauer feuerten uns unentwegt an, während sich die Frauen älteren Semesters eher über Haushalt und Milchwirtschaft unterhielten.

Stürze und ungewollte Purzelbäume der 18 Rackerer auf der Wiese wurden beklatscht und bestaunt, die Tore, die wir schossen, mangels eines bauschenden Netzes wahrscheinlich gar nicht so wahrgenommen, weil manche unbekümmert am Ende fragten, wer denn gewonnen habe, obwohl wir Oswalder sechs, die Sprinzensteiner aber nur drei Tore geschossen hatten. Wie immer es auch war, der Nachmittag mit dem Fußballspiel verlief für alle als fröhliches Fest in guter Stimmung und der Erkenntnis der Fußballbegeisterten, es möge tatsächlich in St. Oswald weiter Fußball gespielt werden. Ungewaschen schlüpften wir in die Sonntagshosen und feierten mit den Gegnern beim Wirt in St. Oswald das Fest und den Sieg.

Vielleicht war es Einbildung, aber mir kam es vor, als wären die einheimischen Zuschauer nach dem Spiel und dann im Alltag uns Kickern mit einer Spur mehr Achtung begegnet, weil wir „so rennen können und den Ball so weit schießen."

Manche Wiesenpartien gegen die Dörfer der Umgebung waren bis zur Gründung der Sportunion noch notwendig, ehe die Union St. Oswald 1969 in den Meisterschaftsbetrieb ein- und bis zur Bezirksklasse auf- und dann eben wieder abstieg. Der Anfang des Unternehmens Fußball an der böhmischen Grenze war aber sicher das Fußballspielen gegen Sprinzenstein auf der Irbauern-Hofwiese an jenem strahlend schönen Sonntagnachmittag.

Oben das hübsche Klubheim der St. Owalder, ca. 1970, unten die Kampfmannschaft von Union St. Oswald bei Haslach im Juli 1977, damals in der 3. Klasse Nord.

DIE ARBEITERFUSSBALLER AUS PREGARTEN

von Andreas Praher

Der ASKÖ Pregarten zählt neben der Sportvereinigung Freistadt zu den ältesten Fußballvereinen im Mühlviertel. Während im Großteil des nördlich der Donau gelegenen Landesteils erst nach 1945 zum Kicken begonnen wurde, geht die Gründungsgeschichte des ATSV Pregarten bereits auf das Jahr 1922 zurück. Die Entstehung des Vereins hängt eng mit der Geschichte der lokalen Arbeiterbewegung zusammen, die in Pregarten anders als in den meisten Gemeinden des Mühlviertels relativ bald Fuß fassen konnte. Nicht zuletzt deswegen, weil die Gemeinde Pregarten eine heterogene, nicht rein bäuerliche Struktur aufwies. Die ehemalige Drahtfabrik, im Volksmund „Nagelbude" genannt, war der zentrale Arbeitgeber im Ort, der auch Beschäftigte aus dem Umland anlockte.[1]

So waren es 15 Mitglieder der am 1. Dezember 1918 in Pregarten (damals noch: Prägarten) gegründeten Sozialdemokratischen Partei, die 1922 den Arbeiter Turn- und Sportverein ins Leben riefen und die Ortsgruppe Pregarten gründeten. Am 1. April 1928, sechs Jahre nach der Gründung, weist die Vereinschronik einen Stand von 32 Mitgliedern auf, darunter eine Frau. Diese Arbeitersportler frönten vorerst jedoch noch nicht dem Ballspiel, sondern begnügten sich mit dem Radfahren und dem Gerätesport. Den ersten Sportplatz für die Leichtathleten und Turner bildete die „Höflinger Hald", wo sich heute die örtliche Kläranlage befindet. Dort wurde zu einem späteren Zeitpunkt bereits Fußball gespielt, wenn auch in keinem regulär stattfindenden Meisterschaftsbetrieb.

Die Mitglieder des ATSV Pregarten im Jahr 1926 vor der Gerätehütte in der „Höflinger Hald".

Die politischen Ereignisse des Jahres 1934 brachten für den ATSV Pregarten, wie auch für die übrigen Arbeitersportvereine, ein absolutes Betätigungsverbot. Einige Funktionäre wurden angeklagt und verhaftet, die Sporthütte und sämtliche Sportgeräte ersatzlos eingezogen, schriftliche Unterlagen sowie Bilder vernichtet. Das gesamte Inventar des Arbeiter-Radfahrvereins wurde beschlagnahmt und der Gemeinde übergeben. Trotz des Verbotes lebte die Sportgemeinschaft im Untergrund weiter. Unter Decknamen wurden in den Städten Vergleichskämpfe und Zusammenkünfte durchgeführt. Die große Stunde des Fußballsports auf Pregartner Boden sollte jedoch erst zwei Jahre nach dem Ende des Zweiten Weltkriegs kommen.[2]

1 Vgl.: Ortschronik Pregarten. Pregarten 2000. S. 78.
2 Vgl.: 80 Jahre ASKÖ Pregarten. S. 13-14.

Mit dem Holzvergaser zu den Spielen

Neu gewonnene und ehemalige Mitglieder des 1934 verbotenen und aufgelösten ATSV gründeten noch im Jahre 1945 den Nachfolgeverein. Diesmal war es von Beginn an die Fußball-Sektion, die das sportliche Geschehen innerhalb des Vereins prägte. Die Geschicke des Vereins führte der Telegraphenwerkmeister Franz Mörixbauer.

Pregartens erste Fußballmannschaft bei einem Spiel gegen eine sowjetische Militärelf 1946.

Im Herbst 1947 stieg der ATSV Pregarten erstmals in die Meisterschaft ein und spielte fortan in der 2. Klasse Gruppe B. Mit acht Siegen aus acht Spielen errangen die Neueinsteiger den Herbstmeistertitel und ließen auf Anhieb die Bezirksstädte Freistadt und Perg hinter sich. „ATSV Pregarten hat's geschafft" titelte der Mühlviertler Bote am 28. Oktober 1947. „Vergangenen Sonntag wurde nun auch in der Gruppe B die letzte Meisterschaftsrunde ausgetragen. Nach Gallneukirchen in der Gruppe A gelang es im unteren Mühlviertel dem Neuling ATSV Pregarten durch einen 8:2-Sieg über Hellmonsödt den Herbstmeistertitel zu erringen. Von Sieg zu Sieg ist die junge Mannschaft in der verflossenen Meisterschaft geeilt und nun führt sie verdient die Tabelle an."[3] Die damalige Fußballbegeisterung lässt sich aus den Zeilen der Vereinschronik herauslesen: „Erfolg des ATSV in Steyregg. Zu einem Fußballspiel in Steyregg fahren drei Lastautos Sportfreunde als Zuschauer mit, darob in Steyregg großes Erstaunen über die Sportbegeisterung der Pregartner. Pregarten gewinnt 3:2." Einer dieser mitgereisten Zuschauer war Erich Prandstötter, langjähriger Spieler und Obmann des Vereins. Bereits sein Vater war vor dem Zweiten Weltkrieg Mitglied des Arbeiter-Radfahrvereins gewesen. „Mein älterer Bruder hat schon Fußball gespielt, mit dem bin ich öfter mitgegangen. Einmal sind wir mit dem Lastwagen, einem Holzvergaser mit offener Ladefläche, nach Grein gefahren. Das hat ewig gedauert, wir sind dann auch zu spät zum Spiel gekommen. Aus heutiger Sicht wäre der nicht mehr verkehrstüchtig", erinnert sich Prandstötter. Den Titelgewinn der Herbstmeisterschaft gegen Steyregg 1947 bezeichnet Prandstötter als sein schönstes Kindheitserlebnis, damals war er noch keine zehn Jahre alt.

In Erinnerung geblieben sind ihm auch die Fußballspiele gegen die sowjetischen Besatzungssoldaten, die nach 1945 in Pregarten stationiert waren. Diese hätten schon auf einer Wiese neben seinem Elternhaus in der Zainze Fußball gespielt. Dass die Russen sehr rasch an dem Ballspiel Gefallen fanden und sich um den Fußballsport bemühten, lässt sich aus folgenden Zeilen herauslesen. „Pregarten – Die russische Garnison bemühte sich um einen Vergnügungspark und um einen Sportplatz."[4] Die Spiele gegen die Russen verliefen jedoch nicht immer konfliktfrei, da die Besatzer unter allen Umständen als Sieger vom Platz gehen mussten. Als Spielstätte diente der Sportplatz in der Tragweinerstraße. Dieser wurde ursprünglich vom Deutschvölkischen Turnverein erbaut, fiel nach dem Anschluss an das Dritte Reich 1938 in das Deutsche Eigentum und wurde

---

3 Mühlviertler Bote. 28. Oktober 1947.
4 Chronik Wenzelskirche. 2. September 1945.

Die Mannschaft des ATSV Pregarten 1948.

nach 1945 von den Besatzern leihweise zur Verfügung gestellt. Ein angemietetes Grundstück ermöglichte den Fußballbetrieb.

Im Alter von 15 Jahren begann Prandstötter beim Verein Fußball zu spielen, zuerst im Mittelfeld und später als Libero. „Von einer Wiese war damals keine Rede. Außer einem steinigen Hartplatz und einer Holzhütte war nichts da." Generell sei es auf dem Fußballplatz ziemlich rau zugegangen. „Besonders turbulent waren die Lokalderbys zwischen Pregarten und Wartberg. Da ist gestritten worden bis zur Rauferei." Strafen hätte es keine gegeben, weil auch die Schiedsrichter noch nicht so geschult gewesen seien. „Training gab es auch keines, weil kein Trainer da war", beschreibt Prandstötter die damalige Situation.

Der ATSV Pregarten als Stiefkind der Politik

Nach dem rapiden sportlichen Aufstieg in der Nachkriegszeit folgte in den 50er Jahren der tiefe Fall und das vorübergehende Ende des Pregartner Fußballs. Als das Areal bei der Tragweinerstraße zu klein wurde und eine anderwärtige Verbauung keine Vergrößerung des Sportgeländes zuließ, musste der Spielbetrieb eingestellt werden. Die Sportplatzfrage führte letztlich dazu, dass der damalige ATSV 1950 in SV Pregarten umbenannt wurde, um nicht mehr nur von einer Partei abhängig zu sein. Damit einher ging die Wahl eines komplett neuen Vorstands. „Der Verein sollte für die Allgemeinheit geöffnet werden. Doch genau das Gegenteil passierte. Drei Jahre später waren keine Funktionäre mehr da, und keiner kümmerte sich mehr um den Verein", erzählt Prandstötter. Die Sportplatzfrage eskalierte, und die Pregartner Fußballer suchten Unterschlupf bei der Konkurrenz in Wartberg. Für ein paar Jahre wurden die Heimspiele noch in Wartberg ausgetragen, bis 1955 der Fußballbetrieb schließlich gänzlich eingestellt und der SV Pregarten mangels Funktionären und Sportplatz ruhend gemeldet wurde.[5] Die Politik zeigte kein Interesse am Fußball, und Pregarten musste drei Jahre ohne eigenen Verein auskommen. Viele Spieler wechselten damals das Lager und gingen nach Wartberg. Prandstötter, der eine Lehre als Installateur begann, ging nach Linz und kehrte erst in den 60er Jahren zurück.

---

5   Vgl.: 80 Jahre ASKÖ Pregarten. S. 14.

Im dritten Anlauf zum unrühmlichen Meistertitel

Doch keine drei Jahre nach der Auflösung sollte es erneut zur Neugründung kommen. 1957 knüpfte ein Proponenten-Komitee Kontakte zur ASKÖ Oberösterreich. Dies führte am 26. Jänner 1958 zur Gründung des dritten ATSV Pregarten. Unter den Gründungsmitgliedern befanden sich der Gebietskrankenkasse-Angestellte Karl Bachler, der ehemalige Gemeindesekretär und heutige Ehrenobmann des Vereins Josef Bachner, der Telegraphenbaubeamte Ludwig Bauer, der Angestellte Karl Bauer, der Bundesbahnbeamte Franz Jaksch, Siegfried Kogler, der Bautechniker Erwin Meisel und der VOEST-Facharbeiter Alois Resch. Letzterer wurde bei der Gründungsversammlung zum Stellvertreter gewählt, Obmann des Vereins wurde Josef Bachner. Ein Pachtvertrag mit der ASKÖ sicherte die Benützung des Sportplatzes des ehemaligen Deutschen Turnerbundes. Als Vereinslokal dienten zwei Räume im Gasthaus des ehemaligen Vizebürgermeisters Georg Hauser. Die Vereinsbesprechungen fanden im Gasthaus Hochholdinger statt. Der Gastwirt stellte dafür einen eigenen Raum zur Verfügung.

Aus finanziellen Gründen fristete der Fußball jedoch ein Schattendasein. „Anfang der 60er Jahre gab es viele Gegner des Fußballs im Verein. Fußball hat im Gegensatz zu Faustball Geld gekostet, nicht alle waren davon überzeugt", erinnert sich Prandstötter, der nach seinem Lehrabschluss wieder nach Pregarten zum ATSV zurückkehrte und dort die Faustballsektion übernahm. „Fußball gab es ja nicht."

Die erneute Gründung des ATSV blieb aber nicht ohne Folgen. Schon ein Jahr darauf stellte die Union Pregarten eine eigene Fußballmannschaft auf die Beine, in der die Spieler des ATSV unter Zusicherung der kostenlosen Freigabe bei einer Rückkehr zum ATSV, einen Teil der Stammspieler stellten. Im Lehmabbaugebiet des Ziegelwerkes bekamen die Union-Kicker einen provisorischen Fußballplatz, die ersten Heimspiele wurden wie schon in den 50er Jahren in Wartberg ausgetragen. Während die Fußballfraktion des ATSV noch weitere fünf Jahre warten musste, sammelte die Union ab 1961 Erfahrung in der Meisterschaft.

Trotz der Bemühungen des Vorstands um eine eigene Heimstätte musste sich der ATSV noch bis 1961 gedulden, ehe ein geeignetes Grundstück in der Gutauerstraße gefunden werden konnte. Nachdem ein Vorschlag, dort eine zentrale Sportstätte zu errichten, von der Gemeinde nicht angenommen wurde, begannen die Mitglieder des ATSV 1963 mit dem Ausbau einer eigenen Sportanlage. Zeitgleich kam es zur Gründung einer Fußballsektion unter Leo Mörixbauer. Neben einem Fußballfeld samt Zuschauertribüne entstanden an der Gutauerstraße ein Faustballfeld und eine Leichtathletikanlage. Mit der Fertigstellung des Sportheimes, welches einen Sitzungssaal, zwei Umkleideräume samt Sanitäreinrichtungen und eine Schiedsrichterkabine beherbergte, konnte der ATSV 1968 den vollen Spielbetrieb aufnehmen.[6] „Ich habe am Vormittag Faustball gespielt und am Nachmittag Fußball", schildert Prandstötter. 1966 stiegen die Fußballer in die Meisterschaft ein und holten 1968/69 mit 27 Punkten

Die Meistermannschaft von 1981 nach dem Titelgewinn in der 2. Klasse Nord Mitte mit dem damaligen Obmann Erich Prandstötter (1.v.r. stehend)

6 Vgl.: 80 Jahre ASKÖ Pregarten. S. 15-16.

den Meistertitel in der 4. Klasse C vor Union Katsdorf.[7] Ein Erfolg, der unbelohnt blieb, da die 4. Klasse am Ende der Saison aufgelöst wurde und der ATSV fortan in der 3. Klasse Nordost dahintümpelte, während der Lokalrivale Union immer um ein bis zwei Klassen besser war. Prandstötter erinnert sich an das Meisterjahr: „Einige von uns spielten damals für die Union, die waren eine Klasse vor uns. Der Meistertitel hatte nichts gebracht."

Der im Bau befindliche Sportplatz in der Gutauerstraße im Jahr 1964

Konkurrenz belebt das Geschäft

Das änderte sich 1981, als der nunmehr als ASKÖ Pregarten spielende Verein mit einem Punkt Vorsprung vor der DSG Union Rainbach in der 2. Klasse Nord Mitte den Meistertitel holte und in die erste Klasse Nordost aufstieg. Die kommenden Jahre waren von Höhen und Tiefen geprägt. Dem Abstieg erfolgte der erneute Aufstieg, ehe im Frühjahr 1997 das Meisterstück in der 1. Klasse Nordost gelang und der ASKÖ Pregarten in die Bezirksliga Nord aufstieg. Den bisher größten Erfolg konnte der ASKÖ Pregarten mit dem Meistertitel in der Bezirksliga Nord 2001 verbuchen. Nach einem Gastspiel von drei Saisonen in der zweiten Landesliga Ost erfolgte 2004 jedoch der Abstieg.[8] Heute spielt sowohl der ASKÖ als auch die Union in der Bezirksliga Nord, in der auch Wartberg vertreten ist. Zu den Lokalderbys kommen an die 500 Zuschauer. Das beweist einmal mehr, dass Konkurrenz das Geschäft belebt und sich der Fußball in Pregarten trotz vorherrschender Zweifel und wenig Unterstützung durchsetzen konnte.

---

7 Vgl.: Fußball in Oberösterreich. S. D65.
8 Vgl.: 80 Jahre ASKÖ Pregarten. S. 28-29.

FUSSBALLBIOTOP KOHLENREVIER

von Michael Eisl und Robert Schwarzbauer

> Ab Mitte des 18. Jahrhunderts wurde im Hausruck Kohle abgebaut, zunächst im sogenannten Ostrevier, ehe 1855 der Zusammenschluss zur Wolfsegg-Traunthaler-Kohlenwerks- und Eisenbahn-Gesellschaft erfolgte, aus der 1911 die WTK AG hervorging. Der Kohleabbau verlegte sich im Laufe der Jahre immer weiter nach Westen (mit den Zentren Thomasroith und Ampflwang), ehe er am 24. Mai 1995 endgültig eingestellt wurde.
>
> Wichtigste Voraussetzung für das Entstehen der Arbeiter-Turnvereine im Kohlenrevier waren die Arbeitsgesetze von 1919, die die tägliche Arbeitszeit auf 8 Stunden und die wöchentliche auf 48 Stunden begrenzten. Dadurch konnte eine Freizeitkultur entstehen, in der der Sport eine wichtige Rolle einnahm.

Fußball in Ampflwang

Mit seinen aktuell 3600 Einwohnern ist Ampflwang die größte Gemeinde im westlichen Kohlenrevier. Wie die Nachbargemeinden Ottnang und Wolfsegg ist man auch hier nach dem Ende des Kohleabbaus von einem tief greifenden Strukturwandel betroffen. Statt auf Kohle setzt die Gemeinde nun auf Tourismus, ein Unterfangen, das durch die Landesausstellung 2006 wesentliche Impulse erhalten hat. Kaum ein Besucher dürfte sich aber bewusst gewesen sein, dass das Eingangsgebäude der Ausstellung einstmals auch als Kabine und Dusche für den Fußballklub Verwendung gefunden hat.

ASKÖ Ampflwang

Gegründet: 1921 als ATSV Ampflwang; Umbenennung in ASKÖ Ampflwang am 8. April 1978
Farben: Rot-Schwarz
Dachverband: ASKÖ

Erfolge: Meister 1950/51 und 1955/56 (2. Klasse D), 1958/59 (1. Klasse West), 1965/66 (Bezirksliga West) und 2005/06 (2. Klasse Mitte-West)
Teilnahme an der OÖ Landesliga 1959/60 und 1966/67

Über die Gründung des Vereins im Jahr 1921 sowie über die Folgejahre liegen keine schriftlichen Quellen vor. Sicher ist, dass das sportliche Schwergewicht in den Anfangsjahren wie bei den benachbarten Arbeiter-Sportvereinen beim Turnen lag.

Zu Beginn der 30er Jahre dürfte jedoch bereits eine Fußballsektion existiert haben. Gespielt wurde, wo es sich eben ergab, in der Regel auf einer frisch gemähten Wiese. Die Gegner waren Vereine aus den Nachbarorten Holzleithen und Thomasroith. Gegen ATSV Kohlgrube verlor man am 31. August 1930 ein Spiel mit 3:11. Der ATSV Ampflwang wurde nach dem Bürgerkrieg im Februar 1934 zwar aufgelöst, doch kurze Zeit später gründete man den SV Ampflwang, der im Herbst 1938 sogar an der Meisterschaft teilnahm.

Ergebnisse des SV Ampflwang in der Kreisklasse West 1938/39:

20.08.1938	H	2:4	SV Ebensee
25.09.1938	A	2:7	Reichsbahn SV Attnang
02.10.1938	A	0:22	Welser SC 1912
09.10.1938	H	0:8	SV Gmunden
16.10.1938	H	0:2	SV Vöcklabruck
30.10.1938	A	1:3	Deutsche TSG Steyermühl
06.11.1938	H	2:7	SK Lambach

Im November 1938 zog sich der Verein aus der Meisterschaft zurück, und alle Resultate wurden aus der Wertung genommen. Die Heimspiele trug Ampflwang bereits damals auf einem Fußballplatz aus, der von der WTK zur Verfügung gestellt wurde.

Offiziell wurde der ATSV Ampflwang zwar erst am 1. Juni 1946 wieder gegründet, bereits am 27. Mai 1945 bestritt man jedoch ein Freundschaftsspiel beim TSV Schlägel & Eisen in Thomasroith. Auch der alte Fußballplatz, der zwischenzeitlich als Gemüseacker Verwendung gefunden hatte, musste erneuert werden. Nahe der Sortieranlage gelegen, wies der Platz eine leichte Neigung auf und war bei den Gegnern gefürchtet. Fürchten musste man sich allerdings gelegentlich auch vor so manchen Anhängern des Fußballvereins. Grund dafür war, dass als Kabine die „Kaue", das Dusch- und Umkleidegebäude für die Bergleute, benutzt wurde: Für die gegnerische Mannschaft, aber auch für unliebsame Schiedsrichter konnte der Weg vom Sportplatz zu dem 300 Meter entfernten Gebäude zu einem regelrechten Spießrutenlauf werden. So kam es sogar einmal vor, dass eine besonders fanatische Anhängerin des ATSV Ampflwang, die mit den Entscheidungen des Schiedsrichters nicht einverstanden war, diesen auf seinem Weg zu den Kabinen einholte und ihn kurzerhand mit einem ihrer Schuhe verprügelte.

Die WTK stellte in der Anfangszeit nicht nur den Fußballplatz und die Infrastruktur zur Verfügung, Bergmänner wurden auch für Trainingseinheiten und Spiele freigestellt. Zu den Auswärtsspielen in der näheren Umgebung konnte der Verein die Schichtwägen des Betriebs benutzen und auch ein paar Anhänger mitnehmen.

Der Gewinn der Meisterschaft in der 2. Klasse D 1955/56 markierte den Beginn der erfolgreichsten Ära des ATSV Ampflwang, die bis Ende der 60er Jahre dauern sollte. Erster Höhepunkt war der Meistertitel in der 1. Klasse West 1958/59 und der Aufstieg in die oberösterreichische Landesliga.

Das Fehlen eines eigenen Platzes erwies sich nun als gravierender Nachteil. Der alte Fußballplatz war bereits 1958 wieder von der WTK übernommen worden. Bis zur Fertigstellung des Hausruckstadions 1962 musste man die Heimspiele auf dem Fußballplatz im benachbarten Holzleithen austragen, einer der Hauptgründe für den Abstieg nach nur einer Saison.

Die große Mannschaft des ATSV Ampflwang mit Dominik Rosner, Manfred Hemetsberger und später auch Ernst Helml sorgte damals für Furore. Zur Eröffnung des Hausruckstadions am 14. Juli 1962 wurde der ASK Salzburg mit 5:2 nach Hause geschickt, und 1965 konnte man mit dem Meistertitel der Bezirksliga West erneut den Aufstieg in die Landesliga feiern.

Fußball in Ottnang:

Die 3700 Einwohner-Gemeinde Ottnang im Hausruck stellt ein Kuriosum im oberösterreichischen Fußball dar. Nicht weniger als fünf Vereine gab es bisher, die am Meisterschaftsbetrieb teilnahmen.

Der TSV Ottnang, gegründet von unzufriedenen Reservespielern des ATSV Kohlgrube, nahm allerdings nur in der Saison 1951/52 an der Meisterschaft der 3. Klasse D teil. Nach 21 Niederlagen in 22 Spielen und einer Tordifferenz von 17:101 löste sich der Verein, der seine Heimspiele übrigens auf dem Sportplatz in Kohlgrube austrug, wieder auf. Immerhin gab es zwei Derbies gegen den TSV Schlägel Eisen Thomasroith. Am 17. September 1951 verlor man zuhause mit 0:13, und am 27. April 1952 in Thomasroith mit 1:11.

Zu jener Zeit kamen auch Mannschaften mit großen Namen ins Kohlenrevier: 1968 unterlag der ATSV Ampflwang dem FK Austria Wien mit 1:5. Ein Jahr später war anlässlich der 800-Jahre-Ampflwang-Feier der FC Wacker Innsbruck zu Gast. Wieder schlug man sich tapfer und verlor lediglich 0:4.

In den Fußballmeisterschaften ging es jedoch stetig bergab. Mitte der achtziger Jahre war mit dem Abstieg in die 2. Klasse die Talsohle erreicht. Der Wiederaufstieg in die 1. Klasse glückte erst in der Saison 2005/06. Trainer der Meistermannschaft war Ernst Helml, der als Spieler schon 1965 maßgeblich am Aufstieg des Vereins in die Landesliga beteiligt gewesen war. Und wie damals folgte der Abstieg nur ein Jahr später.

Gegenwärtig ist ein Konsolidierungs-Kurs angesagt. Zwar haben etliche Spieler den Verein verlassen, was zu einer drastischen Verjüngung der Mannschaft geführt hat. Man wird in den kommenden Jahren verstärkt auf den heimischen Nachwuchs setzen müssen – ein Weg, der Erfolg bringen sollte, um das Fortbestehen des Vereins längerfristig zu sichern.

Hausruckstadion in Ampflwang, Jänner 2008

Den einzigen Sieg feierte der TSV am 20. April 1952 zuhause mit einem 2:1 über den TSV Frankenmarkt.

Schon wesentlich erfolgreicher waren die Vereine ATSV Holzleithen, Union Bruckmühl, ATSV Thomasroith und TSV Schlägel Eisen Thomasroith sowie die SPG Thomasroith und die SPG Holzleithen/Thomasroith.

Union Bruckmühl

Gegründet: 23. Juni 1962
Farben: Schwarz-Weiß
Dachverband: Union
Erfolge: Meister 1978/79 (2. Klasse Mitte-Süd), 1980/81 (1. Klasse Mitte-West), 1985/86 (2. Klasse Mitte-Süd), 1986/87 (1. Klasse Mitte-West), 2003/04 (2. Klasse Mitte-West) und 2006/07 (2. Klasse Mitte-West)

Im Sportgeschehen des Kohlenreviers nimmt die Union aus Bruckmühl gleich in mehrfacher Hinsicht eine Sonderstellung ein: Im Vergleich zu den Nachbarklubs ist man nicht nur der mit Abstand jüngste, sondern auch der einzige politisch schwarze Verein. Wie Holzleithen und Thomasroith ist auch Bruckmühl ein Ortsteil der Gemeinde Ottnang. Während sich die Fußballklubs der erstgenannten Orte auf Traditionen als Bergmanns- und Arbeitervereine stützen konnten, entstand der Sportverein in Bruckmühl im Umfeld der Ende des 19. Jahrhunderts errichteten Pfarre.

Sportbegeisterte Mitglieder der katholischen Jugend initiierten 1962 einen Sportverein, dem anfänglich sogar vom eigenen Dachverband kaum Überlebenschancen eingeräumt wurden. Auch seitens der Gemeinde Ottnang hielt sich die Begeisterung über einen weiteren

Bruckmühl mit Sportplatz (im Bild rechts oben)
(Quelle: Union Bruckmühl)

Fußballverein in Grenzen, da man Anfang der 60er Jahre mit drei existierenden Fußballklubs ohnehin ausreichend versorgt war.

In Bruckmühl blieb man hartnäckig, konnte am 23. Juni 1962 die Gründungsversammlung durchführen und wurde Anfang Juli in die Sportunion aufgenommen. Maßgebliche Unterstützung kam von der Pfarre und vom örtlichen Franziskanerkloster, das nicht nur die Räumlichkeiten für die Turn- und Tischtennissektion zur Verfügung stellte, sondern auch die Sportwiese

Sportplatz Bruckmühl, Jänner 2008

für die ersten Leichtathletikveranstaltungen. Aus diesem Austragungsort wurde später der Fußballplatz, dessen Errichtung nicht zuletzt durch die Initiative von Pfarrer Bruno Rupprechter bereits im Gründungsjahr in Angriff genommen wurde.

Auf die Fertigstellung des Platzes wollte man jedoch nicht warten. Deshalb spielte man zwischen 1963 und 1967 auf der Neuwirten-Wiese in der benachbarten Ortschaft Redl. Dass dieser Fußballplatz die Spielgenehmigung erhielt, wird von altgedienten Funktionären noch heute als Wunder bezeichnet...

Ein kleines Detail am Rande: Auch der oberösterreichische Fußballverband dürfte den Fußballambitionen des jungen Vereins skeptisch gegenübergestanden sein. Ehe die Fußballsektion von Union Bruckmühl 1963 den Spielbetrieb aufnehmen konnte, mussten sich 38 Spieler beim Fußballverband schriftlich zur Teilnahme an der Meisterschaft verpflichten. Der Fußballbegeisterung scheint dies keinen Abbruch getan zu haben. In der 3. Klasse F legte man einen ausgezeichneten Start hin und beendete die Meisterschaft auf dem zweiten Platz mit 16 Siegen und dem imposanten Torverhältnis von 90:42.

Die Adaptierung der Sportwiese als Fußballplatz erforderte einen immensen Arbeitsaufwand. Bis zur Fertigstellung musste das sumpfige Terrain trockengelegt und entsprechend aufgeschüttet werden. Seit August 1967 wird auf der Pfarrwiese im Schatten des Kirchturms gespielt.

Das bereits angesprochene Engagement des Ortspfarrers im Verein dürfte auch der Grund sein, weshalb man sich bei Auswärtsspielen bei den „roten" Nachbarvereinen die Bezeichnung „Pfarrersbuben" gefallen lassen musste. Die Bruckmühler Fußballer mögen Pfarrersbuben gewesen sein – Ministranten waren sie keine. Von Beginn an versuchten sie, den alteingesessenen Mannschaften Paroli zu bieten. Besonders bei den ersten Derbies gegen die Ligakonkurrenten ATSV Holzleithen und ATSV Thomasroith ging es heiß her und das eine oder andere Mal wurde die sportliche Auseinandersetzung in den Wirtshäusern handgreiflich fortgesetzt.

Aus dem öffentlichen Leben in der Gemeinde war die Union Bruckmühl bald nicht mehr wegzudenken. Neben der Gründung weiterer Sektionen (Asphaltschützen, Leichtathletik, Wintersport) war der Verein mit zahlreichen Veranstaltungen auch kulturell recht aktiv. Beispielsweise wirkte bei der 20-Jahr-Feier eine vereinseigene Volkstanzgruppe mit.

Auf den ersten großen Erfolg musste die Fußballsektion von Bruckmühl dennoch 16 Jahre warten. Mit dem Meistertitel in der 2. Klasse Mitte Süd in der Saison 1978/1979 begann für den Verein eine regelrechte Berg- und Talfahrt. Einem weiteren Meistertitel 1981 in der 1. Klasse Mitte West und dem erstmaligen Aufstieg in die Bezirksliga folgte prompt ein Absturz. Bereits 1985 befand man sich wieder in der zweiten Klasse. Zwei weitere Meisterschaftstitel in den Jahren

Sportplatz Bruckmühl, Jänner 2008

1986 und 1987 markieren den Beginn der bislang erfolgreichsten Ära des Fußballclubs, der sich in der Folge fünf Jahre lang in der Bezirksliga halten konnte.

Das Rezept für die Erfolge der achtziger Jahre: Ein sicheres Händchen bei der Verpflichtung erfolgreicher Spielertrainer sowie ein entsprechender Zusammenhalt in der Mannschaft, die sich in dieser Phase fast ausschließlich aus Eigenbauspielern zusammensetzte. Gefürchtet waren die Bruckmühler nicht nur damals wegen ihrer Betonabwehr. Die Defensivabteilung stellt während der gesamten Vereinsgeschichte das Prunkstück des Klubs dar. Auch in Spieljahren, in denen der Erfolg ausblieb, kassierte man vergleichsweise wenige Gegentreffer.

In der Zwischenzeit war auch die Sportanlage modernisiert worden und hatte 1982 ihr heutiges Aussehen erhalten. Der Fußballplatz wurde verlängert und erhielt neue Kabinen und ein eigenes Klubheim.

Mitte der 90er Jahre schlitterte Union Bruckmühl in eine Krise, die beinahe das Aus für die Fußballsektion bedeutet hätte: Nachdem etliche erfahrene Kicker den Verein verlassen hatten, ging es plötzlich nur noch darum, den Spielbetrieb überhaupt aufrecht zu erhalten. Christian Pohn, Sektionsleiter seit 1996, ist es jedoch gelungen, das Ruder herumzureißen. Die Nachwuchsarbeit wurde forciert, gleichzeitig hat man sich in der Nachbarschaft nach brauchbaren Spielern umgesehen, was dem Verhältnis zu den anderen Fußballvereinen in der Region nicht eben zuträglich war. Um einen Kern aus routinierten Spielern wurde eine schlagkräftige Mannschaft aus jungen Eigenbauspielern geformt, der es nach einer mehrjährigen Durststrecke tatsächlich gelungen ist, den Erfolg nach Bruckmühl zurück zu holen. 2004 und 2007 wurden weitere Meisterschaftstitel eingeheimst, und aktuell rangiert man in der 1. Klasse Süd im oberen Tabellendrittel.

Dennoch ist nicht alles eitel Wonne im Verein. Natürlich würde man sich über einen erneuten Aufstieg in die Bezirksliga freuen, gleichzeitig sind die Routiniers aber in die Jahre gekommen. Die Nachwuchsarbeit wird durch geburtenschwache Jahrgänge nicht einfacher, gute Spieler landen früher oder später bei höherklassigen Vereinen.

Ein noch größeres Problem stellt für Bruckmühl aber die dünne Funktionärsdecke dar. Im Augenblick wird der Verein zwar durch ein kleines, engagiertes Team gut geführt und der fehlende Funktionärsnachwuchs durch verstärkten Einsatz der Mitarbeiter wettgemacht, doch Nachwuchs auf Funktionärsseite ist keiner in Sicht.

Finanziell hat man im Augenblick wenig Sorgen. Durch die hohe Vereinsdichte in Ottnang bleiben Förderungen seitens der Gemeinde marginal. Die Haupteinnahmequelle bildet ein dreitägiges Hallenfest, das jährlich um die 1000 Besucher anlockt.

Arbeiter Turn- und Sportverein Thomasroith

Gegründet: 1921
Einstellung des Spielbetriebes 1999
Farben: Blau-Weiß
Dachverband: ASKÖ
Erfolge: Meister 1967/68 (4. Klasse G)

Turn- und Sportvereinigung Schlägel und Eisen Thomasroith

Gegründet: 1934
Farben: Grün-Schwarz
Dachverband: ASVÖ
Erfolge: Meister 1962/63 (2. Klasse Süd)

Spielgemeinschaft Thomasroith:

Spielgemeinschaft von ATSV Thomasroith und TSV Schlägel und Eisen Thomasroith
Gegründet: 25. Juni 1980
Auflösung: Sommer 1999
Farben: Rot-Weiß
Erfolge: Meister 1981/82 (1. Klasse Mitte West) und 1988/89 (2. Klasse Mitte Süd)

Spielgemeinschaft Holzleithen/Thomasroith:

Spielgemeinschaft von TSV Schlägel und Eisen Thomasroith und ATSV Holzleithen Gegründet: Sommer 2001
Erfolge: Vizemeister und Aufstieg 2003/04 (2. Klasse Mitte West)

Ältester Verein der 450 Einwohner-Ortschaft Thomasroith ist der ATSV, der bereits 1921 gegründet wurde. In diesem Jahr kam es im ganzen Kohlenrevier zur Gründung von Arbeiter-Turnvereinen. So konnten auf der Bezirkskonferenz der Arbeiterturner Oberösterreichs am 20. November 1921 in Wels neben dem ATSV Thomasroith auch noch die Arbeiter-Turnvereine aus Holzleithen, Kohlgrube und Hausruckedt begrüßt werden.

Im Gegensatz zum 13 Jahre jüngeren TSV Schlägel und Eisen gab es beim ATSV Thomasroith vor dem Zweiten Weltkrieg keinen Fußballbetrieb.

Der TSV Schlägel und Eisen wurde 1934 gegründet und am 26. Mai 1935 von der Sicherheitsdirektion für Oberösterreich bestätigt. Grund für die Wahl des ungewöhnlichen Vereinsnamens war, dass zu dieser Zeit beinahe alle Mitglieder des Vereins im Bergbau beschäftigt waren und daher die beiden Bergmannsymbole sowohl als Namensgeber als auch im Vereinswappen passend erschienen. Als Vereinsfarben wurden die Farben der grün-schwarzen Bergknappenkleidung übernommen.

Erster Obmann des neugegründeten Vereins war der Geometer und Bergvermessungs-Ingenieur Hubert Meissl, das erste Anliegen die Schaffung eines Fußballplatzes. Versuche, auf dem WTK-Gelände in Thomasroith zu spielen scheiterten, da der Platz als Leichtathletik- und Faustballanlage gedacht und für Fußballspiele schlichtweg zu klein war. Der erste Platz wurde schlussendlich auf einem Wiesenstück zwischen den Ortschaften Kienberg und Richtering angelegt, musste aber bereits nach einem Jahr aufgelassen werden. Im zweiten Versuch wurde er auf

Sportplatz Plötzenedt in den dreißiger Jahren (Quelle: TSV Schlägel & Eisen)

einem Grundstück in Plötzenedt, ca. 1 km von Thomasroith entfernt, angelegt. Dieses Areal, das dem Gast- und Landwirt Johann Daucher gehörte, wurde vom Verein gepachtet.

Dieser „kleine, in einer Spielplatzhälfte hängende Platz" (Tagblatt, 21. 9. 1937) diente als Heimstätte für die erste Meisterschaftsteilnahme in der 2. Klasse Westkreis 1937/38. Obwohl ein Vorbereitungsspiel am 29. August 1937 zuhause gegen die Reserve des SV Vöcklabruck mit 5:2 gewonnen werden konnte, waren die Ergebnisse in der Meisterschaft selbst äußerst ernüchternd: Nicht nur, dass es in 14 Spielen ebenso viele Niederlagen setzte, es ging auch das Cupspiel in der 2. Runde des Prinz-zur-Lippe-Wanderpokals (ein Pokalbewerb für Fußballvereine aus Westoberösterreich) am 22. Mai 1938 beim Gallspacher SK verloren, und schlussendlich wurde man vom oberösterreichischen Fußballverband auch noch zu einer Strafe von zehn Schilling verurteilt, weil der Verein keinen Kandidaten zum Schiedsrichterkurs entsandt hatte.

Wie unterlegen des TSV Schlägel und Eisen den anderen Vereinen war, schildert ein Zeitungsartikel im Tagblatt vom 16. November 1937: „Obwohl Steyrermühl mit sieben Ersatzleuten

Waldstadion Thomasroith, ca. 1950 (Quelle: TSV Schlägel & Eisen)

in Thomasroith antreten musste, ... konnte die Papier-Elf einen hohen Sieg erreichen. Dem Tempo der Gäste konnten die Bergleute nicht folgen, sie kämpften aber bis zum Schluss mit Eifer und Zähigkeit. ... Die Platzherren waren infolge des schnellen Tempos bald ausgepumt, so dass sie bis zur Pause den vier Treffern der Steyrermühler keinen Erfolg entgegenstellen konnten. Nach Seitenwechsel gab es einen Torregen, der zur Folge haben kann, dass Steyrermühl den Herbstmeistertitel erhält."

Ergebnisse des TSV Schlägel & Eisen in der 2. Klasse Westkreis 1937/38:

24.08.1937	A	2:7	SV Ried
19.09.1937	H	4:10	SV Vöcklabruck
03.10.1937	A	0:10	Bundesbahn SV Attnang
10.10.1937	A	1:5	SK Schärding
17.10.1937	H	2:7	SK Lambach
24.10.1937	A	1:6	SV Ebensee
14.11.1937	H	1:15	Gewerkschafts SV Steyrermühl
20.03.1938	H	*	Bundesbahn SV Attnang
08.05.1938	H	0:13	SV Ried
15.05.1938	H	1:10	SK Schärding
29.05.1938	A	0:11	SV Vöcklabruck
19.06.1938	H	3:9	SV Ebensee
03.07.1938	A	*	SK Lambach
10.07.1938	A	*	Gewerkschafts SV Steyrermühl

* Resultat unbekannt

Nach einer Saison zog sich der Verein aus dem Meisterschaftsbetrieb wieder zurück, der Ausbruch des Zweiten Weltkrieges brachte den Vereinsbetrieb bald vollständig zum Erliegen.

Nach Ende des Zweiten Weltkrieges stand der Verein vor einem völligen Neubeginn. Es gab keinen Sportplatz, abgesehen von den alten Dressen keinerlei Inventar und auch keine Fußballschuhe. So wurde die Aktion „Tausche Kohle gegen Leder" ins Leben gerufen, und das eingetauschte Leder vom Schuhmachermeister Johann Mühlbacher zu Fußballschuhen verarbeitet. Der dritte Sportplatz des TSV Schlägel und Eisen wurde ein ca. 900 m2 großes Haldengrundstück der WTK, das der Ortsrivale ATSV Thomasroith in den zwanziger Jahren als Turnplatz benutzt hatte. Dieses mittlerweile aufgeforstete und somit nicht mehr existente „Waldstadion", dessen Spielfläche nur die Mindestgröße von 90 m x 45 m aufwies, wurde 1947 eröffnet.

Da in den sechziger Jahren der Pachtvertrag für das Waldstadion auslief, wurde zum wiederholten Male ein neues Grundstück gesucht. Dieser vierte

Sportplatzbau TSV Schlägel & Eisen 1960-1963 (Quelle: TSV Schlägel und Eisen)

Fußballplatz, auf dem der TSV Schlägel und Eisen auch heute noch seine Spiele austrägt, wurde in den Jahren 1960 bis 1963 angelegt. Aufgrund der Hanglage waren enorme Erdbewegungen notwendig, um eine ebene Fläche zu schaffen, und zur Absicherung der entstandenen Böschungen wurden Rasenziegel mittels Holznägeln an die Hänge genagelt. Am 3. August 1963 erfolgte die Eröffnung.

Im Herbst 1945 nahm der TSV Schlägel und Eisen bereits an der ersten Nachkriegs- Meisterschaft teil. Das erste Spiel ging am 7. Oktober 1945 in Ried bei der dortigen Sportvereinigung mit 2:14 verloren, in der Abschlusstabelle der Gruppe D wurde aber der sechste Platz erreicht.

Zwischen 1947 und 1962 gab es zehn Mal ein Thomasroither Meisterschafts-Derby zwischen dem TSV Schlägel & Eisen und dem ATSV Thomasroith, und neun Mal ging der TSV Schlägel und Eisen als Sieger vom Platz, nur am 5. November 1961 konnte der ATSV mit 3:3 ein Unentschieden erreichen. Den höchsten Sieg gab es in der ersten Runde der Saison 1947/48, als der ATSV Thomasroith mit 13:3 abgefertigt wurde.

In den folgenden Jahren war der TSV Schlägel und Eisen ein solider Mittelständler, erst in der Saison 1962/63 konnte man den ersten und einzigen Meistertitel in der 2. Klasse Süd feiern.

Der Grundstein für den Aufstieg wurde bereits in den fünfziger Jahren gelegt, indem man um den talentierten Nachwuchskicker Franz Vanura eine Jugendmannschaft formte, die später den Grundstock der Meisterelf stellte.

Besonders abenteuerlich waren damals die Fahrten zu den Auswärtsspielen. Meistens teilten sich zwei Jugendliche ein Fahrrad, um so in die umliegenden Gemeinden zu radeln. Nach Ampflwang nahm die Mannschaft den kürzesten Weg, und der führte damals unter Berg durch den Barbara-Stollen ...

Franz Vanura, ca. 1965
(Quelle: TSV Schlägel & Eisen)

Der bereits erwähnte Franz Vanura war der wohl beste Schlägler Spieler aller Zeiten. Später wechselte er zum SK VÖEST und schaffte es sowohl in das UEFA-Juniorenteam als auch in die oberösterreichische Landesauswahl. Beeindruckend auch die Leistung von Stürmer Helmut Mühlbacher, der in seiner Laufbahn nicht weniger als 403 Tore in der ersten Mannschaft des TSV Schlägel und Eisen erzielte.

Drei Saisonen lang konnte sich der TSV Schlägel und Eisen erfolgreich in der Klasse halten, ehe 1966/67 der Abstieg erfolgte.

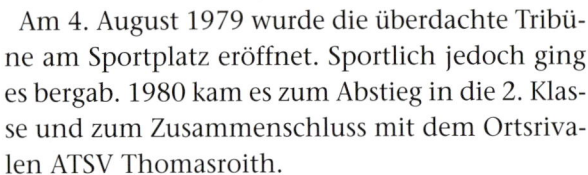

Am 4. August 1979 wurde die überdachte Tribüne am Sportplatz eröffnet. Sportlich jedoch ging es bergab. 1980 kam es zum Abstieg in die 2. Klasse und zum Zusammenschluss mit dem Ortsrivalen ATSV Thomasroith.

Hauptgrund für die Spielgemeinschaft war die durch das Ende des Kohlebergbaus bedingte wirtschaftliche Entwicklung der WTK. Der Abbau von Arbeitsplätzen innerhalb der WTK führte zur Abwanderung, besonders der jungen Bevölkerung, und zu einem stetigen Sinken der Einwohnerzahl. Um das sportliche Überleben in Thomasroith zu sichern, war der Zusammenschluss die einzige Möglichkeit. Da beide Vereine unterschiedlichen Dachverbänden (ASKÖ bzw. ASVÖ) angehörten, gab es keine Fusion, sondern die Zusammenführung der beiden Fußballsektionen zu einer Spielgemeinschaft.

Obwohl die Spielgemeinschaft zwei Meistertitel feiern konnte (1981/82 und 1988/89), folgte beide Male postwendend der Abstieg.

Zu einem kuriosen Zwischenfall kam es im April 1985. Beim Auswärtsspiel in Gampern bei der dortigen Union (Endstand 1:1) gab es beim Stand von 0:0 in der 54. Minute einen Elfmeter für die SPG Thomasroith. Der Strafstoß ging zuerst an die Stange, der Nachschuss traf den Tormann, der dritte Schuss landete schlussendlich im Tor. Das einzige Problem dabei: Dreimal schoss der-

Lost Ground des ATSV Thomasroith, Jänner 2008

Mannschaftsfoto des SV Grün-Weiß Holzleithen 1936
(Quelle: ATSV Holzleithen)

Spielerpass von Ludwig Bartel, ca. 1937
(Quelle: ATSV Holzleithen)

selbe Spieler. Nachdem der Schiedsrichter das Tor zunächst für gültig erklärt hatte, reklamierten die Spieler der Union Gampern. Dies führte zu Gegenprotesten der SPG. Zufälligerweise wurde das Spiel von einem Elektrohändler mit einer Videokamera aufgezeichnet. Der Schiedsrichter unterbrach kurzerhand das Spiel, schaute sich die Videoaufzeichnung an, in der die Regelwidrigkeit zu sehen war, und annullierte das Tor. Wohl das erste und einzige Mal in der Geschichte des Weltfußballs, dass ein Videobeweis während eines Spiels herangezogen wurde ...

Wie so oft bei einem Zusammenschluss zweier Vereine setzte sich auch in Thomasroith der stärkere Verein durch. Dies führte dazu, dass die Spielgemeinschaft im Sommer 1999 wieder aufgelöst wurde und der ATSV Thomasroith den Fußballbetrieb ganz einstellte (der Verein existiert heute noch mit den Sektionen Stockschießen und Tennis).

Arbeiter Turn- und Sportverein Holzleithen

Gegründet: 1921
Farben: Rot-Weiß
Dachverband: ASKÖ
Erfolge: Meister 1967/68 (3. Klasse West)
Seit Sommer 2001 Spielgemeinschaft mit dem TSV Schlägel und Eisen Thomasroith

Der ATSV Holzleithen wurde, wie so viele andere Arbeiter-Turnvereine im Hausruck, bereits 1921 gegründet, nahm aber vor dem Zweiten Weltkrieg an keiner Fußballmeisterschaft teil.
1936 wurde dort der SV Grün-Weiß Holzleithen gegründet, der aber nach der Machtergreifung der Nazis wieder aufgelöst werden musste.

Der Sportplatz in Holzleithen war anfangs ein Haldenplatz, der 1944 von der Deutschen Wehrmacht konfisziert und, nachdem darauf eine Halle errichtet worden war, als Depot und Flugzeugersatzlager benutzt wurde. 1946 wurde die Halle wieder abgerissen und der Platz vergrößert. 1958/59 wurde der Platz komplett erneuert und nochmals vergrößert. In der Saison 1959/60 diente der Platz dem ATSV Ampflwang als Heimstätte in der 1. Landesliga.

Anfang der neunziger Jahre wurden der Sportplatz und das Vereinsheim großzügig renoviert und 1995 fertiggestellt.

Am 22. September 1945 fand im Gasthaus Bartel die erste Vollversammlung des ATSV Holzleithen statt, die Fußballsektion wurde am 31. März 1946 wieder aufgenommen.

Im Frühjahr und Sommer desselben Jahres fanden eine Reihe von Freundschaftsspielen statt, dabei gab es unter anderem einen 4:1 Sieg gegen den SK Admira Linz und eine 0:10-Niederlage gegen den SV Gmunden.

Sportplatz Holzleithen, Jänner 2008

In der Saison 1946/47 stieg der ATSV Holzleithen erstmals in die Meisterschaft ein, wobei das erste Meisterschaftsspiel am 22. September 1946 mit einem 3:3 gegen den ATSV Ampflwang endete. In der Abschlusstabelle der 2. Klasse Gruppe D belegte der ATSV den vierten Platz, fünf Punkte hinter Meister ATSV Lenzing.

Große Erfolge (abgesehen vom Meistertitel 1967/68) blieben in der Folgezeit aus, und der Verein hätte sich in der 250-Einwohner-Ortschaft Holzleithen wohl bereits aufgelöst, wäre es im Sommer 2001 nicht zur Gründung der Spielgemeinschaft mit dem TSV Schlägel und Eisen Thomasroith gekommen. Als Heimstätte dienen seither beide Plätze: Im Herbst spielt die SPG auf dem Sportplatz in Thomasroith, die Frühjahrsspiele werden in Holzleithen ausgetragen.

Fußball in Wolfsegg

Der Kohlenabbau lässt sich in der 2000-Einwohner-Gemeinde Wolfsegg im Hausruck bis ins 18. Jahrhundert zurückverfolgen. Die Knappen wurden in der 1794 gegründeten Bergwerkskolonie Kohlgrube angesiedelt. Das Aus für den Bergbau vor mittlerweile mehr als 40 Jahren kam früher als in den anderen Orten im Kohlenrevier. Den notwendigen Strukturwandel hat Wolfsegg längst vollzogen. Seit 1966 ist die Gemeinde ein Luftkurort, und vor allem in den letzten Jahren hat man auch kulturell für Aufsehen gesorgt. Die verfallenen Industrieruinen aus der Bergbauzeit dienen heute als eindrucksvolle Kulisse für Theateraufführungen, die jährlich 10.000 Besucher anziehen. Seit 2003 betreibt der Verein Kohlgrube.at den Kunstraum Kohlgrube.

Kohlgrube steht aber auch für eine lange Fußballtradition im Kohlenrevier.

Arbeiter Turn- und Sportverein Kohlgrube/ Wolfsegg

Inoffiziell: Bergarbeiter Sportverein ATSV Kohlgrube/Wolfsegg
Gegründet: 16. Juni 1921
Farben: Blau-Weiß
Dachverband: ASKÖ
Erfolge: Meister 1949/50 (2. Klasse G), 1963/64 (1. Klasse West), 1981/82 (1. Klasse Mitte-West) und 1991/92 (2. Klasse Mitte-Süd); Innviertel-Cupsieger 1963

Auf sportlichem Gebiet reichen die Wurzeln des ATSV Kohlgrube in die Zeit vor dem Ersten Weltkrieg zurück. Funktionäre des seit 1900 existierenden Arbeiter-Radfahrvereins Kohlgrube-Wolfsegg entschlossen sich 1921, einen Arbeiter-Turn- und Sportverein zu gründen.

Im Tagblatt vom 24. Juni 1921 findet sich folgende Notiz: „Am Donnerstag, den 16. Juni, fand in der Werkrestauration in der Kohlgrube die gründende Versammlung des Arbeiter-Turnvereines Wolfsegg statt. Genosse Dobner als Anreger der Vereinsgründung begrüßte die Anwesenden Turngenossen, die Gäste, sowie Genossen Schimon und Genossen Nachbagauer aus Wels. Jener referierte über Zweck und Nutzen der Arbeiter-Turnvereine; dieser richtete den Appell an alle Genossen, sich rege an der neuen Institution zu beteiligen und den Arbeiter-Turnverein leistungsfähig auszugestalten."

Der sportliche Schwerpunkt lag, wie bei anderen Arbeitersportvereinen auch, zunächst beim Turnen. Eine offizielle Fußballsektion existierte zu dieser Zeit nicht, wenngleich hin und wieder Freundschaftsspiele gegen andere Mannschaften durchgeführt wurden.

Nach dem Verbot der Sozialdemokraten 1934 wurde auch der ATSV aufgelöst. Laut Wolfsegger Orts-Chronik mussten damals alle Turngeräte des Vereins in der Schule abgeliefert werden. Fußball gespielt wurde trotzdem. Im Juni 1937 beteiligte man sich an einem Turnier um den Rechberger Wanderpokal, wobei ein Spiel gegen SV Ampflwang mit 0:7 verloren ging. Nach dem Anschluss existierte der Verein als Betriebssportgemeinschaft der WTK weiter, die sportliche Betätigung dürfte sich während dieser jedoch in Grenzen gehalten haben.

1945 wurde der ATSV reaktiviert. Wie überall in der Region gestalteten sich die Anfänge schwierig. Der bereits vorhandene Sportplatz hatte zwischenzeitlich als Parkplatz einer amerikanischen Panzereinheit herhalten müssen und befand sich in einem dementsprechend schlechten Zustand. Fußballschuhe besorgten sich die Bergleute durch den Tausch von Deputatkohle gegen Leder. Als erste Dressen dienten umgearbeitete amerikanische Armee-Hemden.

Mannschaft des ATSV Kohlgrube vom 31. August 1930, die an diesem Tag den ATSV Ampflwang mit 11:3 besiegte (Quelle: ATSV Kohlgrube)

Der Meisterschaftsbetrieb wurde schließlich 1947/48 aufgenommen. In der 2. Klasse E traf der ATSV Kohlgrube auf sämtliche Konkurrenten aus den Nachbarorten Holzleithen, Thomasroith und Ampflwang. Zwei Jahre später konnte der ATSV als erste Kohlenrevier-Mannschaft einen

Mannschaft des ATSV Kohlgrube im Jahr 1946 mit umgearbeiteten Ami-Hemden (Quelle: ATSV Kohlgrube)

Luftbildaufnahme von Kohlgrube mit dem Fußballplatz rechts unten (Quelle: ATSV Kohlgrube)

Meistertitel feiern. Maßgeblichen Anteil an dem Aufstieg in die 1. Klasse West hatten die späteren Auswahlspieler Alois Rouschal und Franz Koschina, die sich bald darauf aber in höhere Spielklassen verabschiedeten.

Der größte sportliche Erfolg gelang dem ATSV mit einer relativ jungen Mannschaft im Sommer 1963 mit dem Gewinn des Innviertel-Cups. Schon in der zweiten Runde hatte man mit dem SK Altheim einen höherklassigen Verein auf dessen eigener Anlage mit einem 1:0 ausgeschaltet. Im Finale, das in Antiesenhofen ausgetragen wurde, stand der ATSV Kohlgrube schließlich dem ATSV Schärding gegenüber. Nicht zuletzt dank der Unterstützung durch 500 Schlachtenbummler konnte dieses Spiel ebenfalls mit 1:0 gewonnen werden.

Ein Jahr darauf folgten der überlegene Meistertitel in der 1. Klasse West und der Aufstieg in die Bezirksliga. Die Saison 1964/65 stand jedoch unter keinem guten Stern. Für Spiele in der damals zweithöchsten Spielklasse Oberösterreichs war der eigene Sportplatz nicht ausreichend dimensioniert. Deshalb mussten die Heimspiele in Holzleithen oder Weibern ausgetragen werden. Ein Umstand, der sich auf die Leistungen der Mannschaft nicht eben vorteilhaft auswirkte und zum umgehenden Abstieg führte.

Bis Mitte der sechziger Jahre spielte der Verein auf dem Sportplatz in Kohlgrube, der in den Dreißigerjahren auf einer von der WTK zur Verfügung gestellten Abraumhalde angelegt worden war. Wegen seines Schlackebelags war der Platz bei gegnerischen Mannschaften gefürchtet. Eine abenteuerliche Konstruktion wurde 1964 bei der Vergrößerung des Spielfeldes angewandt: Um ein paar Meter an Breite zu gewinnen, wurde auf Holzpiloten eine Art Brücke errichtet, die dann als Untergrund für die Spielfläche diente. Die erste Umkleidekabine war mit zwei mal drei Metern etwas klein. Für die Fans wurden auf einer Böschung einige Bänke aufgestellt. Beeindruckend waren damals die Besucherzahlen: Bis zu 500 Zuschauer kamen zu den Heimspielen des ATSV Kohlgrube.

„Trotz aller Widrigkeiten war es eine schöne Zeit", erinnert sich Obmann Josef Zajicek gerne zurück. „Für uns hat es nichts anderes gegeben in der Kohlgrube. Raus aus dem Berg und nach dem Baden sofort auf den Fußballplatz."

Der alte Schlackeplatz wurde schließlich 1966 im Zusammenhang mit der Stilllegung des Bergbaus aufgegeben. 1968 übersiedelte der Verein auf den neu errichteten Sportplatz in Wolfsegg. Die Anlage wurde in der Folge mehrmals erweitert und besitzt heute neben einer Tribüne und einer Halle für die Asphaltschützen auch ein recht imposantes Clubheim.

Zwischen 1982 und 1987 konnte sich Kohlgrube immerhin fünf Saisonen lang in der Bezirksliga halten. Seit 1995 ist man jedoch nicht mehr aus

Josef-Pappel-Stadion in Wolfsegg, Jänner 2008

der 2. Klasse herausgekommen. Das könnte sich bald ändern, diese Saison liegt die Mannschaft überlegen an der Spitze der 2. Klasse West. Langfristig hat man sich die Rückkehr in die Bezirksliga zum Ziel gesetzt. Im Nachwuchsbereich sei das Potential dafür durchaus vorhanden, gibt man sich selbstbewusst. Der Verein ist finanziell konsolidiert und kann auf etliche engagierte Funktionäre zurückgreifen.

Die Verbundenheit mit der Bergbautradition wird nach wie vor hochgehalten. Im Vereinswappen finden sich der Schriftzug Bergarbeiter S.V. und die gekreuzten Hauwerkzeuge der Kumpel. 1996 wurde neben der Sportanlage der Barbara-Schaustollen errichtet, der das Leben der Bergarbeiter in Wolfsegg dokumentieren soll. Der ATSV Kohlgrube hat nicht vergessen, woher er kommt.

Quellen:

Interviews:
ASKÖ Ampflwang: Ernst Helml & Peter Kopp
ATSV Kohlgrube: Emil Söser, Christian Zaijcek & Josef Zaijcek
SPG Holzleithen/Thomasroith: Karl Bachmair, Ignaz Föttinger, Günter Rinortner & Karl Zenleser
Union Bruckmühl: Christian Pohn

Schriftliche Quellen:
20 Jahre Union Bruckmühl (Festschrift)
50 Jahre TSV Schlägel und Eisen Thomasroith (Festschrift)
60 Jahre TSV Schlägel und Eisen Thomasroith (Festschrift)
60 Jahre ATSV Kohlgrube Wolfsegg (Festschrift)
70 Jahre ASKÖ Ampflwang (Festschrift)
70 Jahre Thomasroither Sportgeschichte 1934-2004 (CD)
75 Jahre ATSV Kohlgrube Wolfsegg (Festschrift)
Ballesterer Fußballmagazin (Ausgabe 17)
Chronik des ASKÖ Ampflwang (unveröffentlichte Handschrift)

Chronik des ATSV Holzleithen (unveröffentlichte Handschrift)
Fußball in Oberösterreich (Hrsg: Oberösterreichischer Fußballverband)
Heimatbuch Wolfsegg im Hausruck (1989)
Im Inneren des Balles (Johann Skocek & Wolfgang Weisgram)
Kohle und Dampf (Hrsg: Anita Kuisle)
Linzer Volksblatt (diverse Ausgaben)
Oberösterreichische Nachrichten (diverse Ausgaben)
Tagblatt (diverse Ausgaben)
Tages-Post (diverse Ausgaben)
Vereinsindex (Hrsg: Oberösterreichischer Fußballverband; unveröffentlichte Handschrift)

Fotonachweis:
Foto 4: Union Bruckmühl
Foto 7, 8, 9, 10 & 11: TSV Schlägel und Eisen Thomasroith
Foto 19 & 20: ATSV Holzleithen
Foto 24, 25 & 26: ATSV Kohlgrube
alle anderen Fotos: Eisl & Schwarzbauer

FUSSBALL MAG ICH NICHT

von Andreas Renoldner

Eines Tages habe ich den Vater gefragt, was da los ist. Weil so viele Menschen am Haus vorbei und über die Straße und in den Hatschekpark hineingegangen sind bergwärts, fast ausschließlich Männer. Das ist mir aufgefallen. Fast nur Männer. Manche von ihnen haben Fahnen getragen und bunte Schals. Viele von ihnen haben so finster dreingeschaut, ist mir damals vorgekommen. Damals bin ich fünf oder sechs Jahre alt gewesen. So viele Männer. Ein wenig gehetzt und ernst.

Die gehen ins Stadion, hat mein Vater gesagt. Ein Fußballspiel. Gegen wen der LASK an diesem Samstag gespielt hat, hat er nicht gewusst. Eigentlich eine Schande, hat er gesagt und gelacht.

In diesem Augenblick ist vielleicht die bis heute gültige Verbindung in mir entstanden: Fußball ist eine obskure Angelegenheit für Männer. Manche Zuschauer verkleiden sich ein wenig, aber es geht viel ernster zu als im Fasching.

Ein paar Tage später sind wir bis zum Stadionvorplatz hinaufgegangen und haben die Kassen angeschaut. Die Gitter und Stahltüren mit den spitzen Eisenstacheln. Das Stadion ist wie eine Ritterburg bewehrt gewesen und hat ein wenig wie ein Gefängnis ausgesehen. Zumindest habe ich mir damals vorgestellt, ein Gefängnis könnte so aussehen wie das Stadion von außen. Womit ich gar nicht unrecht gehabt habe, habe ich erst kürzlich festgestellt, als man irgendwo Kriegsgefangene vor der Überstellung in ein echtes Gefangenenlager in einem Stadion sozusagen zwischengelagert hat.

Alle Versuche meiner Mitmenschen oder Umwelt, mich vom Fußball zu überzeugen oder gar zum Fußball zu bekehren, sind nach diesen zwei ersten Eindrücken zwangsläufig zum Scheitern verurteilt gewesen. Manche Mitschüler haben schon in der zweiten oder dritten Klasse Volksschule voller Begeisterung oder Ehrfurcht mir unbekannte Namen von für sie bedeutsamen Menschen ausgesprochen, es ist um Schüsse gegangen und andere Vokabel, die nach Streiterei und Krieg geklungen haben. Der Vater von Edi Finger hat während der Direktschaltungen in Stadien aus dem Lautsprecher unseres Radios voller Begeisterung geschrieen und von Zweikämpfen berichtet und von Fouls. Im Hintergrund ist der von tausenden Schlachtenbummlern erzeugte Lärm zu hören gewesen.

Einige meiner Klassenkollegen haben einmal ein paar Monate lang Photos von Fußballspielern gesammelt, die man in verschlossenen Säckchen hat kaufen müssen. Zwangsläufig ist es nur mit Hilfe eines regen Tauschhandels gelungen, wenigstens eine Mannschaft komplett zu kriegen. Die meisten in der Klasse haben die gleichen Spieler doppelt und dreifach gehabt, andere Bilder haben als selten gegolten, und ein wichtiger

Stürmer ist überhaupt nie in einem der Säckchen aufgetaucht. Ich habe bald gewusst, dass man das mit Absicht macht, um den Kindern noch mehr Taschengeld aus der Tasche zu ziehen. Jedenfalls haben das meine Eltern zu mir gesagt und mir nicht erlaubt, das Geld so blödsinnig zum Fenster hinauszuschmeißen. Anfangs hat mich dieses Verbot sehr geärgert. Als aber das Photo dieses einen Spielers nicht und nicht hat kommen wollen und immer mehr aus der Klasse aus Geldmangel haben aussteigen müssen, ist den meisten klar geworden, dass letztlich ich Recht gehabt habe und eigentlich der Gescheitere gewesen bin von Anfang an.

Mein dritter Lernschritt im Zusammenhang mit Fußball hat ungefähr Folgendes bedeutet: Nur weil viele Menschen etwas machen, ist es nicht von selber klug. Außerdem hat Fußball anscheinend manchmal ein wenig mit Betrug zu tun. Diese Sichtweise ist mir später mehrmals bestätigt worden, etwa als ein Präsident des LASK die Tresore seiner eigenen Bank ausgeräumt hat, um mit dem Geld zu verschwinden. Und der Platzwart des Linzer Stadions ist ihm beim Umladen behilflich gewesen, angeblich ohne zu wissen, dass es sich um Geldkoffer handelt.

Warum mein Vater eines Tages ins Stadion gegangen ist, weiß ich bis heute nicht. Vielleicht hat das mit dem Aufstieg des Linzer Fußballes zu tun gehabt. Irgendwann haben gleich zwei Linzer Mannschaften in der ersten Liga spielen dürfen, die eine wegen eines guten Stürmers, die andere wegen eines guten Tormannes. Das zumindest ist in meiner Klasse behauptet worden. Nur ein, zwei gute Stürmer bräuchten sie. Und warum man die zwei Mannschaften dann nicht einfach zusammenlegt, haben manche in der Klasse gefragt und damit etwas wiederholt, was sie vermutlich von ihren Vätern gehört hatten.

Leider ist auch dieser Versuch, mir Begeisterung für den heimischen Fußball zu vermitteln, gründlich fehlgeschlagen, obwohl ich ins Stadion habe mitgehen wollen. Ich habe sogar lange betteln müssen, bis mich mein Vater mitgenommen hat trotz schwerer Bedenken, weil ich noch so klein gewesen bin. Um einen guten Stehplatz zu bekommen, sind wir sehr früh beim Stadion gewesen und ganz in die hinterste Ecke gegangen, wo das Gedränge hoffentlich nicht zu groß hat werden können. Letztlich bin ich doch zwischen den Großen eingeklemmt gestanden und habe nur einen kleinen Ausschnitt des Schlachtfeldes sehen können. Manchmal sind in der Ferne Männer in bunten Kleidern und Ziffern auf dem Rücken durch diesen Bildausschnitt gelaufen. Ein paar Mal habe ich auch einen weißschwarz gefleckten Ball fliegen gesehen. Leider haben wir verloren, hat mein Vater zuletzt gesagt. Leider hat unser Tormann zwei Mal danebengegriffen.

Dann sind wir wie viele andere Stadionbesucher von der Gugl durch den Hatschekpark an den Sandkisten vorbei hinunter in die Stadt gegangen und haben, wie die anderen Stadionbesuchermänner, sehr ernst und auch ein wenig niedergeschlagen dreingeschaut, weil wir ja verloren haben. Mich allerdings hat am meisten geärgert, dass nie einer der Popcornverkäufer bis zu uns ganz drüben bei der riesigen Spieluhr gekommen ist und ich weder etwas vom Spiel gesehen noch irgendeine Entschädigung fürs stundenlange Stehen bekommen habe. Mein Vater hat sich geärgert, weil wegen des Seitenwechsels alle drei Tore am anderen Ende des Spielfeldes gefallen sind und er das Wesentliche deshalb nicht ordentlich mitbekommen hat. Auch meine praktische Erfahrung beim ersten Stadionbesuch hat also wenig Erfreuliches gebracht.

Wenig später habe ich dann auch die Namen unserer Helden gekannt, weil ja überall von und über sie geredet worden ist bis zum Winter, wo man dann von und über die Schifahrer geredet hat und den Helden auf zwei Brettln. Dass der eine und der andere Linzer Spieler sogar in die Nationalmannschaft berufen worden ist, habe ich gehört, von Weltklassetormann und Torschützenliste und noch andere Berichte von unseren großartigen Siegen in der ersten Liga. Der LASK Herbstmeister. Leider hat das mit dem

Herbstmeister auch bedeutet, dass die Linzer zwar zur Halbzeit ganz gut gewesen sind, letztlich aber hat es doch nicht gereicht. Und dabei ist es auch geblieben: In Linz hat es fußballerisch nie ganz gereicht.

Parallel zu meinen aus sehr großer Distanz angestellten Betrachtungen der Fußballwelt bin ich natürlich auch als direkt Beteiligter mit Spielfeld und Fußball konfrontiert worden. Die Volkssportvariante Sitzfußball, die wir vermutlich wegen unseres irgendwie zu klein geratenen Schulturnsaales und zur Vermeidung von Verletzungen durch Zusammenprall mehrmals haben ausführen sollen, ist mir als harmloses Vergnügen in Erinnerung geblieben. Es hat genügt, mit quer zum Spielfeld ausgestreckten Beinen ruhig sitzen zu bleiben, schon ist man für gegnerische Stürmer ein unüberwindbares Hindernis auf dem Weg zum Sieg gewesen. Diese Variante von Fußballspiel hätte mir gefallen, hat sich aber im echten Sportleben nie durchsetzen können. Leider hat sich dann doch einer aus meiner Klasse bei einem auf allen Vieren und rücklings ausgeführten Sturmlauf den Unterarm gebrochen. Von da an haben wir im Turnsaal Zirkeltraining absolvieren müssen oder Faustball gespielt.

Tischfußball an sogenannten Wutzelautomaten hätte mir sehr gefallen, doch gegen den großen Nachteil dieser Sportart habe ich damals kein Mittel gewusst: Die Kästen im Vorraum eines Wirtshauses haben einfach viel zu schnell mein Taschengeld gefressen. Auch hier habe ich die Verknüpfung zwischen Fußball und sehr viel Geld feststellen müssen. An den gratis bespielbaren Kasten im Jugendheim ist man als Kleiner leider nicht herangekommen. Uns Unterstuflern ist nur das Zuschauen geblieben, was mich wie beim echten Fußball im Stadion sehr bald sehr gelangweilt hat. Das ist wohl bis heute mein stärkster Grund, nicht ins Stadion zu gehen oder gar wegen eines Fußballspieles im Fernsehen vor so einem Kasten zu sitzen und nach ungefähr zwei Stunden zu wissen, dass die eine Mannschaft einmal mit Hilfe der wenigen erlaubten Methoden, im Wesentlichen unter Zuhilfenahme von Fuß oder Kopf, einen Ball in ein Tor befördern hat können, ein Ergebnis, das sich von den anderen zwangsläufig entstehenden Varianten wie zwei zu null oder eins zu zwei und so weiter prinzipiell nicht unterscheidet. Auch ein Remis verändert nichts am Gang der Fußballwelt. Spieler A schießt heute aus einer sogenannten Standardsituation ein Tor für Mannschaft A und im nächsten Jahr aus der gleichen Standardsituation gegen Mannschaft A. Wo liegt der Unterschied? Und vor allem:

Zwei Stunden lang sitzen oder stehen und anderen beim Herumlaufen zusehen kann mit Zicken zum Beispiel nicht mithalten. Diese Variante des Fußballspieles hat uns über viele todlangweilige Geographie-, Deutsch- oder Musikstunden geholfen. Auch wenn die Geschichtslehrerin zur Türe hereingekommen ist und mit ihrem monotonen Singsang begonnen hat, hat mein Banknachbar nur das Wort „Zicken" gesagt. Schon haben wir unsere Geodreiecke aus den Schultaschen gekramt. Eine Schillingmünze ist der Spieler gewesen, ich habe immer Kopf genommen, ein Zehnerl der Ball, und dann hat man mit dem Schilling das Zehnerl, also den Ball, in die gegnerische Ablagerinne für Schreibwerkzeug schießen müssen, wobei die Schillingmünze mit dem Geodreieck geschlagen worden ist. Manchmal haben wir die Tore auch mit einem Filzstift am Rand der Schreibpulte markiert und für den Fall von Torschüssen die Zeigefinger als Torstangen verwendet.

Ich gebe zu, dass unser Zicken nicht mehr viel mit echtem Fußball zu tun hat, vor allem kommen die Füße dabei praktisch überhaupt nicht zum Einsatz, es handelt sich eher um eine Variante von Billard. Für uns aber ist dieses Spiel wegen der Torschüsse Fußball gewesen und wesentlich lustiger als stehen und zuschauen. Wenn ein Schuss gelingt, wo du das Zehnerl seitlich erwischst und es rutscht an den Zeigefingerpfosten und kippt dann gerade noch über den Tischrand! Ein Traumschuss! Leider sind wir auch oft erwischt worden, vor allem, wenn viele Tore gelungen sind und daher das Zehngroschenstück in kurzen Zeitabständen auf den Boden gefallen ist und manchmal auch noch der Schillingspieler hinterdrein. Dann haben die Lehrer die Münzen bei sich am Katheder und für uns unerreichbar zwischengelagert. Und manchmal hat sich die Mutter aufgeregt, warum ich so viele Geodreiecke verbrauche und dass ich besser auf meine Schulsache aufpassen soll. Dass Spiel mit Leid in engem Zusammenhang steht, ist mir damals schon bekannt gewesen, nicht nur von den Fußballern mit den abgerissenen Achillessehnen und Meniskusschäden.

Dann ist es wieder einmal auf den Frühling zugegangen, und unser Turnlehrer hat in den Semesterferien auf Fortbildungswoche fahren müssen. Als er zurückgekommen ist, hat er gesagt, dass es eine Schande ist, weil einige von uns mit dem Fuß nicht einmal den Ball ordentlich treffen. Gegen diese Koordinationsmängel muss wegen der Volksgesundheit etwas getan werden, hat er gesagt und uns auf einen Sportplatz gejagt, wo das Spielfeld tatsächlich genau so groß wie in einem Fußballstadion gewesen ist. Dort ist es genau jenen mit den Koordinationsproblemen und dem katastrophal schlecht entwickelten Raumlagebewusstsein an den Füßen, ich gebe zu, ich bin auch einer der reglosen Mehrheit gewesen, wie er uns genannt hat, nicht möglich gewesen, das mit dem Hintreten auf den runden Ball zu üben. Weil das muss man einmal hinkriegen, einen Ball, der irgendwo in fünfzig Metern Entfernung vom Halbmeyer mit ypsilon und e zum Wurz Karl rollt, mit einem Fuß zu treffen, der an einem nicht einmal ein Meter langen Bein befestigt ist. Und bis Meinereiner dann über den halben Platz gejoggt ist, möglichst ohne über Maulwurfshügel zu stolpern, ist der Ball doch schon längst in einer anderen Ecke des Spielfeldes angekommen gewesen, und so hat man wieder loszurennen müssen, und irgendwann gibst du einfach auf. Ehrlich. Weil die sogenannten Gegner, die man an einer quer über den Oberkörper getragenen, roten Stoffschleife erkennt, ja nicht still stehen und den Ball freiwillig herausrücken oder gar mir vor die Füße schubsen und so weiter.

Das echte Fußballspielen auf dem echten Fußballplatz ist für mich eine echte Katastrophe gewesen. Zwei Ballberührungen in dreißig Minuten ist zuwenig, hat der Turnlehrer gesagt und mir mangelnde Einstellung vorgeworfen, vor allem, weil die zwei Berührungen auch nur passiv erfolgt sind, nämlich als Folge von einem Abpraller und einem Fehlschuss eines ebenfalls mit schweren Fußraumlagebewusstseinsproblemen belasteten Klassenkameraden, dem man gnadenhalber den Ankick erlaubt hat, sonst wäre auch er nie zum Schuss gekommen. Leider ist dieser Ankick ganz genau auf meinen Hinterkopf gegangen aus Ungeschicklichkeit des Schützen und weil ich aus der Sicht des Turnlehrers angeblich nicht konzentriert bei der Sache gewesen bin und ganz woanders hingeschaut habe. Ich aber bin mit dem Gesicht nur deshalb in die falsche Richtung gestanden, weil mir nicht klar gewesen ist, auf welches Tor wir jetzt spielen sollen. Das haben sie mir erst nachher gesagt.

Fußball ist in meiner Lebenspraxis von Anfang an eine mir aufgezwungene Spielmöglichkeit gewesen, und der eigentliche Grund für mein katastrophales Nichtgenügend, so unser Turnlehrer, sei meine Angst vor dem Ball. Wenn er mich so beobachtet, muss er feststellen, dass ich immer und grundsätzlich versuche, dem runden Leder auszuweichen. Diese Feigheit gehörte einfach bestraft. Er hat leicht reden gehabt. Mir hat nämlich noch zwei Stunden lang der Kopf weh getan, weil die passive Ballberührung ist dieser Ankick vom Halbmeir mit i ohne e gewesen und hat mich volle Wäsche am Hinterkopf getroffen. Für ein paar Sekunden habe ich echte Sterne und dann einige Farben gesehen und bald darauf so etwas wie einen blauen Fleck auf dem Kopf gehabt, was man aber unter den Haaren nicht erkennt und nur deshalb akute Tachinose nennen kann.

Erst später einmal bin ich dahintergekommen, dass die echten Fußballspieler, die uns vom Turnlehrer als durchtrainierte Konditionswunder und

Vorbilder präsentiert worden sind, während so eines Spieles nicht halb so viel rennen wie ich während dreißig nicht genügender Minuten auf dem Schulsportplatz. Die meisten stehen auf ihren Positionen halbrechts hinten oder vorne und lassen sich die Bälle zuspielen, um sie sofort weiterzuschießen. Zumindest unsere Linzer Mannschaften haben das probiert, habe ich beobachtet, als ich wieder ein Jahr älter und wesentlich größer gewesen bin und wegen meiner eigenen Erfahrung bei meinem zweiten Fußballplatzbesuch schon ganz gezielt auf das Wesentliche habe hinschauen können.

Ein Schulkollege, der mit mir auf dem Platz gewesen ist, hat gemeint, dass genau diese Unbeweglichkeit der eigentliche Grund für das schlechte Abschneiden unserer Mannschaft ist, und dass die Gegner wesentlich mehr rennen, ich soll nur hinschauen. Und zu blöd für die Abseitsfalle sind sie auch. Ich bin nicht dazugekommen, das alles auch noch zu sehen, weil dann haben sie von den Rängen hinter uns vermutlich aus Enttäuschung über den Spielverlauf Bier geschüttet, ich habe meine Beobachtungen abgebrochen und bin mit dem Wurz Karl zu mir nach Hause, wo wir mein Tipp Kick ausgepackt haben.

Das ist fast echter Fußball gewesen, weil die zwei metallenen Spielfiguren, eine gelb, eine rot, haben tatsächlich wegen einer Hebelwirkung mit einem beweglichen Bein ausgeschlagen, wenn man auf den Knopf auf ihrem Kopf gedrückt hat. Und der Tormann hat sich auf Knopfdruck nach rechts oder links fallen lassen. Das Problem mit den Zweikämpfen ist dem Zufall überlassen worden, weil der winzige und eher vieleckige Ball vom Tippkick eine rote und eine gelbe Hälfte gehabt hat. Auch sonst ist bei diesem Spiel fast alles wie beim echten Fußball: Zehn schlafen, einer rennt. Und mein gelber Fußballer hat zuletzt vier zu drei gegen den roten Kämpfer von Karl gewonnen.

Natürlich ist auch unser Familienleben nicht ganz ohne Ballspiele abgegangen, obwohl ich wesentlich lieber Schi gefahren wäre. Aber das kannst du im Sommer bei uns nur auf ganz weit entfernt liegenden Gletschern tun, wenn du ordentlich zahlst dafür. Also haben wir doch einen echten Lederball bekommen, weil mein kleiner Bruder eine mir unvorstellbare Begeisterung für Fußball entwickelt hat. Ich glaube, das hat er nur behauptet, um mich zu ärgern. Heute würde ich sagen, er hat sich ein wenig vom großen Bruder abgrenzen und ein eigenes Profil im Familienverband entwickeln müssen. Da ich der Klügere gewesen bin, ist ihm nur die Rolle des Sportlichen offen gestanden. Angeblich ist Bewegungstalent auch eine Form von Intelligenz, hat er mir später zu erklären versucht, und ich muss zugeben: Gar so dumm, wie ich damals getan habe, ist er wirklich nicht.

Bei den Familienausflügen bin nur ich als Spielgegner zur Verfügung gestanden, und ich habe den Loser geben müssen, weil ich der Große gewesen bin und der Klügere und weil es nicht geht, dass ich mit dem kleinen Bruder nicht spiele, wenn er es sich so wünscht. Außerdem schade mir Bewegung auch nicht und so weiter, die ganze moralische Gehirnwäsche eben, die sie damals mit uns angestellt haben, hat auch bei mir gewirkt, und so habe ich dann auf irgendwelchen Wiesen in den Voralpen dem von meinem kleinen Bruder mit aller Kraft in das von mir bewachte Tor geschossenen Ball nachrennen können. Er ist immer der Sieger gewesen, und ich habe das Gestrüpp am Waldrand absuchen müssen. Was für eine Niederlage.

Eines Tages habe ich dann endlich den Ball ganz richtig erwischt und dieses eine Mal hat der Ball auch getan, was ich von ihm haben wollte, obwohl ich nachher natürlich gesagt habe, dass es ein unglücklicher Zufall gewesen ist, und dieses Mal haben sie mir sofort geglaubt. Jedenfalls ist der noch ziemliche neue Lederball in die Schlucht hinunter und für immer verschwunden gewesen. So hat mir das ganz echte, mit Fuß und Lederball ausgeübte Fußballspielen letztlich doch ein sensationelles Erfolgserlebnis gebracht.

Nach dem Abstieg von sogenannten Traditionsmannschaften in die zweite Liga sind damals in Zusammenhang mit Fußball in Oberösterreich fast keine Erfolgserlebnisse mehr möglich gewesen. Erst Jahre später ist Vorwärts Steyr so lange eine Sensationsmannschaft gewesen, bis sie die Gehälter für die Spieler nicht mehr haben zahlen können. Für ein paar Wochen hat es die Helden aus Braunau gegeben, für ein paar Monate die Helden aus Ried, zuletzt sind die Paschinger an die Reihe gekommen. Das Geld für diese Spieler stammt von den Linzern, die in der PlusCity einkaufen, und wer weiß: Vielleicht wird eines Tages der LASK wieder Herbstmeister. Oder ist das in den letzten Jahren schon einmal geschehen?

Ich habe ehrlich gesagt überhaupt keine Ahnung vom aktuellen Fußball. Ich weiß nur einen ewig gültigen und auch von Edi Finger als sogenannte Fußballerweisheit erzählten Satz: Das Leder ist rund. Und mehr ist zum Fußballspielen aus meiner Sicht auch nicht sagen.

KICK IT LIKE ... FRAUEN MIT SPASS AM SPIEL
Ein Gespräch mit Fußballerinnen

von Walter Kohl

Sie schauen einander an mit einem gelangweilten Lächeln. Schon wieder einer, der mit „Kick it like Beckham" kommt, soll dieses leicht spöttische Grinsen wohl besagen. Ich habe die Fußballerinnen des Ladies Soccer Club Linz gefragt, ob sie den Film kennen, und ob er sie inspiriert hat, ob er was mit ihrer Entscheidung zu tun hatte, Kickerinnen zu werden. Nein, sagen sie fast gleichzeitig, Claudia Stollnberger und Dragana Berič und Viktoria Madl. Der Film sei sehr schön. Aber diese Geschichte, wie die junge Jesminder gegen den Widerstand ihrer indischstämmigen Familie und Umwelt ausdauernd, verbissen und vor allem heimlich Fußball trainiert und spielt, die hat mit ihrer Realität nichts zu tun.

Was naturgemäß die Frage nach sich zieht, warum sie den Männersport Fußball zu jener Beschäftigung gemacht haben, die den Großteil ihrer Freizeit einnimmt. Renate Rigler, einst selbst aktiv und nun Trainerin und laut Eigendefinition „Mädchen für alles" beim Verein, antwortet als erste: „Ich habe drei Brüder. Mit denen tust halt nichts anderes als Fußballspielen. Da kommst du zwangsläufig zu diesem Sport." Claudia Stollnberger hat einen ähnlichen Background: „Bei mir war es der Papa. Von Anfang an. Ich hab eine Zwillingsschwester (Sonja, die ebenfalls beim Linzer Ladies Soccer Club spielt), und schon mit vier, fünf Jahren hat der Papa mit uns Fußball gespielt. Dann hat es nichts anderes mehr gegeben.

Die Mannschaft des Ladies Soccer Club Linz kämpft 2008 um den Aufstieg in die oberste Spielklasse.

Spiele angeschaut haben wir uns als Kinder kaum mit ihm, aber daheim wurde gespielt, wann immer es nur gegangen ist."

Dragana Berič hat als Kind oft Fußball im Fernsehen gesehen. Es hat ihr gefallen. „Dann hab ich selbst angefangen, mit acht Jahren oder so, mit den Buben. Und durch unsere Turnlehrerin in der Schule bin ich zum Verein gekommen. Die hat die Renate Rigler kontaktiert." Und die gleiche Geschichte noch einmal von Viktoria Madl: „Bei mir war es so, dass die ganze Familie Fußball gespielt hat, Papa, Mama, Schwester, großer Bruder, dadurch bin ich dazu gekommen. Die ganze Familie hat in Vereinen gespielt, nicht nur privat. Schon auch daheim im Garten, und es hat mir so viel Spaß gemacht, dass ich so bald wie möglich zum Verein gegangen bin."

Bei einer großen Gala zum Thema Fußball sind sie mir zum ersten Mal aufgefallen. Im Festsaal befanden sich fast nur Männer: Die aktiven LASK-Kicker, und die meist mindestens eine Generation älteren Herren vom Verband, von den Medien, aus der Politik und von den Sponsorfirmen. Vereinzelt sah man Frauen, leicht overdressed, und irgendwie verloren wirkend – das waren die Fußballer-Gattinnen und die sichtlich gelangweilten Begleiterinnen der Honoratioren. Und in der Mitte des Saales stand eine Gruppe junger Frauen beisammen, die nicht ganz zum hochgestylten Rahmen passte. Selbstbewusst, leger gekleidet, mit Wasserflaschen in den Händen statt der Sektgläser, offensichtlich leicht amüsiert über das ritualisierte feierliche Getue um den Fußball.

„Das sind die LASK-Ladies", informierte mich ein Freund. LASK-Ladies, das ist der inoffizielle Name der Frauen vom Linzer Soccer Club. Weil sie organisatorisch eng mit dem LASK verbunden sind. Die Beziehung war nicht ganz unproblematisch, eine Zeitlang gab es Unstimmigkeiten zwischen Klaus Lindenberger, dem Förderer und Initiator des Frauenfußball-Vereins, und dem Linzer Traditionsklub, aber jetzt passt wieder alles. Die Existenz unter dem Dach des LASK wissen die Kickerinnen zu schätzen. Renate Rigler: „Die Kosten für den Spielbetrieb trägt der LASK, da sind wir in einer glücklichen Lage. Es gibt viele Vereine, da ist es so, dass die Spielerinnen bei jedem Auswärtsspiel zum Bus dazu zahlen müssen."

Ende 2007 waren die Linzerinnen mit zwei Mannschaften aktiv. Eine in der zweiten Frauenliga Mitte, was vergleichbar ist mit der Regional-Liga bei den Männern. Mannschaften aus Kärnten, Salzburg und Oberösterreich kämpfen in dieser Gruppe um den Aufstieg in die oberste Klasse, die ÖFB-Liga. Das Nachwuchs-Team spielt in der Mädchen-Liga Oberösterreich.

Ich frage, ob sie sich gleichberechtigt fühlen mit den Männern im Fußballbetrieb. Die Frauen denken einen Moment nach, ehe sie antworten. Renate Rigler spricht als erste: „Also, wenn du jetzt sagst, ich will unbedingt eine Gleichberechtigung – wegen dem übt man den Sport nicht aus." Die Spielerinnen nicken. Offensichtlich ist es kein Thema. Mir fällt auf, dass ich selbst unsicher bin, ob ich Mannschaft sagen sollen oder Frauschaft, aber das legt sich gleich, weil auch die Fußballerinnen mit großer Selbstverständlichkeit „Mannschaft" sagen und „die Spieler", wenn sie von Spielerinnen reden.

Dass es eine wirkliche Gleichstellung nicht gibt, ist den jungen Frauen natürlich klar. Man sehe ja auf den ersten Blick, dass in den Medien Männerfußball natürlich wesentlich populärer ist, sagen sie. Und fügen beinahe trotzig dazu: „Das war damals im Tennis oder Skisport auch so."

An dieser Stelle kommt logischerweise der deutsche Frauenfußball ins Spiel, der ja im Herbst 2007 einen Höhenflug sondergleichen erlebte, nachdem die Kickerinnen mit einem 2:0 gegen Brasilien in China zum zweiten Mal in Folge den WM-Titel geholt hatten. Natürlich sind die deutschen Frauen ein Vorbild, sagen die Linzer Fußballerinnen, und natürlich würde man sich so eine Beachtung durch die Öffentlichkeit wünschen. Aber man muss auf dem Boden bleiben. Renate Rigler: „Bei den Frauen ist es ein doppelt so harter Weg nach oben wie bei den Männern. Weil es den Männersport schon so lange gibt. Ich habe mit deutschen Spielerinnen geredet, und die haben gesagt: Es war am Anfang ein extrem steiniger und harter Weg. Zum ersten WM-Titel (2003 in den USA; Anm.) hat es vom Deutschen Fußballbund für jede Spielerin ein Kaffee-Service als Erfolgsprämie gegeben."

Mit einem zynischen Lächeln fährt sie fort: „Das war die Wertschätzung vom Verband!" Worauf es ankommt, das sind die Spielerinnen, und der sportliche Erfolg, den diese Frauen bringen müssen, ansonsten bleibt Frauenfußball ein Rand-Phänomen. Rigler: „Das ist eine harte Arbeit gewesen für die Deutschen. Und die ist es auch in Österreich. Da braucht man nicht reden darüber, dass wir gegenüber Deutschland zehn, fünfzehn Jahre hinten sind."

Ob sie als Legionärinnen in Deutschland spielen möchten, oder in den USA, wo gerade versucht wird, mittels hoher Gagen für Profi-Kickerinnen einen funktionierenden Betrieb zu installieren, will ich wissen. Die Linzer Kickerinnen grinsen. „Ein Traum wäre es schon", sagt Claudia Stollnberger, „aber das muss man realistisch sehen. Man muss auf Schule und Beruf schauen – das würde ein Problem. Und die ganzen Freunde wären weg, die Familie." Ähnlich sieht es Dragana Berič: „Ich hab schon manchmal dran gedacht, aber es ist sicher nicht leicht, wenn du woanders hin gehst und hier alles aufgeben würdest." Und Viktoria Madl, die aussieht, als wäre sie noch keine 20 Jahre alt, lacht nur: „Da bin ich schon zu alt dafür!"

Die Frage, ob sie für ihr Hobby Geld bekommen, bringt die Fußballerinnen zum Lachen. Nein, sagen sie unisono: „Unser Sport ist reiner Amateurfußball! Auch in der zweithöchsten Spielklasse. In der obersten gibt es ein paar Profis. Aber das ist die Ausnahme." In Oberösterreich sind 33 Frauen-Teams im Meisterschaftsbetrieb aktiv. Etwa 600 Spielerinnen hetzen regelmäßig dem Ball hinterher. Das Publikumsinteresse ist nicht sehr hoch. Noch nicht, sagen die Linzer Kickerinnen. Derzeit kommen zu Meisterschaftsspielen etwa 50 bis 100 Zuschauer. Die Linzer Soccer-Ladies trainieren zweimal die Woche zwei Stunden, dazu kommt ein Spiel am Wochenende. In der Aufbauphase wird dreimal wöchentlich trainiert.

Die nächste Frage: Haben sie schon gegen Männermannschaften gespielt, und wenn ja – wie ist das ausgegangen? Die Kickerinnen sehen es ganz nüchtern: „Ja, es gibt Trainingsspiele gegen Männer. Da gewinnen immer die Männer. Wir haben körperlich keine Chance. Unsere Kampfmannschaft kann mit dem Nachwuchs mithalten; wenn du wirklich gut bist, hast du als Frau eine Chance gegen 15jährige Burschen, vielleicht

Viktoria Madl (rechts) vom Ladies Soccer Club Linz im vollen Einsatz.

noch gegen 17jährige, das geht gerade noch. Aber dann ist der Unterschied so groß, dass du keine Chance mehr hast."

Trainerin Rigler: „Man kann es grundsätzlich nicht vergleichen. Das Spiel bei den Männern ist deshalb wesentlich schneller, weil sie einfach andere körperliche Voraussetzungen haben." Sie beginnt, mir eine komplexe differenzierte Betrachtung dieser Thematik vorzutragen, bricht dann ab und bringt einen simplen Vergleich: „Es ist wie beim Skifahren. Wenn ein 90-Kilo-Mann und eine 50 Kilo schwere Frau eine Abfahrt angehen – wer glaubst ist schneller unten?"

Ob sie nicht oft blöd angeredet werden, frage ich sie, und zitiere den legendären Spruch, den Männer häufig nach Ende eines Frauen-Matches in das Spielfeld hinein brüllen: „Tauscht die Leiberl!" Da lachen die Kickerinnen, Claudia Stollnberger sagt: „Das sind meistens solche, die selber 30 Kilo zu viel haben, wo du dir lieber die Augen zuhältst, wenn der ein Leiberl auszieht." Die Trainerin Rigler meint: „So was wird einfach ignoriert. So halblustige Bemerkungen machen meistens eh nur Leute, die noch nie ein Frauenfußballspiel gesehen haben."

Noch immer weiß ich nicht, warum Frauen den Männersport Fußball ausüben. Renate Rigler wird ein wenig ungeduldig, zugleich lacht sie. Ich glaube, ein bisschen lacht sie mich aus. Sie sieht ihre Spielerinnen an, mit einem auffordernden Blick. Dragana Berič redet als erste: „Es lenkt einen von anderem ab. Es ist der Spaß am Spiel. Es ist Abwechslung." Viktoria Madl: „Es ist einfach Spaß. Weil man aus dem Alltag hinaus kommt." Sie denkt kurz nach, sagt dann: „Man kommt regelmäßig mit Leuten zusammen, mit denen man sich gut versteht. Bei einem Einzelsport ist es schlicht so, dass du niemanden hast, mit dem du eine Gaudi haben kannst. Es ist einfach ein klasses Gefühl, wenn du 20 Leute um dich hast, die das gleiche machen und gemeinsam Erfolg haben wollen."

Claudia Stollnberger nickt zustimmend: „Man lernt Leute kennen." Renate Rigler bringt noch einen weiteren Aspekt: „Richtig begeistert sind meist die Eltern, und vor allem die Mütter. Sie sagen oft zu mir: Renate, ich finde es super, dass die Mädeln endlich was tun. Weil sonst sind sie eh immer nur herumgesessen. Das ist ein wörtliches Zitat von einer Mutter!"

Es sind faszinierende Persönlichkeiten, diese jungen Frauen. Quirlig, lebhaft, begeistert von dem, was sie tun. „Fußball ist ein Super-Sport", sagen sie, „und wenn du in einer Mannschaft bist, in der du dich wohl fühlst, ist das eine der besten Sachen überhaupt." Sie stecken Energie in ihre Freizeit, und sie möchten dabei so gut wie nur möglich sein. Nein – sie möchten die besten sein. Man wünscht ihnen, dass sie es schaffen.

MÄDCHEN LAUFEN MEHR UND BEGREIFEN SCHNELLER
Frauenfußball in Oberösterreich

von Helmut Pichler

Historische Entwicklung

Laut Anmeldungsregister beim Oberösterreichischen Fußballverband jagen 695 Frauen und Mädchen („reine Mädchenteams") bei 28 Vereinen in 33 Teams in unserem Bundesland hinter dem Fußball her. Außerdem komplettieren tüchtige Jungfußballerinnen sogenannte Mixed Teams, in denen hauptsächlich Burschen spielen. Ihre Zahl ist wegen großer Fluktuation schwer einschätzbar. Sie alle frönen dem „Frauenfußball", denn der Begriff „Damenfußball" ist bei allen Kickerinnen ebenso verpönt, wie bei ihren Pendants die Bezeichnung „Herren-Fußball" kaum angewendet wird.

Hobbymäßig wurde Frauenfußball bereits vor 1980 auch in Oberösterreich betrieben,

Die erste offizielle OÖ Damenmeisterschaft startete am 7. Mai 1972. Die Mannschaften wurden in 3 Gruppen geteilt (Ost, West, Mitte). Die Finalrunde fand am 9. 7. 1972 statt, welche Edt/Lambach vor SVS Linz und Molln für sich entschied. Meister 1972/1973: SV Edt/Lambach

1973/1974: Meister unbekannt, da aus dieser Zeit nur fragmentarische Unterlagen existieren.

1974/1975 wurde die Meisterschaft wieder eingestellt.

Ab 1985/1986 wurde wieder Meisterschaft gespielt, leider gibt es davon allerdings ebenfalls keine Daten. Ab 1989/1990 wurde die Meisterschaft regelmäßig durchgeführt.

Foto: Christian Herzenberger

OÖ. Damenliga 1989/90							
1	SK Eintracht Wels	14	12	2	0	75	5	26
2	U Kleinmünchen 1b	14	11	2	1	52	15	24
3	ATSV Sattledt	14	6	3	5	37	20	15
4	U St. Roman	14	7	1	6	42	30	15
5	U St. Agatha	14	5	2	7	25	42	12
6	U Engelhartszell	14	3	2	9	12	41	8
7	U Ansfelden	14	4	0	10	24	67	8
8	SV Gramastetten	14	2	0	12	10	57	4

Mit wechselnder Teilnehmerzahl wurde die Landesliga bis 2000 fortgeführt. 2000/2001 wurde die 2. Divison Mitte gegründet, an der sich die oberösterreichischen Vereine SV Garsten, Union Babenberg Linz-Süd, Union Kleinmünchen 1 b und der SV Taufkirchen beteiligten.

Die ehemaligen „Landesligistinnen" UFC Peterskirchen, ASKÖ Doppl/Hart 74, Union Kleinmünchen 1c, USV Wolfern, Union Schweinbach und ATSV Vorwärts/Neuzeug spielten in der

dieser Bewerb in „Oberösterreichische Mädchenliga" umbenannt.

Bundesweit wurde 1973 in Österreich die erste Frauenmeisterschaft als „Frauenliga Ost" ausgespielt, erst ab dem Meisterschaftsjahr 1980/81 nahm Union Kleinmünchen am Österreich-Bewerb teil. Die Linzerinnen waren 1980 als reiner

Sieger der o.ö. Landesliga und 1. Klasse:					
OOE-Liga		OÖ-Liga		1. Frauenklasse	
1997/1998	Kleinmünchen 1 b	2006/2007	U. Wolfern	2007	UFC Haibach
1996/1997	Kleinmünchen 1b	2005/2006	U. Gerestberg	2006	Dionysen/Tr.
1995/1996	ATSV Sattledt	2004/2005	Dionysen/Tr.	2005	Kleinmünchen 1 c
1994/1995	FC Münzkirchen			2004	SV Taufkirchen
1993/1994	FC Münzkirchen			2003	Kleinmünchen 1 b
1992/1993	Kleinmünchen 1b			2002	SV Taufkirchen
1991/1992	U. St. Roman	2000-2004	Wurde keine	2001	UFC Peterskirchen
1990/1991	Kleinmünchen 1b		Landesliga gespielt!		
1989/1990	SK Eintracht Wels				
1974/1975	Betrieb eingestellt				
1973/1974	Leider nicht bekannt	1999/2000	Kleinmünchen 1 b		
1972/1973	SV Edt/Lambach	1998/1999	Kleinmünchen 1 b		

O.Ö. Cupsieger im:	Feldfußball	O.Ö. Cupsieger im:	Hallenfußball
2007	SV Garsten	2008	LASK Ladies/ SV Taufkirchen
2006	ASKÖ Doppl-Hart	2007	ASKÖ Dionysen/Tr.
2005	U. Kleinmünchen 1 c	2006	FC Wels
2004	SV Garsten	2005	ASKÖ Dionysen/Tr.
2003	SV Garsten	2004	SV Garsten
2002	SV Garsten	2003	SV Garsten
2001	U. Kleinmünchen 1 b	2002	SV Garsten
2000	SV Garsten		

neuen 1. oö. Frauenklasse. Die neue Liga sollte vor allem neu- und wiedereinsteigenden Vereinen die Möglichkeit bieten, sich zu profilieren und bei dementsprechender Spielstärke in die 2. Division-Mitte aufzusteigen.

2006/2007 wurde erstmals eine oö. Mädchenliga U 15 durchgeführt, im Herbst 07 wurde

Frauenfußballverein mit Spielerinnen aus 8 oberösterreichischen Fußballvereinen gegründet worden. Ab 1982 übernahm die Fußball-Bundesliga die Obhut über die Liga (ab 2006 in ÖFB-Frauenliga umbenannt), der Union Kleinmünchen ununterbrochen bis dato angehört. (Stand 31. 12. 2007). Als zweiter Klub ob der Enns spielten die LASK

Foto: Fotoshop Keller, Altmünster
„Bälle sind nicht zum Verschenken da!"

Ladies in der Saison 2006/2007 in der höchsten Spielklasse.

Warum „frau" Fußball spielt: von Trotzköpfen, Umsteigerinnen und „Abbrecherinnen"

„Weil es mir Spaß macht und cool ist", meint dazu Katharina Rektenwald, 2008 bei der österreichweiten „Fußballerinnenwahl der Kronenzeitung" mit 6.398 Stimmen als Elfte bestplatzierte Oberösterreicherin. „Wir wollen nicht immer nur zusehen, sondern auch selber spielen!", stellten Garsten fußballbegeisterte Frauen fest, begannen als Hobbyteam „Real Dambach" 1990 zu kicken und absolvierten 1993/1994 ihre erste Meisterschaftssaison als Frauenelf des SV Garsten.

Das Gros der „Ballerinas" in den Vereinsteams stellen sicher ähnlich denkende Mädchen und Frauen aus allen Landesteilen. Etlichen Fußballerinnen droht aber mit spätestens 15 Jahren der Abschied aus einem „Mixed Team". Laut ÖFB-Statut sind Knaben und Mädchen in den Spielklassen U 15, U 14 und U 13 gemeinsam in einer Mannschaft spielberechtigt. Spätestens mit 15 Jahren endet aber die „Karriere" für Mädchen in gemischten Teams, wodurch viele „Jung-Ballerinas" anschließend in eine Frauenelf integriert werden oder – in Ermangelung einer solchen – mit dem Fußballspielen aufhören müssen Umsteigerinnen aus anderen Sportarten frönen ebenfalls dem „soccer". Prominente Sportlerinnen wechselten zum Frauenkick: Oberösterreichs Fußballexport Nina Aigner (derzeit FC Bayern München) musste wegen einer Schulterverletzung ihre Tenniskarriere beenden und begann beim UFC Peterskirchen mit dem Fußball.

Foto: Fotoshop Keller, Altmünster
„Frauen sind ehrgeiziger als Männer …"

Die beliebten „Wiesenkickerl" mit Brüdern und Nachbarn konnte die spätere Rekordfußballerin Gertrud Stallinger mit 15 bei keinem Frauenfußballverein fortsetzen, deshalb verlagerte die „Ballkünstlerin" das „Runde" kurzerhand auf die „Schlaghand". Nach einem mehrjährigen Intermezzo beim Faustball landete die Allrounderin bei Union Kleinmünchen und startete eine glanzvolle zweite Fußball-Karriere.

Fünfkampf-Staatsmeisterin (1989) Anni Spitzbart führte den ATSV Sattledt 1995/1996 zu Meisterehren in der oö. Landesliga, Tennistalent Martina Hinterberger schoss 2006/2007 mit 37 Volltreffern den UFC Haibach zum Meistertitel in der 1. Frauenklasse, Silke Beidinger trainiert neben Faustball beim SK VOEST auch Fußball beim Bundesligateam Union Kleinmünchen...

Unterschiede zum Männerfußball?

„Jeder Vergleich mit dem Männerfußball hinsichtlich Leistungsniveau hinkt.", so Ernst Weber 1998 nach seinem Amtsantritt als ÖFB-Teamchef. „Technisch sind die Frauen und Mädchen ganz gut drauf, im körperlichen und taktischen Bereich sind aber Grenzen gesetzt. Den körperlichen Nachteil können Frauen mit der besten Technik der Welt nicht kompensieren."

Der Unterschied könnte im Ehrgeiz begründet sein, denn sieben Jahre später konstatierte der Frauen-Coach anlässlich der 0:1-Heimniederlage des Nationalteams gegen den Favoriten Holland (ca. 80.000 Spielerinnen!): „Wir haben uns seit meinem Beginn enorm gesteigert, 1998 hätten wir gegen die Niederländerinnen noch 15 Tore erhalten!"

Worin besteht der „kleine Unterschied" im Fußball?

„Die unterschiedliche Skelett-Achse bedingt in der Hebelwirkung bei Mädchen und Frauen eine geringere Kraftübertragung", erklärt Allgemeinmediziner und FC Altmünster-Trainer Dr. Matthias Renner, „ebenso ist im Durchschnitt bei den Männern mehr Muskelmasse vorhanden."

Foto: Hörmandinger, Ebensee
Unterbittlich wird um jeden Ball gekämpft ...

Finanzielle Aspekte und Opferbereitschaft ...

... rücken sogar in den höchsten Spielklassen Oberösterreichs (analog zur gesamten Österreich-Situation) und sogar bei Spitzenspielerinnen in den Hintergrund. „Vom Fußball allein könnte ich sicher nicht leben", meint dazu Nina Aigner, bei PUMA Salzburg als Marketing-Expertin tätig, „allerdings befinde ich mich in prominenter Gesellschaft: Sogar die deutsche Doppelweltmeisterinnen (2003, 2007) und Frankfurt-Stürmerin Sandra Smisek gehen neben ihrer Sportkarriere einem Brotberuf nach!"

Ob sie ihre Entbehrungen (vier Mal wöchentliches Training neben einem Fulltime-Job, Überwindung von Verletzungen, ...) jemals bereut hat? „Absolut nicht, meine Zeit opfere ich gerne, um meine sportlichen Ziele zu erreichen!"

Große Opferbereitschaft attestierte auch Direktor Bruno Mangl ÖFB-Teamspielerin Susi Gahleitner: „Jedes Training bedeutete für sie eine Anreise von 385 Kilometern", lobte der Obmann des Serienmeisters aus dem Wienerwald die Einsatzfreude der Rohrbacher Studentin für den Fußball.

„Auf dem Fuß" folgen bei den reinen Amateurinnen Urlaubsprobleme, die sogar die Abstellung von Teamspielerinnen für Ernst Weber ernsthaft gefährden.

„Timing" ist auch bei der frauenspezifischen Babypause für den Trainer eine unbeeinflussbare Größe, wie vor wenigen Jahren SV Taufkirchen-Trainer Josef Glas leidvoll feststellen musste.

Die Unterschiede im Training?

„Buben sind nicht so konzentriert und nicht so ehrgeizig. Mädchen laufen mehr und begreifen schneller", meint Trainer Harald Strauchs, Vater der U 19-Nationalspielerin Katharina Strauchs und über zwanzig Jahre sportlicher Betreuer der Buben, über seine Nachwuchskickerinnen bei der Union Kleinmünchen.

Ernst Weber: „Frauen sind auf jeden Fall belastbarer. Nach zwei Stunden Training fragen sie: ‚Müssen wir wirklich schon aufhören?'"

Und USC-Landhaus Trainer Manfred Köck: „Frauen widersprechen öfter und hinterfragen viele meiner Anweisungen. Männer hingegen geben sich damit zufrieden und tun es einfach."

Warum überwiegen in den höchsten Spielklassen männliche Trainer?

In der Bundesliga berechtigt nur mindestens die UEFA-B-Lizenz zur Leitung des Trainings, Oberösterreichs einziger Vertreter, Union Kleinmünchen, verfügt mit Ivan Lekic sogar über einen Coach mit UEFA-A-Lizenz (wie übrigens auch Hans Gröss, ehemaliger LASK- Star und nunmehr Trainer von KELAG St. Veit). Bei den übrigen Bundesligisten sind mit Mag. Olga Hutter (SV Neulengbach) und Brigitte Entacher (USC Landhaus) „hoch diplomierte" Trainerinnen in der Minderzahl.

Wird Frauenfußball anerkannt und gefördert?

„Fußballspielende Frauen wurden früher belächelt, ignoriert und bestraft. In Österreich drohten noch Anfang der siebziger Jahre Vereinen, die auf ihrem Platz Frauenteams spielen ließen, Geldstrafen. Heute sind die kickenden Mädchen von offizieller Seite zwar anerkannt, Trainer, Funktionäre und Spielerinnen fühlen sich freilich höchstens geduldet."

2007: Kopfball mit Kopftuch?

Wie sehr Mädchen- und Frauenfußball Völker zu verbinden vermag und dabei der Respekt vor fremder Kultur gewahrt bleibt, beweist gerade in Oberösterreich der „Upper Austria Cup": Das Team Al Fursan aus der Stadt Aldharan (Königreich Saudiarabien) trat 2007 in der offenen Klasse an, und dabei trugen einige Mädchen bei ihren Gruppenspielen Kopfschleier.
Weder Schiris noch Gegenspieler beanstandeten die pflichtgemäße Komplettierung der Sportbekleidung und trotz etlicher Gegentreffer genossen die arabischen Gäste vor allem den Erfolg ihres Ehrentreffers der allerdings per Fuß erzielt wurde!

Sukzessive Verbesserung

Gerhard Traxler, Sektionsleiter beim Vizemeister USC Landhaus, klagte 1997: „Kein Mannschaftssport in Österreich erfährt eine derart amateurhafte Behandlung wie Frauenfußball. Die Subventionen durch die Dachverbände reichen kaum aus, um die Fahrtkosten zu decken. Mangels medialer Präsenz fließen auch die Sponsorgelder nur sehr spärlich." Lange Zeit mussten selbst Bundesliga-Spielerinnen bei Verletzungen ihren Chef belügen, weil die Begründung „beim Fußball verletzt" den Jobverlust hätte bedeuten können. Seither verbesserte sich die Situation.

2005 konnte Traxler, seit Ende der 60erjahre Pionier im Frauenfußball, halbwegs zufrieden feststellen: „Mit der Förderung durch den ÖFB sieht es besser aus (Anmerkung: Der ÖFB stellt jährlich 1,88 % des Gesamtbudgets für den Frauenfußball zur Verfügung!), allerdings macht die Bundesregierung nach wie vor zu wenig finanzielle Mittel für den Frauen- und Mädchenfußball frei!"

Nur als „Kleingedrucktes"?

„Leider berichten Medien zu wenig konstant", meint FC Wels-Coach Gerhard Schellerer, „es herrscht Nachholbedarf." „Außerdem sollte der ÖFB beispielsweise durch einen separaten Internet-Auftritt dem Frauenfußball bessere Informationsmöglichkeiten verschaffen."

„Frauenfußball wird ignoriert", stellte Gerhard Lukesch vor der Frauenfußball-WM in China im Herbst 2007 in den „Oberösterreichischen Nachrichten" fest".

„Frauenfußball wird bedauerlicherweise nach wie vor von der Sportöffentlichkeit nicht ernst genommen", meint dazu auch die „spielende" Sektionsleiterin und „Tausendsassa" Andrea Binder (Kleinmünchen), „auch wenn sich der Trend zeigt, dass immer mehr Mädchen zum Fußball finden."

Sie selbst betreibt seit 1999 für die Union Kleinmünchen unter www.frauenfussball.at eine sehr informative Homepage mit Querschnitten durch den gesamten österreichischen Frauenfußball und links zu den führenden oberösterreichischen Vereinen.

Der Oberösterreichische Fußballverband informiert darüber hinaus unter www.oefv.at.

Solange sich aber die Berichterstattung selbst über Bundesligaspiele in den Tageszeitungen auf das „Kleingedruckte" beschränkt, vermögen auch die verstärkten Bemühungen der oberösterreichischen Regionalzeitungen kaum mehr als knappe „Hundertschaften" zum Besuch von Frauen-Meisterschaftsspielen zu animieren.

Erfreulicherweise wurden in den letzten Jahren wenigstens bei den traditionellen Wahlen der Printmedien zur(m) „Fußballer(in) des Jahres" die Frauen voll integriert und auch bei der Internet-Abstimmung konnte eine Gleichstellung erreicht werden. Der enorme Zuwachs war bei der OÖ. Kronenzeitung-Wahl im Herbst 2007 an der Siegermarke für Jacqueline Sonnleitner vom „Underdog" Union Nebelberg mit 21.990 Stimmen abzulesen. Im Vergleich dazu vereinte die Österreich-Siegerin der „Krone"- Wahl 2008, Christina Peintinger (LUV Graz) 47.296 Stimmen auf sich

Foto: Hörmandinger
Trotz kolossalen Einsatzes spielen Mädchen und Frauen teilweise immer noch vor leeren Rängen!

Auch der energische Antritt von Nina Aigner konnte die Heimniederlage gegen Griechenland nicht verhindern!

und hätte damit in der Männer-Wertung Rang 6 erreicht.

Länderkämpfe in Oberöstereich: Leider sind nicht „aller guten Dinge 3"!

Drei Mal gastierte das ÖFB Team bisher in Oberösterreich, unser Bundesland erwies sich leider noch nicht als „fruchtbarer Boden" fürs Team: Einem Remis stehen zwei knappe Niederlagen gegenüber:

Österreich – Wales 1:1 (0:1) Tor: Sonja Spieler. 25. 5. 2002, Ottensheim, Zuschauer: 1000. Preiss; Seibezeder, Szankovich, Pregartbauer, Hochstöger, Fischer, Spieler, Hufnagl, Stehrer, Stallinger (Kapitänin), Aigner.

Österreich – Griechenland 1:2 (0:1). Tor: Fischer. 24. 4. 2004, Ottensheim. Zuschauer: 1250. Leitner; Eder, Szankovich, Lorenz, Fischer, Fuhrmann, Spieler, Hungal, Gstöttner, Stallinger (Kapitänin), Aigner.

Österreich – Polen 0:1 (0:1). 5. 5. 2007, Freistadt. Zuschauer: 800. Leitner; Hanschitz, Tasch, Gröbner, Schalkhammer-Hufnagl, Walzl, Burger, Wenninger, Schnaderbeck, Aigner (Kapitänin), Celouch.

Österreichisches Frauen- Cupfinale 2005: Weyregg, Schörflinger Fußballstadion: Vor 500 Zuschauern schlägt der SV Neulengbach den Innsbrucker AC mit 2:1 (1:0). In den Reihen der Tirolerinnen verpasst Yvonne Krieg, die aus der bekannten Lenzinger Fußballerfamilie stammt, ganz knapp den Pokalsieg!

Bundesländermeisterschaft

Eine Bundesländermeisterschaft wird seit 1993 ausgetragen und wurde bis 1998 als Bundesländervergleich in Turnierform ausgespielt.

Oberösterreich siegte 1994, 1996 und 1998. Ab 1999 wurde der Bewerb über die gesamte Spielsaison ausgedehnt, Oberösterreichs Auswahl holte 2000, 2001 und 2003 jeweils den Vizemeistertitel.

Ab 2004/2005 wird die Bundesländermeisterschaft mit U 18-Teams fortgeführt, ein fünfter Rang 2004/05 und der dritte Platz für den Zweijahresbewerb 2005/2007 waren die bisherige sportliche Ausbeute.

Als U 16-Bewerb wird 2007 – 2009 die BLMS in Meisterschaftsform gespielt, unsere Auswahl unter Trainerin Renate Rigler hofft nach zwei Niederlagen gegen die Steiermark (0:8) und dem 1:3 gegen Salzburg auf den ersten Punktegewinn.

Europameisterschaft in Oberösterreich, nur Utopie?

Wenig aussichtsreich scheint die Hoffnung, dass in Österreich und damit eventuell auch in Oberösterreich Europa- oder gar Weltmeisterschaften der Nationalteams ausgetragen werden. 2011 bietet sich allen Fans aber die Chance, „über der Grenze", in Deutschland, die Welt-Titelkämpfe zu verfolgen.

Österreichs Stärke liegt im Nachwuchsbereich, denn die U 19- Auswahl schaffte 2004 und 2005 jeweils bei der EM-Qualifikation den Aufstieg in die 2. Runde. 2005 vereitelte nur ein 1:3 gegen Russland im letzten Moment den Aufstieg in die Endrunde der letzten Acht in Ungarn.

Bei erfolgreicher Fortführung der Jugendförderung, dem zielstrebigen Aufbau der U 16-Landesauswahl und Schaffung einer Fußballakademie für Mädchen (analog zu Wien, St. Pölten und Graz) könnte sich die Hoffnung auf Ausrichtung einer Jugend-EM realisieren lassen.

Mit der tollen Organisation der U 19-EM im Juli 2007 der Burschen hat Oberösterreich bereits Europareife bewiesen.

Quo Vadis, Frauen- und Mädchenfußball in „Upper Austria"?

„Uns fehlt national die Breite", gab ÖFB-Teamchef Ernst Weber schon 2004 vor dem Länderspiel in Ottensheim zu bedenken. Jeder Bundesligaverein müsste über zwei Jugendmannschaften verfügen, um einen breiten „Unterbau" für die Spitzenteams zu sichern.

2005 „forschte" das Frauenreferat des Oberösterreichischen Fußballverbandes bereits über die Print-Medien nach talentierten Mädchen der Jahrgänge 92, 93 und 94, die noch nicht vereinsmäßig erfasst waren, um eine schlagkräftige U 16-Auswahl in der Bundesländermeisterschaft 2007 - 2009 einsetzen zu können.

2006 wurde vom OÖFV-Frauenreferat (Liga-Vorsitzender: Karl Römer; Frauenfußballreferentin Mag. Tatjana Grochar) eine oö. U 15-Mädchenliga installiert, um Mädchenfußballerinnen möglichst bald in „reinen" Mädchenteams die fußballerischen Grundlagen zu vermitteln und an den Meisterschaftsbetrieb zu gewöhnen.

Darüber hinaus inserierten 2007 oberösterreichische Klubs (Union Kleinmünchen, LASK Ladies, ASKÖ Doppl/Hart, FC Altmünster…) in den Printmedien, um fußballbegeisterte Mädchen im Alter von 8 bis 14 Jahre zu werben. Dazu werden tage- oder wochenweise Trainingscamps für Buben und Mädchen von 8 bis 14 Jahren angeboten, aber: Es müsste „bei verstärkter Einbeziehung der Grund(Volks)schulen", so FC Wels Trainer Gerhard Schellerer, „möglich sein, noch früher

Foto. Mag. Tatjana Grochar
Im November 2007 leitete Teamchef Ernst Weber persönlich in Linz ein Training der oö. U-16-Auswahl und erntete überschwängliches Lob der Spielerinnen und Beobachter!

als derzeit die elementare Grundschulung zu beginnen."

Schuss-Technik und Taktik sollten früh vermittelt werden!

„Das Fußball-ABC erst mit 12 bis 14 Jahren zu vermitteln, kommt für echte Spitzenkickerinnen zu spät", betont auch der Erfolgstrainer des Doppel-Mädchenliga-Siegers Union Kleinmünchen, Wolfgang Hauer.

Dazu Mag. Tatjana Grochar auf die berechtigte Frage von Robert Klicka (Rieder Rundschau): „Spielen wegen des derzeitigen Booms im Mädchenfußball bald mehr Mädchen als Jungs Fußball?" „Die Zahl der aktiven männlichen Nachwuchskicker ist natürlich noch höher. Da es dort mehr Möglichkeiten altersmäßiger Unterteilungen (Meisterschaften von U 9 bis U 19), gibt, werden die Jungs sicher noch eine Weile stärker vertreten bleiben als die Mädchen."

Womit sich auch die Frauenfußballreferentin des OÖFV für eine ehest mögliche Integration der Fußballmädchen in einen Meisterschaftsbetrieb stark macht.

Foto: Hörmandinger, Ebensee

Und Pläne bei den Frauen?

„Wir überlegen wegen etlicher Neuanmeldungen von Vereinen eine Zweiteilung der 1. Frauenklasse", freut sich Liga-Vorsitzender Karl Römer, Vorsitzender von vier Frauen-Leistungsklassen, über den regen Zulauf der letzten Jahre.

OBERÖSTERREICHS BESTE KICKERINNEN

von Helmut Pichler

„Wer soll ihre Rekorde jemals übertreffen?"
Eine Hommage an Gertrud Stallinger

Nach ihrem „Wiesenkickerl" mit Brüdern und Nachbarsbuben schloss sich die Rohrbacherin aus Harrau mit ihren Schwestern dem Faustballteam der Union Rohbach-Berg an, errang einen Staatsmeistertitel und wurde 31 Mal in das sterreichische Faustball-Nationalteam einberufen. Der berufliche Wechsel 1988 zur Finanz in Linz bedingte auch einen sportlichen Transfer: Stallinger trat dem ASKÖ Linz-Stamm bei, eroberte 3 Staatsmeistertitel und startete bei Union Kleinmünchen ihre „zweite" Fußball-Karriere.

Zwischen 1990 und 2000 trug sie mit über 300 Toren in der Bundesliga wesentlich zum Gewinn von 8 Meistertiteln, 6 Cupsiegen und einem Supercupsieg bei.

Weil die Kapitänin des Österreichischen Nationalteams in dieser Zeit, um beim Fußballerjargon zu bleiben, ihre Gegnerinnen „quasi auf einer Briefmarke" düpierte, widmete ihr ein Fan im Vorjahr die erste offizielle Briefmarke Österreichs, auf der eine Frauenfußballerin abgebildet ist:

Mangels weiterer sportlicher Erfolgsaussichten im österreichischen Bundesligafußball verließ Gerti im Sommer 2000 ihren Stammverein in Richtung München. Nach einem Probetraining beim FC Bayern München sicherte sich die Modellfußballerin von Beginn an einen Stammplatz in der „Multi-Kulti-Truppe" der Bayern mit Nationalspielerinnen aus der Tschechei, der Schweiz, den USA usw. Zweimal wöchentlich pendelte sie von ihrem Dienst- und Wohnort Linz nach München. Obwohl in Österreich offensiv ausgerichtet, wurde sie beim Bundesliga-Aufsteiger vorwiegend defensiv eingesetzt (Abwehr, Mittelfeld), brachte es aber immerhin zu 16 Treffern in 4 Spielsaisonen. Als Kapitänin sorgte die nach wie vor hauptberufliche Finanzbeamtin auch für Verstärkung im Offensivbereich und hievte Landfrau Nina Aigner 2001 vom USC Landhaus Wien an die Isar.

Krone-Sportredakteur Max Stöger schrieb im Jahrbuch „Sieger 2006" über Gertrud Stallinger:
„... eine Vollblut-Athletin, deren Reserven unerschöpflich scheinen. 2005 lief sie am Vormittag erst den Halbmarathon in Linz, und am Nachmittag schoss sie dann gegen DFC Leoben zwei Tore für Union Kleinmünchen in der Bundesliga ...
Eine weitere wahre Anekdote zur Allrounderin Gertrud Stallinger, Thema „Rotation": Heimspiel der U. Kleinmünchen im Herbst 2004 gegen den FC Südburgenland: In der 15. Minute wird Kleinmünchen-Torfrau Alexandra Pichler wegen „Torraubs" ausgeschlossen. Mittelfeldregisseurin Stallinger, Torschützin zum 1:0 in der 3. Minute, hütet ab nun das Tor, rettet öfter in letzter Not und steuert zwei Elfmetertore zum 6:2- Heimsieg bei.

„Das Wunder von Senica" (oder „Cordoba für Frauen") dank zweier Oberösterreicherinnen!
Im August 2004 trat Österreichs Nationalelf unter Ernst Weber zum EM-Qualifikationsspiel gegen die Slowakei an und benötigte einen Punkt, um den Gruppensieg zu erringen. Nach einem 0:2-Pausenrückstand wurde die nicht voll fitte Nina Aigner vom Teamchef eingewechselt und glich mit einem „Doppelpack" aus. In der 88. Minute glückte Gertrud Stallinger der 3:2-Siegestreffer und damit der Aufstieg Österreichs unter die besten 25 Teams Europas!

Stallinger kehrte 2004 nach Kleinmünchen zurück und beendete 2006 mit Endrang 3 und der Ehrung durch den „Bruno-Pezzey-Preis" als „beste Fußballerin 2005/2006" ihre Traumkarriere als Rekordinternationale mit 56 (von 63 möglichen!) Länderspielen und Rekord-„Schützin" (= Sternzeichen!) mit 30 Treffern für Rot-Weiß-Rot. „Wer soll Gerti (jemals) übertreffen?", titelte „TIPS"-Sportreporter Reinhard Spitzer zum Abschied.

Schon im Alter von drei Jahren verblüffte Nina Aigner ihre Brüder mit ihren Ballkünsten, heute stockt bei Bayern Münchens Frauenelf die Angriffsreihe, wenn sie verletzungsbedingt fehlt. Dabei hatte die „Fußball-Legionärin mit der Bilderbuchkarriere" ganz andere Pläne. „Eigentlich wollte ich ja Tennisprofi werden", gesteht die Diplom-Marketing-Managerin. Ich stamme aus einer sportbegeisterten Familie, der Papa ist nach wie vor Tormanntrainer beim SK Schärding, meine Brüder spielen beim selben Verein (beide übrigens Anhänger von 1860 München!), und ich bin schon als Kind jedem Ball hinterhergelaufen", schmunzelt Oberösterreichs derzeit einziger Fußballexport.

Mit 14 Jahren zur bisher jüngsten Tennis-Landesmeisterin Oberösterreichs gekürt und mit 16 als WM-Dritte der Tennis-Team-Weltmeisterschaft der Junioren in Essen erfolgreich, schien der Weg zur Tennisweltkarriere vorgezeichnet. Eine schwere Schulterverletzung mit 18 ließ alle Träume von Erfolgen, die ähnlich wie bei Sybille Bammer in Reichweite schienen, platzen. Weil Bälle aber weiter im Spiel bleiben sollten, wechselte die Antiesenhofenerin zum Frauenfußballteam UFC Peterskirchen und anschließend über Union Kleinmünchen zum USC Landhaus in Wien. 2001 gelang ihr, auch „dank meiner Freundin, der Rekordinternationalen Gertrud Stallinger", der Sprung zum FC Bayern München. Im Frühjahr 2003 führte sie bereits die Torschützenliste der deutschen Bundesliga an.

„Ein Muskelfaserriss im Oberschenkel, ausgerechnet in einem Testspiel des FC Bayern gegen Österreichs Nationalelf (3:0) verhinderte mei-

Extraklasse mit Filzkugel und Fußball: Nina Aigner!

nen Transfer in die U.S.-Profiliga", erklärt sie rückblickend sehr gelassen und ohne Verbitterung. Verletzungen sollten sie auch im Herbst 2004 (Kniegelenk) und Herbst 2006 (Muskelverhärtung) vorübergehend bremsen, allerdings schaffte die Torjägerin immer wieder ein Comeback.

Und die Blessuren konnten die „Linksfüßlerin" auch nicht an bisher 74 Meisterschaftstoren in 114 Spielen in der Liga der „Doppelweltmeisterinnen" hindern. Ihre Erfolgsquote sicherte ihr bisher stets von der Fachjury der Trainerinnen einen Spitzenrang unter den 12 besten Stürmerinnen Deutschlands.

Als „Krönung" wurde Aigner im Sommer 2007 vom deutschen Internetforum „womensoccer.de" noch vor der dreifachen Weltfußballerin Birgit Prinz zur „Besten Stürmerin der Saison 2006/2007" gewählt.

Im Österreichischen Nationalteam bestritt Ernst Webers Topstürmerin bisher 31 Spiele und erzielte dabei 7 Tore, weshalb der Teamchef Aigner während der Frauen-WM 2007 in China Rosen streute: „Eine Nina Aigner könnte ich mir bei einer WM ohne weiteres vorstellen! Allerdings wird es für eine Endrunde für Österreich nie reichen, aber wir verbessern uns ständig."

Die These Webers, dass Frauenfußballerinnen belastbarer sind, bewies Aigner in den vergangenen Jahren zur Genüge: Neben ihrem 40-Stunden-Job bei einem Münchner Dienstleistungsunternehmen absolvierte sie ein Sportmanagement-Fernstudium und schaffte ihren „sehr guten" Abschluss und den Titel einer „Diplom-Marketing-Managerin" ebenso perfekt, wie sie gegnerische Torhüterinnen düpiert.

Größte mediale Anerkennung für die Innviertlerin mit Wohnsitz in Ottobrunn bei München:

In Österreich wurde sie 2005 bei der traditionsreichen Wahl der österreichischen Sportjournalisten als „Kickerin"(!) auf Rang 14 und noch vor den heimischen Supersportlerinnen Sybille Bammer, Viktoria Max-Theurer und Violetta Oblinger gereiht!

Weitere Oberösterreicherinnen im (inter)nationalen Einsatz:

Rosi Wimmer

Der Kleinmünchen-Star (oben auf dem Foto mit der aktuellen ÖFB-Spielführerin Sonja Spieler) wurde als erster Oberösterreicherin die Kapitänswürde im Österreichischen Nationalteam zuteil. Sie absolvierte 26 Länderspiele und erzielte 1 Treffer.

Isabel Hochstöger

Vereine: U. Kleinmünchen, USC Landhaus, Innsbrucker AC, USC Landhaus); 22 Teamberufungen (19 Länderspiele, 1 Tor; 3 weitere Einberufungen ohne Einsatz). Spielte für den IAC im UEFA-Womens Cup (entspricht dem Europacup bzw. der Champions League!) und nimmt derzeit im ÖFB als „Stimme Oberösterreichs" die Belange des Frauenfußballs wahr.

Iris Seibezeder
U. Kleinmünchen; 21 Teamberufungen, 19 Länderspiele.

Susanne Just
SV Garsten, SG Ardagger/Neustadtl, SV Neulengbach; 16 Teamberufungen; 12 Länderspiele; die Abwehrspielerin trat mit Neulengbach auch im UEFA-Womens-Cup an.

Susanne Gahleitner
Kleinmünchen, SV Neulengbach; 14 Teamberufungen (5 Länderspiele), war für den SV Neulengbach im UEFA- Womens-Cup im Einsatz.

Andrea Hetzenauer
TSV Inzing, FC Schwarzach, Union Kleinmünchen, Innsbrucker AC; 12 Teamberufungen, 5 Länderspiele.

Anna Spitzbart
ATSV Sattledt; 8 Teamberufungen, 8 Länderspiele.

Paula Gahleitner
Union Kleinmünchen; 7 Teamberufungen, 7 Länderspiele.

Petra Ortmaier
Union Kleinmünchen; 6 Teamberufungen, 6 Länderspiele.

Yvonne Krieg
Union Kleinmünchen, Wacker Innsbruck (früher: "IAC"). 1 Teamberufung ins Nationalteam (2004), 14 Einberufungen in Österreichs U 19-Auswahl, 3 Tore. Siegerin der „Kickerinnen-Wahl 2001 der oö. Kronenzeitung".

Claudia Aumüller
SV Neulengbach, Union Nebelberg; nahm mit der Wienerwaldelf am UEFA-Womens-Cup teil. Seit Herbst 2007 kickt die routinierte Oberkapplerin bei Union Nebelberg und ist gemeinsam mit Torhüterin Jaqueline Sonnleitner maßgeblich an der Konsolidierung des „Teams an der Grenze" beteiligt.

„Frauen, die Männlein und Weiblein nachpfeifen" oder: 2 Oberösterreicherinnen auf den Spuren von Madame Petignat!

Mit Michaela Kaar und Mag. Agnes-Sirkka Oswald-Prammer stellt Oberösterreich derzeit zwei Top-Schiedsrichterinnen im internationalen Frauenfußball, die dem Beispiel der berühmten Schweizerin Nicole Petignat folgen.

Schiedsrichterin Michaela Kaar

Die Leonfeldnerin Michaela Kaar wurde 1997 zum Referee bestellt und im Jänner 2001 zur FIFA-Assistentin ernannt. Sie ist mit Erwin Kaar, Sektionsleiter der Union Leonfelden, verheiratet und von Beruf Finanzbeamtin. Der Zuschauerzuruf: „Michi, zum Telefon", entlockt ihr nur ein Lächeln, da sie als Mitarbeiterin im Kundenservice des Finanzamtes Freistadt-Rohrbach-Urfahr hauptsächlich mit der telefonischen Betreuung der Steuerbürger beschäftigt ist.

Agnes Sirkka Oswald-Prammer übt die Tätigkeit als Schiedsrichterin seit 2001 aus und wurde 2006 zur FIFA-Assistentin bestellt. Verblüffende Parallele zu Petignat: Die Rechtsanwältin ist seit September 2007 mit dem Rechtsanwalt(!) und Schiedsrichter(!) Dr. Thomas Prammer verheiratet. (Petignats Lebensgefährte ist bekanntlich der Schwei-

Schiedsrichterin Agnes Sirkka Oswald-Prammer

zer Top-Referee Urs Meier!) Als bisherigen Höhepunkt ihrer sportlichen Karriere bezeichnet die 30jährige die Leitung des U 19-EM-Halbfinales Deutschland - Frankreich in Island.

Doris Huebmer: Die Bedienstete des Bezirksgerichtes Perg war in ihrer Jugend als Fußballerin bei den Knaben von Pabneukirchen im Einsatz und wurde mit 1. 8. 2006 zur Schiedsrichterin bestellt. Bisheriger Höhepunkt: Linierichterin bei U 19-Spiel und bei Bundesliga-Einsätzen.

Weitere weibliche Referees:
Carola Kroiß (Schiedsrichterin seit Juni 1999), Christine Trauner (Juli 2005), Gabriele Frank, Lena Schindlbauer (beide August 2006).

Seit Sommer 2006 weht internationale Fußball-Luft in Oberösterreich: Fabiana Pulimeno, 25fache Schweizer Internationale aus Zürich, führt Regie im Mittelfeld der LASK Ladies.

Die 27jährige verliebte sich 2003 bei einem Trainingslager in der Türkei in den Bundesliga-Profi Manfred Pamminger und übersiedelte bei dessen Pasching-Transfer 2006 nach Linz.

Eigentlich sollte die Modellfußballerin bei Union Kleinmünchen landen, doch die „Blackies" waren schneller und hievten die prominente Fußballerin in die Linzer Daimlerstraße.

Das „Schweizer „Wunderkind" begann seine Karriere mit 9 Jahren beim Schweizer Klub DFC Stäfa, debütierte in der Kampf-Mannschaft mit 10 (!), kam über den Damenfußballclub DFC Rapperswil-Jona zum SV Seebach (bei Zürich) und konnte bereits mit 15 Jahren mit diesem Klub den Schweizer Meistertitel erobern. Gleichzeitig wurde die Edeltechnikerin in die Schweizer U 18-Auswahl berufen und später ebenso ins Nationalteam.

Schweizer Superstar spielt „aus Liebe" in Linz!

2003 beendete sie nach einem Kreuzbandriss ihre Einsätze für die Schweizer „Nati". In der Saison 2001/2002 spielte sie für den FC Como in Italiens oberster Frauenliga Seria A. Derzeit noch eine Hauptstütze des LASK und große Hoffnung für den Wiederaufstieg in die Bundesliga, könnte die Karriere ihres Partners Manfred Pamminger auch ihren weiteren Transfer aus Linz zum Bedauern der Fußball-Feinschmecker nach sich ziehen. Begeistert die „Ballerina" doch ihre Fans nicht nur durch exzellente Ballbehandlung, Übersicht und Kampfgeist, sondern auch durch ihren Teamgeist und ihre Ausstrahlung. Die ausgebildete Kundenbetreuerin bei Großbanken übt in Linz einen „Fulltime"- Job aus.

OBERÖSTERREICHS TRADITIONSVEREINE IM FRAUENFUSSBALL

von Helmut Pichler

Union Kleinmünchen (A, 1 b, 1 c, Mädchen):

Ohne Übertreibung wird jeder Fußballinteressierte Union Kleinmünchen als „Wiege" des oberösterreichischen Frauenfußballs bezeichnen können. In einer „Ewigen Punkteliste" der höchsten österreichischen Spielklasse belegen die Linzerinnen hinter dem Rekordmeister USC Landhaus (562 Spiele, 408 Siege, 62 Remis, 92 Niederlagen, Torverhältnis: 2214:528, 1030 Punkte) mit 780 Punkten (292 Siege, 65 Remis und 103 Niederlagen, Score: 1648:702) unangefochten Rang 2 (Stand: Ende Juni 2007).

Der zweiterfolgreichste Frauenfußballklub Österreichs wurde 1980 gegründet.

Meilensteine:

- Erstes Meisterschaftsspiel am 14. September 1980 in Kleinmünchen gegen Aspern-Herzer 4:2;
- 1983 gelang erstmals ein internationaler Turniersieg in Frankreich.
- 1985 gewann Rosa Wimmer mit 85.937 Stimmen bei der „Kronenzeitung- Fußballerwahl" die Frauenwertung, 1986 folgte Maria Kastner mit 61.274 Kupons ihrer Klubkollegin als „Fußballerin des Jahres".
- 1990 erkämpften die Kleinmünchnerinnen den ersten Meistertitel für Oberösterreich!

Foto: Union Kleinmünchen
Das erste Bundesligateam der Union Kleinmünchen 1980/81 mit „Ehrengast" und LASK- Legende Gerhard Sturmberger.
Stehend von links: Sturmberger, Melitta Pinecker, Erika Laus, Trainer Alois Mitterndorfer, Elfriede Kempinger, Maria Schlagnitweit, Gerda Baumann, Margarete Dall, Maria Eckerstorfer.
Hockend von links: Christine Egler, Rosa Wimmer, Resi Kellnreiter, Christine Holzmüller, Hildegard Schürz, Hermine Skrabl, Johanna Kellnreiter.

- im selben Jahr gewann Gertrud Stallinger die Frauenwertung der „oö. Krone- Wahl".

Weiter im Zeitraffer:

- Aus 1995 datiert der erste Cupsieg. 1999 hält Union Kleinmünchen nach dem Dauerduell

mit USC Landhaus bei 8 Staatsmeistertiteln, 6 Cupsiegen und 5 Doubles.
- 2000: Gertrud Stallinger verlässt den Verein Richtung München.
- 2001: Der Supercupsieg geht mit 1:0 gegen den USC Landhaus (Goldtor: Judith Riederer) an Kleinmünchen.
- 2003: Nach dem freiwilligen Abstieg 2002 aus der 2. Division wegen des Abganges zahlreicher Spielerinnen feiert das 1 b Team mit 14 Siegen in ebenso vielen Spielen und dem imponierenden Score von 67:4 in der 1. Frauenklasse den Meistertitel und ein glänzendes Comeback in der 2. Division.
- 2004: Gertrud Stallinger kehrt an ihre frühere Wirkungsstätte zurück und führt das junge Team trotz längerer persönlicher Sperre (!) zum Vizemeistertitel.
- Frühjahr 2005: Katharina Strauchs und Anke Brunner werden in Österreichs U 19-Nationalteam berufen!
- Juni 2005: Kleinmünchen 1 c erobert nach Elferschießen sensationell den oö. Cupsieg gegen ASKÖ Dionysen/Traun;
- Juli 2005: Zum 25. Geburtstag präsentieren sich alle ehemaligen und aktuellen Spielerinnen der Union Kleinmünchen bei einem exzellenten Sportfest; der deutsche Zweitligist FFC Wacker München wird 3:2 besiegt.
- Herbst 2005: Die Spielertrainerin Gerti Stallinger kann im Herbst in Linz den neuen Serienmeister SV Neulengbach mit 3:1 besiegen (3 Tore von Marion Gröbner!) und sensationell den Herbstmeistertitel fixieren!
- April 2006: Torhüterin Alexandra Pichler nimmt am Trainingslehrgang des Nationalteams in Lindabrunn teil.
- Juni 2006: mit Rang 3 in der Abschlusstabelle beendet Spielertrainerin Gerti Stallinger ihre Traumkarriere.
- 2007: Kleinmünchens U 15 sichert sich 2 Mal ungeschlagen unter dem Trainer-Duo Wolfgang Hauer/Friedrich Böcksteiner die oö. Mädchenmeisterschaft.

LASK Ladies
(früher: „Linzer Ladies Soccer Club"):

Nicht wegen der Spielbetriebsdauer, sondern ihrer beachtlichen Erfolge in bisher sechs Jahren wegen werden die LASK Ladies in diesem Kapitel vorgestellt!

2002 gründete der ehemalige LASK- und ÖFB-Nationalkeeper Klaus Lindenberger den „Linzer Ladies Soccer Club". Gemeinsam mit der Ex-Kleinmünchen-Spielerin Renate Rigler und Leopoldine Kwasniewski (früher ASKÖ Pregarten) formte Lindenberger aus neun ehemaligen Spielerinnen des Erzrivalen Kleinmünchen (Sonja und Claudia Stollnberger, Berta Gahleitner, Petra Egger, Kerstin Wasmayr, Sabine Hinterleitner, Magdalena Greiner, Michaela Römer und Renate Rigler) ein schlagkräftiges Team.

Schon in der Auftaktsaison 2002/2003 schlugen sich die Schützlinge von Spielertrainerin Berta Gahleitner beachtlich und eroberten in der 2. Divison-Mitte (Oberösterreich, Salzburg, Kärnten) Rang 6 als drittbeste oö. Mannschaft.

Auf Rang 3 verbesserten sich die Linzerinnen in der folgenden Saison, in der auch zwei tolle Derbys der „Abtrünnigen" gegen Union Kleinmünchen 1b mit 3:1 und 3:2 gewonnen wurden.

2004 änderte „Mentor" Lindenberger die Strategie und konnte LASK- Präsident Peter Michael

Oberösterreichs fallweise zweiter Bundesligist: die LASK Ladies

Reichel zur Aufnahme des Frauenteams in den damals 96jährigen „Männerklub" LASK Linz bewegen. Die bisher rot-weißen Linzer Soccer Ladies wurden aufgelöst, firmierten fortan unter LASK Ladies und „gewandeten" sich zukünftig im traditionellen schwarz-weiß!

Im nächsten Meisterschaftsjahr wurde zwar das Traditionsduell mit Kleinmünchen 1 b wenig erfolgreich mit zwei Derby-Schlappen fortgesetzt, der Meistertitel mit 10 (!) Punkten Vorsprung vor dem USK Hof bestätigte aber eindrucksvoll die Spielstärke des zweiten Bundesliga-Aspiranten. Ostligameister SV Gloggnitz erwies sich aber mit einem 1:4 und 2:3 in den beiden Relegationsspielen als stärker, uns so mussten die Aufstiegpläne vorderhand zurückgestellt werden.

2005/2006 holte sich Kleinmünchen 1 b mit 2 Punkten Vorsprung vor den „Ladies" den Meistertitel, da aber die „große Schwester" Kleinmünchen A bereits an der Bundesliga teilnahm, bot sich den „Blackies" erneut die Chance der Relegation für Österreichs höchste Spielklasse.

Mit 2:0 und 3:1 wurde ASV Margarethen zweimal deutlich besiegt und somit ein Jahr vor den Männern der Aufstieg in Österreichs oberste Fußball-Liga geschafft!

Erfolgstrainer Manfred Rigler konnte sich nach dem Aufstieg auch noch über eine prominente Neuerwerbung freuen: Fabiana Pulimeno (s. a. im Beitrag „Oberösterreichs beste Kickerinnen!").

Im Frühjahr 2004 war das kurze Gastspiel Mary Hankins aus New York wenig erfolgreich verlaufen, „Fabi" entwickelte sich hingegen in kürzester Zeit zum Dreh- und Angelpunkt der Mannschaft.

Eine schwierige Auslosung, Spielpech und insbesondere eine Verletzungsserie gegen Ende der Herbstsaison kündigten die Schwierigkeiten beim Klassenerhalt bereits an. Am sportlichen Niedergang konnte auch der sensationelle 4:3-Auswärtssieg bei Rekordmeister USC Landhaus in Wien nichts mehr ändern, und so mussten die Linzerinnen nach der Saison 2006/2007 wieder den Weg in die 2. Frauenliga-Mitte antreten.

Foto SV Garsten

Nach der Herbstsaison 2007 liegen die „Ladies" aber bereits wieder auf dem aussichtsreichen 2. Tabellenrang. Der Sieg im Hallencup 2008 und die erfolgreiche Mädchenelf (seit 2007) sollten das 2. Linzer Frauenteam beflügeln, wiederum an der ÖFB- Frauenliga teilnehmen zu können.

Die erfolgreichsten Vereine der 2. Frauen-Liga-Mitte (Stand: Juni 2007)					
Verein	Sp.	S	U	N	Tore	Punkte
1. SV Garsten	106	67	12	27	380:187	213
2. USK Hof	106	46	15	45	189:194	153
3. SV Spittal/ Drau	94	42	12	40	196:148	138
4. LASK Ladies	66	44	2	20	195:121	134
5. Union Kleinmünchen 1b	92	36	10	46	172:226	118

SV Garsten:

Gegründet 1993, ziehen die Ladies aus der „Justizmetropole" folgende Erfolgsbilanz:
- 2. Frauenliga- Mitte: Meister 2000/2001, 2001/2002, 2003/2004 und Vizemeister 2006/2007;
- oö Fußballcup (Feld): Sieger 2000, 2002, 2003, 2004, 2007;

Foto: H. Pichler

- oö. Richard-Stadler-Hallencup: Sieger: 2002, 2003, 2004;

Die erfolgreichsten Torschützinnen für den SV Garsten:
1. Simone Bauer 685 Treffer, 2. Karin Schwaiger: 383 Tore, 3. Vera Tüchler: 251 Tore.

Die Pramtalerinnen eroberten in 15 Jahren drei Mal (2000, 2002 und 2004) den Meistertitel in der 1. Frauenklasse und nehmen hinter der ASKÖ Traun 1 b (108 Punkte) mit 91 Zählern Rang 2 in der „Ewigen Bestenliste" ein.

Ideal gemanagt von der torgefährlichen Mittelfeldregisseurin Roswitha Laabmayr stellte „Knipserin" Dagmar Leiner im Meisterjahr 2003/2004 mit 36 Meisterschaftstoren und insgesamt 50 Toren ihre Torjägerinnenqualitäten eindrucksvoll unter Beweis.

FLUTLICHT

von Klaus Hirtner

Vom Londoner Airport aus hatten sie sofort das berühmte Stadion aufgesucht und sich vor der Outlinie hingekniet. Ein Vormittag aus gesponnener Zuckerwatte stieg aus der Themse, und Swossil hielt Kolm an, zuerst die heilige Spielfläche zu küssen, ehe sie mit den gewöhnlichen Straßenschuhen darauf herumtraten.

Dunkelhäutige Menschen schleppten pralle Plastiksäcke durch die Sitzplatzsektoren und spießten den Müll des gestrigen Abends auf ihre eisernen Degen. Es schien sie nicht im geringsten zu stören, als die beiden mit konzentrierten Gesichtern zum weißen Mittelpunkt liefen und dort auf und ab hüpften.

Swossils Kehlkopf arbeitete wie ein Jojo, und als er die hohe Stelle in der Bundeshymne erreicht hatte, schwappten aufgeputschte Stimmen durchs Stadion, das sich ganz plötzlich vor seinen Augen gefüllt hatte.

Kolm lag am Bauch und untersuchte die Länge des Rasens.

„Schöner ...", sagte Swossil, „... geht's nicht mehr", fügte Kolm hinzu. Sie waren ein Herz und eine Seele.

Nachdem sie zum Abschied die Strafraumgrenzen gestreichelt und jeder der Torstangen die Hand gegeben hatten, wühlten sie in den Untensilien eines nahegelegenen Fanclubs. Sie erstanden alles, was in Vereinsfarben lagernd war. Swossil dachte an zu Hause und schlüpfte in die Unterhose, auf der zwei flotte Kanonen abgebildet waren.

Stunden später tippten sie wieder leere Trinkbecher auf den Gang, um die Stewardess unterm Rock zu studieren. Vom Ärmelkanal bis über die Alpen schnitten sie unsichtbare Flankenbälle zum gegnerischen Tor, vor dem einmal Swossil, dann wieder Kolm lauerte, um dem Torwart keine Chance zu lassen.

Sie hatten sich bestens vorbereitet auf das heutige Ländermatch.

Am untersten Knopf seiner Jeansjacke pendelte noch das Ticket London-Wien. Drinnen lärmten die versammelten Stammgäste, und obwohl er sich längst verabschiedet hatte von der Erfolgsgeneration, blickte Swossil wie durch Milchglas, als er eintrat.

„Alles echt englische Promille!" Swossil ließ ein Victoryzeichen aus der Faust wachsen und nahm Platz an dem Tisch, der ihn am stärksten mit Beifall bedacht hatte.

„Hello", sagte Kolm, der wie vereinbart im Cafe gewartet hatte. Aus seinem Mund schlug eine scharfe Brise Senf direkt in Swossils Gesicht.

„Prima, sie hatte nur Angst, wir würden von Terroristen gekapert oder einen falschen Flug erwischen!"

„Und die Dienststelle?" – „Hatte sie schon vorher angerufen. Gottseidank, die Unterhose ist angeblich ein Scheidungsgrund für sie!"

„Grippe?"

„Neununddreißigsieben und eine Stimme, heiser wie ein Beichtpfarrer. Reicht mindestens für zwei blaue Tage!"

„Mir muss noch was einfallen", sagte Kolm und biss den Zahnstocher zu einzelnen Fasern.

„Wozu hast du eine alte Mutter?" Mit alten Müttern war man gut angeschrieben am Postamt. Swossil wusste das noch von seiner eigenen und den zahllosen Schlachtenbummlerfahrten, die er früher unternommen hatte.

„Stimmt", sagte Kolm, „einen Tag Krankenpflege könnte Mutter jederzeit brauchen."

Aus dem Fernsehapparat dröhnte volles Volumen. An den Tischen ringsum wurde gestritten über die Mannschaftsaufstellung der Österreicher und der Engländer, soweit man die fremden Namen aussprechen konnte. Das gesamte Lokal wärmte auf bei Bier, Wein und Glücksspiel, um für den Spielbeginn fit zu sein.

Swossil betrachtete den muskulösen Unterarm der Kellnerin, der ein dicht besetztes Tablett balancierte. Sie brachte sieben Gläser, an denen der Schaum hinuntersprudelte.

„Ja, wie hat euch die Queen gefallen?"

„Wie eine Knautschzone nach dem Unfall!" Swossil drückte ein furzartiges Geräusch durch die zusammengepressten Lippen.

Als Vorspiel lief die Nachrichtensendung. „Da haben die Leut Angst vor den Russen und waren noch nicht einmal beim Stadtderby!" lachte ein Besoffener, der einen Stehplatz an der Bar eingenommen hatte.

„Aufpassen, was du sagst", grölte Swossil, „sonst reiß ich dir dein Doppelkinn auseinander, Bursche!"

Auch die übrigen Anhänger fühlten die guten Namen durch den Schmutz gezogen und überschwemmten den Vorlauten mit sanften Drohungen, bis er wie ein Fisch stumm vor sich hin glotzte.

Nach der Werbung und der Fernsehansagerin liefen endlich die Mannschaften aufs Feld, und Swossil umarmte Kolm.

Schon nach der ersten Ballstafette hallte ein gänsehäutiges Uhh durchs Cafe. Der Schiedsrichter vergaß, auf Elfmeter zu entscheiden.

Swossil spürte die angenehmen Aufschreie um sich, die empört zum Fernseher fetzten. Mit rotem Gesicht splitterte er durch Gläser und Aschenbecher eines umkippenden Tisches.

„Da!" Der Spielleiter wurde auf Portraitgröße ins

Bild gezogen, und Swossil presste ihm die Zigarettenglut in die rechte Pupille.

„Da und da!"

Ein Hagel von Wurfgeschoßen folgte aus dem Hinterhalt. Alkoholische Getränke schlierten über den Bildschirm, und die Kellnerin hatte Mühe, Swossil davon abzubringen, das Spielfeld unbenutzbar zu machen.

Als das mobile Einsatzkommando der städtischen Sicherheitsbehörde eingriff, war das Lokal zum reinen Kampfgebiet ausgeartet.

Swossil flüchtete in die Telefonkabine neben dem Klosett, in der sich Kolm bereits seit Beginn der Ausschreitungen befand und so tat, als ob er telefonierte.

Swossil riss ihm den Hörer aus der Hand und sprach ruhig hinein.

Nur der Kellnerin konnte er nichts vortäuschen. Sie knallte ihm das Branchenverzeichnis auf den Kopf und zeigte die international leicht verständliche rote Karte.

Ein Sicherheitsbeamter und vier Zuschauer wurden hinausgetragen. Dann knipste die Kellnerin das Flutlicht aus.

* * *

äfmedda
von Joschi Anzinger

da beaddl is grend
da kuaddl hod ohgebm
da wiggarl is gschwaddld

und da doni hod gschossn
und da woidda is dreigfoan
und da bebbi hod gköbbföd
und da rudi hod bbliadd

AUSWÄRTS DAHEIM: ERLEBNISSE EINES GROUNDHOPPERS
Es geht sich immer irgendwie aus

von Martin Nagl

„Nachdem wir auf dem Weg nach Griechenland erfuhren, dass dort der gesamte Spieltag der ersten Liga abgesagt wurde und das anvisierte Länderspiel plötzlich nicht in Athen, sondern auf Kreta stattfinden sollte, kamen wir ins Trudeln. Wir nisteten uns ja bei meiner Sister in Athen ein, und so wäre diese Stadt als Austragungsort ideal gewesen. Termin für die Hellas gegen die Schweiz laut offizieller Page: 18.30 Uhr. Also mal nach einer Fähre geschaut: 21 Uhr, jeden Tag, das würde sich ja knapp ausgehen."

Wenn Klaus Mühlberger (28) in seinen Erinnerungen kramt, ist kein Bestseller-Autor am Erzählen. „Claudio" ist nur ein ungewöhnlicher Fußball-Fan, dessen Geschichten so voll von Absurditäten und Wendungen sind, dass sie ganze Bücher füllen könnten. Mit der Besonderheit, dass jedes (auch nur zu erahnende) Detail authentisch wirkt. Denn Groundhopper-Erlebnisse sind unerfindbar.

„Wir hoppten den ganzen Tag Athen ab, zuerst Piräus, Fähre gecheckt, dann noch Olympiagelände ausgemacht (also die werden da nie fertig, da sind zehn Mann am Werken, es sieht noch furchtbar aus) und am Pana-Ground den Fanshop aufgesucht. Nun aber mussten wir zurück zu meiner Schwester, um anschließend per U-Bahn nach Piräus zu rauschen."

Für großartige Spiel-Erinnerungen muss Groundhopper Claudio keine großen Spiele sehen. „Der Kick war nix Besonderes", vermerkt der Linzer in seinem Tagebuch-Eintrag vom 31. März 2004. Irgendwann sei dann auch noch das entscheidende 1:0 für Griechenland gefallen, beim freundschaftlichen Länderspiel gegen die Schweiz. Im Pankratikio-Stadion von Kreta, vor 22.000 Zuschauern. „Ein gutes Spiel", erklärt der

Groundhopper Klaus Mühlberger beim Kramen in seinen Souveniers

Klaus Mühlbergers „Generalstabskarte"

28Jährige, „ist, wenn man in der ersten Viertelstunde gar nicht auf den Rasen schaut, weil sich auf den Rängen so viel tut." Manchmal ist es aber auch vorm Spiel schon spannend genug. Wenn man auf der Reise von Linz nach Athen in Skopje (Mazedonien) erfährt, dass die gesamte Erstliga-Runde in Griechenland abgesagt ist. Wenn man deshalb schon in Thessaloniki aus dem Flieger steigt, um dort mitten in der Nacht von einem Taxifahrer darüber informiert zu werden, dass sich das Liga-Chaos auch auf das bevorstehende Länderspiel auswirkt.

„Als die Fähre endlich los fuhr, ging man an die Reling, um das herrliche Bild der Stadt einzufangen. Dort traf man auf einen Schweizer (übrigens Schnauzer und Kuttenträger), der von Bern aus mit dem Zug angereist war. Es wurden ein paar Geschichten ausgetauscht, und der Termin 18.30 Uhr wurde bestätigt. Ganz witzig war auch noch, dass komischerweise vor uns nur Polizisten saßen, den Grund dafür sollten wir noch erfahren: Als weiter vorne jemand aufzeigt, ein Bulle ihm die Handschellen aufmacht – und mit ihm auf Toilette geht. Herrlich, Gefangenentransport mitten unter den Touris!"

Für einen Groundhopper geht es sich eben immer irgendwie aus. Die Tour, die Karte, das Spiel. Und wer den Begriff Auswärts-Fahrt so weiträumig definiert wie Klaus Mühlberger, ist Begegnungs-Sammler in jeder Hinsicht: Bis Ende Jänner 2008 brachte es Oberösterreichs umtriebigster Groundhopper auf unfassbare 1274 dokumentierte Spielbesuche. Auf 662 Plätzen in 41 verschiedenen Ländern (siehe: (http://members.liwest.at/muehlberger/claudio.htm).

„Als sich ein weiteres Mal der Vorrat leerte, entschloss ich mich, auf dem Boden mein Nachtlager aufzuschlagen. Ich erwachte erst, als die Fähre schon angelegt hatte, also ging es von Bord und flott in die City von Irakleon. Dort mal gefrühstückt, um anschließend den ground zu suchen. Der lag wieder einmal weit draußen, was klar machte, ohne Taxi würde es sich am Abend mit der Fähre nicht ausgehen. Doch es kam mal wieder ganz anders, denn erstens teilten uns die Polizisten mit, dass das Match „finished" (ausverkauft, Anm.) wäre. Und zweitens war Kickoff plötzlich erst um 21 Uhr."

Der erste Eintrag in Claudios Hopping-Tagebuch: Ein torloses Länderspiel zwischen Österreich und Ungarn auf der Gugl, am 31. August 1988, in Begleitung des Vaters, als der Bub noch selbst im Nachwuchs des SK St. Magdalena in Linz kickte. Ehe er wegen Beinbruchs die Spieler-Laufbahn hinter sich ließ – und eine neue begann: Die der „Stadion-Hüpferei", losgetreten durch eine Interrail-Reise im Sommer 1997 mit Abstechern zu den Arenen von Anderlecht, Cottbus, Darmstadt, Lens und Straßburg. Binnen elf Jahren wuchs die Sammel-Leidenschaft dermaßen an, dass Klaus mittlerweile die deutsche Bundesliga komplett abgegrast hat und ihm in England nur noch vier Stadien aus der Premiere League fehlen. Auch die Ausflüge nach Tschechien, in die Slowakei oder nach Kroatien wurden immer mehr – nur die heimischen Sportstätten, von

Altach und Klagenfurt, schaffen´s kurioserweise bis dato noch nicht in Claudios Liste.

„So suchten wir mal eine Kneipe zwecks Taktikbesprechung. Mike schaffte es dann, über das Hotel, in dem die Greece-Spieler wohnten, zwei Tickets aufzutreiben. Und als wir von einem Reisebüro neben der Kneipe erfuhren, es gäbe am nächsten Morgen einen Flug nach Athen, schlugen wir zu. Herrlich, jetzt hatte man kurzfristig doch noch einen Weg gefunden, das Match zu sehen – wenn auch gegen einen kleinen Aufpreis. Danach fand man auch noch ein billiges

Erinnerungen an ... Union Berlin, 21.08.2005
... das „Stadion an der Alten Försterei", das größte Fußballstadion von Berlin ...

nahe Dresden, die mit einer Nicht-Mitrücknahme durch den Reiseunternehmer endete. Die 500 Feiernden sollten später klagen – und vor Gericht Recht bekommen. Weitere eindrückliche Erinnerungen: ein dreistündiger Gedankenaustausch mit einem ukrainischen Polizisten, dessen Worte man nicht verstand; eine gelungene Überstellung des eigenen Pkw nach Oberösterreich, der auf der Heimfahrt von Polen w.o. gegeben hatte; ein

Charlton Athletic, 31.12.2005

Hotel, und so war ja doch noch alles gut geworden. Im Laufe des Tages erreichte unser Pegel schon wieder gute Ausmaße, und als wir uns wieder auf zum Ground machen wollten, merkte Mike, dass sein Pass weg war. Ich beschloss, Richtung Stadion zu wandern, während Mike später per Taxi nachkam. Vor dem Ground trafen wir uns wieder, und endlich sollte der mehr als mühsame 20. Länderpunkt wahr werden."

Stattdessen in der Sammlung des Blau Weiß-Linz-Fans: unsaubere ungarische Bahnhöfe, skurille Aufenthalte in Moldawien und – vor allem – Freundschaften zu anderen Fans (St. Pauli, Kickers, Zwickau). Und eine legendäre Meisterschaftsfeier mit ebenjenem FSV Zwickau auf einer Bootsfahrt

Chelsea - Fulham, 26.12.2005
... die Stadien von Charlton und Chelsea in England ...

433

glimpflich verlaufener Auffahr-Unfall mit einem Leihauto auf einer Autobahn nahe London; vier unvereinbarte Treffen mit denselben Deutschen vor Dinamo Zagrebs Heimstätte – in ein- und demselben Jahr.

„Das Stadion ist nagelneu, wurde auch für Olympia gebaut, und war tatsächlich bestens gefüllt. Eine Choreo gab es dann auch, welche aus lauter kleinen Hellas-Fahnen bestand. Die Griechen spielten gefällig, ohne zu wirklich zwingenden Aktionen zu kommen, und die Schweizer waren gar nicht gefährlich. Es wurde auch noch ein Elfer verschossen, und so dachte ich schon an ein zweites 0:0 auf der Tour, doch irgendwann fiel das entscheidende 1:0 für Hellas, und König Otto konnte jubeln. Mit ihm 22.000, wobei ein Typ meinte, es wären keine Leute vom Festland da."

Das Lieblingsland des gebürtigen Kirchschlagers ist und bleibt aber England: Bestimmt 15 Flugreisen haben Claudio schon auf die britische Insel geführt. Unumstrittenes Highlight: ein Spiel im alte Highbury des FC Arsenal London, inklusive der bislang teuersten Eintrittskarte zu 90 Pfund (zirka 120 Euro, Anm.). Nur wenn zwischen den bis zu drei Spielen am Tag Zeit bleibt, werden auch die Städte zu den Stadien besichtigt. In erster Linie aber steckt der 28jährige seine Ziele ganz nach Fußballplätzen ab, von der Champi-

alle Fotos: Klaus Mühlberger
Söderstadion, Hammerby IF, 01.08.2005
Westsachsenstadion, 9.12.2005
Zaglebie Lubin, 20.08.2005
... Spielstätten in Stockholm, Zwickau in Sachsen und Lubin in Polen

ons-League-erprobten Arena bis zur Unterhaus-Gstettn. Sein persönlicher Hopping-Rekord: Match-Touren quer durch den Kontinent an 14 aufeinander folgenden Wochenenden. Macht im Schnitt: 100 dokumentierte Spiele pro Saison, die den gelernten Drucker jedes Jahr den gesamten Urlaub inklusive Überstunden und zirka 6000 Euro kosten – und ihn bereits bis nach Südamerika brachten.

„Ich denke nicht", sagt Klaus Mühlberger, „dass sich Leute hintergründige Gedanken übers Fortfahren machen. Aber wenn, dann würde ich sagen: Groundhopping ist Reisen mit Sinn."

„Wir ließen den Abend noch in einer Kneipe ausklingen, wo wir meinen 20. LP und Mikes Geburtstag feierten. Kultig auch noch, dass man von unserem Zimmer aus aufs Dach klettern konnte, von wo aus man einen herrlichen Blick über die Dächer Irakleons hatte. Doch plötzlich war es vier Uhr morgens, ich stellte den Wecker, wobei ich nicht bedachte, dass eine Stunde Zeitverschiebung und die Umstellung auf Sommerzeit einzukalkulieren waren. Und so war es Mike zu verdanken, dass wir den Flieger noch erwischten. Mein Wecker läutete dann beim Einchecken."

Bericht: Klaus Mühlberger

Groundhopping

Groundhopper(s???) sind Fans, die von Stadion zu Stadion hüpfen, um Platzbesuche zu sammeln wie andere Leute Briefmarken. Sie planen ihre Urlaubsreisen nach den Spielplänen der internationalen Fußball-Ligen, was im Falle von Verschiebungen oder Absagen vor allem in der Prä-Internet-Zeit großes Frust-Potential in sich barg. Im Unterschied zu herkömmlichen Sammel-Leidenschaften zählen beim Hoppen nicht nur Anzahl und (Geld-)Wert. Wesentlich ist vor allem auch die vermeintliche Randerscheinung: das Unterwegs-Sein.

Die fleißigsten Groundhopper bringen es auf mehr als 100 Länderpunkte (Erklärung bei http://de.wikipedia.org/wiki/Groundhopping; siehe auch: http://www.11freunde.de/img/pdf/heft14/Titelthema14.pdf), der bekannteste österreichische Groundhopper ist der Wiener Gerhard Rudolf (http://www.stadiontour.at).

Als beliebteste Destinationen gelten England und Italien.

Von internationalem Interesse sind auch die beiden Linzer Stadien (Gugl und Donaupark) und das Vorwärts-Stadion in Steyr. In Oberösterreich ist die Groundhopping-Szene relativ lose, „Hopper" gibt es bei den Fanklubs von Blau Weiß Linz (www.blauweiss-linz.at) und LASK (www.viking-linz.at).

DIE KETANI KICKERS GEIGEN AUF

von Ludwig Laher

Mit Toni Polster bildete er schon als 14jähriger im Team der Austria Wien-Jugend das gefährlichste Angriffsduo der Liga, heißt es in den Annalen. Später kickte er dann sogar in der österreichischen UEFA-Juniorenauswahl, zum Beispiel anläßlich der EM-Qualifikation 1980, und bei seinen Einsätzen in der Austria-Kampfmannschaft 1982/83 finden sich bezeichnende Trefferlisten wie jene vom 8:2-Schützenfest gegen Flavia Solva aus der Südsteiermark: Drabits, Gasselich, Steinkogler, Dihanich (2), Baumeister (2), Weinrich.

Weinrich? Alois Weinrich? Eine komplizierte Knöchelverletzung beendete seine Fußballerkarriere, bevor sie so richtig angefangen hatte, da war er gerade einmal achtzehn. Und während mir der Obmann der Linzer FC Ketani Kickers von Weinrich vorschwärmt, spielt im Hintergrund das Diknu-Schneeberger-Trio Sinti-Jazz vom Feinsten, wir unterhalten uns nämlich am Rande eines Konzerts im Volksheim Bindermichl. Diknu Schneeberger, als Teenager schon Hans-Koller-Preisträger für sein außergewöhnliches Talent als Gitarrist, ist jetzt ungefähr so alt wie Alois Weinrich, als er die Fußballschuhe an den Nagel hängen mußte und sich stattdessen die Geige vornahm, um doch noch Profi zu werden.

Renaldo schwärmt mir, um ehrlich zu sein, eigentlich nicht so sehr vom trickreichen Austria-Jungstürmer Alois Weinrich vor, sondern von seinem Alter Ego, dem Jazzgeiger Zipflo Weinrich, dessen Eigenkomposition „Miri Menschengi" von der CD „Zipflo Weinrich Quartet" mir soeben die rechte Stimmung vermittelt, diese Ge-

Innviertler Sinti-Familie vor ihrem Wohnwagen in den 20er Jahren des vorigen Jahrhunderts

schichte niederzuschreiben. Im Zipflo-Weinrich-Quartett spielt übrigens Karl Ratzer Gitarre, jener Karl Ratzer, der unter anderem auch mit Chet Baker, Art Farmer oder Chaka Khan musiziert hat, und das ist mindestens Toni-Polster-Level, würde ich sagen.

Weinrich, Schneeberger, Ratzer und Renaldo Horvath, der Obmann der FC Ketani Kickers, sind nicht nur alle Österreicher, sondern auch Angehörige der hierzulande seit 1993 endlich offiziell anerkannten autochthonen Minderheit der Sinti und Roma. Ihre Vorfahren sind zum Teil schon im 15. Jahrhundert bei uns eingewandert. Einst hatte sich Oberdonau, der Heimatgau des Führers, vorgenommen, die leidige Zigeunerfrage besonders vorbildlich zu lösen, und tatsächlich wurden von den Nazis unglaubliche neunzig

Prozent der in Oberösterreich heimischen Sinti und (wenigen) Roma ermordet, nachdem die meisten Männer im Innviertler Bezirk Braunau noch als Zwangsarbeiter bei der geplanten Entsumpfung des Ibmer Moors geschuftet hatten, interniert mit den Frauen und hunderten Kindern im Zigeuneranhaltelager Weyer-St. Pantaleon, bevor es für alle auf die letzte Reise nach Lodz ging, ohne Wiederkehr.

Wer in anderen Lagern überlebte, in Lackenbach zum Beispiel, aber auch in den ganz großen von Auschwitz abwärts, wurde von der Zweiten Republik bestenfalls ignoriert, in der Regel aber von der Gendarmerie wieder überwacht wie vor dem Krieg, auf daß die Zigeunerkarteien sich füllen sollten. Die von den Nazis aberkannten Staatsbürgerschaften dagegen bekamen die Sinti oft bis in die 90er Jahre nicht zurückerstattet, obwohl die Familien durch Jahrhunderte hier ansässig gewesen waren und Heimatrecht erworben hatten. Opferrenten wurden genauso verweigert wie Gewerbescheine, und Kompensationen zog bis in die jüngste Zeit ohnehin niemand ernsthaft in Erwägung.

Im Süden von Linz lebten und leben viele der wenig gewordenen oberösterreichischen Sinti.

Internierte Frauen und Kinder im Lager Weyer, Sommer 1941. Ein halbes Jahr später waren alle tot.

Spielten sie dort bei unterklassigen Teams Fußball, durften sie sich vornehmlich bei Auswärtsspielen immer wieder als dreckige Zigeuner beschimpfen lassen, erzählt mir Renaldo, und in jüngster Zeit haben bekanntlich die Ausfälligkeiten gewisser Fans auf den Dorfplätzen und in den Stadien Europas eher zu- als abgenommen. Irgendwann ist dann der taktische Gedanke geboren worden, sich nicht weiter hinten hineindrängen zu lassen, sondern der Sache offensiv zu begegnen. Die Folge war der erste Sinti-Fußballverein Oberösterreichs, gegründet 2005. Ketani

heißt in der Sprache der Sinti, dem Romanes, gemeinsam oder miteinander, und Ketani heißt auch der Kultur- und Sozialverein für Sinti und Roma in Oberösterreich, unter dessen Dach sich die Kicker zu organisieren begannen.

Es ging freilich nicht darum, die Vereinsspieler einfach abzuziehen und mit einer ethnisch reinen Mannschaft in der untersten Klasse regulär Meisterschaft zu spielen. Vielmehr sollte jungen Leuten, denen, wer will es ihnen verdenken, nicht nur auf dem Fußballfeld die Freude an ihrer Herkunft und Kultur abhanden zu kommen drohte, ein zusätzliches Angebot gemacht werden, we-

benannt übrigens nach dem Klub Politehnica in Timisoara. Verschiedenen serbischen, bosnischen und türkischen Gegnern gilt es gleichfalls, die Stirn zu bieten, auch den technisch versierten Los Latinos oder gar afrikanischen Ballzauberern, die – der Gipfel an entwaffnender Selbstironie – als FC Banane einlaufen.

„Unser ältester Fan", heißt es auf der Ketani-Homepage, „ist 80 Jahre alt, weiblich und war im KZ Auschwitz. Wenn ihre Enkel beim Hallenfußball nicht spuren, droht sie ihnen, dass sie gleich

nigstens im Hobbybereich gemeinsam den Ball zu treten und mit anderen zum Teil ähnlich gern diskriminierten Minderheiten die sportlichen Kräfte zu messen. So treten die FC Ketani Kickers nicht nur gegen lokale Truppen mit klingenden Namen wie 1860 Kleinmünchen oder FC Nibelungen an, sondern müssen es etwa auch mit dem ob seiner gehobenen Spielkultur gefürchteten rumänischen Team FC Poli aus Linz aufnehmen,

selber mitspielen wird. Die Mannschaft spielt zur Zeit jede Woche bei Hallenturnieren." Und sammelt dort für siebzig bis neunzig Euro Nenngeld Pokal um Pokal, weil sie keineswegs zu den Prügelknaben unter den Hobbymannschaften gehört, auch wenn sie den Ansprüchen ihrer ältesten Anhängerin offenbar nicht immer zu genügen vermag.

Zwei Garnituren Dressen hat ein großes Traditionsunternehmen gespendet, dessen lokaler Verwaltungschef einst als NS-Propagandaleiter und -gemeinderat Mitverantwortung für die Geschehnisse rund um das Zigeuneranhaltelager

Weyer-St. Pantaleon trug. Auf das Firmenlogo wurde verzichtet.

Ein Denkmal ist den FC Ketani Kickers übrigens auch schon gesetzt worden, teilweise setzten sie es sich sogar selbst. Die in Mondsee lebende Künstlerin Melanie Marie Kreuzhof, selbst Sintiza, hat für die Fußballausstellung im Linzer Schloßmuseum 2008 ein sinnfälliges Objekt entworfen, einen im Durchmesser einen Meter großen Fußball mit zwanzig Sechs- und zwölf Fünfecken. Die zwanzig Sechsecke haben die Ketani-Spieler selbst gestaltet, die zwölf Fünfecke sind schwarz gestrichen, wie es sich für einen ordentlichen Fußball einst gehört hat. Sportsgeist, Fairneß und Toleranz sollen damit symbolisiert werden, und das Miteinander von unterschiedlichen (Spiel-)Kulturen. Nicht zuletzt will die Künstlerin den Bogen von den Sinti-Amateuren bis hin zu den hochbezahlten Profis, deren bunte Herkunft schon ihre Namen widerspiegeln, dadurch spannen, daß Unterschriften der aktuellen österreichischen Fußballnationalmannschaft weiß auf schwarz die Fünfecke zieren.

Nein, bei den Hobbyturnieren sind lautstark vorgebrachte Verhöhnungen von Mannschaften mit diesem oder jenem ethnischen Hintergrund Gott sei Dank kein Thema, meint Renaldo, und mancher junge Fußballer der FC Ketani Kickers besucht mittlerweile sogar die ebenfalls vom Dachverein angebotenen Romanes-Sprachkurse. Denn in der Nachkriegszeit hätten viele Familien ihren Kindern die eigene Sprache nicht mehr beigebracht, um ihnen, wie sie dachten, nicht noch mehr Schwierigkeiten in den Weg zu legen. Nicht Integration, sondern Assimilation sahen sie nach den schlimmen Erfahrungen während der NS-Herrschaft als einzige Möglichkeit an, den jahrhundertelangen Teufelskreis zu durchbrechen, der in Abständen zur Pogromen geführt hatte, mit dem schrecklichen Höhepunkt zuletzt.

Fußballmannschaft und Sprachkurse sind nur zwei Beispiele dafür, daß sich da etwas zu ändern begonnen hat. Und wenn die Linzer Sinti-Kicker auch nicht ganz so virtuos aufgeigen wie der Alois Weinrich als Juniorennationalspieler und der Zipflo Weinrich als Jazz-Musiker, man hat viel Spaß miteinander zwischen Eferding und Steyr, wenn angepfiffen wird zum Einladungsturnier. Das Sich-eingeladen-Fühlen ist für die oberösterreichischen Sinti, stellt man ihre historische Erfahrung in Rechnung, die ein Stück hiesiger Heimatkunde ausmacht, immer noch ein relativ neues Gefühl.

Ach ja, mein Freund Renaldo war nicht kindisch genug, sich selbst einen brasilianischen Fußballkünstlernamen zu verpassen. Er heißt wirklich so.

DER KETANI-BALL

Der Verein Ketani für Sinti und Roma bietet seinen Kickern nicht nur die Möglichkeit zum Fußballspiel, er lädt sie und ihre Freundinnen auch zu künstlerischen Workshops ein. In einem dieser Workshops entstand unter Anleitung der Künstlerin Melanie Kreuzhof der Ketani-Ball. Er hat einen Durchmesser von rund einem Meter und wiegt an die 40 Kilo. Signiert von den Spielern des österreichischen Nationalteams, wird er bei der Mitte Mai beginnenden Fußball-Ausstellung im Linzer Schlossmuseum zu bestaunen sein. Die Fotos zeigen die Ketanis und Teamchef Josef Hickersberger beim Signatur-Termin in Wien.

FUSSBALL OHNE AUFSTIEGS-CHANCEN

Ballsportler mit Migrations-Hintergrund spielen um des Spielens willen – ob sie wollen oder nicht.

Eine Erkundung am Beispiel der Neujahrstag-Kicker aus Kurdistan

von Walter Kohl

Sie tragen Dressen wie die Stars von FC Barcelona bei ihren Heimspielen. Die Leibchen mit breiten roten und blauen Streifen und goldgelben Aufdrucken, die Hosen blau, die Stutzen blau mit zwei breiten roten Streifen. Auf den Rücken ihrer Trikots stehen aber nicht Namen wie Ronaldinho, Thierry Henry, Messi oder Deco. Sondern für hiesige Ohren ebenso fremd klingende, aber dazu auch noch gänzlich unbekannte Namen wie Bahjat, Aran, Rashijd und Aldar.

Newroz heißt der Linzer Verein, in dem Bahjat und Rashijd spielen. Es ist ein bunt zusammengewürfelter Haufen, die jüngsten Spieler sind 15 oder 16 Jahre alt, die ältesten an die 40. Sie kicken auf ständig wechselnden Fußballplätzen, im Winter manchmal in Hallen, im Sommer auf Sportflächen, die ihnen der Linzer Magistrat zur Verfügung stellt, oder auf Wiesen bei Badeseen. Newroz, das heißt „Neuer Tag". Die Sprache ist kurdisch, Newroz bedeutet auch so viel wie Neujahrstag, damit ist der 21. März gemeint, an dem die kurdische Kultur den Jahreswechsel feiert. Und zwar unabhängig von Religion und Staatszugehörigkeit – immerhin leben Kurden im Iran, im Irak, in der Türkei und auf der ganzen Welt verstreut, und sie sind Sunniten, Hanafiten, Aleviten, Schiiten, Hanbaliten oder Jesiden.

Fußball ist einer der wenigen Bereiche, der Menschen so unterschiedlicher Herkunft vereint. Und zwar nicht nur die Kurden in den unterschiedlichen Ländern und im Exil, sondern alle Ethnien. Mamsaleh Jamal, Obmann des Kultur- und Sportvereins Newroz: „Ich sehe Sport als Mittel, das Verständnis zwischen den Völkern zu stärken." Es gibt Reibereien und Animositäten zwischen den Volksgruppen, sagt er, und die haben sich zwischen den Exilanten aus dem Nahen Osten seit dem Einmarsch der USA im Irak eher verschärft. „Aber auf dem Fußballplatz gibt es keine Probleme!"

Dutzende, wenn nicht Hunderte mehr oder weniger junge Menschen kicken in Migranten-Vereinen in Oberösterreich. Der Zugang zum regulären Fußballbetrieb ist ihnen in den meisten Fällen versperrt. Das liegt zum einen an den ÖFB-Statuten: An den Meisterschaftsligen, und zwar auch an den untersten regionalen, können nur Vereine teilnehmen, die über eigene Plätze verfügen. Daran scheitern alle diese Zusammenschlüsse von Hobbykickern, die den Fußball als Amateure im ursprünglichsten Sinn betreiben. Praktisch alles wird von diesen Fußballern aus der eigenen Tasche finanziert, und die Errichtung eines eigenen Platzes, oder auch nur die Pacht eines solchen, ist aus Geldgründen ein unerreichbarer Traum. Und auch die Bedingung für die Teilnahme am Meisterschaftsbetrieb, die Aufstellung von mindestens zwei Mannschaften, schafft kaum ein Migranten-Klub.

Zum anderen sind auch die Funktionäre der etablierten Vereine nicht an diesem Reservoir von Spielern interessiert. „Bei uns war noch nie jemand von einem österreichischen Verein, um sich ein Spiel anzusehen oder die Spieler zu taxieren", sagt Newroz-Obmann Jamal. Und seines Wissens war das auch noch bei keinem anderen Migranten-Spiel oder Turnier in Oberösterreich der Fall.

So gut wie alle Fußballer nicht-österreichischer Herkunft in den einer Ethnie zuzurechnenden Vereinen zahlen Dressen, Schuhe und Reisekosten aus der eigenen Tasche. Sparsamster Umgang ist gang und gäbe, führt jedoch nicht immer zum Ziel. Die Kicker von Newroz haben etwa ihre an den FC Barcelona erinnernden Dressen aus ihrer alten Heimat importiert. „Aus Kurdistan", sagt Jamal, und meint damit den Nordirak. Der Preisvorteil war jedoch nicht wirklich einer, denn die Rückennummern, Spielernamen und das Klub-Emblemen aus Textil mussten in Österreich eingekauft und auf den Leibchen angebracht werden – was die Einsparung wieder auffraß.

Die Fußballvereine mit Migrations-Hintergrund kommen im öffentlichen Bewusstsein Österreichs nicht wirklich vor. Der Linzer Magistrat hält zwar über das Integrationsbüro so etwas wie einen regelmäßigen Spielbetrieb aufrecht. Daran nimmt auch die Newroz-Mannschaft immer wieder teil. Aber allein der Migranten-Alltag schafft Hürden. Die Fußballer arbeiten vielfach in prekären Beschäftigungsverhältnissen, was bedeutet: mit unregelmäßigen Dienstzeiten, Wochenendarbeit oder langen Schichten. Weshalb bei den Turnierbegegnungen, an denen die Kurden teilnahmen, gelegentlich keine elf Kicker auftauchten – zu viele konnten an Samstagnachmittagen nicht weg von der Arbeit. Und auch zu den Öffnungszeiten der Plätze, die der Magistrat solchen Vereinen zur Verfügung stellt (meist nur bis spätestens 18 Uhr), haben viele der Spieler nicht frei.

Eine Zeitlang hat Newroz versucht, in den Fußball-Betrieb der DSG, der Diözesan-Sportgemeinschaft, hinein zu kommen, vor allem wegen der ständigen Probleme mit den Spielplätzen. Daraus ist damals jedoch nichts geworden. Ob es am Meisterschaftsnenngeld von 350 Euro für die DSG-Liga lag, oder ob die mehrheitlich islamischen Kurden keinen Draht zum christlichen Freizeit-Fußball fanden, sagt der Newroz-Obmann nicht.

Der 44jährige Elektromechaniker Jamal, der bis vor kurzem selbst als Spieler aktiv war, verfolgt das Fußballgeschehen in seiner alten Heimat, dem Irak, mit großer Aufmerksamkeit, obwohl er seit mehr als zwei Jahrzehnten in Oberösterreich lebt. Seine dunkelbraunen Augen verschleiern sich, wenn er davon erzählt. Aber nicht aus Heimweh oder Sehnsucht. Sondern aus Trauer über den Zustand dieses Landes. Eigentlich hatte der Fußball im Irak denselben Stellenwert wie in Zentraleuropa, er war eine Massenbewegung mit vielen Spielern und noch mehr Zusehern. Seit dem Sturz von Saddam Hussein ist das vorbei. Das Land ist so instabil geworden, dass es nur noch rudimentären Fußballbetrieb gibt. Jamal: „Man kann ja nicht garantieren, ob nicht ein Spieler einer gegnerischen Mannschaft mit einer Autobombe kommt."

Ich frage ihn, ob er sich in Österreich integriert fühlt, und ob er die latente Ausländerfeindlichkeit wahrnimmt. „Man merkt es oft", sagt er rasch, „an Kleinigkeiten, im täglichen Leben. Allein beim Einkaufen – da gibt es Leute, die gleich vorsichtig sind, weil ich schwarzhaarig bin. Aber damit muss man leben. Ändern würde sich vielleicht etwas, wenn man die Möglichkeit hätte, miteinander zu sprechen." Jamal ist davon überzeugt, dass die Medien ein Gutteil dazu beitragen, dass so viele Leute Ausländern reserviert gegenüberstehen. Und auch der kaum vorhandene Kontakt. Jamal: „Wenn man jemanden kennt, dann verschwinden die Vorurteile."

Auf dem Fußballplatz ist die Situation komplexer. Als er noch selber gespielt hat, da habe er nie etwas von Ausländerfeindlichkeit auf dem Sportplatz gespürt. „Aber als Zuschauer im Stadion ist das anders. Wenn ein afrikanischer Spieler dabei ist, den beschimpfen sie sofort." Jamal beginnt sich aufzuregen. „Meistens kommt das von jüngeren Leuten, die haben gar keine Ahnung vom Fußball, denen ist das Spiel oft egal, die schauen nicht einmal dem Spiel zu. Die fangen mit dem Biersaufen an, und auf einmal beginnen sie zu randalieren, mit dem Rücken zum Spielfeld." Nach einer Pause: „Schwarze Schafe gibt es überall. Mehr als 90 Prozent der Leute im Stadion sind ja sehr korrekt."

Fußball könnte ein Königsweg zu dem sein, was man Integration von Zuwanderern nennt. Das meint auch Mag. Belmir Zec, der Leiter des Integrationsbüros der Stadt Linz: „Natürlich befördert Sport die Integration, und speziell der Fußball. Die Leute treffen einander, es ist ein Teamspiel, und Unterschiede spielen keine Rolle!" Mamsaleh Jamal bestätigt das: „Integration geht sehr gut mit Fußball. Das ist eine Sprache, die jeder versteht. Da entstehen keine Probleme daraus, dass man die Sprache des anderen nicht kennt. Es ist ein guter Weg zur Verständigung zwischen den verschiedenen Gruppen."

Der kurdische Vereinsobmann trinkt seinen Kaffee aus. „Nun ja", sagt er, „eigentlich geht es ja darum, dass man Spaß hat." Seine Kicker haben Spaß am Fußball, sie spielen nicht um Geld oder Ruhm und Ehre, sondern um des Spielens willen. Dass ihnen die Verhältnisse hierzulande etwas anderes kaum ermöglichen – das ist eine ganz andere Geschichte.

Ein paar der Kicker der kurdischen Newroz-Mannschaft vor dem Training.
Das Foto entstand, bevor die Spieler Dressen im Barcelona-Stil anschafften.

MIT DEM FUSSBALL AUS DEM ABSEITS

von Elisabeth Vera Rathenböck

Der Weltklassespieler Kanu Nwankwo aus Nigeria hatte einen Traum, der nicht weichen wollte: Ein schwarz-weißes Leder verwandelte sich im Flug, der Ball wurde zu einem pochenden Herzen. Er verstand plötzlich, dass Fußball nicht nur Geld, sondern auch Leben bringen kann. Das alles erlebte er am eigenen Leib.

Als ihm der Arzt eine lebensgefährliche Herzkrankheit diagnostizierte, stand er am ersten Himmelsbogen seiner Karriere. Plötzlich sollte sie zu Ende sein? Eine Operation der Herzklappe am offenen Herzen rettete aber sein Leben – und seinen Namen – für den Ballsport: „Nach diesem Erlebnis (der Operation, Anm.) ist mir klar geworden, dass das Leben mehr ist als Fußball", soll Kanu gesagt haben, als er zur Gründung der „Kanu Heart Foundation" befragt wurde. Unzählige herzkranke Kinder aus Afrika werden mit Hilfe der Stiftung behandelt. Nicht ein Leben im Jahr rettet man hier, sondern 250 und mehr. Fußball, ein sonst knallharter Sport, zeigt sich mit seinem menschlichen, ja sogar weisen Gesicht.

Ball mit Herz

Dass Fußball das Leben bedrohen, aber auch retten kann, hat Daniel P. (33) ebenfalls selbst erfahren. Der Linzer wählte nicht durch Zufall Kanu als sein Vorbild: „Ich war als Kind ein begeisterter Fußballspieler. Ich spielte sogar bei einer Mannschaft, doch mit 14 Jahren erkrankte ich schwer", erzählt Daniel. Er erhielt eine ähnliche Diagnose wie sein Vorbild Kanu. Doch im Unterschied zu dem Profi, dem die besten Ärzte der Welt zur Verfügung standen, versuchte man Daniel zunächst mit einem absoluten Ballverbot zu „heilen". Das ging aber ins Abseits. Daniel verlor nicht nur jeden Spaß an der Bewegung des eigenen Körpers, sondern auch die Verbindung zum Ich. „Dieses Verbot nahm mir mein Lebensgefühl", erinnert er sich heute. Durch seine körperliche Beeinträchtigung eingeschränkt, musste er seinen erlernten Job an den Nagel hängen und sich umschulen lassen. Doch all diese Veränderungen, die das Leben von ihm zu erzwingen schien, konnte er nicht einfach wegstecken. Zur Sportabstinenz gezwungen, fehlte ihm ein Ausgleich, bei dem er seinen Atem, seine Bewegung, seine Lebendigkeit spüren konnte. Vielleicht fehlte ihm auch die Mannschaft, die den einzelnen mit ihrem Sinn für Solidarität auffangen und weiter tragen kann. Einer für alle, alle für einen. Der Leitspruch der drei Musketiere mag einem ja auch beim Elfmeter in den Sinn kommen.

Daniel sackte ab. Die Depression machte aus der Schikane des Lebens ein Schicksal, das sich ab diesem Zeitpunkt nur mehr träge abwenden ließ.

Beruflich war er damals bereits mit der Einrichtung Pro Mente Oberösterreich verbunden. Irgendwann erfuhr er von „Pro Sport", einem Teil dieser Institution, die unterschiedliche Sportaktivitäten für Menschen mit psychischen und sozialen Problemen anbietet. Darunter auch Fußball.

Nach einer erfolgreichen Operation am Herzen wagte sich Daniel wieder an den Ball. Die Depression verschwand und kam nicht wieder: „Durch die Bewegung und das Laufen erfahre ich ein

Glücksgefühl. Und natürlich ist auch die Mannschaft wichtig. Es gibt bei uns einen harten Kern von zehn, zwölf Spielern, die meistens zum Training kommen. Mit einigen geht die Freundschaft aber tiefer." Daniel ist heute nicht nur Mittelstürmer in der Mannschaft von Pro Sport, sondern er stieg zum Trainer und Manager auf. Einmal in der Woche trifft man sich in der Halle oder am Sportplatz zum Kicken: „Wir spielen auf dem Kleinfeld mit fünf Spielern und einem Tormann pro Mannschaft."

Das „Herz" der Pro Sport-Mannschaft heißt Kurt P. (33). Er fühlt sich ein wenig als Regisseur beim Turnier, weil er gern die Führung übernimmt, die Qualitäten der Fußballer gut einschätzen kann, aber den Egoisten draußen lässt. Fußball betrachtet er als „umfangreichste Sportart", bei der Kraft, Kondition, Übersicht und Technik zusammenspielen müssen. Der Spaßfaktor darf natürlich nicht fehlen. Als Mittelfeldspieler passt er sich jeder Spielsituation an. Die Herausforderung bleibt aber ein Turnier mit einer großen Mannschaft: „Fünf Leute können leichter wie aus einem Guss spielen als elf."

Jeder findet seinen Platz

Josef Pree (45) ist einer der Gründer von Pro Sport. Er leitet diese Einrichtung. Zum Sport hat er eine besondere Beziehung. Schon als Kind entwickelte er „Ballgefühl", auch oder weil er oft allein mit dem Ball spielte. Heute blickt er auf eine kurze Karriere als Faustballer zurück, seine Leidenschaft Fußball aber sollte einen Perspektivenwechsel in der therapeutischen Begleitung psychisch Beeinträchtigter einleiten.

Bei Pro Mente stieg Pree zuerst als Betreuer von Wohneinrichtungen ein: „Da hörte ich in der Früh oft: Mir geht es so schlecht. Diese depressive Stimmung ließ mich nach Lösungen suchen." Er griff Theorien auf, die die Rolle von Sport und sozialer Begegnung als therapeutisch und präventiv wirksame Methoden belegen. Sport und aktive Lebensgestaltung, verbunden mit sozialen Kontakten und dem Aufbau eines sozialen Betätigungsfeldes, können das Leben nicht nur gesünder, sondern auch erfüllter und schließlich lebenswerter machen. Psychisch kranke Menschen sind aber aufgrund ihrer krankheitsbedingten Einschränkungen von diesen Aspekten des Lebens meistens ausgeschlossen. Um gegen diese Ausgrenzung anzugehen, wurde im Jahr 1996 schließlich Pro Sport als eigenständige Einrichtung innerhalb von Pro Mente gegründet. Wandern und Nordic Walking, Reiten, Tennis und Minigolf sind nur einige Beispiele aus der breiten Angebotspalette. Die Akzeptanz ist bei Frauen und Männern unterschiedlich: Zwei Drittel der Sportmöglichkeiten werden von Männern genützt, ein Drittel von Frauen. Die Mannschaften – auch im Fußball – kennen keine Geschlechtertrennung. Die Teilnahme ist freiwillig, der Klient kommt und geht, wann er will. „Wir fragen nicht nach Krankheitsgeschichten oder der Einnahme von Medikamenten. Bei uns steht ein Miteinander im Vordergrund, das die Privatsphäre bewahrt", sagt Pree. Jeder findet seinen Platz.

Fußball steht bei Pro Sport im Zentrum. Was mit der „Hütterlpartie" barfuß auf der Donaulände in Linz-Urfahr begann, hat sich längst zu Meisterschaften ausgewachsen. Der Traum von der Champions League blieb hartnäckig in den Köpfen verankert und löste sich schließlich ein: Die Pro Sport-Elf aus Linz spielte sich beim „Championskick-Pokal 2006" in Herzogsägmühle, dem Diakoniedorf im oberbayerischen Pfaffenwinkel, auf den dritten Platz. Das einzige Team aus Österreich schlug im spannenden „Kleinen Fina-

Pro Sport-Kicker in Herzogsägmühle

le" die beste von zwölf deutschen Mannschaften mit 2:0. Durch gutes Zusammenspiel brachten die Routiniers aus Österreich die Führung sicher bis zum Schlusspfiff.

24 Teams aus Deutschland, Frankreich, Griechenland, Ungarn, Polen, der Türkei, der Ukraine und der Schweiz spielten um den Pokal, den sich schließlich die Polen holten: „Ziel dieses WM-Pendants ist es, Menschen mit psychischen Erkrankungen ein großes Fußball-Erlebnis zu ermöglichen", sagt Pree. Die Herausforderung geht freilich weiter.

Zeitgleich zur Europameisterschaft 2008 steht heuer der internationale Sport- und Begegnungsevent „E.A.S.I.-Cup" auf dem Programm. Dieses Großereignis wurde im Jahr 2005 erstmals in Österreich durchgeführt. Schauplatz war die Sportanlage in Lichtenberg bei Linz. Im Juni werden sich hier erneut 32 Mannschaften aus allen europäischen Ländern begegnen, um sich in mehreren Sportarten zu messen.

Die „andere Weltmeisterschaft"

Österreich führte im Jahr 1924 als erstes europäisches Land den Professionalismus im Fußball ein und verbreitete über Radioreportagen der RAVAG die Erfolge des damaligen „Wunderteams". Gut 80 Jahre später ist das nationale Fußball-Ego zu einer abgelutschten Mozartkugel geschrumpft, die Breitenwirkung scheint aber noch gegeben zu sein, denn Österreich ist natürlich auch heuer wieder im „Ballfieber" – solange es um das Nationalteam und dessen Nachwuchs geht.

Die Begeisterung der Sportnation Österreich für Mannschaften, die sich nicht in die an festen Waden orientierte „Volksgesundheit" eingliedern lassen, hält sich aber in Grenzen. Für diese Mannschaften ist es schwer, Akzeptanz und damit finanzielle Unterstützung vom Österreichischen Fußballbund zu erhalten, von Medienberichterstattung ganz zu schweigen. Sie bleiben im gesellschaftlichen Abseits. Doch auch in diesen Mannschaften brodeln die ganz normalen Bedürfnisse, die Sportler, die ihr Bestes geben, zu Recht entwickeln: Sie wünschen sich, den Funken der Begeisterung mit anderen teilen zu können. Sie ersehnen anspornende Rufe der Fans, die am Fußballfeld stehen, um dort die Welle durch den jubelnden Massenkörper ziehen zu lassen, weil es ein tolles Tor gegeben hat. Fußball ist immerhin – neben Skifahren – in Österreich die einzige Sportart, die Massen auf die Beine bringt. Aber so einfach ist es nicht. Fußball war und ist ein „Herrensport", der seinen Machismo auch gegenüber den Schwächeren in der Gesellschaft behaupten muss. Das tut er, indem er etwa diese „anderen Weltmeisterschaften" einfach nicht beachtet. Was bringt er zur Entschuldigung vor? „Fußball ist Fußball. Wäre das nicht so, dann wäre es nicht das Spiel, das es ist", weiß der britische Weltfußballer Garth Crooks.

Die soziale Dynamik aber, die sich aus dem Abseits in die Gesellschaft hineinspielt, ist weitaus glaubwürdiger als jedes medienimprägnierte Fußballspektakel: „Das Fußballspiel ist ein Spiegel des Lebens. Wer sich auf dem Fußballfeld bewegt, muss wissen, dass er ein Vorbild ist oder sein kann", lässt Pree in seine persönliche Philosophie blicken. Was aber macht einen guten Spieler aus? „Ein guter Spieler ist der, der fair spielt – auf dem Spielfeld wie im Leben. Ein guter Spieler will den Sieg, aber nicht um jeden Preis. Ein guter Spieler weiß auch, wie er seine Niederlage zu einem Sieg machen kann: durch Menschlichkeit – ein fairer Verlierer zu sein." Das sei auch den „ganz normalen" Profis auf dem kurz geschorenen Rasen, der die weite Welt für ein paar Stunden auf 68 mal 105 Meter verkleinert, in die Fanpost geschrieben.

Verwendete Literatur:
Pro Sport news, Pro Mente Oberösterreich, Linz 2004.
Inszenierungen. Stichwörter zu Österreich, Susanne Breuss, Karin Liebhart, Andreas Pribersky (Hrsg.), Wien 1995, Vgl. S. 291.
Artikel vom 5. 12. 2006 unter de.fifa.com/newscentre/news/newsid, heruntergeladen am 28. 1.2008.

DIE ROTE KARTE

von Marius Huszar

Ich bin Taxifahrer.
Ich bin überzeugter Linzer.
Ich bin kein Fußballfan.
Dennoch hat dieser Sport in den vergangenen Monaten dem Lokalpatrioten in mir schon oft Freude bereitet.
So auch letztes Wochenende beim Schlagerspiel LASK gegen Austria Salzburg.
Eine Art Vorspiel gab es bereits am Nachmittag während meiner Dienstzeit:

Funkauftrag: Freistädterstraße.
Ein Mann, Anfang 30, steigt zu mir ins Taxi; gekleidet in Jeans und brauner Lederjacke, um den Hals hat er einen schwarz-weiß gestreiften Schal geschlungen.
„Na, Taxler, wo fahr'n wir jetzt hin?" fragt er leutselig.
„Ins Stadion?"
„Genau! Ein Taxler, der mitdenkt."
„So schwer war das nicht zu erraten".
„Und? Schaust du dir auch das Spiel an?"
„Nein."
„Musst' leicht die Nacht durchfahren, hm?"
„Nein. Ich höre in einer Stunde auf."
„Sag bloß, dich interessiert Fußball nicht!"
„Nicht eigentlich."
„Was heißt: *nicht eigentlich?*"
„Das heißt, dass ich mich für diese Sportart nicht begeistern kann, mich aber trotzdem freue, dass Linz wieder einen Verein in der Bundesliga hat; … für den es noch dazu im Moment recht gut läuft. Das hat aber mehr mit Lokalpatriotismus zu tun als mit Sportbegeisterung."
„Naja, das ist doch wenigstens etwas." -
Längere Sprechpausen scheint er nicht zu mögen, denn kaum stehen wir vor einer roten Ampel, schiebt er schon die nächste Frage nach: „Interessiert dich überhaupt kein Sport oder Spiel, hm?"
„Wortspiele interessieren mich."
„Aha! Und wie spielt man die?"
„Na, nehmen wir zum Beispiel mal das Wort LASK! Damit lässt sich im Englischen gut jonglieren: ASK FOR LASK … oder TASK FORCE LASK … oder …"
Er unterbricht mich: „Was ist *Task force?*"
„Das ist die Bezeichnung für eine Elitekampftruppe."
„Naja, das würde eigentlich ganz gut passen."
„Oder ich könnte fragen: Wer oder was war Lasker-Schüler?"
„Das klingt wie die Berufsbezeichnung für einen aus der Nachwuchsmannschaft," sagt er mit leicht ironischem Tonfall.
„Gute Antwort, aber falsch. *Die* Lasker-Schüler war eine Dichterin."
„Und sollte man sie kennen?"
„Wenn man sich für Literatur interessiert…"
„Und du interessierst dich für Literatur, hm?!"
„Mehr als für Fußball."
„Naja, jedem das Seine. … Diese Art von Spiel spielst du sicher meistens allein, oder?"
„Ja, meistens."
„Also, für mich wär' das nix. Ich brauche meine Kumpels, meine Spezies. Ich brauche jemanden, mit dem ich mich gemeinsam freuen kann, oder mit dem ich, wenn's sein muss, auch mitleiden kann."
„Um mitleiden zu können, braucht man nur die Weltnachrichten zu hören oder die Zeitung aufzuschlagen."

„Ja, aber das ist doch *Mitleiden* aus der Distanz. Das ist doch was ganz anderes. Da fehlt der Gemeinschaftsgeist!"

Hiergegen habe ich kein Argument.

Und so entsteht wieder eine Sprechpause … bis zur nächsten roten Ampel. Da beginnt er plötzlich über die Vorzüge einer Männerfreundschaft zu dozieren und stuft die Beziehung zu Frauen als zweitrangig ein. Nur in den seltensten Fällen, davon ist er felsenfest überzeugt, würde eine Beziehung zum anderen Geschlecht länger dauern als eine echte Freundschaft zwischen Männern.

Wahrscheinlich, denke ich, muss ich jetzt für den Rest der Fahrt seinen Vortrag über mich ergehen lassen – als er abrupt aufhört, weil vor uns ein schwarzer PKW mit *LASKer* Autokennzeichen steht.

„Das ist auch einer von uns."

„Auch einer, der mit leidet."

(Manchmal kann ich der Versuchung, ein bisschen zu provozieren, nicht widerstehen.)

„Nein! Heute werden wir sicher nicht leiden", entgegnet er selbstbewusst.

Ich nicke. Dann sage ich: „Was war denn bisher dein schönstes LASK-Erlebnis?"

Offensichtlich gefällt ihm diese Frage, denn er grinst mich an, holt tief Luft und sagt: „Ich würde ja gern behaupten: der Gewinn der Österreichischen Meisterschaft im 65er Jahr; aber da war ich leider noch 10 Jahre im Minus. Aber dass der LASK nach 6jähriger Absenz jetzt wieder in der Bundesliga spielt und auch gleich sein Einstandsspiel gewonnen hat, das ist schon super."

„Und dein unerfreulichstes Erlebnis?"

Er zögert. „Das unerfreulichste... - also das frustrierendste Erlebnis habe ich bei genau diesem ersten Spiel ... gegen KÄRNTEN ... gehabt. Da hat mich meine Feder nach dem Schlusspfiff tatsächlich gefragt, wer gewonnen hat."

Ich lache laut auf. „Entschuldige", sage ich, „aber das ist witzig!"

Er lacht nicht. „Für dich vielleicht", sagt er „aber ich war echt sauer."

„Ich nehme an, du hast ihr daraufhin die Rote Karte gezeigt, stimmt's?"

„Ja, so könnte man das nennen. Ich habe sie seither zu keinem Spiel mehr mitgenommen."

Da wir gerade in den Römerbergtunnel einbiegen, mit offenen Fenstern, da es nun laut wird und nur schleppend voran geht und auch er nichts mehr redet, habe ich Zeit, ein wenig über unser Gespräch nachzudenken.

Als wir den Tunnel wieder verlassen, sage ich: „Deine Freundin – sieh es einmal so: Sie ist mit dir zu einem Spiel gegangen, obwohl sie sich gar nicht für Fußball interessiert. Sie hat über 90 Minuten dort an deiner Seite ausgeharrt. Das hat doch was zu bedeuten, glaubst du nicht?"

Nun hat er kein Gegenargument. Und seine kurz darauf folgende Frage beweist mir, dass ich einen Nerv getroffen habe: „Bist du nebenberuflich auch noch so was wie ein Beziehungsberater?"

„Nein. Ich fahre nur schon lange genug Taxi. Und Taxifahrer sind bekanntlich Menschen, die mitten im Leben sitzen."

„Diesen Spruch solltet ihr auf eure Autos schreiben. Dann würden sich viele Leute bei euch ausquatschen ... was sich bestimmt auf's Trinkgeld auswirken würde."

„Das tun sie auch jetzt schon."

Wir fahren die Kapuzinerstraße hinauf, und plötzlich habe ich das Gefühl, dass so knapp vor dem Ziel noch *eine Frage* in der Luft hängt: „Wer gewinnt denn heute?"

„Was für eine Frage!?" stößt er theatralisch hervor. „Wir natürlich!"

„Aber die anderen haben doch die besseren Einzelspieler, oder nicht?!"

„Sie haben die *teureren* Einzelspieler, aber wir ... wir haben eine Mannschaft. Und *das* zählt. Wirst' schon sehen!"

Als wir beim Stadion ankommen, steht der Taxameter auf 11,70. Er gibt mir 15 Euro und reicht mir beim Aussteigen die Hand. „Das passt so," sagt er. „Und ... danke!"

Das Spiel gewann der LASK mit 4:1.

FUSSBALLPÄDAGOGE LASZLO „LACI" SIMKO

von Judith Scharinger

„Es ist nicht wichtig, was ich vom Fußball bekomme. Wichtiger ist, was ich dem Fußball geben kann." Dieser Leitsatz von Laszlo – besser bekannt als „Laci" – Simko begleitet die oberösterreichische Fußball-Legende seit seiner Jugend. Drei Phänomene haben sein Leben nachhaltig geprägt: Glaube, Fußball, Familie. Für alle drei hat er gegeben, was er konnte und ist ihnen treu geblieben. Wenn sich Laszlo Simko auf etwas konzentriert, dann mit seiner ganzen Aufmerksamkeit. Diese Aufmerksamkeit wurzelt im benediktischen Leitspruch „ora et labora" (bete und arbeite), der den gebürtigen Ungarn seit seiner Gymnasialzeit bei den Piaristen prägt. Fußball war für ihn nie Mittel zum Zweck. In all seinen Überlegungen über den Fußball ist er dem Phänomen immer auf den Grund gegangen. Daraus entwickelte er eine Philosophie für mitmenschliches Zusammenleben. Basis dieses Beitrages zur oberösterreichischen Fußballgeschichte sind die Aufzeichnungen Laszlo Simkos, die er ab 1960 festgehalten hat.

Die Universität Linz führte 1968 den Lehrgang „Fußball" ein und konnte Laszlo Simko als Vortragenden gewinnen. So instruierte er die Linzer Hochschüler-Mannschaft. Von 1968 bis 1988 war er Lehrgangsleiter der Trainerausbildung des Oberösterreichischen Fußballverbandes (OÖFV). Zur selben Zeit war er Repräsentant und Mitbegründer des Bundes österreichischer Fußball-Lehrer (BÖFL). Simko organisierte Vorträge mit Fußball-Experten wie Udo Lattek, Jupp Derwall, Hans „Hennes" Weisweiler, Edmar Cramer, Max Merkel und Ernst Happel, um nur die bekanntesten zu nennen. Ernst Happel war Österreichs berühmtester Fußball-Trainer. Mit ihm verband Laszlo Simko eine aufrichtige, menschliche Freundschaft, die ihn mit Stolz erfüllte. Happel kannte Simkos Fußball-Philosophie und bestätigte ihm bereits 1970 schriftlich, dass seine Ansichten gut sind. Damals war Ernst Happel, Weltcupsieger mit Feyenoord Rotterdam, am absoluten Höhepunkt seiner Karriere.

Simkos Erfahrung als Fußballspieler, Trainer und Vortragender spiegelt sich in klaren Überlegungen und Einsichten wieder. „Sehr viele Führungspersönlichkeiten im Fußball, die von der Materie sehr wenig verstehen, schlittern mit den Vereinen meistens zum Schluss in einen Konkurs", sagt er. Die Vereine bräuchten wirkliche Fachleute, damit der österreichische Fußball wie in den fünfziger Jahren europäische Spitze wird. „1954 waren wir in der Schweiz hinter Deutschland und Ungarn an dritter, heute sind wir an 91. Stelle." Die große Fußball-Familie müsste sich verändern, um erfolgreicher zu werden. „Alle, die den Fußball beeinflussen, müssten an einem Strang ziehen. Sonst haben wir keine Chancen. Um den österreichischen Fußball wieder salonfähig zu machen, sollten einige gravierende Entscheidungen vom Österreichischen Fußballbund (ÖFB) getroffen werden. Es kann nicht sein, dass der ÖFB und die Bundesliga nicht die gleichen Ziele haben. Der gesamt-österreichische Fußball müsste bei allen mehr Anerkennung finden", sagt Simko.

Wie beschreibt Simko das Phänomen Fußball? Er sagt, es gäbe kein Patentrezept für das Phänomen Fußball. Nichts und niemand könne voraussagen, wie ein Spiel gewonnen wird. „Das Fußballspiel ist ein Geschenk des Himmels. Trotz Rivalität im Spiel bleibt der Friede gewahrt. Der Fußball ist ein göttlicher Entwicklungsweg, weil

> „Das Fußballspiel ist ein Geschenk des Himmels. Trotz Rivalität im Spiel bleibt der Friede gewahrt."

der Ball eine Seele hat", meint Simko. Auf die Beziehung mit dem Ball komme es an. „Statt mit den Füßen zu treten, will er gestreichelt werden. Das Tor ist der Sinn des Spiels. Ein Tor zu erzielen, ist wie eine Ekstase, die unvergleichlich ist", weiß die Trainer-Legende. Das Publikum könne der zwölfte Mann sein, wenn es die eigene Mannschaft richtig und lautstark unterstützt. Die Unberechenbarkeit und die ständig wechselnde Situation im Spiel um den Ball verlange vom Spieler volle Konzentration, um die Spielsituation zu erfassen und entsprechend lösen zu können: Zum Vorteil seiner Mannschaft und nicht für sich selbst! „Jeder Spieler ist nur ein Teil seiner Mannschaft und doch sehr wichtig. Denn jede Mannschaft ist so stark, wie ihr schwächster Spieler ist. Die Achtung vor dem Gegner muss in jeder Phase des Spieles gewahrt bleiben. Derbheiten, Gehässigkeiten und Revancheakte sind verboten. Der Herausforderung des Gegners darf nur mit fairen Mitteln begegnet werden. Das Gelingen im Spiel ist ein Lustgefühl. Im nächsten Augenblick ist beim Ballverlust die Verzweiflung sofort spürbar. Es ist einfach faszinierend, wie die Gefühle ständig wechseln", sagt Laszlo Simko. Die Aufgabe und Verantwortung von Fußball-Vereinen sei es, die Jugend im Amateurbereich körperlich, seelisch und geistig zu einer Persönlichkeit für die Gesellschaft zu erziehen. Im Mittelpunkt müsse immer der Mensch stehen. Für Laszlo Simko ist die Menschenkenntnis im Fußball eine Bedingung für jeden Beteiligten. Eine der Voraussetzungen dafür nennt er die Beschei-

Laszlo Simko mit Ernst Happel ...

... Udo Lattek ...

... und Ferenc Puskas

denheit bei der Bewertung des Anderen. „Zuerst muss sich jeder selber kennen lernen. Daraus wächst die Selbsterkenntnis, dann erst kann man andere auch erkennen. Vorsichtig muss man den ganzen Menschen sehen. Ein richtiges Urteil am falschen Platz, zum falschen Zeitpunkt kann alles verderben", weiß der ehemalige Trainer. Erfahrung ist individuell, nicht alle Menschen verwerten sie gleichmäßig. Es würden nur jene Lebenserfahrungen angenommen, die in die Lebenslinie des Menschen hineinpassen. Den eigenen Fehler würde manche Menschen den Eltern, der Erziehung zuschreiben. Die falsche Erziehung sei nur solange schuld, solange man sie nicht ablegen will. „Das Schwierigste ist, sich selber zu erkennen und die eigenen Fehler zu vergessen und sich zum Positiven ändern. Zwischen Kosmos, Weltall und der menschlichen Psyche besteht eine enge Verbindung. Der Mensch lebt mit sich und seiner Umwelt, dem Kosmos. Die menschliche Psyche ist ständig unterwegs. Sie ruht niemals. Die Psyche ist immer auf ein Ziel gerichtet. Die Seele unterliegt den Naturgesetzen nicht. Ihr Ziel wechselt ständig. Obwohl die seelischen Abläufe und Ereignisse so funktionieren, als ob sie Naturgesetze wären. Die menschliche Seele schafft für den Menschen die Gesetze selber", ist Simko überzeugt.

Erst wenn jedem im Fußball bewusst geworden sei, dass die Basis eines guten Spiels die Menschenkenntnis ist, kann an der Mannschaft gearbeitet werden. Laszlo Simko hat die Werte und Merkmale einer Mannschafts-Psychologie herausgearbeitet. Ihm zufolge muss ein Fußballspieler im Spiel immer sein Bestes geben und sich zugleich der Mannschaft unterordnen. Simko ist überzeugt, dass es keine anderen Lebensbereiche gibt, die dieses Erfolgsrezept befolgen. Er erinnert sich an eine Aussage von Papst Pius XII. (1876 bis 1958): „Ich wünsche mir, dass die Katholische Kirche wie eine gute Fußball-Mannschaft funktioniert." Warum? In einer gut funktionierenden Fußballmannschaft kann niemand für sich selber spielen, nur für die Mannschaft. Jeder hat seine Aufgabe in der Mannschaft und bemüht sich sein Bestes zu geben: Spielerisch und menschlich. Je größer die Spielerpersönlichkeit ist, umso besser ist seine Leistung. Simkos Erfahrung nach gibt es drei Kategorien von Fußballern:

1. Den guten Fußballer: Bei ihm weiß auch der Fußballfan, wie der Spieler mit dem Ball umgehen wird. Der Fan kann davon ausgehen, dass es ihm gelingt. Ein Fußballspieler wird nur dann gut, wenn er die Sprache des Fußballs versteht und er mit dem Ball eine Einheit bildet. Er muss fähig sein, die Situation auf dem Spielfeld zu erkennen und dementsprechend handeln.
2. Der „Klasse-Fußballer": Bei ihm weiß nur mehr der Trainer, was in der nächsten Situation passieren wird. Um ein „Klasse-Fußballer" werden zu können, braucht der Spieler Talent und einen Trainer, der seine Fähigkeiten erkennt und ihn entsprechend aufbaut. Dazu ist es notwendig, dass der Spieler lernt, sich voll auf die Spielsituationen zu konzentrieren.
3. Der „Weltklasse-Fußballer": Er schafft es, aus einer Situation etwas Besseres zu machen, und nicht einmal der Trainer sieht seine Lösung voraus.

Der österreichische Fußball war in den fünfziger Jahren des 20. Jahrhunderts eine Weltmacht, meint Simko. Damals habe Geld auf die Leistung der Spieler keinen Einfluss gehabt. 1949 war ein Mannschaftsfoto als Weihnachtsgeschenk beim LASK eine Besonderheit. Die Medien hätten diese Weltmacht schonungslos ausgeschlachtet, woran sich bis heute nichts geändert hätte, sagt der ehemalig Trainer. Für den Fußballspieler sei es

> *Ich wünsche mir, dass die Katholische Kirche wie eine gute Fußball-Mannschaft funktioniert.*
>
> **Papst Pius XII.**

wichtig, die eigenen Fähigkeiten menschlich und spielerisch total in den Dienst der eigenen Mannschaft zu stellen. „Die Polarität im Fußball und in vielen anderen Mannschafts-Sportarten macht jedem Menschen bewusst, dass in einem Spiel, um erfolgreich zu sein, ein Gegner bekämpft werden muss. Das Motto ist, im Zweikampf stärker zu sein als der Gegenspieler", betont Simko. Das Ziel im Fußball sei schlicht und einfach, ein Tor mehr zu erzielen als die gegnerische Mannschaft. Das mache den Fußball zu einem einfachen und durchschaubaren Spiel. Deshalb sei er populär und eine Weltmacht geworden. „Auf der ganzen Fußballwelt sind die Spielfelder, Tore, Linien, der Ball und die Anzahl der Spieler einer Norm unterworfen. Sie sind überall gleich. Im Fußball-Spiel fühlt man sich überall zuhause", ist Laszlo Simko überzeugt.

Er erkennt im Fußballspiel ein Erziehungsmittel für Geist, Phantasie und Geschicklichkeit. Denn im Spiel zeige sich, ob das Kind zu seiner Umwelt freundlich oder feindlich steht. Das Spiel weckt die Selbstbeherrschung. „Im Fußball gibt es keine Feinde. Damit ich spielen kann, brauche ich aber einen Gegner. Ohne Gegner gibt es kein Fußball-Spiel. Weil ich ihn als Gegner brauche, muss ich ihm fair beggnen. Leider ist das heute nicht mehr der Fall. Es gibt sehr viele Verletzungen, die nicht notwendig wären. Das ist die Entwicklung, weil es im Spitzenfußball heute um horrende Summen Geld geht.", kritisiert Simko.

> „Das Spiel ist die beste Vorbereitung für das Leben."
> **Alfred Adler**

Der weltbekannte Wiener Psychoanalytiker und Individualpsychologe Alfred Adler (1870 bis 1937) sagte: „Das Spiel ist die beste Vorbereitung für das Leben." Ein Kind habe im Spiel eine bestimmte Rolle inne, und es wisse, dass zum Spiel Sieg und Niederlage gehören. Es sei ungewöhnlich, einen Ball mit den Füßen zu behandeln. „Den Ball mit den Füßen zu beherrschen bedeutet, mit dem Ball sprechen zu können. Im Spiel sollte der Spieler die Situation erkennen, die richtige Lösung wählen und sofort durchführen. Im Spiel muss das Kind entscheiden, was es tun und nicht tun kann und darf. Das Spiel hängt mit der Entwicklung der Psyche des Kindes zusammen. Wenn im Spiel Interesse vorhanden ist, dann ist die Aufmerksamkeit gegeben.", sagt Laszlo Simko.

Damit ein Mannschafts-Spiel wie der Fußball gut funktioniert, sollte nicht vergessen werden, dass jedes Fühlen, Denken und Handeln von der jeweiligen Situation beeinflusst wird, sagt Simko. „Basis dafür ist gegenseitige Anerkennung und Vertrauen. Nicht das Ich, sondern das Wir muss vorherrschen. Homogenität ist die Zielvorstellung. Das Gleichgewicht zwischen Spieler und Kämpfer ist zu wahren. Rivalität, Spannungen und Konflikte sind Feinde der Gruppe", betont Simko. Die Persönlichkeit des einzelnen und die Aufgabe seien kohärent und der Mitspieler genauso wichtig wie der Einzelne. Ohne das Zusammenwirken könne nicht Fußball gespielt werden. Die Anweisungen des Trainers sollten nicht nur anerkannt sondern in erster Linie im Spiel umgesetzt werden. „Eine Spielerpersönlichkeit führt und setzt sich nicht von den Mitspielern ab. Eine ungeschriebene Rechtsordnung ist die menschliche Gemeinschaftsform. Die persönlichen Beziehungen zueinander bestimmen die Leistungsfähigkeit der Mannschaft. Jeder Spieler hat eine bestimmte Aufgabe im Spiel. Die Spielsituation entscheidet, wie eine Aufgabe zu lösen ist", hält Simko fest. Bereitschaft und Einsatzwille des Einzelnen könnten das Spielniveau heben. Die Rolle, die der Fußballer spielt, verbinde Aufgaben und Pflichten, die für die Mannschaft unbedingt zu erfüllen sind. Herkunft und Name des Einzelnen seien belanglos. Entscheidend ist die Leistung. Wie der einzelne seine Rolle innerhalb der Mannschaft spielt, entscheidet über seinen Wert in der Mannschaft. „Die Selbstachtung ist ein elementares Verlangen des Menschen. Aus der

Fußballprofessor Laszlo Simko auf der Linzer Uni

Selbstachtung entsteht das Selbstvertrauen, das der Ursprung guter Leistung ist. Ziele einer Gemeinschaft sind Zusammenarbeit und menschlicher Zusammenhalt.", betont der erfahrene Trainer. Tüchtigkeit nach außen und Beliebtheit nach innen würden die Schlagkraft des Einzelnen und die der Mannschaft bestimmen.

„Erziehung zur Disziplin ist der Weg zu Glück und Gesundheit", sagt Simko. Im Fußballverein seien dafür unbedingter Gehorsam, gewissenhaftes Pflichtbewusstsein und strengste Pünktlichkeit notwendig. „Die beste Disziplin ist dort zu finden, wo der Einzelne nicht aus Angst vor Strafe gehorsam ist. Sondern aus Überzeugung, dass Disziplin unbedingt notwendig ist, damit die Menschen miteinander friedlich auskommen können. Wenn die Seele in Frieden ist, genießt auch der Körper Gesundheit", weiß Simko. Die Spieldisziplin einer Mannschaft sei klar zu erkennen, wenn sich alle Spieler der Spielordnung, der Spielpflicht und dem Teamwork unterordnen. Fußballspiel verlange absolute Konzentration im Spiel. Eine Spielsituation müsse der Fußballer klar erkennen. Nur so finde er automatisch die richtige Lösung und könne sie umsetzen. Dafür brauche jeder Verein einen Trainer, der die Qualitäten seiner Spieler erkennt und das Training individuell gestaltet. „So verhilft er dem einzelnen Spieler zu seiner persönlichen Höchstleistung. Der Trainer ist der Baumeister der Mannschaft. Nicht seine Person, sein Werk ist von Bedeutung für den Verein. Es muss ihm gelingen, die einzelnen Spieler zu einer starken Mannschaft, zu einer Einheit zusammenzuschweißen. Die Herrschaft über den Ball steht im Mittelpunkt des Trainings und erfordert Technik, Taktik und Kondition.", sagt Simko. Belastung und Erholungspause für den Spieler sollten im Gleichgewicht stehen.

Laszlo Simko hat Richtlinien für eine gute Fußballmannschaft erstellt. Als Vorbedingung gelte, dass sich jeder Spieler selbst zur Gemeinschaft erzieht. Das sei nicht Aufgabe des Trainers. Das Spielermaterial bestimme das System. Auf die Durchführung komme es an. Das Spielgeschehen bestimme die momentane Aufgabe des Spielers. Die Spieler müssten im höchsten Tempo den Ball im richtigen Zeitpunkt auf die richtige Stelle mit voller Konzentration spielen können. Stürmende

Verteidiger und verteidigende Stürmer zu formen, sei das Motto eines guten Trainers. „Instinkt und Kraft des Fußballs werden im Kopf geboren und mit den Beinen durchgeführt. Ein Spiel wird im Kopf entschieden", das ist der Sinn des Trainings, sagt Simko. Im Fußball müsse der Spieler schnell überlegen, schnell entscheiden und schnell handeln können. Der Trainer müsse wissen, wie er seine Mannschaft spielen lassen will. Voraussetzung dafür sei, dass er die Fähigkeiten der Spieler kennt. „Jeder Spieler soll das spielen, was er wirklich kann. Von einem Spieler darf man niemals etwas verlangen, was er nicht kann", betont der erfahrene Trainer. Kein System sei absolut gut oder schlecht. Im Fußballspiel gehe es darum, die eigenen Fähigkeiten zur Perfektion zu bringen und die Schwächen des Gegners schonungslos auszunützen. „Den Ball zu spielen, heißt, auf dem Spielfeld zu sehen. So werden Räume frei, in denen die eigene Mannschaft bessere Möglichkeiten zum Spielen hat", sagt Simko. Das Zuspiel sei die Visitenkarte eines Fußballers. Das Erfolgs-Rezept im Fußball lautet: schnell spielen, sich ständig der Spielsituation entsprechend bewegen, im Ballbesitz den Ball in der Mannschaft halten und nach dem Ballverlust sofort umschalten und alles daran setzen, den Ball wieder zurückzugewinnen.. Solange der Ball in der Mannschaft ist, könne der Gegner kein Tor erzielen. „Der Ball sucht nicht dich, du musst ihm entgegenlaufen. Selbstvertrauen: Was kann ich mit und ohne Ball? Der Spieler muss immer das wollen, was er kann und seine Aufgabe im Spiel voll erfüllen. Niemals darf er aufgeben, immer muss er das Beste geben.", sagt Laszlo Simko.

„Das Fundament zum Spielniveau des Fußballs eines Landes ist die Nachwuchsarbeit", weiß Simko. Er ist davon überzeugt, dass die Nachwuchsarbeit in Österreich generell verändert werden müsse. Im Kindesalter sollte bereits feststehen, welches Kind ein Fußball-Talent hat und welches Kind zum Training kommt, um zu trainieren. Die Talente müssten separat betreut werden, damit sie zu Spielerpersönlichkeiten erzogen werden.

„Schiedsrichter gehören zum Spiel wie der Ball. Ohne sie geht es nicht", erinnert Simko. Ohne Schiedsrichter gäbe es kein Meisterschaftsspiel. Sie sollten Spielleiter und nicht Schiedsrichter heißen, weil sie ein Fußballspiel nach bestem Wissen und Gewissen nach den 17 Spielregeln leiten und nicht richten. Die Schiedsrichter aus Oberösterreich seien wichtige Botschafter im Ausland. Darunter sind so bekannte Namen wie Ferdinand Marschall, der schon verstorben ist, Erich Linemayr, Horst Brummeier, Rudolf und Karl Finzinger, aus der jetzigen Generation noch Dietmar Drabek und Gerald Lehner. „Sie alle sind anerkannte FIFA-Schiedsrichter. Ein streng und korrekt geführtes Schiedsrichter-Kollegium brachte diese Herren an die oberste Spitze. Durch sie wurde ganz Österreich in der Fußball-Welt bekannt."

alle Fotos: privat
Laszlo Simko bei einem Trainerlehrgang mit dem Ex-Teamtrainer Branko Elsner

E-MAIL-VERKEHR

von Peter Paul Wiplinger

Franz Steinmaßl schrieb an Peter Paul Wiplinger:

Hallo Peter!
Ich bin mir zwar ziemlich sicher, dass Fußball nicht dein Leib- und Magenthema ist, aber sollte ich mich täuschen, schicke ich dir zur Sicherheit die Einladung zum Mitmachen beim Buch „100 Jahre Fußball in OÖ" (Einzelheiten siehe Beilage!)

Peter Paul Wiplinger schrieb zurück:
Du hast recht: Ich hab mit Fußball nichts am Hut. Oder doch: Seit kurzem schaue ich mir im TV auch das eine oder andere Spiel an. Bei der Weltmeisterschaft steigerte sich meine Fußballbegeisterung bis zum Fanatismus, indem ich oft schon um drei Uhr am Nachmittag anstatt Literatur zu fabrizieren oder im Schwimmbad zu faulenzen oder mich sonstwo herumzutreiben, in bequemer Homefootballdress vor dem Fernseher saß, die Füße hochgelagert, ein schönes (wie die Piefke sagen) kaltes Bier vor mir und ein paar Brotschnitten (-stullen), ja sogar nach Jahren mit frischem Popcorn versorgt, in die Glotze schaute und dem Spiel der kleinen Männchen zu. Und freute mich, wenn ein Tor geschossen wurde, egal von wem.

Ich hielt – ich Treuloser! – fast immer nur zum Sieger, doch nur im Augenblick des Glücks, sonst war ich stets auf der Seite der Verlierer, so wie in meinem Leben eben auch. Das paßt nun mal so, damit es diesem adäquat ist. Außerdem mag ich keine fanatisch jubelnde Menge, ich mag lieber mein Mitgefühl mit denen, die vornübergebeugt, niedergeschlagen und traurig im Rasen sitzen und sprachlos sind ob ihres Unglücks. Denen möchte ich zurufen: Ihr habt noch eine Chance, jedenfalls beim nächsten Mal, weil im Leben hat man immer eine Chance, wenn's Leben gerecht ist, besser gesagt: wäre, dann hat man eine zweite, eine dritte Chance. Aber weil das Leben eben alles andere ist als gerecht, hat man im Leben oft, ja sogar meistens keine zweite Chance – fragt nur die gescheiterten Liebespaare und die nun geschiedenen ehemaligen Eheleute! – dafür aber im Spiel, außer beim Roulett, der Kartnig weiß das, der Herr Präsident, wenn man einmal auf der Verliererstraße ist, dann verliert man halt, so ist das, und am Schluß ist man im Häfen, da nützt dann keine Schmauchzigarre, kein Rolls-Royce, kein Siegerlächeln, kein Victory-Zeichen, kein DJ-Ötzi und keine Tussi was, da ist man dann allein, mauseklein allein in seiner Zelle. Was ist dagegen der Fußballplatz, wenn man die Hymnen spielt, wenn man die Welle macht, wenn man mit Trommeln und Blasinstrumenten und mit bemalten Gesichtern Rambazamba tanzt; wenn Hooligans die andern hauen, ein Bierflascherl übern Schädel, hei wie ist das fein! Und Nationalstolz dann, der aufkommt: Mit Flaggen und mit Fahnen und will gestikulierend und hupend mit den Autos durch die Straßen bis zum Morgengrauen und Besoffensein, denn das gehört dazu. Das alles erlebe ich leider nie live, sehe es – Gottseidank! – immer nur im Fernsehen. Denn dann liege ich längst schon flach, ich meine im Bett, und knabbere an einem Müsliriegel und trinke Tee dazu. Und mit Gedanken an das Match schlafe ich ein, sehe im Halbschlaf Ronaldinho tänzeln, sehe den Kopfstoß von – jetzt fällt mir wiederum sein Name nicht mehr ein – naja von dem und dann die Rote Karte und sehe ihn gesenkten Hauptes trotzig vom Platz gehen. Eine nationale Katastrophe, sagen die einen, nein, ganz recht hatte er, die andern. Auf jeden Fall sind dann die Bilder davon in x-tausend Zeitungen, denn ohne Medien wäre dieser Fußball nix. Ein Stojaspal, ein Hanappi, ein Puskas, oder wie sie alle hießen, das ist längst Vergangenheit. Heut zählen Millionen, unbegreiflich viele Millionen für zwei Haxen und ein Hirn, für eine Fußballvision, wie einer schreibt. Es ist ja wie im Alten Rom: Panem et Ciercenses, sagt der Herr am Nebentisch im grünen Janker und mit schwarzem Hut, von Idealismus keine Spur, fügt er verachtend noch hinzu, es geht ja nur ums Geld, sonst nix. Nein, lieber Ferdinand, so einfach ist das nicht, mit Idealismus geht heut sowieso nix mehr, nicht einmal mehr in der Altenpflege, man will Bares haben, denn kurz ist dieses Leben, lang(weilig) ist nur manches Spiel. Und so saß ich damals vor dem Bildschirm, verkrampfte meine Arme, meine Beine, angespannt war mein Arsch. Ich liebe Fußball, solange ich nicht selber spielen muß. Es ist schon lange her, Jahrzehnte, da habe ich einmal ein Tor geschossen, abgestaubt natürlich nur, doch meine Mannschaft und ein paar am Spielfeldrand, die riefen „Bravo, bravo!", und das war genug. Das war das Ende meiner Fußballkarriere. Ich wurde Dichter, wurde Literat. Und weil ich Gottseidank noch lebe, schaue ich gern Fußball, schreie auf, wenn andere schreien, und meine Alte kommt herein und fragt: „Bist narrisch worden, jetzt schreist sogar beim Fernsehen, nein, bei dir fehlts jetzt schon ziemlich weit." Und ich sag: „Weib, davon verstehst du nix, du kennst dich ja beim Fußball gar nicht aus, sei still, heast kusch und gib a Ruah. Des is der Ronaldinho, der Zauberer, der oberste Jongleur, das ist nicht Fußball, das ist Kunst, ja Kunst mit Füßen und mit Kopf. Dagegen san Gedichte nur a Lercherlschahs, ich weiß, dagegen bin i nur ein Niemand. Des is Fußballkunst, verstehst?!" „Der Leberkäs ist heiß", sagt meine Frau, „jetzt nimm dein Bier mit, gemma in die Kuchl essn." „Ja, sag ich, des Spü is eh schon aus. Jetzt sauff ma ans auf unsere Sieger." „Ja, wer die waratn", fragt wiederum mei Alte. „Des ist ja völlig wurscht", sog i, „es is so wie es is, weil ana hot imma des Bummerl, ana is imma da Sieger und da andere der Verlierer, so is des beim Fußball und im Leben, verstehst?!"

Servus!
PETER

Personenregister

Abramowitsch Roman	339
Ackerl Josef	236, 318, 319, 320
Adler Alfred	455
Aglas Gernot	222
Ahorner Dietmar	356
Aichinger Rudolf	270
Aigner Nina	412, 413, 416, 419, 420
Albertosi Enrico	244
Alge Erwin	189
Amersek Petar	152
Argauer Josef	185, 188, 190
Arvay Janos Ritter von	11
Asensi Juan Manuel	227
Assauer Rudolf („Rudi")	323
Auer Stefan	263
Auffanger Loys	276
Aumayr Hans, D. I.	126
Aumüller Claudia	422
Azima Muhammed	154
Bachler Karl	383
Bachmair Karl	399
Bachner Josef	383
Baker Chesney Henry jr. („Chet")	436
Baldinger Dr. Heinz	259
Bammer Sybille	420, 421
Barac Peter	153
Baric Otto	154, 155, 200, 238
Bartel Ludwig	395
Bartenstein Martin	49
Barthold Peter	154
Bauer Johann sen.	64
Bauer Karl	31, 383
Bauer Ludwig	383
Bauer Simone	427
Bauer Willi	151, 204
Baumgartner Georg	339
Baumgartner Horst („Bomber")	261
Baumgartner Hubert	249
Bauwens Peter Josef („Peco")	55
Beckenbauer Franz	188, 190, 220, 296, 323
Beidinger Silke	413
Benedikt XVI., Papst eigentl. Joseph Ratzinger	294
Berchthold Dietmar	154
Berghammer Franz	58
Berič Dragana	406, 408, 409
Best Georg(y)	219
Biermann Christoph	292
Binder Andrea	415
Binder Franz („Bimbo")	79, 94, 95, 124
Blasi Rudi	350
Blochin Oleg	152, 157
Bloderer Johann	139
Blutsch Adolf („Dolfi")	154, 156, 173, 174, 185, 195, 196, 198
Böcksteiner Friedrich	425
Bocquet Roger	310
Boerne Karl-Friedrich	296
Böhm Fritz	316, 319, 321
Boninsegna Roberto	244
Brandl Manfred	44
Brankovic Slobodan	153
Brogeland Per	236, 237, 238
Brower Sidney Donald	142
Braun Georg („Schurl")	17, 78, 135, 136, 164, 165, 184
Bregartner Karl	262
Brinek Arthur („Turl")	134
Bruckmüller Othmar	235
Brudna Ernst	249
Brummeier Horst	301, 302, 303, 305
Brundage Avery	58
Brunetzky Sepp	167, 169
Brunner Christian	356
Brunmayr Ronald	319
Bubernik Dr. Titus	203
Bufka Frantisek	172, 173, 174, 175, 188, 201
Butula Friedrich	128
Čajkovski Zlatko („Tschik")	291
Calmud Reiner	323
Campregher Brigitte	237
Canetti Elias	299
Caspers Herbert	90
Chaka Khan	436
Charlton Robert („Bobby")	219
Cisel Janko	31
Colm Heinz	106
Constantini Dietmar („Didi")	154, 250, 260
Cramer Edmar	452
Crooks Garth	447
Cruyff Johan	192, 227
Dallos Bernd	152
Danner Elisabeth	344
Daucher Johann	391
Daxbacher Karl	192, 249
Decker Karl	139, 140
De Gaulle, General Charles	133
Demantke Johannes	251
Demel Walter	248, 250
Derwall Josef („Jupp")	452
Di Stéfano, Alfredo	142, 215
Dienst Robert	192, 213, 322
Dietachmair Erich	349
Djuricic Milan	154, 155
Dokupil Ernst	215

Doppler Gerhard	307
Dorfner Alfons	58
Drechsel Herwig	285, 286, 288, 289
Dreu Viktor	321
Dubajic Dragan	153
Dupack Alois	30, 71, 164
Duspara Ivica	231
Ebenbichler Werner	319
Eberhofer Josef	356
Ebner Hans	357 - 361
Edelbauer Leopold	246
Eder Thomas	286
Edlinger Wolfgang	356
Edlmayr Klaus	356
Eggenberger Rudi	154
Ehgartner Bert	156
Eigenstiller Hans	149, 213, 223, 342
Eigenstiller Kurt	147, 149, 156
Eigenstiller Otto	156
Eigl Adolf	92
Eigruber August	64, 82, 85, 86, 89, 90, 138
Elboum Adam	107
Elias Norbert	21
Ellinger Karl	275 - 277, 279
Emich Dietmar („Didi")	263
Engelmeier Bruno	140
Entacher Brigitte	414
Epp Ernst	93
Epp Josef	169
Ertl Heinz	270
Esterbauer Thomas	351
Facel Ali	152
Faderl Adolf („Kongo")	31, 34, 36, 71 72, 83, 164
Fak Erich	204
Farmer Arthur Stewart („Art")	427
Fein Hubert	199, 200
Felbermayr Marko	153
Figl Leopold	91, 115
Finger Eduard („Edi")	153, 312, 400, 405
Finzinger Karl	457
Finzinger Rudolf	457
Flindt Ove	222, 229
Forstinger Hubert	303
Föttinger Franz	129, 130
Föttinger Ignaz	399
Franck Heinrich sen.	29, 207
Frieberger Pahdi	254
Friedl Jürgen	319
Frigard Geir	238
Frimmel Dr. Edith	344
Frischenschlager Friedhelm	95
Frühwirth Eduard („Edi")	188
Fuchs Corinna	282
Fuchs Josef („Sepp")	50, 272
Fuchs Rudolf (Fuchs I)	92, 164 - 167
Fuchsberger Franz	34, 37, 54, 55, 56, 164
Fuchsbichler Erwin	152, 219, 221, 229, 250
Gahleitner Berta	425
Gahleitner Paula	422
Gahleitner Susanne	422
Gasselich Felix	229, 436
Gassner Jürgen	153
Gehmayr Josef („Sepp")	358
Gergelyfi Fritz	150
Gerö Heinz	302
Gerö Josef	20
Glas Josef	414
Glasner Oliver	290
Gleißner Heinrich	62, 129
Glieder Eduard („Edi")	319, 320
Gögh Kolomon	229
Golautschnig Günther	248
Gottfried Ludwig	227
Grabner Franzl	307
Grabner Wolfgang	356
Grad Franz	231 - 235, 241, 316, 318, 319 – 321
Greiner Magdalena	425
Grey Bruno	130
Gröbl Thomas	153
Gröbner Marion	425
Grochar Tatjana	417, 418
Gröss Hans	153, 414
Grünberg Maks	313
Gschweidl Fritz	139
Gudej Ivan	154
Günthner Alfred	151, 224
Gürtler Dir. Karl	113
Gunsam Karl Josef	134
Guttmann Béla	22, 141, 142, 192
Haas Mario	286
Habsburg-Lothringen, Franz Joseph I. von	11, 12
Hackmair Peter	290
Hager Karl	281, 331
Hahnemann Willy	19
Haider Gerald („Naz")	229, 241, 259
Haider Jörg	318
Hajek Karl	165
Hanappi Gerhard	20, 56
Hängöbl Hans	361
Hankins Mary	426
Happel Ernst	20, 134, 142, 185, 302, 452, 453
Happich Günther	247, 248, 249
Harreither Willi	173, 174, 184, 186, 203
Harrer Michael	344

Hartl Alois („Loisi")	136, 165, 166, 171	Jackson Michael	212
Hartl Karl	165	Jakob Franz	281, 330, 331
Hasenleithner Ernst	156	Jaksch Franz	383
Haslinger Josef	354	Jamal Mamsaleh	441
Hassler Christian	153	Janout Hermann	343
Hauer Wolfgang	418, 425	Jara Kurt	342
Haugeneder Johann	345, 356	Jelinek Richard	22
Haunschmied Herwig	346	Jeschko Dr. Kurt	220
Hauser Georg	383	Jetzinger Rudi	151
Hauser Willi	156	John Gerald	61
Hauser Wolfram	338, 356	Jordan August („Gustl")	34, 132 – 135
Havelange Joao	302	Jörgensen Rasmus	263
Havemann Nils	95	Jungbauer Otto	172, 173, 178, 194, 198, 199 – 201, 209, 234
Held Sigfried („Sigi")	217		
Helletzgruber Karl	29, 207	Jünger Matthias „Jupp"	125
Helml Ernst	386, 387, 399	Jurtin Gernot	251
Hemetsberger Manfred	386	Just Susanne	442
Henry Thierry	441	Kaar Erwin	422
Heraf Andi	153	Kaar Michaela	422
Herberger Josef („Sepp")	19, 55	Käfer Karl	150
Hermann Toni	124, 125, 127	Kainz Adolf	58
Hetzenauer Andrea	442	Kahn Oliver	291
Hiden Rudolf („Rudi")	133, 134	Kalisch Viktor	58
Hilber Erwin	147	Kastner Maria	424
Himmelfreundpointner Josef	259	Kaufmann Wolfgang	235
Hinterberger Martina	413	Keglevits Christian	200
Hinterleitner Sabine	425	Kellnreiter Johanna	424
Hintermaier Reinhold	229, 329	Kellnreiter Resi	424
Hitl Heinrich	134	Kempes Mario	214, 215
Hitler Adolf	59, 64, 73, 90	Kempinger Elfriede	424
Hlozek Ernst	246	Kerschberger Hermann („Kerschi")	307, 308
Hobsbawm Eric	280	Kienberger Andreas	355, 356
Hochedlinger Kurt	45, 148, 151, 153, 154	Kiesenebner Karl („Kiesi")	203, 204, 261
Hochhauser Heinz	287, 288	Kiesenhofer Leopold	286
Hochstöger Isabel	421	Kircher Herwig	225
Hof Erich	244, 245, 248	Kirchschläger Rudolf	203
Hof Norbert	246 - 249, 252	Kirchsteiger Thomas	274
Höfer Karl	56, 171	Kirisits Helmut	252
Hogan James („Jimmy")	55	Kirsten Ulf	359
Höller Herbert	259	Kittinger Werner	344, 356
Holzinger Dr. Gerhard	281	Kitzmüller Helmut	170, 365
Holzinger Hansjörg	223 - 230, 232	Kitzmüller Josef	34, 54, 55
Holzmüller Christine	424	Klaras Andreas	224
Holzner Franz	270	Klicka Robert	418
Horber Willi	31	Klika Reinhold	280, 281, 283
Hörbiger Paul	322	Kmentt Willi	204
Hornby Nick	293	Knaller Walter	231
Horvath Renaldo	436	Knoflicek Ivo	153
Huber Roland	358, 359	Knorrek Ernst	263, 285
Huemer Peter	181, 293, 295	Kocian Tomislav	153
Huspek Roland	263, 319	Köck Manfred	414
Hutter Olga	414	Köglberger Christina	193
Hveger Ragnhild	80, 81	Köglberger Helmut	22, 149, 183 – 193, 204, 215, 251, 252
Ivsic Marinko	230, 286		

Kogler Hans	153	Lehner Gerald	457
Kogler Siegfried	383	Lehner Walter	248
Kohlhauser Ferdinand („Ferdl")	213	Lehner Willi	50
Kolbitsch Karl	264	Leiner Dagmar	427
Koljanin Marinko	154	Leitner Heinrich	111
Koncilia Friedl	229	Leitner Kurt	192
Kondert Hans	124, 125, 127, 170	Lekic Ivan	414
Konsel Michael	315	Lewald Theodor	59
Kopfer Ernst	263	Lezerkiewicz Wiktor	131
Kopp Peter	399	Lichtenegger Norbert	228, 244 – 253
Koppler Erhard	230, 235	Liedl Karl	30
Koral Hans	44	Liefers Jan Josef	296
Koref Ernst	95, 210	Liegl Karl	56
Kornbinder Leo	270, 273	Lima Carlos („Chico")	174, 185, 186, 194 – 198, 203
Körner Alfred	20	Lindenberger Franz	127
Körner Theodor	223	Lindenberger Klaus	175, 263, 407, 425
Körner Willi	165	Lindpointner Ludwig	199
Kosch Wilhelm	71	Linemayr Erich	301 – 304, 457
Koschina Franz	398	Linimayr Herbert	153
Kottan Györgyi	225, 227	Linzmaier Manfred	200
Kötterl Karl	45	Liposinovic Luka	172
Kotvojs Elisabeth	124	List Peter	248
Kraft Helmut	288	Löhner Fritz	18
Krammer Roland	263	Lopper Norbert	16
Krankl Hans	21, 155, 189, 193, 215, 251, 252, 261, 303, 312	Lorenz Konrad	295
Krautschneider Andreas	306, 307 - 309	Lorenz Michael	225 – 227
Krebs Peter	277, 280, 282	Lösch Friedrich	339
Kreisky Bruno	255	Lowe Percy	13, 29, 30
Krenmayr Gertrud	169	Luef Johann	139
Kreuz Willy	221, 222, 228 - 231, 238	Luger Walter	223
Kreuzeder Georg („Schossi")	358	Lugmayr Walter	280
Kreuzer Jürgen	224	Lukic Radan	154
Kreuzhof Melanie Marie	439, 440	Lutz Ludwig („Wiggerl")	92, 164
Krieg Yvonne	416, 422	Machan Alfred	222
Krisper Gernot	153	Madl Viktoria	406 – 409
Kroiß Carola	423	Madlener Daniel	152 – 154
Kühbauer Dietmar („Didi")	303	Malnowitz Teddy	152, 153
Kühne Curt	207, 210	Mandziara Alexander	231
Kuljic Sanel	288, 290	Mangl Bruno	414
Kuthan Richard	30	Maresch Hans	50
Kwasniewski Leopoldine	425	Markovic Ivan	154
Laabmayr Roswitha	427	Márquez García	142
Langthaler Fritz	277, 278	Marschall Ferdinand	272, 273, 301, 305, 457
Larionows Josef	227	Marschik Matthias	33
Lattek Udo	452, 453	Martinez Alberto	222, 229
Latzke Felix	154, 155	Martinez Sebastian	289
Laus Erika	424	Mateschitz Dietrich	318
Laux Herbert	286	Mathias Adolf („Adi")	304
Lechner Franz	155, 156	Matuszik Czeslaw	130
Lechner Friederike	155	Mautner-Markhof Georg	339
Lehermayr Rupert	153	Mayer Rudolf	207
Lehmann Otto	210	Mayr Alfred	353, 356
Lehner Franz	49, 50	Mayr Josef sen.	37

Mayrhuber Ernst	31
Mayrleb Christian	284
Medizevec Helmut	156
Medvid Michal	203, 204
Meier Urs	423
Meisel Erwin	383
Meisel Heribert	130
Meisl Hugo	16, 17, 135, 137
Meissl Hubert	391
Menotti César Luis	60
Merkel Max	142, 190, 244, 277, 452
Mertel Manfred („Waschi")	229
Michels Rinus	227
Milanovich Ferdinand	224, 227
Miller Arthur	27
Mirnegg Dietmar („Didi")	152, 260
Mitterndorfer Alois	424
Mock Hans	19
Molnar Johann	200
Molterer Leopold	154
Molterer Viktor	150
Monroe Marilyn	27
Morales Julio	249
Mörixbauer Franz	381
Mörixbauer Leo	383
Möseneder Hubert	286
Mraz Pavel	286
Muckenhuber Hermann	7, 48, 71
Mühlbacher Helmut	393
Mühlbacher Johann	392
Mühlberger Klaus	431, 432, 434, 435
Müller Gerhard („Gerd")	189, 230
Müller Hans	302
Music Emir	153
Nader Otto	169
Nausch Walter	143
Nawu Richard	154
Neeskens Johan	227
Nemeth Laszlo	171
Netzer Günter	192
Neugschwandtner Manfred	151
Neuhauser Raimund	148, 149, 156
Niederbacher Richard	153
Nuhr Dieter	298
Nußbaumer Hermann	276
Nwankwo Kanu	444
Oberhuber Egon	93
Oblinger Violetta	421
Ocwirk Ernst	20, 190, 191, 192
Ogris Andreas	200
Olsen Morten	144
Oraze Milan	286, 422
Ortmaier Petra	
Oswald-Prammer Agnes-Sirkka	422
Ott Elfriede	217
Pajenk Egon	246
Palm Anna	306
Palm Stefan	306
Pamminger Manfred	423
Panenka Antonin	261
Parits Thomas („Tommy")	189, 192, 215, 229, 251
Paschinger Horst	230
Paseka Siegfried („Sigi")	263
Passarella Daniel	304
Payrhuber Manfred	219
Pecanka Josef („Sepp")	192
Peintinger Christina	415
Perschl Franz	356
Petignat Nicole	422
Petras Ladislav	151
Pfister Bernd	153, 263
Pichler Alexandra	419, 425
Pilsl Franz	167, 187, 275 – 277
Pimsl Rudi	45
Pinecker Melitta	424
Pius XII., Papst, eigentl. Eugenio Pacelli	454
Pohn Christian	390, 399
Poindl Herbert	247
Pollak Josef	18
Polster Monti	148
Polster Anton („Toni")	314, 436
Poparic Frane	241
Possart Gerhard	199, 279
Powolny Siegfried	58
Pozzo Vittorio	55
Prahl Axel	296
Pramhas Hubert	153
Prammer Dr. Thomas	422
Prandstötter Erich	381 – 384
Praschak Günter „Prasi"	225
Pree Josef	445
Prinz Josef	115
Prohaska Herbert („Schneckerl")	21, 22, 151, 229, 249, 251, 303
Puffer Max	365
Pühringer Josef	5, 318
Pulimeno Fabiana	423, 426
Pumberger Leo	203 – 205
Pusch Erich	251
Puskas Ferenc	453
Raab Julius	20
Rainer Friedrich	66
Ramberg Dr. Arthur	11
Ratzenböck Dr. Josef	272
Ratzer Karl	436

Rausch Friedel	237	Sarpei Eduard	153
Rechberger Michael	356	Saxinger Eduard	235
Redeling Ben	298	Schacherreiter Christian	292, 294
Reder Walter	95	Schachner Walter	190, 229, 248, 249, 251, 253, 263, 313
Rehak Johann („Schani")	147		
Reich Hans	225	Schaffelhofer Leo	54, 55
Reichel Peter-Michael	425	Schaffer Ferdl	140
Reichhartinger Albert	356	Scharmann Hans	225
Reinhardt Max	306	Scheichl Heinz	155
Reinl Willi	148	Schellerer Gerhard	415, 417
Reinmayr Hannes	286	Schellmann Hermann	232, 242
Reisinger Christof	356	Schelsky Helmut	165
Reisinger Josef	150	Schenkenfelder Franz	30, 207
Rektenwald Katharina	412	Scherb Walter	235
Resch Alois	383	Scheuer Max	18
Reschenhofer Klaus	356, 358	Schill Manfred	229
Rettensteiner Herbert	225	Schindlbauer Lena	423
Rexach Carles	227	Schinkels Frank	230
Ribbentrop, Joachim von	74	Schlagnitweit Maria	424
Richter Ferdinand	199	Schlechta Karl	172, 185 – 187, 201
Riederer Judith	425	Schmid Lambert	31
Riedl Ingolf	263	Schmidt-Dengler Wendelin	292, 293
Rieger Wolfgang	201, 215, 235 – 238	Schmied Kurt	20, 310
Rigler Manfred	222, 426	Schnabel Alois	93
Rigler Renate	406, 407, 409, 416, 425	Schneeberger Diknu	436
		Schobesberger Hans	356
Rilke Rainer Maria	372	Schors Georg	79
Rimet Jules	134	Schreiner Harald	82
Rinner Hans	225, 228, 229, 233	Schröder Eduard	32, 208
Rinortner Günter	399	Schuschnigg Dr. Kurt von	63, 64
Riseth Vidar	237	Schwab Franz	93
Ritter Karl	250	Schwaiger Karin	427
Riva Luigi	244	Schwarz Emmanuel („Michl")	16, 66
Roitinger Klaus	285, 287, 294	Schürz Hildegard	424
Römer Karl	417, 418	Schütterle Rainer	292
Römer Michaela	425	Seibezeder Iris	422
Ronaldinho, eigentlich Ronaldo de Assis Moreira	309, 441, 459	Seimair Gerhard	337
		Seipelt Fritz	301
Rosner Dominik	386	Senekowitsch Helmut	21, 23, 190, 200, 225, 226, 304
Rouschal Alois	398		
Rózsavölgyi Peter	319, 320	Siems Albert	13, 29
Rudolf Gerhard	435	Simko Laszlo	107 – 109, 165, 171, 172, 452 – 457
Ruhaltinger Franz	229, 230, 233, 234		
Ruhs Walter	165	Simonsen Allan	144
Rupprechter Bruno	389	Sindelar Matthias	16, 17, 19, 67, 164
Russ Kurt	215, 314	Skocek Johann	215
Ruttensteiner Ralf	263	Skrabl Hermine	424
Sabeditsch Ernst	140, 142	Skyva Dipl.-Ing. Vojtech	204
Sabetzer Rudolf („Cäsar")	174, 175	Slapnicka Harry	123
Sallhofer Josef	276, 281	Smisek Sandra	413
Samer Johann	248	Snook Russel A.	92
Samhaber Manfred	204	Sobol Rudolf	229
Sanchez Hugo	222, 231	Söllinger Helmut	278, 280
Sara Josef	250	Sonnleitner Jacqueline	415, 422

Sócrates Dr., eigentl. Sócrates Brasileiro Sampaio de Souza Vieira de Oliveira	304
Söser Emil	399
Soukop Ferdinand	224
Sparwasser Jürgen	296
Spechtenhauser Max und August	47
Spieler Sonja	416, 421
Spiesmayer Hans	165
Spitaler Georg	124, 127
Spitzbart Anna	413, 422
Springer Franz	147
Stadler Walter	111
Stallinger Gertrude	28, 413, 416, 419, 420, 424, 425
Stanek Eduard	123
Stangl Hermann	356
Stanisavljevic Goran	286
Starek August („Gustl")	200, 225, 249
Staribacher Andreas	238
Šťastný Leopold	142, 189, 342
Steinbrecher Leopold	43
Steinbrecher Roland	31
Steinhögl Erwin	356
Steinhuber Karl	58
Stering Sepp	190, 221, 225, 227
Stöffelbauer Fritz	150, 152
Stöffelbauer Günther	153
Stöger Max	419
Stöger Peter	152, 238, 239
Stojaspal Ernst	93, 459
Stollnberger Claudia	406, 408, 409, 425
Stotz Karl	192
Strahammer Peter	231, 235
Strasser Josef („Joschi")	148, 278
Strasser Leo	187
Straub Richard	207
Strauchs Harald	414
Strauchs Katharina	414, 425
Strauß Johann	93
Strittich Rudolf („Rudi")	44, 86, 88, 89, 93, 96, 137 – 146, 156
Strobl Friedrich	282
Stronach Frank	319
Studnicka Jan	30
Stumpf Christian	231
Sturmberger Gerhard	22, 170, 203, 205, 225, 424
Sundermann Jürgen	154
Swatosch Ferdinand	30
Szanwald Rudolf	190, 192
Szestak Karl („Sesta")	67
Tangen Rune	238
Tatar Alfred	215
Teinitzer Alfred	170
Tell Wilhelm	298
Theweleit Klaus	295, 296, 299
Thiel Frank	296
Thomas Eduard	249
Tiefenbacher Hannes	244, 245, 253
Tilkowski Hans	296
Toljan Axel	31, 167, 168
Toljan Milan	31
Torberg Friedrich	19
Trapattoni Giovanni	23
Trauner Christine	423
Trauner Rudolf	199, 200, 209, 225, 239, 305
Traxler Gerhard	415
Treiblmair Alexander	285
Trost Manfred	153
Trubrig Heribert	57, 170, 205
Tschammer und Osten, Hans von	66, 67, 69, 79, 82
Tüchler Vera	427
Türke Walter	237
Ulmer Fritz	39, 221, 224, 225, 227
Uridil Josef („Pepi")	17
Vanura Franz	393
Vastic Ivica	216, 286, 320
Viehböck Franz	186, 213, 223, 329
Vogel Ernst	
Vorich Bernhard	281, 331, 333, 334
Vorich Ladislav	279, 330 – 332, 334
Vukovic Zelko	153
Wagner Karl	270, 273, 274
Wagner Leopold	353, 354, 356
Wagner Manfred	248
Wagner Richard	296
Wagner Theodor („Turl")	187, 213, 365
Wahlmüller Karl	34, 38, 54, 55
Waldheim Kurt	312
Waldhör Walter	153, 154
Wall-Strasser Christoph	373
Walter Josef („Joschi")	142
Wartinger Helmut	229
Wasmayr Kerstin	425
Weber Ernst	154, 155, 413, 414, 417, 420, 421
Weinrich Alois	436, 439
Weinrich Zipflo	436, 439
Weinzierl Anton	84, 85, 96
Weissenberger Thomas	215
Weisweiler Hans („Hennes")	452
Weixlbaumer Rudolf	96
Karl Wendel	239
Wenzl Erwin	199
Werner Jürgen	229, 231 – 233, 235, 241, 262, 263, 321

Werner Kurt	224	Zaijcek Christian	399
Wesp Hans	150	Zaijcek Josef	399
Westentaler Christoph	153	Zec Mag. Belmir	443
Wieger Herbert	153	Zechmeister Ferdinand („Ferdl")	57, 170, 186
Wieser Thomas	344	Zellhofer Georg	150, 229, 241, 316, 319
Wieser Tobias	344		
Wimmer Rosa	424	Zeman Walter	20
Wittek Fritz	147	Zemann Rudolf	31
Whorton Thomas	303	Zemann Otto Wilhelm	31, 38
Wiesenthal Simon	105, 108, 167	Zenleser Karl	399
Wöhrer Franz	302, 304	Zhong Honglian	27
Wolf Josef („Sepp")	184	Zidane Zinedine („Zizou")	298
Wolters Horst	219	Zinnhobler Fritz	259
Wurdinger Alfred („Alf")	171, 185, 203	Zipser Josef	306
Zadrazil Josef („Pepi")	294		

AutorInnenverzeichnis

Joschi Anzinger,
Jahrgang 1958, wohnhaft in Linz/Pöstlingberg. Schreibt Dialekt und Schriftsprache. Zahlreiche Veröffentlichungen, zuletzt „oadeiddi zwoadeiddi" „eisn en feia" „gounz oda goaned" als Pöstlingberger Trilogie, edition innsalz 2005 – 2007.

Reinhold Aumaier,
geboren 1953 in Linz und aufgewachsen in Obermühl a. d. Donau. Lebt seit 1970 mit Unterbechungen als freischaffender Literat, Musiker & bildender Künstler in Wien.
Radiosendungen, journalistische Arbeiten und zahlreiche Bücher: u.a. RAPID, RAPID ... Ein Match-Tage-Buch (Resistenz 1999).

Alois Brandstetter,
geboren 1938 in Aichmühl (Gemeinde Pichl bei Wels, Oberösterreich), Germanist und Schriftsteller. Seit 1974 Professor für Deutsche Philologie an der Universität Klagenfurt. Seine pointierte Kurzprosa und Romane sind ironisch-kritische Bestandsaufnahmen provinzieller Lebenskultur.

Sven Daubenmerkl,
geboren 1965 in Bayern, lebt seit 1977 in Österreich und arbeitet als Physiklehrer. Mehrere Buchveröffentlichungen zu historischen Themen, zuletzt „Vom Kriege" (Wien 2002). Mitglied des Linzer Autoren/innenkreises und der Grazer Autorenversammlung.

Gerald Ecker
Mag. phil., geboren 1977, lebt in Weng im Innkreis; Studium der Kommunikationswissenschaft, Studienergänzung Politikwissenschaft, an der Universität Salzburg; 2004 bis 2007 selbständig als freier Journalist, seit 2007 Redakteur der „Tips Braunau".
Kulturproduktion und lokalhistorische Forschung als Mitglied des Vereins „Kulturkombinat Exo 200"; spielte etwa zehn Jahre Fußball im Nachwuchs des SV Weng 1970, kann sich auch an ein erzieltes Tor erinnern.

Herbert Eisenreich,
geboren 1925 in Linz, gestorben 1986 Wien, Schriftsteller. Vielseitiger Autor von Erzählungen, Kurzgeschichten, Gedichten, Essays, Sachbüchern und Hörspielen. 1952-56 Rundfunkmitarbeiter in Hamburg. Kafka-Preis 1985.

Michael Eisl,
geboren 1963, lebt in Salzburg, Buchhändler, seit 1975 Fan des SV Bad Ischl

Fritz Fellner,
Konsulent der oö. Landesregierung, Jahrgang 1955, Matura am BRG Freistadt; der gelernte Bankkaufmann und Schriftsetzer ist Kustos des Mühlviertler Schlossmuseums Freistadt.

Manuel Fischer,
geboren 1987 in Wels, Matura 2005, anschließend mehrwöchige Reisen durch Europa und Grundwehrdienst; freier Mitarbeiter bei den OÖ Nachrichten im Sport; seit Herbst 2007 Hauptverantwortlicher für die Fußball-Unterhaus-Berichterstattung.

Franzobel
(eigentlich Stefan Griebl), geboren 1967 in Vöcklabruck, Schriftsteller. Studierte 1986-94 Germanistik und Geschichte in Wien, seit 1989 schriftstellerisch tätig; beschäftigt sich auch mit Performances und Mailart. Ingeborg-Bachmann-Preis 1995.

Franz Gumpenberger,
Dr. iur; Jahrgang 1943; der Jurist und pensionierte Bezirksrichter von Rohrbach ist beliebter Moderator von Radio Oberösterreich.

Rudolf Habringer,
geboren 1960 in Desselbrunn (Innviertel). Romane, Erzählungen, Satiren, Kabarett, Theaterstücke. Lebt als freier Schriftsteller in Walding bei Linz. Zuletzt erschienen: „Alles wird gut. Liebesgeschichten" (2007) und „Island-Passion. Roman" (2008), im Verlag Edition Geschichte der Heimat „Dieter Bohlen kommt zur Krippe. Weihnachts-Satiren" (2007).

Erich Hackl,
geboren 1954 in Steyr, lebt in Wien und Madrid. Letzte Buchveröffentlichung: „Als ob ein Engel" (2007).

Hermann Hathayer,
Jahrgang 1977, Absolvent der Fachhochschule für wirtschaftsberatende Berufe, arbeitet als Finanzdienstleister und war jahrelang freiberuflicher Sportberichterstatter für die Braunauer Rundschau. Anhänger der SV Ried und des SV Weng.

Klaus Hirtner,
geboren 1958 in Steyr; 1976 Beginn des Studiums (Soziologie und Politologie) in Wien. Zunehmende Tätigkeit als Schriftsteller und Journalist, Hirtner schrieb Lyrik, Prosa und Satiren für Printmedien sowie Hörspiele und Features für das Radio; Linzer Geschichtenschreiber der Arbeiterkammer OÖ; gest. am 9. Januar 1995 in Wien.

Peter Huemer,
Dr. phil., Journalist und Historiker, geboren 1941 in Linz, Studium der Geschichte, Germanistik, Kunstgeschichte an der Universität Wien, ab 1969 Mitarbeiter in der Dokumentationsabteilung des österreichischen Fernsehens, 1977-1987 Leiter der talk show Club 2, Publikationen: u. a. „Sektionschef Robert Hecht und die Zerstörung der Demokratie in Österreich" (1975). Mehrere Auszeichnungen und Preise für die wissenschaftliche und für die journalistische Arbeit.

Robert Hummer
wurde 1979 in Linz geboren, studierte Politikwissenschaft und Geschichte in Salzburg und Liverpool, arbeitet in der Abteilung für Vermittlung & Kommunikation im Museum Arbeitswelt in Steyr. Seine mäßig erfolgreiche Kickerlaufbahn begann und endete im Nachwuchs des SV Traun. Seit der Gründung (2000) schreibt er für das österreichische Fußballmagazin „Ballesterer".

Marius Huszar,
geboren 1953, verheiratet, Vater von 3 Kindern, lebt und arbeitet in Linz als Taxifahrer, Autor und Herausgeber belletristischer Bücher.

Michael John,
Professor für Sozial- und Wirtschaftsgeschichte an der Universität Linz. Forschungsbereiche: Städtische Sozialgeschichte, regionale Wirtschaftsgeschichte im 19. und 20. Jahrhundert, Migration und Minderheiten, Populärkultur, insbesondere Geschichte des Fußballsports. Kurator diverser Ausstellungen, derzeit „Fußball – Geschichten und Geschichte" für das Oberösterreichische Landesmuseum in Linz (2008). Sportkarriere: Tischtennis-Jugendlandesmeister 1971, heute aktiver Kreisklassenspieler.

Herbert Kaar,
geboren 1941 in Linz, im Hafenviertel naturbelassen aufgewachsen, als Schlosser, Kranführer und im technischen Dienst bei den Stadtbetrieben Linz durchgehend in Verwendung. Auch als Pensionist nach wie vor begeisterter Leser und seit etwa fünfzehn Jahren auch Schreibender.

Walter Kohl,
geboren 1953 in Linz, studierte Betriebswissenschaft, arbeitete in einer Autovermietung, dann als Journalist, u. a. als Korrespondent von „Die Presse", und lebt als freier Schriftsteller in Eidenberg. Er schreibt Theaterstücke, Features und Romane.

Stefan Kraft
ist Redakteur des Fußballmagazins ballesterer fm.

Reinhard Krennhuber
Ist Chefredakteur des Fußballmagazins ballesterer fm.

Ludwig Laher
Dr. phil; studierte Germanistik, Anglistik und Klassische Philologie in Salzburg. Danach arbeitete er zunächst als Gymnasiallehrer in Salzburg. 1993 zog er nach St. Pantaleon (Oberösterreich) und ist seit 1998 als freier Schriftsteller tätig. Laher veröffentlichte Prosa, Lyrik, Essays, Übersetzungen, wissenschaftliche Arbeiten, Hörspiele, Drehbücher und erhielt zahlreiche Literaturpreise und Stipendien.

Till Mairhofer,
geboren 1958 in Steyr als Enkel des Vorwärts-Mitbegründers und späteren Steyrer Bürgermeisters Leopold Steinbrecher; Lehramt für Deutsch und Musikerziehung an der Pädgagogischen Akademie. Herausgeber der Werke Dora Dunkls, Veranstaltungen zu Leben und Werk Marlen Haushofers. Mitbegründer der „edition wehrgraben".

Martin Nagl,
Jahrgang 1976, freier Journalist, gebürtig im Innviertel. Passionierter Platzgeher. Seit der spielerischen Erkundung der eigenen Region auch fürs weiträumigere Fußball-Universum empfänglich

Kurt Palm,
geboren 1955 am Rande des Kobernaußerwaldes in Oberösterreich. Frühe Tätigkeiten als Ministrant und Mittelstürmer beim TSV Timelkam. Studium der Germanistik und Publizistik in Salzburg. Dr. phil. Während des Studiums im Kommunistischen Studentenverband aktiv, daneben aber auch als Nachtwächter, Autostopper und Zeitungsausträger tätig. Schreibt in seiner Funktion als Volksbildner Bücher (z. B. über Bertolt Brecht, James Joyce und Adalbert Stifter) und dreht Filme (z. B. über Wolfgang Mozart und Hermes Phettberg). Ißt mit Vorliebe gebratene Forellen.

Wolfgang Pennwieser,
Dr. med., geboren 1975 in Braunau. Studium in Innsbruck, Berlin, Wien und Ho Chi Minh City. Gelernter Biobauer und Arzt. Doktert seit 2002 beim österreichischen Fußballmagazin ballesterer als Redakteur und Leiter von „Dr. Pennwiesers Notfallambulanz" herum. Im Februar 2008 erschien sein Fußballwehwehbuch „Platzwunde" im Czernin-Verlag.

Helmut Pichler,
Dr. iur; geboren 1947 in Schwanenstadt, Jusstudium in Wien, von 1974-2007 in der Oberösterreichischen Finanzverwaltung, u. a. als Vorstand des Finanzamtes Gmunden, tätig, übte 1978 – 2006 die Funktion eines Pressereferenten des SV Finanz für Oberösterreich aus und beschäftigte sich ab 2002 als Hobbyjournalist in ca. 90 Medien in Österreich und Deutschland mit dem Thema „Frauenfußball".

Hubert Potyka,
65, geboren in Linz, verheiratet, 3 Kinder, von 1964 bis 2004 Sportredakteur der OÖ Nachrichten. Ab 1994 Ressortleiter. 2005 Goldenes Verdienstzeichen des Landes Oberöstereich. 1990 anlässlich Fußball-WM in Italien WM-Buch von ihm erschienen. 2007 „»Ewig lockt der LASK" zum 100. Geburtstag des LASK. Derzeit in der OÖ. Sportunion-Öffentlichkeitsarbeit tätig.

Andreas Praher,
geboren 1980 in Linz, seit seiner Jugend familienkonform Schwarz-Weiß Anhänger, Studium der Geschichte und Kommunikationswissenschaften in Salzburg und Leeds, lebt und arbeitet derzeit in Salzburg, diverse journalistische Tätigkeiten, u. a. freier Mitarbeiter im Sport bei der Tagezeitung Kurier, zur Zeit Redakteur bei der Wochenzeitung Salzburger Woche.

Wolfgang Quatember,
geboren 1961 in Gmunden, Germanistikstudium, seit 1989 Aufbau und Leitung des Zeitgeschichte Museums und der KZ-Gedenkstätte in Ebensee, verheiratet, 3 Töchter, lebt in Traunkirchen, regelmäßiger Fußballplatzgeher zu Heimspielen von SV Traunkirchen und SV Gmunden

Elisabeth Vera Rathenböck,
Mag. art.; geboren in Linz, freischaffende Schriftstellerin, lebt in Steyr/Garsten und Wien; sie schreibt Theaterstücke, Kinderbücher, Romane.

Andreas Renoldner,
geboren 1957 in Linz, Matura am Humanistischen Gymnasium in Linz; Studium/ Berufsausbildung in Wien, seit 1988 freischaffender Schriftsteller; 1997 bis 2000 Sprecher der Regionalgruppe Oberösterreich der Grazer Autorenversammlung.

Christian Schacherreiter,
geboren 1954 in Linz, aufgewachsen im Innviertel, Studium der Germanistik und Geschichte, Mag. phil., Dr. phil., viele Jahre als Kabarettist tätig (u. a. ausgezeichnet mit dem „Salzburger Stier" 1982), Lehrtätigkeit seit 1978, seit 2002 Direktor des Georg von Peuerbach-Gymnasiums Linz, Literaturkritiker der „Oberösterreichischen Nachrichten", praktizierendes und bekennendes Vereinsmitglied der SV Ried.

Judith Scharinger
ist Historikerin, Journalistin und Schriftstellerin

Robert Schwarzbauer,
geboren 1972 in Schwarzach, Gymnasium in Steyr, Studium Geschichte & Geographie in Salzburg, lebt und arbeitet als freischaffender Filmproduzent in Salzburg

Franz Steinmaßl,
Jahrgang 1952; der verheiratete Vater von zwei erwachsenen Kindern ist Mühlviertler Geschichtsarbeiter und Kleinverleger.

Martin Steinwendner,
Jahrgang 1977. Entbrannte 1988 für den SK Vorwärts während seiner Gymnasialzeit in Steyr. Studium der Rechtswissenschaften in Wien, Mag. iur. 2002. Verfassungsjurist in Linz, wohnhaft in Enns. 1997 Gründungsmitglied des Akademischen Fanclubs Vorwärts Steyr und 2005 der Fan-Plattform Südtribüne Steyr. Ist für sein Alter immer noch viel zu aktiv als Fan.

Andreas Tiefenbacher,
geboren 1961. Lebt in Bad-Goisern und Wien. Sozialpädagoge und Autor. Begründer der Anti-Heimatparodie. Mitglied der Grazer Autorenversammlung (GAV); seit 1988 Veröffentlichungen in Literatur- und Kulturzeitschriften, Anthologien und im ORF. Seit 2001 auch Literaturkritiken in Bücherschau, Die Furche, Kulturbericht Oberösterreich, Literatur und Kritik.

Richard Wall,
geboren 1955 in Engerwitzdorf, lebt in Au bei Katsdorf; Mag. Art., Kunsterzieher, Ausstellungs- und Mail-Art-Projekte, zahlreiche Veröffentlichungen in Literaturzeitschriften und Anthologien, 10 Buchveröffentlichungen.

Andreas Weber,
geboren 1961 in Horn/NÖ, Kindheit in Gobelsburg und Langenlois, Studium in Wien (Germanistik und Geschichte), Arbeit in verschiedenen Berufen, seit Februar 1998 freier Schriftsteller, Herausgeber und Filmemacher. Zahlreiche Lesungen, Veröffentlichungen im Radio, in österreichischen und deutschen Literaturzeitschriften und Anthologien.

Peter Paul Wiplinger
wurde 1939 im Mühlviertler Haslach geboren; Studium der Theaterwissenschaft, Germanistik und Philosophie. Er lebt seit 1960 in Wien, ist vorwiegend Lyriker, aber auch Kulturpublizist und künstlerischer Fotograf.

Roland Wolf,
geboren am 17. Jänner 1969, war unter anderem Redakteur bei der Freistädter Rundschau und bei Österreich. Derzeit arbeitet er als Consultant in der PR-Agentur PLEON Publico in Linz. Von 1982 bis 1997 hat er nur ganz wenige Heimspiele des SK VÖEST Linz verpasst.

INHALT

Geleitwort Landeshauptmann *Dr. Josef Pühringer*	5
Geleitwort Präsident *Dr. Leopold Windtner*	7
Vorwort der Herausgeber	8
Michael John, Fußball. Zur Entwicklungsgeschichte einer Sportart in Österreich	10
Andreas Praher, Der Linzer Fußball von seinen Anfängen bis zum Ende des II. Weltkrieges	29
Andreas Praher, Franz Steinmaßl, Die ältesten Linzer Fußball-Vereine	37
Till Mairhofer, Steyrs kleine Fußballwelt, in der die große ihre Probe hält. Teil I	41
Manuel Fischer, Die Anfänge des Fußballs in Wels	47
Tabellen 1919 - 1938	51
Hubert Potyka, Olympia 1936: Silber für vier oberösterreichische Fußballer	54
Franz Steinmaßl, Sport, wie hältst du's mit der Politik?	58
Walter Kohl, Oberösterreichs Fußball unterm Hakenkreuz	61
Tabellen 1939 - 1945	97
Alois Brandstetter, Kinderspiele	99
Michael John, Hakoah Linz und andere Formen jüdischer Sportkultur in Oberösterreich nach 1945	105
Fritz Fellner, Der Mühlviertler Fußball 1945/46	110
Robert Hummer, Fußball der Heimatvertriebenen	122
Wolfgang Quatember, Streiflichter aus der Geschichte des Fußballs im Salzkammergut	128
Potyka, Gustl Jordan, der prominente „österreichische Franzose" des Pariser Racing Clubs	132
Erich Hackl, Rudi Strittich. Stenogramme zum Zaungast vom Hoferweg	137
Till Mairhofer, Steyrs kleine Fußballwelt, in der die große ihre Probe hält. Teil II	146
Martin Steinwendner, Die Unterhaus-Jahre des SK Vorwärts Steyr aus der Sicht eines Fans	157
Andreas Praher, Der Aufschwung des LASK nach dem Krieg	164
Peter Huemer, Sand im LASK-Getriebe	177
Rudolf Habringer, Die außergewöhnliche Karriere des Besatzungskindes Helmut Köglberger	183
Walter Kohl, Walter Kohl über das Drama des Charly Chico	194
Hubert Potyka über die Präsidenten-Legenden Rudolf Trauner und Otto Jungbauer	199
Reinhold Aumaier, Der LASK, der Leo & (s)ein Fan	202
Andreas Praher, Der LASK und seine Plätze	206
Andreas Praher, Eine Erinnerung an SVS	213
Andreas Weber, Niederösterreichische Bemerkungen zum LASK	214
Till Mairhofer, Im Schleuderschuss vulgo Weiberhaken	217
Robert Hummer, Im Schatten der Hochöfen	221
Andreas Praher, Von der Fusion zum gescheiterten Großklub	233
Roland Wolf, Die pure Vernunft darf niemals siegen	240
Andreas Tiefenbacher über den Bad Goiserer Fußball-Export Norbert Lichtenegger	244
Walter Kohl, Warum ich Fußball hasse. Und warum ich Fußball liebe	254
Manuel Fischer über den Welser Fußball nach dem II. Weltkrieg	258
Herbert Eisenreich, Der Weg hinaus	265
Hermann Hathayer, Der Innviertler Cup – Pokalsiege mit Schweiß und Blut	270

Gerald Ecker über den Fußball im Bezirk Braunau	275
Hermann Hathayer, Fußballwunder SV Ried	284
Christian Schacherreiter, Wie ich Fußballfan wurde	291
Hubert Potyka über Oberösterreichs WM-Schiedsrichter	301
Kurt Palm über ein Spiel, das 21:0 endete	306
Sven Daubenmerkl, Für Österreich	311
Robert Hummer, *Stefan Kraft*, Der FC Pasching und die Grad-Wanderung	316
Franzobel, Über die Liebe	322

Unterhaus:

Gerald Ecker, Unterhaus oder: Warum tut sich das bloß jemand an?	324
Robert Hummer und *Reinhard Krennhuber* über den brennenden Rasen in Altheim	329
Michael Eisl und *Robert Schwarzbauer*, Blitzlichter aus der 2. Klasse	335
Wolfgang Pennwieser, Schlaflos in der Schwand	357
Herbert Kaar, Die Freuden und das Leiden	363
Richard Wall, Outwachler und Torstangenbrunzer	373
Franz Gumpenberger, Fußball in St. Oswald bei Haslach	378
Andreas Praher, Die Arbeiterfußballer aus Pregarten	380
Michael Eisl und *Robert Schwarzbauer*, Fußballbiotop Kohlenrevier	385
Andreas Renoldner, Fußball mag ich nicht	400

Frauenfußball:

Walter Kohl, Ein Gespräch Fußballerinnen	406
Helmut Pichler über	
- Frauenfußball in Oberösterreich	410
- Oberösterreichs beste Kickerinnen	419
- Oberösterreichs Traditionsvereine im Frauenfußball	424

Klaus Hirtner, Flutlicht	428
Martin Nagl, Erlebnisse eines Groundhoppers	431
Ludwig Laher, Die Ketani-Kickers geigen auf	436
Walter Kohl, Fußball ohne Aufstiegschancen	441
Elisabeth Vera Rathenböck, Mit dem Fußball aus dem Abseits	444
Marius Huszar, Die rote Karte	449
Judith Scharinger über den Fußballpädagogen Laszlo Simko	452
P. P. Wiplinger, E-Mail-Verkehr	458
Personenverzeichnis	460
AutorInnenverzeichnis	468
Inhalt	472

Mein Druckservice für Ihre Festschrift!

Mein Druckservice bietet kostengünstige Lösungen für Ihre Festschrift und andere Druckwerke wie Lebenserinnerungen, Gedichtsammlungen, Marterl- und Heimatbücher usw.! Um Text- und Bilderfassung rechtzeitig abzustimmen und so überflüssige Arbeiten und Kosten zu ersparen, sollten Sie schon bei Beginn eines solchen Projektes mit dem Buchverlag Franz Steinmaßl Kontakt aufnehmen. Selbstverständlich erfolgt unsere Beratung kostenlos und unverbindlich!

Buchverlag Franz Steinmaßl
A-4264 Grünbach
Tel/Fax 07942/73402
geschichte-heimat@aon.at
www.geschichte-heimat.at

... denn schöne Bücher müssen nicht teuer sein!

Ludwig Laher (Hg.)
Uns hat es nicht geben sollen
*Rosa Winter, Gitta und Nicole Martl –
drei Generationen Sinti-Frauen erzählen*

Die Sinti werden – gemeinsam mit dem Volk der Roma – unter den Begriff „Zigeuner" subsumiert, und selten hat dieses Wort etwas Positives. In diesem Buch erzählen drei Generationen Sinti-Frauen von ihrem Leben. Die Großmutter, Rosa Winter, musste noch Deportation und KZ erleiden und wurde als Statistin in Leni Riefenstahls umstrittene Filmproduktion „Tiefland" gezwungen.
Das Buch ist insoferne eine echte Sensation, weil schriftliche Zeugnisse von Sinti und Roma sowieso selten sind, Frauen aus diesen Völkern sich jetzt aber überhaupt zum ersten Mal zu Wort melden.

Gebunden, 161 Seiten
€ 19,50

Hermann Volkmer
Die Volksdeutschen in OÖ.
*Ihre Integration und ihr Beitrag zum Wiederaufbau des Landes
nach dem Zweiten Weltkrieg*

Die Integration der volksdeutschen Flüchtlinge nach dem 2. Weltkrieg ist ein vernachlässigter Bereich der oberösterreichischen Geschichte. Besonders hier kam es zu einer gewaltigen Flüchtlingskonzentration, in manchen Bezirken lag der Anteil dieser nunmehr heimatlos gewordenen Menschen bei 15 – 20 % der Bevölkerung. Detailliert schildert der Autor die Herkunft, die wirtschaftliche Eingliederung und die Lösung des dramatischen Wohnungsproblems dieser Flüchtlinge und Vertriebenen.

Gebunden, ca. 210 Seiten
€ 23,90

Franz Ruhaltinger und Gottfried Weißengruber
Vom Armenschüler zum Arbeiterführer

Franz Ruhaltinger, VOEST-Zentralbetriebsrat und Abgeordneter zum Nationalrat, war in den 80er Jahren des vergangenen Jahrhunderts eine der umstrittensten politischen Persönlichkeiten Österreichs.
Als nunmehr Achtzigjähriger blickt Franz Ruhaltinger auf die Gesamtheit seines bewegten Lebens zurück, aber natürlich besonders auf jene Jahre, die vom Kampf um „seine" VOESTler, aber vor allem um den Erhalt des Werkes und den Standort Linz geprägt waren.

Gebunden, 158 Seiten mit zahlreichen Fotos und
Abbildungen, € 19,50

www.geschichte-heimat.at

Franz Steinmaßl
Arsen im Mohnknödel

Kriminalität im Mühlviertel von der Jahrhundertwende bis 1938

Über die ausführliche Darstellung der großen Verbrechen hinaus bietet dieses Buch mit seiner detaillierten Beschreibung der Alltagskriminalität einen überraschenden Einblick in die Alltagsgeschichte des Mühlviertels.

Mit über 5.000 verkauften Exemplaren beinahe schon ein Bestseller!

Gebunden,
350 Seiten
€ 28,90

Franz Steinmaßl
Trauriger Fasching – Blutige Ostern

Kriminalität zwischen Inn und Traun von der Jahrhundertwende bis 1938

Nach seinem großen Erfolg „Arsen im Mohnknödl" wendet sich Steinmaßl jetzt dem Inn- und Hausruckviertel zu. Neben den großen, aufsehenerregenden Kapitalverbrechen, die das Kernstück des Buches bilden, beschreibt der Autor auch andere größere und kleinere Delikte, die in ihrer Summe eine Stück Sozial- und Kulturgeschichte der Region ergeben.

Gebunden,
400 Seiten
€ 28,90

Richard Wall
Mühlen, Mägde und Rebellen
Geschichte und Geschichten des Gusentales
illustriert von Christoph Raffetseder

An der Lebensader der alten Riedmark, der Großen und der Kleinen Gusen, entstanden nicht nur viele Sagen, sondern hier wirkten auch Rebellen gegen die Obrigkeit wie der Bauernführer Laimbauer und der Bauernadvokat Kalchgruber.
Das Buch schildert wichtige, skurrile wie auch tragische Ereignisse der Zeit vom Mittelalter bis zur Überschwemmungskatastrophe im Jahre 2002.

Geb., 218 Seiten, € 19,50

www.geschichte-heimat.at

Walter Kohl
Die Poldi
Das Leben einer Linzer Arbeiterin

In seiner ebenso engagierten wie einfühlsamen Schreibweise schildert Walter Kohl das Leben der Linzer Arbeiterin Leopoldine Feichtinger. Die Frau wurde 1920 geboren und durchlebte in ihrer Kindheit und Jugend die elendeste Zeit des vorigen Jahrhunderts. Aber auch nach dem Krieg waren die Arbeiter noch lange nicht auf Rosen gebettet.
Doch die Poldi bewältigt ihr Leben im aufrechten Gang und zeigt auch noch an ihrem Lebensabend, dass man im rasenden Trubel der „Geiz-ist-geil-Zeiten" Würde bewahren kann.

Gebunden, 142 Seiten, € 18,50

Erwin Bindreiter
Was Opa und Oma erzählen
Mühlviertler Leben vor fünfzig Jahren

Die SchülerInnen der HS Pabneukirchen erhielten den Auftrag, von ihren Großeltern ein Foto samt der dazugehörigen Geschichte zu erbitten. Herausgekommen ist dabei ein Kaleidoskop von Einblicken in das Leben vor 50 Jahren. Es umfasst die Stationen des Menschenlebens ebenso wie eine Vielzahl von Berufen und das bäuerliche Arbeitsjahr samt seinen festlichen Höhepunkten.
Diese Sammlung ist weit über ihr eigentliches Entstehungsgebiet hinaus repräsentativ für weite Teile des Mühlviertels.

Gebunden, über 200 Seiten, € 19,50

Florian Schwanninger
„Im Heimatkreis des Führers"
Nationalsozialismus, Widerstand und Verfolgung im Bezirk Braunau 1938 – 1945

Im Gedenkjahr 2005 veröffentlicht Florian Schwaninger seine Dokumentation über die Zeit des Nationalsozialismus im Bezirk Braunau. Denn auch hier hat die braune Diktatur ihre willigen Helfer und ihre Opfer gefunden. Sie aus der Anonymität der großen Worte und der großen Zahlen herauszulösen und insbesondere den Opfern ein Gesicht zu geben, ist die Aufgabe jeder regionalen Dokumentation über diese Zeit.
Unter anderen enthält das Buch folgende Kapitel:
- Das katholisch-klerikale Lager
- Der Widerstand der KPÖ und der Arbeiterbewegung
- Zeugen Jehovas
- Der Fall Hamminger
- Die Verfolgung der „Zigeuner"
- Verfolgung der jüdischen Bevölkerung
- „Euthanasie" – der Mord am „lebensunwerten Leben"

Gebunden und reich illustriert, 364 Seiten, € 19,50

www.geschichte-heimat.at

Walter Kohl
Auch auf dich wartet eine Mutter
Die Familie Langthaler inmitten der Mühlviertler Hasenjagd

Der Ausbruch von 419 sowjetischen Häftlingen aus dem KZ Mauthausen in der Nacht zum 2. Februar 1945 und die sogleich einsetzende gnadenlose Verfolgung der Flüchtigen wurde von der SS selber als „Mühlviertler Hasenjagd" bezeichnet. Während sich Teile der einheimischen Bevölkerung an dem grausamen Massenmord beteiligten, nahm die Familie Langthaler in Winden bei Schwertberg zwei der Flüchtigen in ihr Haus auf und hielt sie unter Lebensgefahr bis Kriegsende dort versteckt.
Walter Kohls Buch basiert auf ausführlichen Gesprächen mit den noch lebenden Angehörigen der Familie Langthaler sowie dem damaligen Flüchtling Michail Rybtschinskij.

Gebunden, 138 Seiten, € 18,50

Walter Kohl
Die Pyramiden von Hartheim
„Euthanasie" in Oberösterreich 1940 – 1945

Das aufgegriffene Thema dieses Buches zählt nach wie vor zu den unterbelichteten Kapiteln der Zeitgeschichte.
Brennpunkte von Kohls Darstellung sind die Vernichtungsanstalt Hartheim bei Eferding und die „Gau-Heil- und Pflegeanstalt Niedernhart" bei Linz. Hartheim war – gemessen an „Effizienz" und Opferzahlen – die größte Mordanstalt im Rahmen des Euthanasie-Programmes des Dritten Reiches.
Aus einer Vielzahl von verstreuten Quellen, Episoden, Erinnerungen und Hinweisen listet Kohl detailliert auf, was in diesem wunderschönen Renaissance-Schloß geschah, wie das zigtausendfache Morden penibel organisiert und verwaltet wurde.

Gebunden, 520 Seiten mit zahlreichen Abbildungen
€ 28,90

Christian Topf
Auf den Spuren der Partisanen
Zeitgeschichtliche Wanderungen im Salzkammergut

Das Salzkammergut war eine der Hochburgen im Widerstand gegen den Nationalsozialismus, und gegen Kriegsende hat sich dort eine regelrechte Partisanenbewegung gebildet. Unter Führung des legendären Ex-Spanien-Kämpfers Sepp Plieseies zogen sich zahlreiche politisch Verfolgte und Deserteure in die unwegsame Bergwelt zwischen Dachstein und Totem Gebirge zurück, um von dort aus den Nationalsozialismus zu bekämpfen.
Christian Topfs unkonventioneller Wanderführer bietet zwölf Routenvorschläge samt ausführlichen Erzählungen und schließt auch das ehemalige KZ-Außenlager Ebensee mit ein.

Broschüre im handlichen Einsteck-Format, 195 Seiten,
zahlreiche Fotos und Abbildungen, € 17,90

www.geschichte-heimat.at